内蒙古调查年鉴 2018

国家统计局内蒙古调查总队　编

（总第13期）

中国统计出版社
China Statistics Press

图书在版编目(CIP)数据

内蒙古调查年鉴. 2018 / 国家统计局内蒙古调查总队编. -- 北京 : 中国统计出版社, 2019.6

ISBN 978-7-5037-8771-3

Ⅰ. ①内… Ⅱ. ①国… Ⅲ. ①统计资料—内蒙古—2018—年鉴 Ⅳ. ①C832.26-54

中国版本图书馆CIP数据核字(2019)第014687号

内蒙古调查年鉴—2018

作　　者/ 国家统计局内蒙古调查总队

责任编辑/ 李　冲　张　洁

装帧设计/ 李雪燕

出版发行/ 中国统计出版社

地　　址/ 北京市丰台区西三环南路甲6号　邮政编码/100073

电　　话/ 邮购(010)63376909　书店(010)68783171

网　　址/ http://www.zgtjcbs.com

印　　刷/ 河北鑫兆源印刷装订有限公司

经　　销/ 新华书店

开　　本/ 890mm×1240mm　1/16

字　　数/ 1100千字

印　　张/ 34　0.25彩页

版　　别/ 2019年6月第1版

版　　次/ 2019年6月第1次印刷

定　　价/ 400.00元

本书附同版本CD-ROM一张，光盘内容以书面文字为准。

《内蒙古调查年鉴-2018》
编纂委员会和编辑部

编者说明

一、《内蒙古调查年鉴—2018》是国家统计局内蒙古调查总队编纂的一部集全区农村牧区和城市经济社会统计调查数据、资料为一体的权威性工具书。本年鉴通过大量翔实的统计数据，重点反映了2017年内蒙古农村牧区和城市经济社会发展变化情况，是各级党政机关、企事业单位和社会各界人士了解和认识内蒙古经济社会情况的重要资料工具书。

二、本年鉴共分为综合篇、农业调查篇、住户调查篇、价格调查篇、住户监测篇、县域经济社会调查篇、各省市区资料篇、改革开放四十周年数据篇八个部分。综合篇分为：1.行政区划和自然资源；2.综合；3.国民经济核算。农业调查篇分为：1.农村牧区基本情况；2.农牧业生产情况。住户调查篇为：居民生活。价格调查篇为：物价指数。住户监测篇分为：1.农牧民工调查；2.贫困监测。县域经济社会调查篇分为：1.旗县农村牧区基本情况；2.旗县农牧业生产情况；3.旗县居民可支配收入情况。各省市区资料篇为：各省市区主要经济指标。改革开放四十周年数据篇为：数据资料。为便于读者查阅，在各部分各细目编排了主要统计指标解释。

三、本年鉴的统计数据大部分来自国家统计局内蒙古调查总队的抽样调查统计报表，一部分来自全面调查和有关业务部门年度统计报表。

四、与《内蒙古调查年鉴—2017》相比较，本年鉴对部分篇章、表式和内容进行了调整。其中，综合篇的版面排序和内容安排参考《中国统计年鉴》和《内蒙古统计年鉴》进行了调整优化；农业调查篇、县域经济社会调查篇以及各省市区资料篇中的2007-2017年农牧业生产的历史数据，是根据第三次全国农业普查结果进行了修订核定后的最终法定数据；由于国家统计局统计调查方法制度的调整，以及第三次全国农普数据核定修订结果，对农业调查篇中的牲畜头数以及专项调查篇中的贫困监测的个别版面和指标内容进行了删减、修订；增设了改革开放四十周年数据篇，展示了内蒙古自治区改革开放四十年来民生领域的可喜变化、发展历程和伟大成就。读者在使用历史数据时，如数据有出入，请以本年鉴为准。

五、资料中所使用的数量单位均采用国际统一标准计量单位。

六、本年鉴部分数据合计数或相对数由于单位取舍不同而产生的计算误差均未作机械调整。

七、本年鉴各表式中，有关对全表的注解均在该表上方，对表中部分指标的注解则在该表下方。

八、本年鉴表中的符号使用说明："空格"表示该项统计指标数据不详或无该项数据；"#"表示其中的主要项。

目 录

第一部分 综合篇

一、行政区划和自然资源
1-1-1 自然资源……5
1-1-2 全区行政区划……6
1-1-3 边境、牧区、山老区旗县市……7
1-1-4 主要城市气温(2017 年)……8
1-1-5 主要城市平均相对湿度(2017 年)……8
1-1-6 主要城市降水量(2017 年)……9
1-1-7 主要城市有效可照时数(2017 年)……9
主要统计指标解释……10
二、综合
1-2-1 平均每天主要社会经济活动……15
1-2-2 社会经济主要指标人均水平……17
1-2-3 国民经济和社会发展总量与速度……18
1-2-4 国民经济和社会发展结构……26
1-2-5 国民经济和社会发展比例和效益……28
主要统计指标解释……31
三、国民经济核算
1-3-1 生产总值构成……35
1-3-2 生产总值指数……37
1-3-3 生产总值指数……39
1-3-4 第三产业增加值构成……41
1-3-5 第三产业增加值指数……41
1-3-6 工农业总产出指数……42
1-3-7 居民消费水平……43
主要统计指标解释……45

第二部分 农业调查篇

一、农村牧区基本情况
2-1-1 农村牧区基层组织和农牧业基本情况……51
2-1-2 主要年份耕地面积……52
2-1-3 农业电气化和农用化肥施用量……52
2-1-4 年末主要农牧业机械拥有量及农田水利情况……53
2-1-5 农牧户固定资产投资情况……54
2-1-6 各盟市农村牧区基本情况(2017 年)……54
2-1-7 各盟市农村牧区基础设施情况(2017 年)……55

2-1-8　各盟市农村牧区劳动力资源及从业人员构成(2017 年) ······ 55
2-1-9　各盟市耕地面积(2017 年) ······ 56
2-1-10　各盟市农村用电量和农用化肥施用量(2017 年) ······ 57
2-1-11　各盟市农用塑料薄膜及柴油和农药使用量(2017 年) ······ 57
主要统计指标解释 ······ 58
二、农牧业生产情况
2-2-1　农林牧渔业总产值及指数 ······ 61
2-2-2　主要农作物播种面积 ······ 63
2-2-3　主要农作物播种面积及增减情况 ······ 65
2-2-4　主要农作物播种面积构成 ······ 66
2-2-5　主要农作物产品产量 ······ 67
2-2-6　主要农作物产品产量及增减情况 ······ 68
2-2-7　主要农作物单位面积产量 ······ 69
2-2-8　水果生产情况 ······ 70
2-2-9　渔业生产情况 ······ 70
2-2-10　牲畜总头数和总增头数 ······ 71
2-2-11　牲畜总头数 ······ 72
2-2-12　主要畜禽产品产量 ······ 73
2-2-13　各盟市农林牧渔业现价总产值(2017 年) ······ 74
2-2-14　各盟市农林牧渔业现价增加值(2017 年) ······ 74
2-2-15　各盟市农作物总播种面积 ······ 75
2-2-16　各盟市粮食作物播种面积 ······ 75
2-2-17　各盟市粮食总产量 ······ 76
2-2-18　各盟市分品种粮食播种面积和产量(2017 年) ······ 80
2-2-19　各盟市油料作物播种面积和产量(2017 年) ······ 81
2-2-20　各盟市分品种油料播种面积和产量(2017 年) ······ 81
2-2-21　各盟市甜菜作物播种面积和产量(2017 年) ······ 83
2-2-22　各盟市烟叶播种面积和产量(2017 年) ······ 83
2-2-23　各盟市药材及其他农作物播种面积(2017 年) ······ 84
2-2-24　各盟市蔬菜、瓜类作物播种面积和产量(2017 年) ······ 84
2-2-25　各盟市瓜类作物播种面积和产量(2017 年) ······ 85
2-2-26　各盟市水果种植面积(2017 年) ······ 85
2-2-27　各盟市水果产量(2017 年) ······ 86
2-2-28　各盟市牲畜头数(2017 年) ······ 86
2-2-29　各盟市主要畜产品产量(2017 年) ······ 88
主要统计指标解释 ······ 89

第三部分　住户调查篇

居民生活
3-1-1　居民家庭人均可支配收入(可比口径) ······ 95
3-1-2　城乡居民家庭人均生活消费支出(可比口径) ······ 96
3-1-3　居民人均可支配收入及构成(可比口径) ······ 98

3-1-4 全体居民家庭基本情况……99
3-1-5 全体居民家庭人口和就业情况……100
3-1-6 全体居民家庭住房情况……103
3-1-7 全体居民家庭基本生活情况……105
3-1-8 全体居民家庭耐用消费品拥有情况……107
3-1-9 全体居民家庭总收入……108
3-1-10 全体居民家庭可支配收入……110
3-1-11 全体居民家庭总支出……112
3-1-12 全体居民家庭生活消费支出……115
3-1-13 全体居民家庭购买生活消费品及服务……117
3-1-14 全体居民家庭购买农林牧渔业生产资料……127
3-1-15 全体居民家庭购建农业生产性固定资产情况……128
3-1-16 全体居民家庭农产品出售及农业服务……129
3-1-17 全体居民家庭农产品自产自用情况……133
3-1-18 全体居民家庭食品消费量……134
3-1-19 全体居民家庭固定资产投资及拥有情况……135
3-1-20 全体居民家庭土地经营和主要农产品产量……137
3-1-21 全体居民家庭能源消耗情况……138
3-1-22 城镇居民家庭基本情况……139
3-1-23 城镇居民家庭人口和就业情况……140
3-1-24 城镇居民家庭住房情况……143
3-1-25 城镇居民家庭基本生活情况……145
3-1-26 城镇居民家庭耐用消费品拥有情况……147
3-1-27 城镇居民家庭总收入……148
3-1-28 城镇居民家庭可支配收入……150
3-1-29 城镇居民家庭总支出……152
3-1-30 城镇居民家庭生活消费支出……155
3-1-31 城镇居民家庭购买生活消费品及服务……157
3-1-32 城镇居民家庭食品消费量……167
3-1-33 城镇居民家庭能源消耗情况……168
3-1-34 农村居民家庭基本情况……169
3-1-35 农村居民家庭人口和就业情况……170
3-1-36 农村居民家庭住房情况……173
3-1-37 农村居民家庭基本生活情况……175
3-1-38 农村居民家庭耐用消费品拥有情况……177
3-1-39 农村居民家庭总收入……178
3-1-40 农村居民家庭可支配收入……180
3-1-41 农村居民家庭总支出……182
3-1-42 农村居民家庭生活消费支出……185
3-1-43 农村居民家庭购买生活消费品及服务……187
3-1-44 农村居民家庭购买农林牧渔业生产资料……197
3-1-45 农村居民家庭购建农业生产性固定资产……198

3-1-46 农村居民家庭农产品出售及农业服务……199
3-1-47 农村居民家庭农产品自产自用情况……203
3-1-48 农村居民家庭食品消费量……204
3-1-49 农村居民家庭固定资产投资及拥有情况……205
3-1-50 农村居民家庭土地经营和主要农产品产量……207
3-1-51 农村居民家庭能源消耗情况……208
3-1-52 农民家庭可支配收入及生活消费支出……209
3-1-53 牧民家庭可支配收入及生活消费支出……209
3-1-54 全体居民收入不等距九组分组(2017 年)……210
3-1-55 城镇居民收入不等距九组分组(2017 年)……242
3-1-56 农村居民收入不等距九组分组(2017 年)……274
3-1-57 各盟市全体居民基本情况(2017 年)……306
3-1-58 各盟市全体居民耐用消费品拥有情况(2017 年)……306
3-1-59 各盟市全体居民主要食品消费量(2017 年)……307
3-1-60 各盟市全体居民收入情况(2017 年)……308
3-1-61 各盟市全体居民生活消费情况(2017 年)……309
3-1-62 各盟市城镇居民基本情况(2017 年)……310
3-1-63 各盟市城镇居民耐用消费品拥有情况(2017 年)……310
3-1-64 各盟市城镇居民主要食品消费量(2017 年)……311
3-1-65 各盟市城镇居民收入情况(2017 年)……312
3-1-66 各盟市城镇居民生活消费情况(2017 年)……313
3-1-67 各盟市农村居民基本情况(2017 年)……314
3-1-68 各盟市农村居民耐用消费品拥有情况(2017 年)……314
3-1-69 各盟市农村居民主要食品消费量(2017 年)……315
3-1-70 各盟市农村居民收入情况(2017 年)……316
3-1-71 各盟市农村居民生活消费情况(2017 年)……317
主要统计指标解释……318

第四部分　价格调查篇

物价指数

4-1-1 历年流通和消费价格总指数……323
4-1-2 全区居民消费价格分类指数(2011-2015 年)……325
4-1-3 全区居民消费价格指数(2016-2017 年)……327
4-1-4 全区商品零售价格分类指数(2011-2015 年)……335
4-1-5 全区商品零售价格指数(2016-2017 年)……337
4-1-6 农业生产资料价格指数(2006-2017 年)……344
4-1-7 全区居民消费价格分月指数(2017 年)……345
4-1-8 全区商品零售价格分月指数(2017 年)……347
4-1-9 城市居民消费价格分月指数(2017 年)……349
4-1-10 农村居民消费价格分月指数(2017 年)……351
4-1-11 城市商品零售价格分月指数(2017 年)……353
4-1-12 农村商品零售价格分月指数(2017 年)……355

4-1-13 农业生产资料价格分月指数(2017 年)……357
4-1-14 12 个盟市所在地居民消费价格指数……358
4-1-15 12 个盟市所在地商品零售价格分类指数……358
4-1-16 历年工业生产者出厂价格分类指数……360
4-1-17 历年按部门分工业生产者出厂价格指数……361
4-1-18 历年按行业分工业生产者出厂价格指数……363
4-1-19 历年主要产品工业生产者出厂价格指数……368
4-1-20 工业生产者出厂价格指数……370
4-1-21 历年工业生产者购进价格分类指数……377
4-1-22 工业生产者购进价格指数……379
4-1-23 历年固定资产投资价格分类指数……381
4-1-24 固定资产投资价格指数……382
4-1-25 工业生产者出厂价格分月指数(2017 年)……383
4-1-26 工业生产者购进价格分月指数(2017 年)……389
4-1-27 呼和浩特市住宅销售价格指数(2017 年)……393
4-1-28 包头市住宅销售价格指数(2017 年)……394
4-1-29 主要农产品价格指数……395
4-1-30 农产品生产价格指数(2017 年)……398
主要统计指标解释……410

第五部分　住户监测篇

一、农牧民工调查

5-1-1 全区各地农牧民工总量推算情况……417
5-1-2 农牧民工年度基本情况……417
5-1-3 农牧民工产业及行业分布结构……418
5-1-4 农牧民工医疗养老参保及接受培训情况……419
5-1-5 本地非农务工农牧民工行业分布结构……419
5-1-6 本地非农务工农牧民工劳动保障……420
5-1-7 本地自营农牧民工行业分布情况……420
5-1-8 本地自营农牧民工经营性质……421
5-1-9 外出农牧民工行业分布结构……421
5-1-10 外出农牧民工不同类型分布及收入……422
5-1-11 外出农牧民工居住情况……422
5-1-12 外出农牧民工劳动保障……423
5-1-13 住户成员从业情况……424
5-1-14 住户成员子女教育情况……425
5-1-15 各盟市住户中农牧民工年度基本情况(2017 年)……426
5-1-16 各盟市外出农牧民工不同类型分布及收入(2017 年)……426
5-1-17 各盟市住户成员从业情况(2017 年)……428

二、贫困监测

5-2-1 贫困地区农牧民总收入与总支出(2017 年)……433
5-2-2 国家扶贫开发重点地区农牧民家庭总收入与总支出……434

5-2-3　贫困地区农牧民家庭可支配收入(2017 年)……435
5-2-4　国家扶贫开发重点地区农牧民家庭可支配收入……435
5-2-5　贫困地区农牧民固定资产及耐用消费品拥有情况(2017 年)……436
5-2-6　国家扶贫开发重点地区农牧民固定资产及耐用消费品拥有情况……436
5-2-7　贫困地区农牧民食物消费量(2017 年)……437
5-2-8　国家扶贫开发重点地区农牧民食物消费量……437
5-2-9　贫困地区社区基本情况(2017 年)……438
5-2-10　贫困地区农牧民家庭住房及生活设施情况(2017 年)……441
5-2-11　贫困地区农牧民家庭社会事务及扶贫活动参与情况(2017 年)……444
主要统计指标解释……447

第六部分　县域经济社会调查篇

一、旗县农村牧区基本情况
6-1-1　各旗县(区)农村牧区基本情况(2017 年)……453
6-1-2　各旗县(区)农村牧区基础设施情况(2017 年)……455
6-1-3　各旗县(区)农村牧区劳动力资源及从业人员构成(2017 年)……457
6-1-4　各旗县(区)农村用电量和农用化肥施用量(2017 年)……461
6-1-5　各旗县(区)农用塑料薄膜及柴油和农药使用量(2017 年)……463
二、旗县农牧业生产情况
6-2-1　各旗县(区)主要农作物播种面积和产量(2017 年)……467
6-2-2　各旗县(区)蔬菜、瓜类播种面积和产量(2017 年)……475
6-2-3　各旗县(区)牲畜头数(2017 年)……477
6-2-4　各旗县(区)畜禽产品产量(2017 年年末数)……479
6-2-5　生猪大县生产情况(2012-2017 年)……483
三、旗县居民可支配收入情况
6-3-1　各旗县(区)全体居民人均可支配收入(2017 年)……487
6-3-2　各旗县(区)城镇居民人均可支配收入(2017 年)……489
6-3-3　各旗县(区)农村居民人均可支配收入(2017 年)……491
主要统计指标解释……493

第七部分　各省市区资料篇

各省市区主要经济指标
7-1-1　全国各省市区全体居民人均可支配收入……499
7-1-2　全国各省市区城镇居民人均可支配收入……500
7-1-3　全国各省市区农村居民人均可支配收入……501
7-1-4　全国各省市区全体居民人均消费支出……502
7-1-5　全国各省市区城镇居民人均消费支出……503
7-1-6　全国各省市区农村居民人均消费支出……504
7-1-7　全国各省市区居民消费和商品零售价格指数(2017 年)……505
7-1-8　全国各省市区工业生产者价格指数(2017 年)……506
7-1-9　全国 70 个大中城市新建住宅价格指数(2017 年)……507

7-1-10 全国 70 个大中城市新建商品住宅价格指数(2017 年) ……508
7-1-11 全国 70 个大中城市二手住宅价格指数(2017 年) ……510
7-1-12 全国各省市区粮食生产情况(2017 年)……512
7-1-13 西部地区国民经济和社会发展主要指标(2017 年) ……513

第八部分　改革开放四十周年数据篇

数据资料

8-1-1 国民经济主要指标 2017 年与 1978 年对比情况……521
8-1-2 社会经济主要指标人均水平……522
8-1-3 国民经济和社会发展结构……523
8-1-4 生产总值指数……524
8-1-5 生产总值指数……525
8-1-6 年末总人口数及构成……526
8-1-7 居民收支情况……527
8-1-8 各种价格总指数……528
8-1-9 耕地面积、造林面积和播种面积……529
8-1-10 主要农产品产量(一)……530
8-1-11 主要农产品产量(二)……531
8-1-12 牲畜总头数……532
8-1-13 猪牛羊肉类产量……533

第一部分　综合篇

第一部分　综合篇

① 行政区划和自然资源

资料整理：王艳伟　齐杰　王晓娟

1-1-1 自 然 资 源

项　目	2017
土 地 资 源	
土地总面积(万平方公里)	118.3
林业用地面积(万公顷)	4398.89
森 林 资 源	
森林面积(万公顷)	2487.9
森林覆盖率(%)	21.03
活立木总蓄积量(亿立方米)	14.84
草 原 资 源	
草原总面积(万公顷)	8800.0
#可利用面积(万公顷)	6800.0
水 利 资 源	
水资源总量(亿立方米)	309.9
地表水资源量	194.1
地下水资源量	207.3
矿 产 资 源	
煤保有储量(亿吨)	4205.25
铁矿石保有储量(亿吨)	42.31
磷矿石保有储量(亿吨)	2.90
铜保有储量(万吨)	801.35
铅保有储量(万吨)	1637.40
锌保有储量(万吨)	3472.56
盐保有储量(亿吨)	1.05

注：地表水资源量与地下水资源量之和不等于水资源总量，有重复计算部分。

1-1-2 全区行政区划

地 区	旗县级个数（个）	旗县（市、区）及名称
全区合计	**103**	**旗52个、县17个、盟(市)辖县级市11个、区23个。**
呼和浩特市	9	新城区、回民区、玉泉区、赛罕区、土默特左旗、托克托县、和林格尔县、清水河县、武川县。
包 头 市	9	东河区、昆都仑区、青山区、石拐区、白云矿区、九原区、土默特右旗、固阳县、达尔罕茂明安联合旗。
呼伦贝尔市	14	海拉尔区、扎赉诺尔区、阿荣旗、莫力达瓦达斡尔族自治旗、鄂伦春自治旗、鄂温克族自治旗、陈巴尔虎旗、新巴尔虎左旗、新巴尔虎右旗、满洲里市、牙克石市、扎兰屯市、额尔古纳市、根河市。
兴 安 盟	6	乌兰浩特市、阿尔山市、科尔沁右翼前旗、科尔沁右翼中旗、扎赉特旗、突泉县。
通 辽 市	8	科尔沁区、霍林郭勒市、科尔沁左翼中旗、科尔沁左翼后旗、开鲁县、库伦旗、奈曼旗、扎鲁特旗。
赤 峰 市	12	红山区、元宝山区、松山区、阿鲁科尔沁旗、巴林左旗、巴林右旗、林西县、克什克腾旗、翁牛特旗、喀喇沁旗、宁城县、敖汉旗。
锡林郭勒盟	12	二连浩特市、锡林浩特市、阿巴嘎旗、苏尼特左旗、苏尼特右旗、东乌珠穆沁旗、西乌珠穆沁旗、太仆寺旗、镶黄旗、正镶白旗、正蓝旗、多伦县。
乌兰察布市	11	集宁区、丰镇市、卓资县、化德县、商都县、兴和县、凉城县、察哈尔右翼前旗、察哈尔右翼中旗、察哈尔右翼后旗、四子王旗。
鄂尔多斯市	9	东胜区、康巴什区、达拉特旗、准格尔旗、鄂托克前旗、鄂托克旗、杭锦旗、乌审旗、伊金霍洛旗。
巴彦淖尔市	7	临河区、五原县、磴口县、乌拉特前旗、乌拉特中旗、乌拉特后旗、杭锦后旗。
乌 海 市	3	海勃湾区、海南区、乌达区。
阿拉善盟	3	阿拉善左旗、阿拉善右旗、额济纳旗。

1-1-3 边境、牧区、山老区旗县市

地 区	旗县级个数（个）	旗 县(市、区) 及 名 称
边境旗市	**19**	
包 头 市	1	达尔罕茂明安联合旗。
呼伦贝尔市	5	陈巴尔虎旗、满洲里市、新巴尔虎右旗、新巴尔虎左旗、额尔古纳市。
兴 安 盟	2	科尔沁右翼前旗、阿尔山市。
锡林郭勒盟	5	东乌珠穆沁旗、阿巴嘎旗、苏尼特左旗、二连浩特市、苏尼特右旗。
乌兰察布市	1	四子王旗。
巴彦淖尔市	2	乌拉特中旗、乌拉特后旗。
阿拉善盟	3	阿拉善左旗、阿拉善右旗、额济纳旗。
牧区旗市	**33**	
包 头 市	1	达尔罕茂明安联合旗。
呼伦贝尔市	4	鄂温克族自治旗、新巴尔虎右旗、新巴尔虎左旗、陈巴尔虎旗。
兴 安 盟	1	科尔沁右翼中旗。
通 辽 市	3	科尔沁左翼中旗、科尔沁左翼后旗、扎鲁特旗。
赤 峰 市	5	阿鲁科尔沁旗、巴林左旗、巴林右旗、克什克腾旗、翁牛特旗。
锡林郭勒盟	9	锡林浩特市、阿巴嘎旗、苏尼特左旗、苏尼特右旗、东乌珠穆沁旗、西乌珠穆沁旗、镶黄旗、正镶白旗、正蓝旗。
乌兰察布市	1	四子王旗。
鄂尔多斯市	4	鄂托克前旗、鄂托克旗、杭锦旗、乌审旗。
巴彦淖尔市	2	乌拉特中旗、乌拉特后旗。
阿拉善盟	3	阿拉善左旗、阿拉善右旗、额济纳旗。
半牧区旗市	**21**	
呼伦贝尔市	3	扎兰屯市、阿荣旗、莫力达瓦达斡尔族自治旗。
兴 安 盟	3	科尔沁右翼前旗、扎赉特旗、突泉县。
通 辽 市	4	科尔沁区、开鲁县、库伦旗、奈曼旗。
赤 峰 市	2	林西县、敖汉旗。
锡林郭勒盟	1	太仆寺旗。
乌兰察布市	2	察哈尔右翼中旗、察哈尔右翼后旗。
鄂尔多斯市	4	东胜区、达拉特旗、准格尔旗、伊金霍洛旗。
巴彦淖尔市	2	磴口县、乌拉特前旗。
山老区旗县	**47**	
呼和浩特市	6	土默特左旗、新城区、赛罕区、武川县、和林格尔县、清水河县。
包 头 市	3	土默特右旗、固阳县、达尔罕茂明安联合旗。
呼伦贝尔市	4	扎兰屯市、阿荣旗、满洲里市、莫力达瓦达斡尔族自治旗。
兴 安 盟	6	乌兰浩特市、阿尔山市、科尔沁右翼前旗、科尔沁右翼中旗、扎赉特旗、突泉县。
通 辽 市	4	科尔沁左翼中旗、科尔沁左翼后旗、开鲁县、库伦旗。
赤 峰 市	5	喀喇沁旗、宁城县、松山区、克什克腾旗、敖汉旗。
锡林郭勒盟	3	正蓝旗、多伦县、太仆寺旗。
乌兰察布市	9	集宁区、卓资县、兴和县、丰镇市、凉城县、察哈尔右翼前旗、察哈尔右翼中旗、察哈尔右翼后旗、四子王旗。
鄂尔多斯市	6	达拉特旗、准格尔旗、鄂托克前旗、鄂托克旗、杭锦旗、乌审旗。
巴彦淖尔市	1	乌拉特前旗。

1-1-4 主要城市气温(2017年)

单位：摄氏度(℃)

城市	1月	2月	3月	4月	5月	6月	7月	8月	9月	10月	11月	12月	年平均
呼和浩特	-9.1	-5.6	0.7	10.4	17.5	20.9	24.6	20.9	16.7	7.3	-3.2	-8.2	7.7
包　　头	-9.1	-6.4	0.7	11.4	18.5	22.2	25.4	21.7	17.4	7.6	-2.3	-7.8	8.3
海 拉 尔	-25.0	-19.1	-9.1	4.9	12.6	19.5	22.0	18.2	10.5	0.7	-14.6	-25.4	-0.4
乌兰浩特	-12.3	-6.9	0.8	11.0	17.7	23.0	26.1	22.4	15.8	6.8	-5.0	-13.3	7.2
通　　辽	-10.0	-5.4	1.9	12.5	18.3	23.2	26.8	22.8	17.5	8.4	-2.3	-10.3	8.6
赤　　峰	-8.7	-4.3	1.1	11.6	18.0	20.8	24.5	21.0	16.9	8.1	-2.0	-8.8	8.2
锡林浩特	-15.9	-10.7	-3.1	7.4	15.6	20.1	24.7	20.1	15.4	4.7	-7.7	-15.1	4.6
集　　宁	-10.9	-7.3	-1.6	8.4	15.7	18.8	22.5	18.9	15.1	5.6	-4.4	-9.0	6.0
东　　胜	-6.2	-3.6	0.7	10.5	17.3	20.3	23.8	20.5	16.9	7.2	-0.9	-5.9	8.4
临　　河	-7.8	-4.1	2.2	11.8	18.6	22.5	25.6	22.2	17.6	7.7	-1.0	-7.1	9.0
乌　　海	-7.5	-2.8	3.2	13.2	19.6	24.2	26.8	23.6	19.5	8.8	0.3	-7.1	10.2
巴彦浩特	-5.1	-1.4	2.7	11.9	17.9	22.0	24.8	21.7	18.8	8.6	1.3	-5.0	9.9

1-1-5 主要城市平均相对湿度(2017年)

单位：%

城市	1月	2月	3月	4月	5月	6月	7月	8月	9月	10月	11月	12月	年平均
呼和浩特	52	47	47	31	29	41	45	51	42	58	42	43	44
包　　头	55	59	57	39	37	49	59	62	58	69	53	55	54
海 拉 尔	69	71	69	40	36	43	53	68	61	53	67	71	58
乌兰浩特	48	41	33	22	28	41	51	64	53	38	42	49	43
通　　辽	47	41	36	29	40	47	63	74	59	47	43	45	48
赤　　峰	44	34	35	27	32	48	63	70	53	50	36	40	44
锡林浩特	66	58	49	37	31	40	47	56	39	48	54	63	49
集　　宁	50	44	42	29	29	43	52	55	44	59	41	41	44
东　　胜	43	47	48	34	31	46	54	55	50	65	38	39	46
临　　河	47	46	47	33	32	42	46	46	48	61	44	46	45
乌　　海	47	44	44	30	30	38	47	49	45	64	42	48	44
巴彦浩特	29	33	34	27	24	32	37	41	33	50	29	29	33

1-1-6 主要城市降水量(2017年)

单位：毫米

城　市	1月	2月	3月	4月	5月	6月	7月	8月	9月	10月	11月	12月	全年
呼和浩特	1.3	14.2	23.5	3.8	29.3	74.9	67.4	74.1	20.9	21.7			331.1
包　头	0.4	17.4	21.0	1.0	12.0	39.4	35.4	26.4	23.9	31.3			208.2
海 拉 尔		4.9	0.9	7.0	9.3	15.2	53.2	84.3	23.9	6.6	7.5	2.6	215.4
乌兰浩特		7.4		0.5	10.3	26.3	72.5	77.3	32.1		1.4	2.4	230.2
通　辽	1.8	2.4	0.6	5.9	37.8	17.0	85.5	282.2	20.0			0.1	453.3
赤　峰	3.6	0.1	0.1	0.4	19.9	52.5	95.2	171.9	14.7	11.7	0.2	0.6	370.9
锡林浩特	2.2	2.8	5.8	6.4	4.4	33.2	36.1	45.4	11.6	7.5	8.0	5.2	168.6
集　宁	2.0	3.8	8.1	3.5	35.8	58.4	86.8	72.3	36.1	31.1			337.9
东　胜	0.8	18.8	17.6	11.1	21.8	40.3	64.3	55.4	47.2	52.3		1.1	330.7
临　河		8.4	18.5	0.1	4.6	15.4	21.1	11.5	0.5	19.5			99.6
乌　海	0.1	9.9	4.7	1.0	2.8	32.7	15.3	15.5	0.4	28.1			110.5
巴彦浩特		8.2	15.1	5.2	31.4	46.8	31.2	44.6	12.1	33.3		0.3	228.2

1-1-7 主要城市有效可照时数(2017年)

单位：小时

城　市	1月	2月	3月	4月	5月	6月	7月	8月	9月	10月	11月	12月	全年
呼和浩特	193.2	194.2	226.4	241.0	302.4	250.4	264.9	263.4	269.2	168.4	186.7	186.2	2746.4
包　头	234.9	216.3	241.7	274.8	321.6	264.4	236.4	262.7	257.6	177.7	240.6	231.5	2960.2
海 拉 尔	189.8	198.6	292.2	303.3	307.0	336.5	318.8	237.9	240.9	234.9	173.0	168.0	3000.9
乌兰浩特	206.0	206.6	290.4	300.6	295.1	327.8	292.2	184.9	264.4	225.5	178.5	176.1	2948.1
通　辽	206.6	218.5	296.0	285.3	309.5	294.0	294.3	187.1	248.5	214.5	210.4	197.9	2962.6
赤　峰	197.3	229.3	265.5	278.2	320.2	262.5	290.0	248.9	283.4	224.0	226.1	193.5	3018.9
锡林浩特	190.6	202.7	258.5	267.8	324.0	294.5	274.4	268.3	287.6	199.7	190.6	177.8	2936.5
集　宁	200.4	203.0	225.5	254.8	272.0	245.8	231.8	258.3	257.8	184.4	204.8	197.0	2735.6
东　胜	218.9	209.3	244.4	280.3	317.5	284.8	265.6	254.6	257.1	187.6	234.5	230.1	2984.7
临　河	251.2	231.1	263.0	297.6	350.7	338.4	305.0	325.1	295.4	244.4	257.4	230.0	3389.3
乌　海	228.4	209.5	235.1	256.7	311.2	315.4	283.2	281.4	255.4	206.4	231.4	222.2	3036.3
巴彦浩特	249.3	216.3	249.3	250.3	303.4	277.5	275.0	254.9	243.1	235.7	241.7	229.1	3025.6

主要统计指标解释

行政区划 指国家对行政区域的划分。根据宪法规定，我国的行政区域划分如下：(1)全国分为省、自治区、直辖市；(2)省、自治区分为自治州(盟)、县(旗)、自治县(旗)、市；(3)自治州分为县、自治县、市；(4)旗、县、自治县(旗)分为乡、民族乡、镇；(5)直辖市和较大的市分为区、县(旗)；(6)国家在必要时设立的特别行政区。

国土 指一个主权国家管辖下的领土、领海和领空。

气候 指地球与大气之间长期能量交换与质量交换所形成的一种自然环境状态，它是多种因素综合作用的结果。气候既是人类生活和生产的环境要素之一，又是供给人类生活和生产的重要资源。气温、降水、湿度等气象要素的多年平均值是用来描述一个地区气候状况的主要参数，而各种气象要素某年、某月的平均值（或总量）则可以反映出该时期天气气候状况的重要特征。

自然资源 指人类可以直接从自然界获得，并用于生产和生活的物质资源。自然资源一般可以分成可再生资源和非再生资源两大类。可再生资源指在较短时间内可以再生、可以循环利用的资源，包括土地资源、水资源、气候资源、生物资源和海洋资源等。非再生资源指在使用后不能再生的资源，包括矿产资源和地热能源。

土地资源 土地指陆地的表层部分，它主要由岩石、岩石的风化物和土壤构成。土地资源按利用类型可以分为农用地、建筑用地和未利用地。农用地包括耕地、园地、林地、牧草地和水面。建筑用地包括居民点及工矿用地、交通用地和水利设施用地。未利用地指农用地和建筑用地以外的土地，包括滩涂、荒漠、戈壁、冰川和石山等。

林业用地面积 指生长乔木、竹类、灌木、沿海红树林等林木的土地面积，包括有林地、灌木林、疏林地、未成林造林地、迹地、苗圃等。

草地面积 指牧区和农区用于放牧牲畜或割草，植被盖度在 5%以上的草原、草坡、草山等面积。包括天然的和人工种植或改良的草地面积。

森林资源 指森林、林木、林地以及依托森林、林木、林地生存的野生动物、植物和微生物。林木指树木和竹子。森林指以乔木为主体的植物群落，是集生的乔木及与共同作用的植物、动物、微生物和土壤、气候等的总体。

活立木总蓄积量 指一定范围内土地上全部树木蓄积的总量，包括森林蓄积、疏林蓄积、散生木蓄积和四旁树蓄积。

森林面积 指由乔木树种构成，郁闭度 0.2 以上(含 0.2)的林地或冠幅宽度 10 米以上的林带的面积，即有林地面积。森林面积包括天然起源和人工起源的针叶林面积、阔叶林面积、针阔混交林面积和竹林面积，不包括灌木林地面积和疏林地面积。

森林蓄积量 指一定森林面积上存在着的林木树干部分的总材积。它是反映一个国家或地区森林资源总规模和水平的基本指标之一，也是反映森林资源的丰富程度、衡量森林生态环境优劣的重要依据。

森林覆盖率 指一个国家或地区森林面积占土地面积的百分比。在计算森林覆盖率时，森林面积包括郁闭度 0.2 以上的乔木林地面积和竹林地面积，国家特别规定的灌木林地面积、农田林网以及四旁(村旁、路旁、水旁、宅旁)林木的覆盖面积。森林覆盖率是反映森林资源的丰富程度和生态平衡状况的重要指标。计算公式为：

森林覆盖率(%)=森林面积/土地总面积 × 100%

水资源 水在自然界中以固体、液体和气态三种聚集状态存在，分布于海洋、陆地(包括土壤)以及大气之中，通过水循环形成水资源。水资源包括经人类控制并直接可供灌溉、发电、给水、航运、养殖等用途的地表水和地下水，以及江河、湖泊、井、泉、潮汐、港湾和养殖水域等。水资源是发展国民经济不可缺少的重要自然资源。

地表水和地下水 陆地上的水因空间分布不同，可以分为地表水和地下水。地表水指分别存在于河流、湖泊、沼泽、冰川和冰盖等水体中水分的总称，又称陆地水。地下水指储存在地面以下饱和岩土孔隙、裂隙及溶洞中的水。

矿产资源 矿产指由地质作用形成，富集于地壳中或出露于地表达到工农业利用要求的有用矿物。矿产是一种重要的自然资源，是社会发展的重要物质基础。从某种意义上讲，一个国家对矿产资源开发利用的广度和深度，可以作为这个国家经济发展水平的标志。

矿产保有储量 指探明的矿产储量(包括工业储量和远景储量)，扣除已开采部分和地下损失量后的年末实有储量，是反映国家矿产资源现状的重要指标。

气温 指空气的温度，我国一般以摄氏度（℃）为单位表示。气象观测的温度表是放在离地面约 1.5 米处通风良好的百叶箱里测量的。因此，通常说的气温指的是离地面 1.5 米处百叶箱中的温度。其统计计算方法为:

月平均气温是将全月各日的平均气温相加，除以该月的天数而得。

年平均气温是将 12 个月的月平均气温累加后除以 12 而得。

相对湿度 指空气中实际水气压与当时气温下的饱和水气压之比。其统计方法与气温相同。

降水量 指从天气降落到地面的液态或固态（经融化后）水，未经蒸发、渗透、流失而在地面上积聚的深度。其统计计算方法为:

月降水量是将全月各日的降水量累加而得。

年降水量是将 12 个月的月降水量累加而得。

日照时数 指太阳实际照射地面的时间。其统计方法与降水量相同。

第一部分　综合篇

② 综合

资料整理：王艳伟　齐杰　王晓娟

1-2-1　平均每天主要社会经济活动

指　　标	1990	1995	2000	2005	2010	2015	2017
全区每天创造的财富							
生产总值(万元)	8748	23481	42168	106987	319781	488534	
第一产业	3084	7128	9611	16152	30008	44313	
第二产业	2806	8460	15961	48581	174457	246591	
工　业	2388	6983	13265	40490	153929	212032	
建筑业	418	1477	2695	8091	20528	34607	
第三产业	2858	7893	16596	42254	115316	197630	
#运输邮电业	567	1900	4807	11659	27254	35454	
商业饮食业	683	2275	5353	12551	36876	64580	
财政收入(万元)	904	2092	4263	14695	47620	53821	46663
财政支出(万元)	1668	2799	7152	20126	62288	116519	124108
粮食(吨)	26657	28915	34025	45540	59129	77452	89164
油料(吨)	1901	1923	3189	3348	3510	5304	6595
肉类(吨)	1469	2243	3929	6299	6540	6732	7265
牛奶(吨)	1012	1331	2186	18934	24799	22005	15147
水产品(吨)	83	130	198	226	312	421	428
布(万米)	29.55	23.42	9.01	22.84	26.88		
乳制品(吨)	60	83	182	8425	9462	8042	
原煤(万吨)	13.05	19.33	19.86	70.16	216.20	249.20	
发电量(万千瓦小时)	4645	7631	12033	28948	68052	107638	
钢(吨)	7480	9736	11605	22068	33776	47537	
成品钢材(吨)	4807	7062	10381	20487	36751	51978	
水泥(吨)	6246	9569	17260	44719	149433	159747	
每天消费量							
最终消费(万元)	5937	14778	23936	49393	125702	204187	
居民消费(万元)	4652	11314	17427	32632	73790	143157	

注：2013年以前，财政收入为地方财政总收入；2013年起，财政收入为公共财政预算收入。下表同。

1-2-1 续表

指 标	1990	1995	2000	2005	2010	2015	2017
农村居民	2368	4984	6517	8522	14428	32547	
城镇居民	2284	6330	10910	24110	59362	110610	
政府消费(万元)	1285	3464	6508	16761	51913	61030	
能源消费量(万吨标准煤)	6.64	8.95	10.79	29.49	51.73	51.85	54.56
社会消费品零售总额(万元)	3577	8083	13260	37208	92712	167334	196170
每天其他经济活动							
资本形成总额(万元)	3416	10219	17591	77947	247134	384561	
固定资本形成	1939	7484	12039	73568	244896	379299	
存货增加	1477	2735	5552	4379	2239	5262	
城镇新建住宅面积(万平方米)	0.96	1.65	2.78	3.40	7.07	5.02	
农牧民个人新建住宅面积(万平方米)	1.36	2.65	2.36	1.40	0.99	2.41	
货运量(万吨)	73.09	89.68	122.27	200.22	362.21	510.03	623.18
客运量(万人)	28.70	50.06	64.52	87.98	66.69	46.54	44.00
进出口总额(万美元)	132.68	307.70	557.80	1414.22	2388.75	3502.44	3816.16
邮电业务总量(万元)	58.07	264.50	1541.00	5471.78	5527.90	10966.88	
个人储蓄存款新增额(万元)	822	2496	2140	10129	19292		
图书出版(万册)	21.78	17.97	20.34	24.35	16.63	17.76	16.49
杂志出版(万册)	3.46	2.84	4.34	3.79	3.94	5.70	3.83
报纸出版(万份)	44.36	44.62	49.23	169.37	74.11	89.90	77.50
邮寄函件(万件)	22.14	45.83	26.51	8.61	9.28	3.99	2.02
每天人口变动与婚姻							
出生(人)	1117	1073	645	659	628	530	655
死亡(人)	293	417	359	357	374	365	397
结婚(对)	435	475	416	423	555	597	512
离婚(对)	60	75	89	107	157	252	277

注：个人储蓄存款新增额2010年以前为城乡居民储蓄存款新增额。

1-2-2 社会经济主要指标人均水平

指标	1990	1995	2000	2005	2010	2015	2017
生产总值(元)	**1478**	**3772**	**6502**	**16285**	**47347**	**71101**	
财政收入(元)	**154**	**336**	**657**	**1397**	**7051**	**7833**	**6747**
农牧业生产							
耕地面积(公顷)	0.23	0.24	0.31	0.31	0.29	0.37	0.37
粮食产量(千克)	454.15	464.40	524.60	693.19	875.47	1127.24	1289.20
油料产量(千克)	32.38	30.90	49.20	50.96	51.96	77.19	95.35
甜菜产量(千克)	110.36	116.00	59.69	57.68	65.31	91.75	136.39
年末大牲畜(头)	0.33	0.31	0.26	0.33	0.36	0.35	0.33
年 末 羊(只)	1.41	1.46	1.50	2.26	2.14	2.30	2.42
年末生猪(口)	0.24	0.34	0.31	0.29	0.28	0.26	0.20
肉类产量(千克)	25.02	36.03	60.58	95.88	96.83	97.97	105.04
#牛肉产量(千克)	3.99	4.10	9.23	14.01	20.17	21.09	23.56
羊肉产量(千克)	5.96	7.42	13.44	30.21	36.20	36.92	41.25
猪肉产量(千克)	13.43	20.97	32.37	36.71	29.15	28.23	29.13
牛奶产量(千克)	17.25	21.37	33.70	288.20	367.17	320.27	219.01
羊 毛(千克)	2.87	2.64	2.89	4.27	4.87	5.48	5.37
主要工业产品产量							
原 煤(吨)	2.22	3.10	3.06	10.68	32.01	36.27	
原 盐(吨)	0.04	0.03	0.05	0.09	0.11	0.07	
发 电 量(千瓦小时)	791	1225	1855	4406	10684	15666	
糖(千克)	7.64	7.51	5.09	6.15	4.88	26.85	
乳 制 品(千克)	1.03	1.33	2.81	128.25	140.09	117.05	
呢 绒(米)	0.49	0.65	0.18	0.26	0.51	0.39	
水 泥(吨)	0.11	0.15	0.27	0.68	2.21	2.32	
钢(吨)	0.13	0.16	0.18	0.34	0.50	0.69	
生 铁(吨)	0.13	0.15	0.19	0.38	0.55	0.58	
社会消费品零售额(元)	**610**	**1379**	**2571**	**5664**	**13727**	**24354**	**28365**
人民生活							
职工平均工资(元)	1846	4134	6974	15985	35507	57870	67688
#国有(元)	1971	4407	7261	16598	37602	62059	71419
集体(元)	1441	3001	4826	10804	29822	58679	70471
城镇常住居民人均可支配收入(元)	1155	2846	5129	9137	17698	30594	35670
城镇常住居民人均生活消费支出(元)	982	2482	3928	6929	13995	21876	23638
农村牧区常住居民人均可支配收入(元)	647	1300	2038	2989	5530	10776	12584
农村牧区常住居民人均生活消费支出(元)	539	1261	1615	2446	4461	10637	12184
住户存款余额(元)	515	1804	3875	8231	18877	35884	42506

注：1.住户存款余额2010年以前为城乡居民储蓄存款余额，2011—2014年为个人储蓄存款余额，下表同。
2.2013年以后，城镇(农村牧区)常住居民人均可支配收入、城镇(农村牧区)常住居民人均生活消费支出数据为城乡一体化住户收支与生活状况调查数据。“农牧民人均纯收入”改为“农村牧区常住居民人均可支配收入”。

1-2-3 国民经济和

指 标	总量指标						
	1978	1995	2000	2005	2010	2015	2017
人口与就业							
人口(万人)							
年末总人口	1823.4	2284.4	2372.4	2403.1	2472.2	2511.0	2528.6
市镇人口	397.5	873.1	1001.1	1134.3	1372.9	1514.2	1568.2
乡村人口	1425.9	1411.3	1371.3	1268.8	1099.3	996.9	960.4
男性人口	957.8	1187.6	1227.2	1237.9	1283.9	1298.7	1305.2
女性人口	865.6	1096.8	1145.2	1165.2	1188.3	1212.3	1223.4
就业(万人)							
从业人数	652.8	1029.4	1061.6	1041.1	1184.7	1463.7	1424.9
#职工人数	227.6	383.7	263.9	239.6	244.9	289.6	271.7
城镇登记失业人数		14.0	12.7	17.8	20.8	25.9	27.1
宏观经济							
国民经济核算(亿元)							
生产总值	58.04	857.06	1539.12	3905.03	11672.00		
第一产业	18.96	260.18	350.80	589.56	1095.28		
第二产业	26.37	308.78	582.57	1773.21	6367.69		
第三产业	12.71	288.10	605.74	1542.26	4209.02		
固定资产投资(亿元)							
全社会固定资产投资总额		273.06	430.42	1808.31	6035.68	13824.76	
#国有单位		210.00	275.06	1106.52	2819.55	5403.82	
集体单位		11.14	27.15	27.68	73.16	124.01	
个体经济		44.09	51.64	56.69	70.94	222.37	
财政(亿元)							
地方财政总收入	6.90	43.70	139.94	478.73	1738.14	1964.48	1703.21
地方财政总支出	18.69	102.18	261.06	734.61	2273.50	4252.96	4529.93
物价总指数(上年=100)							
商品零售价格总指数	101.0	116.8	98.8	101.5	103.0	100.5	101.2
居民消费价格总指数		117.5	101.3	102.4	103.2	101.1	101.7
农产品生产者价格总指数	101.6	124.7	99.7	103.2	111.4	98.0	95.6
能源生产与消费(万吨标准煤)							
能源生产总量	1070.63	4642.02	4701.23	19082.33	49740.18	56253.32	54620.13
能源消费总量		3268.44	3937.54	10788.37	18882.66	18927.07	19914.97

注：2011年以后，地方财政总收支为一般公共预算收支。

社会发展总量与速度

速度指标(%)										
指数(2017年为以下各年)						平均增长速度				
1978	1995	2000	2005	2010	2015	1979-2017	1996-2000	2001-2005	2006-2010	2011-2015
138.7	110.7	106.6	105.2	102.3	100.7	0.8	0.8	0.3	0.6	0.3
394.5	179.6	156.6	138.3	114.2	103.6	3.6	2.8	2.5	3.9	2.0
67.4	68.1	70.0	75.7	87.4	96.3	-1.0	-0.6	-1.5	-2.8	-1.9
136.3	109.9	106.4	105.4	101.7	100.5	0.8	0.7	0.2	0.7	0.2
141.3	111.5	106.8	105.0	103.0	100.9	0.9	0.9	0.3	0.4	0.4
218.3	138.4	134.2	136.9	120.3	97.3	2.0	0.6	-0.4	2.6	4.3
119.4	70.8	103.0	113.4	110.9	93.8	0.5	-7.2	-1.9	0.4	3.4
	193.4	213.2	152.1	130.2	104.7		-1.9	6.9	3.2	4.5
7522.6	1505.7	891.1	404.4	179.8	111.5	11.7	11.1	17.1	17.6	10.0
967.3	311.2	228.4	166.2	132.9	106.4	6.0	6.4	6.6	4.6	4.5
10547.5	2418.9	1414.2	523.2	187.7	108.5	12.7	11.3	22.0	22.8	11.6
15166.1	1475.5	777.3	354.1	176.0	115.0	13.7	13.7	17.0	15.0	8.9
							9.5	44.2	27.3	18.0
							5.5	43.0	20.6	13.9
							19.5	8.7	21.5	11.1
							3.2	10.3	4.6	25.7
					86.7		20.4	24.8	39.0	12.9
24237.2	4433.3	1735.2	616.6	199.2	106.5	15.1	20.6	23.0	25.4	13.3
476.3	135.5	132.2	128.1	113.6	101.8	4.1	0.5	0.6	2.4	2.2
	171.6	152.0	137.2	118.8	102.9		2.5	2.1	2.9	2.9
	176.0	211.7	163.8	111.5	90.9		-3.6	5.3	8.0	4.2
5101.7	1176.6	1161.8	286.2	109.8	97.1	10.6	0.3	32.3	21.1	2.5
	609.3	505.8	184.6	105.5	105.2		3.8	22.3	11.8	0.1

1-2-3

指标	总量指标						
	1978	1995	2000	2005	2010	2015	2017
产业							
农林牧渔业							
耕地面积(万公顷)	532.60	549.10	731.70	735.50	714.90	916.20	927.10
从业人员(万人)	393.80	503.00	524.30	529.18	540.53	566.40	562.53
总产值(亿元)	28.35	373.59	543.16	980.21	1843.57	2751.55	2813.54
主要农畜产品产量							
粮食(万吨)	499.00	1055.40	1241.90	1662.20	2158.20	2827.01	3254.50
油料(万吨)	12.50	70.20	116.40	122.20	138.10	206.30	240.70
甜菜(万吨)	43.10	263.50	141.30	138.30	145.10	200.50	344.30
造林面积(万公顷)	29.79	40.25	58.90	38.38	65.52	66.80	68.05
肉类(万吨)		81.89	143.40	229.91	238.71	245.71	265.16
牛奶(万吨)		48.57	79.80	691.08	905.15	803.20	552.86
羊毛(万吨)		5.99	6.85	10.25	12.00	13.74	14.35
羊绒(吨)		3114	3815	6646	8104	8380	8026
水产品(万吨)	1.50	4.76	7.21	8.26	11.38	15.35	15.62
六月末牲畜总数(万头只)	4162.30	6065.70	7300.47	10615.30	10798.50	13585.73	
大牲畜(万头)	697.50	783.80	803.31	934.20	1140.10	1358.27	
羊(万只)	2860.50	4302.50	5406.23	8713.00	8408.00	10736.49	
生猪(万口)	604.30	979.40	1090.92	968.10	1250.50	1490.97	
工业生产							
工业总产值(亿元)	52.96	626.52	1202.85	3861.58	16020.00	23424.87	
轻工业(亿元)	22.05	215.92	464.26	1171.70	4645.80	6793.21	
重工业(亿元)	30.91	410.61	738.59	2689.88	11374.00	16631.66	
工业增加值(亿元)	21.84	254.88	484.19	1477.88	5618.40	7739.18	
主要工业产品产量							
原煤(万吨)	2194	7055	7247	25608	78913	90957	
原油(万吨)			90.50	146.92	182.91	178.83	
原盐(万吨)	65.18	76.13	126.68	215.84	278.42	164.57	
发电量(亿千瓦小时)	37.38	278.54	439.21	1056.59	2483.90	3928.77	
糖(包括土糖)(万吨)	4.23	17.07	12.04	14.75	12.04	67.33	
乳制品(万吨)	0.31	3.03	6.65	307.53	345.36	293.55	
呢绒(万米)	336.80	1477.00	421.20	611.76	1257.94	984.20	
服装(万件)		4868.00	1794.70	1980.72	3676.37	5095.50	
机制纸及纸板(万吨)	4.25	19.15	12.19	25.74	28.84	12.32	
水泥(万吨)	91.91	349.27	630.00	1632.25	5454.30	5830.75	
钢(万吨)	99.00	355.36	423.59	805.49	1232.84	1735.11	
生铁(万吨)	107.00	345.78	440.83	922.69	1358.97	1461.40	
成品钢材(万吨)	36.23	257.77	378.91	747.77	1341.41	1897.18	
电视机(万台)	0.10	32.68	51.80	239.09	204.37	266.48	
建筑业							
建筑业从业人数(万人)		30.98	35.30	26.35	44.34	28.64	27.82
建筑企业总产值(亿元)		85.52	138.80	381.30	1125.58	1123.21	1122.19
施工房屋面积(万平方米)		1010.92	1816.94	2958.88	7577.89	6970.48	5443.86
竣工房屋面积(万平方米)		511.86	1130.00	1623.38	3805.24	3098.93	2031.49
交通运输							
货运量(万吨)	8213	32732	44629	73082	132205	186160	227459
铁路	3861	8347	9648	22060	47040	66653	79969
公路	4352	24384	34979	51020	85162	119500	147483
空运		1.13	2.00	2.00	3.11	8.14	7.51
客运量(万人)	3422	18273	23549	32114	24343	16986	16061
铁路	1753	2909	3378	3259	4136	5117	5452
公路	1669	15248	20061	28604	19830	11017	9421
空运		116	110	251	377	852	1188

注：2013年起，铁路客(货)运量包含地方铁路数据，下同。

续表 1

速度指标(%)										
指数(2017年为以下各年)						平均增长速度				
1978	1995	2000	2005	2010	2015	1979-2017	1996-2000	2001-2005	2006-2010	2011-2015
174.1	168.8	126.7	126.1	129.7	101.2	1.4	5.9	0.1	-0.6	5.1
142.8	111.8	107.3	106.3	104.1	99.3	0.9	0.8	0.2	0.4	0.9
935.7	331.5	233.0	160.5	127.3	103.1	6.0	7.3	7.7	4.7	4.3
652.2	308.4	262.1	195.8	150.8	115.1	4.9	3.3	6.0	5.4	5.5
1925.6	342.9	206.8	197.0	174.3	116.7	7.9	10.6	1.0	2.5	8.4
798.8	130.7	243.7	249.0	237.3	171.7	5.5	-11.7	-0.4	1.0	6.7
228.4	169.1	115.5	177.3	103.9	101.9	2.1	7.9	-8.2	11.3	0.4
1269.3	323.8	184.9	115.3	111.1	107.9	6.7	11.8	9.9	0.8	0.6
	1138.3	692.8	80.0	61.1	68.8		10.4	54.0	5.5	-2.4
	239.6	209.5	140.0	119.6	104.4		2.7	8.4	3.2	2.7
	257.7	210.4	120.8	99.0	95.8		4.1	11.7	4.0	0.7
1041.2	328.1	216.6	189.1	137.3	101.8	6.2	8.7	2.8	6.6	6.2
						3.1	3.8	7.8	0.3	4.7
						1.8	0.5	3.1	4.1	3.6
						3.4	4.7	10.0	-0.7	5.0
						2.3	2.3	-2.4	5.3	3.6
14570.9	2830.7	1614.3	601.5	202.0	110.5	13.6	11.9	21.8	24.4	12.8
12077.4	2303.4	1125.8	425.4	168.6	95.6	13.1	15.4	21.5	20.3	12.0
13742.7	2707.2	1758.3	656.1	208.7	113.3	13.5	9.0	21.8	25.7	13.0
11371.1	2736.8	1512.8	572.3	194.4	110.9	12.9	12.6	21.5	24.1	11.9
							0.5	28.7	25.2	3.7
								10.2	4.5	-0.5
							10.7	11.2	5.2	-10.0
							9.5	19.2	18.6	9.3
							-6.7	4.1	-4.0	41.1
							17.0	115.3	2.3	-3.2
							-22.2	7.8	15.5	-4.8
							-18.1	2.0	13.2	6.7
							-8.6	16.1	2.3	-15.6
							12.5	21.0	27.3	1.3
							3.6	13.7	8.9	6.2
							5.0	15.9	8.1	1.5
							8.0	14.6	12.4	9.6
							9.7	35.8	-3.1	5.5
	89.8	78.8	105.6	62.7	97.1		2.6	-5.7	11.0	-8.4
	1312.2	808.5	294.3	99.7	99.9		10.2	22.4	24.2	
	538.5	299.6	184.0	71.8	78.1		12.4	10.2	20.7	-1.7
	396.9	179.8	125.1	53.4	65.6		17.2	7.5	18.6	-4.0
						8.9	6.4	10.6	12.6	7.1
						8.1	2.9	18.0	16.4	7.2
3388.9	604.8	421.6	289.1	173.2	123.4	9.5	7.5	7.8	10.8	7.0
	664.6	375.5	375.5	241.5	92.3		12.1		9.2	21.2
						4.0	5.2	6.4	-5.4	-6.9
						3.0	3.0	-0.7	4.9	4.3
564.5	61.8	47.0	32.9	47.5	85.5	4.5	5.6	7.4	-7.1	-11.1
	1024.1	1080.0	473.3	315.1	139.4		-1.1	17.9	8.5	17.7

1-2-3

指　　标	总量指标						
	1978	1995	2000	2005	2010	2015	2017
邮电通信业							
邮电业务总量(亿元)	0.42	9.66	56.25	199.72	200.69	400.29	
函　件(万件)	6658	16728	9677	3143	3389	1455	738
报刊期发数(万份)	253	486	395	194	242	194	176
局用交换机容量(万门)	5.08	105.92	254.30	430.45	711.47	398.46	238.09
电话机(万部)	9.96	85.49	322.20	1254.30	2448.09		
国内贸易							
社会消费品零售总额(亿元)	36.83	313.31	608.55	1358.10	3384.00	6107.70	7160.23
对外经济贸易							
进出口总额(亿美元)	0.16	11.23	20.36	51.62	87.19	127.84	139.29
进口额	0.05	5.15	10.14	30.97	53.84	71.10	89.93
出口额	0.11	6.08	10.22	20.65	33.35	56.73	49.36
实际利用外资额(万美元)		10838	54819	140007	355876	336629	314951
旅游							
入境旅游人数(万人)		30.09	39.19	100.16	142.80	160.78	184.83
国内旅游人数(万人次)		380.00	735.00	2062.00	4478.00	8352.00	11461.19
旅游外汇收入(万美元)		9052	12645	35207	60190	96249	124556
国内旅游收入(万元)		57000	322300	1797200	6929200	21937700	33585900
金融保险							
金融机构各项存款(亿元)	16.47	566.34	1270.13	3298.15	10278.69	18077.60	22952.80
金融机构各项贷款(亿元)	40.33	819.87	1340.74	2588.57	7919.47	17140.67	21456.03
保险公司保险金额(亿元)		1426	1624	10504	37989	95156	192549
保险公司保费收入(亿元)		9.11	24.63	60.87	198.84	395.48	569.91
保险公司赔付支出(亿元)		4.87	7.92	10.76	59.45	124.54	186.48
教育、科技、文化							
教育							
专任教师数(人)							
普通高等学校	2949	7070	8856	16189	23332	25523	26408
中等学校	81208	98437	101036	107704	110137	107203	106992
小学	121364	153461	129242	118988	113546	101730	99653
在校学生数(人)							
普通高等学校	12567	37248	71967	229354	371388	420807	448092
中等学校	1624573	1304852	1621258	1798804	1648686	1317240	1247102
小学	2917772	2343129	2015076	1596381	1430751	1313635	1325442
教育经费支出(亿元)		31.70	55.28	116.22	357.09	702.94	758.39
科技							
研究与发展经费支出(万元)		2023	24606	113208	637205	1360617	1323278
技术市场成交额(万元)		25000	60287	310620	868893	1899589	1627852
文化							
出版数量							
图书(万册・张)	3200.00	6560.00	7423.34	8888.15	6069.00	6482.46	6017.78
杂志(万册)		1036.00	1585.46	1384.00	1437.00	2080.70	1398.46
报纸(万份)		16286.00	17967.23	61819.00	27050.00	32814.97	28289.07
电视节目制作时间(小时)		9843.00	12916.00	71091.00	64697.00	73301.00	75640.00

续表 2

速度指标(%)										
指数(2017年为以下各年)						平均增长速度				
1978	1995	2000	2005	2010	2015	1979-2017	1996-2000	2001-2005	2006-2010	2011-2015
							42.2	28.8	0.1	14.8
11.1	4.4	7.6	23.5	21.8	50.7	-5.5	-10.4	-20.1	1.5	-15.6
69.6	36.2	44.6	90.7	72.7	90.7	-0.9	-4.1	-13.3	4.5	-4.3
4686.8	224.8	93.6	55.3	33.5	59.8	10.4	19.1	11.1	10.6	-10.9
							30.4	31.2	14.3	
19441.3	2285.3	1176.6	527.2	211.6	117.2	14.5	14.2	17.2	20.0	12.5
87056.3	1240.3	684.1	269.8	159.8	109.0	19.0	12.6	20.5	11.1	8.0
179860.0	1746.2	886.9	290.4	167.0	126.5	21.2	14.5	25.0	11.7	5.7
44872.7	811.8	483.0	239.0	148.0	87.0	16.9	10.9	15.1	10.1	11.2
	2906.0	574.5	225.0	88.5	93.6		38.3	20.6	20.5	-1.1
	614.3	471.6	184.5	129.4	115.0		5.4	20.6	7.4	2.4
	3016.1	1559.3	555.8	255.9	137.2		14.1	22.9	16.8	13.3
	1376.0	985.0	353.8	206.9	129.4		6.9	22.7	11.3	9.8
	58922.6	10107.1	1868.8	484.7	153.1		42.3	40.2	31.0	25.9
139361.2	4052.8	1807.1	695.9	223.3	127.0	20.4	17.5	21.0	25.5	12.0
53201.2	2617.0	1600.3	828.9	270.9	125.2	17.5	10.3	14.1	25.1	16.7
	13502.7	11856.5	1833.1	506.9	202.4		2.6	45.3	29.3	20.2
	6255.9	2313.9	936.3	286.6	144.1		22.0	19.8	26.7	14.7
	3829.2	2354.5	1733.1	313.7	149.7		10.2	6.3	40.8	15.9
895.5	373.5	298.2	163.1	113.2	103.5	5.8	4.6	12.8	7.6	1.8
131.8	108.7	105.9	99.3	97.1	99.8	0.7	0.5	1.3	0.4	-0.5
82.1	64.9	77.1	83.8	87.8	98.0	-0.5	-3.4	-1.6	-0.9	-2.2
3565.6	1203.0	622.6	195.4	120.7	106.5	9.6	14.1	26.1	10.1	2.5
76.8	95.6	76.9	69.3	75.6	94.7	-0.7	4.4	2.1	-1.7	-4.4
45.4	56.6	65.8	83.0	92.6	100.9	-2.0	-3.0	-4.6	-2.2	-1.7
	2392.4	1371.9	652.5	212.4	107.9		11.8	16.0	25.2	14.5
	65411.7	5377.9	1168.9	207.7	97.3		64.8	35.7	41.3	16.4
	6511.4	2700.2	524.1	187.3	85.7		19.2	38.8	22.8	16.9
188.1	91.7	81.1	67.7	99.2	92.8	1.6	2.5	3.7	-7.3	1.3
	135.0	88.2	101.0	97.3	67.2		8.9	-2.7	0.8	7.7
	173.7	157.4	45.8	104.6	86.2		2.0	28.0	-15.2	3.9
	768.5	585.6	106.4	116.9	103.2		5.6	40.6	-1.9	2.5

1-2-3

指　　标	总量指标						
	1978	1995	2000	2005	2010	2015	2017
家庭、生活、环境							
家庭							
城镇居民平均每户家庭人口(人)		3.34	3.08	3.00	2.82	2.78	2.72
农村居民平均每户家庭人口(人)	5.78	4.50	4.10	3.78	3.47	3.02	2.95
婚姻							
结婚数(万对)		17.35	15.20	15.45	20.26	21.79	18.70
离婚数(万对)		2.75	3.25	3.92	5.72	9.19	10.09
居住							
城镇居民人均居住面积(平方米)	3.50	12.06	15.54	26.09	29.84	31.39	32.66
农村居民人均居住面积(平方米)		15.29	17.00	19.70	22.10	26.07	27.86
生活							
城镇居民人均可支配收入(元)	301	2846	5129	9137	17698	30594	35670
农村牧区居民人均纯/可支配收入(元)	131	1300	2038	2989	5530	10776	12584
农民人均纯/可支配收入(元)	126	1208	1869	2813	5222	10228	11873
牧民人均纯/可支配收入(元)	188	1871	3355	4341	7851	14996	18058
住户存款余额(亿元)	2.53	410.82	875.74	1973.60	4618.11	8999.44	10730.04
工资和福利							
工资总额(亿元)	14.98	156.12	185.96	387.73	879.80	1706.70	1856.65
职工平均工资(元)	712	4134	6974	15985	35507	57870	67688
卫生							
医院、卫生院(个)	1723	2003	1988	1834	1807	2024	2087
医生(人)	26724	49345	52299	50308	54161	64239	70322
医院、卫生院床位数(张)	24079	61933	63156	64002	87882	124676	140504
市政建设							
自来水供应量(亿吨)	0.88	6.32	6.18	6.11	6.28	7.48	8.26
排水管道长度(公里)		2156	2693	4505	8514	12542	12923
城市煤气和天然气供气量(万立方米)		5694	7485	16330	72560	136297	185773
公共汽车总数(辆)	425	2078	2128	3594	5771	6822	8013
铺装道路长度(公里)	677	2229	2771	3867	6447	9281	10035
绿地面积(公顷)	2143	13394	16541	24632	38143	63090	67171
环境、灾害							
污染治理项目本年完成投资额(亿元)			5.59	2.57	11.18	790.13	969.88
火灾发生数(起)			2096	5422	8741	9509	8046
火灾损失(万元)			1365	1687	5195	12866	7563
交通事故发生数(起)			9521	8452	4780	3214	3384
交通事故损失(万元)			2539	2785	2346	1587	1638

注：污染治理项目本年完成投资额，2011年前取自环保厅，2012年起数据取自环保厅和城建厅。

续表 3

速度指标(%)										
指数(2017年为以下各年)						平均增长速度				
1978	1995	2000	2005	2010	2015	1979-2017	1996-2000	2001-2005	2006-2010	2011-2015
	81.4	88.3	90.7	96.5	97.8		-1.6	-0.5	-1.2	-0.3
51.0	65.5	71.9	78.0	85.0	97.6	-1.7	-1.8	-1.6	-1.7	-2.7
	107.8	123.0	121.0	92.3	85.8		-2.6	0.3	5.6	1.5
	366.9	310.5	257.4	176.4	109.8		3.4	3.8	7.9	9.9
933.1	270.8	210.1	125.2	109.4	104.0	5.9	5.2	10.9	2.7	1.0
	182.2	163.9	141.4	126.1	106.8		2.1	3.0	2.3	3.4
					116.6	13.0	9.6	10.4	11.1	11.1
					116.8	12.4	8.3	5.2	9.7	13.2
					116.1	12.4	7.2	5.7	9.8	
					120.4	12.4	9.2	2.9	9.2	
					119.2	23.9	16.3	17.6	18.5	
12394.2	1189.2	998.4	478.9	211.0	108.8	13.2	3.6	15.8	17.8	14.2
9506.7	1637.3	970.6	423.4	190.6	117.0	12.4	11.0	18.0	17.3	10.3
121.1	104.2	105.0	113.8	115.5	103.1	0.5	-0.2	-1.6	-0.3	2.3
263.1	142.5	134.5	139.8	129.8	109.5	2.5	1.2	-0.8	1.5	3.5
583.5	226.9	222.5	219.5	159.9	112.7	4.6	0.4	0.3	6.5	7.2
938.6	130.7	133.7	135.2	131.5	110.3	5.9	-0.4	-0.2	0.6	3.6
	599.4	479.9	286.9	151.8	103.0		4.5	10.8	13.6	8.1
	3262.6	2481.9	1137.6	256.0	136.3		5.6	16.9	34.8	13.4
1885.4	385.6	376.6	223.0	138.8	117.5	7.8	0.5	11.1	9.9	3.4
1482.3	450.2	362.1	259.5	155.7	108.1	7.2	4.4	6.9	10.8	7.6
3134.5	501.5	406.1	272.7	176.1	106.5	9.2	4.3	8.3	9.1	10.6
					122.7			-14.4	34.2	134.3
		383.9	148.4	92.0	83.9			20.9	10.0	1.9
		554.0	448.3	145.6	58.8			4.3	25.2	19.9
		35.5	40.0	70.8	105.3			-2.4	-10.8	-7.6
		64.5	58.8	69.8	103.2			1.9	-3.4	-7.5

1-2-4 国民经济和社会发展结构

单位：%

指　　标	1990	1995	2000	2005	2010	2015	2017
人口城乡结构							
城镇	36.1	38.2	42.2	47.2	55.5	60.3	62.0
乡村	63.9	61.8	57.8	52.8	44.5	39.7	38.0
人口性别结构							
男	52.1	52.0	51.7	51.5	51.9	51.7	51.6
女	47.9	48.0	48.3	48.5	48.1	48.3	48.4
就业产业结构							
第一产业	55.8	52.1	52.2	53.8	48.2	39.1	41.4
第二产业	21.8	21.9	17.1	15.6	17.4	17.1	15.8
第三产业	22.4	26.0	30.7	30.5	34.4	43.8	42.8
生产总值三次产业结构							
第一产业	35.3	30.4	22.8	15.1	9.4	9.1	10.2
第二产业	32.1	36.0	37.9	45.4	54.5	50.5	39.8
第三产业	32.6	33.6	39.3	39.5	36.1	40.4	50.0
国民总支出中总投资和总消费结构							
总投资	39.0	43.5	41.7	72.9	77.3	78.7	64.0
总消费	67.9	62.9	56.8	46.2	39.3	41.8	52.6
工农业总产值中农、轻、重结构							
农业	37.3	38.2	31.1	20.2	10.3	10.5	
轻工业	25.8	21.6	27.0	24.2	26.0	26.0	
重工业	36.9	45.3	43.0	55.6	63.7	63.5	
农、林、牧、渔业产值结构							
农业	65.7	62.0	56.8	48.3	48.8	51.5	51.0
林业	4.0	3.2	4.3	4.1	4.2	3.6	3.6
牧业	29.6	34.0	37.8	45.4	44.6	42.2	42.7
渔业	0.7	0.8	1.1	0.7	0.9	1.1	1.1
工业总产值中轻、重工业结构							
轻工业	41.2	34.5	38.6	30.3	29.0	29.0	
重工业	58.8	65.5	61.4	69.7	71.0	71.0	
固定资产投资额三次产业投资结构							
第一产业	7.6	8.6	11.1	5.2	5.4	7.0	
第二产业	57.3	64.8	34.3	58.9	55.2	52.0	
第三产业	35.1	26.6	54.6	35.9	39.4	41.0	
教育经费占财政支出的比例	**14.1**	**16.2**	**11.6**	**10.7**	**14.2**	**12.6**	**12.4**

1-2-4 续表

单位：%

指　　标	1990	1995	2000	2005	2010	2015	2017
建筑业总产值结构							
土木工程建筑业	96.9	90.0	90.1	94.7	94.6		
线路管道设备安装业	3.1	9.5	9.3	4.5	4.5		
建筑物装修装饰业		0.5	0.6	0.8	0.9		
货运量结构（按运输方式分）							
铁路	26.0	27.5	21.6	30.2	35.6	35.8	35.2
公路	74.0	72.5	78.4	69.8	64.4	64.2	64.8
航空							
管道							
社会消费品零售总额构成							
市	55.0	58.0	60.0	66.9			
县	25.9	24.0	24.0	20.7			
县以下	19.1	18.0	16.0	12.4			
学校在校学生结构							
大学生	0.9	1.0	4.8	6.3	10.7	13.8	14.8
中学生	34.2	35.4	40.9	49.6	47.8	43.2	41.3
小学生	64.9	63.6	54.3	44.1	41.5	43.0	43.9
科技经费内部支出结构							
#劳务费			44.6	19.7			
研究与发展经费支出			35.6	34.0			
城镇居民消费结构							
食品类	48.3	48.4	34.5	31.4	30.1	28.4	27.4
衣着类	16.5	16.3	14.3	15.1	15.7	11.3	10.9
用品及其他	35.2	29.0	42.6	43.1	44.3	43.3	44.4
居住		6.3	8.6	10.4	9.9	17.0	17.4
农牧民消费结构							
食品类		59.7	44.8	43.1	37.5	29.4	27.8
衣着类		7.3	6.9	6.1	7.1	7.2	6.9
用品及其他		19.7	32.9	37.1	38.5	46.4	47.3
居住		13.3	15.4	13.7	16.9	17.1	18.0
卫生技术人员结构							
医生	42.8	48.3	51.9	41.5	44.0	39.6	39.0
护师、护士	22.9	24.1	25.6	22.3	30.6	37.7	39.8

注：2013年起，城镇居民(农牧民)消费结构数据为城乡住户一体化调查数据。

1-2-5 国民经济和社会发展比例和效益

指　　标	1990	1995	2000	2005	2010	2015	2017
人 口 与 就 业							
人口							
出生率(‰)	21.2	17.2	12.1	10.1	9.3	7.7	9.5
死亡率(‰)	7.2	6.7	5.9	5.5	5.5	5.3	5.7
自然增长率(‰)	14.0	10.5	6.1	4.6	3.8	2.4	3.7
就业							
城镇就业者负担人数(人)	1.89	1.86	1.92	1.91	1.94	1.76	1.83
三次产业从业者比例(以第一产业为100)							
第一产业	100	100	100	100	100	100	100
第二产业	39.1	41.9	33.0	29.0	36.1	43.6	38.2
第三产业	40.3	50.0	58.8	56.7	71.4	112.1	103.6
城镇登记失业率(%)	3.49	3.17	3.34	4.26	3.90	3.65	3.63
宏 观 经 济							
国民经济核算							
三次产业增加值比例(以第一产业为100)							
第一产业	100	100	100	100	100	100	
第二产业	91.0	118.7	166.1	300.8	581.4	556.5	
第三产业	92.7	110.7	172.7	260.0	384.3	446.0	
人均生产总值(元)	1478	3772	6502	16285	47347	71101	
固定资产投资							
全社会固定资产投资占生产总值比例(%)	22.2	31.9	28.0	68.8	76.9	77.5	
全社会房屋建筑面积竣工率(%)	77.8	80.7	75.5	53.5	50.2	44.5	37.3
财政							
地方财政总收入占生产总值比例(%)	10.3	5.1	7.2	8.6	14.9		
地方财政总支出占生产总值比例(%)	19.1	11.9	17.0	18.8	19.5	23.9	
能源生产与消费							
能源生产弹性系数	0.66	1.61	0.27	0.94	1.59	-0.85	0.92
能源消费弹性系数	1.09	1.61	0.77	1.13	0.64	0.44	0.59
每万元生产总值消耗的能源(吨标准煤)	7.59	6.27	2.31	2.48	1.92	1.00	

1-2-5 续表 1

指 标	1990	1995	2000	2005	2010	2015	2017
产 业							
农牧业							
人均耕地面积(公顷)	0.23	0.24	0.31	0.31	0.30	0.36	0.37
每公顷耕地农业机械总动力(千瓦)	1.53	1.64	1.85	2.61	4.24	4.58	
每公顷播种面积农产品产量(千克)							
粮 食	2511	2547	2800	3800	3925	4937	
油 料	1340	1260	1324	1759	1848	2119	2162
甜 菜	24884	18821	23998	36328	43707	46147	41627
建筑业							
技术装备率(元/人)	2434	3053	5844	11822	11379	24549	18472
产值利税率(%)	6.2	3.6	4.2	8.3	11.6	7.8	8.4
全员劳动生产率(元/人)(按总产值计算)	1369	28440	39319	81750	151321	303271	311715
交通运输业							
铁路网密度(公里/万平方公里)	47	49	61	65	66	101	105
公路网密度(公里/万平方公里)	366	378	569	1052	1336	1482	1686
铁路货运密度(吨/公里)	12338	14391	14705	29186	60300	56058	64517
公路货运密度(吨/公里)	4597	5443	5194	6456	5390	6814	7395
邮电通信业							
固定电话普及率(部/百人)	0.8	2.9	8.7	22.7	16.8	12.8	9.2
移动电话普及率(部/百人)		0.1	4.9	29.9	82.5	96.6	113.2
国内贸易							
人均社会消费品零售额(元)	610	1298	2045	5635	13833	24323	28365
对外经济贸易							
进出口总额占生产总值比例(%)	7.9	10.9	11.0	10.7	4.9	4.4	

1-2-5 续表 2

指 标	1990	1995	2000	2005	2010	2015	2017
金融保险							
金融机构存款占生产总值比例(%)	53.2	66.1	82.5	84.5	88.1	101.4	
金融机构贷款占生产总值比例(%)	85.5	95.7	87.1	66.3	67.9	96.1	
教育、科技、文化							
教育							
学龄儿童入学率(%)	97.9	98.9	99.5	99.4	100.0	100.0	100.0
小学升学率(%)	81.8	90.0	96.1	100.0	100.2	99.6	99.5
初中升学率(%)	42.1	48.6	60.2	73.0	91.5	95.4	95.2
学校生师比(教师人数=1)							
高等学校	4.8	5.3	8.1	14.2	15.9	16.5	17.0
中等学校	12.7	13.2	16.1	16.7	15.0	12.3	11.7
小学学校	15.2	15.3	15.6	13.4	12.6	12.9	13.3
科技							
研究与开发经费支出占生产总值比例(%)		0.09	0.16	0.29	0.55	0.76	
文化							
每百万人有艺术表演团体(个)	5.8	5.2	4.9	4.6	4.4	3.9	3.8
每百万人有公共图书馆(个)	4.9	4.7	4.6	4.6	4.6	4.7	4.6
每百万人有博物馆(个)	0.5	0.7	1.1	1.4	2.2	3.3	3.7
家庭、生活、环境							
家庭							
负担少儿系数(%)	42.1	38.2	29.0	22.4	18.0	17.3	17.6
负担老年系数(%)	5.9	6.8	7.3	8.8	9.7	11.8	13.1
卫生							
每万人医院、卫生院数(个)	0.9	0.9	0.9	0.8	0.7	0.8	0.8
每万人医生数(人)	19	22	22	21	22	26	28
每万人医院、卫生院床位数(张)	26.6	27.3	28.2	29.1	40.4	49.7	55.7
市政建设							
城市自来水普及率(%)	73.4	80.7	89.1	83.9	88.0	98.5	99.1
城市用气普及率(%)	16.8	40.5	58.6	68.2	79.3	94.1	96.0
人均公园绿地面积(平方米)	3.3	5.9	7.0	7.8	12.4	19.3	19.7

主要统计指标解释

可比价格　指计算各种总量指标所采用的扣除了价格变动因素的价格，可进行不同时期总量指标的对比。按可比价格计算总量指标有两种方法：一种是直接用产品产量乘某一年的不变价格计算；另一种是用价格指数进行缩减。

不变价格　指以同类产品某年的平均价格作为固定价格，用于计算各年的产品价值。按不变价格计算的产品价值消除了价格变动因素，不同时期对比可以反映生产的发展速度，新中国成立后，随着工农业产品价格水平的变化，国家统计局先后五次制定了全国统一的工业产品不变价格和农业产品不变价格。从1952年到1957年使用1952年工(农)业产品不变价格。从1957年到1970年使用1957年不变价格，从1971年到1980年使用1970年不变价格，从1981年到1990年使用1980年不变价格，从1991年开始使用1990年不变价格。

平均增长速度　我国计算平均增长速度有两种方法：一种是习惯上经常使用的“水平法”，又称几何平均法，是以间隔期最后一年的水平同基期水平对比来计算平均每年增长(或下降)速度；另一种是“累计法”，又称代数平均法或方程法，是以间隔期内各年水平的总和同基期水平对比来计算平均每年增长(或下降)速度。在一般正常情况下，两种方法计算的平均每年增长速度比较接近，但在经济发展不平衡、出现大起大落时，两种方法计算的结果差别较大。

本《年鉴》内所列的平均增长速度，除固定资产投资用“累计法”计算外，其余均用“水平法”计算。从某年到某年平均增长速度的年份，均不包括基期年在内。如建国四十三年的平均增长速度是以1949年为基期计算的，则写为1950-1992年平均增长速度，其余类推。

企业(单位)登记注册类型　是以在工商行政管理机关登记注册的各类企业为划分对象，以工商行政管理部门对企业登记注册的类型为依据，将企业登记注册类型分为内资企业、港澳台商投资企业和外商投资企业三大类。内资企业包括国有企业、集体企业、股份合作企业、联营企业、有限责任公司、股份有限公司、私营公司和其他企业；港澳台商投资企业和外商投资企业分别包括合资经营企业、合作经营企业、独资经营企业和股份有限公司。对不在工商行政管理部门进行登记注册的行政机关、事业单位和社会团体，主要按其经费来源和管理方式进行划分。

行政机关、事业单位和社会团体　参照企业登记注册类型，主要按其经费来源和管理方式划分。具体规定如下：

(1)行政机关：包括国家机关和政党机关，原则上均列为“国有”。但有特殊规定的，如供销社等，则列为“集体”。

(2)事业单位：包括经国家机构编制部门和有关业务主管部门批准成立的各类事业单位，不包括实行企业化管理的事业单位。事业单位的划分办法如下：

①由国家财政预算拨款或列入财政预算外资金管理以及经费主要来源于国有主管部门或国有上级单位的事业单位，列为“国有”。

②经费主要来源于集体单位的事业单位，列为“集体”。

③公民个人(或个人合伙)开办的事业单位，列为“私营”。

④上述以外的其他事业单位，如果其经费来源不明确，按管理方式进行归类。

(3)社会团体：包括经民政部门批准成立以及未纳入社会团体管理条例范围的工会、妇联等各类社会团体。社会团体的划分办法如下：

①未纳入民政部社会团体管理条例范围的工会、妇联、共青团、青联、工商联、科协、侨联等社会团体，国家拨款设立的基金会或基金管理组织以及经费主要来源于国有业务主管部门或国有上级单位的社会团体，列入“国有”。

②经费主要来源于集体单位的社会团体，列为“集体”。

③公民个人(或个人合伙)开办的社会团体，划为“私营”。

④上述以外的其他社会团体，如果其经费来源不明确，改按管理方式进行归类。

第一部分　综合篇

③ 国民经济核算

资料整理：王艳伟　齐杰　王晓娟

1-3-1 生产总值构成

本表按当年价格计算。 单位：%

年 份	生产总值	第一产业	第二产业	工 业	建筑业	第三产业	#交通运输仓储邮电通讯业	#批发和零售贸易餐饮业
1952	100	71.1	11.3	8.1	3.1	17.6	3.4	4.9
1953	100	67.1	14.5	10.1	4.4	18.4	3.6	6.6
1954	100	63.6	18.8	13.2	5.5	17.6	4.0	6.2
1955	100	58.6	20.2	15.6	4.6	21.2	4.5	6.7
1956	100	57.4	22.1	16.1	6.0	20.5	4.3	6.4
1957	100	53.1	23.7	17.9	5.9	23.2	3.1	8.4
1958	100	44.7	34.3	25.1	9.3	21.0	5.5	7.7
1959	100	41.2	37.5	27.7	9.8	21.3	7.2	7.4
1960	100	32.3	46.8	36.0	10.8	20.9	5.9	7.7
1961	100	45.1	28.7	24.0	4.7	26.2	5.7	8.6
1962	100	50.8	26.1	23.1	3.0	23.1	5.1	6.4
1963	100	43.8	34.1	28.4	5.7	22.1	5.1	7.0
1964	100	43.1	35.1	28.8	6.3	21.8	5.1	7.1
1965	100	43.0	34.1	27.3	6.9	22.9	6.4	7.3
1966	100	44.7	34.0	27.0	7.0	21.3	5.2	7.1
1967	100	43.6	32.8	26.6	6.2	23.6	5.0	6.8
1968	100	45.1	32.0	25.8	6.2	22.9	4.8	6.4
1969	100	44.9	32.0	25.5	6.4	23.1	4.7	6.3
1970	100	45.2	33.0	25.2	7.8	21.8	5.2	6.9
1971	100	40.4	38.4	30.0	8.4	21.2	5.2	6.2
1972	100	37.0	39.5	30.8	8.7	23.5	5.4	6.8
1973	100	36.8	41.2	32.4	8.7	22.0	5.4	5.9
1974	100	36.9	40.0	30.9	9.1	23.1	5.2	6.3
1975	100	37.4	41.2	32.0	9.3	21.4	5.1	5.5
1976	100	38.5	39.0	31.4	7.6	22.5	5.2	5.6
1977	100	36.6	41.8	31.9	9.9	21.6	5.0	5.3
1978	100	32.7	45.4	37.6	7.8	21.9	4.8	4.9
1979	100	32.8	44.2	36.7	7.6	23.0	4.4	5.1
1980	100	26.4	47.2	39.9	7.3	26.4	6.0	5.9

1-3-1 续表

本表按当年价格计算。　　　　单位：%

年份	生产总值	第一产业	第二产业			第三产业		
				工业	建筑业		#交通运输仓储邮电通讯业	#批发和零售贸易餐饮业
1981	100	34.8	41.1	35.8	5.3	24.1	4.8	5.1
1982	100	35.8	39.9	34.7	5.2	24.3	5.5	5.6
1983	100	33.9	39.6	33.9	5.7	26.5	6.2	6.0
1984	100	33.5	37.2	30.5	6.8	29.3	6.5	8.1
1985	100	32.7	34.8	28.0	6.7	32.5	6.6	12.0
1986	100	30.1	33.9	27.4	6.5	36.0	6.9	13.3
1987	100	29.3	33.2	27.4	5.7	37.5	6.0	15.5
1988	100	33.3	31.7	26.0	5.7	35.0	5.3	14.4
1989	100	30.4	33.8	28.6	5.2	35.8	6.4	12.2
1990	100	35.3	32.1	27.3	4.8	32.6	6.5	7.8
1991	100	32.6	34.5	28.6	5.9	32.9	7.5	7.7
1992	100	30.1	36.2	28.7	7.5	33.7	7.7	8.3
1993	100	27.9	37.8	30.2	7.6	34.3	8.2	8.8
1994	100	30.0	36.6	29.6	7.0	33.4	7.8	9.1
1995	100	30.4	36.0	29.7	6.3	33.6	8.1	9.7
1996	100	30.6	35.7	29.8	5.9	33.7	8.7	10.1
1997	100	28.0	36.6	30.8	5.8	35.4	9.9	11.0
1998	100	27.1	36.3	30.3	6.0	36.6	10.0	11.5
1999	100	24.9	37.0	30.8	6.2	38.1	10.6	12.2
2000	100	22.8	37.9	31.5	6.4	39.3	11.4	12.7
2001	100	20.9	38.3	31.6	6.7	40.8	11.9	13.2
2002	100	19.3	38.9	31.7	7.2	41.8	12.6	13.7
2003	100	17.6	40.5	32.4	8.1	41.9	12.4	13.1
2004	100	17.2	41.0	33.4	7.6	41.8	11.9	12.6
2005	100	15.1	45.4	37.8	7.6	39.5	10.9	11.7
2006	100	12.8	48.1	41.0	7.1	39.1	10.3	11.8
2007	100	11.9	49.7	43.3	6.4	38.4	9.8	11.9
2008	100	10.7	51.5	45.7	5.8	37.8	9.3	11.9
2009	100	9.5	52.5	46.2	6.3	38.0	9.0	12.1
2010	100	9.4	54.5	48.1	6.4	36.1	8.5	11.5
2011	100	9.1	56.0	49.5	6.5	34.9	8.2	10.8
2012	100	9.1	55.4	48.7	6.7	35.5	7.5	11.6
2013	100	9.3	53.8	47.0	6.9	36.9	8.7	11.9
2014	100	9.2	51.3	44.5	6.9	39.5	8.4	13.1
2015	100	9.1	50.5	43.4	7.1	40.4	7.3	13.2
2016	100	8.8	48.7	41.6	7.1	42.5	7.0	13.0
2017	100	10.2	39.8	31.7	8.0	50.0	8.0	15.1

1-3-2 生产总值指数

本表按可比价格计算。 上年=100

年份	生产总值	第一产业	第二产业			第三产业			人均生产总值
				工业	建筑业		#交通运输仓储邮电通讯业	#批发和零售贸易餐饮业	
1953	116.3	107.5	159.9	153.7	176.3	127.4	140.6	174.3	110.6
1954	119.4	111.3	160.4	162.3	156.1	117.6	137.8	117.1	112.8
1955	90.7	83.7	97.5	107.0	74.8	107.4	101.6	98.0	86.0
1956	138.7	136.6	152.3	143.2	183.3	131.4	133.3	133.8	131.0
1957	110.9	117.5	98.3	101.7	89.1	106.2	61.9	113.1	105.3
1958	125.3	105.3	184.0	178.6	200.5	127.1	238.5	121.9	119.4
1959	122.9	112.6	139.2	140.7	135.0	125.2	166.9	122.0	115.3
1960	95.8	77.9	126.6	132.1	111.2	86.5	84.1	106.0	87.3
1961	65.3	80.7	39.3	42.6	28.0	95.5	66.1	77.6	62.3
1962	94.7	105.2	84.3	89.1	59.9	86.5	90.4	73.7	95.5
1963	119.7	108.9	148.6	140.0	214.3	115.0	114.4	126.7	117.0
1964	113.2	111.8	117.1	115.5	125.5	111.3	112.6	112.9	108.9
1965	109.8	105.9	113.6	110.8	126.8	112.6	135.1	111.8	105.8
1966	110.0	112.4	114.4	113.7	117.4	99.7	88.4	105.6	106.8
1967	83.3	81.1	81.2	83.0	74.5	91.2	79.4	79.8	81.1
1968	99.9	98.9	102.6	102.0	105.4	98.3	99.2	97.8	96.9
1969	100.8	99.5	103.4	102.5	107.4	99.8	99.2	97.7	97.7
1970	123.3	119.7	140.2	134.0	164.8	105.6	129.6	130.0	120.0
1971	102.1	95.0	106.5	109.1	98.2	108.7	108.0	95.3	99.0
1972	107.8	117.0	97.2	97.0	97.9	110.4	93.1	99.4	104.1
1973	111.7	110.8	116.8	117.9	112.8	105.0	111.7	96.9	108.3
1974	96.2	94.3	95.4	93.5	102.6	101.8	94.0	106.1	93.3
1975	111.3	111.7	115.6	116.2	113.9	103.1	111.1	97.3	108.6
1976	99.4	101.8	94.7	98.4	82.1	103.2	100.0	100.9	97.4
1977	107.0	102.2	114.5	108.5	139.2	103.7	103.2	101.5	105.2
1978	108.0	98.8	117.2	127.3	84.6	108.9	107.7	105.2	106.3
1979	109.8	107.7	108.6	108.4	110.0	116.0	103.3	113.1	107.4
1980	101.7	76.0	113.3	116.6	97.6	122.9	144.5	123.5	100.2

1-3-2 续表

本表按可比价格计算。 上年=100

年 份	生产总值	第一产业	第二产业			第三产业			人均生产总值
				工 业	建筑业		#交通运输仓储邮电通讯业	#批发和零售贸易餐饮业	
1981	110.6	141.8	96.3	98.2	85.7	103.4	90.0	99.9	109.4
1982	118.6	118.2	117.4	117.3	117.9	121.1	138.1	129.9	116.9
1983	109.8	105.0	109.9	108.5	118.8	116.7	117.4	116.1	107.8
1984	116.1	114.0	110.2	107.3	127.7	128.1	119.3	156.8	116.2
1985	117.2	114.1	108.2	105.5	121.7	133.0	129.3	175.1	114.6
1986	105.9	91.7	105.4	106.4	101.2	120.4	115.6	120.0	104.8
1987	109.0	106.8	107.0	109.3	96.5	112.5	96.2	125.6	107.7
1988	109.8	117.3	111.1	108.1	126.6	103.2	111.9	99.5	108.4
1989	102.7	95.1	104.9	107.2	94.9	106.8	121.6	102.6	101.4
1990	107.5	124.4	99.4	99.2	100.5	103.1	101.1	93.4	105.8
1991	107.5	104.0	110.8	108.2	126.0	107.9	121.4	102.5	106.0
1992	111.0	104.0	115.4	110.7	138.8	113.8	118.4	117.1	109.9
1993	111.7	105.0	113.9	112.3	120.5	115.7	119.2	120.9	111.3
1994	111.2	103.2	113.1	114.8	106.9	116.1	121.6	118.6	109.8
1995	110.1	103.9	111.0	112.7	104.2	114.1	118.8	116.4	108.9
1996	114.4	121.4	111.4	115.2	95.5	112.3	114.3	114.3	113.2
1997	110.8	102.0	114.0	114.9	109.4	114.3	119.0	117.8	109.8
1998	110.7	106.2	109.6	110.0	107.2	114.7	116.8	115.9	109.7
1999	108.8	101.0	110.0	110.7	105.9	112.7	113.5	116.3	108.0
2000	110.8	102.6	111.7	112.2	108.9	114.5	117.4	117.0	110.1
2001	110.7	102.0	110.9	110.2	114.1	115.5	116.1	115.9	110.2
2002	113.2	104.4	115.7	113.9	124.3	115.3	120.2	117.3	112.9
2003	117.9	105.9	127.7	121.8	153.3	114.5	120.3	116.2	117.8
2004	120.5	111.7	122.8	124.9	115.6	122.0	122.1	119.3	120.3
2005	123.8	109.1	134.9	138.5	121.3	118.1	117.5	117.9	123.4
2006	119.1	103.2	127.1	129.8	113.6	115.9	114.1	117.3	118.5
2007	119.2	103.9	126.0	128.3	112.7	116.0	116.2	114.2	118.6
2008	117.8	107.5	121.6	123.6	109.0	115.8	117.7	115.4	117.1
2009	116.9	102.3	121.1	120.5	125.2	115.0	109.9	116.5	116.2
2010	115.0	106.1	118.2	118.8	114.3	112.4	112.9	111.9	114.4
2011	114.3	105.9	117.1	117.3	115.6	112.4	114.8	109.0	113.8
2012	111.5	105.6	113.3	113.5	111.6	110.0	111.2	113.3	111.1
2013	109.0	105.1	110.8	111.3	106.6	107.1	106.1	108.7	108.7
2014	107.8	103.1	109.0	109.4	105.9	106.8	106.8	108.7	107.5
2015	107.7	103.0	108.0	108.2	106.7	108.1	104.6	106.8	107.4
2016	107.2	103.0	106.9	107.0	106.9	108.3	106.5	107.0	106.9
2017	104.0	103.3	101.5	103.6	94.1	106.2	116.9	105.9	103.6

1-3-3　生产总值指数

本表按可比价格计算。　　　　1952年=100

年份	生产总值	第一产业	第二产业			第三产业			人均生产总值
				工业	建筑业		#交通运输仓储邮电通讯业	#批发和零售贸易餐饮业	
1952	100	100	100	100	100	100	100	100	100
1953	116.3	107.5	159.9	153.7	176.3	127.4	140.6	174.3	110.6
1954	138.9	119.6	256.6	249.5	275.2	149.8	193.8	204.1	124.8
1955	125.9	100.1	250.1	266.9	206.0	160.9	196.9	200.0	107.4
1956	174.6	136.8	380.9	382.1	377.5	211.3	262.5	267.6	140.7
1957	193.6	160.8	374.2	388.7	336.3	224.5	162.5	302.7	148.2
1958	242.6	169.3	688.6	694.0	674.2	285.4	387.5	368.9	176.9
1959	298.1	190.6	958.4	976.7	910.2	357.3	646.9	450.0	204.1
1960	285.6	148.5	1213.1	1289.8	1011.9	309.1	543.8	477.0	178.1
1961	186.4	119.9	476.5	549.9	283.7	295.1	359.4	370.3	111.0
1962	176.5	126.1	401.8	490.1	169.9	255.4	325.0	273.0	106.0
1963	211.3	137.3	597.2	685.9	364.1	293.8	371.9	345.9	124.0
1964	239.3	153.5	699.5	791.9	457.0	327.0	418.8	390.5	135.1
1965	262.7	162.5	795.0	877.1	579.3	368.3	565.6	456.8	143.0
1966	288.9	182.6	909.8	997.2	680.4	367.2	500.0	460.8	152.7
1967	240.8	148.1	739.2	827.7	506.7	334.9	396.9	367.6	123.8
1968	240.6	146.5	758.6	844.1	534.2	329.1	393.8	359.5	120.1
1969	242.6	145.7	784.6	864.9	573.6	328.3	390.6	351.4	117.3
1970	299.1	174.4	1100.0	1159.0	945.1	346.6	506.3	456.8	140.7
1971	305.3	165.7	1171.8	1264.8	927.7	376.6	546.9	435.1	139.2
1972	329.1	193.9	1138.9	1226.7	908.3	415.8	509.4	432.4	144.9
1973	367.5	214.8	1329.8	1446.2	1024.3	436.5	568.8	418.9	157.0
1974	353.7	202.6	1268.7	1351.8	1050.6	444.4	534.4	444.6	146.5
1975	393.8	226.3	1467.3	1570.2	1197.1	458.4	593.8	432.4	159.1
1976	391.2	230.4	1389.9	1544.8	983.0	473.1	593.8	436.5	155.0
1977	418.7	235.4	1591.6	1676.8	1367.9	490.7	612.5	443.2	163.1
1978	452.2	232.5	1865.3	2134.7	1157.6	534.2	659.4	466.2	173.4
1979	496.3	250.5	2026.3	2241.9	1459.9	619.5	680.9	527.1	186.3
1980	504.6	190.5	2295.8	2682.5	1280.1	761.5	983.9	651.1	186.7

1-3-3 续表

本表按可比价格计算。 1952年=100

年 份	生产总值	第一产业	第二产业	工 业	建筑业	第三产业	#交通运输仓储邮电通讯业	#批发和零售贸易餐饮业	人均生产总值
1981	558.1	270.1	2210.8	2566.6	1276.3	787.4	886.0	650.4	204.2
1982	661.8	319.3	2595.1	3006.4	1514.7	953.9	1223.3	844.7	238.8
1983	726.9	335.4	2850.8	3166.6	2021.3	1113.2	1435.9	980.9	257.5
1984	844.4	382.4	3135.9	3613.9	1900.0	1425.5	1712.8	1538.0	299.1
1985	989.8	436.3	3399.5	3811.0	2318.8	1896.5	2215.0	2692.8	342.7
1986	1048.0	400.2	3582.7	4053.5	2345.9	2282.8	2561.1	3232.3	359.1
1987	1142.1	427.6	3832.2	4429.5	2263.1	2568.3	2463.2	4060.2	386.6
1988	1254.0	501.6	4259.3	4789.9	2865.3	2651.2	2755.3	4038.8	419.2
1989	1288.3	476.7	4470.0	5136.7	2718.9	2831.2	3351.4	4142.3	425.0
1990	1385.2	593.2	4444.5	5095.8	2733.6	2919.0	3386.7	3867.8	449.5
1991	1488.7	616.9	4926.5	5513.1	3445.2	3149.9	4111.9	3965.6	476.5
1992	1652.6	641.8	5687.2	6102.3	4780.7	3584.0	4869.8	4642.3	523.7
1993	1845.3	673.9	6480.5	6855.9	5747.0	4145.0	5804.3	5611.2	582.9
1994	2051.2	695.5	7329.5	7870.2	6143.6	4810.9	7058.0	6652.8	640.1
1995	2259.3	722.6	8133.5	8869.4	6400.8	5490.7	8387.3	7742.0	697.0
1996	2584.3	877.2	9064.7	10218.5	6110.4	6165.5	9589.8	8847.1	789.3
1997	2862.1	894.8	10333.8	11740.1	6686.7	7046.3	11414.7	10423.6	866.4
1998	3167.0	950.2	11322.7	12915.0	7169.1	8080.3	13335.9	12078.4	950.8
1999	3446.7	959.7	12452.7	14299.5	7591.5	9105.7	15130.4	14045.7	1026.8
2000	3817.3	984.7	13912.2	16045.4	8266.6	10422.5	17764.3	16427.2	1130.6
2001	4225.8	1003.9	15423.1	17681.2	9435.2	12033.7	20628.9	19032.6	1246.4
2002	4782.1	1048.1	17842.6	20135.5	11725.3	13879.9	24793.4	22329.2	1407.1
2003	5638.0	1109.9	22784.9	24520.4	17977.0	15886.5	29823.7	25944.0	1657.4
2004	6793.8	1239.8	27878.8	30625.9	20781.0	19381.5	36414.7	30963.5	1993.6
2005	8411.3	1352.7	37602.8	42417.1	25216.9	22881.4	42787.3	36506.0	2459.3
2006	10014.6	1396.1	47801.1	55065.6	28651.4	26509.5	48826.0	42837.7	2914.5
2007	11941.2	1450.3	60205.5	70628.6	32298.1	30750.5	56746.9	48918.0	3456.7
2008	14069.4	1558.9	73224.6	87266.9	35205.0	35598.2	66786.8	56459.8	4048.3
2009	16447.1	1594.7	88658.4	105174.1	44071.5	40946.4	73398.7	65775.7	4704.0
2010	18918.3	1692.7	104795.4	124895.3	50373.7	46044.1	82887.0	73598.6	5380.3
2011	21632.2	1792.6	122668.3	146443.8	58216.4	51773.5	95119.0	80193.7	6122.8
2012	24111.8	1893.0	138960.0	166213.9	64978.2	56963.1	105795.7	90890.9	6800.4
2013	26281.9	1989.5	153967.7	184996.1	69266.8	61007.5	112233.4	98833.7	7388.8
2014	28331.8	2051.2	167824.8	202385.7	73353.5	65156.0	119865.2	107432.3	7941.4
2015	30512.1	2113.7	181324.5	218975.3	78289.4	70441.1	125322.9	114696.4	8529.6
2016	32708.9	2177.1	193835.9	234303.6	83691.4	76287.7	133468.9	122725.2	9118.1
2017	34017.3	2248.9	196743.4	242738.5	78753.6	81017.5	156025.1	129966.0	9446.4

1-3-4　第三产业增加值构成

本表按当年价格计算。　　单位：%

行　　业	2016	2017
总　计	**100.0**	**100.0**
农、林、牧、渔服务业	0.3	0.3
开采辅助活动		
金属制品、机械和设备修理业		
批发和零售业	23.2	22.6
交通运输、仓储和邮政业	14.4	13.0
住宿和餐饮业	8.6	9.1
信息传输、软件和信息技术服务业	3.1	4.3
金融业	12.5	13.7
房地产业	5.7	5.7
租赁和商务服务业	3.9	4.2
科学研究和技术服务业	2.6	1.9
水利、环境和公共设施管理业	1.2	1.3
居民服务、修理和其他服务业	5.5	5.9
教育	5.1	5.8
卫生和社会工作	3.5	3.8
文化、体育和娱乐业	1.4	1.7
公共管理、社会保障和社会组织	8.8	6.7
国际组织		

1-3-5　第三产业增加值指数

本表按可比价格计算。　　上年=100

行　　业	2016	2017
总　计	**108.3**	**106.2**
农、林、牧、渔服务业	104.7	104.0
开采辅助活动		
金属制品、机械和设备修理业	106.8	
批发和零售业	106.3	106.0
交通运输、仓储和邮政业	105.0	110.7
住宿和餐饮业	107.1	105.8
信息传输、软件和信息技术服务业	119.0	138.8
金融业	116.8	108.1
房地产业	103.7	97.9
租赁和商务服务业	109.1	106.1
科学研究和技术服务业	107.2	101.4
水利、环境和公共设施管理业	102.6	110.3
居民服务、修理和其他服务业	110.1	104.7
教育	107.9	116.2
卫生和社会工作	110.0	110.9
文化、体育和娱乐业	108.2	120.7
公共管理、社会保障和社会组织	109.0	81.7
国际组织		

1-3-6 工农业总产出指数

年份	指数(以1952年为100，可比价)		
	工农业总产出	农业总产出	工业总产出
1952	100.0	100.0	100.0
1953	109.2	106.0	152.0
1954	123.9	116.2	224.7
1955	120.2	109.2	264.0
1956	151.3	135.7	356.7
1957	134.0	114.1	394.7
1958	191.4	150.9	722.7
1959	236.0	168.0	1127.3
1960	259.7	149.4	1704.7
1961	181.8	128.5	880.0
1962	164.4	120.9	734.7
1963	202.0	134.9	1080.7
1964	235.6	163.1	1186.7
1965	243.0	148.4	1482.7
1966	272.0	160.1	1738.7
1967	238.4	164.2	1210.0
1968	235.9	156.0	1284.0
1969	230.3	140.9	1401.3
1970	298.9	169.8	1990.7
1971	318.9	167.2	2306.7
1972	302.0	146.3	2342.7
1973	348.8	190.5	2424.0
1974	337.4	194.6	2210.0
1975	379.3	199.4	2737.3
1976	387.5	202.0	2819.3
1977	403.5	183.5	3286.7
1978	440.9	183.9	3810.0
1979	465.8	194.3	4024.0
1980	447.9	168.5	4110.0
1981	479.6	201.8	4120.7
1982	553.2	233.6	4741.3
1983	601.1	250.5	5196.7
1984	659.0	280.7	5617.3
1985	752.1	309.6	6552.7
1986	781.4	293.3	7178.7
1987	856.0	305.3	8072.7
1988	975.9	348.6	9197.3
1989	1056.5	347.0	10356.0
1990	1147.0	412.0	10780.7
1991	1222.3	428.4	11648.9
1992	1336.5	453.2	12965.2
1993	1487.9	484.9	14756.1
1994	1642.0	500.7	16821.9
1995	1797.9	521.2	18840.5
1996	2070.8	644.8	21007.2
1997	2297.6	660.9	24158.3
1998	2504.3	704.8	26574.1
1999	2707.1	712.4	29497.3
2000	2961.2	729.9	33036.9
2001	3205.9	744.3	36704.0
2002	3545.0	780.7	41842.6
2003	4246.6	826.1	52297.6
2004	5704.0	942.3	73380.7
2005	7200.8	1048.1	95923.2
2006	8878.5	1084.6	123097.0
2007	11148.7	1132.1	159913.3
2008	13531.6	1220.8	197652.8
2009	15991.3	1249.7	238322.4
2010	18783.4	1326.9	283180.1
2011	22095.5	1402.5	335708.1
2012	23216.9	1482.5	352602.2
2013	24888.5	1555.1	378694.8
2014	25892.5	1602.7	394218.0
2015	27989.8	1646.0	427726.5
2016	28969.4	1708.5	443124.7
2017	29577.8	1734.1	452873.4

1-3-7 居民消费水平

本表绝对数按当年价格计算，指数按可比价格计算。

年份	绝对数(元/人)			指数(上年=100)			指数(1952年=100)		
	全部居民	农村居民	城镇居民	全部居民	农村居民	城镇居民	全部居民	农村居民	城镇居民
1952	99	88	171				100.0	100.0	100.0
1953	103	93	165	105.0	105.0	96.4	105.0	105.1	96.4
1954	106	93	173	102.8	100.1	105.0	108.0	105.2	101.3
1955	101	85	179	95.3	91.5	103.5	102.9	96.3	104.8
1956	118	98	205	116.3	114.9	114.5	119.7	110.6	120.0
1957	120	99	209	102.1	101.5	101.9	122.3	112.2	122.3
1958	125	99	228	104.0	99.9	109.2	127.1	112.1	133.5
1959	131	99	232	104.5	99.9	101.3	132.8	112.1	135.3
1960	126	93	205	96.5	93.8	88.6	128.2	105.2	119.9
1961	125	96	191	98.6	103.0	92.9	126.4	108.4	111.3
1962	121	98	187	97.5	102.8	97.9	123.3	111.4	109.0
1963	119	96	183	97.7	97.7	98.0	120.5	108.9	106.8
1964	118	96	190	99.2	99.7	103.9	119.5	108.6	111.0
1965	119	95	190	101.2	99.2	100.3	121.0	107.7	111.3
1966	131	102	212	109.7	107.6	111.1	132.7	115.9	123.6
1967	139	108	225	106.3	105.8	106.2	141.1	122.5	131.2
1968	132	100	221	94.9	92.3	98.2	134.0	113.1	128.9
1969	129	88	236	97.5	88.6	107.2	130.6	100.1	138.2
1970	139	99	241	108.0	111.7	101.9	141.0	111.8	140.8
1971	146	98	273	105.0	99.1	113.1	148.1	110.8	159.3
1972	156	97	303	106.8	99.3	111.2	158.2	110.0	177.2
1973	169	113	305	108.5	116.9	100.5	171.6	128.6	178.0
1974	170	115	310	100.3	101.1	101.6	172.2	130.1	181.0
1975	179	122	321	105.6	106.3	103.6	181.8	138.2	187.5
1976	190	128	343	106.1	105.2	107.0	192.8	145.3	200.7
1977	200	135	355	105.1	105.5	103.5	202.7	153.3	207.6
1978	207	138	370	103.4	101.8	104.2	209.7	156.1	216.4
1979	239	161	420	115.8	116.8	113.4	242.8	182.3	245.4
1980	295	213	484	123.2	132.5	115.3	299.1	241.5	282.8

1-3-7 续表

本表绝对数按当年价格计算，指数按可比价格计算。

年 份	绝对数(元/人)			指数(上年=100)			指数(1952年=100)		
	全部居民	农村居民	城镇居民	全部居民	农村居民	城镇居民	全部居民	农村居民	城镇居民
1981	350	257	567	115.5	116.2	115.0	345.4	280.7	325.2
1982	407	318	619	115.7	124.1	107.9	399.5	348.2	350.9
1983	423	334	632	104.1	106.3	100.4	416.0	370.3	352.4
1984	446	349	671	100.0	99.0	101.1	416.2	366.7	356.3
1985	519	412	762	105.2	105.5	104.3	438.0	386.8	371.6
1986	578	418	942	107.9	100.5	117.2	472.6	388.9	435.5
1987	653	480	1039	105.2	107.9	101.6	497.3	419.4	442.5
1988	713	541	1086	94.1	97.7	89.4	468.1	409.7	395.4
1989	755	565	1157	92.6	89.8	95.0	433.5	368.1	375.6
1990	786	592	1189	99.3	97.0	101.3	430.5	357.0	380.4
1991	861	633	1330	107.0	107.9	105.7	460.7	385.1	402.2
1992	941	686	1461	103.1	104.2	101.6	474.9	401.4	408.7
1993	1142	779	1755	103.1	100.1	105.2	487.6	402.4	429.8
1994	1460	967	2284	103.2	100.7	104.7	503.4	405.2	450.0
1995	1817	1289	2683	105.3	111.1	100.4	529.9	450.2	451.8
1996	2040	1424	3031	104.2	102.5	104.9	552.2	461.4	474.0
1997	2232	1551	3311	105.7	105.3	105.5	583.8	485.9	500.0
1998	2309	1603	3391	103.9	103.8	103.0	606.8	504.3	515.0
1999	2520	1601	3871	110.0	100.2	115.2	667.3	505.3	593.3
2000	2687	1720	4045	105.3	106.2	103.1	702.7	536.7	611.7
2001	2868	1694	4431	106.2	98.0	108.9	746.2	525.9	666.2
2002	3341	1793	5327	113.9	100.6	118.9	849.8	529.1	792.0
2003	3565	1945	5593	104.7	105.1	103.6	889.8	556.0	820.2
2004	4042	2077	6415	110.7	103.7	111.9	985.4	576.5	917.8
2005	4967	2426	7887	110.2	114.6	106.9	1085.9	660.7	981.1
2006	5746	2816	8930	113.4	113.7	111.0	1231.4	751.2	1089.0
2007	7062	3286	10930	118.1	110.9	118.0	1454.3	833.1	1285.0
2008	8354	3673	12863	109.1	112.5	105.8	1586.6	937.2	1359.6
2009	9460	4072	14323	115.0	105.3	115.3	1824.6	986.9	1567.6
2010	10925	4692	16136	111.1	114.9	107.4	2027.2	1134.0	1683.6
2011	13264	5945	18996	114.3	117.6	111.2	2317.1	1333.5	1872.1
2012	15196	7032	21308	111.6	113.9	109.6	2585.8	1518.9	2051.8
2013	17917	10076	23543	109.9	113.7	107.7	2841.8	1727.0	2209.8
2014	19827	11070	25885	108.7	108.6	107.8	3089.0	1875.5	2382.2
2015	20835	11814	26872	104.6	105.4	103.6	3231.1	1976.8	2467.9
2016	22293	13013	28289	105.5	107.2	104.2	3408.8	2119.1	2571.6
2017	23909	14184	29971	104.3	106.9	102.7	3555.4	2265.3	2641.0

主要统计指标解释

地区收入总值　指一个地区所有常住单位在一定时期内收入初次分配的最终结果。一地区常住单位从事生产活动所创造的增加值在初次分配中主要分配给该地区的常住单位，但也有一部分以生产税及进口税(扣除生产和进口补贴)、劳动者报酬和财产收入等形式分配给非常住单位；同时，地区外生产所创造的增加值也有一部分以生产税及进口税(扣除生产和进口补贴)、劳动者报酬和财产收入等形式分配给该地区的常住单位，从而产生了地区收入总值的概念。它等于地区生产总值加上来自地区外的净要素收入。与地区生产总值不同，地区收入总值是个收入概念，而地区生产总值是个生产概念。

地区生产总值　是按市场价格计算的地区生产总值的简称。它是一个地区所有常住单位在一定时期内生产活动的最终成果。地区生产总值有三种表现形式，即价值形态、收入形态和产品形态。从价值形态看，它是所有常住单位在一定时期内所生产的全部货物和服务价值超过同期投入的全部非固定资产货物和服务价值的差额，即所有常住单位的增加值之和；从收入形态看，它是所有常住单位在一定时期内所创造并分配给常住单位和非常住单位的初次分配收入之和；从产品形态看，它是最终使用的货物和服务减去进口货物和服务。在实际核算中，地区生产总值的三种表现形态表现为三种计算方法，即生产法、收入法和支出法。三种方法分别从不同的方面反映地区生产总值及其构成。

支出法地区生产总值　指一个地区所有常住单位在一定时期内用于最终消费、资本形成总额，以及货物和服务的净出口总额，它反映本期生产的地区生产总值的使用构成。

最终消费　指常住单位在一定时期内对于货物和服务的全部最终消费支出，也就是常住单位为满足物质、文化和精神生活的需要，从本国经济领土和国外购买的货物和服务的支出；不包括非常住单位在本国经济领土内的消费支出。最终消费分为居民消费和政府消费。

居民消费　指常住住户对货物和服务的全部最终消费支出。居民消费按市场价格计算，即按居民支付的购买者价格计算。购买者价格是购买者取得货物所支付的价格，包括购买者支付的运输和商业费用。居民消费除了直接以货币形式购买货物和服务的消费之外，还包括以其他方式获得的货物和服务的消费支出，即所谓的虚拟消费支出。

政府消费　指政府部门为全社会提供公共服务的消费支出和免费或以较低价格向住户提供的货物和服务的净支出。前者等于政府服务的产出价值减去政府单位所获得的经营收入的价值，政府服务的产出价值等于它的经常性业务支出加上固定资产折旧；后者等于政府部门免费或以较低价格向住户提供的货物和服务的市场价值减去向住户收取的价值。

资本形成总额　指常住单位在一定时期内获得的减去处置的固定资产加存货的变动，包括固定资本形成总额和存货增加。

存货增加　指常住单位存货实物量变动的市场价值，即期末价值减期初价值的差额。存货增加可以是正值，也可以是负值；正值表示存货上升，负值表示存货下降。它包括生产单位购进的原材料、燃料和储备物资等存货，以及生产单位生产的产成品、在制品等存货等。

劳动者报酬　指劳动者因从事生产活动所获得的全部报酬。包括劳动者获得的各种形式的工资、奖金和津贴，既包括货币形式的，也包括实物形式的；还包括劳动者所享受的公费医疗和医药卫生费、上下班交通补贴和单位支付的社会保险费等。对于个体经济来说，其所有者所获得的劳动报酬和经营利润不易区分，这两部分统一作为劳动者报酬处理。

生产税净额　指生产税减生产补贴后的余额。生产税指政府对生产单位生产、销售和从事经营活动以及因从事生产活动使用某些生产要素(如固定资产、土地、劳动力)所征收的各种税、附加费和规费。生产补贴与生产税相反，指政府对生产单位的单方面收入转移，因此视为负生产税，包括政策亏损补贴、粮食系统价格补贴、外贸企业出口退税收入等。

营业盈余 指常住单位创造的增加值扣除劳动者报酬、生产税净额和固定资产折旧后的余额。它相当于企业的营业利润加上生产补贴，但要扣除从利润中开支的工资和福利等。

直接消耗系数 指某一个部门生产单位总产出需要直接消耗各部门产品和服务的数量，也称为投入系数。它反映该部门与其他部门之间直接的技术经济联系和直接依赖关系。

完全消耗系数 指增加某一个部门单位总产出需要完全消耗各部门产品和服务的数量。完全消耗系数等于直接消耗系数和全部间接消耗系数之和，它是全面揭示国民经济各部门之间技术经济的全部联系和相互依赖关系的主要指标。

第二部分　农业调查篇

第二部分　农业调查篇

① 农村牧区基本情况

资料整理：郭计珍　赵燕　王晓娟

2-1-1 农村牧区基层组织和农牧业基本情况

指　　标	单位	2016	2017	2017年比2016年增长(%)
农村牧区基础设施				
自来水受益村	个	8488	8734	2.9
通有线电视村	个	8631	9513	10.2
通宽带村	个	7564	8445	11.6
乡村人口与从业人员				
乡村户数	万户	434.9	434.8	0.0
乡村人口	万人	1355.3	1333.8	-1.6
乡村劳动力资源	万人	836.7	826.5	-1.2
乡村从业人员	万人	753.3	746.3	-0.9
按性别分				
男	万人	417.3	411.3	-1.4
女	万人	336.0	335.0	-0.3
按行业分乡村劳动力				
农林牧渔业从业人员	万人	561.5	562.5	0.2
#农业从业人员	万人	422.3	452.9	7.3
牧业从业人员	万人	97.7	99.3	1.7
工业从业人员	万人	38.0	35.6	-6.4
建筑业从业人员	万人	53.7	52.3	-2.6
交运仓储和邮政业从业人员	万人	18.1	16.7	-7.5
信息传输、计算机服务和软件业	万人	4.6	4.7	2.6
批发与零售业从业人员	万人	31.7	30.9	-2.8
住宿和餐饮业从业人员	万人	21.8	21.3	-2.1
其他行业从业人员	万人	24.0	22.3	-7.0
农牧业生产条件				
农作物总播种面积	万公顷	895.7	911.5	1.8
年末草场面积	万公顷	8800.0	8800.0	
有效灌溉面积	万公顷	313.2	317.5	1.4
农牧业机械总动力	万千瓦	3331.1	3483.5	4.6
化肥施用量	万吨	234.6	235.0	0.2
农村牧区用电量	亿千瓦小时	71.1	78.9	11.0

2-1-2　主要年份耕地面积

单位：万公顷

年　份	耕地面积	水田	水浇地	旱地
2010	911.02	8.71	279.44	622.87
2011	911.19	8.70	280.03	622.46
2012	910.86	8.68	280.37	621.81
2013	912.09	8.66	281.57	621.86
2014	915.47	8.67	284.11	622.69
2015	916.18	8.66	284.43	623.09
2016	925.90	8.67	285.88	631.35
2017	927.10	8.76	291.87	626.47

注：本表数据来源于内蒙古自治区国土资源厅。2013年的数据有所调整，为国土厅提供的最终数据。

2-1-3　农业电气化和农用化肥施用量

指　标	单　位	2016	2017	2017年比2016年增长(%)
农村用电量	万千瓦时	710918	789010	11.0
农用化肥施用量(折纯)	万吨	235	235	0.2
#氮肥	万吨	98	95	-3.6
磷肥	万吨	43	44	1.5
钾肥	万吨	19	20	2.1
复合肥	万吨	74	77	4.0
农用塑料薄膜使用量	吨	95631	94306	-1.4
#地膜使用量	吨	73527	77593	5.5
地膜覆盖面积	公顷	1279544	1333222	4.2
农用柴油使用量	万吨	81	74	-9.2
农药使用量	吨	32339	35618	10.1

2-1-4 年末主要农牧业机械拥有量及农田水利情况

指　标	单 位	2016	2017	2017年比2016年增长(%)
农牧业机械总动力	**万千瓦**	**3331**	**3484**	**4.6**
农业机械与设备				
大中型拖拉机	台	767383	796834	3.8
大中型拖拉机	万千瓦	1880	2003	6.6
小型拖拉机	台	366670	356012	-2.9
小型拖拉机	万千瓦	429	412	-3.8
大中型拖拉机配套农具	台	1257316	1351144	7.5
小型拖拉机配套农具	台	846364	840278	-0.7
农用排灌机械				
农用排灌电动机	台	184763	190221	3.0
农用排灌电动机	万千瓦	167	171	2.6
农用排灌柴油机	台	234337	217312	-7.3
农用排灌柴油机	万千瓦	234	234	0.3
联合收割机	台	32836	35053	6.8
联合收割机	万千瓦	215	233	8.5
机动脱粒机	台	118967	125621	5.6
牧草收割机	台	109246	112079	2.6
饲料粉碎机	台	142380	138866	-2.5
机动剪毛机	台	8980	8946	-0.4
机电井	眼	360399	364493	1.1
节水灌溉机械	套	74021	77235	4.3
农用水泵	台	393006	426138	8.4
农田水利建设情况				
有效灌溉面积	千公顷	3132	3175	1.4
机电排灌面积	千公顷	3190	3254	2.0

注：1.本表数据为来源于内蒙古自治区统计局、农牧业厅农机局和水利厅。
　　2.“机电井”为水利普查中规模以上机电井数量。

2-1-5 农牧户固定资产投资情况

指　　标	单　位	2016	2017	2017年比2016年增长(%)
本年新增固定资产原值	万元	1844348	1846831	0.1
本年固定资产投资完成额	万元	1860501	1853059	-0.4
按投资来源分				
国内贷款	万元	136808	226718	65.7
自筹资金	万元	1693940	1595752	-5.8
其他资金	万元	29753	30588	2.8
本年施工房屋面积	万平方米	1096	1021	-6.9
#住宅	万平方米	947	825	-12.9
当年新开工	万平方米	1032	820	-20.5
本年竣工房屋面积	万平方米	1103	1012	-8.2
#住宅	万平方米	959	819	-14.6
本年施工房屋投资完成额	万元	1050018	1107457	5.5
#住宅	万元	974268	906796	-6.9
本年竣工房屋投资完成额	万元	1042362	1101230	5.6
#住宅	万元	948299	883601	-6.8

2-1-6 各盟市农村牧区基本情况(2017年)

地　　区	乡村总户数 (户)	乡村人口 (万人)
全　区	**4347653**	**1334**
呼和浩特市	376534	110
包头市	212121	56
呼伦贝尔市	374190	113
兴安盟	356821	118
通辽市	696951	239
赤峰市	1156496	345
锡林郭勒盟	154690	48
乌兰察布市	462692	135
鄂尔多斯市	207573	56
巴彦淖尔市	313404	104
乌海市	9655	2
阿拉善盟	26526	7

2-1-7 各盟市农村牧区基础设施情况(2017年)

地　区	自来水受益村数(个)	通有线电视村数(个)	通宽带村数(个)
全　区	**8734**	**9513**	**8445**
呼和浩特市	942	922	874
包头市	511	515	480
呼伦贝尔市	384	584	633
兴安盟	647	811	792
通辽市	1828	2030	1955
赤峰市	1665	1819	1731
锡林郭勒盟	296	194	92
乌兰察布市	1146	1228	706
鄂尔多斯市	615	622	541
巴彦淖尔市	572	610	542
乌海市	13	13	13
阿拉善盟	115	165	86

注：2014年国家制度更新，取消原“通汽车村数、通电话村数”两个指标，新增“通有线电视村数、通宽带村数”两个指标。

2-1-8 各盟市农村牧区劳动力资源及从业人员构成(2017年)

单位：人

地　区	乡村劳动力资　源	乡村从业人　员		农林牧渔业从业人员		
			男		农　业	牧　业
全　区	**8264929**	**7462706**	**4112551**	**5625339**	**4529187**	**993264**
呼和浩特市	683317	613709	345221	349126	283782	58665
包头市	386947	325692	188612	207565	176009	28479
呼伦贝尔市	705458	614191	345241	495237	370837	121651
兴安盟	728176	663404	357374	493838	392843	87791
通辽市	1376289	1283764	703593	992801	819812	145054
赤峰市	1989884	1841263	997662	1327767	1107558	190721
锡林郭勒盟	325508	300954	157705	254538	107914	146149
乌兰察布市	910486	773950	446033	633486	566472	55889
鄂尔多斯市	423308	391912	215757	306838	230813	74072
巴彦淖尔市	664449	587624	320834	511048	443299	63611
乌海市	20846	19126	9795	13425	9748	1611
阿拉善盟	50261	47117	24724	39670	20100	19571

2-1-8　续表

单位：人

地　区	工　业 从业人员	建筑业 从业人员	交运仓储 邮　政 从业人员	信息传输 计算机服务 软件从业人员	批发与零售 从业人员	住宿和餐饮 从业人员	其他行业 从业人员
全　区	**355776**	**522899**	**167290**	**46758**	**308600**	**213021**	**223023**
呼和浩特市	44983	76717	30826	7126	40002	34364	30565
包头市	22943	27268	13843	2315	23542	14330	13886
呼伦贝尔市	22206	20609	12210	3598	25634	15977	18720
兴安盟	38170	44233	9625	7725	26693	24034	19086
通辽市	55365	88494	16435	8312	50438	36691	35228
赤峰市	113150	177141	39093	10697	75548	38232	59635
锡林郭勒盟	4378	9540	4694	1009	7298	9317	10180
乌兰察布市	20250	55106	14497	2030	18004	12752	17825
鄂尔多斯市	16597	13135	17669	2421	17122	14873	3257
巴彦淖尔市	15580	8568	6720	1459	23043	9486	11720
乌海市	1719	1698	743	31	498	666	346
阿拉善盟	435	390	935	35	778	2299	2575

2-1-9　各盟市耕地面积(2017年)

单位：公顷

地　区	耕地			
		水田	水浇地	旱地
全　区	**9271017**	**87566**	**2918742**	**6264709**
呼和浩特市	560312		228313	331998
包头市	423834		183779	240054
呼伦贝尔市	1866792	9810	22809	1834173
兴安盟	1263935	33485	230769	999680
通辽市	1396972	21982	633715	741275
赤峰市	1418149	22288	436089	959772
锡林郭勒盟	244565		37536	207029
乌兰察布市	906727		115271	791455
鄂尔多斯市	413378		288402	124976
巴彦淖尔市	720846		690525	30320
乌海市	7072		7072	
阿拉善盟	48436		44460	3976

注：本表数据来源于内蒙古自治区国土资源厅。

2-1-10 各盟市农村用电量和农用化肥施用量(2017年)

单位：吨

地 区	农村用电量(万千瓦时)	农用化肥施用量(折纯)	氮 肥	磷 肥	钾 肥	复合肥
全 区	**789010**	**2350396**	**948539**	**435410**	**195407**	**771040**
呼和浩特市	53348	124958	66860	25430	8291	24377
包头市	36364	71971	39327	5361	2635	24649
呼伦贝尔市	35531	260124	81819	66989	34969	76346
兴安盟	37457	296009	73550	41453	19647	161359
通辽市	109636	688869	268069	132824	64322	223655
赤峰市	255346	351286	151812	52375	31983	115116
锡林郭勒盟	11293	20688	2192	2978	1149	14370
乌兰察布市	49782	99092	42797	17564	5004	33727
鄂尔多斯市	117545	138621	59627	35558	12949	30487
巴彦淖尔市	52147	279077	155309	50370	12397	61001
乌海市	3394	3799	2239	1068	31	461
阿拉善盟	27168	15902	4938	3440	2032	5492

2-1-11 各盟市农用塑料薄膜及柴油和农药使用量(2017年)

地 区	农用塑料薄膜使用量(吨)	地膜使用量(吨)	地膜覆盖面积(公顷)	农用柴油(吨)	农药使用量(吨)
全 区	**94306**	**77593**	**1333222**	**735896**	**35618**
呼和浩特市	9517	8486	147563	42863	452
包头市	4933	4137	72300	32131	820
呼伦贝尔市	4974	3066	35648	132518	9223
兴安盟	4683	3922	7813	77646	7878
通辽市	5323	3989	50134	127238	7857
赤峰市	20847	15561	208115	148647	4360
锡林郭勒盟	830	184	3645	24708	538
乌兰察布市	11212	9890	151540	37397	914
鄂尔多斯市	5609	4005	87182	37054	1614
巴彦淖尔市	25150	23159	550765	66804	1552
乌海市	99	73	1383	1885	30
阿拉善盟	1130	1122	17134	7006	381

主要统计指标解释

乡村人口数 指乡村地区常住居民户数中的常住人口数，即经常在家或在家居住6个月以上，而且经济和生活与本户连成一体的人口。外出从业人员在外居住时间虽然在6个月以上，但收入主要带回家中，经济与本户连为一体，仍视为家庭常住人口；在家居住，生活和本户连成一体的国家职工、退休人员也为家庭常住人口。但是现役军人、中专及以上(走读生除外)的在校学生、以及常年在外(不包括探亲、看病等)且已有稳定的职业与居住场所的外出从业人员，不应当作家庭常住人口。

乡村劳动力资源数 指乡村人口中劳动年龄以上(16周岁)能够参加生产经营活动的人员。

乡村从业人员 指乡村人口中16岁以上实际参加生产经营活动并取得实物或货币收入的人员，既包括劳动年龄内经常参加劳动的人员，也包括超过劳动年龄但经常参加劳动的人员。但不包括户口在家的在外学生、现役军人和丧失劳动能力的人，也不包括待业人员和家务劳动者。从业人员年龄为16岁以上。从业人员按从事主业时间最长(时间相同按收入)分为农业从业人员、工业从业人员、建筑业从业人员、交运仓储及邮政从业人员、信息传输、计算机服务和软件业、批发与零售业从业人员、住宿和餐饮业从业人员、其他行业从业人员。

耕地 指可以用来种植农作物、经常进行耕锄的田地，包括熟地、当年新开荒地、连续撂荒未满三年的耕地和当年的休闲地(轮歇地)，还包括以种植农作物为主并附带种植桑树、茶树、果树和其他林木的土地，以及沿海、沿湖地区已围垦利用的“海涂”、“湖田”等面积。不包括属于专业性的桑园、茶园、果园、果木苗圃、林地、芦苇地、天然或人工草地面积。

水田 指筑有田埂(坎)，可以经常蓄水，用来种植水稻、莲藕、席草等水生作物的耕地。包括实行水稻、或旱地作物轮作的(如水稻和小麦、油菜、蚕豆等轮种)耕地。包括灌溉水田和望天田。

水浇地 指水田以外、有一定水源和灌溉设施，在一般年景能够进行正常灌溉的耕地。包括由于雨水充足在当年暂时没有进行灌溉的水浇地；种植蔬菜的非工厂化的大棚用地。但没有灌溉设施的引洪淤灌的耕地，不算水浇地。

旱地 指主要依靠天然降水种植旱生农作物的耕地。包括靠引洪淤灌的耕地，及山区的陡坡、缓坡、梯田、台地、塬地上的旱地。

农作物播种面积 指实际播种或移植有农作物的面积。凡是实际种植有农作物的面积，不论种植在耕地上还是种植在非耕地上，均包括在农作物播种面积中。在播种季节基本结束后，因遭灾而重新改种和补种的农作物面积，也包括在内。

有效灌溉面积 指具有一定的水源，地块比较平整，灌溉工程或设备已经配套，在一般年景下当年能够进行正常灌溉的耕地面积。

农用化肥施用量 指本年内实际用于农业生产的化肥数量，包括氮肥、磷肥、钾肥和复合肥。化肥施用量要求按折纯量计算数量。折纯量是把氮肥、磷肥、钾肥分别按含氮、含五氧化二磷、含氧化钾的百分之一百成份进行折算后的数量。复合肥按其所含主要成分折算。

农业机械总动力 指主要用于农、林、牧、渔业的各种动力机械的动力总和。包括耕作机械、排灌机械、收获机械、农用运输机械、植物保护机械、牧业机械、林业机械、渔业机械和其他农业机械［内燃机按引擎马力折成瓦(特)计算、电动机按功率折成瓦(特)计算］。不包括专门用于乡、镇、村、组办工业、基本建设、非农业运输、科学试验和教学等非农业生产方面用的动力机械与作业机械。

农林牧渔业劳动力 指全社会直接参加农林牧渔业生产活动的劳动力。

第二部分　农业调查篇

② 农牧业生产情况

资料整理：闫少菲　李艳丽　王元杰
许　伟　郭计珍　赵　燕

2-2-1 农林牧渔业总产值及指数

单位：万元

年 份	农林牧渔业总产值	#农业	#种植业	#林业	#畜牧业	#渔业
1978	283500	187961	173786	10490	84200	849
1979	315800	206533	189796	11369	97266	632
1980	306844	197403	181340	13460	95199	782
1981	394274	255550	232657	22848	114744	1132
1982	471608	307328	274780	31393	131391	1496
1983	524301	347389	299604	38108	136887	1917
1984	612772	408789	341956	44356	157230	2397
1985	731955	465638	401175	48284	214048	3985
1986	772500	483567	402848	43670	239908	5355
1987	877426	544449	450608	36254	290178	6545
1988	1223765	729359	614262	38582	447432	8392
1989	1267208	763517	639781	39968	453357	10366
1990	1569192	1031256	888314	62298	464131	11507
1991	1640837	1066021	918894	66705	494474	13637
1992	1802705	1156550	1005362	78040	552787	15328
1993	2208047	1420784	1265080	91549	677461	18253
1994	3093195	1892180	1682500	103350	1070005	27659
1995	3735936	2311734	2080477	121176	1271609	31417
1996	4653285	2995270	2731580	139653	1485617	32745
1997	5043396	3142026	2833824	152632	1712322	36416
1998	5343765	3353206	3032350	168785	1773911	47863
1999	5323166	3187204	2852798	210062	1871452	54448
2000	5431645	3083645	2725199	236071	2054581	57349
2001	5559041	3075703	2706529	260696	2162426	60216
2002	5869716	3321447	3043459	288371	2205642	54256
2003	6663815	3359567	2640337	479357	2671028	49373
2004	8513045	4115399	3334515	465808	3746932	59527
2005	9802098	4738918	3837514	397888	4445801	72420
2006	10584953	5422303	4338302	490057	4392499	91053
2007	12764437	6204176	4752347	636860	5596517	109486
2008	15257369	7166075	5683542	727163	6996335	117788
2009	15705841	7319020	5281536	782452	7214442	127069
2010	18435705	9004465	6569414	765727	8224208	158585
2011	22045061	10578457	7878996	931636	9983126	235197
2012	24493357	11719727	8764535	977552	11188550	260801
2013	26994991	13280732	9660572	961409	12084853	290411
2014	27798064	14084377	9741571	964358	12056515	290686
2015	27515527	14183052	10150729	994184	11608538	307518
2016	28035460	14775582	10935309	986357	11497481	330299
2017	28135356	14347260	10519767	999140	12005587	312995

注：1.本表绝对数按当年价格计算。
2.2016—2017年数据根据第三次全国农业普查结果进行了核定修订。

2-2-1 续表

上年=100

年 份	农林牧渔业总产值	#农业	#种植业	#林业	#畜牧业	#渔业
1979	104.8	102.8	102.8	102.3	108.4	70.5
1980	87.1	81.4	96.3	87.1	96.9	96.3
1981	120.2	123.2	123.2	151.9	112.2	131.1
1982	115.8	115.2	115.2	113.8	111.9	101.6
1983	107.2	106.8	106.8	120.4	99.6	109.7
1984	112.1	110.1	110.1	113.3	105.1	106.7
1985	110.3	113.0	113.0	104.2	113.6	129.5
1986	94.7	88.9	88.9	85.8	104.1	121.6
1987	104.1	103.3	103.3	83.2	104.6	105.6
1988	114.2	120.2	120.2	95.6	109.0	109.6
1989	98.3	91.9	91.9	101.5	108.5	121.6
1990	120.2	133.7	133.7	114.1	102.4	100.8
1991	104.0	101.3	101.3	104.3	108.8	112.8
1992	105.8	106.8	106.7	113.0	105.2	110.0
1993	107.1	123.4	109.1	111.4	104.3	115.7
1994	103.3	99.3	96.7	104.7	108.4	124.7
1995	103.5	99.9	98.1	106.7	110.9	111.7
1996	123.7	131.4	136.0	103.8	114.9	99.7
1997	104.0	98.7	98.0	110.1	112.7	103.9
1998	106.5	108.5	108.8	105.3	103.1	126.2
1999	101.3	97.4	96.7	111.6	106.3	113.6
2000	102.5	100.3	99.9	115.0	104.1	104.8
2001	102.0	99.3	98.7	109.5	104.9	105.5
2002	104.9	106.5	114.1	110.8	102.0	102.2
2003	106.2	94.8	91.6	110.1	122.0	87.2
2004	114.9	109.4	110.5	93.0	126.0	107.4
2005	111.2	110.6	110.2	82.6	115.2	116.0
2006	103.7	107.9	106.1	112.8	97.5	116.1
2007	104.0	100.7	96.3	117.1	106.0	117.9
2008	107.6	108.6	110.9	106.1	106.6	104.1
2009	102.4	97.4	93.0	105.1	107.0	107.9
2010	106.2	106.9	107.6	95.1	106.5	111.1
2011	105.7	108.7	109.7	105.3	102.3	108.2
2012	105.7	105.8	106.6	104.9	105.7	103.6
2013	104.7	109.7	109.5	102.2	99.5	107.0
2014	103.1	102.7	98.4	100.1	103.6	105.0
2015	102.4	106.0	110.4	103.5	97.9	104.4
2016	103.2	103.6	103.8	100.3	103.0	102.8
2017	103.2	103.5	105.2	102.4	103.1	99.0

注：1.按可比价格计算。
2.2016–2017年数据根据第三次全国农业普查结果进行了修订。

2-2-2 主要农作物播种面积

单位：千公顷

年 份	农作物总播种面积	粮食作物播种面积	谷物					大豆	薯类
				稻谷	小麦	玉米	谷子		
1978	4824	4094			1086	668	567		292
1980	4797	3882		15	957	653	502	171	252
1985	4549	3422		24	927	434	463	219	227
1986	4556	3581		27	937	548	414	264	225
1987	4474	3557		28	921	660	387	275	229
1988	4559	3636		35	974	669	385	311	253
1989	4576	3721		53	1008	696	374	318	247
1990	4722	3875		79	1154	774	357	301	246
1991	4768	3879		88	1192	812	334	301	239
1992	4854	3925	3188	94	1334	775	285	356	250
1993	4868	3987	2936	73	1189	762	258	571	263
1994	4925	4027	2921	68	1034	837	233	604	253
1995	5079	4143	3009	79	1017	992	237	557	355
1996	5291	4424	3232	90	1094	1116	252	555	416
1997	5838	4906	3390	122	1165	1279	257	758	464
1998	6027	5031	3405	118	1093	1471	224	771	501
1999	6077	4951	3309	117	938	1572	207	737	582
2000	5914	4436	2648	118	617	1298	164	794	650
2001	5707	4383	2638	86	516	1519	176	755	567
2002	5887	4343	2718	90	465	1562	177	596	580
2003	5749	4051	2434	67	318	1591	142	697	536
2004	5924	4181	2583	81	419	1676	126	753	528
2005	6216	4374	2734	84	461	1806	125	797	562
2006	6590	4937	3024	91	484	1916	143	973	595
2007	6535	5034	3311	105	545	2074	136	730	594
2008	6751	5295	3596	99	463	2402	146	729	598
2009	6896	5644	3776	105	553	2560	160	931	657
2010	7362	5846	3954	95	590	2710	182	943	672
2011	7540	5979	4153	95	599	2957	147	846	669
2012	7671	6124	4455	97	659	3175	161	800	637
2013	7823	6253	4703	82	618	3534	137	796	570
2014	8079	6389	5016	86	619	3829	185	745	484
2015	8424	6580	5178	88	617	3938	214	813	453
2016	8957	6803	5266	109	659	3844	230	923	450
2017	9014	6781	5177	122	674	3716	234	989	432

注：依据第三次全国农业普查结果，对2007–2017年农业数据进行了修订。下同（2-2-2至2-2-18表）。

2-2-2 续表

单位：千公顷

年 份	经济作物播种面积	油料				甜菜	烟叶	蔬菜	果用瓜	其他作物播种面积	青饲料
			胡麻籽	油菜籽	向日葵籽						
1978	449	348				48				281	
1980	611	520	189	79	163	56	3	85	14	304	140
1985	914	766	183	88	301	100	4	58	20	214	114
1986	716	604	156	67	258	75	4	57	20	260	144
1987	643	546	166	66	223	75	3	64	16	274	167
1988	668	537	174	73	190	103	5	61	17	256	146
1989	619	511	164	49	177	82	7	63	12	236	130
1990	626	518	168	60	172	95	5	64	9	222	124
1991	689	551	172	75	197	119	7	59	9	201	112
1992	724	582	169	91	226	108	4	78	15	205	98
1993	673	503	152	79	183	109	4	82	15	209	95
1994	663	531	152	108	207	118	2	71	13	235	106
1995	713	557	151	135	207	140	30	13	13	99	0
1996	649	506	146	118	189	127	8	88	15	218	84
1997	788	499	135	117	216	126	16	118	18	144	98
1998	843	567	115	156	271	117	6	115	26	153	93
1999	972	680	105	175	351	66	7	164	41	154	90
2000	1229	879	101	295	363	59	8	209	48	250	131
2001	924	608	38	199	320	58	6	182	35	400	333
2002	1040	689	76	225	345	71	5	208	36	504	438
2003	1036	723	68	280	328	37	7	192	38	662	565
2004	1000	671	59	278	295	36	6	204	35	743	655
2005	1040	695	56	256	356	38	8	221	39	802	722
2006	878	592	49	230	257	30	4	172	53	775	624
2007	1501	572	41	177	303	41	5	196	39	623	479
2008	1455	712	47	226	411	47	5	213	44	406	255
2009	1252	606	46	119	410	31	4	216	44	329	190
2010	1516	734	47	234	428	33	4	249	57	413	292
2011	1560	770	54	236	454	36	4	257	55	413	224
2012	1547	797	57	288	410	39	4	267	55	358	229
2013	1570	848	62	311	438	41	3	241	53	355	238
2014	1690	925	72	340	480	34	3	253	50	379	226
2015	1844	995	68	343	550	43	3	247	42	455	250
2016	2154	1112	75	302	711	67	3	229	61	592	326
2017	2233	1113	63	310	713	83	2	219	67	630	353

注：自2007年起，国家农业统计制度进行调整，经济作物播种面积内包含了其他作物播种面积。

2-2-3 主要农作物播种面积及增减情况

单位：千公顷

指　　标	2000	2005	2010	2015	2016	2017	2017年比2016年增长(%)
农作物总播种面积	**5914.4**	**6215.7**	**7002.5**	**7568.0**	**7922.0**	**7894.0**	**-0.4**
粮食作物	4435.9	4373.6	5846.1	6580.0	6803.4	6780.9	-0.3
谷物	2648.2	2734.4	3953.7	5178.2	5266.4	5177.4	-1.7
稻谷	118.4	84.5	95.0	88.0	108.8	122.2	12.3
小麦	617.1	460.6	589.8	617.2	658.8	673.9	2.3
玉米	1298.2	1805.8	2709.7	3938.3	3843.6	3716.3	-3.3
谷子	164.0	124.5	182.1	214.3	230.3	234.4	1.8
高粱	108.8	57.3	135.4	81.4	90.7	90.2	-0.5
莜麦	62.2	39.0	38.0	96.3	169.9	168.1	-1.1
黍子	68.7	35.6	27.8	26.1	19.0	20.4	7.5
糜子	59.2	25.1	15.9	9.2	12.5	12.8	2.2
荞麦	138.0	88.0	70.0	63.2	80.6	96.2	19.3
大麦	7.7	9.5	64.8	41.5	52.2	42.7	-18.2
豆类	1137.4	1077.5	1220.1	949.0	1087.4	1171.4	7.7
大豆	793.9	797.0	942.7	812.9	923.4	989.0	7.1
杂豆	343.5	280.5	277.4	136.1	164.0	182.4	11.2
#绿豆	156.9	178.6	170.3	93.5	116.6	139.7	19.9
红小豆	24.3	34.3	20.5	14.8	19.4	22.4	15.8
薯类	650.3	561.7	672.3	452.8	449.6	432.2	-3.9
#马铃薯	646.4	553.4	670.4	452.1	449.2	432.1	-3.8
油料	879.3	694.7	733.7	995.2	1112.0	1113.1	0.1
#花生	5.2	10.0	14.5	13.4	21.7	35.0	61.3
胡麻籽	100.8	55.9	46.8	67.6	74.6	63.3	-15.1
油菜籽	295.0	255.7	233.6	342.5	302.2	309.6	2.4
向日葵	363.4	355.7	427.9	550.5	711.1	713.1	0.3
棉花	0.6	1.6	0.9	0.1	0.2	0.2	-13.4
麻类	1.5	10.3	0.2	0.0	0.2	1.9	673.1
甜菜	58.9	38.1	33.3	43.0	67.3	82.7	22.9
烟叶	7.9	8.2	3.9	3.1	2.7	1.6	-39.1
#烤烟	7.0	6.9	2.9	2.5	2.1	1.3	-37.9
药材	22.7	26.3	25.4	58.6	89.7	118.8	32.5
蔬菜(含菜用瓜)	209.4	221.5	248.7	246.5	228.6	218.7	-4.3
瓜类(果用瓜)	48.4	39.4	56.7	42.0	60.6	66.7	10.1
#西瓜	30.1	22.8	32.8	25.2	36.1	35.4	-2.0
甜瓜	16.7	12.8	21.6	0.4	23.6	26.9	13.9
其他作物	249.8	802.1	413.1	455.1	592.5	630.4	6.4
#青饲料	130.7	721.9	291.8	249.5	325.6	352.6	8.3

注：2007年之后国家取消莜麦指标，用燕麦数据代替填报。

2-2-4 主要农作物播种面积构成

单位：%

指标	2000	2005	2010	2015	2016	2017
农作物总播种面积	**100.0**	**100.0**	**100.0**	**100.0**	**100.0**	**100.0**
粮食作物	75.0	70.4	83.5	86.9	85.9	85.9
谷物	44.8	44.0	56.5	68.4	66.5	65.6
稻谷	2.0	1.4	1.4	1.2	1.4	1.5
小麦	10.4	7.4	8.4	8.2	8.3	8.5
玉米	21.9	29.1	38.7	52.0	48.5	47.1
谷子	2.8	2.0	2.6	2.8	2.9	3.0
高粱	1.8	0.9	1.9	1.1	1.1	1.1
莜麦	1.1	0.6	0.5	1.3	2.1	2.1
黍子	1.2	0.6	0.4	0.3	0.2	0.3
糜子	1.0	0.4	0.2	0.1	0.2	0.2
荞麦	2.3	1.4	1.0	0.8	1.0	1.2
大麦	0.1	0.2	0.9	0.5	0.7	0.5
豆类	19.2	17.3	17.4	12.5	13.7	14.8
大豆	13.4	12.8	13.5	10.7	11.7	12.5
杂豆	5.8	4.5	4.0	1.8	2.1	2.3
#绿豆	2.7	2.9	2.4	1.2	1.5	1.8
红小豆	0.4	0.6	0.3	0.2	0.2	0.3
薯类	11.0	9.0	9.6	6.0	5.7	5.5
#马铃薯	10.9	8.9	9.6	6.0	5.7	5.5
油料	14.9	11.2	10.5	13.2	14.0	14.1
#花生	0.1	0.2	0.2	0.2	0.3	0.4
胡麻籽	1.7	0.9	0.7	0.9	0.9	0.8
油菜籽	5.0	4.1	3.3	4.5	3.8	3.9
向日葵	6.1	5.7	6.1	7.3	9.0	9.0
棉花			0.0	0.0	0.0	0.0
麻类		0.2	0.0	0.0	0.0	0.0
甜菜	1.0	0.6	0.5	0.6	0.8	1.0
烟叶	0.1	0.1	0.1	0.0	0.0	0.0
#烤烟	0.1	0.1	0.0	0.0	0.0	0.0
药材	0.4	0.4	0.4	0.8	1.1	1.5
蔬菜(含菜用瓜)	3.5	3.6	3.6	3.3	2.9	2.8
瓜类(果用瓜)	0.8	0.6	0.8	0.6	0.8	0.8
#西瓜	0.5	0.4	0.5	0.3	0.5	0.4
甜瓜	0.3	0.2	0.3	0.0	0.3	0.3
其他作物	4.2	12.9	5.9	6.0	7.5	8.0
#青饲料	2.2	11.6	4.2	3.3	4.1	4.5

注：2007年之后国家取消莜麦指标，用燕麦数据代替填报。

2-2-5 主要农作物产品产量

单位：万吨

年份	粮食总产量	谷物	稻谷	小麦	玉米	谷子	大豆	薯类
1978	499.0		3.6	88.0	173.5	60.0		42.0
1980	396.5		4.1	82.7	139.2	39.7	12.4	30.0
1985	604.1		7.8	148.5	159.8	78.6	28.8	48.2
1986	528.5		8.3	130.8	192.7	38.3	41.0	36.4
1987	607.0		7.7	125.7	273.3	52.1	36.7	33.7
1988	738.3		12.0	163.4	305.5	46.4	47.5	61.2
1989	677.9		19.2	187.5	285.1	31.3	36.9	42.5
1990	973.0		31.1	261.7	393.1	59.4	47.7	61.3
1991	958.5		35.2	280.2	413.7	45.1	45.1	46.5
1992	1046.8	937.4	41.4	330.3	435.4	44.3	40.0	58.7
1993	1108.3	930.9	33.0	298.5	453.9	48.4	90.1	63.8
1994	1083.5	910.4	30.5	234.8	482.3	41.4	94.0	55.3
1995	1055.4	914.1	39.6	262.2	518.4	23.9	52.5	74.3
1996	1535.3	1301.7	51.0	318.9	751.5	49.3	83.4	124.0
1997	1421.0	1188.0	70.6	307.9	677.9	41.1	97.4	114.4
1998	1575.4	1319.9	60.3	282.7	839.8	44.3	93.8	127.0
1999	1428.5	1210.6	68.8	273.1	771.4	29.2	82.5	110.7
2000	1241.9	947.9	72.2	181.8	629.2	15.0	85.8	184.3
2001	1239.1	1016.5	56.7	127.1	757.0	25.7	83.4	108.8
2002	1406.1	1097.7	56.0	121.5	821.5	30.3	96.4	168.5
2003	1360.7	1092.3	45.0	79.0	888.7	21.4	53.6	174.5
2004	1505.4	1180.4	54.5	110.5	948.0	19.9	103.1	189.8
2005	1662.2	1342.1	62.1	143.6	1066.2	23.4	130.9	156.0
2006	1806.7	1486.0	65.3	172.2	1134.6	26.6	103.7	178.6
2007	1768.2	1523.0	75.7	171.1	1175.2	23.1	74.0	134.8
2008	2100.9	1773.7	69.7	150.8	1442.3	25.3	119.1	159.2
2009	2128.9	1820.6	65.6	188.4	1488.3	15.8	124.5	156.1
2010	2344.3	1983.3	67.4	174.3	1643.7	24.1	149.4	187.5
2011	2573.4	2221.3	69.0	171.9	1858.5	36.2	135.4	189.8
2012	2739.8	2401.8	66.2	186.3	2016.0	38.7	130.7	183.5
2013	3070.5	2748.3	53.5	184.3	2397.6	30.5	128.6	178.7
2014	3112.4	2833.1	50.8	174.8	2503.2	40.4	115.0	152.2
2015	3292.6	3012.2	50.6	179.1	2652.2	57.2	126.7	141.0
2016	3263.3	2960.1	69.8	187.7	2563.1	59.3	150.8	134.5
2017	3254.5	2930.8	85.2	189.1	2497.4	76.6	162.6	137.5

2-2-6 主要农作物产品产量及增减情况

单位：万吨

指　标	2000	2005	2010	2015	2016	2017	2017年比2016年增长(%)
粮食作物	1241.9	1662.2	2344.3	3292.6	3263.3	3254.5	-0.3
谷物	947.9	1342.1	1983.3	3012.2	2960.1	2930.8	-1.0
稻谷	72.2	62.1	67.4	50.6	69.8	85.2	22.1
小麦	181.8	143.6	174.3	179.1	187.7	189.1	0.7
玉米	629.2	1066.2	1643.7	2652.2	2563.1	2497.4	-2.6
谷子	15.0	23.4	24.1	57.2	59.3	76.6	29.2
高粱	28.3	21.7	40.3	33.2	33.3	31.5	-5.5
莜麦	2.7	2.8	1.9	15.1	20.8	23.0	10.4
黍子	5.7	6.2	3.9	3.4	3.3	3.4	3.4
糜子	5.3	4.5	2.4	1.5	0.9	1.0	9.2
荞麦	6.5	8.5	6.7	10.3	14.2	17.1	20.6
大麦	1.0	2.5	16.0	9.0	7.7	6.5	-14.7
豆类	109.7	164.1	173.5	139.4	168.7	186.2	10.4
大豆	85.8	130.9	149.4	126.7	150.8	162.6	7.9
杂豆	23.9	33.2	24.1	12.7	17.9	23.6	31.6
#绿豆	6.7	22.6	12.6	7.9	11.7	17.9	53.7
红小豆	1.6	4.3	2.1	2.0	2.8	3.9	38.7
薯类	184.3	156.0	187.5	141.0	134.5	137.5	2.2
#马铃薯	183.4	150.4	186.3	140.5	134.3	137.5	2.3
油料	116.4	122.2	138.1	206.3	228.8	240.7	5.2
#花生	0.9	1.4	2.6	3.4	5.6	5.9	6.4
胡麻籽	6.5	4.6	2.7	5.9	7.7	5.9	-23.3
油菜籽	30.5	28.3	22.3	42.8	41.7	35.6	-14.5
向日葵	69.1	85.3	110.0	154.2	173.7	191.5	10.3
棉花	0.2	0.2	0.3	0.0	0.0	0.0	-8.8
麻类	0.1	2.5	0.1		0.2	0.7	354.8
甜菜	141.3	138.3	145.1	200.5	268.4	344.3	28.3
烟叶	1.4	2.0	1.5	1.2	0.9	0.6	-34.8
#烤烟	1.2	1.5	1.2	1.0	0.8	0.5	-34.0
药材			0.1	0.4	1.6	1.4	-6.9
蔬菜(含菜用瓜)	759.9	1009.1	1326.1	1284.9	1251.8	1111.3	-11.2
瓜类(果用瓜)	161.7	156.8	220.8	158.3	242.2	267.5	10.4
#西瓜	109.0	88.6	139.9	103.2	157.7	159.6	1.2
甜瓜	46.7	43.4	65.4	52.2	79.2	97.4	23.0
其他作物							
#青饲料							

注：2007年之后国家取消莜麦指标，用燕麦数据代替填报。

2-2-7 主要农作物单位面积产量

单位：公斤/公顷

指 标	2000	2005	2010	2015	2016	2017	2017年比2016年增长(%)
粮食作物	2800	3800	4010	5004	4797	4800	0.1
谷物	3579	4908	5016	5817	5621	5661	0.7
稻谷	6099	7358	7092	5745	6415	6975	8.7
小麦	2946	3117	2955	2903	2849	2805	-1.6
玉米	4846	5904	6066	6734	6669	6720	0.8
谷子	915	1876	1324	2670	2575	3268	26.9
高粱	2596	3789	2976	4075	3676	3494	-4.9
莜麦	433	728	507	1571	1225	1367	11.6
黍子	827	1728	1409	1321	1728	1663	-3.8
糜子	897	1803	1484	1578	709	757	6.8
荞麦	474	970	964	1622	1761	1780	1.0
大麦	1300	2660	2472	2168	1470	1532	4.2
豆类	964	1523	1422	1469	1551	1590	2.5
大豆	1081	1642	1584	1559	1633	1644	0.7
杂豆	695	1183	870	933	1092	1292	18.3
#绿豆	425	1264	739	842	1000	1281	28.2
红小豆	663	1265	1004	1356	1470	1760	19.7
薯类	2834	2777	2789	3114	2992	3182	6.3
#马铃薯	2837	2718	2779	3109	2990	3181	6.4
油料	1323	1759	1882	2073	2058	2162	5.1
#花生	1693	1452	1765	2508	2566	1693	-34.0
胡麻籽	645	817	585	879	1038	937	-9.7
油菜籽	1033	1109	955	1249	1378	1150	-16.6
向日葵	1901	2398	2570	2800	2443	2686	10.0
棉花	3167	1120	1493	1493	1493	1493	0.0
麻类	577	2455	5170		6616	3892	-41.2
甜菜	23998	36328	43531	46626	39875	41627	4.4
烟叶	1729	2390	3805	3770	3492	3739	7.1
#烤烟	1726	2184	4314	4178	3912	4156	6.2
药材			51	70	173	122	-29.7
蔬菜(含菜用瓜)	36285	45566	53320	52115	54754	50812	-7.2
瓜类(果用瓜)	33421	39784	38914	37680	39959	40097	0.3
#西瓜	36256	38846	42653	40914	43711	45131	3.2
甜瓜	27935	33786	30240	33144	33512	36170	7.9
其他作物							
#青饲料							

注：2007年之后国家取消莜麦指标，用燕麦数据代替填报。

2-2-8 水果生产情况

单位：吨、公顷

指　标	2016	2017	2017年比2016年增加	
			绝对数	%
园林水果	**543888**	**553667**	**9778.4**	**1.8**
苹果	135655	154936	19280.9	14.2
#红富士苹果	7235	6293	-941.4	-13.0
国光苹果	9190	9372	181.3	2.0
梨	78091	78866	774.8	1.0
#雪花梨	402	360	-41.8	-10.4
鸭　梨	1555	1797	241.6	15.5
苹果梨				
葡萄	84759	74569	-10190.0	-12.0
山楂				
其他园林水果	245383	245296	-87.3	0.0
年末果园面积合计	**60352**	**59784**	**-567.9**	**-0.9**
#苹果园	18769	17758	-1011.2	-5.4
梨园	6858	6122	-736.2	-10.7
葡萄园	8139	7644	-494.9	-6.1
山楂园				

2-2-9 渔业生产情况

单位：吨、千公顷

指　标	2016	2017	2017年比2016年增加	
			绝对数	%
水产品产量总计	**158298**	**156181**	**-2117**	**-1.3**
淡水水域捕捞	29303	28354	-949	-3.2
鱼类	28683	27757	-926	-3.2
虾蟹类	542	517	-25	-4.6
其他类	78	80	2	2.6
淡水水域养殖	128995	127827	-1168	-0.9
鱼类	126463	125018	-1445	-1.1
虾蟹类	698	845	147	21.1
其他类	1834	1964	130	7.1
水产品养殖面积	**116**	**137**	**21**	**18.1**
淡水水域养殖	116	137	21	18.1
池塘养殖	19	19		
湖泊养殖	39	46	7	17.9
河沟养殖	6	6		
水库养殖	52	66	14	26.9
其他养殖				
稻田养鱼面积	**4**	**5**	**1**	**25.0**

2-2-10 牲畜总头数和总增头数

单位：万头(只)

指　　标	2016	2017	总增头数
牲畜总头数	**7351.97**	**7441.94**	**89.97**
大牲畜和羊合计	**6897.99**	**6936.34**	**38.35**
大牲畜	796.39	824.41	28.02
牛	635.35	656.17	20.82
马	63.38	64.37	0.99
驴	69.29	75.45	6.16
骡	13.00	11.51	-1.49
骆驼	15.37	16.91	1.55
羊	6101.60	6111.93	10.33
绵羊	4425.81	4417.76	-8.05
山　羊	1675.79	1694.17	18.38
猪	**453.97**	**505.60**	**51.63**

注：2016、2017年数据根据第三次全国农业普查结果进行了修订。

2-2-11 牲畜总头数

单位：万头(只)

年 份	合计	大牲畜	羊	猪
1978	3586.5	659.3	2378.1	549.1
1980	3753.3	681.3	2553.4	518.6
1981	3817.2	678.9	2670.0	468.3
1982	3903.9	708.0	2735.0	460.9
1983	3539.8	694.7	2418.0	427.1
1984	3488.3	698.2	2377.3	412.8
1985	3667.4	736.6	2468.4	462.4
1986	3734.5	751.3	2502.2	481.0
1987	3731.0	730.8	2544.7	455.5
1988	4093.8	734.6	2892.8	466.4
1989	4215.4	718.6	3009.5	487.3
1990	4254.4	707.5	3023.9	523.0
1991	4220.5	699.8	2960.9	559.8
1992	4168.4	690.2	2856.7	621.5
1993	4231.9	685.7	2860.3	685.9
1994	4450.7	682.4	3028.1	740.2
1995	4795.0	708.3	3321.0	765.7
1996	5066.8	734.9	3561.8	770.1
1997	5180.4	714.0	3656.7	809.7
1998	5206.3	677.3	3712.9	816.1
1999	5147.6	667.4	3702.6	777.6
2000	4912.0	622.1	3551.6	738.3
2001	4817.6	536.3	3515.9	765.4
2002	5176.9	543.4	3951.7	681.8
2003	5713.3	615.4	4450.1	647.7
2004	6722.9	718.2	5318.5	686.2
2005	6903.5	783.2	5420.0	700.3
2006	6531.0	787.4	5123.4	620.2
2007	6554.5	815.5	5116.5	622.5
2008	6720.8	858.7	5231.6	630.5
2009	6842.6	851.0	5359.8	631.8
2010	6983.4	853.1	5498.4	631.9
2011	6907.4	819.9	5497.3	590.2
2012	6870.8	807.9	5470.8	592.1
2013	6968.8	788.6	5629.6	550.6
2014	7358.9	804.3	6046.0	508.6
2015	7657.1	846.3	6337.1	473.7
2016	7352.0	796.4	6101.6	454.0
2017	7441.9	824.4	6111.9	505.6

注：1.2005年之前数据为年报数据。
2.2006年数据为第二次全国农业普查结果。
3.2007-2017年数据根据第三次全国农业普查结果进行了修订。

2-2-12　主要畜禽产品产量

指　　标	2010	2011	2012	2013	2014	2015	2016	2017
当年出栏肉猪头数(万头)	913.92	905.10	940.40	931.94	930.08	898.45	644.95	918.96
当年出售和自宰的肉用牛(万头)	306.79	306.79	316.30	320.16	336.81	326.37	339.75	363.19
当年出售和自宰的肉用羊(万只)	5397.93	5300.17	5390.27	5401.05	5665.71	5596.30	6112.82	6257.87
当年出售和自宰的肉用家禽(万只)	8958.91	9434.46	11887.42	11364.35	11534.87	10439.06	10159.98	10271.10
当年肉类总产量(吨)	2380538	2367949	2446629	2438885	2510994	2446321	2363006	2651630
#猪肉产量(吨)	718928	713000	739381	733500	733000	708078	511302	735240
牛肉产量(吨)	497084	497300	511722	517862	545309	528950	555926	594841
羊肉产量(吨)	891702	872300	886257	888029	933319	925918	1013085	1041276
禽肉产量(吨)	197491	208500	234771	223295	226000	204530	199488	201025
奶类产品(吨)	7626196	7477655	7465704	6233753	6377143	6497980	5928746	5596304
#牛奶产量(吨)	7221130	7245245	7261216	6121192	6286464	6407598	5856545	5528578
绵羊毛产量(吨)	107452	106599	104190	110532	121525	127187	132925	126682
山羊绒产量(吨)	8104	7644	7642	7901	8284	8380	8498	8026
禽蛋产量(吨)	499989	525200	544632	550900	535400	564000	538154	532092

注：2010-2017年数据根据第三次全国农业普查结果进行了修订。

2-2-13　各盟市农林牧渔业现价总产值(2017年)

单位：万元

地　区	农林牧渔业总产值	农业	林业	牧业	渔业	服务业
呼和浩特市	1901647	680748	29512	1134676	29628	27082
包头市	1566592	581414	9457	938128	12553	25040
呼伦贝尔市	4186338	2142191	295791	1564456	112701	71199
兴安盟	2130971	1095346	74859	911144	18678	30945
通辽市	4439406	2420417	123896	1817248	22156	55689
赤峰市	4708869	2697589	191891	1711626	28463	79299
锡林郭勒盟	2068350	527618	23920	1482201	3086	31524
乌兰察布市	2225591	1077782	71678	1009197	10698	56237
鄂尔多斯市	1883446	1018490	73396	728905	24742	37913
巴彦淖尔市	2705793	1388701	77497	1146116	46401	47077
乌海市	88581	37500	3085	44850	824	2322
阿拉善盟	248566	138485	11744	89959	2332	6046

注：本表数据为初步核算数，尚未根据第三次全国农业普查结果进行修订核定。

2-2-14　各盟市农林牧渔业现价增加值(2017年)

单位：万元

地　区	农林牧渔业增加值	农业	林业	牧业	渔业	服务业
呼和浩特市	1093487	444251	20337	593128	19682	16089
包头市	899545	379426	6517	490387	8339	14876
呼伦贝尔市	2536760	1397976	203830	817787	74867	42299
兴安盟	1273472	714814	51586	476281	12408	18384
通辽市	2662653	1579545	85377	949928	14718	33085
赤峰市	2853393	1760425	132232	894717	18908	47111
锡林郭勒盟	1156371	344319	16483	774790	2050	18728
乌兰察布市	1320798	703352	49393	527537	7107	33411
鄂尔多斯市	1135216	664658	50577	381020	16436	22524
巴彦淖尔市	1617559	906255	53403	599108	30825	27969
乌海市	51969	24472	2126	23445	547	1379
阿拉善盟	150632	90374	8093	47024	1549	3592

注：本表数据为初步核算数，尚未根据第三次全国农业普查结果进行修订核定。

2-2-15 各盟市农作物总播种面积

单位：千公顷

地 区	2015	2016	2017	2017年比2016年增长(%)
全 区	**8423.7**	**8957.1**	**9014.4**	**0.6**
呼和浩特市	468.0	482.6	472.3	-2.1
包头市	319.2	329.6	313.1	-5.0
呼伦贝尔市	1870.4	1904.7	1952.7	2.5
兴安盟	953.0	1057.5	1066.1	0.8
通辽市	1406.0	1493.8	1510.2	1.1
赤峰市	1307.1	1386.4	1409.4	1.7
锡林郭勒盟	228.5	248.8	247.8	-0.4
乌兰察布市	713.5	782.8	728.3	-0.7
鄂尔多斯市	448.5	478.1	482.8	1.0
巴彦淖尔市	643.4	721.8	744.5	3.1
乌海市	7.4	7.0	6.8	-3.2
阿拉善盟	58.7	64.1	80.4	25.5

2-2-16 各盟市粮食作物播种面积

单位：千公顷

地 区	2015	2016	2017	2017年比2016年增长(%)
全 区	**6580.0**	**6803.4**	**6780.9**	**-0.3**
呼和浩特市	334.6	335.0	336.4	0.4
包头市	220.2	212.3	211.6	-0.3
呼伦贝尔市	1612.2	1670.6	1687.0	1.0
兴安盟	873.8	922.1	901.6	-2.2
通辽市	1219.5	1266.6	1267.1	0.0
赤峰市	1040.5	1076.7	1075.5	-0.1
锡林郭勒盟	164.5	172.8	161.7	-6.4
乌兰察布市	509.8	521.5	507.6	-2.7
鄂尔多斯市	265.6	272.2	275.7	1.3
巴彦淖尔市	313.5	331.5	333.1	0.5
乌海市	5.0	5.0	4.9	-1.2
阿拉善盟	20.8	17.1	18.8	9.7

2-2-17 各盟市粮食总产量

单位：万吨

地 区	2015	2016	2017	2017年比2016年增长(%)
全 区	**3292.6**	**3263.3**	**3254.5**	**-0.3**
呼和浩特市	143.9	140.5	142.3	1.3
包头市	108.9	109.2	110.0	0.7
呼伦贝尔市	667.3	653.1	648.9	-0.6
兴安盟	484.7	502.5	503.4	0.2
通辽市	773.0	759.8	750.8	-1.2
赤峰市	567.3	548.1	552.2	0.8
锡林郭勒盟	38.2	37.3	37.1	-0.5
乌兰察布市	104.7	106.1	104.8	-1.2
鄂尔多斯市	149.1	148.0	145.2	-1.9
巴彦淖尔市	233.4	238.8	239.9	0.4
乌海市	4.1	4.1	4.0	-3.8
阿拉善盟	18.0	15.7	16.0	1.9

2-2-18 各盟市分品种粮食播种面积和产量(2017年)

单位：公顷、吨、公斤/公顷

地 区	粮食作物			谷物		
	播种面积	总产量	每公顷产量	播种面积	总产量	每公顷产量
全 区	**6780919**	**32545428**	**4800**	**5177369**	**29308449**	**5661**
呼和浩特市	336400	1423457	4231	273644	1256075	4590
包头市	211572	1099849	5198	172837	1000892	5791
呼伦贝尔市	1687022	6489217	3847	797196	4863019	6100
兴安盟	901575	5034184	5584	761780	4821202	6329
通辽市	1267086	7507990	5925	1208725	7388258	6112
赤峰市	1075481	5522005	5134	973192	5346266	5494
锡林郭勒盟	161702	371034	2295	115749	192502	1663
乌兰察布市	507568	1047588	2064	271784	511220	1881
鄂尔多斯市	275730	1451930	5266	246990	1336323	5410
巴彦淖尔市	333107	2398659	7201	331915	2393768	7212
乌海市	4896	39880	8146	4882	39796	8152
阿拉善盟	18781	159635	8500	18676	159128	8520

2-2-18 续表 1

单位：公顷、吨、公斤/公顷

地 区	水 稻			小 麦		
	播种面积	总产量	每公顷产量	播种面积	总产量	每公顷产量
全 区	**122188**	**852256**	**6975**	**673942**	**1890510**	**2805**
呼和浩特市	30	126	4200	26487	44198	1669
包头市	49	339	6862	43012	101388	2357
呼伦贝尔市	24764	141497	5714	289595	1014788	3504
兴安盟	49191	419666	8531	39418	155270	3939
通辽市	27919	196298	7031	7566	24000	3172
赤峰市	18634	85857	4608	62608	108313	1730
锡林郭勒盟				40238	61282	1523
乌兰察布市				90022	94276	1047
鄂尔多斯市	1124	6403	5698	4796	17564	3662
巴彦淖尔市	133	630	4737	68401	260267	3805
乌海市	343	1440	4193	500	2412	4825
阿拉善盟				1300	6753	5193

2-2-18 续表 2

单位：公顷、吨、公斤/公顷

地 区	玉 米			谷 子		
	播种面积	总产量	每公顷产量	播种面积	总产量	每公顷产量
全 区	**3716340**	**24974364**	**6720**	**234441**	**766155**	**3268**
呼和浩特市	195125	1100545	5640	5773	19454	3370
包头市	104747	845277	8070	301	898	2987
呼伦贝尔市	442335	3650249	8252	1758	2690	1530
兴安盟	624720	4117072	6590	11002	35388	3216
通辽市	1130982	7044521	6229	3966	12099	3051
赤峰市	600547	4244851	7068	200796	674181	3358
锡林郭勒盟	21143	59191	2800	512	833	1627
乌兰察布市	85747	300551	3505	5277	10855	2057
鄂尔多斯市	228658	1295736	5667	4408	8431	1912
巴彦淖尔市	261748	2129755	8137			
乌海市	3948	35829	9076			
阿拉善盟	16640	150786	9062	648	1326	2047

2-2-18 续表 3

单位：公顷、吨、公斤/公顷

地 区	高粱			莜麦		
	播种面积	总产量	每公顷产量	播种面积	总产量	每公顷产量
全 区	**90165**	**315038**	**3494**	**168088**	**229764**	**1367**
呼和浩特市	3000	14676	4892	20747	43683	2106
包头市	1105	6248	5655	4309	9472	2198
呼伦贝尔市	697	4081	5854	1552	1541	993
兴安盟	29724	76588	2577	1119	2058	1839
通辽市	6757	42190	6244	401	881	2198
赤峰市	46899	163193	3480	8967	17611	1964
锡林郭勒盟				53532	70768	1322
乌兰察布市	1539	6058	3936	77237	83464	1081
鄂尔多斯市	250	1141	4562	119	138	1160
巴彦淖尔市	105	599	5705	105	147	1400
乌海市						
阿拉善盟	88	264	2993			

注：2007年之后国家取消莜麦指标，用燕麦数据代替填报。

2-2-18 续表 4

单位：公顷、吨、公斤/公顷

地 区	黍子			糜子		
	播种面积	总产量	每公顷产量	播种面积	总产量	每公顷产量
全 区	**20390**	**33901**	**1663**	**12784**	**9677**	**757**
呼和浩特市	6770	12496	1846	2999	2680	894
包头市	155	204	1314	605	524	866
呼伦贝尔市	7	22	3150			
兴安盟	288	419	1452	2004	1262	630
通辽市	250	509	2038	744	344	462
赤峰市	7117	13475	1893	277	67	242
锡林郭勒盟	15	32	2208			
乌兰察布市	4674	5504	1178	171	59	345
鄂尔多斯市	901	1048	1163	5593	4491	803
巴彦淖尔市	173	110	634	340	216	636
乌海市	40	82	2028	51	33	658
阿拉善盟						

2-2-18 续表 5

单位：公顷、吨、公斤/公顷

地 区	荞 麦			大 麦		
	播种面积	总产量	每公顷产量	播种面积	总产量	每公顷产量
全 区	**96177**	**171166**	**1780**	**42737**	**65474**	**1532**
呼和浩特市	12571	17898	1424	142	319	2246
包头市	18469	36309	1966	85	233	2741
呼伦贝尔市	1	1	1062	36487	48150	1320
兴安盟	1653	2396	1449	2660	11083	4167
通辽市	29280	64450	2201	858	2960	3450
赤峰市	27297	38587	1414	50	130	2600
锡林郭勒盟	310	396	1277			
乌兰察布市	4548	7714	1696	2455	2599	1059
鄂尔多斯市	1139	1371	1204			
巴彦淖尔市	909	2043	2248			
乌海市						
阿拉善盟						

2-2-18 续表 6

单位：公顷、吨、公斤/公顷

地 区	豆 类			#大 豆		
	播种面积	总产量	每公顷产量	播种面积	总产量	每公顷产量
全 区	**1171358**	**1861941**	**1590**	**988962**	**1626238**	**1644**
呼和浩特市	19515	22494	1153	11787	12032	1021
包头市	26	50	1923	15	28	1867
呼伦贝尔市	844165	1414555	1676	834078	1393108	1670
兴安盟	134053	200777	1498	85815	132005	1538
通辽市	55327	102064	1845	22456	35436	1578
赤峰市	80917	77617	959	14868	23031	1549
锡林郭勒盟	344	478	1388			
乌兰察布市	31205	34179	1095	14514	21494	1481
鄂尔多斯市	5513	9177	1665	5145	8568	1665
巴彦淖尔市	284	533	1877	281	527	1876
乌海市	4	8	2000	4	8	2000
阿拉善盟	4	8	2024			

2-2-18 续表 7

单位：公顷、吨、公斤/公顷

地　区	杂　豆			#绿　豆		
	播种面积	总产量	每公顷产量	播种面积	总产量	每公顷产量
全　区	**182395**	**235703**	**1292**	**139710**	**179031**	**1281**
呼和浩特市	7728	10462	1354	6528	8248	1263
包头市	11	22	2000			
呼伦贝尔市	10087	21447	2126	4082	7591	1860
兴安盟	48238	68772	1426	39582	54858	1386
通辽市	32871	66628	2027	29778	60535	2033
赤峰市	66049	54586	826	59183	46943	793
锡林郭勒盟	344	478	1388	46	86	1880
乌兰察布市	16691	12685	760	166	187	1127
鄂尔多斯市	368	609	1655	342	577	1687
巴彦淖尔市	3	6	1957	3	6	1957
乌海市						
阿拉善盟	4	8	2024			

2-2-18 续表 8

单位：公顷、吨、公斤/公顷

地　区	薯　类			#马铃薯		
	播种面积	总产量	每公顷产量	播种面积	总产量	每公顷产量
全　区	**432192**	**1375039**	**3182**	**432138**	**1374788**	**3181**
呼和浩特市	43241	144888	3351	43241	144888	3351
包头市	38709	98907	2555	38709	98907	2555
呼伦贝尔市	45662	211643	4635	45662	211643	4635
兴安盟	5741	12205	2126	5741	12205	2126
通辽市	3034	17668	5824	2979	17417	5847
赤峰市	21373	98122	4591	21373	98122	4591
锡林郭勒盟	45609	178054	3904	45609	178054	3904
乌兰察布市	204579	502189	2455	204579	502189	2455
鄂尔多斯市	23227	106430	4582	23227	106430	4582
巴彦淖尔市	908	4358	4800	908	4358	4800
乌海市	10	76	7755	10	76	7755
阿拉善盟	101	499	4939	101	499	4939

2-2-19 各盟市油料作物播种面积和产量(2017年)

单位：公顷、吨

地 区	油料作物播种面积			油料作物总产量		
	2016	2017	2017年比2016年增长(%)	2016	2017	2017年比2016年增长(%)
全 区	**1111956**	**1113068**	**0.1**	**2288164**	**2406905**	**5.2**
呼和浩特市	68190	65259	-4.3	132471	113760	-14.1
包头市	90086	70524	-21.7	107881	69382	-35.7
呼伦贝尔市	153803	181455	18.0	254070	266553	4.9
兴安盟	100790	100830	0.0	194034	196593	1.3
通辽市	56827	54305	-4.4	131885	119526	-9.4
赤峰市	73186	82937	13.3	177883	244309	37.3
锡林郭勒盟	22101	28883	30.7	24422	22134	-9.4
乌兰察布市	189778	157374	-17.1	269829	282407	4.7
鄂尔多斯市	69750	73242	5.0	175978	195033	10.8
巴彦淖尔市	279692	291628	4.3	796345	877624	10.2
乌海市	578	447	-22.6	1638	1219	-25.6
阿拉善盟	7176	6183	-13.8	21730	18363	-15.5

注：2016、2017年数据根据第三次全国农业普查结果进行了修订。

2-2-20 各盟市分品种油料播种面积和产量(2017年)

单位：公顷、吨、公斤/公顷

地 区	油料合计			花 生		
	播种面积	总产量	每公顷产量	播种面积	总产量	每公顷产量
全 区	**1113068**	**2406905**	**2162**	**23347**	**59280**	**2539**
呼和浩特市	65259	113760	1743			
包头市	70524	69382	984			
呼伦贝尔市	181455	266553	1469			
兴安盟	100830	196593	1950	3952	12002	3037
通辽市	54305	119526	2201	17494	41489	2372
赤峰市	82937	244309	2946	1098	3389	3087
锡林郭勒盟	28883	22134	766			
乌兰察布市	157374	282407	1794			
鄂尔多斯市	73242	195033	2663	274	593	2168
巴彦淖尔市	291628	877624	3009	511	1755	3432
乌海市	447	1219	2729	2	5	2804
阿拉善盟	6183	18363	2970	16	47	2987

2-2-20 续表 1

单位：公顷、吨、公斤/公顷

地　区	胡麻籽			葵花籽		
	播种面积	总产量	每公顷产量	播种面积	总产量	每公顷产量
全　区	**63335**	**59363**	**937**	**713107**	**1915482**	**2686**
呼和浩特市	6391	7984	1249	38597	89475	2318
包头市	2516	5017	1994	38246	61943	1620
呼伦贝尔市	51	116	2280	4607	16727	3631
兴安盟	315	650	2063	74476	154331	2072
通辽市				29654	66123	2230
赤峰市	122	203	1667	79187	237480	2999
锡林郭勒盟	13857	11759	849	1221	3093	2534
乌兰察布市	39225	32543	830	83058	199788	2405
鄂尔多斯市	744	985	1325	71005	192874	2716
巴彦淖尔市	114	106	926	286464	874156	3052
乌海市				442	1215	2745
阿拉善盟				6151	18277	2971

2-2-20 续表 2

单位：公顷、吨、公斤/公顷

地　区	油菜籽			芝　麻		
	播种面积	总产量	每公顷产量	播种面积	总产量	每公顷产量
全　区	**309641**	**356032**	**1150**	**1959**	**1844**	**942**
呼和浩特市	19706	15731	798	7	4	545
包头市	29332	1109	38			
呼伦贝尔市	176797	249710	1412			
兴安盟	21854	29179	1335	233	431	1849
通辽市	6499	11242	1730	659	673.36	1022
赤峰市	1266	1589	1255	1005	712	709
锡林郭勒盟	13805	7282	527			
乌兰察布市	35091	38026	1084			
鄂尔多斯市	748	557	744	55	23.78	436
巴彦淖尔市	4538	1607	354			
乌海市	3					
阿拉善盟	1					

2-2-21　各盟市甜菜作物播种面积和产量(2017年)

单位：公顷、吨、公斤/公顷

地　区	播种面积	总　产　量			每公顷产量
		2016	2017	2017年比2016年增加	
全　区	**82721**	**2683616**	**3443413**	**759796**	**41627**
呼和浩特市	124	32268	5355	-26913	43185
包头市	194		11930	11930	61558
呼伦贝尔市	1685	1877	39543	37667	23471
兴安盟	16167	246935	370729	123794	22931
通辽市	8483	64147	384573	320426	45334
赤峰市	27116	1132167	1270472	138305	46854
锡林郭勒盟	315	14108	13538	-570	42978
乌兰察布市	26817	1099222	1268056	168834	47285
鄂尔多斯市	1610	81793	66993	-14800	41613
巴彦淖尔市	211	11100	12223	1123	57929
乌海市					
阿拉善盟					

2-2-22　各盟市烟叶播种面积和产量(2017年)

单位：公顷、吨、公斤/公顷

地　区	烟 叶 合 计			#烤　烟		
	播种面积	总产量	每公顷产量	播种面积	总产量	每公顷产量
全　区	**1646**	**6154**	**3739**	**1278**	**5310**	**4156**
呼和浩特市	2	5	2500			
包头市						
呼伦贝尔市	22	38	1727	22	38	1727
兴安盟						
通辽市	5	2	306	5	2	306
赤峰市	1264	5319	4208	1251	5270	4214
锡林郭勒盟						
乌兰察布市						
鄂尔多斯市						
巴彦淖尔市	353	790	2238			
乌海市						
阿拉善盟						

2-2-23　各盟市药材及其他农作物播种面积(2017年)

单位：公顷

地　区	药　材	其他农作物	青饲料	黑瓜籽
全　区	**118828**	**630350**	**352638**	**14838**
呼和浩特市	784	57569	19492	3036
包头市	3752	13787	8645	1741
呼伦贝尔市	29349	34873	15110	22
兴安盟	2394	36433	32125	503
通辽市	5700	101614	92995	513
赤峰市	13066	145240	67085	1880
锡林郭勒盟	1818	46244	36310	
乌兰察布市	749	17103	15138	
鄂尔多斯市	3976	106826	59449	3672
巴彦淖尔市	10753	66855	4181	3402
乌海市	42	537	166	30
阿拉善盟	46446	3270	1942	39

2-2-24　各盟市蔬菜、瓜类作物播种面积和产量(2017年)

单位：公顷、吨、公斤/公顷

地　区	蔬菜(含菜用瓜)			瓜类(含果用瓜)		
	播种面积	总产量	每公顷产量	播种面积	总产量	每公顷产量
全　区	**218718**	**11113486**	**50812**	**66716**	**2675113**	**40097**
呼和浩特市	9249	595214	64356	2796	91551	32742
包头市	11854	869167	73323	1415	51704	36543
呼伦贝尔市	12492	544030	43550	4840	107630	22239
兴安盟	6952	165327	23782	1713	30393	17746
通辽市	58359	2019096	34598	14621	818243	55963
赤峰市	57435	3614362	62929	6838	243470	35605
锡林郭勒盟	8448	496273	58742	347	7959	22932
乌兰察布市	17770	769754	43318	933	29552	31676
鄂尔多斯市	12636	475553	37636	8693	366106	42115
巴彦淖尔市	22046	1478446	67061	19557	741795	37929
乌海市	833	61469	73808	55	1640	29601
阿拉善盟	644	24795	38487	4908	185071	37710

2-2-25 各盟市瓜类作物播种面积和产量(2017年)

单位：公顷、吨、公斤/公顷

地　区	西　瓜			甜　瓜		
	播种面积	总产量	每公顷产量	播种面积	总产量	每公顷产量
全　区	**35371**	**1600326**	**45244**	**26927**	**973934**	**36170**
呼和浩特市	1998	73099	36586	693	16053	23165
包头市	1050	43317	41252	325	7783	23931
呼伦贝尔市	767	30892	40256	622	14149	22733
兴安盟	1064	21662	20360	567	4770	8410
通辽市	10458	590460	56458	4142	215117	51930
赤峰市	4627	193760	41875	1865	37872	20303
锡林郭勒盟	331	7265	21949	14	663	47357
乌兰察布市	495	18391	37178	225	8028	35627
鄂尔多斯市	7708	327756	42520	904	36428	40308
巴彦淖尔市	6360	271315	42657	13158	469439	35677
乌海市	22	919	40960	8	144	17241
阿拉善盟	490	21491	43901	4402	163487	37142

2-2-26 各盟市水果种植面积(2017年)

单位：公顷

地　区	年末果园面　积				
		苹果园	梨园	葡萄园	山楂园
全　区	**59784**	**17758**	**6122**	**7644**	**275**
呼和浩特市	9262	756	167	631	6
包头市	1830	677	161	402	
呼伦贝尔市	13257	249	15	20	
兴安盟	1365	402	33	208	11
通辽市	7562	2447	442	2285	93
赤峰市	19218	11302	3588	831	132
锡林郭勒盟					
乌兰察布市	602	474		121	
鄂尔多斯市	1693	982	399	262	
巴彦淖尔市	1645	370	1192	46	33
乌海市	2250	93	96	1962	
阿拉善盟	1100	5	29	876	

2-2-27　各盟市水果产量(2017年)

单位：吨

地　区	园林水果	苹　果	梨	葡　萄	山　楂	其他园林水果
全　区	**553666.8**	**154936.2**	**78865.7**	**74569.2**		**245295.7**
呼和浩特市	45206.0	10557.0	5197.0	3798.0		25654.0
包头市	26552.7	5466.0	1835.4	9586.3		9665.0
呼伦贝尔市	192204.2	1756.9	87.3	45.0		190315.0
兴安盟	10286.0	6427.0	681.0	825.0		2353.0
通辽市	39095.3	8820.5	2609.3	21008.8		6656.7
赤峰市	165937.0	107829.0	31479.0	21157.0		5472.0
锡林郭勒盟						
乌兰察布市	6460.3	4272.9		8.6		2178.8
鄂尔多斯市	8988.0	3885.5	1155.0	1863.3		2084.2
巴彦淖尔市	41986.0	5522.0	35538.0	857.0		69.0
乌海市	14816.4	302.5	198.7	13686.2		629.0
阿拉善盟	2135.0	97.0	85.0	1734.0		219.0

2-2-28　各盟市牲畜头数(2017年)

单位：万头(只)

地　区	牲畜总头数	大牲畜和羊	大牲畜	#牛
全　区	**6785.77**	**6280.17**	**168.24**	**656.17**
呼和浩特市	208.24	193.16	2.32	33.03
包头市	255.66	234.03	3.71	17.53
呼伦贝尔市	875.00	844.85	19.77	93.98
兴安盟	667.48	623.05	8.36	50.91
通辽市	836.08	667.72	17.27	164.61
赤峰市	1046.90	933.06	74.23	128.15
锡林郭勒盟	643.51	639.04	15.93	90.17
乌兰察布市	558.04	525.79	5.69	32.56
鄂尔多斯市	770.05	731.72	3.96	24.40
巴彦淖尔市	814.41	780.94	5.37	17.05
乌海市	12.77	10.29	0.24	0.41
阿拉善盟	97.63	96.52	11.40	3.38

2-2-28　续表 1

单位：万头

地　　区	马	驴	骡
全　区	**64.37**	**75.45**	**11.51**
呼和浩特市	0.16	1.50	0.65
包头市	2.92	0.61	0.08
呼伦贝尔市	19.05	0.41	0.04
兴安盟	5.32	3.03	0.01
通辽市	6.88	9.12	1.24
赤峰市	11.57	55.28	7.25
锡林郭勒盟	14.09	0.43	0.00
乌兰察布市	1.57	2.16	1.03
鄂尔多斯市	1.05	1.43	0.91
巴彦淖尔市	1.51	0.96	0.27
乌海市	0.03	0.20	0.00
阿拉善盟	0.24	0.33	0.01

2-2-28　续表 2

单位：万只(口)

地　　区	骆　驼	羊	猪
全　区	**16.91**	**6111.93**	**505.60**
呼和浩特市	0.02	190.84	15.08
包头市	0.10	230.32	21.64
呼伦贝尔市	0.27	825.09	30.15
兴安盟	0.00	614.69	44.43
通辽市	0.02	650.46	168.36
赤峰市	0.13	858.83	113.83
锡林郭勒盟	1.41	623.11	4.47
乌兰察布市	0.92	520.10	32.25
鄂尔多斯市	0.57	727.77	38.33
巴彦淖尔市	2.62	775.57	33.47
乌海市	0.01	10.05	2.48
阿拉善盟	10.82	85.12	1.11

2-2-29 各盟市主要畜产品产量(2017年)

单位：万头(只)、吨

地　区	当年出栏肉猪头数	当年出售和自宰肉用牛	当年出售和自宰肉用羊	当年出售和自宰家禽	当年肉类总产量	猪肉产量	牛肉产量	羊肉产量
全　区	**918.96**	**363.19**	**6257.87**	**10271.10**	**4821962**	**735240**	**594841**	**1041276**
呼和浩特市	35.07	15.97	218.83	293.86	184597	27023	28876	35478
包头市	55.11	22.90	424.89	250.14	312085	45442	39958	69552
呼伦贝尔市	49.55	55.15	830.84	556.38	551162	39611	99333	132037
兴安盟	107.23	14.34	687.51	871.35	433374	87424	25623	101625
通辽市	319.98	77.59	522.39	2144.43	920332	250895	121677	82848
赤峰市	166.55	78.39	532.24	5206.24	692431	130190	107599	95581
锡林郭勒盟	10.12	65.96	856.70	59.90	561738	8787	117782	148367
乌兰察布市	53.63	15.17	736.16	360.30	386019	45866	25026	120578
鄂尔多斯市	72.53	10.10	449.56	58.98	310231	56249	17571	78887
巴彦淖尔市	36.14	6.44	925.18	428.80	416808	32648	9904	163811
乌海市	11.44	0.33	17.42	37.34	26608	9681	596	2988
阿拉善盟	1.62	0.87	56.15	3.37	26577	1424	897	9523

2-2-29 续表

单位：吨

地　区	禽肉产量	奶类产量	牛奶产量	山羊毛产量	绵羊毛产量	山羊绒产量	禽蛋产量
全　区	**201025**	**5596304**	**5528578**	**8775**	**126682**	**8026**	**532092**
呼和浩特市	5528	1560663	1560626	430	4165	318	39460
包头市	5802	633199	633094	284	3461	250	30849
呼伦贝尔市	7401	780869	775116	729	24185	574	41428
兴安盟	11408	348084	348084	759	11779	383	22826
通辽市	53718	359205	328255	3629	11034	1194	47515
赤峰市	97746	277190	277185	945	30430	1076	303080
锡林郭勒盟	1087	500069	497357	19	11915	204	5124
乌兰察布市	8086	406361	406311	18	7756	78	20602
鄂尔多斯市	1681	194331	167641	1659	12227	2969	7888
巴彦淖尔市	7676	465419	464141	64	9373	740	9801
乌海市	824	1742	1742	90	55	18	3311
阿拉善盟	68	69172	69026	150	303	222	208

主要统计指标解释

农林牧渔业总产值 指以货币表现的农、林、牧、渔业全部产品的总量，它反映一定时期内农业生产总规模和总成果。农业总产值的计算方法通常是按农林牧渔业产品及其副产品的产量分别乘以各自单位产品价格求得；少数生产周期较长，当年没有产品或产品产量不易统计的，则采用间接方法匡算其产值；然后将四业产品产值相加即为农业总产值。

农林牧渔业增加值 指农、林、牧、渔及农林牧渔服务业生产货物或提供服务活动而增加的价值，为农林牧渔业现价总产值扣除农林牧渔业现价中间投入后的余额。

农作物播种面积 指实际播种或移植有农作物的面积。凡是实际种植有农作物的面积，不论种植在耕地上还是种植在非耕地上，均包括在农作物播种面积中。在播种季节基本结束后，因遭灾而重新改种和补种的农作物面积，也包括在内。

粮食产量 指全社会的产量。包括国有经济经营的、集体统一经营的和农民家庭经营的粮食产量，还包括工矿企业办的农场和其他生产单位的产量。粮食除包括稻谷、小麦、玉米、高粱、谷子及其他杂粮外，还包括薯类和豆类。其产量计算方法，豆类按去豆荚后的干豆计算；薯类(包括甘薯和马铃薯，不包括芋头和木薯)1963 年以前按每 4 公斤鲜薯折 1 公斤粮食计算，从 1964 年开始改为按 5 公斤鲜薯折 1 公斤粮食计算。城市郊区作为蔬菜的薯类(如马铃薯等)按鲜品计算，并且不作粮食统计。其他粮食一律按脱粒后的原粮计算。

油料产量 指全部油料作物的生产量。包括花生、油菜籽、芝麻、向日葵籽、胡麻籽(亚麻籽)和其他油料。不包括大豆，木本油料和野生油料。花生以带壳干花生计算。

水产品产量 指人工养殖的水产品和天然生长的水产品的捕捞量。包括海水的鱼类、虾蟹类、贝类和藻类以及内陆水域的鱼类、虾蟹类和贝类，不包括淡水生植物。

猪、牛、羊肉产量 指当年出栏并已屠宰、除去头蹄下水后带骨肉(即胴体重)的重量。

牲畜总增头数 是反映牲畜的总体增长情况、牲畜头数增殖情况和死亡损失情况的一项数量指标，以大畜、小畜和猪分畜种计算。

总增头数=期内繁殖成活仔畜头数-期内成幼畜死亡头数

期末牲畜存栏头数 指调查期末农村各种合作经济组织和国营农场，农民个人，机关、团体、学校、工矿企业，部队等单位以及城镇居民饲养的大牲畜、猪、羊的存栏头数。

第三部分　住户调查篇

第三部分　住户调查篇

居民生活

资料整理：周建芬　刘军

3-1-1 居民家庭人均可支配收入(可比口径)

年份	全体居民可支配收入		城镇居民可支配收入		农牧民可支配收入					
					农牧民		农民		牧民	
	绝对数(元)	增速(%)	绝对数(元)	增速(%)	绝对数(元)	增速(%)	绝对数(元)	增速(%)	绝对数(元)	增速(%)
1978			301		131		126		188	
1979			350	16.3	164	25.2	156	23.8	236	25.5
1980			407	16.3	192	17.1	181	16.0	265	12.3
1981			418	2.7	241	25.5	228	26.0	326	23.0
1982			453	8.2	288	19.5	273	19.7	387	18.7
1983			474	4.7	325	12.8	294	7.7	530	37.0
1984			549	15.7	368	13.2	336	14.3	573	8.1
1985			666	21.3	400	8.7	360	7.1	650	13.4
1986			774	16.2	382	-4.5	340	-5.6	649	-0.2
1987			820	6.0	426	11.5	389	14.4	662	2.0
1988			916	11.7	547	28.4	500	28.5	850	28.4
1989			1053	15.0	553	1.1	478	-4.4	1038	22.1
1990	804		1155	9.7	647	17.0	607	27.0	906	-12.7
1991			1295	12.1	651	0.6	618	1.8	868	-4.2
1992			1479	14.2	719	10.4	672	8.7	1022	17.7
1993			1883	27.3	829	15.3	778	15.8	1164	13.9
1994			2503	32.9	1062	28.1	970	24.7	1664	43.0
1995			2846	13.7	1300	22.4	1208	24.5	1871	12.4
1996			3432	20.6	1602	23.2	1552	28.5	1951	4.3
1997			3945	14.9	1780	11.1	1705	9.9	2345	20.2
1998			4360	10.5	1988	11.7	1911	12.1	2516	7.3
1999			4785	9.8	2016	1.4	1903	-0.4	2698	7.2
2000	3379		5152	7.7	2058	2.1	1869	-1.8	3354	24.3
2001			5568	8.1	1999	-2.9	1784	-4.5	3277	-2.3
2002			6096	9.5	2120	6.1	1948	9.2	3052	-6.9
2003			7076	16.1	2312	9.1	2133	9.5	3201	4.9
2004			8208	16.0	2667	15.3	2465	15.6	3571	11.6
2005	5985		9247	12.7	3070	15.1	2813	14.1	4341	21.6
2006	6876	14.9	10499	13.5	3444	12.2	3188	13.3	4502	3.7
2007	8340	21.3	12566	19.7	4089	18.7	3750	17.6	5510	22.4
2008	9923	19.0	14676	16.8	4834	18.2	4457	18.9	6194	12.4
2009	11015	11.0	16140	10.0	5143	6.4	4656	4.5	7071	14.2
2010	12538	13.8	18050	11.8	5780	12.4	5222	12.2	7851	11.0
2011	14715	17.4	20813	15.3	6942	20.1	6299	20.6	9109	16.0
2012	16800	14.2	23611	13.4	7956	14.6	6968	10.6	12257	34.6
2013	18693	10.7	26004	10.1	8985	12.9	8429	15.3	12981	3.4
2014	20559	10.0	28350	9.0	9976	11.0	9441	11.5	14094	8.6
2015	22310	8.5	30594	7.9	10776	8.0	10228	8.3	14996	6.4
2016	24127	8.1	32975	7.8	11609	7.7	10990	7.5	16376	9.2
2017	26212	8.6	35670	8.2	12584	8.4	11873	8.0	18058	10.3

3-1-2 城乡居民家庭

年 份	全体居民生活消费支出			城镇居民生活消费支出		
	绝对数(元)	增速(%)	恩格尔系数	绝对数(元)	增速(%)	恩格尔系数
1978				269		
1979				351	30.5	
1980				353	0.6	
1981				378	7.1	
1982				397	5.0	
1983				411	3.5	
1984				449	9.2	
1985				595	32.5	
1986				680	14.3	
1987				712	4.7	
1988				844	18.5	
1989				913	8.2	
1990	670			982	7.6	
1991				1136	15.7	
1992				1254	10.4	
1993				1585	26.4	
1994				2111	33.2	
1995				2482	17.6	
1996				2768	11.5	
1997				3032	9.5	
1998				3106	2.4	
1999				3469	11.7	
2000	2648		37.7	3928	13.2	34.5
2001				4196	6.8	33.9
2002				4860	15.8	31.5
2003				5419	11.5	31.5
2004				6219	14.8	32.5
2005	4746		33.1	6929	11.4	31.4
2006	5385	13.5	30.8	7667	10.7	30.2
2007	6578	22.1	30.6	9281	21.1	30.4
2008	7706	17.1	32.4	10827	16.7	32.8
2009	8873	15.2	30.1	12370	14.3	30.5
2010	10209	15.1	29.0	13995	13.1	30.1
2011	11920	16.8	29.7	15878	13.5	31.3
2012	13475	13.0	29.1	17717	11.6	30.8
2013	14877	10.4	29.0	19243	8.7	28.3
2014	16258	9.3	29.2	20885	8.5	28.7
2015	17179	5.7	28.6	21876	4.7	28.4
2016	18073	5.2	28.6	22746	4.0	28.3
2017	18946	4.8	27.5	23638	3.9	27.4

人均生活消费支出(可比口径)

农牧民生活消费支出								
农牧民			农　民			牧　民		
绝对数(元)	增速(%)	恩格尔系数	绝对数(元)	增速(%)	恩格尔系数	绝对数(元)	增速(%)	恩格尔系数
			158		64.9	201		58.2
			177	12.2	62.5	259	28.9	58.7
			205	15.6	62.7	306	18.1	52.6
264			227	10.6	60.1	418	36.6	50.2
370	40.3		246	8.4	62.5	485	16.0	53.3
325	-12.1		291	18.6	63.0	550	13.4	48.0
343	5.4		307	5.6	60.4	577	4.9	47.6
382	11.4		349	13.6	59.8	596	3.3	46.4
441	15.6		404	15.8	56.8	681	14.3	46.2
512	16.1		448	10.7	54.7	923	35.5	41.3
539	5.2		492	9.8	59.2	843	-8.7	48.3
607	12.7		571	16.1	56.2	838	-0.6	47.3
647	6.6		600	5.0	54.9	956	14.1	48.8
741	14.5		695	16.0	58.4	1035	8.3	50.5
903	21.9		835	20.1	57.6	1364	31.8	49.5
1262	39.7		1180	41.3	59.7	1762	29.2	48.1
1438	14.0	58.1	1275	8.0	62.1	2098	19.1	54.2
1560	8.5	55.9	1428	12.0	58.0	2546	21.4	46.9
1602	2.7	55.0	1441	0.9	57.8	2608	2.4	43.4
1582	-1.3	50.5	1380	-4.3	52.8	2598	-0.4	42.1
1694	7.1	44.8	1442	4.5	47.7	2959	13.9	33.8
1656	-2.3	43.7	1393	-3.4	46.5	2670	-9.8	33.5
1784	7.7	43.4	1468	5.4	44.0	2895	8.4	34.1
1950	9.3	41.3	1545	5.2	43.5	3334	15.2	34.3
2337	19.8	42.7	1832	18.6	45.3	3781	13.4	34.0
2796	19.7	43.1	2244	22.4	45.1	4005	5.9	34.3
3225	15.4	39.0	2523	12.4	41.0	4655	16.2	30.8
3860	19.7	39.3	2965	17.5	41.0	5487	17.9	32.5
4364	13.1	41.0	3339	12.6	42.4	5765	5.1	34.6
4870	11.6	39.8	3633	8.8	41.7	6497	12.7	31.8
5572	14.4	37.5	4115	13.3	38.8	7067	8.8	32.0
6880	23.5	37.5	5073	23.3	39.3	8638	22.2	30.2
7972	15.9	37.3	5813	14.6	39.0	10490	21.4	30.4
9080	13.9	30.9	8648	14.5	31.1	12402	3.4	29.8
9972	9.8	30.5	9502	9.9	30.6	13593	9.6	29.8
10637	6.7	29.4	10193	7.3	29.3	14055	3.4	29.5
11462	7.8	29.3	10965	7.6	29.3	15296	8.8	29.3
12184	6.3	27.8	11650	6.2	27.9	16296	6.5	27.3

3-1-3 居民人均可支配收入及构成(可比口径)

指 标	1998	2000	2005	2010	2015	2016	2017
全体居民可支配收入(元)		**3379**	**5985**	**12538**	**22310**	**24127**	**26212**
工资性收入		1629	3258	6511	11992	12940	13900
经营净收入		1195	1633	2946	5380	5776	6364
财产净收入		49	173	810	1266	1203	1288
转移净收入		506	920	2271	3672	4208	4661
全体居民可支配收入构成(%)		**100**	**100**	**100**	**100**	**100**	**100**
工资性收入		48.2	54.4	51.9	53.8	53.6	53.0
经营净收入		35.4	27.3	23.5	24.1	23.9	24.3
财产净收入		1.4	2.9	6.5	5.7	5.0	4.9
转移净收入		15.0	15.4	18.1	16.5	17.4	17.8
城镇居民可支配收入(元)	**4360**	**5152**	**9247**	**18050**	**30594**	**32948**	**35670**
工资性收入	3160	3422	6308	10895	18989	20355	21707
经营净收入	285	512	935	2315	4801	5466	6349
财产净收入	98	66	282	1326	1870	1733	1824
转移净收入	817	1152	1723	3514	4934	5421	5789
城镇居民可支配收入构成(%)	**100**	**100**	**100**	**100**	**100**	**100**	**100**
工资性收入	72.5	66.4	68.2	60.4	62.1	61.8	60.9
经营净收入	6.5	9.9	10.1	12.8	15.7	16.6	17.8
财产净收入	2.2	1.3	3.0	7.3	6.1	5.3	5.1
转移净收入	18.7	22.4	18.6	19.5	16.1	16.5	16.2
农村居民可支配收入(元)	**1988**	**2058**	**3070**	**5780**	**10776**	**11609**	**12584**
工资性收入	218	293	533	1136	2250	2449	2649
经营净收入	1723	1704	2258	3720	6185	6216	6385
财产净收入	13	36	77	177	425	453	515
转移净收入	34	25	202	747	1916	2492	3036
农村居民可支配收入构成(%)	**100**	**100**	**100**	**100**	**100**	**100**	**100**
工资性收入	10.9	14.2	17.3	19.7	20.9	21.1	21.1
经营净收入	86.7	82.8	73.6	64.4	57.4	53.5	50.7
财产净收入	0.7	1.7	2.5	3.1	3.9	3.9	4.1
转移净收入	1.7	1.2	6.6	12.9	17.8	21.5	24.1

3-1-4 全体居民家庭基本情况

指　标	单位	2016	2017	2017年比2016年增加	
				绝对数	%
住户经营情况					
生产经营户	%	46.47	52.28	5.81	12.5
#农业生产经营户	%	31.13	33.48	2.35	7.6
非生产经营户	%	53.53	47.72	-5.81	-10.9
户主文化程度					
未上过学	%	1.13	1.03	-0.10	-8.5
小学	%	16.19	16.08	-0.12	-0.7
初中	%	44.26	44.20	-0.06	-0.1
高中	%	20.23	20.44	0.21	1.0
大学专科	%	11.88	11.95	0.07	0.6
大学本科	%	6.06	6.06	0.00	0.0
研究生	%	0.26	0.24	-0.01	-5.2
按家庭规模分的住户类型					
一人户	%	3.49	3.97	0.48	13.8
二人户	%	34.67	35.86	1.19	3.4
三人户	%	42.87	42.24	-0.63	-1.5
四人户	%	14.23	13.64	-0.59	-4.2
五人户	%	3.53	3.22	-0.31	-8.7
六人及以上户	%	1.21	1.07	-0.14	-11.3
按世代分的住户类型					
一代户	%	33.88	35.43	1.55	4.6
二代户	%	58.35	57.24	-1.12	-1.9
三代户	%	7.65	7.25	-0.40	-5.2
四代及以上户	%	0.12	0.08	-0.04	-35.5
住户特征					
纯老人户	%	11.14	12.81	1.67	15.0
家中有未成年子女户	%	32.01	29.99	-2.02	-6.3
年轻夫妻无子女户	%	0.99	0.83	-0.16	-16.2
无劳动力户	%	2.73	2.71	-0.01	-0.5

3-1-5 全体居民家庭人口和就业情况

指　标	单位	2016	2017	2017年比2016年增加	
				绝对数	%
家庭常住成员数	**人/户**	**2.84**	**2.81**	**-0.03**	**-1.2**
常住成员情况					
性别					
男性	%	50.05	50.03	-0.02	
女性	%	49.95	49.97	0.02	
年龄	%				
5岁及以下	%	3.60	2.87	-0.73	-20.2
6-15岁	%	9.54	9.53		
16-19岁	%	4.38	4.41	0.03	0.6
20-24岁	%	6.15	5.82	-0.33	-5.3
25-29岁	%	5.07	4.80	-0.27	-5.3
30-34岁	%	6.32	5.65	-0.67	-10.7
35-40岁	%	10.14	9.81	-0.33	-3.2
41-50岁	%	23.12	23.09	-0.03	-0.1
51-60岁	%	18.78	19.72	0.94	5.0
61-65岁	%	6.33	6.91	0.57	9.1
66岁及以上	%	6.58	7.40	0.82	12.5
户口性质					
农业	%	55.37	54.97	-0.41	-0.7
非农业	%	44.56	44.98	0.42	0.9
其他	%	0.06	0.05	-0.01	-18.6
参加医疗保险情况					
新型农村合作医疗	%	50.85	50.75	-0.10	-0.2
城镇职工基本医疗保险	%	18.90	19.04	0.14	0.7
城镇居民基本医疗保险	%	18.81	19.24	0.44	2.3
公费医疗	%	0.57	0.55	-0.01	-2.6
商业医疗保险	%	0.97	0.93	-0.04	-3.6
其他医疗保险	%	1.89	2.12	0.23	12.4
没有参加任何医疗保险	%	8.24	7.60	-0.64	-7.8
在校学生	%	16.98	17.48	0.50	3.0
受教育程度					
未上过学	%	3.41	3.28	-0.13	-3.9
小学	%	20.33	20.72	0.39	1.9
初中	%	34.88	34.91	0.02	0.1
高中	%	17.74	17.73	-0.01	-0.1
大学专科	%	11.88	12.21	0.33	2.7
大学本科	%	7.80	7.94	0.14	1.8
研究生	%	0.35	0.35	-0.01	-1.7

3-1-5 续表 1

指　　标	单位	2016	2017	2017年比2016年增加	
				绝对数	%
劳动力人数	**人／户**	**2.09**	**2.07**	**-0.02**	**-0.9**
整劳动力人数	人／户	1.15	1.07	-0.07	-6.5
半劳动力人数	人／户	0.95	1.00	0.05	5.8
从业人数	**人／户**	**1.74**	**1.70**	**-0.04**	**-2.1**
性别					
男性	%	54.85	50.71	-4.14	-7.5
女性	%	45.15	49.29	4.14	9.2
受教育程度					
未上过学	%	2.35	2.33	-0.02	-1.0
小学	%	16.52	16.09	-0.44	-2.6
初中	%	41.55	41.29	-0.26	-0.6
高中	%	17.61	19.08	1.47	8.4
大学专科	%	13.61	13.31	-0.31	-2.2
大学本科	%	8.04	7.58	-0.46	-5.7
研究生	%	0.31	0.31	0.01	1.9
离退休人员	%				
行政事业单位离退休	%	0.47	2.91	2.44	523.7
其他单位离退休	%	1.56	9.31	7.74	495.0
参加养老保险情况					
新型农村社会养老保险	%	40.10	35.63	-4.47	-11.1
城镇职工基本养老保险	%	20.50	23.32	2.82	13.7
城镇居民社会养老保险	%	11.00	11.92	0.93	8.4
商业养老保险	%	0.60	0.62	0.02	3.6
其他养老保险	%	0.98	1.03	0.05	5.5
没有参加任何养老保险	%	26.93	27.61	0.68	2.5
就业类型					
雇主	%	1.70	0.86	-0.84	-49.5
公职人员	%	3.81	3.38	-0.43	-11.2
事业单位人员	%	8.23	6.61	-1.63	-19.7
国有企业雇员	%	6.23	5.12	-1.11	-17.8
其他雇员	%	29.10	23.99	-5.12	-17.6
农业自营	%	41.12	33.87	-7.25	-17.6
非农自营	%	9.81	8.09	-1.71	-17.5

3-1-5 续表 2

指　　标	单位	2016	2017	2017年比2016年增加	
				绝对数	%
从事主要行业					
第一产业	%	42.31	42.43	0.13	0.3
第二产业	%	11.74	11.61	-0.13	-1.1
采矿业	%	1.76	1.66	-0.10	-5.7
制造业	%	3.29	3.40	0.11	3.4
电力、热力、燃气及水生产供应业	%	1.74	1.81	0.07	4.1
建筑业	%	4.96	4.74	-0.21	-4.3
第三产业	%	45.96	45.96		
批发和零售业	%	9.13	9.47	0.34	3.7
交通运输、仓储和邮政业	%	4.93	4.93		
住宿和餐饮业	%	3.39	3.48	0.09	2.8
信息传输、软件业和信息技术服务业	%	0.86	0.88	0.02	2.9
金融业	%	1.30	1.33	0.03	2.1
房地产业	%	0.45	0.44	-0.01	-1.6
租赁和商务服务业	%	0.49	0.42	-0.08	-15.8
科学研究和技术服务业	%	0.28	0.31	0.03	9.3
水利、环境和公共设施管理业	%	0.82	0.76	-0.06	-7.0
居民服务、修理和其他服务业	%	11.07	10.56	-0.52	-4.7
教育	%	3.17	3.15	-0.02	-0.7
卫生和社会工作	%	2.71	2.68	-0.03	-1.0
文化、体育和娱乐业	%	0.72	0.62	-0.10	-14.3
公共管理、社会保障和社会组织	%	6.63	6.93	0.30	4.5
国际组织	%				
从事主要职业					
国家机关、党群组织、企事业单位负责人	%	2.75	2.89	0.14	5.1
专业技术人员	%	9.81	9.79	-0.01	-0.2
办事人员和有关人员	%	14.91	14.97	0.06	0.4
商业、服务业人员	%	15.95	16.47	0.52	3.2
农、林、牧、渔、水利业生产人员	%	42.04	42.13	0.09	0.2
生产、运输设备操作人员及有关人员	%	7.01	6.88	-0.13	-1.8
军人	%	0.15	0.14	-0.02	-10.0
不便分类的其他从业人员	%	7.37	6.72	-0.65	-8.9

3-1-6 全体居民家庭住房情况

指 标	单位	2016	2017	2017年比2016年增加	
				绝对数	%
现住房建筑面积	**平方米/人**	**30.24**	**30.69**	**0.45**	**1.5**
居住空间样式					
单栋楼房	%	8.03	7.74	-0.28	-3.5
单栋平房	%	50.86	50.63	-0.23	-0.5
四居室及以上单元房	%	0.73	0.68	-0.04	-5.8
三居室单元房	%	7.89	7.88	-0.02	-0.2
二居室单元房	%	24.04	25.42	1.39	5.8
一居室单元房	%	1.35	1.35		
筒子楼或连片平房	%	6.40	5.59	-0.80	-12.6
其他	%	0.71	0.70	-0.01	-0.8
主要建筑材料					
钢筋混凝土	%	27.20	27.64	0.45	1.6
砖混材料	%	29.94	30.53	0.59	2.0
砖瓦砖木	%	33.60	32.64	-0.96	-2.9
竹草土坯	%	7.41	7.31	-0.11	-1.5
其他	%	1.85	1.89	0.04	2.0
房屋产权					
租赁公房	%	0.72	0.73	0.01	2.0
租赁私房	%	5.13	5.35	0.22	4.3
自建住房	%	47.90	47.17	-0.73	-1.5
购买商品房	%	35.00	35.71	0.71	2.0
购买房改住房	%	5.38	5.55	0.17	3.1
购买保障性住房	%	1.51	1.41	-0.10	-6.6
拆迁安置房	%	1.82	1.82	0.00	-0.2
继承或获赠住房	%	0.39	0.32	-0.07	-18.2
免费借用房	%	0.63	0.65	0.02	3.3
雇主提供免费住房	%	0.60	0.59	-0.02	-2.6
其他来源	%	0.93	0.72	-0.21	-22.4
住房建筑面积					
10平方米以内	%	0.08		-0.08	
10-20平方米	%	0.74	0.69	-0.05	-6.8
20-30平方米	%	2.14	2.10	-0.03	-1.5
30-60平方米	%	21.91	21.77	-0.13	-0.6
60-90平方米	%	39.02	38.83	-0.19	-0.5
90-120平方米	%	26.41	26.66	0.25	1.0
120-200平方米	%	8.75	8.84	0.09	1.1
200平方米以上	%	1.03	1.10	0.07	6.5

3-1-6 续表

指 标	单位	2016	2017	2017年比2016年增加	
				绝对数	%
现住房建筑年份					
当年新建	%	1.12	0.06	-1.05	-94.2
1-5年	%	15.79	6.29	-9.50	-60.2
6-10年	%	20.13	20.75	0.62	3.1
11-20年	%	28.81	32.63	3.81	13.2
21-50年	%	25.88	34.85	8.98	34.7
50年以上	%	5.20	0.76	-4.44	-85.4
购(建)房总金额	万元/户	10.06	10.29	0.23	2.3
租赁住房实际月租金	元/人	14.44	13.54	-0.90	-6.2
租赁公房实际月租金	元/人	0.75	0.62	-0.12	-16.6
租赁私房实际月租金	元/人	10.87	11.02	0.15	1.4
期末拥有房屋价值	万元/户	23.16	24.47	1.31	5.6
自有现住房市场价估计值	万元/户	20.76	21.85	1.09	5.3
出租住房市场价估计值	万元/户	1.23	1.39	0.16	13.4
出租商用建筑物市场价估计值	万元/户	0.44	0.42	-0.02	-3.9
偶尔居住房市场价估计值	万元/户	0.29	0.33	0.04	15.6
空宅或其他用途房市场价估计值	万元/户	0.46	0.48	0.02	5.1
期末拥有房屋市场价月租金	元/人	224.43	231.03	6.60	2.9
自有现住房市场价月租金	元/人	200.44	205.78	5.34	2.7
出租住房市场价月租金	元/人	17.16	18.27	1.11	6.5
出租商用建筑物市场价月租金	元/人	6.83	6.97	0.15	2.2
期内新购住房情况					
新购住房建筑面积	平方米/人	0.60	0.63	0.03	4.7
新购住房总金额	元/人	2320.60	2446.05	125.45	5.4
期内新建住房情况					
新建住房竣工建筑面积	平方米/人	0.30	0.22	-0.08	-26.3
新建住房总费用	元/人	255.75	182.28	-73.47	-28.7
期内住房大修或装修费用	元/人	73.56	75.27	1.71	2.3

3-1-7 全体居民家庭基本生活情况

指　标	单位	2016	2017	2017年比2016年增加	
				绝对数	%
宅外道路路面情况					
水泥或柏油路面	%	65.80	67.61	1.82	2.8
沙石或石板等硬质路面	%	20.44	19.22	-1.23	-6.0
其他	%	13.76	13.17	-0.59	-4.3
供水情况					
管道供水入户	%	80.37	80.43	0.06	0.1
管道供水至公共取水点	%	0.42	0.41	-0.01	-3.5
没有管道设施	%	19.20	19.16	-0.04	-0.2
饮用水情况					
经过净化处理的自来水	%	73.14	73.16	0.02	
受保护的井水和泉水	%	14.00	13.99	-0.01	-0.1
不受保护的井水和泉水	%	10.30	10.40	0.11	1.0
江河湖泊水	%	0.19	0.20	0.00	0.4
收集雨水	%				
桶装水	%	1.28	1.34	0.05	4.1
其他水源	%	1.08	0.91	-0.17	-16.0
获取饮用水的主要困难					
单次取水往返时间超过半小时	%	1.26	1.22	-0.04	-3.4
间断或定时供水	%	3.98	4.23	0.26	6.4
当年连续缺水时间超过16天	%	0.57	0.54	-0.03	-5.6
无上述困难	%	94.19	94.01	-0.18	-0.2
住户厕所类型					
水冲式卫生厕所	%	43.59	44.35	0.75	1.7
水冲式非卫生厕所	%	0.35	0.34	-0.01	-1.6
卫生旱厕	%	5.19	4.79	-0.40	-7.7
普通旱厕	%	44.49	44.49		
无厕所	%	6.37	6.03	-0.34	-5.4
厕所使用情况					
本住户独用	%	81.09	81.38	0.29	0.4
几户合用	%	1.87	1.79	-0.08	-4.5
公用厕所	%	17.04	16.83	-0.21	-1.2

3-1-7 续表

指　　标	单位	2016	2017	2017年比2016年增加	
				绝对数	%
洗澡设施情况					
统一供热水	%	3.95	3.82	-0.13	-3.4
家庭自装热水器	%	40.74	41.30	0.57	1.4
其他	%	2.26	2.28	0.02	0.9
无洗澡设施	%	53.06	52.60	-0.45	-0.9
取暖设备状况					
由市政或小区集中供暖	%	43.09	44.04	0.94	2.2
自行供暖	%	54.17	53.19	-0.98	-1.8
无取暖设备	%	2.74	2.77	0.04	1.4
取暖用能源状况					
柴草	%	14.54	14.54		
煤炭	%	61.88	50.88	-11.00	-17.8
罐装液化石油气	%	1.02	1.02		
管道液化石油气	%	0.14	0.14		
管道煤气	%	1.00	1.00		
管道天然气	%	1.56	1.56		
电	%	1.69	1.69		
燃料用油	%				
沼气	%				
其他	%	17.80	28.50	10.70	60.1
无取暖行为	%	0.36	0.66	0.30	82.6
炊用能源状况					
柴草	%	25.83	25.93	0.11	0.4
煤炭	%	19.51	17.45	-2.05	-10.5
罐装液化石油气	%	17.00	16.46	-0.54	-3.2
管道液化石油气	%	0.37	0.41	0.04	9.9
管道煤气	%	2.07	2.06	-0.01	-0.6
管道天然气	%	16.39	16.46	0.07	0.4
电	%	16.31	18.63	2.31	14.2
燃料用油	%				
沼气	%				
其他	%	2.20	2.27	0.08	3.4
无炊用行为	%	0.33	0.33		

3-1-8 全体居民家庭耐用消费品拥有情况

指　　标	单位	2016	2017	2017年比2016年增加	
				绝对数	%
耐用消费品拥有情况					
家用汽车	辆/百户	34.07	36.15	2.07	6.1
摩托车	辆/百户	40.42	39.01	-1.41	-3.5
助力车	辆/百户	45.47	47.50	2.03	4.5
洗衣机	台/百户	93.64	94.42	0.78	0.8
电冰箱(柜)	台/百户	97.17	98.37	1.20	1.2
微波炉	台/百户	24.80	25.68	0.88	3.6
彩色电视机	台/百户	103.17	103.44	0.27	0.3
其中：接入有线电视	台/百户	72.58	75.29	2.71	3.7
空调	台/百户	8.26	9.00	0.74	8.9
热水器	台/百户	44.58	46.29	1.71	3.8
其中：太阳能热水器	台/百户	15.79	16.48	0.69	4.4
洗碗机	台/百户	0.90	0.98	0.08	8.6
排油烟机	台/百户	44.04	45.77	1.73	3.9
固定电话	部/百户	19.78	19.16	-0.63	-3.2
移动电话	部/百户	225.88	229.21	3.33	1.5
其中：接入互联网	部/百户	101.42	119.00	17.59	17.3
计算机	台/百户	46.34	47.35	1.01	2.2
其中：接入互联网	台/百户	36.52	36.89	0.37	1.0
照相机	台/百户	15.51	15.55	0.04	0.2
中高档乐器	架/百户	1.96	2.47	0.51	26.2
健身器材	台/百户	1.76	2.51	0.75	42.6
空气净化器(含新风系统)	台/百户		0.60		
吸尘器	台/百户		0.96		

3-1-9 全体居民家庭总收入

指　　标	单位	2016	2017	2017年比2016年增加	
				绝对数	%
总收入	**元/人**	**29462.8**	**31565.9**	**2103.1**	**7.1**
工资性收入	元/人	12939.5	13899.7	960.2	7.4
工资	元/人	10814.3	11901.8	1087.4	10.1
实物福利	元/人	6.1	3.5	-2.6	-42.2
其他	元/人	2119.1	1994.4	-124.7	-5.9
经营性收入	元/人	10129.7	10578.2	448.5	4.4
第一产业经营收入	元/人	5744.8	5628.1	-116.8	-2.0
农业	元/人	3284.7	3186.6	-98.1	-3.0
林业	元/人	40.6	46.7	6.1	15.0
牧业	元/人	2417.0	2394.3	-22.7	-0.9
渔业	元/人	2.4	0.4	-2.1	-85.0
第二产业经营收入	元/人	523.2	610.2	87.0	16.6
采矿业	元/人	18.9	14.1	-4.8	-25.6
制造业	元/人	116.2	146.9	30.8	26.5
电力、热力、燃气及水生产和供应业	元/人	2.1	1.2	-0.9	-42.1
建筑业	元/人	386.1	448.0	61.9	16.0
第三产业经营收入	元/人	3861.6	4339.9	478.3	12.4
批发和零售业	元/人	2059.3	2292.3	233.0	11.3
交通运输、仓储和邮政业	元/人	544.6	648.5	103.9	19.1
住宿和餐饮业	元/人	377.1	441.9	64.9	17.2
房地产业	元/人	16.9	13.4	-3.5	-20.8
租赁和商务服务业	元/人	21.4	22.4	0.9	4.3
居民服务、修理和其他服务业	元/人	610.7	644.8	34.1	5.6
其他	元/人	136.5	169.0	32.5	23.8
农林牧渔服务业	元/人	95.2	107.7	12.5	13.1
财产性收入	元/人	1240.4	1332.3	91.9	7.4
利息收入	元/人	41.3	51.8	10.5	25.4
红利收入	元/人	73.1	53.1	-20.0	-27.4
储蓄性保险净收益	元/人	4.2	2.8	-1.4	-32.4
转让承包土地经营权租金净收入	元/人	101.8	120.9	19.1	18.7
出租房屋财产性收入	元/人	285.6	354.9	69.3	24.3
出租机械、专利、版权等资产的收入	元/人	21.8	11.0	-10.9	-49.8
其他财产净收入	元/人	74.8	63.9	-11.0	-14.6
房屋虚拟租金	元/人	637.7	674.0	36.3	5.7

3-1-9 续表

指　标	单位	2016	2017	2017年比2016年增加	
				绝对数	%
转移性收入	元/人	5153.3	5755.8	602.5	11.7
养老金或离退休金	元/人	3576.9	4067.9	491.0	13.7
社会救济和补助	元/人	171.1	173.7	2.6	1.5
政策性生活补贴	元/人	134.7	113.1	-21.6	-16.0
家庭外出从业人员寄回带回收入	元/人	59.4	96.2	36.9	62.1
赡养收入	元/人	133.7	149.6	15.9	11.9
报销医疗费	元/人	231.2	214.1	-17.1	-7.4
从政府和组织得到的实物产品和服务折价	元/人	113.5	7.2	-106.3	-93.6
现金政策性惠农补贴	元/人	535.4	795.2	259.8	48.5
其他转移性收入	元/人	197.3	138.7	-58.6	-29.7
非收入所得	元/人	704.3	957.5	253.2	36.0
出售资产所得	元/人	72.7	286.0	213.2	293.2
出售住房本金所得	元/人	3.8	67.7	63.9	1682.8
出售住房溢价所得	元/人				
出售股票、基金、收藏品本金所得	元/人	0.8	1.0	0.2	24.0
出售股票、基金、收藏品所得	元/人	0.7	0.1	-0.7	-90.1
出售生产性固定资产所得	元/人	17.4	13.9	-3.5	-20.2
拆迁征地补偿所得	元/人	25.0	166.8	141.8	567.5
出售其他财物和收回其他投资本金所得	元/人	24.9	36.4	11.5	46.0
非经常性转移所得	元/人	618.4	659.7	41.3	6.7
博彩所得	元/人	3.8	1.3	-2.5	-65.3
婚丧嫁娶礼金所得	元/人	279.0	213.2	-65.8	-23.6
遗产及一次性馈赠所得	元/人	46.7	77.9	31.2	66.8
一次性赔偿所得	元/人	7.9	19.9	12.0	152.4
提取住房公积金	元/人	6.3	16.3	10.0	159.3
调查补贴	元/人	234.3	293.9	59.6	25.5
其他非经常性转移所得	元/人	40.5	37.3	-3.2	-7.9
其他非收入所得	元/人	13.2	11.8	-1.4	-10.3
借贷性所得	元/人	1149.2	975.9	-173.2	-15.1
提取储蓄存款	元/人	204.7	153.0	-51.7	-25.2
借入款	元/人	393.0	395.6	2.6	0.7
收回借出款	元/人	84.2	65.3	-18.9	-22.4
收回储蓄性保险本金	元/人	1.6	1.3	-0.3	-16.3
住房贷款	元/人	16.0	14.1	-1.9	-11.8
汽车贷款	元/人	32.2	32.4	0.2	0.7
教育贷款	元/人	5.8	3.3	-2.5	-43.2
其他贷款	元/人	394.8	268.4	-126.4	-32.0
其他借贷所得	元/人	16.9	42.4	25.5	151.4

3-1-10 全体居民家庭可支配收入

指　　标	单位	2016	2017	2017年比2016年增加	
				绝对数	%
可支配收入	**元/人**	**24126.6**	**26212.2**	**2085.6**	**8.6**
工资性收入	元/人	12939.5	13899.7	960.2	7.4
经营净收入	元/人	5776.4	6363.8	587.3	10.2
第一产业经营收入	元/人	2570.4	2647.3	76.9	3.0
农业	元/人	1696.9	1674.3	-22.6	-1.3
牧业	元/人	840.5	943.2	102.7	12.2
第二产业经营收入	元/人	349.4	427.2	77.8	22.3
采矿业	元/人	15.8	10.1	-5.7	-35.9
制造业	元/人	93.2	103.8	10.6	11.4
电力、热力、燃气及水生产和供应业	元/人	0.2	0.2		
建筑业	元/人	240.2	313.1	72.8	30.3
第三产业经营收入	元/人	2856.6	3289.3	432.6	15.1
批发和零售业	元/人	1495.6	1717.3	221.7	14.8
交通运输、仓储和邮政业	元/人	387.4	456.5	69.1	17.8
住宿和餐饮业	元/人	279.8	339.2	59.4	21.2
房地产业	元/人	16.5	12.8	-3.7	-22.1
租赁和商务服务业	元/人	15.4	12.3	-3.2	-20.5
居民服务、修理和其他服务业	元/人	489.7	531.4	41.8	8.5
其他	元/人	104.8	131.6	26.8	25.6
农林牧渔服务业	元/人	67.5	88.1	20.6	30.5
财产性净收入	元/人	1202.7	1287.6	84.9	7.1
利息收入	元/人	9.1	10.8	1.7	18.7
红利收入	元/人	73.1	53.1	-20.0	-27.4
储蓄性保险净收益	元/人	4.2	2.8	-1.4	-32.4
转让承包土地经营权租金净收入	元/人	101.8	120.9	19.1	18.7
出租房屋财产性收入	元/人	285.6	354.9	69.3	24.3
出租机械、专利、版权等资产的收入	元/人	21.8	11.0	-10.9	-49.8
其他财产净收入	元/人	69.3	60.1	-9.1	-13.2
房屋虚拟租金	元/人	637.7	674.0	36.3	5.7

3-1-10 续表

指　标	单位	2016	2017	2017年比2016年增加	
				绝对数	%
转移净收入	元/人	4208.0	4661.2	453.1	10.8
转移性收入	元/人	5153.3	5755.8	602.5	11.7
养老金或离退休金	元/人	3576.9	4067.9	491.0	13.7
离退休金	元/人	3272.2	3686.4	414.2	12.7
城镇居民社会养老保险	元/人	165.4	205.4	40.0	24.2
新型农村养老保险	元/人	79.4	97.2	17.8	22.4
其他养老金	元/人	59.9	78.9	18.9	31.6
社会救济和补助	元/人	171.1	173.7	2.6	1.5
最低生活保障费	元/人	107.0	122.5	15.5	14.5
五保户救助金	元/人	2.6	2.7	0.1	4.4
扶贫款	元/人	11.9	23.2	11.3	94.9
救灾款	元/人	24.2	2.2	-22.0	-91.1
抚恤金	元/人	8.9	9.3	0.4	4.4
其他社会救济收入	元/人	16.6	13.9	-2.7	-16.5
政策性生活补贴	元/人	134.7	113.1	-21.6	-16.0
报销医疗费	元/人	231.2	214.1	-17.1	-7.4
家庭外出从业人员寄回带回收入	元/人	59.4	96.2	36.9	62.1
其他经常转移收入	元/人	197.3	138.7	-58.6	-29.7
失业保险金	元/人	2.9	0.9	-2.1	-70.6
经常性捐赠收入	元/人	19.1	9.0	-10.1	-52.7
经常性赔偿收入	元/人	0.7	5.2	4.5	627.0
其他转移性收入	元/人	174.5	123.6	-51.0	-29.2
从政府和组织得到的实物产品和服务折价	元/人	113.5	7.2	-106.3	-93.6
现金政策性惠农补贴	元/人	535.4	795.2	259.8	48.5
转移性支出	元/人	945.2	1094.6	149.4	15.8
个人所得税	元/人	35.7	38.0	2.3	6.5
社会保障支出	元/人	813.7	975.1	161.4	19.8
个人缴纳的养老保险	元/人	554.6	655.4	100.8	18.2
个人缴纳的医疗保险	元/人	202.8	263.6	60.8	30.0
个人缴纳的失业保险	元/人	23.2	24.5	1.3	5.4
其他社会保障支出	元/人	33.0	31.5	-1.4	-4.4
外来从业人员寄给家人的支出	元/人	0.7	0.1	-0.6	-84.3
赡养支出	元/人	44.9	36.2	-8.7	-19.3
其他转移性支出	元/人	50.3	45.3	-5.1	-10.1
经常性捐赠支出	元/人	5.3	6.4	1.2	21.9
经常性赔偿支出	元/人				
其他经常转移支出	元/人	45.1	38.8	-6.3	-13.9
实物可支配收入	元/人	864.7	784.3	-80.4	-9.3

3-1-11 全体居民家庭总支出

指　标	单位	2016	2017	2017年比2016年增加	
				绝对数	%
总支出	**元/人**	**27466.1**	**28369.4**	**903.2**	**3.3**
消费支出	元/人	18073.4	18945.5	872.1	4.8
生产经营费用支出	元/人	3713.4	3552.9	-160.5	-4.3
第一产业经营费用支出	元/人	2759.6	2549.4	-210.1	-7.6
农业	元/人	1425.7	1338.7	-87.0	-6.1
林业	元/人	7.8	15.4	7.6	98.3
牧业	元/人	1324.7	1194.4	-130.4	-9.8
渔业	元/人	1.4	1.0	-0.4	-27.3
第二产业经营费用支出	元/人	149.1	152.7	3.6	2.4
采矿业	元/人	1.6	2.0	0.4	25.5
制造业	元/人	19.4	36.7	17.3	89.2
电力、热力、燃气及水生产和供应业	元/人	0.5	0.9	0.4	81.0
建筑业	元/人	127.6	113.1	-14.5	-11.4
第三产业经营费用支出	元/人	804.8	850.7	46.0	5.7
批发和零售业	元/人	465.9	486.3	20.4	4.4
交通运输、仓储和邮政业	元/人	111.0	138.9	27.9	25.1
住宿和餐饮业	元/人	74.7	84.0	9.3	12.4
房地产业	元/人	0.4	0.5	0.1	31.7
租赁和商务服务业	元/人	3.4	3.7	0.4	11.0
居民服务、修理和其他服务业	元/人	94.3	87.7	-6.7	-7.1
其他	元/人	27.5	33.4	5.8	21.1
农林牧渔服务业	元/人	27.4	16.2	-11.3	-41.0
财产性支出	元/人	37.7	44.7	7.0	18.5
生活贷款利息支出	元/人	32.2	41.0	8.8	27.3
住房贷款利息支出	元/人	10.2	12.2	1.9	18.7
其他生活贷款利息支出	元/人	22.0	28.8	6.9	31.3
其他财产性支出	元/人	5.5	3.7	-1.8	-32.7
非储蓄性财产保险支出	元/人	2.6	1.3	-1.3	-50.9
其他财产性支出	元/人	2.9	2.5	-0.5	-16.7

3-1-11 续表 1

指　　标	单位	2016	2017	2017年比2016年增加	
				绝对数	%
转移性支出	元/人	945.3	1094.6	149.4	15.8
个人所得税	元/人	35.7	38.0	2.3	6.5
社会保障支出	元/人	813.7	975.1	161.4	19.8
个人缴纳的养老保险	元/人	554.6	655.4	100.8	18.2
个人缴纳的医疗保险	元/人	202.8	263.6	60.8	30.0
个人缴纳的失业保险	元/人	23.2	24.5	1.3	5.4
其他社会保障支出	元/人	33.0	31.5	-1.4	-4.4
外来从业人员寄给家人的支出	元/人	0.7	0.1	-0.6	-84.3
赡养支出	元/人	44.9	36.2	-8.7	-19.3
其他转移性支出	元/人	50.3	45.3	-5.1	-10.1
部分商业保险支出	元/人	107.8	133.7	25.9	24.0
意外伤害保险	元/人	12.0	16.8	4.8	39.9
商业医疗保险(含大病保险)	元/人	32.0	42.5	10.6	33.0
其他非储蓄性商业保险	元/人	21.5	32.4	10.9	50.7
其他储蓄性商业保险	元/人	42.3	41.9	-0.4	-0.9
购置资产及非经常性转移支出	元/人	3236.2	3035.4	-200.8	-6.2
购置资产支出	元/人	861.4	745.8	-115.6	-13.4
建造住房支出	元/人	170.0	37.9	-132.1	-77.7
建造住房材料	元/人	135.7	27.8	-107.9	-79.5
建造住房雇工	元/人	34.3	10.1	-24.2	-70.5
购买住房支出	元/人	376.4	378.8	2.4	0.6
购建第一产业生产性固定资产	元/人	270.9	241.3	-29.6	-10.9
购买或建造农业生产性用房	元/人	31.1	40.3	9.2	29.5
购买用房建筑材料	元/人	25.0	31.8	6.8	27.0
建筑农业生产用房雇工	元/人	4.7	6.3	1.7	35.5
购买农业生产用房	元/人				
其他	元/人	1.4	2.1	0.8	56.3
购买役畜	元/人	14.9	15.4	0.5	3.1
购买产品畜	元/人	43.3	45.1	1.8	4.2
购买或建造农业设施	元/人	56.8	25.9	-30.9	-54.4
大棚、温室	元/人	39.7	7.8	-31.9	-80.5
自备井	元/人	11.8	7.9	-4.0	-33.5
喷灌设施	元/人	1.3	0.6	-0.7	-55.6
其他农业设施	元/人	4.0	9.7	5.7	143.3

3-1-11 续表 2

指　　标	单位	2016	2017	2017年比2016年增加	
				绝对数	%
购买农业机械	元/人	124.8	114.7	-10.2	-8.1
大中型农用拖拉机	元/人	33.7	29.0	-4.7	-13.9
小型(手扶)农用拖拉机	元/人	22.9	18.8	-4.1	-17.9
农用排灌动力机械	元/人	0.2			
插秧机	元/人	1.3	0.3	-0.9	-74.9
收割机	元/人	4.0	0.4	-3.6	-90.3
脱粒机	元/人	2.8	1.4	-1.4	-48.5
其他农业机械	元/人	60.0	64.7	4.8	7.9
购建第二产业生产性固定资产支出	元/人	1.1	0.4	-0.7	-60.2
采矿业	元/人				
制造业	元/人	1.0	0.1	-0.9	-92.1
电力、热力、燃气及水生产和供应业	元/人		0.4		
建筑业	元/人	0.1			
购建第三产业生产性固定资产支出	元/人	27.2	65.1	37.9	139.4
批发和零售业	元/人	11.1	6.0	-5.2	-46.5
交通运输、仓储和邮政业	元/人	6.0	48.7	42.8	718.6
住宿和餐饮业	元/人	3.4	3.4	0.0	-0.6
房地产业	元/人		2.6		
租赁和商务服务业	元/人		0.7		
居民服务、修理和其他服务业	元/人	5.7	3.7	-2.0	-34.6
其他	元/人	1.0	0.0	-0.9	-95.8
购建其他资产支出	元/人	15.7	22.2	6.5	41.5
非经常性转移支出	元/人	2374.8	2289.6	-85.2	-3.6
博彩支出	元/人	5.5	4.1	-1.4	-25.8
婚丧嫁娶礼金支出	元/人	1707.0	1619.7	-87.3	-5.1
一次性赔偿支出	元/人	7.6	1.7	-5.8	-77.0
一次性馈赠支出	元/人	533.9	565.6	31.7	5.9
婚丧嫁娶宴请支出	元/人	35.9	21.1	-14.8	-41.2
其他非经常性转移支出	元/人	85.0	77.4	-7.5	-8.9
借贷性支出	元/人	1352.4	1562.5	210.1	15.5
存入储蓄款	元/人	216.0	234.0	18.0	8.3
借出款	元/人	33.9	22.4	-11.5	-33.8
归还借款	元/人	446.9	511.5	64.6	14.5
购买有价证券	元/人	1.2	1.1	-0.1	-5.5
其他投资支出	元/人	4.0	1.6	-2.5	-61.2
归还住房贷款	元/人	396.2	387.1	-9.1	-2.3
归还汽车贷款	元/人	60.4	80.9	20.5	34.0
归还教育贷款	元/人	9.5	4.6	-4.9	-51.9
归还其他贷款	元/人	175.4	304.9	129.5	73.8
其他借贷支出	元/人	9.0	14.5	5.5	61.6

3-1-12　全体居民家庭生活消费支出

指　　标	单位	2016	2017	2017年比2016年增加	
				绝对数	%
消费支出	**元/人**	**18073.4**	**18945.5**	**872.1**	**4.8**
#通过互联网购买的商品和服务	元/人	101.7	110.4	8.7	8.6
#消费支出中服务性消费支出	元/人	6736.0	7066.2	330.2	4.9
食品烟酒	元/人	927.5	1029.7	102.1	11.0
衣着	元/人	5.7	5.1	-0.6	-10.6
居住	元/人	1793.1	1882.6	89.5	5.0
生活用品及服务	元/人	39.1	43.5	4.5	11.5
交通通信	元/人	1030.6	1065.0	34.3	3.3
教育文化娱乐	元/人	1790.2	1850.2	59.9	3.3
医疗保健	元/人	937.1	973.4	36.3	3.9
其他用品和服务	元/人	212.6	216.8	4.2	2.0
食品烟酒	元/人	5169.4	5205.3	35.9	0.7
食品	元/人	3566.4	3484.6	-81.8	-2.3
谷物	元/人	559.9	548.7	-11.2	-2.0
薯类	元/人	90.3	82.8	-7.5	-8.3
豆类	元/人	43.1	42.0	-1.1	-2.5
食用油	元/人	131.1	109.8	-21.2	-16.2
蔬菜和食用菌	元/人	387.5	345.3	-42.1	-10.9
肉类	元/人	1074.3	1084.8	10.6	1.0
禽类	元/人	106.8	97.9	-8.9	-8.4
水产品	元/人	102.9	102.0	-0.8	-0.8
蛋类	元/人	87.0	69.7	-17.3	-19.9
奶类	元/人	228.9	234.6	5.6	2.5
干鲜瓜果类	元/人	380.2	390.8	10.6	2.8
糖果糕点类	元/人	108.4	105.9	-2.4	-2.3
其他食品	元/人	266.1	270.2	4.1	1.5
烟酒	元/人	581.9	595.9	14.1	2.4
烟草	元/人	340.0	350.6	10.6	3.1
酒类	元/人	241.9	245.4	3.5	1.5
饮料	元/人	88.8	95.1	6.3	7.1
饮食服务	元/人	932.4	1029.7	97.3	10.4
食堂用餐	元/人	73.1	80.1	7.1	9.7
其他在外饮食	元/人	852.1	942.2	90.1	10.6
食品加工服务费	元/人	7.2	7.4	0.2	2.1
衣着	元/人	1827.1	1866.2	39.0	2.1
衣类	元/人	1409.7	1436.5	26.7	1.9
鞋类	元/人	417.4	429.7	12.3	3.0
居住	元/人	3174.1	3324.0	149.9	4.7
租赁房房租	元/人	124.7	126.4	1.7	1.4
住房维修及管理	元/人	589.4	609.8	20.3	3.5
水电燃料及其他	元/人	943.6	992.6	48.9	5.2
自有住房折算租金	元/人	1516.4	1595.3	78.9	5.2

3-1-12 续表

指　标	单位	2016	2017	2017年比2016年增加	
				绝对数	%
生活用品及服务	元/人	1127.2	1199.9	72.7	6.4
家具及室内装饰品	元/人	233.1	264.3	31.2	13.4
家用器具	元/人	222.2	250.1	27.9	12.6
家用纺织品	元/人	112.3	107.6	-4.6	-4.1
家庭日用杂品	元/人	311.2	299.6	-11.6	-3.7
个人用品	元/人	209.2	234.6	25.4	12.2
家庭服务	元/人	39.1	43.5	4.4	11.2
家政服务	元/人	20.0	22.0	2.0	10.2
交通通信	元/人	2525.5	2914.9	389.4	15.4
交通	元/人	1691.5	2061.5	370.0	21.9
交通工具	元/人	573.9	828.6	254.7	44.4
交通费	元/人	290.4	316.2	25.8	8.9
交通工具用燃料	元/人	494.0	567.0	73.0	14.8
交通工具使用及维修	元/人	333.2	349.7	16.5	4.9
车辆保险支出	元/人	94.4	108.2	13.8	14.6
通信	元/人	834.0	853.4	19.4	2.3
通信工具	元/人	240.0	267.8	27.8	11.6
通信服务	元/人	594.0	585.6	-8.4	-1.4
教育文化娱乐	元/人	2165.8	2227.8	62.0	2.9
教育	元/人	1314.6	1302.9	-11.7	-0.9
学前教育	元/人	137.6	137.9	0.3	0.2
小学教育	元/人	159.7	169.8	10.1	6.3
初中教育	元/人	130.4	135.6	5.2	4.0
高中教育	元/人	197.6	204.5	6.9	3.5
中专职高教育	元/人	28.3	29.5	1.2	4.3
大专及以上教育	元/人	557.4	521.1	-36.4	-6.5
成人教育	元/人	103.5	104.5	1.0	0.9
文化娱乐	元/人	851.2	924.9	73.7	8.7
文娱耐用消费品	元/人	131.9	128.2	-3.7	-2.8
其他文娱用品	元/人	205.0	219.9	14.9	7.3
文化娱乐服务	元/人	514.4	576.9	62.5	12.1
医疗保健	元/人	1569.9	1653.8	83.9	5.3
医疗器具及药品	元/人	630.3	680.5	50.2	8.0
医疗服务	元/人	939.6	973.3	33.7	3.6
门诊总费用	元/人	346.4	372.4	26.1	7.5
住院总费用	元/人	593.2	600.8	7.6	1.3
其他用品和服务	元/人	514.4	553.8	39.4	7.7
其他用品	元/人	300.9	337.0	36.2	12.0
其他服务	元/人	213.5	216.7	3.2	1.5

3-1-13 全体居民家庭购买生活消费品及服务

指 标	单位	2016	2017	2017年比2016年增加	
				绝对数	%
购买生活消费品及服务	**元/人**	**16070.7**	**16947.9**	**877.2**	**5.5**
食品烟酒	元/人	4912.7	4953.7	41.1	0.8
食品	元/人	3314.7	3236.4	-78.3	-2.4
谷物	元/人	526.2	516.1	-10.1	-1.9
面粉	公斤/人	37.5	35.8	-1.7	-4.4
金额	元/人	155.8	151.5	-4.3	-2.8
大米	公斤/人	34.7	33.5	-1.2	-3.4
金额	元/人	187.8	183.6	-4.2	-2.2
玉米	公斤/人	2.8	2.9	0.1	2.4
金额	元/人	9.6	9.0	-0.6	-6.1
小米	公斤/人	2.3	2.5	0.1	5.7
金额	元/人	18.9	19.9	1.0	5.3
其他谷物	公斤/人	2.5	2.5	0.1	2.2
金额	元/人	16.2	15.7	-0.5	-3.3
面粉制品	公斤/人	17.2	16.3	-0.9	-5.4
金额	元/人	114.2	111.8	-2.3	-2.0
其他谷物制品	公斤/人	2.5	3.0	0.4	17.5
金额	元/人	19.3	21.8	2.6	13.4
薯类	公斤/人	19.9	18.4	-1.4	-7.1
金额	元/人	54.8	52.4	-2.4	-4.4
红薯	公斤/人	2.5	2.5	-0.1	-2.2
金额	元/人	8.0	8.8	0.8	9.8
马铃薯	公斤/人	14.3	13.1	-1.3	-8.7
金额	元/人	30.8	26.8	-4.0	-13.0
其他薯类及制品	公斤/人	3.0	2.9	-0.1	-3.4
金额	元/人	16.0	16.8	0.8	5.1
豆类	公斤/人	7.3	7.0	-0.3	-4.2
金额	元/人	41.9	41.1	-0.8	-2.0
大豆	公斤/人	0.6	0.6	0.0	-3.3
金额	元/人	3.4	3.4	0.0	0.7
其他豆类及制品	公斤/人	6.7	6.4	-0.3	-4.2
金额	元/人	38.5	37.7	-0.9	-2.2

3-1-13 续表 1

指　　标	单位	2016	2017	2017年比2016年增加	
				绝对数	%
食用油	公斤/人	8.0	7.9	-0.1	-0.6
金额	元/人	109.8	105.2	-4.5	-4.1
食用植物油	公斤/人	7.8	7.7	-0.1	-1.4
金额	元/人	106.9	102.3	-4.6	-4.3
食用动物油	公斤/人	0.2	0.3	0.1	26.1
金额	元/人	2.9	2.9	0.1	1.8
蔬菜和食用菌	公斤/人	90.4	81.6	-8.8	-9.8
金额	元/人	380.3	340.5	-39.8	-10.5
鲜菜	公斤/人	87.7	79.0	-8.7	-9.9
金额	元/人	344.4	303.5	-40.9	-11.9
干菜及菜制品	公斤/人	1.3	1.1	-0.2	-15.3
金额	元/人	14.6	12.6	-2.0	-13.9
鲜菌	公斤/人	1.1	1.1	0.0	2.5
金额	元/人	10.4	11.1	0.7	6.3
干菌及制品	公斤/人	0.3	0.3	0.0	-4.1
金额	元/人	10.9	13.3	2.4	22.3
肉类	公斤/人	28.0	27.3	-0.7	-2.5
金额	元/人	948.4	929.8	-18.6	-2.0
猪肉	公斤/人	13.2	13.4	0.2	1.5
金额	元/人	349.3	339.2	-10.1	-2.9
牛肉	公斤/人	3.8	3.8	0.0	-0.8
金额	元/人	187.6	190.0	2.4	1.3
羊肉	公斤/人	7.4	6.6	-0.8	-11.3
金额	元/人	303.5	293.8	-9.8	-3.2
其他肉类及制品	公斤/人	3.6	3.5		
金额	元/人	108.0	106.8	-1.1	-1.1
禽类	公斤/人	5.3	4.7	-0.6	-11.5
金额	元/人	96.2	87.6	-8.6	-8.9
鸡	公斤/人	4.0	3.4	-0.6	-16.2
金额	元/人	68.3	59.7	-8.7	-12.7
鸭	公斤/人	0.2	0.2	0.0	-18.0
金额	元/人	3.2	2.6	-0.6	-17.9
鹅	公斤/人				
金额	元/人	0.6	0.9	0.3	55.0
其他禽类及制品	公斤/人	1.1	1.2	0.1	4.7
金额	元/人	24.1	24.4	0.3	1.3

3-1-13 续表 2

指　　标	单位	2016	2017	2017年比2016年增加	
				绝对数	%
水产品	公斤/人	5.2	4.9	-0.3	-5.1
金额	元/人	102.9	102.0	-0.8	-0.8
鱼类	公斤/人	4.1	3.8	-0.3	-6.6
金额	元/人	65.8	63.0	-2.9	-4.3
虾类	公斤/人	0.4	0.4		
金额	元/人	16.3	15.6	-0.6	-3.8
蟹类	公斤/人				
金额	元/人	3.7	7.7	3.9	105.2
贝类	公斤/人				
金额	元/人	0.7	1.3	0.5	68.9
藻类	公斤/人	0.1	0.1		
金额	元/人	1.4	1.2	-0.2	-14.7
其他水产品及制品	公斤/人	0.5	0.5		
金额	元/人	14.8	13.2	-1.6	-10.8
蛋类	公斤/人	8.3	8.1	-0.2	-2.0
金额	元/人	73.8	65.1	-8.7	-11.8
鲜蛋	公斤/人	8.1	8.0	-0.1	-1.8
金额	元/人	71.4	62.9	-8.5	-11.9
蛋制品	公斤/人	0.2	0.2		
金额	元/人	2.5	2.3	-0.2	-9.5
奶类	公斤/人	22.2	21.4	-0.8	-3.6
金额	元/人	227.6	231.0	3.3	1.5
鲜奶	公斤/人	16.4	15.7	-0.8	-4.7
金额	元/人	112.2	110.5	-1.7	-1.5
酸奶	公斤/人	3.3	3.4	0.1	3.1
金额	元/人	33.1	37.0	3.9	11.9
奶粉	公斤/人	0.3	0.3		
金额	元/人	26.0	27.8	1.8	7.0
其他奶制品	公斤/人	2.2	2.0	-0.1	-5.7
金额	元/人	56.4	55.6	-0.8	-1.4
干鲜瓜果类	公斤/人	55.2	56.2	1.0	1.9
金额	元/人	380.0	390.7	10.7	2.8
鲜瓜果	公斤/人	50.3	51.3	1.0	2.1
金额	元/人	285.4	296.3	10.8	3.8
瓜果制品	公斤/人	1.0	1.1	0.1	9.1
金额	元/人	14.5	17.4	2.9	19.7
坚果类	公斤/人	3.9	3.8	-0.1	-2.4
金额	元/人	80.0	77.0	-3.0	-3.7

3-1-13 续表 3

指　　标	单位	2016	2017	2017年比2016年增加	
				绝对数	%
糖果糕点类	公斤/人	7.2	6.7	-0.5	-6.4
金额	元/人	108.3	105.7	-2.6	-2.4
食糖	公斤/人	1.5	1.5		
金额	元/人	11.8	12.4	0.6	5.3
糖果	公斤/人	0.8	0.7	-0.2	-19.7
金额	元/人	17.8	15.7	-2.1	-11.6
糕点	公斤/人	4.3	4.1	-0.2	-4.3
金额	元/人	70.4	68.9	-1.4	-2.0
其他糖果糕点	公斤/人	0.6	0.5	-0.1	-16.7
金额	元/人	8.4	8.6	0.3	3.3
其他食品	元/人	264.5	269.2	4.7	1.8
调味品	元/人	82.1	80.7	-1.3	-1.6
其他食品	元/人	182.4	188.5	6.0	3.3
饮料	元/人	88.8	95.1	6.3	7.1
茶叶	公斤/人	0.4	0.4		
金额	元/人	36.9	41.8	4.9	13.2
咖啡	元/人	3.4	3.0	-0.4	-11.1
其他固体饮料	元/人	3.7	4.9	1.1	30.8
瓶装饮用水	元/人	7.0	8.5	1.6	22.3
果汁饮料	元/人	15.1	13.8	-1.2	-8.2
其他液体饮料	元/人	22.7	23.0	0.3	1.4
烟酒	元/人	578.6	593.2	14.7	2.5
烟草	元/人	337.2	347.9	10.7	3.2
卷烟	盒/人	35.7	35.5	-0.2	-0.5
金额	元/人	334.9	346.3	11.4	3.4
烟丝、烟叶	公斤/人	0.2	0.1	-0.1	-28.2
金额	元/人	2.3	1.6	-0.7	-28.8
酒类	元/人	241.4	245.3	3.9	1.6
啤酒	公斤/人	8.8	8.6	-0.2	-2.7
金额	元/人	46.0	44.6	-1.5	-3.2
白酒	公斤/人	5.4	5.3	-0.1	-1.6
金额	元/人	184.8	188.5	3.7	2.0
果酒	公斤/人	0.1	0.1		
金额	元/人	4.6	5.0	0.4	9.6
其他酒	元/人	6.0	7.2	1.3	21.1
饮食服务	元/人	930.6	1029.0	98.4	10.6
食堂用餐	元/人	71.3	79.5	8.2	11.5
其他在外饮食	元/人	852.1	942.2	90.1	10.6
食品加工服务费	元/人	7.2	7.4	0.2	2.1

3-1-13 续表 4

指标	单位	2016	2017	2017年比2016年增加	
				绝对数	%
衣着	元/人	1823.8	1864.1	40.3	2.2
衣类	元/人	1406.5	1434.4	28.0	2.0
服装	元/人	1298.3	1331.5	33.2	2.6
服装材料	元/人	5.5	5.8	0.3	5.2
其他衣类及配件	元/人	97.3	92.3	-5.0	-5.1
衣类加工服务费	元/人	5.3	4.8	-0.5	-10.1
鞋类	元/人	417.4	429.7	12.3	3.0
鞋	双/人	2.8	2.8		
金额	元/人	408.7	422.8	14.2	3.5
鞋类配件及加工服务费	元/人	8.7	6.9	-1.8	-21.2
居住	元/人	1539.6	1697.5	157.9	10.3
租赁房房租	元/人	124.7	126.4	1.7	1.4
租赁公房房租	元/人	10.1	9.3	-0.8	-7.5
租赁私房房租	元/人	114.6	117.1	2.5	2.1
住房维修及管理	元/人	589.4	609.8	20.3	3.5
住房装潢	元/人	244.1	286.9	42.8	17.5
住房维修	元/人	212.6	194.7	-17.9	-8.4
物业管理费	元/人	67.5	71.2	3.7	5.6
其他	元/人	65.2	57.0	-8.3	-12.7
水电燃料及其他	元/人	825.5	961.4	135.9	16.5
水	吨/人	31.6	31.3	-0.3	-1.0
金额	元/人	74.0	77.1	3.2	4.3
电	度/人	561.4	619.1	57.7	10.3
金额	元/人	264.8	291.7	26.9	10.2
燃料	元/人	216.0	287.8	71.7	33.2
柴	公担/人				
金额	元/人	0.5	0.2	-0.3	-60.9
草	公担/人	0.1			
金额	元/人	4.2	0.7	-3.5	-83.3
煤炭	公斤/人	238.9	332.1	93.1	39.0
金额	元/人	128.3	202.3	74.0	57.6
沼气	立方米/人	0.3	0.2	-0.1	-44.6
金额	元/人	0.2	0.2		
管道天然气	立方米/人	17.6	15.1	-2.5	-14.4
金额	元/人	29.5	28.3	-1.2	-4.2
管道煤气	立方米/人	0.3	0.7	0.4	103.6
金额	元/人	0.5	1.1	0.6	123.6
管道液化石油气	立方米/人	0.1			
金额	元/人	0.3	0.1	-0.1	-47.7

3-1-13 续表 5

指　标	单位	2016	2017	2017年比2016年增加	
				绝对数	%
罐装液化石油气	公斤/人	8.3	9.7	1.4	16.8
金额	元/人	45.4	51.1	5.7	12.7
汽油	升/人	0.9	0.4	-0.5	-52.3
金额	元/人	5.3	2.7	-2.6	-49.6
柴油	升/人	0.1	0.1	-0.1	-48.4
金额	元/人	0.7	0.4	-0.3	-41.8
其他油	升/人	0.1			
金额	元/人	0.2	0.2		
其他生活燃料	元/人	1.1	0.6	-0.5	-44.6
取暖费	元/人	259.4	289.7	30.3	11.7
其他	元/人	11.3	15.1	3.8	33.2
生活用品及服务	元/人	1125.9	1199.2	73.3	6.5
家具及室内装饰品	元/人	233.1	264.3	31.2	13.4
家具	元/人	170.7	200.5	29.8	17.5
家具材料	元/人	26.7	31.0	4.3	16.1
室内装饰品	元/人	35.8	32.9	-2.9	-8.2
家用器具	元/人	222.1	250.1	28.1	12.6
耐用消费品	元/人	176.0	197.5	21.5	12.2
洗衣机	台/千人	18.7	20.1	1.4	7.7
金额	元/千人	25748.6	36026.4	10277.8	39.9
电冰箱(柜)	台/千人	19.2	20.3	1.1	5.9
金额	元/千人	45122.3	44731.3	-391.1	-0.9
空调器	台/千人	3.7	4.3	0.7	18.0
金额	元/千人	14376.6	15347.9	971.3	6.8
吸尘器	台/千人	2.8	3.4	0.7	24.4
金额	元/千人	1367.2	2720.0	1352.8	98.9
抽油烟机	台/千人	6.8	7.4	0.6	9.5
金额	元/千人	8912.6	12021.3	3108.7	34.9
微波炉	台/千人	3.7	4.1	0.3	9.3
金额	元/千人	2230.4	2959.7	729.2	32.7
非太阳能热水器	台/千人	6.4	8.6	2.2	34.5
金额	元/千人	11562.3	15236.6	3674.3	31.8
太阳能热水器	台/千人	2.4	2.1	-0.3	-12.7
金额	元/千人	3903.9	2515.8	-1388.0	-35.6
燃气炉具	套/千人	8.0	4.9	-3.1	-39.0
金额	元/千人	6516.1	4499.2	-2017.0	-31.0
太阳能炉具	套/千人	0.5	0.5	-0.1	-12.5
金额	元/千人	245.0	315.7	70.7	28.9
洗碗机	台/千人	0.6	0.9	0.3	42.5
金额	元/千人	438.8	714.2	275.4	62.8
消毒碗柜	台/千人	0.8	0.4	-0.3	-45.2
金额	元/千人	856.6	538.4	-318.2	-37.2
其他	元/人	54.7	59.9	5.2	9.5
小家电	元/人	46.1	52.6	6.5	14.2

3-1-13 续表 6

指　标	单位	2016	2017	2017年比2016年增加	
				绝对数	%
家用纺织品	元/人	112.3	107.6	-4.6	-4.1
床上用品	元/人	81.6	76.2	-5.4	-6.6
窗帘门帘	元/人	14.5	16.3	1.8	12.6
其他家用纺织品	元/人	16.2	15.2	-1.0	-6.5
家庭日用杂品	元/人	310.1	298.9	-11.1	-3.6
洗涤及卫生用品	元/人	130.1	117.8	-12.4	-9.5
厨具、餐具、茶具	元/人	41.5	43.7	2.3	5.5
家用手工工具	元/人	6.7	5.3	-1.4	-20.9
其他	元/人	131.8	132.1	0.3	0.3
个人用品	元/人	209.2	234.6	25.4	12.2
化妆品	元/人	157.7	176.7	19.0	12.1
其他个人用品	元/人	51.5	57.9	6.4	12.4
家庭服务	元/人	39.1	43.5	4.4	11.2
家政服务	元/人	20.0	22.0	2.0	10.2
家庭设备修理费	元/人	19.1	21.5	2.4	12.3
交通通信	元/人	2425.9	2802.6	376.6	15.5
交通	元/人	1594.3	1951.3	357.0	22.4
交通工具	元/人	573.9	828.6	254.7	44.4
汽车	辆/千人	6.4	7.3	0.9	13.3
金额	元/千人	494122.9	747390.9	253268.0	51.3
摩托车	辆/千人	4.8	2.5	-2.3	-48.2
金额	元/千人	17512.9	11063.3	-6449.6	-36.8
自行车	辆/千人	14.9	16.9	2.0	13.2
金额	元/千人	10158.5	13545.4	3386.9	33.3
电动自行车	辆/千人	13.9	16.8	2.9	21.2
金额	元/千人	33599.9	38333.2	4733.3	14.1
其他交通工具	元/人	18.5	18.3	-0.2	-1.1
交通费	元/人	287.6	314.2	26.6	9.2
飞机	元/人	81.9	108.4	26.4	32.2
火车	元/人	62.3	66.9	4.6	7.4
长途汽车	元/人	56.0	52.4	-3.5	-6.3
市内公共交通	元/人	12.3	11.2	-1.0	-8.4
出租汽车费	元/人	58.2	59.8	1.6	2.7
其他交通费	元/人	16.9	15.5	-1.4	-8.3

3-1-13 续表 7

指　标	单位	2016	2017	2017年比2016年增加	
				绝对数	%
交通工具用燃料	元/人	494.0	567.0	73.0	14.8
汽油	升/人	79.0	84.2	5.2	6.6
金额	元/人	454.6	527.6	73.0	16.1
柴油	元/人	3.4	3.6	0.2	6.9
金额	元/人	19.1	20.9	1.8	9.4
其他燃料和润滑剂	元/人	20.3	18.5	-1.8	-8.7
交通工具使用及维修	元/人	238.8	241.5	2.7	1.1
交通工具零配件和维修	元/人	142.9	149.4	6.5	4.5
停车费	元/人	2.4	2.2	-0.2	-9.8
车辆使用税费(含过桥过路费)	元/人	43.8	44.1	0.3	0.8
其他	元/人	49.7	45.8	-3.9	-7.9
通信	元/人	831.6	851.2	19.7	2.4
通信工具	元/人	239.7	267.5	27.8	11.6
电话机	部/人				
金额	元/人	2.0	2.6	0.6	29.0
移动电话机	部/人	0.2	0.2	0.0	-5.2
金额	元/人	228.1	254.4	26.2	11.5
其他通信工具及零配件	元/人	9.6	10.6	1.0	10.5
通信服务	元/人	591.9	583.8	-8.1	-1.4
固定电话费	元/人	20.2	17.6	-2.6	-13.0
移动电话费	元/人	426.3	417.2	-9.1	-2.1
上网费	元/人	140.1	143.9	3.8	2.7
邮费	元/人	2.6	2.4	-0.1	-4.9
其他通信服务费	元/人	2.8	2.6	-0.1	-4.8
教育文化娱乐	元/人	2162.2	2225.5	63.3	2.9
教育	元/人	1311.2	1300.7	-10.5	-0.8
学前教育	元/人	137.6	137.9	0.3	0.2
教育用品	元/人	5.5	2.8	-2.7	-48.5
学杂费	元/人	51.9	46.2	-5.7	-11.0
培训费	元/人	16.9	20.8	3.9	23.3
赞助费	元/人	1.6	0.7	-0.9	-54.1
一揽子教育服务(含食宿)	元/人	49.4	51.1	1.7	3.5
其他费用	元/人	12.2	16.2	3.9	32.1
小学教育	元/人	159.7	169.8	10.1	6.3
教育用品	元/人	10.7	11.7	1.0	9.4
学杂费	元/人	12.1	12.2		
培训费	元/人	42.5	47.6	5.0	11.8
赞助费	元/人	0.8	0.7	-0.2	-20.7
一揽子教育服务(含食宿)	元/人	59.9	63.8	3.9	6.6
其他费用	元/人	33.6	33.9	0.3	0.9

3-1-13 续表 8

指 标	单位	2016	2017	2017年比2016年增加	
				绝对数	%
初中教育	元/人	130.4	135.6	5.2	4.0
教育用品	元/人	7.1	7.0	-0.1	-1.5
学杂费	元/人	11.1	9.9	-1.1	-10.3
培训费	元/人	28.8	27.2	-1.6	-5.5
赞助费	元/人	1.8	1.2	-0.6	-33.6
一揽子教育服务(含食宿)	元/人	61.9	63.4	1.5	2.4
其他费用	元/人	19.7	26.9	7.2	36.4
高中教育	元/人	197.6	204.5	6.9	3.5
教育用品	元/人	6.0	4.9	-1.1	-18.8
学杂费	元/人	24.5	25.0	0.5	1.9
培训费	元/人	34.2	28.9	-5.2	-15.3
赞助费	元/人	0.2	0.1	-0.1	-46.7
一揽子教育服务(含食宿)	元/人	101.0	118.5	17.5	17.3
其他费用	元/人	31.8	27.1	-4.7	-14.7
中专职高教育	元/人	28.3	29.5	1.2	4.3
教育用品	元/人	0.6	0.4	-0.3	-44.9
学杂费	元/人	8.4	6.1	-2.3	-27.4
培训费	元/人	0.6	0.8	0.2	29.6
一揽子教育服务(含食宿)	元/人	14.6	18.0	3.4	23.3
其他费用	元/人	4.1	4.3	0.2	5.9
大专及以上教育	元/人	554.1	518.9	-35.2	-6.3
教育用品	元/人	3.7	3.0	-0.7	-19.1
学杂费	元/人	122.9	94.0	-29.0	-23.6
培训费	元/人	6.6	4.6	-1.9	-29.3
一揽子教育服务(含食宿)	元/人	364.2	365.0	0.8	0.2
其他费用	元/人	56.7	52.3	-4.4	-7.7
成人教育	元/人	103.5	104.5	1.0	0.9
教育用品	元/人	2.0	1.7	-0.3	-17.2
培训费	元/人	54.4	61.0	6.6	12.2
其他费用	元/人	47.2	41.8	-5.3	-11.3
文化娱乐	元/人	851.0	924.8	73.8	8.7
文娱耐用消费品	元/人	131.9	128.2	-3.7	-2.8
彩色电视机	台/千人	16.7	15.5	-1.2	-7.2
金额	元/人	50.2	50.7	0.5	1.0
照相机	台/千人	1.2	1.0	-0.2	-17.3
金额	元/人	3.4	7.6	4.2	123.1

3-1-13 续表 9

指　　标	单位	2016	2017	2017年比2016年增加	
				绝对数	%
家用台式电脑	台/千人	5.1	3.2	-2.0	-38.2
金额	元/人	16.8	12.2	-4.5	-27.1
家用笔记本电脑	台/千人	5.9	5.4	-0.6	-9.4
金额	元/人	23.8	23.6	-0.2	-0.8
中高档乐器	元/人	4.9	6.6	1.7	34.3
健身器材	元/人	4.2	6.7	2.4	57.6
其他文娱耐用消费品	元/人	19.1	11.9	-7.2	-37.9
文娱耐用消费品的零配件及维修	元/人	7.1	6.8	-0.3	-4.5
其他文娱用品	元/人	205.0	219.8	14.9	7.3
书、报、杂志及音像制品	元/人	31.1	33.1	2.1	6.6
文具纸张	元/人	32.6	29.4	-3.2	-9.9
体育户外用品	元/人	24.4	23.9	-0.5	-1.9
游戏用品和玩具	元/人	33.9	36.2	2.3	6.8
园艺花卉及有关产品	元/人	24.7	24.4	-0.3	-1.3
宠物及有关产品	元/人	10.6	13.2	2.7	25.3
其他文娱用品及维修	元/人	47.7	59.5	11.8	24.8
文化娱乐服务	元/人	514.2	576.8	62.6	12.2
团体旅游	元/人	315.0	393.0	78.0	24.7
景点门票	元/人	32.4	31.1	-1.3	-4.0
体育健身活动	元/人	8.2	9.5	1.4	16.7
电影、话剧、演出票	元/人	10.9	10.6	-0.2	-2.0
有线电视费	元/人	89.3	83.2	-6.0	-6.8
其他文化娱乐服务	元/人	58.5	49.3	-9.2	-15.7
医疗保健	元/人	1568.1	1652.6	84.6	5.4
医疗器具及药品	元/人	629.3	680.1	50.8	8.1
药品	元/人	512.1	556.2	44.1	8.6
滋补保健品	元/人	89.1	94.4	5.2	5.9
医疗卫生器具	元/人	9.7	15.3	5.7	58.8
保健器具	元/人	18.4	14.2	-4.2	-23.0
医疗服务	元/人	938.8	972.5	33.8	3.6
门诊医疗总费用	元/人	346.4	372.4	26.1	7.5
住院医疗总费用	元/人	592.4	600.1	7.7	1.3
其他用品和服务	元/人	512.5	552.7	40.2	7.8
其他用品	元/人	300.0	336.9	36.8	12.3
首饰及手表	元/人	185.5	220.4	34.8	18.8
其他杂项用品	元/人	114.5	116.5	2.0	1.7
其他服务	元/人	212.5	215.8	3.3	1.6
旅馆住宿费	元/人	47.1	54.2	7.1	15.0
美容美发洗浴	元/人	78.5	76.8	-1.7	-2.2
其他杂项服务	元/人	86.9	84.8	-2.0	-2.3

3-1-14 全体居民家庭购买农林牧渔业生产资料

指　标	单位	2016	2017	2017年比2016年增加	
				绝对数	%
购买农林牧渔业生产资料	元/人	2547.2	2414.2	-133.0	-5.2
农业	元/人	1381.4	1319.7	-61.7	-4.5
农业用种子、种苗	元/人	225.0	218.0	-7.0	-3.1
农业用役畜饲料	元/人	23.2	13.5	-9.7	-41.9
农业用其他生产资料	元/人	655.5	660.3	4.8	0.7
化肥	公斤/人	178.9	176.5	-2.4	-1.3
金额	元/人	430.8	418.3	-12.4	-2.9
微量元素肥	元/人	3.1	1.7	-1.4	-46.4
农药	元/人	32.0	34.5	2.6	8.0
薄膜	公斤/人	2.5	2.7	0.2	8.0
金额	元/人	31.3	34.0	2.7	8.6
汽油	升/人	0.6	0.1	-0.4	-75.4
金额	元/人	3.4	0.9	-2.5	-73.3
柴油	升/人	14.7	13.9	-0.7	-4.9
金额	元/人	76.6	79.3	2.7	3.5
农业用其他生产费用	元/人	477.8	428.0	-49.8	-10.4
农业生产经营雇工	个	0.5	0.4	-0.2	-34.2
金额	元/人	72.4	64.8	-7.6	-10.5
承包耕地使用权费用	元/人	151.6	97.1	-54.5	-35.9
借、贷款利息	元/人	5.4	3.3	-2.0	-37.7
排灌费	元/人	50.7	73.3	22.6	44.5
机耕机收费	元/人	109.5	123.5	14.1	12.9
农业生产用电	度/人	28.0	22.9	-5.1	-18.2
金额	元/人	15.9	12.9	-3.0	-18.8
林业	元/人	7.8	15.4	7.6	98.3
牧业	元/人	1156.7	1078.1	-78.5	-6.8
幼畜、种蛋	元/人	219.9	254.4	34.5	15.7
牧业用役畜饲料	元/人	586.5	506.6	-79.9	-13.6
牧业用其他生产资料	元/人	115.8	90.9	-24.9	-21.5
汽油	升/人	1.7	1.5	-0.2	-12.5
金额	元/人	9.5	9.2	-0.3	-3.5
柴油	升/人	2.7	2.2	-0.4	-16.8
金额	元/人	15.5	14.0	-1.5	-9.8
牧业用其他生产费用	元/人	234.5	226.2	-8.3	-3.5
牧业生产经营雇工	个/人	0.2	0.1	-0.1	-46.7
金额	元/人	96.1	72.0	-24.1	-25.1
承包牧草地使用权费用	元/人	61.9	47.0	-14.9	-24.0
借、贷款利息	元/人	7.0	6.3	-0.7	-10.4
畜、禽防疫费	元/人	3.9	3.2	-0.6	-16.3
牧业生产用电	度/人	2.0	1.4	-0.6	-30.0
金额	元/人	0.9	0.7	-0.1	-14.3
渔业	元/人	1.3	1.0	-0.3	-25.8

3-1-15　全体居民家庭购建农业生产性固定资产情况

指　　标	单位	2016	2017	2017年比2016年增加	
				绝对数	%
购建农业生产性固定资产	**元/人**	**270.9**	**241.3**	**-29.6**	**-10.9**
购买或建造农业生产性用房	元/人	31.1	40.3	9.2	29.5
建筑生产用建筑物材料	元/人	25.0	31.8	6.8	27.0
建筑农业生产用房雇工	元/人	4.7	6.3	1.7	35.5
购买农业生产用房	元/人				
其他	元/人	1.4	2.1	0.8	56.3
购买役畜	头/千人	2.2	2.6	0.3	14.6
金额	元/人	14.9	15.4	0.5	3.1
购买产品畜	头/千人	11.9	10.7	-1.3	-10.6
金额	元/人	43.3	45.1	1.8	4.2
购买或建造农业设施	元/人	56.8	25.9	-30.9	-54.4
大棚、温室	元/人	39.7	7.8	-31.9	-80.5
自备井	元/人	11.8	7.9	-4.0	-33.5
喷灌设施	元/人	1.3	0.6	-0.7	-55.6
其他	元/人	4.0	9.7	5.7	143.3
购买农业机械	元/人	124.8	114.7	-10.2	-8.1
大中型农用拖拉机	台/千人	1.0	0.8	-0.2	-18.2
金额	元/人	33.7	29.0	-4.7	-13.9
小型(手扶)农用拖拉机	台/千人	1.6	1.5	-0.1	-7.7
金额	元/人	22.9	18.8	-4.1	-17.9
农用排灌动力机械	台/千人	0.2			
金额	元/人	0.2			
插秧机	台/千人	0.3			
金额	元/人	1.3	0.3	-0.9	-74.9
收割机	台/千人	0.3	0.2		-13.1
金额	元/人	4.0	0.4	-3.6	-90.3
脱粒机	台/千人	1.0	0.5	-0.5	-49.0
金额	元/人	2.8	1.4	-1.4	-48.5
其他	元/人	60.0	64.7	4.8	7.9

3-1-16 全体居民家庭农产品出售及农业服务

指 标	单位	2016	2017	2017年比2016年增加	
				绝对数	%
农产品出售及农业服务提供					
出售农林牧渔业产品	**元/人**	**5016.5**	**4945.9**	**-70.6**	**-1.4**
农业产品	元/人	2734.2	2702.7	-31.5	-1.2
谷物	公斤/人	897.2	870.9	-26.3	-2.9
金额	元/人	1507.8	1180.1	-327.7	-21.7
小麦	公斤/人	21.3	21.7	0.3	1.6
金额	元/人	47.8	52.9	5.1	10.6
稻谷	公斤/人	8.0	12.0	4.0	50.6
金额	元/人	24.4	38.0	13.6	55.5
玉米	公斤/人	800.9	766.8	-34.0	-4.3
金额	元/人	1264.0	921.7	-342.3	-27.1
高粱	公斤/人	25.6	40.6	15.0	58.3
金额	元/人	46.4	78.8	32.4	69.9
谷子	公斤/人	22.3	12.9	-9.4	-42.2
金额	元/人	74.2	45.3	-29.0	-39.0
其他谷物	公斤/人	19.1	16.8	-2.3	-12.0
金额	元/人	50.9	43.3	-7.6	-14.9
薯类	公斤/人	18.6	23.0	4.3	23.1
金额	元/人	117.3	103.0	-14.3	-12.2
马铃薯	公斤/人	18.6	22.9	4.3	23.0
金额	元/人	117.2	102.9	-14.3	-12.2
豆类	公斤/人	30.5	31.3	0.8	2.5
金额	元/人	149.6	142.4	-7.2	-4.8
大豆	公斤/人	17.5	17.7	0.2	1.3
金额	元/人	69.3	67.0	-2.3	-3.3
其他豆类及制品	公斤/人	13.1	13.6	0.5	4.2
金额	元/人	80.3	75.4	-5.0	-6.2
油料	公斤/人	88.0	125.0	37.0	42.1
金额	元/人	512.0	665.5	153.5	30.0
油菜籽	公斤/人	0.7	1.0	0.3	37.8
金额	元/人	3.4	2.8	-0.6	-19.0
葵花籽	公斤/人	81.3	120.4	39.0	48.0
金额	元/人	478.5	644.8	166.3	34.7
其他油料	公斤/人	5.8	3.6	-2.2	-38.2
金额	元/人	29.5	17.6	-11.9	-40.3

3-1-16 续表 1

指　　标	单位	2016	2017	2017年比2016年增加	
				绝对数	%
麻类	公斤/人	2.7	3.4	0.7	26.4
金额	元/人	18.6	20.1	1.5	7.9
糖料	公斤/人	101.0	139.1	38.1	37.7
金额	元/人	52.3	72.4	20.1	38.3
甜菜	公斤/人	101.0	139.1	38.1	37.7
金额	元/人	52.3	72.4	20.1	38.3
烟草	公斤/人	0.1	0.4	0.3	340.0
金额	元/人	2.3	8.4	6.1	261.0
蔬菜及食用菌	公斤/人	104.9	136.3	31.4	29.9
金额	元/人	121.9	174.7	52.8	43.3
露地蔬菜	公斤/人	93.6	114.0	20.3	21.7
金额	元/人	81.1	102.3	21.2	26.2
大棚蔬菜	公斤/人	11.2	22.0	10.8	96.0
金额	元/人	40.9	71.0	30.1	73.7
出售水果	公斤/人	1.4	1.2	-0.2	-17.2
金额	元/人	5.4	5.2	-0.2	-3.7
出售果用瓜	公斤/人	27.3	37.6	10.2	37.5
金额	元/人	24.9	29.2	4.4	17.6
西瓜	公斤/人	25.2	36.7	11.5	45.6
金额	元/人	21.4	27.0	5.6	26.4
出售干制水果及水果籽	公斤/人	0.5	0.0	-0.5	-96.1
金额	元/人	2.0	0.1	-1.9	-95.1
出售食用坚果	公斤/人	0.1	0.5	0.3	218.9
金额	元/人	1.6	4.5	2.9	184.4
中草药材(种植)	公斤/人	0.3	0.2	-0.1	-35.2
金额	元/人	1.9	9.0	7.1	364.3
其他作物	元/人	167.8	232.8	65.0	38.7
青饲料	公斤/人	28.9	108.2	79.3	274.3
金额	元/人	13.4	27.7	14.2	106.2
牧草	公斤/人	13.9	10.0	-3.9	-28.1
金额	元/人	16.6	10.4	-6.2	-37.4
其他饲料作物	公斤/人	0.4	7.3	6.9	1621.3
金额	元/人	0.5	4.1	3.6	720.6
酱用西红柿	公斤/人	7.0	12.4	5.4	76.2
金额	元/人	3.0	6.7	3.7	121.6
打瓜	公斤/人	2.7	3.4	0.8	28.0
金额	元/人	23.2	21.6	-1.7	-7.3
其他作物	元/人	111.1	162.4	51.4	46.2
农作物副产品	公斤/人	41.3	23.5	-17.8	-43.1
金额	元/人	28.1	34.3	6.3	22.3
初加工农产品	元/人	3.8	20.8	17.0	449.3

3-1-16 续表 2

指 标	单位	2016	2017	2017年比2016年增加	
				绝对数	%
林业产品	元/人	14.2	21.1	6.8	48.1
牧业产品	公斤/人	37.4	34.3	-3.1	-8.4
金额	元/人	2265.7	2221.8	-43.9	-1.9
家畜	元/人	1432.4	1308.1	-124.3	-8.7
肉猪	头/人				
金额	元/人	99.0	80.9	-18.1	-18.3
重量	公斤/人	5.9	4.7	-1.2	-20.7
自宰猪(含下水)	公斤/人	1.2	1.0	-0.1	-11.8
金额	元/人	32.8	30.0	-2.8	-8.7
肉牛	头/人	0.1	0.1		19.9
金额	元/人	558.3	519.1	-39.2	-7.0
重量	公斤/人	24.4	22.7	-1.7	-7.1
自宰牛(含下水)	头/人	0.1	0.3	0.1	118.6
金额	元/人	5.3	8.4	3.1	57.2
菜羊	只/人	1.5	0.9	-0.5	-36.1
金额	元/人	631.9	561.8	-70.2	-11.1
重量	公斤/人	46.3	30.0	-16.3	-35.2
自宰羊(含下水)	公斤/人	0.9	0.7	-0.2	-24.0
金额	元/人	30.7	25.5	-5.2	-16.8
其他家畜	只/人				
金额	元/人		81.9		
重量	公斤/人	3.3	3.4	0.1	3.7
家禽	元/人	9.6	10.2	0.5	5.6
鸡	只/人		0.1		
金额	元/人	3.8	4.8	0.9	24.3
重量	公斤/人	0.2	0.2	0.1	36.4
鸭	只/人	3.5	2.9	-0.6	-17.3
金额	元/人	5.4	5.2	-0.1	-2.7
重量	公斤/人	9.4	7.9	-1.5	-15.9
蛋类	公斤/人	0.3	3.1	2.8	945.7
金额	元/人	4.0	17.8	13.8	345.4
鸡蛋	公斤/人	0.2	3.0	2.8	1480.6
金额	元/人	3.1	17.3	14.2	459.3
畜皮	张/人	0.8	0.1	-0.7	-89.3
金额	元/人	5.7	10.8	5.2	91.6
羊皮	张/人	0.8	0.1	-0.8	-92.5
金额	元/人	4.9	4.3	-0.6	-11.8

3-1-16 续表 3

指 标	单位	2016	2017	2017年比2016年增加	
				绝对数	%
毛、绒	公斤/人	4.0	4.1	0.1	3.6
金额	元/人	166.8	170.6	3.8	2.3
羊毛	公斤/人	3.1	3.1	-0.1	-2.4
金额	元/人	38.2	34.0	-4.3	-11.1
羊绒	公斤/人	0.8	1.0	0.2	27.1
金额	元/人	127.2	134.9	7.7	6.0
奶类	公斤/人	22.1	19.6	-2.5	-11.5
金额	元/人	68.8	69.4	0.6	0.9
牛奶	公斤/人	21.9	17.8	-4.1	-18.5
金额	元/人	67.5	59.8	-7.7	-11.4
仔、幼、育肥畜禽	元/人	573.4	631.9	58.6	10.2
仔猪	只/人	0.1	0.1	0.0	-29.5
金额	元/人	19.1	23.3	4.2	22.0
架子猪	只/人				
金额	元/人	0.4	1.9	1.5	431.3
羊羔	只/人	0.7	0.7	-0.1	-8.2
金额	元/人	222.8	244.4	21.6	9.7
育肥周转羊	只/人	0.2	0.3	0.0	11.6
金额	元/人	135.9	161.4	25.5	18.8
牛犊	只/人				
金额	元/人	169.9	190.2	20.3	11.9
渔业产品	元/人	2.4	0.4	-2.1	-85.4
提供农林牧渔业服务	**元/人**	**95.2**	**107.7**	**12.5**	**13.1**
农业服务收入	元/人	65.9	76.9	10.9	16.6
提供机耕机收服务	元/人	13.7	34.2	20.5	149.0
提供灌溉服务	元/人	0.6	1.3	0.7	119.7
农产品初加工服务	元/人	1.2	0.1	-1.1	-94.1
其他农业服务	元/人	50.4	41.3	-9.1	-18.1
林业服务收入	元/人	0.5	1.9	1.4	269.9
林产品初级加工服务	元/人				
其他林业服务	元/人	0.5	1.9	1.4	269.9
牧业服务收入	元/人	28.7	28.9	0.1	0.5
提供兽医服务	元/人	4.7	7.5	2.8	60.9
其他牧业服务	元/人	24.1	21.4	-2.7	-11.2
渔业服务收入	元/人				

3-1-17 全体居民家庭农产品自产自用情况

指　标	单位	2016	2017	2017年比2016年增加	
				绝对数	%
农产品自产自用	**元/人**	**728.3**	**682.1**	**-46.2**	**-6.3**
农业产品	元/人	550.5	483.9	-66.6	-12.1
谷物	元/人	159.4	372.0	212.6	133.3
薯类	元/人	101.4	57.1	-44.4	-43.7
豆类	元/人	35.3	65.2	29.9	84.6
棉花	元/人				
麻类	元/人				
糖料	元/人				
烟草	元/人				
蔬菜及食用菌	元/人	7.1	4.8	-2.3	-31.8
水果	元/人	0.1	0.1	-0.1	-48.0
果用瓜	元/人				
干制水果及水果籽	元/人				
坚果	元/人				
饮料原料	元/人				
香料原料	元/人				
中草药	元/人				
初加工农产品	元/人	1.4	0.6	-0.9	-60.6
其他农产品	元/人	55.2	45.9	-9.4	-17.0
林业产品	元/人	26.4	25.7	-0.7	-2.8
人工林产品	元/人				
采集林产品	元/人				
其他林产品	元/人	26.4	25.7	-0.7	-2.8
牧业产品	元/人	151.4	172.5	21.2	14.0
家畜	元/人	125.5	153.3	27.8	22.2
家禽	元/人	10.6	10.2	-0.3	-3.1
蛋类	元/人	13.1	4.6	-8.6	-65.2
奶类	元/人	1.3	3.6	2.3	183.3
其他牧业产品	元/人	0.9	0.8		-5.4
其他动物	元/人	0.1			
狩猎和捕捉野生动物	元/人				
渔业产品	元/人				
养殖产品	元/人				
捕捞产品	元/人				
其他渔业产品	元/人				

3-1-18 全体居民家庭食品消费量

指　　标	单位	2016	2017	2017年比2016年增加	
				绝对数	%
食品消费量					
粮食消费量	公斤/人	156.08	152.30	-3.78	-2.4
谷物消费量	公斤/人	142.99	139.86	-3.12	-2.2
小麦	公斤/人	79.16	75.29	-3.88	-4.9
稻谷	公斤/人	49.84	48.19	-1.65	-3.3
玉米	公斤/人	3.34	4.58	1.24	37.1
其他谷物	公斤/人	10.65	11.81	1.16	10.9
薯类消费量	公斤/人	5.48	5.19	-0.29	-5.3
红薯	公斤/人	0.51	0.50	-0.01	-2.4
马铃薯	公斤/人	4.38	4.11	-0.26	-6.0
其他薯类	公斤/人	0.60	0.58	-0.02	-2.6
豆类消费量	公斤/人	7.61	7.24	-0.36	-4.8
大豆	公斤/人	0.89	0.80	-0.09	-9.7
其他豆类	公斤/人	6.72	6.44	-0.28	-4.1
油脂类消费量	公斤/人	9.49	8.34	-1.15	-12.1
植物油	公斤/人	9.26	8.07	-1.19	-12.8
动物油	公斤/人	0.23	0.27	0.04	16.2
蔬菜及菜制品消费量	公斤/人	99.80	87.50	-12.31	-12.3
鲜菜	公斤/人	97.08	84.96	-12.12	-12.5
干菜及菜制品	公斤/人	1.34	1.14	-0.20	-15.2
鲜菌	公斤/人	1.12	1.14	0.03	2.6
干菌及菌制品	公斤/人	0.27	0.26	-0.01	-4.2
肉类	公斤/人	34.25	33.76	-0.49	-1.4
猪肉	公斤/人	16.50	17.00	0.50	3.0
牛肉	公斤/人	4.26	4.28	0.02	0.5
羊肉	公斤/人	9.92	8.95	-0.98	-9.8
禽类	公斤/人	5.86	5.26	-0.59	-10.2
鸡	公斤/人	4.52	3.90	-0.62	-13.7
水产品	公斤/人	5.16	4.90	-0.26	-5.1
鱼类	公斤/人	4.11	3.84	-0.27	-6.6
蛋类及蛋制品	公斤/人	9.27	9.09	-0.18	-2.0
鲜蛋	公斤/人	9.07	8.91	-0.16	-1.8
奶和奶制品	公斤/人	22.71	22.70	0.00	0.0
鲜奶	公斤/人	16.93	16.93	0.00	0.0
干鲜瓜果类	公斤/人	55.27	56.25	0.97	1.8
鲜瓜果	公斤/人	50.36	51.34	0.98	1.9
糖果糕点类	公斤/人	7.18	6.72	-0.46	-6.4
茶叶	公斤/人	0.45	0.40	-0.05	-11.1
烟叶消费量	公斤/人	35.90	35.66	-0.24	-0.7
酒	公斤/人	14.27	13.95	-0.32	-2.2
白酒	公斤/人	5.37	5.28	-0.10	-1.8
啤酒	公斤/人	8.81	8.58	-0.24	-2.7
果酒	公斤/人	0.08	0.09	0.01	15.9

3-1-19 全体居民家庭固定资产投资及拥有情况

指　　标	单位	2016	2017	2017年比2016年增加	
				绝对数	%
农业生产投资及拥有情况					
生产性固定资产数量					
生产性用房及建筑物	平方米/户	21.18	20.64	-0.55	-2.6
大中型农用拖拉机	台/百户	4.30	4.20	-0.10	-2.3
小型农用拖拉机	台/百户	25.55	25.54	-0.01	0.0
用排灌动力机械	台/百户	0.99	1.17	0.18	18.7
秧机	台/百户	0.18	0.17	0.00	-1.0
收割机	台/百户	1.70	1.34	-0.36	-21.2
脱粒机	台/百户	3.77	3.82	0.05	1.4
役畜	头/百户	7.84	7.71	-0.13	-1.6
产品畜	头/户	3.74	2.38	-1.36	-36.4
期末生产性固定资产原价					
农业固定资产原价	元/人	2431.73	2604.47	172.74	7.1
生产性用房及建筑物	元/人	639.29	683.57	44.28	6.9
役畜	元/人	157.80	152.82	-4.99	-3.2
农业设施	元/人	191.35	199.66	8.30	4.3
农业机械	元/人	1404.50	1534.67	130.17	9.3
林业固定资产原价	元/人	15.13	14.17	-0.96	-6.4
生产性用房及建筑物	元/人	1.92	4.10	2.18	113.2
机械设备	元/人	5.32	4.92	-0.40	-7.6
牧业固定资产原价	元/人	3777.10	3851.54	74.44	2.0
生产性用房及建筑物	元/人	884.96	1011.66	126.70	14.3
产品畜	元/人	2653.60	2666.08	12.49	0.5
渔业固定资产原价	元/人		0.16		
农林牧渔服务业固定资产原价	元/人	3.29	51.01	47.72	1451.9
期内农业生产性固定资产投资及资金来源					
期内自建农业生产性用房					
期内自建农业生产性用房建筑面积	平方米	0.44	0.61	0.17	38.0
期内自建农业生产性用房价值	元/人	119.28	94.28	-25.00	-21.0
期内固定资产投资总额	元/人	425.07	451.72	26.65	6.3
来自银行、信用社贷款	元/人	65.12	37.09	-28.03	-43.0
来自亲友借款	元/人	8.80	23.62	14.82	168.4
来自自筹资金	元/人	324.42	380.93	56.51	17.4
来自其他资金	元/人	26.73	10.08	-16.66	-62.3

3-1-19 续表

指　　标	单位	2016	2017	2017年比2016年增加	
				绝对数	%
非农业生产投资情况					
固定资产					
出租住房	平方米/人	1.42	1.51	0.10	6.8
出租商用建筑物	平方米/人	0.26	0.24	-0.02	-6.2
期末固定资产原价					
采矿业	元/人	22.61	29.18	6.57	29.1
制造业	元/人	53.61	95.83	42.22	78.7
电力、热力、燃气及水生产和供应业	元/人	20.82	0.85	-19.97	-95.9
建筑业	元/人	272.73	326.72	54.00	19.8
批发和零售业	元/人	1466.18	1330.51	-135.67	-9.3
交通运输、仓储和邮政业	元/人	692.45	795.94	103.49	14.9
住宿和餐饮业	元/人	338.78	281.04	-57.73	-17.0
房地产业	元/人	3.95	17.02	13.07	330.7
租赁和商务服务业	元/人	39.64	95.43	55.79	140.7
居民服务、修理和其他服务业	元/人	400.10	385.55	-14.55	-3.6
其他行业	元/人	62.59	59.74	-2.85	-4.6
期内固定资产投资及资金来源					
期内固定资产投资总额	元/人	992.03	906.42	-85.62	-8.6
期内固定资产投资构成					
生产性用房及建筑物	元/人	252.45	158.33	-94.12	-37.3
机械设备	元/人	315.55	295.72	-19.82	-6.3
其他	元/人	429.04	493.90	64.87	15.1
期内非农产业固定资产投资资金来源					
银行、信用社贷款	元/人	131.87	105.13	-26.74	-20.3
亲友借款	元/人	45.04	71.12	26.08	57.9
自筹资金	元/人	800.50	722.25	-78.24	-9.8
其他资金	元/人	29.67	16.43	-13.24	-44.6

3-1-20 全体居民家庭土地经营和主要农产品产量

指　标	单位	2016	2017	2017年比2016年增加	
				绝对数	%
家庭实际经营土地情况					
期初实际经营土地面积	亩/人	63.90	63.99	0.09	0.1
耕地面积	亩/人	5.13	5.24	0.11	2.2
有效灌溉面积	亩/人	2.45	2.61	0.16	6.5
山地面积	亩/人	0.14	0.15	0.02	12.3
园地面积	亩/人	0.01	0.01		
牧草地面积	亩/人	58.63	58.59	-0.04	-0.1
养殖水面面积	亩/人				
期末实际经营土地面积	亩/人	63.48	75.14	11.66	18.4
耕地面积	亩/人	5.28	5.42	0.14	2.7
有效灌溉面积	亩/人	2.36	2.71	0.35	14.9
山地面积	亩/人	0.13	0.13		
园地面积	亩/人	0.01	0.01		
牧草地面积	亩/人	58.05	58.59	0.54	0.9
养殖水面面积	亩/人				
期内土地种植情况					
期内主要粮食播种面积	亩/人	3.29	3.27	-0.02	-0.6
小麦播种面积	亩/人	0.27	0.25	-0.01	-4.3
水稻播种面积	亩/人	0.02	0.03	0.01	35.9
玉米播种面积	亩/人	2.62	2.51	-0.11	-4.1
大豆播种面积	亩/人	0.22	0.33	0.10	46.2
薯类播种面积	亩/人	0.16	0.14	-0.01	-7.1
期内主要经济作物播种面积	亩/人	1.03	1.03		
棉花播种面积	亩/人				
油料作物播种面积	亩/人	0.90	0.94	0.05	5.4
糖料作物播种面积	亩/人	0.06	0.03	-0.03	-55.4
蔬菜播种面积	亩/人	0.07	0.05	-0.02	-24.2
设施蔬菜播种面积	亩/人				
水果播种面积	亩/人	0.01	0.01		
设施水果播种面积	亩/人				
农业生产技术应用情况	亩/人	13.51	14.77	1.26	9.3
机耕面积	亩/人	4.68	4.86	0.18	3.9
机播面积	亩/人	4.41	4.46	0.05	1.2
机收面积	亩/人	2.93	3.37	0.44	15.2
机电灌溉面积	亩/人	1.49	2.07	0.58	38.9

3-1-20 续表

指　　标	单位	2016	2017	2017年比2016年增加	
				绝对数	%
主要农产品产量					
谷物产量	公斤/人	1054.04	1188.56	134.52	12.8
小麦产量	公斤/人	40.78	38.83	-1.95	-4.8
稻谷产量	公斤/人	11.98	17.22	5.24	43.7
玉米产量	公斤/人	929.49	1042.43	112.94	12.2
高粱产量	公斤/人	19.78	37.70	17.92	90.6
谷子产量	公斤/人	13.48	17.65	4.17	30.9
其他谷物产量	公斤/人	38.53	34.74	-3.79	-9.8
薯类产量	公斤/人	41.25	37.71	-3.54	-8.6
红薯产量	公斤/人		0.03		
马铃薯产量	公斤/人	41.25	37.61	-3.63	-8.8
其他薯类产量	公斤/人		0.07		
豆类产量	公斤/人	38.42	51.05	12.63	32.9
大豆产量	公斤/人	23.01	37.02	14.01	60.9
其他豆类产量	公斤/人	15.41	14.03	-1.38	-8.9
油料产量	公斤/人	129.23	113.91	-15.32	-11.9
油菜籽产量	公斤/人	2.89	1.06	-1.83	-63.3
葵花籽产量	公斤/人	112.81	103.84	-8.97	-8.0
其他油料产量	公斤/人	13.48	9.01	-4.48	-33.2

3-1-21 全体居民家庭能源消耗情况

指　　标	单位	2016	2017	2017年比2016年增加	
				绝对数	%
居民家庭能源消耗					
天然气	立方米/人	17.64	15.10	-2.54	-14.4
金额	元/人	29.49	28.25	-1.23	-4.2
煤气	立方米/人	0.34	0.70	0.35	103.6
金额	元/人	0.51	1.14	0.63	123.6
液化石油气	公斤/人	8.37	9.73	1.36	16.2
金额	元/人	45.62	51.24	5.62	12.3
汽油	升/人	82.15	86.23	4.08	5.0
金额	元/人	472.81	540.32	67.51	14.3
生产用	升/人	3.14	1.60	-1.54	-49.0
金额	元/人	18.22	10.10	-8.12	-44.6
柴油	升/人	20.84	19.84	-1.00	-4.8
金额	元/人	112.17	114.78	2.60	2.3
生产用	升/人	20.72	16.16	-4.56	-22.0
金额	元/人	111.51	93.25	-18.25	-16.4
电	度/人	591.65	643.79	52.14	8.8
金额	元/人	281.61	305.50	23.89	8.5
生产用	度/人	30.23	24.66	-5.57	-18.4
金额	元/人	16.81	13.79	-3.02	-17.9
沼气	立方米/人	0.32	0.18	-0.14	-44.6
金额	元/人	0.20	0.15	-0.04	-22.7
煤炭	公斤/人	238.94	332.08	93.14	39.0
金额	元/人	128.34	202.30	73.96	57.6
柴	公担/人	0.02	0.02	0.00	2.0
金额	元/人	0.56	0.59	0.03	5.1
草	公担/人	0.28	0.03	-0.24	-87.8
金额	元/人	6.54	0.70	-5.84	-89.3

3-1-22 城镇居民家庭基本情况

指　标	单位	2016	2017	2017年比2016年增加	
				绝对数	%
住户经营情况					
生产经营户	%	21.65	28.55	6.90	31.9
#农业生产经营户	%	3.43	5.24	1.80	52.4
非生产经营户	%	78.35	71.45	-6.90	-8.8
户主文化程度					
未上过学	%	0.94	0.71	-0.23	-24.3
小学	%	9.25	7.83	-1.41	-15.3
初中	%	36.88	36.15	-0.73	-2.0
高中	%	27.14	26.74	-0.41	-1.5
大学专科	%	15.96	18.57	2.61	16.4
大学本科	%	10.17	9.60	-0.57	-5.6
研究生	%	0.55	0.40	-0.15	-27.7
按家庭规模分的住户类型					
一人户	%	3.37	4.96	1.59	47.1
二人户	%	26.83	35.01	8.18	30.5
三人户	%	52.67	47.57	-5.10	-9.7
四人户	%	13.21	9.83	-3.38	-25.6
五人户	%	3.34	2.31	-1.04	-31.0
六人及以上户	%	0.57	0.32	-0.25	-43.7
按世代分的住户类型					
一代户	%	32.50	36.38	3.88	11.9
二代户	%	62.51	59.16	-3.34	-5.3
三代户	%	5.84	4.38	-1.46	-25.0
四代及以上户	%	0.05	0.08	0.03	73.2
住户特征					
纯老人户	%	12.57	13.77	1.20	9.5
家中有未成年子女户	%	35.15	31.76	-3.39	-9.6
年轻夫妻无子女户	%	2.30	1.33	-0.97	-42.1
无劳动力户	%	3.67	3.78	0.11	3.0

3-1-23　城镇居民家庭人口和就业情况

指　标	单位	2016	2017	2017年比2016年增加	
				绝对数	%
家庭常住成员数	**人/户**	**2.75**	**2.72**	**-0.03**	**-1.0**
常住成员情况					
性别					
男性	%	49.38	49.32	-0.06	-0.1
女性	%	50.62	50.68	0.06	0.1
年龄	%				
5岁及以下	%	3.96	3.10	-0.86	-21.6
6-15岁	%	9.94	9.96	0.03	0.3
16-19岁	%	3.84	4.01	0.17	4.5
20-24岁	%	5.45	4.95	-0.50	-9.2
25-29岁	%	5.02	4.77	-0.26	-5.1
30-34岁	%	7.48	6.44	-1.04	-13.9
35-40岁	%	11.53	11.31	-0.22	-1.9
41-50岁	%	22.73	23.39	0.66	2.9
51-60岁	%	17.49	18.21	0.72	4.1
61-65岁	%	5.75	6.27	0.52	9.0
66岁及以上	%	6.81	7.58	0.78	11.4
户口性质					
农业	%	25.95	25.63	-0.32	-1.2
非农业	%	73.94	74.28	0.34	0.5
其他	%	0.11	0.09	-0.02	-19.1
参加医疗保险情况					
新型农村合作医疗	%	19.40	19.45	0.05	0.3
城镇职工基本医疗保险	%	31.60	31.69	0.09	0.3
城镇居民基本医疗保险	%	30.78	31.41	0.63	2.1
公费医疗	%	0.92	0.88	-0.04	-4.0
商业医疗保险	%	1.48	1.41	-0.07	-4.8
其他医疗保险	%	2.90	3.31	0.41	14.1
没有参加任何医疗保险	%	13.26	12.22	-1.04	-7.9
在校学生	%	16.40	16.89	0.49	3.0
受教育程度					
未上过学	%	2.22	2.04	-0.18	-8.3
小学	%	14.11	14.51	0.39	2.8
初中	%	29.45	29.88	0.43	1.5
高中	%	22.20	22.13	-0.07	-0.3
大学专科	%	16.36	16.78	0.42	2.6
大学本科	%	11.21	11.09	-0.12	-1.1
研究生	%	0.50	0.48	-0.01	-2.2

3-1-23 续表 1

指　　标	单位	2016	2017	2017年比2016年增加	
				绝对数	%
劳动力人数	**人/户**	**2.02**	**2.02**		
整劳动力人数	人/户	1.16	1.10	-0.06	-5.4
半劳动力人数	人/户	0.86	0.92	0.06	6.7
从业人数	**人/户**	**1.51**	**1.48**	**-0.03**	**-2.1**
性别					
男性	%	55.90	49.80	-6.10	-10.9
女性	%	44.10	50.20	6.10	13.8
受教育程度					
未上过学	%	0.79	0.97	0.17	21.6
小学	%	6.09	7.80	1.71	28.0
初中	%	31.56	33.87	2.31	7.3
高中	%	24.25	25.23	0.98	4.0
大学专科	%	22.43	19.79	-2.64	-11.8
大学本科	%	14.32	11.84	-2.48	-17.3
研究生	%	0.54	0.50	-0.04	-8.0
离退休人员					
行政事业单位离退休	%	0.85	4.73	3.88	454.3
其他单位离退休	%	2.30	14.87	12.58	547.8
参加养老保险情况					
新型农村社会养老保险	%	11.01	10.27	-0.74	-6.7
城镇职工基本养老保险	%	37.57	38.39	0.82	2.2
城镇居民社会养老保险	%	19.44	18.74	-0.70	-3.6
商业养老保险	%	0.89	0.87	-0.03	-2.9
其他养老保险	%	1.08	1.25	0.17	15.5
没有参加任何养老保险	%	30.18	30.68	0.50	1.6
就业类型					
雇主	%	2.69	1.34	-1.35	-50.1
公职人员	%	6.94	5.55	-1.39	-20.0
事业单位人员	%	14.74	10.70	-4.04	-27.4
国有企业雇员	%	11.52	8.54	-2.98	-25.9
其他雇员	%	44.93	32.95	-11.98	-26.7
农业自营	%	4.34	3.33	-1.02	-23.4
非农自营	%	14.84	11.09	-3.75	-25.3

3-1-23 续表 2

指　标	单位	2016	2017	2017年比2016年增加	
				绝对数	%
从事主要行业					
第一产业	%	6.08	6.55	0.47	7.7
第二产业	%	17.87	17.65	-0.22	-1.3
采矿业	%	3.08	2.91	-0.17	-5.6
制造业	%	5.06	5.17	0.10	2.1
电力、热力、燃气及水生产供应业	%	2.96	2.95	-0.01	-0.3
建筑业	%	6.77	6.62	-0.15	-2.2
第三产业	%	76.05	75.80	-0.25	-0.3
批发和零售业	%	14.86	15.50	0.64	4.3
交通运输、仓储和邮政业	%	7.90	7.93	0.03	0.4
住宿和餐饮业	%	5.19	5.34	0.15	2.9
信息传输、软件业和信息技术服务业	%	1.47	1.50	0.03	1.8
金融业	%	2.33	2.40	0.06	2.7
房地产业	%	0.75	0.73	-0.02	-2.1
租赁和商务服务业	%	0.88	0.66	-0.21	-24.5
科学研究和技术服务业	%	0.44	0.58	0.14	30.9
水利、环境和公共设施管理业	%	1.42	1.41	-0.01	-0.4
居民服务、修理和其他服务业	%	17.83	16.59	-1.25	-7.0
教育	%	5.69	5.61	-0.07	-1.3
卫生和社会工作	%	4.55	4.54	-0.02	-0.3
文化、体育和娱乐业	%	1.16	1.00	-0.16	-14.1
公共管理、社会保障和社会组织	%	11.57	12.01	0.45	3.9
国际组织	%				
从事主要职业					
国家机关、党群组织、企事业单位负责人	%	4.91	4.88	-0.03	-0.6
专业技术人员	%	15.95	15.80	-0.16	-1.0
办事人员和有关人员	%	24.65	24.61	-0.04	-0.2
商业、服务业人员	%	25.04	26.01	0.97	3.9
农、林、牧、渔、水利业生产人员	%	5.66	6.06	0.41	7.2
生产、运输设备操作人员及有关人员	%	10.64	10.72	0.08	0.7
军人	%	0.29	0.26	-0.03	-10.5
不便分类的其他从业人员	%	12.85	11.66	-1.20	-9.3

3-1-24 城镇居民家庭住房情况

指 标	单位	2016	2017	2017年比2016年增加	
				绝对数	%
现住房建筑面积	**平方米/人**	**32.24**	**32.66**	**0.42**	**1.3**
居住空间样式					
单栋楼房	%	11.36	10.92	-0.44	-3.9
单栋平房	%	25.14	25.18	0.04	0.2
四居室及以上单元房	%	1.08	1.00	-0.07	-6.9
三居室单元房	%	11.54	11.52	-0.03	-0.2
二居室单元房	%	38.87	40.72	1.86	4.8
一居室单元房	%	2.21	2.19	-0.02	-0.9
筒子楼或连片平房	%	9.64	8.31	-1.33	-13.8
其他	%	0.16	0.16		
主要建筑材料					
钢筋混凝土	%	42.76	43.24	0.47	1.1
砖混材料	%	36.15	36.19	0.04	0.1
砖瓦砖木	%	19.12	18.68	-0.45	-2.3
竹草土坯	%	1.73	1.66	-0.07	-4.0
其他	%	0.24	0.24		
房屋产权					
租赁公房	%	1.18	1.20	0.02	1.4
租赁私房	%	7.52	7.89	0.38	5.0
自建住房	%	19.29	18.57	-0.72	-3.7
购买商品房	%	56.07	56.60	0.53	1.0
购买房改住房	%	8.57	8.91	0.34	3.9
购买保障性住房	%	1.86	1.72	-0.13	-7.2
拆迁安置房	%	2.46	2.44	-0.01	-0.6
继承或获赠住房	%	0.43	0.36	-0.07	-15.9
免费借用房	%	0.98	0.96	-0.02	-1.9
雇主提供免费住房	%	0.96	0.96	0.00	0.1
其他来源	%	0.69	0.38	-0.31	-44.9
住房建筑面积					
10平方米以内	%	0.02			
10-20平方米	%	0.52	0.48	-0.05	-9.0
20-30平方米	%	1.84	1.76	-0.07	-4.1
30-60平方米	%	18.55	18.26	-0.29	-1.5
60-90平方米	%	38.93	38.65	-0.29	-0.7
90-120平方米	%	29.08	29.74	0.65	2.3
120-200平方米	%	9.90	9.89	-0.01	-0.1
200平方米以上	%	1.16	1.23	0.07	6.1

3-1-24 续表

指　　标	单位	2016	2017	2017年比2016年增加	
				绝对数	%
现住房建筑年份					
当年新建	%	0.32			
1-5年	%	17.09	9.29	-7.80	-45.6
6-10年	%	24.82	26.03	1.21	4.9
11-20年	%	29.61	35.45	5.84	19.7
21-50年	%	19.56	28.26	8.70	44.5
50年以上	%	8.10	0.97	-7.13	-88.0
购(建)房总金额	万元/户	13.34	13.66	0.31	2.3
租赁住房实际月租金	元/人	21.24	19.69	-1.55	-7.3
租赁公房实际月租金	元/人	1.27	1.06	-0.22	-17.2
租赁私房实际月租金	元/人	16.65	17.44	0.80	4.8
期末拥有房屋价值	万元/户	31.80	33.67	1.87	5.9
自有现住房市场价估计值	万元/户	28.59	30.17	1.58	5.5
出租住房市场价估计值	万元/户	1.82	2.08	0.25	13.9
出租商用建筑物市场价估计值	万元/户	0.48	0.45	-0.03	-6.0
偶尔居住房市场价估计值	万元/户	0.29	0.31	0.02	8.2
空宅或其他用途房市场价估计值	万元/户	0.61	0.66	0.04	6.8
期末拥有房屋市场价月租金	元/人	327.86	335.11	7.24	2.2
自有现住房市场价月租金	元/人	293.93	299.30	5.37	1.8
出租住房市场价月租金	元/人	26.66	28.57	1.91	7.1
出租商用建筑物市场价月租金	元/人	7.27	7.24	-0.03	-0.4
期内新购住房情况					
新购住房建筑面积	平方米/人	0.85	0.82	-0.03	-3.6
新购住房总金额	元/人	3559.69	3507.63	-52.06	-1.5
期内新建住房情况					
新建住房竣工建筑面积	平方米/人	0.02			
新建住房总费用	元/人	17.08			
期内住房大修或装修费用	元/人	75.54	78.58	3.04	4.0

3-1-25 城镇居民家庭基本生活情况

指 标	单位	2016	2017	2017年比2016年增加	
				绝对数	%
宅外道路路面情况					
水泥或柏油路面	%	79.32	80.19	0.87	1.1
沙石或石板等硬质路面	%	15.79	14.77	-1.02	-6.4
其他	%	4.89	5.04	0.15	3.0
供水情况					
管道供水入户	%	92.39	92.46	0.06	0.1
管道供水至公共取水点	%	0.28	0.29	0.01	3.7
没有管道设施	%	7.33	7.26	-0.07	-1.0
饮用水情况					
经过净化处理的自来水	%	89.42	89.35	-0.07	-0.1
受保护的井水和泉水	%	3.23	3.29	0.06	1.9
不受保护的井水和泉水	%	4.42	4.49	0.07	1.5
江河湖泊水	%	0.28	0.28		
收集雨水	%				
桶装水	%	2.09	2.16	0.08	3.6
其他水源	%	0.55	0.42	-0.13	-23.8
获取饮用水的主要困难					
单次取水往返时间超过半小时	%	0.17	0.17		
间断或定时供水	%	1.36	1.37	0.01	0.4
当年连续缺水时间超过16天	%	0.47	0.44	-0.03	-6.9
无上述困难	%	98.00	98.03		
住户厕所类型					
水冲式卫生厕所	%	69.50	70.17	0.67	1.0
水冲式非卫生厕所	%	0.47	0.46	-0.01	-2.2
卫生旱厕	%	4.02	3.42	-0.61	-15.0
普通旱厕	%	19.87	20.33	0.46	2.3
无厕所	%	6.13	5.61	-0.51	-8.4
厕所使用情况					
本住户独用	%	78.74	79.10	0.35	0.4
几户合用	%	1.44	1.25	-0.20	-13.6
公用厕所	%	19.82	19.66	-0.16	-0.8

3-1-25 续表

指　　标	单位	2016	2017	2017年比2016年增加	
				绝对数	%
洗澡设施情况					
统一供热水	%	6.20	5.92	-0.28	-4.5
家庭自装热水器	%	57.77	58.03	0.27	0.5
其他	%	1.74	1.60	-0.14	-8.0
无洗澡设施	%	34.29	34.45	0.15	0.4
取暖设备状况					
由市政或小区集中供暖	%	68.71	69.83	1.12	1.6
自行供暖	%	30.77	29.71	-1.06	-3.4
无取暖设备	%	0.52	0.46	-0.06	-11.0
取暖用能源状况					
柴草	%	3.36	3.97	0.61	18.1
煤炭	%	61.04	35.95	-25.09	-41.1
罐装液化石油气	%	1.46	1.30	-0.16	-10.8
管道液化石油气	%	0.24	0.24	0.00	0.1
管道煤气	%	1.65	1.82	0.17	10.4
管道天然气	%	2.50	1.87	-0.63	-25.1
电	%	2.67	2.68	0.01	0.3
燃料用油	%				
沼气	%				
其他	%	27.02	48.07	21.05	77.9
无取暖行为	%	0.05			
炊用能源状况					
柴草	%	3.46	3.86	0.40	11.6
煤炭	%	17.67	14.39	-3.28	-18.6
罐装液化石油气	%	26.01	24.95	-1.06	-4.1
管道液化石油气	%	0.54	0.60	0.06	10.9
管道煤气	%	3.42	3.38	-0.04	-1.1
管道天然气	%	25.85	25.89	0.04	0.2
电	%	21.24	25.00	3.76	17.7
燃料用油	%				
沼气	%				
其他	%	1.28	1.39	0.12	9.2
无炊用行为	%	0.54	0.54		

3-1-26 城镇居民家庭耐用消费品拥有情况

指　标	单位	2016	2017	2017年比2016年增加	
				绝对数	%
耐用消费品拥有情况					
家用汽车	辆/百户	38.48	41.03	2.55	6.6
摩托车	辆/百户	19.29	18.81	-0.48	-2.5
助力车	辆/百户	49.71	51.28	1.57	3.2
洗衣机	台/百户	95.65	96.36	0.71	0.7
电冰箱(柜)	台/百户	97.23	98.56	1.33	1.4
微波炉	台/百户	37.12	38.34	1.23	3.3
彩色电视机	台/百户	101.48	101.68	0.20	0.2
其中：接入有线电视	台/百户	87.32	87.25	-0.08	-0.1
空调	台/百户	12.78	13.85	1.07	8.4
热水器	台/百户	59.65	61.03	1.38	2.3
其中：太阳能热水器	台/百户	17.50	17.88	0.38	2.2
洗碗机	台/百户	1.32	1.52	0.19	14.6
排油烟机	台/百户	63.71	65.10	1.38	2.2
固定电话	部/百户	25.45	24.92	-0.53	-2.1
移动电话	部/百户	222.21	224.28	2.07	0.9
其中：接入互联网	部/百户	113.53	125.49	11.95	10.5
计算机	台/百户	61.56	62.17	0.61	1.0
其中：接入互联网	台/百户	50.02	49.76	-0.26	-0.5
照相机	台/百户	23.15	22.88	-0.27	-1.2
中高档乐器	架/百户	2.90	3.78	0.88	30.5
健身器材	台/百户	2.68	3.89	1.21	45.3
空气净化器(含新风系统)	台/百户		0.98		
吸尘器	台/百户		1.54		

3-1-27 城镇居民家庭总收入

指　标	单位	2016	2017	2017年比2016年增加	
				绝对数	%
总收入	**元/人**	**36406.4**	**39339.3**	**2932.9**	**8.1**
工资性收入	元/人	20354.9	21707.4	1352.5	6.6
工资	元/人	17572.2	19037.3	1465.1	8.3
实物福利	元/人	7.6	4.8	-2.7	-36.3
其他	元/人	2775.2	2665.3	-109.9	-4.0
经营性收入	元/人	7443.3	8365.1	921.9	12.4
第一产业经营收入	元/人	863.7	927.1	63.4	7.3
农业	元/人	676.1	745.7	69.5	10.3
林业	元/人	2.0	3.8	1.8	87.5
牧业	元/人	185.5	177.6	-7.9	-4.3
渔业	元/人				
第二产业经营收入	元/人	841.8	974.2	132.4	15.7
采矿业	元/人	32.3	23.8	-8.4	-26.2
制造业	元/人	198.1	240.4	42.2	21.3
电力、热力、燃气及水生产和供应业	元/人	3.6	2.0	-1.5	-42.5
建筑业	元/人	607.9	708.0	100.1	16.5
第三产业经营收入	元/人	5737.7	6463.8	726.1	12.7
批发和零售业	元/人	3302.5	3639.3	336.7	10.2
交通运输、仓储和邮政业	元/人	693.1	876.3	183.2	26.4
住宿和餐饮业	元/人	585.7	691.4	105.8	18.1
房地产业	元/人	24.6	22.5	-2.0	-8.3
租赁和商务服务业	元/人	26.7	17.2	-9.5	-35.5
居民服务、修理和其他服务业	元/人	904.3	969.2	64.9	7.2
其他	元/人	189.4	230.5	41.2	21.7
农林牧渔服务业	元/人	11.6	17.4	5.8	50.3
财产性收入	元/人	1758.9	1856.3	97.4	5.5
利息收入	元/人	54.7	63.7	9.0	16.5
红利收入	元/人	89.6	61.1	-28.4	-31.7
储蓄性保险净收益	元/人	6.1	3.2	-2.9	-47.0
转让承包土地经营权租金净收入	元/人	18.1	10.3	-7.8	-43.1
出租房屋财产性收入	元/人	400.7	503.1	102.4	25.6
出租机械、专利、版权等资产的收入	元/人	20.2	17.4	-2.8	-14.0
其他财产净收入	元/人	81.0	55.6	-25.4	-31.4
房屋虚拟租金	元/人	1088.5	1141.8	53.3	4.9

3-1-27 续表

指　　标	单位	2016	2017	2017年比2016年增加	
				绝对数	%
转移性收入	元/人	6849.3	7410.5	561.2	8.2
养老金或离退休金	元/人	5811.3	6519.8	708.5	12.2
社会救济和补助	元/人	113.1	108.2	-4.9	-4.3
政策性生活补贴	元/人	62.6	42.8	-19.9	-31.7
家庭外出从业人员寄回带回收入	元/人	19.8	32.9	13.1	66.0
赡养收入	元/人	200.5	217.7	17.3	8.6
报销医疗费	元/人	268.6	226.0	-42.7	-15.9
从政府和组织得到的实物产品和服务折价	元/人	15.2	2.1	-13.1	-85.9
现金政策性惠农补贴	元/人	64.1	88.8	24.7	38.6
其他转移性收入	元/人	294.1	172.1	-122.0	-41.5
非收入所得	元/人	595.5	792.3	196.8	33.0
出售资产所得	元/人	68.2	189.0	120.9	177.3
出售住房本金所得	元/人	6.5	59.5	53.0	817.1
出售住房溢价所得	元/人				
出售股票、基金、收藏品本金所得	元/人	1.3	1.7	0.4	34.6
出售股票、基金、收藏品所得	元/人	1.3	0.1	-1.2	-90.2
出售生产性固定资产所得	元/人	15.7	0.4	-15.3	-97.7
拆迁征地补偿所得	元/人	16.5	94.9	78.4	476.2
出售其他财物和收回其他投资本金所得	元/人	27.0	32.5	5.5	20.4
非经常性转移所得	元/人	516.2	590.0	73.8	14.3
博彩所得	元/人	3.1	2.2	-0.9	-29.7
婚丧嫁娶礼金所得	元/人	187.0	136.6	-50.4	-27.0
遗产及一次性馈赠所得	元/人	58.0	106.4	48.4	83.4
一次性赔偿所得	元/人	6.3	7.7	1.4	22.1
提取住房公积金	元/人	10.7	27.6	16.9	157.4
调查补贴	元/人	207.6	277.7	70.1	33.8
其他非经常性转移所得	元/人	43.4	31.8	-11.6	-26.7
其他非收入所得	元/人	11.1	13.2	2.1	18.8
借贷性所得	元/人	425.2	318.4	-106.8	-25.1
提取储蓄存款	元/人	147.6	102.6	-45.0	-30.5
借入款	元/人	109.7	57.2	-52.6	-47.9
收回借出款	元/人	74.0	60.5	-13.4	-18.2
收回储蓄性保险本金	元/人	2.6	1.3	-1.3	-49.5
住房贷款	元/人	2.4	1.6	-0.7	-30.5
汽车贷款	元/人	54.8	55.0	0.1	0.2
教育贷款	元/人	2.8	2.3	-0.6	-19.6
其他贷款	元/人	29.3	19.9	-9.4	-32.0
其他借贷所得	元/人	2.0	18.0	16.0	818.2

3-1-28 城镇居民家庭可支配收入

指　　标	单位	2016	2017	2017年比2016年增加	
				绝对数	%
可支配收入	**元/人**	**32974.9**	**35670.0**	**2695.1**	**8.2**
工资性收入	元/人	20354.9	21707.4	1352.5	6.6
工资	元/人	17572.2	19037.3	1465.1	8.3
实物福利	元/人	7.6	4.8	-2.7	-36.3
其他	元/人	2775.2	2665.3	-109.9	-4.0
住房公积金	元/人	617.0	677.8	60.8	9.8
自由职业劳动所得	元/人	16.7	13.8	-2.9	-17.4
其他劳动所得	元/人	2135.0	1969.6	-165.5	-7.8
经营净收入	元/人	5465.9	6349.3	883.4	16.2
第一产业经营收入	元/人	516.0	638.6	122.6	23.8
农业	元/人	444.4	541.1	96.7	21.8
牧业	元/人	70.2	95.6	25.4	36.2
第二产业经营收入	元/人	563.3	678.1	114.8	20.4
采矿业	元/人	27.1	18.6	-8.5	-31.4
制造业	元/人	159.1	171.6	12.5	7.8
电力、热力、燃气及水生产和供应业	元/人	0.4	0.4		
建筑业	元/人	376.8	487.5	110.8	29.4
第三产业经营收入	元/人	4386.6	5032.6	646.0	14.7
批发和零售业	元/人	2433.7	2730.6	296.9	12.2
交通运输、仓储和邮政业	元/人	540.9	673.3	132.5	24.5
住宿和餐饮业	元/人	438.9	547.2	108.3	24.7
房地产业	元/人	23.9	21.8	-2.1	-8.7
租赁和商务服务业	元/人	19.7	11.7	-7.9	-40.4
居民服务、修理和其他服务业	元/人	766.9	844.8	77.9	10.2
其他	元/人	152.1	186.5	34.4	22.6
农林牧渔服务业	元/人	10.6	16.7	6.1	57.0
财产性净收入	元/人	1732.9	1824.0	91.1	5.3
利息收入	元/人	35.2	35.7	0.5	1.4
红利收入	元/人	89.6	61.1	-28.4	-31.7
储蓄性保险净收益	元/人	6.1	3.2	-2.9	-47.0
转让承包土地经营权租金净收入	元/人	18.1	10.3	-7.8	-43.1
出租房屋财产性收入	元/人	400.7	503.1	102.4	25.6
出租机械、专利、版权等资产的收入	元/人	20.2	17.4	-2.8	-14.0
其他财产净收入	元/人	74.5	51.3	-23.2	-31.1
房屋虚拟租金	元/人	1088.5	1141.8	53.3	4.9

3-1-28 续表

指　　标	单位	2016	2017	2017年比2016年增加	
				绝对数	%
转移净收入	元/人	5421.2	5789.3	368.1	6.8
转移性收入	元/人	6849.3	7410.5	561.2	8.2
养老金或离退休金	元/人	5811.3	6519.8	708.5	12.2
离退休金	元/人	5461.6	6092.0	630.4	11.5
城镇居民社会养老保险	元/人	227.0	291.9	64.8	28.6
新型农村养老保险	元/人	45.4	44.1	-1.3	-2.9
其他养老金	元/人	77.2	91.8	14.6	18.9
社会救济和补助	元/人	113.1	108.2	-4.9	-4.3
最低生活保障费	元/人	84.2	89.4	5.2	6.2
五保户救助金	元/人				
扶贫款	元/人	1.9	0.3	-1.7	-86.3
救灾款	元/人	0.3	0.1	-0.2	-57.9
抚恤金	元/人	12.3	12.6	0.2	2.0
其他社会救济收入	元/人	14.3	5.8	-8.5	-59.5
政策性生活补贴	元/人	62.6	42.8	-19.9	-31.7
报销医疗费	元/人	268.6	226.0	-42.7	-15.9
家庭外出从业人员寄回带回收入	元/人	19.8	32.9	13.1	66.0
其他经常转移收入	元/人	294.1	172.1	-122.0	-41.5
失业保险金	元/人	4.5	1.3	-3.2	-71.4
经常性捐赠收入	元/人	32.2	15.3	-16.9	-52.5
经常性赔偿收入	元/人				
其他转移性收入	元/人	257.3	153.8	-103.6	-40.2
从政府和组织得到的实物产品和服务折价	元/人	15.2	2.1	-13.1	-85.9
现金政策性惠农补贴	元/人	64.1	88.8	24.7	38.6
转移性支出	元/人	1428.1	1621.2	193.1	13.5
个人所得税	元/人	60.4	63.6	3.2	5.3
社会保障支出	元/人	1239.8	1444.8	205.0	16.5
个人缴纳的养老保险	元/人	867.7	1004.2	136.5	15.7
个人缴纳的医疗保险	元/人	291.5	350.5	59.1	20.3
个人缴纳的失业保险	元/人	38.1	39.3	1.2	3.1
其他社会保障支出	元/人	42.5	50.8	8.3	19.5
外来从业人员寄给家人的支出	元/人	0.1	0.2	0.1	195.9
赡养支出	元/人	62.7	46.4	-16.3	-26.0
其他转移性支出	元/人	65.1	66.2	1.1	1.7
经常性捐赠支出	元/人	8.9	10.7	1.9	21.1
经常性赔偿支出	元/人				
其他经常转移支出	元/人	56.3	55.4	-0.9	-1.6
实物可支配收入	元/人	1122.3	1149.2	26.9	2.4

3-1-29　城镇居民家庭总支出

指　　标	单位	2016	2017	2017年比2016年增加	
				绝对数	%
总支出	**元/人**	**30162.5**	**31332.2**	**1169.7**	**3.9**
消费支出	元/人	22746.4	23637.8	891.3	3.9
生产经营费用支出	元/人	1656.2	1665.1	8.9	0.5
第一产业经营费用支出	元/人	320.0	246.3	-73.7	-23.0
农业	元/人	210.8	181.7	-29.2	-13.8
林业	元/人	0.5	1.8	1.3	250.1
牧业	元/人	108.5	62.8	-45.7	-42.2
渔业	元/人	0.2	0.1		-11.8
第二产业经营费用支出	元/人	239.1	246.8	7.7	3.2
采矿业	元/人	2.6	1.9	-0.7	-25.5
制造业	元/人	33.1	59.1	26.0	78.5
电力、热力、燃气及水生产和供应业	元/人	0.8	1.5	0.7	83.1
建筑业	元/人	202.6	184.3	-18.3	-9.0
第三产业经营费用支出	元/人	1097.1	1171.9	74.9	6.8
批发和零售业	元/人	742.0	771.6	29.5	4.0
交通运输、仓储和邮政业	元/人	99.3	145.9	46.6	46.9
住宿和餐饮业	元/人	109.6	114.1	4.5	4.1
房地产业	元/人	0.7	0.8		6.9
租赁和商务服务业	元/人	2.6	1.9	-0.7	-26.1
居民服务、修理和其他服务业	元/人	110.6	98.4	-12.3	-11.1
其他	元/人	31.2	38.7	7.4	23.9
农林牧渔服务业	元/人	0.9	0.7	-0.2	-25.7
财产性支出	元/人	26.0	32.3	6.3	24.2
生活贷款利息支出	元/人	19.5	28.1	8.5	43.7
住房贷款利息支出	元/人	11.7	16.0	4.2	36.3
其他生活贷款利息支出	元/人	7.8	12.1	4.3	54.8
其他财产性支出	元/人	6.5	4.2	-2.2	-34.7
非储蓄性财产保险支出	元/人	2.4	1.3	-1.1	-46.4
其他财产性支出	元/人	4.0	2.9	-1.1	-27.7

3-1-29 续表 1

指　标	单位	2016	2017	2017年比2016年增加	
				绝对数	%
转移性支出	元/人	1428.1	1621.2	193.1	13.5
个人所得税	元/人	60.4	63.6	3.2	5.3
社会保障支出	元/人	1239.8	1444.8	205.0	16.5
个人缴纳的养老保险	元/人	867.7	1004.2	136.5	15.7
个人缴纳的医疗保险	元/人	291.5	350.5	59.1	20.3
个人缴纳的失业保险	元/人	38.1	39.3	1.2	3.1
其他社会保障支出	元/人	42.5	50.8	8.3	19.5
外来从业人员寄给家人的支出	元/人	0.1	0.2	0.1	195.9
赡养支出	元/人	62.7	46.4	-16.3	-26.0
其他转移性支出	元/人	65.2	66.2	1.1	1.6
部分商业保险支出	元/人	130.8	162.4	31.6	24.2
意外伤害保险	元/人	18.4	23.5	5.1	27.4
商业医疗保险(含大病保险)	元/人	44.5	58.2	13.7	30.8
其他非储蓄性商业保险	元/人	24.0	34.4	10.3	43.0
其他储蓄性商业保险	元/人	43.8	46.3	2.5	5.7
购置资产及非经常性转移支出	元/人	3055.2	3162.2	107.0	3.5
购置资产支出	元/人	427.1	649.6	222.4	52.1
建造住房支出	元/人	23.3	14.1	-9.2	-39.4
建造住房材料	元/人	19.4	8.6	-10.8	-55.6
建造住房雇工	元/人	3.9	5.5	1.6	41.2
购买住房支出	元/人	355.6	564.3	208.7	58.7
购建第一产业生产性固定资产	元/人	13.3	45.5	32.2	241.2
购买或建造农业生产性用房	元/人	1.5	3.9	2.5	168.2
购买用房建筑材料	元/人	1.5	3.5	2.0	139.4
建筑农业生产用房雇工	元/人		0.4		
购买农业生产用房	元/人				
其他	元/人				
购买役畜	元/人	2.0	2.6	0.5	26.6
购买产品畜	元/人	5.1	4.5	-0.6	-11.3
购买或建造农业设施	元/人	0.1	2.4	2.3	2623.2
大棚、温室	元/人				
自备井	元/人	0.1	1.2	1.1	1288.7
喷灌设施	元/人		1.0		
其他农业设施	元/人		0.2		

3-1-29 续表 2

指　　标	单位	2016	2017	2017年比2016年增加	
				绝对数	%
购买农业机械	元/人	4.7	32.1	27.4	586.4
大中型农用拖拉机	元/人	1.7	5.5	3.9	233.2
小型(手扶)农用拖拉机	元/人		2.4		
农用排灌动力机械	元/人				
插秧机	元/人				
收割机	元/人				
脱粒机	元/人				
其他农业机械	元/人	3.0	24.2	21.2	699.8
购建第二产业生产性固定资产支出	元/人	0.2	0.7	0.5	275.5
采矿业	元/人				
制造业	元/人		0.1		
电力、热力、燃气及水生产和供应业	元/人	0.1	0.6	0.5	887.6
建筑业	元/人	0.1			
购建第三产业生产性固定资产支出	元/人	17.2	13.2	-4.0	-23.5
批发和零售业	元/人	13.8	1.5	-12.4	-89.3
交通运输、仓储和邮政业	元/人	0.1	1.6	1.5	1765.1
住宿和餐饮业	元/人	1.0			
房地产业	元/人		4.5		
租赁和商务服务业	元/人		0.6		
居民服务、修理和其他服务业	元/人	1.8	5.0	3.2	182.4
其他	元/人	0.5	0.0	-0.5	-98.5
购建其他资产支出	元/人	17.4	11.7	-5.7	-32.7
非经常性转移支出	元/人	2628.1	2512.6	-115.5	-4.4
博彩支出	元/人	7.7	5.4	-2.2	-29.3
婚丧嫁娶礼金支出	元/人	1906.5	1751.4	-155.1	-8.1
一次性赔偿支出	元/人	4.3	2.1	-2.2	-50.3
一次性馈赠支出	元/人	616.6	681.8	65.2	10.6
婚丧嫁娶宴请支出	元/人	18.8	5.5	-13.2	-70.5
其他非经常性转移支出	元/人	74.3	66.3	-8.0	-10.7
借贷性支出	元/人	1119.8	1051.3	-68.5	-6.1
存入储蓄款	元/人	137.8	105.1	-32.6	-23.7
借出款	元/人	28.5	9.6	-18.9	-66.3
归还借款	元/人	161.3	134.5	-26.8	-16.6
购买有价证券	元/人	2.0	1.9	-0.1	-6.2
其他投资支出	元/人	4.7	1.4	-3.4	-70.8
归还住房贷款	元/人	638.9	611.5	-27.5	-4.3
归还汽车贷款	元/人	78.9	100.4	21.5	27.3
归还教育贷款	元/人	3.2	4.8	1.6	51.8
归还其他贷款	元/人	59.1	70.6	11.5	19.5
其他借贷支出	元/人	5.3	11.5	6.1	114.7

3-1-30 城镇居民家庭生活消费支出

指　标	单位	2016	2017	2017年比2016年增加	
				绝对数	%
消费支出	**元/人**	**22746.4**	**23637.8**	**891.3**	**3.9**
#通过互联网购买的商品和服务	元/人	163.7	176.0	12.3	7.5
#消费支出中服务消费支出	元/人	8596.3	8964.1	367.8	4.3
食品烟酒	元/人	1407.5	1549.6	142.1	10.1
衣着	元/人	5.1	5.2	0.1	1.5
居住	元/人	2395.4	2500.9	105.5	4.4
生活用品及服务	元/人	61.4	66.8	5.4	8.8
交通通信	元/人	1295.2	1327.0	31.8	2.5
教育文化娱乐	元/人	2092.2	2135.6	43.4	2.1
医疗保健	元/人	1037.8	1073.5	35.7	3.4
其他用品和服务	元/人	301.7	305.5	3.8	1.2
食品烟酒	元/人	6446.3	6468.8	22.5	0.3
食品	元/人	4296.4	4151.2	-145.2	-3.4
谷物	元/人	576.0	558.6	-17.4	-3.0
薯类	元/人	69.7	68.4	-1.3	-1.9
豆类	元/人	52.4	51.4	-1.0	-2.0
食用油	元/人	139.3	130.7	-8.7	-6.2
蔬菜和食用菌	元/人	499.9	445.1	-54.9	-11.0
肉类	元/人	1333.4	1258.1	-75.3	-5.6
禽类	元/人	123.6	114.1	-9.5	-7.7
水产品	元/人	144.3	142.1	-2.2	-1.5
蛋类	元/人	98.7	84.6	-14.0	-14.2
奶类	元/人	298.1	303.6	5.5	1.8
干鲜瓜果类	元/人	513.7	529.9	16.3	3.2
糖果糕点类	元/人	131.2	132.5	1.3	1.0
其他食品	元/人	316.0	332.1	16.1	5.1
烟酒	元/人	625.1	642.1	16.9	2.7
烟草	元/人	355.7	363.5	7.8	2.2
酒类	元/人	269.4	278.5	9.1	3.4
饮料	元/人	113.7	125.9	12.1	10.7
饮食服务	元/人	1411.0	1549.6	138.6	9.8
食堂用餐	元/人	105.2	112.8	7.6	7.2
其他在外饮食	元/人	1303.4	1434.4	130.9	10.0
食品加工服务费	元/人	2.4	2.5	0.1	4.0
衣着	元/人	2543.3	2576.7	33.5	1.3
衣类	元/人	1975.6	1995.4	19.8	1.0
鞋类	元/人	567.7	581.4	13.7	2.4
居住	元/人	4007.1	4108.0	100.9	2.5
租赁房房租	元/人	180.5	178.3	-2.2	-1.2
住房维修及管理	元/人	641.1	633.8	-7.3	-1.1
水电燃料及其他	元/人	1155.9	1176.0	20.1	1.7
自有住房折算租金	元/人	2029.6	2119.9	90.3	4.5

3-1-30 续表

指　　标	单位	2016	2017	2017年比2016年增加	
				绝对数	%
生活用品及服务	元/人	1565.7	1670.2	104.5	6.7
家具及室内装饰品	元/人	335.5	374.6	39.2	11.7
家用器具	元/人	312.4	350.1	37.7	12.1
家用纺织品	元/人	153.7	149.6	-4.0	-2.6
家庭日用杂品	元/人	404.4	391.4	-12.9	-3.2
个人用品	元/人	298.5	337.6	39.1	13.1
家庭服务	元/人	61.3	66.8	5.5	9.0
家政服务	元/人	33.3	35.8	2.6	7.8
交通通信	元/人	3045.2	3511.3	466.1	15.3
交通	元/人	2024.5	2489.3	464.8	23.0
交通工具	元/人	700.4	1047.6	347.2	49.6
交通费	元/人	372.9	410.7	37.8	10.1
交通工具用燃料	元/人	564.6	639.2	74.6	13.2
交通工具使用及维修	元/人	386.6	391.8	5.2	1.4
车辆保险支出	元/人	122.2	139.2	16.9	13.9
通信	元/人	1020.7	1022.0	1.3	0.1
通信工具	元/人	288.8	313.3	24.5	8.5
通信服务	元/人	732.0	708.8	-23.2	-3.2
教育文化娱乐	元/人	2599.0	2636.7	37.7	1.5
教育	元/人	1321.6	1272.1	-49.5	-3.7
学前教育	元/人	190.7	185.5	-5.3	-2.8
小学教育	元/人	171.8	186.2	14.4	8.4
初中教育	元/人	119.9	131.7	11.8	9.9
高中教育	元/人	159.0	146.2	-12.7	-8.0
中专职高教育	元/人	13.9	24.7	10.8	78.0
大专及以上教育	元/人	527.8	465.2	-62.6	-11.9
成人教育	元/人	138.6	132.6	-6.0	-4.4
文化娱乐	元/人	1277.4	1364.6	87.2	6.8
文娱耐用消费品	元/人	177.2	168.7	-8.5	-4.8
其他文娱用品	元/人	283.1	295.1	12.0	4.2
文化娱乐服务	元/人	817.0	900.7	83.7	10.2
医疗保健	元/人	1840.0	1907.3	67.3	3.7
医疗器具及药品	元/人	799.2	833.9	34.6	4.3
医疗服务	元/人	1040.8	1073.5	32.6	3.1
门诊总费用	元/人	390.3	408.7	18.4	4.7
住院总费用	元/人	650.6	664.8	14.2	2.2
其他用品和服务	元/人	699.8	758.8	59.0	8.4
其他用品	元/人	397.3	453.3	56.0	14.1
其他服务	元/人	302.5	305.5	2.9	1.0

3-1-31 城镇居民家庭购买生活消费品及服务

指　标	单位	2016	2017	2017年比2016年增加	
				绝对数	%
购买生活消费品及服务	**元/人**	**20510.8**	**21320.8**	**810.0**	**3.9**
食品烟酒	元/人	6404.3	6432.9	28.6	0.4
食品	元/人	4260.7	4120.4	-140.3	-3.3
谷物	元/人	550.6	542.1	-8.5	-1.5
面粉	公斤/人	32.2	31.6	-0.6	-1.9
金额	元/人	139.7	138.4	-1.3	-1.0
大米	公斤/人	33.7	32.3	-1.4	-4.1
金额	元/人	186.0	180.4	-5.5	-3.0
玉米	公斤/人	1.8	1.9	0.1	7.2
金额	元/人	8.1	8.6	0.5	6.4
小米	公斤/人	2.8	2.8	0.0	1.1
金额	元/人	22.6	23.2	0.6	2.7
其他谷物	公斤/人	2.3	2.2	-0.1	-3.7
金额	元/人	15.8	15.4	-0.4	-2.5
面粉制品	公斤/人	23.5	21.6	-1.9	-8.2
金额	元/人	154.9	150.0	-4.9	-3.2
其他谷物制品	公斤/人	2.9	3.2	0.4	13.5
金额	元/人	22.7	25.3	2.6	11.6
薯类	公斤/人	24.4	23.2	-1.3	-5.2
金额	元/人	69.7	68.0	-1.7	-2.5
红薯	公斤/人	3.5	3.4	-0.1	-3.5
金额	元/人	11.3	12.3	1.0	8.8
马铃薯	公斤/人	17.2	16.1	-1.1	-6.4
金额	元/人	38.0	34.1	-3.9	-10.2
其他薯类及制品	公斤/人	3.7	3.7	0.0	-1.3
金额	元/人	20.3	21.5	1.2	5.8
豆类	公斤/人	9.0	8.6	-0.4	-4.7
金额	元/人	52.4	51.4	-1.0	-2.0
大豆	公斤/人	0.6	0.6	0.0	-0.1
金额	元/人	3.6	3.6	0.0	0.0
其他豆类及制品	公斤/人	8.4	8.0	-0.4	-5.0
金额	元/人	48.8	47.8	-1.0	-2.1

3-1-31 续表 1

指　　标	单位	2016	2017	2017年比2016年增加	
				绝对数	%
食用油	公斤/人	10.0	9.6	-0.4	-3.6
金额	元/人	139.2	130.5	-8.7	-6.3
食用植物油	公斤/人	9.8	9.4	-0.4	-3.8
金额	元/人	136.7	128.2	-8.5	-6.3
食用动物油	公斤/人	0.2	0.2		
金额	元/人	2.5	2.3	-0.2	-6.8
蔬菜和食用菌	公斤/人	110.1	98.8	-11.2	-10.2
金额	元/人	499.1	444.4	-54.7	-11.0
鲜菜	公斤/人	106.2	95.3	-10.8	-10.2
金额	元/人	447.9	393.1	-54.8	-12.2
干菜及菜制品	公斤/人	1.9	1.5	-0.4	-19.2
金额	元/人	20.4	17.4	-3.0	-14.8
鲜菌	公斤/人	1.6	1.6	0.0	0.2
金额	元/人	15.4	16.0	0.6	3.6
干菌及制品	公斤/人	0.4	0.3		
金额	元/人	15.4	18.0	2.5	16.3
肉类	公斤/人	37.9	34.9	-3.0	-8.0
金额	元/人	1326.1	1247.0	-79.1	-6.0
猪肉	公斤/人	16.0	15.1	-0.9	-5.7
金额	元/人	422.5	385.1	-37.4	-8.9
牛肉	公斤/人	5.9	5.3	-0.5	-9.3
金额	元/人	286.2	271.6	-14.5	-5.1
羊肉	公斤/人	11.0	9.6	-1.4	-12.8
金额	元/人	458.9	437.2	-21.7	-4.7
其他肉类及制品	公斤/人	5.0	4.9	-0.2	-3.3
金额	元/人	158.5	153.1	-5.4	-3.4
禽类	公斤/人	6.5	5.8	-0.7	-10.6
金额	元/人	123.2	113.6	-9.6	-7.8
鸡	公斤/人	4.8	4.1	-0.7	-14.8
金额	元/人	85.5	76.2	-9.3	-10.8
鸭	公斤/人	0.3	0.2	-0.1	-19.4
金额	元/人	4.3	3.5	-0.9	-19.7
鹅	公斤/人				
金额	元/人	0.6	1.1	0.5	85.4
其他禽类及制品	公斤/人	1.4	1.5		
金额	元/人	32.8	32.8		

3-1-31 续表 2

指　标	单位	2016	2017	2017年比2016年增加	
				绝对数	%
水产品	公斤/人	6.7	6.2	-0.5	-7.7
金额	元/人	144.3	142.1	-2.2	-1.5
鱼类	公斤/人	5.1	4.7	-0.5	-9.1
金额	元/人	85.0	81.3	-3.7	-4.3
虾类	公斤/人	0.6	0.6	-0.1	-11.2
金额	元/人	26.2	24.8	-1.4	-5.5
蟹类	公斤/人	0.1	0.2	0.1	135.9
金额	元/人	6.3	12.6	6.3	100.7
贝类	公斤/人				
金额	元/人	1.2	2.0	0.8	62.6
藻类	公斤/人	0.2	0.1	0.0	-27.4
金额	元/人	2.1	1.6	-0.4	-21.2
其他水产品及制品	公斤/人	0.7	0.6	-0.1	-7.3
金额	元/人	23.5	19.7	-3.8	-16.1
蛋类	公斤/人	10.9	10.4	-0.5	-4.8
金额	元/人	97.5	84.4	-13.1	-13.4
鲜蛋	公斤/人	10.6	10.1	-0.5	-4.5
金额	元/人	93.6	81.0	-12.6	-13.4
蛋制品	公斤/人	0.3	0.3		
金额	元/人	3.9	3.4	-0.5	-12.9
奶类	公斤/人	29.5	28.4	-1.2	-3.9
金额	元/人	298.1	303.6	5.5	1.8
鲜奶	公斤/人	22.0	20.8	-1.2	-5.5
金额	元/人	148.1	145.9	-2.3	-1.5
酸奶	公斤/人	5.0	5.1	0.1	2.2
金额	元/人	49.0	54.9	5.9	12.0
奶粉	公斤/人	0.3	0.4	0.0	8.8
金额	元/人	35.9	40.6	4.7	13.1
其他奶制品	公斤/人	2.2	2.1	-0.1	-3.9
金额	元/人	65.1	62.2	-2.9	-4.4
干鲜瓜果类	公斤/人	68.0	69.4	1.4	2.0
金额	元/人	513.4	529.7	16.2	3.2
鲜瓜果	公斤/人	61.3	62.9	1.5	2.5
金额	元/人	378.2	396.9	18.6	4.9
瓜果制品	公斤/人	1.3	1.4	0.1	6.8
金额	元/人	19.9	23.8	3.9	19.7
坚果类	公斤/人	5.3	5.1	-0.3	-4.8
金额	元/人	115.3	109.0	-6.3	-5.5

3-1-31 续表 3

指标	单位	2016	2017	2017年比2016年增加	
				绝对数	%
糖果糕点类	公斤/人	8.3	7.8	-0.5	-6.4
金额	元/人	131.1	132.1	1.0	0.8
食糖	公斤/人	1.7	1.6	-0.1	-4.2
金额	元/人	13.2	13.7	0.5	3.9
糖果	公斤/人	0.9	0.7	-0.2	-17.9
金额	元/人	19.8	17.7	-2.1	-10.5
糕点	公斤/人	5.0	4.8	-0.2	-3.9
金额	元/人	87.3	88.8	1.5	1.7
其他糖果糕点	公斤/人	0.7	0.6	-0.1	-15.8
金额	元/人	10.8	11.9	1.1	9.9
其他食品	元/人	315.9	331.7	15.8	5.0
调味品	元/人	92.9	93.6	0.8	0.8
其他食品	元/人	223.0	238.0	15.0	6.7
饮料	元/人	113.7	125.9	12.1	10.7
茶叶	公斤/人	0.4	0.4		
金额	元/人	47.8	55.8	8.0	16.7
咖啡	元/人	5.6	4.8	-0.8	-14.1
其他固体饮料	元/人	3.8	5.5	1.7	43.5
瓶装饮用水	元/人	9.9	12.3	2.4	24.4
果汁饮料	元/人	17.1	16.5	-0.6	-3.3
其他液体饮料	元/人	29.5	30.9	1.4	4.8
烟酒	元/人	620.3	637.5	17.3	2.8
烟草	元/人	350.9	359.1	8.1	2.3
卷烟	盒/人	27.5	27.7	0.1	0.5
金额	元/人	348.7	357.6	8.9	2.5
烟丝、烟叶	公斤/人	0.2	0.1	-0.1	-45.7
金额	元/人	2.2	1.5	-0.7	-33.4
酒类	元/人	269.4	278.5	9.1	3.4
啤酒	公斤/人	6.3	6.8	0.5	7.4
金额	元/人	36.7	39.1	2.3	6.4
白酒	公斤/人	4.5	4.2	-0.3	-6.5
金额	元/人	216.3	220.3	3.9	1.8
果酒	公斤/人	0.1	0.1		
金额	元/人	7.0	7.7	0.7	9.9
其他酒	元/人	9.3	11.4	2.1	23.1
饮食服务	元/人	1409.6	1549.1	139.4	9.9
食堂用餐	元/人	103.8	112.2	8.4	8.1
其他在外饮食	元/人	1303.4	1434.4	130.9	10.0
食品加工服务费	元/人	2.4	2.5	0.1	4.0

3-1-31 续表 4

指　　标	单位	2016	2017	2017年比2016年增加	
				绝对数	%
衣着	元/人	2537.8	2573.3	35.5	1.4
衣类	元/人	1970.1	1991.9	21.8	1.1
服装	元/人	1826.0	1851.7	25.7	1.4
服装材料	元/人	5.9	5.8		
其他衣类及配件	元/人	133.4	129.4	-4.0	-3.0
衣类加工服务费	元/人	4.8	4.9	0.1	3.1
鞋类	元/人	567.7	581.4	13.7	2.4
鞋	双/人	3.1	3.2	0.1	1.8
金额	元/人	556.5	572.8	16.3	2.9
鞋类配件及加工服务费	元/人	11.2	8.5	-2.6	-23.6
居住	元/人	1963.7	1985.3	21.5	1.1
租赁房房租	元/人	180.5	178.3	-2.2	-1.2
租赁公房房租	元/人	15.1	15.0	-0.1	-0.7
租赁私房房租	元/人	165.4	163.3	-2.1	-1.3
住房维修及管理	元/人	641.1	633.8	-7.3	-1.1
住房装潢	元/人	330.0	344.0	13.9	4.2
住房维修	元/人	152.4	124.0	-28.4	-18.7
物业管理费	元/人	111.0	114.7	3.6	3.3
其他	元/人	47.6	51.1	3.5	7.4
水电燃料及其他	元/人	1142.2	1173.2	31.1	2.7
水	吨/人	46.7	44.6	-2.2	-4.6
金额	元/人	111.5	110.9	-0.6	-0.5
电	度/人	730.0	716.1	-13.9	-1.9
金额	元/人	344.3	337.8	-6.6	-1.9
燃料	元/人	240.5	241.1	0.6	0.3
柴	公担/人				
金额	元/人	0.6	0.2	-0.4	-63.2
草	公担/人	0.1			
金额	元/人	6.7			
煤炭	公斤/人	205.9	208.5	2.7	1.3
金额	元/人	110.1	125.0	14.9	13.5
沼气	立方米/人	0.1			
金额	元/人	0.1			
管道天然气	立方米/人	28.7	23.1	-5.6	-19.4
金额	元/人	47.8	43.5	-4.3	-9.0
管道煤气	立方米/人	0.4	1.1	0.7	159.2
金额	元/人	0.8	1.8	1.1	137.6
管道液化石油气	立方米/人	0.1			
金额	元/人	0.2	0.2		

3-1-31 续表 5

指 标	单位	2016	2017	2017年比2016年增加	
				绝对数	%
罐装液化石油气	公斤/人	11.4	12.9	1.6	13.8
金额	元/人	64.4	65.8	1.4	2.2
汽油	升/人	1.3	0.5	-0.8	-59.2
金额	元/人	7.8	3.4	-4.4	-56.9
柴油	升/人				
金额	元/人	0.1	0.2	0.1	120.4
其他油	升/人	0.1	0.1		
金额	元/人	0.3	0.2	-0.1	-37.3
其他生活燃料	元/人	1.6	0.7	-0.9	-56.5
取暖费	元/人	430.7	466.9	36.2	8.4
其他	元/人	15.2	16.6	1.4	9.0
生活用品及服务	元/人	1563.6	1669.2	105.6	6.8
家具及室内装饰品	元/人	335.5	374.6	39.2	11.7
家具	元/人	240.1	282.5	42.4	17.7
家具材料	元/人	41.6	47.5	6.0	14.3
室内装饰品	元/人	53.8	44.6	-9.2	-17.1
家用器具	元/人	312.1	350.1	37.9	12.2
耐用消费品	元/人	248.6	277.2	28.6	11.5
洗衣机	台/千人	23.5	23.5		
金额	元/千人	36815.7	53294.3	16478.6	44.8
电冰箱(柜)	台/千人	24.4	23.9	-0.6	-2.3
金额	元/千人	63368.2	58201.8	-5166.4	-8.2
空调器	台/千人	6.2	7.1	0.9	14.4
金额	元/千人	24531.0	25438.6	907.6	3.7
吸尘器	台/千人	4.2	5.0	0.7	17.5
金额	元/千人	2222.0	4386.1	2164.2	97.4
抽油烟机	台/千人	8.2	9.5	1.4	17.0
金额	元/千人	12951.6	18010.8	5059.2	39.1
微波炉	台/千人	5.9	5.3	-0.6	-9.6
金额	元/千人	3623.7	3939.6	315.9	8.7
非太阳能热水器	台/千人	9.7	12.1	2.4	24.7
金额	元/千人	18247.3	21909.2	3661.9	20.1
太阳能热水器	台/千人	2.1	1.9	-0.2	-8.1
金额	元/千人	3663.7	2386.1	-1277.6	-34.9
燃气炉具	套/千人	8.9	5.2	-3.7	-42.0
金额	元/千人	7305.4	5947.3	-1358.1	-18.6
太阳能炉具	套/千人	0.4	0.8	0.4	109.3
金额	元/千人	186.0	534.8	348.8	187.5
洗碗机	台/千人	0.9	1.1	0.2	22.3
金额	元/千人	670.9	1150.5	479.6	71.5
消毒碗柜	台/千人	1.3	0.7	-0.6	-44.6
金额	元/千人	1440.6	912.0	-528.6	-36.7
其他	元/人	73.5	81.1	7.5	10.2
小家电	元/人	63.6	72.9	9.3	14.7

3-1-31 续表 6

指 标	单位	2016	2017	2017年比2016年增加	
				绝对数	%
家用纺织品	元/人	153.7	149.6	-4.0	-2.6
床上用品	元/人	111.9	104.7	-7.1	-6.4
窗帘门帘	元/人	17.9	22.0	4.1	22.7
其他家用纺织品	元/人	23.9	22.9	-1.0	-4.0
家庭日用杂品	元/人	402.5	390.4	-12.1	-3.0
洗涤及卫生用品	元/人	168.8	155.5	-13.3	-7.9
厨具、餐具、茶具	元/人	52.1	57.9	5.8	11.1
家用手工工具	元/人	7.3	5.8	-1.5	-20.5
其他	元/人	174.3	171.3	-3.0	-1.7
个人用品	元/人	298.5	337.6	39.1	13.1
化妆品	元/人	227.7	256.7	29.0	12.7
其他个人用品	元/人	70.8	80.9	10.1	14.3
家庭服务	元/人	61.3	66.8	5.5	9.0
家政服务	元/人	33.3	35.8	2.6	7.8
家庭设备修理费	元/人	28.0	31.0	2.9	10.4
交通通信	元/人	2914.1	3365.1	451.0	15.5
交通	元/人	1897.5	2346.7	449.2	23.7
交通工具	元/人	700.4	1047.6	347.2	49.6
汽车	辆/千人	6.5	7.8	1.3	20.5
金额	元/千人	648387.2	969256.5	320869.3	49.5
摩托车	辆/千人	2.4	1.9	-0.5	-21.3
金额	元/千人	4112.3	9323.8	5211.5	126.7
自行车	辆/千人	18.7	21.7	3.0	15.8
金额	元/千人	14349.9	19672.3	5322.4	37.1
电动自行车	辆/千人	13.8	16.7	2.9	21.1
金额	元/千人	30401.0	36397.1	5996.1	19.7
其他交通工具	元/人	3.1	13.0	9.8	315.7
交通费	元/人	368.2	407.3	39.1	10.6
飞机	元/人	130.1	173.5	43.4	33.3
火车	元/人	90.7	94.5	3.8	4.2
长途汽车	元/人	57.1	49.1	-8.0	-13.9
市内公共交通	元/人	13.9	13.0	-0.9	-6.3
出租汽车费	元/人	61.4	63.3	1.9	3.1
其他交通费	元/人	15.0	13.9	-1.1	-7.6

3-1-31 续表 7

指　　标	单位	2016	2017	2017年比2016年增加	
				绝对数	%
交通工具用燃料	元/人	564.6	639.2	74.6	13.2
汽油	升/人	93.3	98.0	4.7	5.1
金额	元/人	540.1	615.7	75.5	14.0
柴油	元/人	1.2	1.1	-0.1	-6.8
金额	元/人	7.6	7.7	0.1	1.8
其他燃料和润滑剂	元/人	16.9	15.8	-1.1	-6.5
交通工具使用及维修	元/人	264.3	252.7	-11.7	-4.4
交通工具零配件和维修	元/人	137.3	131.9	-5.4	-4.0
停车费	元/人	3.6	3.4	-0.2	-4.8
车辆使用税费(含过桥过路费)	元/人	60.3	58.9	-1.5	-2.4
其他	元/人	63.1	58.5	-4.6	-7.3
通信	元/人	1016.6	1018.4	1.8	0.2
通信工具	元/人	288.2	312.7	24.5	8.5
电话机	部/人				
金额	元/人	2.7	3.1	0.4	14.6
移动电话机	部/人	0.2	0.1		-7.8
金额	元/人	273.1	296.9	23.8	8.7
其他通信工具及零配件	元/人	12.4	12.7	0.3	2.4
通信服务	元/人	728.4	705.7	-22.7	-3.1
固定电话费	元/人	29.1	25.2	-4.0	-13.6
移动电话费	元/人	495.4	477.0	-18.4	-3.7
上网费	元/人	196.1	196.5	0.5	0.2
邮费	元/人	4.0	3.8	-0.3	-6.8
其他通信服务费	元/人	3.7	3.2	-0.5	-13.8
教育文化娱乐	元/人	2592.9	2632.9	40.0	1.5
教育	元/人	1315.8	1268.4	-47.4	-3.6
学前教育	元/人	190.7	185.5	-5.3	-2.8
教育用品	元/人	7.9	4.1	-3.8	-48.5
学杂费	元/人	73.0	63.2	-9.7	-13.4
培训费	元/人	27.1	33.1	6.0	22.0
赞助费	元/人	2.5			
一揽子教育服务(含食宿)	元/人	62.6	61.8	-0.8	-1.2
其他费用	元/人	17.8	23.3	5.6	31.5
小学教育	元/人	171.8	186.2	14.4	8.4
教育用品	元/人	12.9	13.8	1.0	7.6
学杂费	元/人	12.5	14.3	1.7	13.7
培训费	元/人	61.9	67.0	5.1	8.2
赞助费	元/人	0.9	0.8	-0.1	-9.7
一揽子教育服务(含食宿)	元/人	37.1	44.6	7.5	20.3
其他费用	元/人	46.4	45.6	-0.8	-1.7

3-1-31 续表 8

指　　标	单位	2016	2017	2017年比2016年增加	
				绝对数	%
初中教育	元/人	119.9	131.7	11.8	9.9
教育用品	元/人	8.3	8.5	0.3	3.1
学杂费	元/人	11.4	9.8	-1.6	-14.2
培训费	元/人	41.3	37.2	-4.1	-9.9
赞助费	元/人	2.9	1.9	-1.0	-34.7
一揽子教育服务(含食宿)	元/人	33.2	43.3	10.1	30.4
其他费用	元/人	22.9	31.0	8.1	35.6
高中教育	元/人	159.0	146.2	-12.7	-8.0
教育用品	元/人	5.9	5.6	-0.3	-4.6
学杂费	元/人	14.5	20.3	5.8	40.1
培训费	元/人	51.4	36.1	-15.3	-29.8
赞助费	元/人	0.3	0.1	-0.2	-56.8
一揽子教育服务(含食宿)	元/人	57.5	65.7	8.1	14.1
其他费用	元/人	29.4	18.5	-10.9	-37.0
中专职高教育	元/人	13.9	24.7	10.8	78.0
教育用品	元/人	0.3	0.3	0.0	-10.1
学杂费	元/人	3.3	4.6	1.2	36.8
培训费	元/人	0.7	0.6	-0.1	-13.1
一揽子教育服务(含食宿)	元/人	7.8	16.1	8.2	104.8
其他费用	元/人	1.7	3.2	1.5	87.4
大专及以上教育	元/人	522.0	461.5	-60.5	-11.6
教育用品	元/人	3.6	2.5	-1.1	-31.8
学杂费	元/人	110.4	83.1	-27.3	-24.7
培训费	元/人	8.0	6.6	-1.4	-17.9
一揽子教育服务(含食宿)	元/人	342.0	334.0	-8.0	-2.4
其他费用	元/人	58.0	35.4	-22.6	-38.9
成人教育	元/人	138.6	132.6	-6.0	-4.4
教育用品	元/人	3.3	2.8	-0.5	-14.3
培训费	元/人	71.0	79.7	8.7	12.2
其他费用	元/人	64.3	50.1	-14.2	-22.1
文化娱乐	元/人	1277.1	1364.5	87.4	6.8
文娱耐用消费品	元/人	177.2	168.7	-8.5	-4.8
彩色电视机	台/千人	16.1	15.3	-0.8	-4.8
金额	元/人	61.0	59.1	-1.9	-3.1
照相机	台/千人	2.0	1.5	-0.5	-22.9
金额	元/人	5.8	12.3	6.6	113.6

3-1-31 续表 9

指　　标	单位	2016	2017	2017年比2016年增加	
				绝对数	%
家用台式电脑	台/千人	6.6	3.3	-3.3	-49.8
金额	元/人	22.9	12.8	-10.1	-44.2
家用笔记本电脑	台/千人	8.0	7.3	-0.7	-8.6
金额	元/人	33.1	33.7	0.6	1.7
中高档乐器	元/人	8.2	10.9	2.7	33.1
健身器材	元/人	7.1	10.0	2.9	40.4
其他文娱耐用消费品	元/人	27.1	16.9	-10.2	-37.5
文娱耐用消费品的零配件及维修	元/人	8.7	10.0	1.3	14.8
其他文娱用品	元/人	283.1	295.1	12.0	4.2
书、报、杂志及音像制品	元/人	46.5	49.5	3.0	6.4
文具纸张	元/人	41.2	36.9	-4.3	-10.4
体育户外用品	元/人	40.0	39.5	-0.5	-1.2
游戏用品和玩具	元/人	48.0	52.1	4.1	8.6
园艺花卉及有关产品	元/人	40.0	38.8	-1.3	-3.1
宠物及有关产品	元/人	17.0	20.5	3.5	20.5
其他文娱用品及维修	元/人	50.4	57.8	7.4	14.7
文化娱乐服务	元/人	816.7	900.6	83.9	10.3
团体旅游	元/人	515.1	629.5	114.3	22.2
景点门票	元/人	52.8	49.4	-3.4	-6.4
体育健身活动	元/人	13.4	16.0	2.5	18.6
电影、话剧、演出票	元/人	17.8	17.3	-0.5	-3.0
有线电视费	元/人	135.7	124.3	-11.4	-8.4
其他文化娱乐服务	元/人	81.8	64.3	-17.6	-21.5
医疗保健	元/人	1836.9	1905.2	68.2	3.7
医疗器具及药品	元/人	797.5	833.2	35.7	4.5
药品	元/人	613.0	640.7	27.7	4.5
滋补保健品	元/人	140.0	148.9	9.0	6.4
医疗卫生器具	元/人	14.3	22.3	8.0	55.7
保健器具	元/人	30.3	21.3	-9.0	-29.8
医疗服务	元/人	1039.4	1072.0	32.6	3.1
门诊医疗总费用	元/人	390.3	408.7	18.4	4.7
住院医疗总费用	元/人	649.1	663.4	14.2	2.2
其他用品和服务	元/人	697.4	757.0	59.7	8.6
其他用品	元/人	396.6	453.0	56.4	14.2
首饰及手表	元/人	263.9	320.7	56.8	21.5
其他杂项用品	元/人	132.7	132.3	-0.4	-0.3
其他服务	元/人	300.7	304.0	3.3	1.1
旅馆住宿费	元/人	70.8	82.3	11.6	16.4
美容美发洗浴	元/人	111.9	109.9	-2.0	-1.8
其他杂项服务	元/人	118.1	111.8	-6.3	-5.3

3-1-32 城镇居民家庭食品消费量

指 标	单位	2016	2017	2017年比2016年增加	
				绝对数	%
食品消费量					
粮食消费量	公斤/人	146.33	140.85	-5.48	-3.7
谷物消费量	公斤/人	132.46	127.64	-4.82	-3.6
小麦	公斤/人	74.46	71.29	-3.17	-4.3
稻谷	公斤/人	48.25	46.15	-2.10	-4.3
玉米	公斤/人	1.76	1.89	0.13	7.6
其他谷物	公斤/人	7.99	8.31	0.31	3.9
薯类消费量	公斤/人	4.89	4.66	-0.23	-4.8
红薯	公斤/人	0.70	0.68	-0.02	-3.5
马铃薯	公斤/人	3.45	3.25	-0.20	-5.8
其他薯类	公斤/人	0.74	0.73	-0.01	-1.2
豆类消费量	公斤/人	8.98	8.55	-0.42	-4.7
大豆	公斤/人	0.56	0.56	0.00	-0.1
其他豆类	公斤/人	8.42	7.99	-0.42	-5.0
油脂类消费量	公斤/人	10.00	9.64	-0.36	-3.6
植物油	公斤/人	9.81	9.44	-0.37	-3.8
动物油	公斤/人	0.19	0.20	0.01	2.9
蔬菜及菜制品消费量	公斤/人	111.15	99.76	-11.38	-10.2
鲜菜	公斤/人	107.22	96.24	-10.98	-10.2
干菜及菜制品	公斤/人	1.90	1.54	-0.37	-19.2
鲜菌	公斤/人	1.63	1.64		
干菌及菌制品	公斤/人	0.39	0.35	-0.04	-11.1
肉类	公斤/人	38.21	35.30	-2.92	-7.6
猪肉	公斤/人	16.28	15.48	-0.80	-4.9
牛肉	公斤/人	5.86	5.32	-0.55	-9.4
羊肉	公斤/人	11.02	9.62	-1.40	-12.7
禽类	公斤/人	6.54	5.85	-0.69	-10.5
鸡	公斤/人	4.84	4.14	-0.71	-14.6
水产品	公斤/人	6.73	6.21	-0.52	-7.7
鱼类	公斤/人	5.12	4.65	-0.47	-9.1
蛋类及蛋制品	公斤/人	10.98	10.42	-0.56	-5.1
鲜蛋	公斤/人	10.67	10.15	-0.52	-4.8
奶和奶制品	公斤/人	29.51	28.35	-1.15	-3.9
鲜奶	公斤/人	21.99	20.78	-1.21	-5.5
干鲜瓜果类	公斤/人	68.07	69.40	1.33	2.0
鲜瓜果	公斤/人	61.38	62.89	1.51	2.5
糖果糕点类	公斤/人	8.29	7.76	-0.54	-6.5
茶叶	公斤/人	0.43	0.40	-0.03	-7.2
烟叶消费量	公斤/人	27.73	27.79	0.06	0.2
酒	公斤/人	10.94	11.14	0.20	1.8
白酒	公斤/人	4.53	4.23	-0.30	-6.6
啤酒	公斤/人	6.31	6.78	0.47	7.4
果酒	公斤/人	0.10	0.13	0.03	33.4

3-1-33 城镇居民家庭能源消耗情况

指 标	单位	2016	2017	2017年比2016年增加	
				绝对数	%
居民家庭能源消耗					
天然气	立方米/人	28.70	23.14	-5.57	-19.4
金额	元/人	47.85	43.54	-4.31	-9.0
煤气	立方米/人	0.44	1.14	0.70	159.2
金额	元/人	0.77	1.84	1.06	137.6
液化石油气	公斤/人	11.42	12.98	1.56	13.7
金额	元/人	64.62	66.05	1.43	2.2
汽油	升/人	94.59	98.55	3.97	4.2
金额	元/人	548.12	619.11	70.99	13.0
生产用	升/人	1.32	0.01	-1.31	-98.9
金额	元/人	7.98	0.09	-7.88	-98.8
柴油	升/人	2.99	2.37	-0.63	-20.9
金额	元/人	16.65	14.63	-2.03	-12.2
生产用	升/人	2.98	1.23	-1.75	-58.7
金额	元/人	16.57	6.71	-9.86	-59.5
电	度/人	734.13	720.95	-13.18	-1.8
金额	元/人	347.67	341.18	-6.49	-1.9
生产用	度/人	4.18	4.90	0.71	17.1
金额	元/人	3.37	3.43	0.06	1.7
沼气	立方米/人	0.12	0.01	-0.12	-93.5
金额	元/人	0.15	0.01	-0.14	-94.5
煤炭	公斤/人	205.85	208.54	2.68	1.3
金额	元/人	110.10	125.01	14.91	13.5
柴	公担/人	0.02	0.01	0.00	-19.4
金额	元/人	0.59	0.69	0.10	16.6
草	公担/人	0.08	0.00	-0.08	-99.3
金额	元/人	6.65	0.01	-6.64	-99.9

3-1-34 农村居民家庭基本情况

指 标	单位	2016	2017	2017年比2016年增加	
				绝对数	%
住户经营情况					
生产经营户	%	87.51	83.70	-3.81	-4.4
#农业生产经营户	%	81.95	70.86	-11.08	-13.5
非生产经营户	%	12.49	16.30	3.81	30.5
户主文化程度					
未上过学	%	1.45	1.54	0.09	5.9
小学	%	29.02	28.97	-0.05	-0.2
初中	%	57.03	56.79	-0.24	-0.4
高中	%	10.47	10.58	0.12	1.1
大学专科	%	1.53	1.60	0.07	4.7
大学本科	%	0.51	0.53	0.02	4.1
研究生	%				
按家庭规模分的住户类型					
一人户	%	1.90	2.41	0.51	27.1
二人户	%	36.12	37.19	1.06	2.9
三人户	%	34.00	33.90	-0.10	-0.3
四人户	%	20.64	19.59	-1.05	-5.1
五人户	%	4.97	4.66	-0.31	-6.3
六人及以上户	%	2.36	2.25	-0.11	-4.8
按世代分的住户类型					
一代户	%	32.87	33.96	1.09	3.3
二代户	%	55.23	54.23	-1.00	-1.8
三代户	%	11.83	11.74	-0.09	-0.7
四代及以上户	%	0.07	0.07	0.00	0.0
住户特征					
纯老人户	%	9.61	11.30	1.68	17.5
家中有未成年子女户	%	28.99	27.23	-1.76	-6.1
年轻夫妻无子女户	%	0.05	0.05	0.00	0.0
无劳动力户	%	0.64	1.05	0.41	64.6

3-1-35 农村居民家庭人口和就业情况

指 标	单位	2016	2017	2017年比2016年增加	
				绝对数	%
家庭常住成员数	**人/户**	**2.99**	**2.95**	**-0.04**	**-1.3**
常住成员情况					
性别					
男性	%	51.00	51.05	0.05	0.1
女性	%	49.00	48.95	-0.05	-0.1
年龄					
5岁及以下	%	3.10	2.54	-0.55	-17.9
6-15岁	%	8.97	8.91	-0.05	-0.6
16-19岁	%	5.14	4.97	-0.18	-3.4
20-24岁	%	7.14	7.08	-0.06	-0.8
25-29岁	%	5.13	4.84	-0.29	-5.6
30-34岁	%	4.67	4.49	-0.18	-3.8
35-40岁	%	8.17	7.65	-0.52	-6.3
41-50岁	%	23.68	22.67	-1.01	-4.3
51-60岁	%	20.59	21.89	1.29	6.3
61-65岁	%	7.15	7.82	0.67	9.4
66岁及以上	%	6.26	7.14	0.88	14.0
户口性质					
农业	%	97.06	97.21	0.15	0.2
非农业	%	2.94	2.79	-0.15	-5.3
其他	%				
参加医疗保险情况					
新型农村合作医疗	%	95.39	95.81	0.42	0.4
城镇职工基本医疗保险	%	0.91	0.82	-0.09	-9.9
城镇居民基本医疗保险	%	1.85	1.73	-0.12	-6.6
公费医疗	%	0.07	0.08	0.01	11.2
商业医疗保险	%	0.24	0.25	0.01	2.4
其他医疗保险	%	0.45	0.41	-0.04	-9.0
没有参加任何医疗保险	%	1.12	0.95	-0.18	-15.6
在校学生	%	17.81	18.34	0.53	3.0
受教育程度					
未上过学	%	5.09	5.06	-0.03	-0.6
小学	%	29.14	29.66	0.52	1.8
初中	%	42.58	42.15	-0.43	-1.0
高中	%	11.43	11.40	-0.03	-0.3
大学专科	%	5.54	5.62	0.08	1.5
大学本科	%	2.97	3.41	0.44	14.8
研究生	%	0.15	0.15		

3-1-35 续表 1

指　标	单位	2016	2017	2017年比2016年增加	
				绝对数	%
劳动力人数	**人/户**	**2.20**	**2.16**	**-0.04**	**-1.9**
整劳动力人数	人/户	1.13	1.03	-0.09	-8.3
半劳动力人数	人/户	1.08	1.13	0.05	4.8
从业人数	**人/户**	**2.08**	**2.04**	**-0.04**	**-1.9**
性别					
男性	%	53.68	52.04	-1.63	-3.0
女性	%	46.32	47.96	1.63	3.5
受教育程度					
未上过学	%	4.11	4.33	0.22	5.3
小学	%	28.25	28.19	-0.06	-0.2
初中	%	52.78	52.12	-0.66	-1.2
高中	%	10.14	10.11	-0.03	-0.3
大学专科	%	3.70	3.84	0.14	3.9
大学本科	%	0.98	1.36	0.39	39.7
研究生	%	0.04	0.04	0.00	-4.0
离退休人员					
行政事业单位离退休	%	0.03	0.26	0.23	
其他单位离退休	%	0.74	1.19	0.44	59.7
参加养老保险情况					
新型农村社会养老保险	%	72.79	72.65	-0.14	-0.2
城镇职工基本养老保险	%	1.32	1.32	0.00	-0.1
城镇居民社会养老保险	%	1.50	1.97	0.47	31.2
商业养老保险	%	0.27	0.26	-0.01	-2.8
其他养老保险	%	0.87	0.72	-0.15	-17.0
没有参加任何养老保险	%	23.28	23.12	-0.16	-0.7
就业类型					
雇主	%	0.59	0.16	-0.44	-73.5
公职人员	%	0.29	0.21	-0.08	-26.6
事业单位人员	%	0.92	0.64	-0.28	-30.5
国有企业雇员	%	0.29	0.13	-0.16	-54.2
其他雇员	%	11.31	10.91	-0.40	-3.6
农业自营	%	82.44	78.45	-3.99	-4.8
非农自营	%	4.15	3.71	-0.43	-10.5

3-1-35 续表 2

指 标	单位	2016	2017	2017年比2016年增加	
				绝对数	%
从事主要行业					
第一产业	%	83.02	83.29	0.27	0.3
第二产业	%	4.84	4.73	-0.11	-2.4
采矿业	%	0.26	0.23	-0.04	-13.9
制造业	%	1.30	1.39	0.10	7.4
电力、热力、燃气及水生产供应业	%	0.36	0.50	0.14	39.6
建筑业	%	2.92	2.61	-0.32	-10.8
第三产业	%	12.14	11.98	-0.16	-1.3
批发和零售业	%	2.69	2.60	-0.09	-3.3
交通运输、仓储和邮政业	%	1.59	1.52	-0.07	-4.2
住宿和餐饮业	%	1.36	1.37	0.01	0.5
信息传输、软件业和信息技术服务业	%	0.17	0.18	0.01	8.5
金融业	%	0.14	0.11	-0.03	-20.7
房地产业	%	0.11	0.11	0.00	-2.0
租赁和商务服务业	%	0.06	0.13	0.07	117.6
科学研究和技术服务业	%	0.10			
水利、环境和公共设施管理业	%	0.14	0.02	-0.12	-88.8
居民服务、修理和其他服务业	%	3.48	3.69	0.21	6.1
教育	%	0.34	0.34	0.00	-0.8
卫生和社会工作	%	0.64	0.57	-0.07	-10.6
文化、体育和娱乐业	%	0.23	0.19	-0.04	-17.8
公共管理、社会保障和社会组织	%	1.08	1.14	0.06	5.4
国际组织	%				
从事主要职业					
国家机关、党群组织、企事业单位负责人	%	0.33	0.63	0.30	92.2
专业技术人员	%	2.91	2.96	0.06	1.9
办事人员和有关人员	%	3.96	4.00	0.04	0.9
商业、服务业人员	%	5.73	5.60	-0.13	-2.3
农、林、牧、渔、水利业生产人员	%	82.92	83.19	0.27	0.3
生产、运输设备操作人员及有关人员	%	2.94	2.52	-0.42	-14.2
军人	%				
不便分类的其他从业人员	%	1.21	1.10	-0.11	-9.3

3-1-36 农村居民家庭住房情况

指　　标	单位	2016	2017	2017年比2016年增加	
				绝对数	%
现住房建筑面积	**平方米/人**	**27.42**	**27.86**	**0.44**	**1.6**
居住空间样式					
单栋楼房	%	2.88	2.78	-0.10	-3.5
单栋平房	%	90.55	90.43	-0.12	-0.1
四居室及以上单元房	%	0.19	0.19		
三居室单元房	%	2.26	2.19	-0.07	-3.3
二居室单元房	%	1.15	1.50	0.35	30.3
一居室单元房	%	0.02	0.02		
筒子楼或连片平房	%	1.38	1.33	-0.05	-3.7
其他	%	1.56	1.56	0.00	-0.2
主要建筑材料					
钢筋混凝土	%	3.18	3.25	0.08	2.4
砖混材料	%	20.36	21.67	1.31	6.4
砖瓦砖木	%	55.93	54.46	-1.47	-2.6
竹草土坯	%	16.19	16.14	-0.05	-0.3
其他	%	4.34	4.47	0.13	3.0
房屋产权					
租赁公房	%				
租赁私房	%	1.44	1.37	-0.07	-4.9
自建住房	%	92.04	91.89	-0.15	-0.2
购买商品房	%	2.50	3.03	0.54	21.5
购买房改住房	%	0.46	0.29	-0.17	-37.2
购买保障性住房	%	0.98	0.93	-0.05	-5.2
拆迁安置房	%	0.84	0.84		
继承或获赠住房	%	0.32	0.25	-0.08	-23.4
免费借用房	%	0.09	0.17	0.07	80.8
雇主提供免费住房	%	0.05		-0.05	-100.0
其他来源	%	1.29	1.25	-0.04	-3.4
住房建筑面积					
10平方米以内	%	0.18			
10-20平方米	%	1.07	1.02	-0.05	-4.7
20-30平方米	%	2.60	2.64	0.04	1.6
30-60平方米	%	27.09	27.27	0.18	0.7
60-90平方米	%	39.15	39.11	-0.04	-0.1
90-120平方米	%	22.29	21.86	-0.43	-1.9
120-200平方米	%	6.98	7.21	0.24	3.4
200平方米以上	%	0.84	0.90	0.06	7.1

3-1-36 续表

指　标	单位	2016	2017	2017年比2016年增加	
				绝对数	%
现住房建筑年份					
当年新建	%	2.34	0.17	-2.18	-92.9
1-5年	%	13.80	13.21	-0.58	-4.2
6-10年	%	12.89	12.50	-0.39	-3.0
11-20年	%	27.59	28.21	0.62	2.3
21-50年	%	35.62	45.15	9.54	26.8
50年以上	%	0.72	0.43	-0.30	-40.9
购(建)房总金额	万元/户	5.00	5.03	0.03	0.6
租赁住房实际月租金	元/人	4.82	4.68	-0.14	-2.9
租赁公房实际月租金	元/人				
租赁私房实际月租金	元/人	2.69	1.76	-0.93	-34.6
期末拥有房屋价值	万元/户	9.87	10.09	0.22	2.2
自有现住房市场价估计值	万元/户	8.69	8.83	0.14	1.6
出租住房市场价估计值	万元/户	0.31	0.32	0.01	3.5
出租商用建筑物市场价估计值	万元/户	0.37	0.37		
偶尔居住房市场价估计值	万元/户	0.28	0.36	0.08	27.7
空宅或其他用途房市场价估计值	万元/户	0.22	0.21	-0.01	-3.9
期末拥有房屋市场价月租金	元/人	78.11	81.06	2.95	3.8
自有现住房市场价月租金	元/人	68.18	71.02	2.83	4.2
出租住房市场价月租金	元/人	3.72	3.44	-0.28	-7.5
出租商用建筑物市场价月租金	元/人	6.20	6.60	0.40	6.4
期内新购住房情况					
新购住房建筑面积	平方米/人	0.24	0.34	0.11	44.6
新购住房总金额	元/人	567.67	916.41	348.74	61.4
期内新建住房情况					
新建住房竣工建筑面积	平方米/人	0.69	0.54	-0.15	-21.7
新建住房总费用	元/人	593.41	444.92	-148.49	-25.0
期内住房大修或装修费用	元/人	70.76	70.49	-0.27	-0.4

3-1-37 农村居民家庭基本生活情况

指　标	单位	2016	2017	2017年比2016年增加	
				绝对数	%
宅外道路路面情况					
水泥或柏油路面	%	44.95	47.96	3.01	6.7
沙石或石板等硬质路面	%	27.62	26.17	-1.46	-5.3
其他	%	27.43	25.88	-1.56	-5.7
供水情况					
管道供水入户	%	61.82	61.63	-0.20	-0.3
管道供水至公共取水点	%	0.65	0.60	-0.05	-7.9
没有管道设施	%	37.53	37.77	0.25	0.7
饮用水情况					
经过净化处理的自来水	%	48.02	47.85	-0.17	-0.4
受保护的井水和泉水	%	30.62	30.72	0.11	0.3
不受保护的井水和泉水	%	19.36	19.65	0.29	1.5
江河湖泊水	%	0.07	0.07		
收集雨水	%				
桶装水	%	0.04	0.04		
其他水源	%	1.89	1.66	-0.23	-11.9
获取饮用水的主要困难					
单次取水往返时间超过半小时	%	2.95	2.86	-0.09	-3.0
间断或定时供水	%	8.01	8.71	0.70	8.7
当年连续缺水时间超过16天	%	0.73	0.70	-0.03	-4.0
无上述困难	%	88.31	87.72	-0.58	-0.7
住户厕所类型					
水冲式卫生厕所	%	3.63	3.97	0.35	9.6
水冲式非卫生厕所	%	0.16	0.16	0.00	-0.2
卫生旱厕	%	7.00	6.95	-0.05	-0.7
普通旱厕	%	82.47	82.25	-0.22	-0.3
无厕所	%	6.74	6.67	-0.07	-1.1
厕所使用情况					
本住户独用	%	84.70	84.95	0.24	0.3
几户合用	%	2.54	2.64	0.10	3.9
公用厕所	%	12.76	12.41	-0.34	-2.7

3-1-37 续表

指 标	单位	2016	2017	2017年比2016年增加	
				绝对数	%
洗澡设施情况					
统一供热水	%	0.48	0.53	0.05	10.3
家庭自装热水器	%	14.47	15.15	0.68	4.7
其他	%	3.06	3.34	0.28	9.1
无洗澡设施	%	82.00	80.99	-1.01	-1.2
取暖设备状况					
由市政或小区集中供暖	%	3.58	3.72	0.14	4.0
自行供暖	%	90.27	89.89	-0.38	-0.4
无取暖设备	%	6.15	6.39	0.24	3.8
取暖用能源状况					
柴草	%	31.78	33.61	1.83	5.8
煤炭	%	62.52	59.47	-3.06	-4.9
罐装液化石油气	%	0.35	0.37	0.02	6.2
管道液化石油气	%				
管道煤气	%				
管道天然气	%	0.11	0.11		
电	%	0.17	0.09	-0.08	-47.1
燃料用油	%				
沼气	%				
其他	%	3.57	4.89	1.32	36.9
无取暖行为	%	1.49	1.46	-0.03	-2.2
炊用能源状况					
柴草	%	60.33	60.44	0.11	0.2
煤炭	%	22.34	22.25	-0.10	-0.4
罐装液化石油气	%	3.10	3.18	0.09	2.8
管道液化石油气	%	0.11	0.11		
管道煤气	%				
管道天然气	%	1.79	1.71	-0.08	-4.5
电	%	8.71	8.66	-0.05	-0.6
燃料用油	%				
沼气	%				
其他	%	3.62	3.65	0.03	0.8
无炊用行为	%				

3-1-38 农村居民家庭耐用消费品拥有情况

指　　标	单位	2016	2017	2017年比2016年增加	
				绝对数	%
耐用消费品拥有情况					
家用汽车	辆/百户	27.29	28.51	1.23	4.5
摩托车	辆/百户	72.97	70.59	-2.38	-3.3
助力车	辆/百户	38.94	41.60	2.66	6.8
洗衣机	台/百户	90.54	91.38	0.84	0.9
电冰箱(柜)	台/百户	97.08	98.07	0.98	1.0
微波炉	台/百户	5.84	5.89	0.05	0.8
彩色电视机	台/百户	105.77	106.19	0.42	0.4
其中：接入有线电视	台/百户	49.88	56.59	6.71	13.5
空调	台/百户	1.30	1.40	0.10	7.7
热水器	台/百户	21.36	23.23	1.87	8.8
其中：太阳能热水器	台/百户	13.15	14.29	1.13	8.6
洗碗机	台/百户	0.25	0.14	-0.11	-44.9
排油烟机	台/百户	13.73	15.55	1.82	13.2
固定电话	部/百户	11.06	10.14	-0.92	-8.3
移动电话	部/百户	231.53	236.92	5.39	2.3
其中：接入互联网	部/百户	82.76	108.87	26.11	31.5
计算机	台/百户	22.91	24.20	1.29	5.6
其中：接入互联网	台/百户	15.75	16.78	1.03	6.5
照相机	台/百户	3.75	4.09	0.33	8.9
中高档乐器	架/百户	0.51	0.41	-0.09	-18.6
健身器材	台/百户	0.34	0.34		0.5
空气净化器(含新风系统)	台/百户				
吸尘器	台/百户		0.07		

3-1-39 农村居民家庭总收入

指标	单位	2016	2017	2017年比2016年增加	
				绝对数	%
总收入	**元/人**	**19639.9**	**20365.2**	**725.3**	**3.7**
工资性收入	元/人	2448.9	2649.3	200.4	8.2
工资	元/人	1254.1	1620.0	365.9	29.2
实物福利	元/人	4.0	1.7	-2.4	-58.8
其他	元/人	1190.8	1027.6	-163.2	-13.7
经营性收入	元/人	13930.1	13766.9	-163.1	-1.2
第一产业经营收入	元/人	12650.1	12401.7	-248.4	-2.0
农业	元/人	6975.1	6703.9	-271.3	-3.9
林业	元/人	95.2	108.6	13.4	14.0
牧业	元/人	5573.9	5588.4	14.5	0.3
渔业	元/人	5.9	0.8	-5.0	-85.8
第二产业经营收入	元/人	72.4	85.6	13.2	18.2
采矿业	元/人				
制造业	元/人	0.2	12.3	12.1	
电力、热力、燃气及水生产和供应业	元/人				
建筑业	元/人	72.2	73.3	1.1	1.5
第三产业经营收入	元/人	1207.5	1279.6	72.1	6.0
批发和零售业	元/人	300.4	351.4	51.0	17.0
交通运输、仓储和邮政业	元/人	334.5	320.2	-14.3	-4.3
住宿和餐饮业	元/人	82.0	82.5	0.5	0.6
房地产业	元/人	6.1	0.2	-5.9	-96.6
租赁和商务服务业	元/人	14.0	29.8	15.8	112.5
居民服务、修理和其他服务业	元/人	195.3	177.4	-17.9	-9.2
其他	元/人	61.7	80.3	18.6	30.1
农林牧渔服务业		213.5	237.8	24.3	11.4
财产性收入	元/人	506.9	577.4	70.5	13.9
利息收入	元/人	22.3	34.5	12.2	54.9
红利收入	元/人	49.9	41.6	-8.4	-16.8
储蓄性保险净收益	元/人	1.5	2.2	0.8	52.0
转让承包土地经营权租金净收入	元/人	220.3	280.3	60.0	27.2
出租房屋财产性收入	元/人	122.8	141.3	18.5	15.1
出租机械、专利、版权等资产的收入	元/人	24.1	1.7	-22.4	-92.9
其他财产净收入	元/人	66.1	75.8	9.8	14.8
房屋虚拟租金	元/人				

3-1-39 续表

指　　标	单位	2016	2017	2017年比2016年增加	
				绝对数	%
转移性收入	元/人	2753.9	3371.5	617.5	22.4
养老金或离退休金	元/人	416.0	534.9	118.9	28.6
社会救济和补助	元/人	253.3	268.1	14.9	5.9
政策性生活补贴	元/人	236.7	214.5	-22.3	-9.4
家庭外出从业人员寄回带回收入	元/人	115.3	187.4	72.1	62.6
赡养收入	元/人	39.3	51.4	12.2	31.0
报销医疗费	元/人	178.3	197.1	18.8	10.5
从政府和组织得到的实物产品和服务折价	元/人	252.7	14.6	-238.1	-94.2
现金政策性惠农补贴	元/人	1202.1	1813.0	610.9	50.8
其他转移性收入	元/人	60.3	90.5	30.2	50.0
非收入所得	元/人	858.2	1195.5	337.3	39.3
出售资产所得	元/人	79.2	425.6	346.4	437.5
出售住房本金所得	元/人				
出售住房溢价所得	元/人				
出售股票、基金、收藏品本金所得	元/人	0.2			
出售股票、基金、收藏品所得	元/人				
出售生产性固定资产所得	元/人	19.9	33.4	13.5	67.9
拆迁征地补偿所得	元/人	37.1	270.5	233.4	630.0
出售其他财物和收回其他投资本金所得	元/人	22.1	42.1	20.0	90.7
非经常性转移所得	元/人	763.0	760.1	-2.9	-0.4
博彩所得	元/人	4.8	0.1	-4.7	-97.8
婚丧嫁娶礼金所得	元/人	409.1	323.5	-85.7	-20.9
遗产及一次性馈赠所得	元/人	30.6	36.7	6.1	19.9
一次性赔偿所得	元/人	10.1	37.5	27.3	270.3
提取住房公积金	元/人				
调查补贴	元/人	272.0	317.2	45.3	16.6
其他非经常性转移所得	元/人	36.3	45.1	8.8	24.4
其他非收入所得	元/人	16.0	9.8	-6.3	-39.1
借贷性所得	元/人	2173.3	1923.4	-249.9	-11.5
提取储蓄存款	元/人	285.4	225.7	-59.7	-20.9
借入款	元/人	793.7	883.2	89.5	11.3
收回借出款	元/人	98.6	72.2	-26.5	-26.8
收回储蓄性保险本金	元/人	0.1	1.3	1.2	
住房贷款	元/人	35.3	32.1	-3.2	-9.1
汽车贷款	元/人	0.2			
教育贷款	元/人	9.9	4.7	-5.2	-52.5
其他贷款	元/人	912.0	626.6	-285.5	-31.3
其他借贷所得	元/人	38.0	77.6	39.7	104.4

3-1-40 农村居民家庭可支配收入

指　标	单位	2016	2017	2017年比2016年增加	
				绝对数	%
可支配收入	**元/人**	**11609.0**	**12584.3**	**975.3**	**8.4**
工资性收入	元/人	2448.9	2649.3	200.4	8.2
工资	元/人	1254.1	1620.0	365.9	29.2
实物福利	元/人	4.0	1.7	-2.4	-58.8
其他	元/人	1190.8	1027.6	-163.2	-13.7
住房公积金	元/人	23.7	27.9	4.2	17.6
自由职业劳动所得	元/人	0.5	1.0	0.5	89.2
其他劳动所得	元/人	1149.7	971.6	-178.2	-15.5
经营净收入	元/人	6215.7	6384.6	168.9	2.7
第一产业经营收入	元/人	5476.7	5541.6	64.9	1.2
农业	元/人	3468.8	3307.1	-161.7	-4.7
牧业	元/人	1930.2	2164.5	234.3	12.1
第二产业经营收入	元/人	46.9	65.8	19.0	40.4
采矿业	元/人	-0.1	-2.0		
制造业	元/人	-0.1	6.2		
电力、热力、燃气及水生产和供应业	元/人				
建筑业	元/人	47.1	61.7	14.6	30.9
第三产业经营收入	元/人	692.2	777.2	85.0	12.3
批发和零售业	元/人	168.4	257.2	88.7	52.7
交通运输、仓储和邮政业	元/人	170.2	144.0	-26.2	-15.4
住宿和餐饮业	元/人	54.7	39.5	-15.2	-27.7
房地产业	元/人	6.1	0.0	-6.1	-100.6
租赁和商务服务业	元/人	9.5	13.1	3.6	38.1
居民服务、修理和其他服务业	元/人	97.4	79.8	-17.6	-18.0
其他	元/人	37.9	52.6	14.7	38.7
农林牧渔服务业		148.0	191.0	43.0	29.1
财产性净收入	元/人	452.6	514.8	62.2	13.7
利息收入	元/人	-27.9	-25.1	2.8	-9.9
红利收入	元/人	49.9	41.6	-8.4	-16.8
储蓄性保险净收益	元/人	1.5	2.2	0.8	52.0
转让承包土地经营权租金净收入	元/人	220.3	280.3	60.0	27.2
出租房屋财产性收入	元/人	122.8	141.3	18.5	15.1
出租机械、专利、版权等资产的收入	元/人	24.1	1.7	-22.4	-92.9
其他财产净收入	元/人	61.8	72.8	11.0	17.8
房屋虚拟租金	元/人				

3-1-40 续表

指标	单位	2016	2017	2017年比2016年增加	
				绝对数	%
转移净收入	元/人	2492	3036	544	21.8
转移性收入	元/人	2754	3371	618	22.4
养老金或离退休金	元/人	416	535	119	28.6
离退休金	元/人	175	220	45	25.9
城镇居民社会养老保险	元/人	78	81	3	3.4
新型农村养老保险	元/人	127	174	46	36.3
其他养老金	元/人	36	60	25	69.5
社会救济和补助	元/人	253	268	15	5.9
最低生活保障费	元/人	139	170	31	22.2
五保户救助金	元/人	6	7	0	5.5
扶贫款	元/人	26	56	30	116.1
救灾款	元/人	58	5	-53	-91.2
抚恤金	元/人	4	4		
其他社会救济收入	元/人	20	25	6	28.5
政策性生活补贴	元/人	237	214	-22	-9.4
报销医疗费	元/人	178	197	19	10.5
家庭外出从业人员寄回带回收入	元/人	115	187	72	62.6
其他经常转移收入	元/人	60	90	30	50.0
失业保险金	元/人	1			
经常性捐赠收入	元/人	1			
经常性赔偿收入	元/人	2	10	9	492.7
其他转移性收入	元/人	57	80	23	39.5
从政府和组织得到的实物产品和服务折价	元/人	253	15	-238	-94.2
现金政策性惠农补贴	元/人	1202	1813	611	50.8
转移性支出	元/人	262	336	74	28.1
个人所得税	元/人	1	1		
社会保障支出	元/人	211	298	87	41.4
个人缴纳的养老保险	元/人	112	153	41	36.8
个人缴纳的医疗保险	元/人	77	138	61	78.8
个人缴纳的失业保险	元/人	2	3	1	45.8
其他社会保障支出	元/人	20	4	-16	-80.2
外来从业人员寄给家人的支出	元/人	2			
赡养支出	元/人	20	22	2	9.7
其他转移性支出	元/人	29	15	-14	-48.7
经常性捐赠支出	元/人				
经常性赔偿支出	元/人				
其他经常转移支出	元/人	29	15	-14	-49.0
实物可支配收入		500	259	-242	-48.3

3-1-41　农村居民家庭总支出

指　标	单位	2016	2017	2017年比2016年增加	
				绝对数	%
总支出	**元/人**	**23651.6**	**24100.1**	**448.5**	**1.9**
消费支出	元/人	11462.5	12184.4	722.0	6.3
生产经营费用支出	元/人	6623.8	6273.1	-350.7	-5.3
第一产业经营费用支出	元/人	6210.8	5868.0	-342.7	-5.5
农业	元/人	3144.4	3005.9	-138.5	-4.4
林业	元/人	18.0	35.0	17.0	94.4
牧业	元/人	3045.3	2824.9	-220.4	-7.2
渔业	元/人	3.0	2.2	-0.8	-27.7
第二产业经营费用支出	元/人	21.8	17.2	-4.6	-21.2
采矿业	元/人	0.1	2.0	1.9	1617.9
制造业	元/人	0.1	4.6	4.5	5308.6
电力、热力、燃气及水生产和供应业	元/人				
建筑业	元/人	21.6	10.6	-11.0	-51.0
第三产业经营费用支出	元/人	391.3	387.9	-3.4	-0.9
批发和零售业	元/人	75.3	75.3	0.0	0.0
交通运输、仓储和邮政业	元/人	127.5	128.9	1.3	1.0
住宿和餐饮业	元/人	25.4	40.7	15.3	60.2
房地产业	元/人		0.2		
租赁和商务服务业	元/人	4.4	6.3	1.9	43.0
居民服务、修理和其他服务业	元/人	71.3	72.2	0.9	1.3
其他	元/人	22.3	25.7	3.4	15.1
农林牧渔服务业	元/人	64.9	38.5	-26.5	-40.7
财产性支出	元/人	54.4	62.6	8.3	15.2
生活贷款利息支出	元/人	50.2	59.6	9.5	18.9
住房贷款利息支出	元/人	8.1	6.7	-1.5	-18.1
其他生活贷款利息支出	元/人	42.0	53.0	11.0	26.1
其他财产性支出	元/人	4.2	3.0	-1.2	-28.8
非储蓄性财产保险支出	元/人	2.8	1.2	-1.6	-56.5
其他财产性支出	元/人	1.4	1.8	0.4	27.5

3-1-41 续表 1

指　标	单位	2016	2017	2017年比2016年增加	
				绝对数	%
转移性支出	元/人	262.2	335.9	73.7	28.1
个人所得税	元/人	0.7	1.1	0.4	59.3
社会保障支出	元/人	210.8	298.2	87.4	41.4
个人缴纳的养老保险	元/人	111.6	152.7	41.1	36.8
个人缴纳的医疗保险	元/人	77.5	138.5	61.0	78.8
个人缴纳的失业保险	元/人	2.1	3.1	1.0	45.8
其他社会保障支出	元/人	19.6	3.9	-15.7	-80.2
外来从业人员寄给家人的支出	元/人	1.7	0.1	-1.7	-96.9
赡养支出	元/人	19.6	21.5	1.9	9.7
其他转移性支出	元/人	29.4	15.1	-14.3	-48.7
部分商业保险支出	元/人	75.2	92.3	17.1	22.8
意外伤害保险	元/人	3.0	7.3	4.3	143.6
商业医疗保险(含大病保险)	元/人	14.2	19.9	5.7	40.2
其他非储蓄性商业保险	元/人	17.9	29.6	11.7	65.1
其他储蓄性商业保险	元/人	40.1	35.6	-4.5	-11.3
购置资产及非经常性转移支出	元/人	3492.1	2852.6	-639.5	-18.3
购置资产支出	元/人	1475.6	884.4	-591.3	-40.1
建造住房支出	元/人	377.5	72.1	-305.4	-80.9
建造住房材料	元/人	300.2	55.3	-244.9	-81.6
建造住房雇工	元/人	77.3	16.8	-60.6	-78.3
购买住房支出	元/人	405.9	111.6	-294.3	-72.5
购建第一产业生产性固定资产	元/人	635.4	523.5	-111.9	-17.6
购买或建造农业生产性用房	元/人	73.0	92.6	19.6	26.9
购买用房建筑材料	元/人	58.3	72.5	14.2	24.3
建筑农业生产用房雇工	元/人	11.3	14.9	3.6	31.6
购买农业生产用房	元/人				
其他	元/人	3.3	5.2	1.9	58.0
购买役畜	元/人	33.2	33.8	0.7	2.1
购买产品畜	元/人	97.3	103.5	6.2	6.4
购买或建造农业设施	元/人	137.1	59.9	-77.2	-56.3
大棚、温室	元/人	95.9	18.9	-76.9	-80.2
自备井	元/人	28.4	17.5	-11.0	-38.6
喷灌设施	元/人	3.1			
其他农业设施	元/人	9.7	23.5	13.8	143.1

3-1-41 续表 2

指　标	单位	2016	2017	2017年比2016年增加	
				绝对数	%
购买农业机械	元/人	294.8	233.7	-61.2	-20.8
大中型农用拖拉机	元/人	79.0	62.9	-16.1	-20.4
小型(手扶)农用拖拉机	元/人	55.2	42.4	-12.8	-23.2
农用排灌动力机械	元/人	0.6			
插秧机	元/人	3.1	0.8	-2.3	-74.7
收割机	元/人	9.7	0.9	-8.7	-90.2
脱粒机	元/人	6.8	3.5	-3.3	-47.9
其他农业机械	元/人	140.5	123.1	-17.4	-12.4
购建第二产业生产性固定资产支出	元/人	2.4			
采矿业	元/人				
制造业	元/人	2.4			
电力、热力、燃气及水生产和供应业	元/人				
建筑业	元/人				
购建第三产业生产性固定资产支出	元/人	41.3	140.0	98.7	238.9
批发和零售业	元/人	7.3	12.4	5.1	69.8
交通运输、仓储和邮政业	元/人	14.2	116.6	102.3	718.2
住宿和餐饮业	元/人	6.8	8.3	1.4	21.3
房地产业	元/人				
租赁和商务服务业	元/人		0.7		
居民服务、修理和其他服务业	元/人	11.3	1.9	-9.4	-82.9
其他	元/人	1.6	0.1	-1.5	-94.5
购建其他资产支出	元/人	13.1	37.2	24.0	182.9
非经常性转移支出	元/人	2016.5	1968.2	-48.2	-2.4
博彩支出	元/人	2.4	2.1	-0.3	-11.6
婚丧嫁娶礼金支出	元/人	1424.7	1429.9	5.1	0.4
一次性赔偿支出	元/人	12.3	1.2	-11.1	-90.2
一次性馈赠支出	元/人	416.9	398.1	-18.8	-4.5
婚丧嫁娶宴请支出	元/人	60.2	43.5	-16.6	-27.6
其他非经常性转移支出	元/人	100.0	93.4	-6.6	-6.6
借贷性支出	元/人	1681.5	2299.2	617.7	36.7
存入储蓄款	元/人	326.6	419.6	93.0	28.5
借出款	元/人	41.4	40.9	-0.6	-1.4
归还借款	元/人	850.9	1054.7	203.7	23.9
购买有价证券	元/人				
其他投资支出	元/人	3.0	1.8	-1.2	-39.5
归还住房贷款	元/人	52.8	63.9	11.1	21.0
归还汽车贷款	元/人	34.2	52.8	18.6	54.5
归还教育贷款	元/人	18.5	4.2	-14.3	-77.1
归还其他贷款	元/人	340.0	642.5	302.5	89.0
其他借贷支出	元/人	14.1	18.9	4.8	33.7

3-1-42 农村居民家庭生活消费支出

指 标	单位	2016	2017	2017年比2016年增加	
				绝对数	%
消费支出	**元/人**	**11462.5**	**12184.4**	**722.0**	**6.3**
#通过互联网购买的商品和服务	元/人	14.0	15.9	1.9	13.9
#消费支出中服务消费支出	元/人	4130.0	4331.6	201.7	4.9
食品烟酒	元/人	255.1	280.4	25.4	9.9
衣着	元/人	6.5	4.9	-1.6	-24.2
居住	元/人	949.3	991.6	42.3	4.5
生活用品及服务	元/人	7.8	10.0	2.2	28.5
交通通信	元/人	660.0	687.5	27.5	4.2
教育文化娱乐	元/人	1367.3	1438.9	71.7	5.2
医疗保健	元/人	796.1	829.2	33.1	4.2
其他用品和服务	元/人	87.9	89.1	1.2	1.3
食品烟酒	元/人	3362.9	3384.7	21.8	0.6
食品	元/人	2533.5	2524.1	-9.4	-0.4
谷物	元/人	537.2	534.5	-2.7	-0.5
薯类	元/人	119.4	103.6	-15.8	-13.2
豆类	元/人	29.8	28.4	-1.4	-4.8
食用油	元/人	119.4	79.8	-39.6	-33.2
蔬菜和食用菌	元/人	228.3	201.6	-26.7	-11.7
肉类	元/人	707.7	835.2	127.5	18.0
禽类	元/人	83.0	74.5	-8.5	-10.2
水产品	元/人	44.2	44.3		0.1
蛋类	元/人	70.4	48.1	-22.3	-31.7
奶类	元/人	131.0	135.1	4.1	3.1
干鲜瓜果类	元/人	191.5	190.4	-1.0	-0.5
糖果糕点类	元/人	76.1	67.7	-8.4	-11.0
其他食品	元/人	195.4	180.9	-14.6	-7.5
烟酒	元/人	520.7	529.5	8.8	1.7
烟草	元/人	317.8	331.9	14.1	4.4
酒类	元/人	202.9	197.6	-5.3	-2.6
饮料	元/人	53.4	50.7	-2.8	-5.2
饮食服务	元/人	255.2	280.4	25.2	9.9
食堂用餐	元/人	27.6	33.0	5.4	19.6
其他在外饮食	元/人	213.6	233.0	19.4	9.1
食品加工服务费	元/人	14.0	14.4	0.4	2.5
衣着	元/人	814.0	842.3	28.3	3.5
衣类	元/人	609.3	631.1	21.9	3.6
鞋类	元/人	204.8	211.2	6.4	3.1
居住	元/人	1995.7	2194.3	198.6	10.0
租赁房房租	元/人	45.7	51.7	5.9	12.9
住房维修及管理	元/人	516.3	575.2	58.8	11.4
水电燃料及其他	元/人	643.3	728.3	84.9	13.2
自有住房折算租金	元/人	790.3	839.2	48.9	6.2

3-1-42 续表

指 标	单位	2016	2017	2017年比2016年增加	
				绝对数	%
生活用品及服务	元/人	506.8	522.1	15.3	3.0
家具及室内装饰品	元/人	88.4	105.4	17.1	19.3
家用器具	元/人	94.6	106.1	11.5	12.1
家用纺织品	元/人	53.7	47.1	-6.6	-12.3
家庭日用杂品	元/人	179.5	167.2	-12.2	-6.8
个人用品	元/人	82.8	86.2	3.4	4.1
家庭服务	元/人	7.8	10.0	2.2	28.4
家政服务	元/人	1.2	2.2	0.9	74.7
交通通信	元/人	1790.3	2055.6	265.3	14.8
交通	元/人	1220.5	1445.2	224.7	18.4
交通工具	元/人	395.0	513.1	118.1	29.9
交通费	元/人	173.6	180.0	6.4	3.7
交通工具用燃料	元/人	394.1	463.0	68.9	17.5
交通工具使用及维修	元/人	257.8	289.0	31.3	12.1
车辆保险支出	元/人	55.0	63.6	8.6	15.6
通信	元/人	569.8	610.4	40.6	7.1
通信工具	元/人	170.9	202.3	31.3	18.3
通信服务	元/人	398.9	408.1	9.2	2.3
教育文化娱乐	元/人	1553.0	1638.6	85.6	5.5
教育	元/人	1294.7	1347.4	52.6	4.1
学前教育	元/人	62.3	69.3	6.9	11.1
小学教育	元/人	142.7	146.2	3.5	2.5
初中教育	元/人	145.3	141.3	-4.0	-2.8
高中教育	元/人	252.3	288.4	36.1	14.3
中专职高教育	元/人	38.7	36.5	-2.2	-5.8
大专及以上教育	元/人	599.4	601.6	2.2	0.4
成人教育	元/人	53.9	64.1	10.2	18.8
文化娱乐	元/人	258.3	291.2	33.0	12.8
文娱耐用消费品	元/人	77.7	69.7	-8.1	-10.4
其他文娱用品	元/人	94.4	111.4	17.0	18.1
文化娱乐服务	元/人	86.2	110.2	24.0	27.8
医疗保健	元/人	1187.7	1288.4	100.7	8.5
医疗器具及药品	元/人	391.3	459.5	68.2	17.4
医疗服务	元/人	796.4	828.9	32.5	4.1
门诊总费用	元/人	284.3	320.2	36.0	12.7
住院总费用	元/人	512.1	508.7	-3.4	-0.7
其他用品和服务	元/人	252.1	258.4	6.3	2.5
其他用品	元/人	164.4	169.5	5.1	3.1
其他服务	元/人	87.7	88.9	1.3	1.4

3-1-43 农村居民家庭购买生活消费品及服务

指 标	单位	2016	2017	2017年比2016年增加	
				绝对数	%
购买生活消费品及服务	**元/人**	**9789.4**	**10646.9**	**857.5**	**8.8**
食品烟酒	元/人	2802.5	2822.4	19.9	0.7
食品	元/人	1976.4	1962.5	-13.9	-0.7
谷物	元/人	491.7	478.7	-13.0	-2.6
面粉	公斤/人	44.9	41.8	-3.0	-6.7
金额	元/人	178.6	170.4	-8.2	-4.6
大米	公斤/人	36.3	35.4	-0.9	-2.4
金额	元/人	190.3	188.2	-2.1	-1.1
玉米	公斤/人	4.3	4.3	0.0	0.2
金额	元/人	11.8	9.7	-2.1	-18.0
小米	公斤/人	1.6	1.9	0.3	16.3
金额	元/人	13.7	15.1	1.5	10.8
其他谷物	公斤/人	2.7	3.0	0.3	9.5
金额	元/人	16.9	16.2	-0.7	-4.2
面粉制品	公斤/人	8.4	8.7	0.3	3.8
金额	元/人	56.5	56.9	0.3	0.6
其他谷物制品	公斤/人	2.1	2.6	0.5	24.8
金额	元/人	14.4	16.8	2.4	16.7
薯类	公斤/人	13.4	11.6	-1.7	-13.0
金额	元/人	33.7	29.9	-3.8	-11.2
红薯	公斤/人	1.2	1.2	0.0	1.6
金额	元/人	3.4	3.8	0.4	11.8
马铃薯	公斤/人	10.2	8.7	-1.6	-15.2
金额	元/人	20.5	16.1	-4.4	-21.3
其他薯类及制品	公斤/人	2.0	1.8	-0.2	-10.1
金额	元/人	9.8	10.0	0.2	1.7
豆类	公斤/人	4.9	4.7	-0.2	-3.5
金额	元/人	27.1	26.2	-0.9	-3.2
大豆	公斤/人	0.6	0.5	0.0	-7.7
金额	元/人	3.1	3.1	0.0	1.5
其他豆类及制品	公斤/人	4.3	4.2	-0.1	-3.0
金额	元/人	24.0	23.1	-0.9	-3.8

3-1-43 续表 1

指 标	单位	2016	2017	2017年比2016年增加	
				绝对数	%
食用油	公斤/人	5.1	5.5	0.3	6.7
金额	元/人	68.2	68.9	0.7	1.1
食用植物油	公斤/人	4.9	5.1	0.2	4.4
金额	元/人	64.7	65.1	0.4	0.6
食用动物油	公斤/人	0.2	0.4	0.1	53.2
金额	元/人	3.4	3.8	0.4	11.0
蔬菜和食用菌	公斤/人	62.6	56.7	-5.9	-9.4
金额	元/人	212.3	190.8	-21.5	-10.1
鲜菜	公斤/人	61.5	55.6	-6.0	-9.7
金额	元/人	198.1	174.5	-23.6	-11.9
干菜及菜制品	公斤/人	0.5	0.6	0.0	1.7
金额	元/人	6.4	5.7	-0.7	-11.6
鲜菌	公斤/人	0.4	0.4	0.1	13.0
金额	元/人	3.4	4.1	0.7	19.6
干菌及制品	公斤/人	0.1	0.1		
金额	元/人	4.4	6.6	2.2	49.5
肉类	公斤/人	14.0	16.4	2.4	17.1
金额	元/人	414.0	472.7	58.8	14.2
猪肉	公斤/人	9.3	11.0	1.7	18.6
金额	元/人	245.7	273.1	27.4	11.1
牛肉	公斤/人	1.0	1.6	0.7	67.8
金额	元/人	48.0	72.4	24.3	50.6
羊肉	公斤/人	2.3	2.2	-0.1	-4.6
金额	元/人	83.7	87.0	3.4	4.0
其他肉类及制品	公斤/人	1.5	1.6	0.1	8.4
金额	元/人	36.5	40.2	3.7	10.2
禽类	公斤/人	3.7	3.2	-0.5	-14.6
金额	元/人	58.0	50.2	-7.8	-13.4
鸡	公斤/人	2.9	2.3	-0.6	-20.1
金额	元/人	44.1	35.9	-8.2	-18.6
鸭	公斤/人	0.1	0.1	0.0	-14.8
金额	元/人	1.6	1.4	-0.2	-12.0
鹅	公斤/人				
金额	元/人	0.5	0.6		
其他禽类及制品	公斤/人	0.7	0.7	0.1	8.3
金额	元/人	11.8	12.4	0.6	5.0

3-1-43 续表 2

指　　标	单位	2016	2017	2017年比2016年增加	
				绝对数	%
水产品	公斤/人	2.9	3.0	0.1	2.3
金额	元/人	44.2	44.3	0.1	0.2
鱼类	公斤/人	2.7	2.7	0.0	-0.6
金额	元/人	38.7	36.5	-2.2	-5.7
虾类	公斤/人	0.1	0.1	0.0	0.6
金额	元/人	2.2	2.5	0.3	14.3
蟹类	公斤/人				
金额	元/人	0.1	0.5	0.4	314.6
贝类	公斤/人				
金额	元/人				
藻类	公斤/人	0.1	0.1		
金额	元/人	0.5	0.6	0.1	18.8
其他水产品及制品	公斤/人	0.1	0.2	0.1	49.4
金额	元/人	2.5	3.9	1.3	52.0
蛋类	公斤/人	4.7	4.9	0.3	6.0
金额	元/人	40.4	37.2	-3.1	-7.7
鲜蛋	公斤/人	4.6	4.9	0.3	5.8
金额	元/人	39.9	36.7	-3.2	-8.1
蛋制品	公斤/人				
金额	元/人	0.5	0.6	0.1	25.1
奶类	公斤/人	11.9	11.5	-0.5	-3.8
金额	元/人	128.0	126.3	-1.6	-1.3
鲜奶	公斤/人	8.6	8.3	-0.3	-3.5
金额	元/人	61.4	59.6	-1.8	-2.9
酸奶	公斤/人	1.0	1.1		
金额	元/人	10.6	11.3	0.7	6.5
奶粉	公斤/人	0.2	0.1	0.0	-12.3
金额	元/人	11.9	9.3	-2.6	-22.1
其他奶制品	公斤/人	2.1	1.9	-0.2	-8.5
金额	元/人	44.1	46.1	2.1	4.7
干鲜瓜果类	公斤/人	37.0	37.3	0.2	0.7
金额	元/人	191.2	190.3	-0.8	-0.4
鲜瓜果	公斤/人	34.6	34.7	0.1	0.1
金额	元/人	154.1	151.2	-2.9	-1.9
瓜果制品	公斤/人	0.6	0.6	0.1	15.3
金额	元/人	7.0	8.2	1.2	17.4
坚果类	公斤/人	1.8	2.0	0.1	5.8
金额	元/人	30.1	30.9	0.9	2.9

3-1-43 续表 3

指　　标	单位	2016	2017	2017年比2016年增加	
				绝对数	%
糖果糕点类	公斤/人	5.6	5.2	-0.4	-6.9
金额	元/人	76.0	67.6	-8.4	-11.0
食糖	公斤/人	1.3	1.3		
金额	元/人	9.9	10.6	0.7	7.6
糖果	公斤/人	0.8	0.6	-0.2	-22.8
金额	元/人	14.9	12.8	-2.1	-14.0
糕点	公斤/人	3.3	3.1	-0.2	-5.8
金额	元/人	46.4	40.3	-6.1	-13.1
其他糖果糕点	公斤/人	0.3	0.3	-0.1	-20.8
金额	元/人	4.9	3.9	-0.9	-19.0
其他食品	元/人	191.8	179.1	-12.7	-6.6
调味品	元/人	66.8	62.1	-4.6	-6.9
其他食品	元/人	125.1	117.0	-8.0	-6.4
饮料	元/人	53.4	50.7	-2.8	-5.2
茶叶	公斤/人	0.5	0.4	-0.1	-15.9
金额	元/人	21.5	21.6	0.1	0.3
咖啡	元/人	0.2	0.4	0.2	91.8
其他固体饮料	元/人	3.6	4.0	0.4	11.2
瓶装饮用水	元/人	2.8	3.0	0.2	8.1
果汁饮料	元/人	12.2	9.9	-2.3	-18.5
其他液体饮料	元/人	13.2	11.7	-1.4	-10.8
烟酒	元/人	519.6	529.4	9.8	1.9
烟草	元/人	317.8	331.9	14.1	4.4
卷烟	盒/人	47.3	46.8	-0.5	-1.0
金额	元/人	315.4	330.0	14.6	4.6
烟丝、烟叶	公斤/人	0.2	0.2		
金额	元/人	2.4	1.8	-0.5	-22.6
酒类	元/人	201.8	197.6	-4.3	-2.1
啤酒	公斤/人	12.3	11.2	-1.2	-9.6
金额	元/人	59.2	52.5	-6.7	-11.4
白酒	公斤/人	6.5	6.8	0.2	3.6
金额	元/人	140.1	142.7	2.6	1.8
果酒	公斤/人				
金额	元/人	1.2	1.2		
其他酒	元/人	1.3	1.2	-0.1	-7.1
饮食服务	元/人	252.9	279.7	26.8	10.6
食堂用餐	元/人	25.3	32.3	7.0	27.7
其他在外饮食	元/人	213.6	233.0	19.4	9.1
食品加工服务费	元/人	14.0	14.4	0.4	2.5

3-1-43 续表 4

指　标	单位	2016	2017	2017年比2016年增加	
				绝对数	%
衣着	元/人	813.8	842.3	28.5	3.5
衣类	元/人	609.1	631.1	22.1	3.6
服装	元/人	551.9	582.0	30.1	5.5
服装材料	元/人	5.0	5.7	0.8	15.3
其他衣类及配件	元/人	46.1	38.8	-7.3	-15.8
衣类加工服务费	元/人	6.1	4.6	-1.5	-24.8
鞋类	元/人	204.8	211.2	6.4	3.1
鞋	双/人	2.4	2.4		
金额	元/人	199.5	206.7	7.2	3.6
鞋类配件及加工服务费	元/人	5.3	4.5	-0.8	-14.6
居住	元/人	939.6	1282.9	343.3	36.5
租赁房房租	元/人	45.7	51.7	5.9	12.9
租赁公房房租	元/人	2.9	1.1	-1.8	-62.2
租赁私房房租	元/人	42.8	50.6	7.7	18.1
住房维修及管理	元/人	516.3	575.2	58.8	11.4
住房装潢	元/人	122.6	204.7	82.1	67.0
住房维修	元/人	297.8	296.5	-1.2	-0.4
物业管理费	元/人	5.8	8.6	2.8	47.4
其他	元/人	90.2	65.4	-24.8	-27.5
水电燃料及其他	元/人	377.5	656.0	278.6	73.8
水	吨/人	10.1	12.1	2.0	19.7
金额	元/人	20.9	28.5	7.6	36.4
电	度/人	322.9	479.3	156.4	48.4
金额	元/人	152.3	225.3	73.0	47.9
燃料	元/人	181.5	355.1	173.6	95.6
柴	公担/人				
金额	元/人		0.2		
草	公担/人		0.1		
金额	元/人		1.7		
煤炭	公斤/人	285.7	510.1	224.3	78.5
金额	元/人	154.1	313.7	159.5	103.5
沼气	立方米/人	0.6	0.4	-0.2	-29.7
金额	元/人	0.3	0.4	0.1	35.3
管道天然气	立方米/人	2.0	3.5	1.5	77.3
金额	元/人	3.5	6.2	2.7	77.5
管道煤气	立方米/人	0.2	0.1	-0.1	-69.6
金额	元/人	0.1	0.1		
管道液化石油气	立方米/人	0.1			
金额	元/人	0.4			

3-1-43 续表 5

指　　标	单位	2016	2017	2017年比2016年增加	
				绝对数	%
罐装液化石油气	公斤/人	4.0	5.0	1.1	26.6
金额	元/人	18.4	29.9	11.5	62.5
汽油	升/人	0.3	0.3	0.0	-8.3
金额	元/人	1.7	1.6	-0.1	-3.6
柴油	升/人	0.3	0.1	-0.2	-59.1
金额	元/人	1.5	0.7	-0.8	-54.8
其他油	升/人				
金额	元/人		0.1		
其他生活燃料	元/人	0.4	0.5	0.1	14.1
取暖费	元/人	17.0	34.3	17.3	102.0
其他	元/人	5.8	12.9	7.1	122.2
生活用品及服务	元/人	506.7	522.0	15.3	3.0
家具及室内装饰品	元/人	88.4	105.4	17.1	19.3
家具	元/人	72.4	82.3	9.9	13.7
家具材料	元/人	5.6	7.1	1.5	27.0
室内装饰品	元/人	10.4	16.0	5.6	54.3
家用器具	元/人	94.6	106.1	11.5	12.1
耐用消费品	元/人	73.3	82.7	9.4	12.9
洗衣机	台/千人	11.8	15.2	3.4	28.3
金额	元/千人	10092.2	11144.6	1052.5	10.4
电冰箱(柜)	台/千人	11.8	15.3	3.4	29.1
金额	元/千人	19310.1	25321.2	6011.2	31.1
空调器	台/千人	0.1	0.4	0.3	238.7
金额	元/千人	211.2	807.9	596.7	282.5
吸尘器	台/千人	0.7	1.2	0.5	79.9
金额	元/千人	158.0	319.2	161.3	102.1
抽油烟机	台/千人	4.8	4.4	-0.5	-9.8
金额	元/千人	3198.8	3391.0	192.2	6.0
微波炉	台/千人	0.6	2.2	1.6	251.2
金额	元/千人	259.5	1547.7	1288.3	496.5
非太阳能热水器	台/千人	1.8	3.7	1.9	104.9
金额	元/千人	2105.0	5621.9	3516.9	167.1
太阳能热水器	台/千人	2.9	2.4	-0.5	-17.2
金额	元/千人	4243.6	2702.8	-1540.8	-36.3
燃气炉具	套/千人	6.6	4.4	-2.2	-33.5
金额	元/千人	5399.6	2412.6	-2987.0	-55.3
太阳能炉具	套/千人	0.8			
金额	元/千人	328.5			
洗碗机	台/千人	0.2	0.6	0.4	156.8
金额	元/千人	110.4	85.5	-24.9	-22.5
消毒碗柜	台/千人				
金额	元/千人				
其他	元/人	28.1	29.4	1.3	4.8
小家电	元/人	21.3	23.4	2.0	9.6

3-1-43 续表 6

指　　标	单位	2016	2017	2017年比2016年增加	
				绝对数	%
家用纺织品	元/人	53.7	47.1	-6.6	-12.3
床上用品	元/人	38.8	35.1	-3.7	-9.6
窗帘门帘	元/人	9.6	8.1	-1.5	-15.8
其他家用纺织品	元/人	5.3	3.9	-1.4	-26.0
家庭日用杂品	元/人	179.4	167.1	-12.3	-6.8
洗涤及卫生用品	元/人	75.4	63.4	-12.0	-15.9
厨具、餐具、茶具	元/人	26.4	23.3	-3.1	-11.6
家用手工工具	元/人	6.0	4.7	-1.3	-21.7
其他	元/人	71.6	75.7	4.1	5.7
个人用品	元/人	82.8	86.2	3.4	4.1
化妆品	元/人	58.5	61.5	2.9	5.0
其他个人用品	元/人	24.3	24.8	0.4	1.8
家庭服务	元/人	7.8	10.0	2.2	28.4
家政服务	元/人	1.2	2.2	0.9	74.7
家庭设备修理费	元/人	6.6	7.8	1.3	19.7
交通通信	元/人	1735.3	1992.0	256.7	14.8
交通	元/人	1165.4	1381.6	216.1	18.5
交通工具	元/人	395.0	513.1	118.1	29.9
汽车	辆/千人	6.3	6.4	0.2	2.5
金额	元/千人	275886.2	427699.9	151813.7	55.0
摩托车	辆/千人	8.2	3.4	-4.9	-59.2
金额	元/千人	36470.8	13569.8	-22901.0	-62.8
自行车	辆/千人	9.5	10.0	0.5	4.8
金额	元/千人	4229.0	4717.1	488.1	11.5
电动自行车	辆/千人	14.0	17.0	3.0	21.4
金额	元/千人	38125.3	41122.9	2997.6	7.9
其他交通工具	元/人	40.3	26.0	-14.3	-35.4
交通费	元/人	173.6	180.0	6.4	3.7
飞机	元/人	13.8	14.5	0.7	5.2
火车	元/人	22.1	27.1	5.0	22.5
长途汽车	元/人	54.4	57.2	2.8	5.1
市内公共交通	元/人	10.0	8.7	-1.3	-12.8
出租汽车费	元/人	53.7	54.7	1.0	1.9
其他交通费	元/人	19.6	17.8	-1.7	-8.9

3-1-43 续表 7

指　　标	单位	2016	2017	2017年比2016年增加	
				绝对数	%
交通工具用燃料	元/人	394.1	463.0	68.9	17.5
汽油	升/人	58.8	64.3	5.5	9.3
金额	元/人	333.6	400.6	67.1	20.1
柴油	元/人	6.4	7.2	0.7	11.5
金额	元/人	35.5	40.0	4.5	12.6
其他燃料和润滑剂	元/人	25.1	22.4	-2.7	-10.6
交通工具使用及维修	元/人	202.7	225.4	22.7	11.2
交通工具零配件和维修	元/人	150.8	174.6	23.8	15.8
停车费	元/人	0.7	0.3	-0.4	-53.7
车辆使用税费(含过桥过路费)	元/人	20.4	22.9	2.5	12.3
其他	元/人	30.9	27.6	-3.3	-10.6
通信	元/人	569.8	610.4	40.6	7.1
通信工具	元/人	170.9	202.3	31.3	18.3
电话机	部/人				
金额	元/人	1.0	1.8	0.8	85.6
移动电话机	部/人	0.2	0.2	0.0	-1.7
金额	元/人	164.5	193.1	28.6	17.4
其他通信工具及零配件	元/人	5.5	7.4	1.9	35.4
通信服务	元/人	398.9	408.1	9.2	2.3
固定电话费	元/人	7.6	6.6	-0.9	-12.3
移动电话费	元/人	328.5	331.1	2.6	0.8
上网费	元/人	60.9	68.1	7.1	11.7
邮费	元/人	0.5	0.5	0.0	10.4
其他通信服务费	元/人	1.4	1.8	0.4	27.6
教育文化娱乐	元/人	1553.0	1638.6	85.6	5.5
教育	元/人	1294.7	1347.4	52.6	4.1
学前教育	元/人	62.3	69.3	6.9	11.1
教育用品	元/人	2.2	1.1	-1.1	-50.2
学杂费	元/人	22.2	21.7	-0.5	-2.2
培训费	元/人	2.4	3.1	0.7	30.6
赞助费	元/人	0.3	1.8	1.5	563.4
一揽子教育服务(含食宿)	元/人	30.8	35.8	4.9	16.0
其他费用	元/人	4.5	5.8	1.4	31.1
小学教育	元/人	142.7	146.2	3.5	2.5
教育用品	元/人	7.6	8.5	1.0	12.7
学杂费	元/人	11.6	9.1	-2.5	-21.2
培训费	元/人	15.1	19.6	4.4	29.3
赞助费	元/人	0.7	0.4	-0.3	-41.1
一揽子教育服务(含食宿)	元/人	92.2	91.5	-0.7	-0.7
其他费用	元/人	15.5	17.0	1.5	9.7

3-1-43 续表 8

指　标	单位	2016	2017	2017年比2016年增加	
				绝对数	%
初中教育	元/人	145.3	141.3	-4.0	-2.8
教育用品	元/人	5.4	4.8	-0.7	-12.1
学杂费	元/人	10.7	10.2	-0.5	-4.5
培训费	元/人	11.2	12.9	1.7	15.1
赞助费	元/人	0.2	0.2	0.0	-19.6
一揽子教育服务(含食宿)	元/人	102.6	92.4	-10.2	-10.0
其他费用	元/人	15.2	20.9	5.7	37.4
高中教育	元/人	252.3	288.4	36.1	14.3
教育用品	元/人	6.2	3.8	-2.4	-38.1
学杂费	元/人	38.7	31.8	-7.0	-17.9
培训费	元/人	9.7	18.6	8.8	90.6
赞助费	元/人				
一揽子教育服务(含食宿)	元/人	162.4	194.6	32.2	19.8
其他费用	元/人	35.2	39.5	4.3	12.3
中专职高教育	元/人	38.7	36.5	-2.2	-5.8
教育用品	元/人	1.1	0.5	-0.7	-57.7
学杂费	元/人	5.5	8.3	2.7	49.5
培训费	元/人	0.5	1.0	0.6	120.2
一揽子教育服务(含食宿)	元/人	24.2	20.8	-3.4	-13.9
其他费用	元/人	7.4	5.9	-1.5	-20.7
大专及以上教育	元/人	599.4	601.6	2.2	0.4
教育用品	元/人	3.9	3.8	-0.1	-2.1
学杂费	元/人	140.7	109.6	-31.1	-22.1
培训费	元/人	4.5	1.8	-2.7	-59.1
一揽子教育服务(含食宿)	元/人	395.5	409.7	14.2	3.6
其他费用	元/人	54.8	76.6	21.8	39.9
成人教育	元/人	53.9	64.1	10.2	18.8
教育用品	元/人	0.2			
培训费	元/人	30.9	34.1	3.3	10.6
其他费用	元/人	22.8	29.9	7.1	31.0
文化娱乐	元/人	258.3	291.2	32.9	12.8
文娱耐用消费品	元/人	77.7	69.7	-8.1	-10.4
彩色电视机	台/千人	17.5	15.7	-1.8	-10.2
金额	元/人	35.0	38.7	3.7	10.5
照相机	台/千人	0.1	0.2	0.1	
金额	元/人	0.1	0.8	0.7	

3-1-43 续表 9

指　　标	单位	2016	2017	2017年比2016年增加	
				绝对数	%
家用台式电脑	台/千人	5.1	3.0	-2.1	-41.4
金额	元/人	18.1	11.5	-6.7	-36.7
家用笔记本电脑	台/千人	3.0	2.6	-0.4	-14.0
金额	元/人	10.6	9.1	-1.5	-14.2
中高档乐器	元/人	0.3	0.5	0.1	43.4
健身器材	元/人	0.1	1.8	1.7	1559.6
其他文娱耐用消费品	元/人	7.9	4.6	-3.3	-41.4
文娱耐用消费品的零配件及维修	元/人	5.0	2.3	-2.7	-54.2
其他文娱用品	元/人	94.4	111.4	17.0	18.0
书、报、杂志及音像制品	元/人	9.3	9.6	0.3	3.3
文具纸张	元/人	20.4	18.5	-1.9	-9.3
体育户外用品	元/人	2.3	1.5	-0.8	-36.3
游戏用品和玩具	元/人	14.0	13.3	-0.7	-4.9
园艺花卉及有关产品	元/人	3.1	3.8	0.7	21.1
宠物及有关产品	元/人	1.4	2.7	1.3	95.7
其他文娱用品及维修	元/人	43.9	62.0	18.2	41.4
文化娱乐服务	元/人	86.2	110.2	24.0	27.8
团体旅游	元/人	31.9	52.3	20.3	63.6
景点门票	元/人	3.5	4.7	1.2	32.8
体育健身活动	元/人	0.7	0.3	-0.4	-56.5
电影、话剧、演出票	元/人	1.0	1.1	0.1	5.2
有线电视费	元/人	23.6	24.1	0.5	2.2
其他文化娱乐服务	元/人	25.4	27.7	2.3	9.2
医疗保健	元/人	1187.7	1288.7	101.0	8.5
医疗器具及药品	元/人	391.3	459.5	68.2	17.4
药品	元/人	369.4	434.4	65.0	17.6
滋补保健品	元/人	17.2	15.7	-1.5	-8.6
医疗卫生器具	元/人	3.1	5.4	2.3	73.7
保健器具	元/人	1.6	3.9	2.3	148.5
医疗服务	元/人	796.4	829.2	32.8	4.1
门诊医疗总费用	元/人	284.3	320.3	36.0	12.7
住院医疗总费用	元/人	512.1	508.9	-3.2	-0.6
其他用品和服务	元/人	251.0	258.2	7.2	2.9
其他用品	元/人	163.4	169.5	6.1	3.7
首饰及手表	元/人	74.7	75.8	1.2	1.5
其他杂项用品	元/人	88.7	93.6	4.9	5.5
其他服务	元/人	87.6	88.7	1.1	1.3
旅馆住宿费	元/人	13.6	13.6	0.0	-0.2
美容美发洗浴	元/人	31.2	29.1	-2.1	-6.7
其他杂项服务	元/人	42.7	46.0	3.2	7.6

3-1-44 农村居民家庭购买农林牧渔业生产资料

指标	单位	2016	2017	2017年比2016年增加	
				绝对数	%
购买农林牧渔业生产资料	元/人	5715.3	5543.8	-171.6	-3.0
农业	元/人	3038.7	2959.8	-78.9	-2.6
农业用种子、种苗	元/人	494.3	495.9	1.6	0.3
农业用役畜饲料	元/人	54.1	32.5	-21.6	-39.9
农业用其他生产资料	元/人	1438.2	1485.7	47.5	3.3
化肥	公斤/人	391.1	402.1	11.0	2.8
金额	元/人	934.1	948.8	14.7	1.6
微量元素肥	元/人	7.4	3.7	-3.6	-49.3
农药	元/人	69.4	78.3	8.9	12.8
薄膜	公斤/人	5.8	6.2	0.5	7.8
金额	元/人	72.2	78.4	6.2	8.6
汽油	升/人	1.4	0.4	-1.0	-74.4
金额	元/人	7.9	2.2	-5.7	-72.3
柴油	升/人	32.9	32.3	-0.6	-1.9
金额	元/人	172.6	184.0	11.4	6.6
农业用其他生产费用	元/人	1052.1	945.7	-106.4	-10.1
农业生产经营雇工	个	1.2	0.8	-0.4	-36.3
金额	元/人	152.0	139.3	-12.7	-8.3
承包耕地使用权费用	元/人	349.7	206.8	-142.9	-40.9
借、贷款利息	元/人	12.8	8.2	-4.6	-36.1
排灌费	元/人	116.0	168.4	52.5	45.2
机耕机收费	元/人	229.6	274.4	44.8	19.5
农业生产用电	度/人	61.8	49.2	-12.6	-20.4
金额	元/人	33.5	26.7	-6.9	-20.5
林业	元/人	18.0	35.0	17.0	94.4
牧业	元/人	2655.7	2546.7	-108.9	-4.1
幼畜、种蛋	元/人	513.3	598.9	85.6	16.7
牧业用役畜饲料	元/人	1331.2	1191.3	-139.9	-10.5
牧业用其他生产资料	元/人	255.0	216.8	-38.2	-15.0
汽油	升/人	4.0	3.5	-0.5	-11.8
金额	元/人	23.0	22.3	-0.6	-2.7
柴油	升/人	6.4	5.4	-1.0	-15.7
金额	元/人	37.2	33.9	-3.2	-8.7
牧业用其他生产费用	元/人	556.1	539.8	-16.4	-2.9
牧业生产经营雇工	个/人	0.6	0.3	-0.3	-46.0
金额	元/人	231.9	175.8	-56.1	-24.2
承包牧草地使用权费用	元/人	149.4	113.4	-36.0	-24.1
借、贷款利息	元/人	16.8	15.3	-1.5	-8.9
畜、禽防疫费	元/人	9.1	7.6	-1.5	-16.2
牧业生产用电	度/人	4.7	3.4	-1.4	-29.3
金额	元/人	2.1	1.8	-0.3	-13.3
渔业	元/人	3.0	2.2	-0.8	-26.1

3-1-45 农村居民家庭购建农业生产性固定资产

指　　标	单位	2016	2017	2017年比2016年增加	
				绝对数	%
购建农业生产性固定资产	**元/人**	**635.4**	**523.5**	**-111.9**	**-17.6**
购买或建造农业生产性用房	元/人	73.0	92.6	19.6	26.9
建筑生产用建筑物材料	元/人	58.3	72.5	14.2	24.3
建筑农业生产用房雇工	元/人	11.3	14.9	3.6	31.6
购买农业生产用房	元/人				
其他	元/人	3.3	5.2	1.9	58.0
购买役畜	头/千人	4.8	5.8	1.0	21.1
金额	元/人	33.2	33.8	0.7	2.1
购买产品畜	头/千人	21.9	25.3	3.4	15.6
金额	元/人	97.3	103.5	6.2	6.4
购买或建造农业设施	元/人	137.1	59.9	-77.2	-56.3
大棚、温室	元/人	95.9	18.9	-76.9	-80.2
自备井	元/人	28.4	17.5	-11.0	-38.6
喷灌设施	元/人	3.1			
其他	元/人	9.7	23.5	13.8	143.1
购买农业机械	元/人	294.8	233.7	-61.2	-20.8
大中型农用拖拉机	台/千人	2.2	1.6	-0.7	-29.8
金额	元/人	79.0	62.9	-16.1	-20.4
小型(手扶)农用拖拉机	台/千人	3.9	3.4	-0.4	-11.6
金额	元/人	55.2	42.4	-12.8	-23.2
农用排灌动力机械	台/千人	0.4			
金额	元/人	0.6			
插秧机	台/千人	0.7	0.1	-0.6	-88.8
金额	元/人	3.1	0.8	-2.3	-74.7
收割机	台/千人	0.6	0.6		
金额	元/人	9.7	0.9	-8.7	-90.2
脱粒机	台/千人	2.5	1.3	-1.2	-48.5
金额	元/人	6.8	3.5	-3.3	-47.9
其他	元/人	140.5	123.1	-17.4	-12.4

3-1-46 农村居民家庭农产品出售及农业服务

指　标	单位	2016	2017	2017年比2016年增加	
				绝对数	%
农产品出售及农业服务提供					
出售农林牧渔业产品	**元/人**	**10998.9**	**10923.0**	**-75.9**	**-0.7**
农业产品	元/人	5739.7	5691.3	-48.4	-0.8
谷物	公斤/人	1813.6	1928.7	115.0	6.3
金额	元/人	3084.3	2610.0	-474.3	-15.4
小麦	公斤/人	50.6	52.7	2.1	4.1
金额	元/人	113.4	128.6	15.2	13.4
稻谷	公斤/人	16.3	19.4	3.1	19.3
金额	元/人	49.8	70.4	20.6	41.4
玉米	公斤/人	1585.8	1685.5	99.7	6.3
金额	元/人	2509.7	2004.2	-505.5	-20.1
高粱	公斤/人	61.7	99.1	37.3	60.5
金额	元/人	111.8	192.4	80.6	72.1
谷子	公斤/人	53.3	31.2	-22.1	-41.5
金额	元/人	177.3	109.6	-67.7	-38.2
其他谷物	公斤/人	45.8	40.5	-5.3	-11.7
金额	元/人	122.3	104.5	-17.9	-14.6
薯类	公斤/人	39.4	45.1	5.7	14.5
金额	元/人	241.6	185.4	-56.2	-23.3
马铃薯	公斤/人	39.4	45.0	5.7	14.4
金额	元/人	241.5	185.2	-56.3	-23.3
豆类	公斤/人	73.5	76.3	2.8	3.8
金额	元/人	360.9	347.2	-13.7	-3.8
大豆	公斤/人	42.2	43.1	0.9	2.2
金额	元/人	167.3	163.3	-4.0	-2.4
其他豆类及制品	公斤/人	31.3	33.2	1.9	6.0
金额	元/人	193.5	183.9	-9.7	-5.0
油料	公斤/人	195.7	240.7	45.0	23.0
金额	元/人	1129.0	1248.4	119.4	10.6
油菜籽	公斤/人	1.4	2.4	1.0	67.4
金额	元/人	6.8	6.8		
葵花籽	公斤/人	179.9	229.4	49.4	27.5
金额	元/人	1049.7	1197.9	148.2	14.1
其他油料	公斤/人	14.1	8.8	-5.3	-37.5
金额	元/人	71.1	42.9	-28.2	-39.6

3-1-46 续表 1

指标	单位	2016	2017	2017年比2016年增加	
				绝对数	%
麻类	公斤/人	6.1	8.4	2.3	38.2
金额	元/人	42.8	49.0	6.2	14.5
糖料	公斤/人	239.3	339.5	100.2	41.9
金额	元/人	124.0	176.7	52.7	42.5
甜菜	公斤/人	239.3	339.5	100.2	41.9
金额	元/人	124.0	176.7	52.7	42.5
烟草	公斤/人	0.2	1.1	0.8	344.8
金额	元/人	5.6	20.6	14.9	264.9
蔬菜及食用菌	公斤/人	230.9	311.2	80.3	34.8
金额	元/人	257.7	382.6	124.9	48.4
露地蔬菜	公斤/人	209.3	263.7	54.4	26.0
金额	元/人	171.5	223.0	51.5	30.0
大棚蔬菜	公斤/人	21.6	46.7	25.1	116.3
金额	元/人	86.2	156.0	69.8	81.0
出售水果	公斤/人	3.1	2.2	-0.9	-27.8
金额	元/人	8.1	7.1	-1.1	-13.1
出售果用瓜	公斤/人	65.4	90.9	25.5	39.0
金额	元/人	59.3	70.5	11.3	19.0
西瓜	公斤/人	60.8	89.5	28.6	47.1
金额	元/人	51.6	65.8	14.2	27.6
出售干制水果及水果籽	公斤/人	1.3	0.1	-1.3	-96.1
金额	元/人	4.9	0.2	-4.7	-95.0
出售食用坚果	公斤/人	0.3	1.1	0.8	222.4
金额	元/人	3.8	10.9	7.1	187.5
中草药材(种植)	公斤/人	0.7	0.2	-0.4	-65.7
金额	元/人	4.7	6.7	2.0	43.3
其他作物	元/人	334.6	472.1	137.5	41.1
青饲料	公斤/人	62.0	240.5	178.5	287.7
金额	元/人	29.9	59.7	29.8	99.6
牧草	公斤/人	26.8	24.4	-2.4	-8.9
金额	元/人	32.5	25.3	-7.2	-22.1
其他饲料作物	公斤/人	1.0	17.9	16.8	1640.0
金额	元/人	1.2	10.1	8.8	729.5
酱用西红柿	公斤/人	17.0	30.2	13.2	78.1
金额	元/人	7.3	16.3	9.0	124.0
打瓜	公斤/人	5.9	8.0	2.0	34.2
金额	元/人	52.2	48.7	-3.4	-6.6
其他作物	元/人	211.5	312.0	100.5	47.5
农作物副产品	公斤/人	82.9	48.4	-34.5	-41.6
金额	元/人	61.7	77.0	15.3	24.7
初加工农产品	元/人	8.5	26.8	18.3	214.6

3-1-46 续表 2

指　标	单位	2016	2017	2017年比2016年增加	
				绝对数	%
林业产品	元/人	33.2	48.1	14.9	44.8
牧业产品	公斤/人	76.4	75.8	-0.7	-0.9
金额	元/人	5220.1	5182.8	-37.3	-0.7
家畜	元/人	3269.8	2985.1	-284.6	-8.7
肉猪	头/人	0.1	0.1		
金额	元/人	179.0	192.6	13.6	7.6
重量	公斤/人	9.8	11.3	1.5	15.6
自宰猪(含下水)	公斤/人	2.5	2.3	-0.2	-8.5
金额	元/人	68.7	64.8	-3.9	-5.7
肉牛	头/人	0.2	0.2	0.0	18.4
金额	元/人	1301.7	1146.7	-155.0	-11.9
重量	公斤/人	56.4	51.9	-4.6	-8.1
自宰牛(含下水)	头/人	0.3	0.7	0.4	121.0
金额	元/人	12.9	20.5	7.6	58.9
菜羊	只/人	3.5	2.2	-1.3	-36.4
金额	元/人	1476.7	1304.1	-172.6	-11.7
重量	公斤/人	108.4	69.8	-38.6	-35.6
自宰羊(含下水)	公斤/人	1.8	1.5	-0.3	-15.1
金额	元/人	64.2	58.3	-5.9	-9.2
其他家畜	只/人				
金额	元/人	160.3	197.2	36.9	23.0
重量	公斤/人	7.6	8.2	0.6	8.2
家禽	元/人	22.7	22.2	-0.5	-2.0
鸡	只/人	0.1	0.1	0.0	21.0
金额	元/人	8.7	9.1	0.4	4.4
重量	公斤/人	0.4	0.4	0.1	17.4
鸭	只/人	8.4	7.0	-1.4	-16.4
金额	元/人	13.0	12.7	-0.3	-2.0
重量	公斤/人	22.6	19.2	-3.4	-15.0
蛋类	公斤/人	0.7	7.5	6.8	999.7
金额	元/人	9.2	43.1	33.9	366.5
鸡蛋	公斤/人	0.5	7.4	6.9	1527.8
金额	元/人	7.3	42.1	34.7	473.0
畜皮	张/人	2.0	0.2	-1.8	-89.5
金额	元/人	13.5	25.7	12.3	91.1
羊皮	张/人	2.0	0.1	-1.9	-92.8
金额	元/人	11.7	9.9	-1.8	-15.6

3-1-46 续表 3

指　标	单位	2016	2017	2017年比2016年增加	
				绝对数	%
毛、绒	公斤/人	9.6	10.0	0.4	4.4
金额	元/人	398.2	413.0	14.8	3.7
羊毛	公斤/人	7.6	7.4	-0.1	-1.9
金额	元/人	91.7	80.9	-10.8	-11.8
羊绒	公斤/人	1.8	2.4	0.5	29.6
金额	元/人	303.2	327.8	24.6	8.1
奶类	公斤/人	40.5	40.5	0.1	0.1
金额	元/人	139.0	151.8	12.9	9.3
牛奶	公斤/人	39.9	36.3	-3.6	-9.1
金额	元/人	135.8	128.3	-7.5	-5.5
仔、幼、育肥畜禽	元/人	1356.7	1534.6	177.9	13.1
仔猪	只/人	0.2	0.1	-0.1	-29.4
金额	元/人	46.1	56.4	10.2	22.2
架子猪	只/人				
金额	元/人	0.9	4.6	3.8	437.0
羊羔	只/人	1.8	1.6	-0.1	-7.3
金额	元/人	533.8	592.4	58.6	11.0
育肥周转羊	只/人	0.5	0.6	0.1	15.0
金额	元/人	325.1	393.7	68.6	21.1
牛犊	只/人	0.1	0.1	0.0	-1.6
金额	元/人	402.7	461.5	58.8	14.6
渔业产品	元/人	5.9	0.8	-5.1	-86.3
提供农林牧渔业服务	**元/人**	**213.5**	**237.8**	**24.3**	**11.4**
农业服务收入	元/人	146.9	171.9	25.0	17.0
提供机耕机收服务	元/人	27.5	74.8	47.2	171.8
提供灌溉服务	元/人	1.5	2.9	1.4	96.9
农产品初加工服务	元/人	2.9	0.2	-2.7	-94.1
其他农业服务	元/人	115.1	94.1	-20.9	-18.2
林业服务收入	元/人	1.3	4.7	3.5	273.9
林产品初级加工服务	元/人				
其他林业服务	元/人	1.3	4.7	3.5	273.9
牧业服务收入	元/人	65.3	61.2	-4.2	-6.4
提供兽医服务	元/人	7.4	13.0	5.6	74.8
其他牧业服务	元/人	57.9	48.1	-9.7	-16.8
渔业服务收入	元/人				

3-1-47 农村居民家庭农产品自产自用情况

指　标	单位	2016	2017	2017年比2016年增加	
				绝对数	%
农产品自产自用	**元/人**	**1651.3**	**1478.7**	**-172.5**	**-10.4**
农业产品	元/人	1235.4	1012.6	-222.8	-18.0
谷物	元/人	406.8	731.5	324.6	79.8
薯类	元/人	198.4	88.3	-110.1	-55.5
豆类	元/人	85.1	158.7	73.6	86.5
棉花	元/人				
麻类	元/人				
糖料	元/人				
烟草	元/人				
蔬菜及食用菌	元/人	16.0	10.8	-5.2	-32.5
水果	元/人	0.1	0.1		
果用瓜	元/人	0.1	0.0	-0.1	-96.3
干制水果及水果籽	元/人				
坚果	元/人				
饮料原料	元/人				
香料原料	元/人				
中草药	元/人				
初加工农产品	元/人	3.1	1.1	-2.0	-63.7
其他农产品	元/人	126.0	111.7	-14.2	-11.3
林业产品	元/人	62.0	60.5	-1.5	-2.4
人工林产品	元/人				
采集林产品	元/人				
其他林产品	元/人	62.0	60.5	-1.5	-2.4
牧业产品	元/人	353.8	405.6	51.8	14.6
家畜	元/人	293.4	360.1	66.6	22.7
家禽	元/人	25.0	24.3	-0.7	-2.9
蛋类	元/人	30.1	10.9	-19.2	-63.9
奶类	元/人	3.1	8.8	5.7	187.2
其他牧业产品	元/人	2.2	1.6	-0.5	-25.3
其他动物	元/人	0.1			
狩猎和捕捉野生动物	元/人				
渔业产品	元/人				
养殖产品	元/人				
捕捞产品	元/人				
其他渔业产品	元/人				

3-1-48 农村居民家庭食品消费量

指 标	单位	2016	2017	2017年比2016年增加	
				绝对数	%
食品消费量					
粮食消费量	公斤/人	169.9	168.8	-1.1	-0.6
谷物消费量	公斤/人	157.9	157.5	-0.4	-0.3
小麦	公斤/人	85.8	81.0	-4.8	-5.6
稻谷	公斤/人	52.1	51.1	-1.0	-1.8
玉米	公斤/人	5.6	8.5	2.9	51.5
其他谷物	公斤/人	14.4	16.8	2.5	17.0
薯类消费量	公斤/人	6.3	6.0	-0.4	-5.6
红薯	公斤/人	0.2	0.2	0.0	0.2
马铃薯	公斤/人	5.7	5.4	-0.3	-5.8
其他薯类	公斤/人	0.4	0.4	0.0	-7.2
豆类消费量	公斤/人	5.7	5.4	-0.3	-5.5
大豆	公斤/人	1.4	1.2	-0.2	-14.8
其他豆类	公斤/人	4.3	4.2	-0.1	-2.6
油脂类消费量	公斤/人	8.8	6.5	-2.3	-26.2
植物油	公斤/人	8.5	6.1	-2.4	-28.1
动物油	公斤/人	0.3	0.4	0.1	29.5
蔬菜及菜制品消费量	公斤/人	83.8	69.8	-13.9	-16.6
鲜菜	公斤/人	82.7	68.7	-14.0	-17.0
干菜及菜制品	公斤/人	0.5	0.6	0.0	2.7
鲜菌	公斤/人	0.4	0.4	0.1	13.0
干菌及菌制品	公斤/人	0.1	0.1		33.7
肉类	公斤/人	28.6	31.6	2.9	10.2
猪肉	公斤/人	16.8	19.2	2.4	14.1
牛肉	公斤/人	2.0	2.8	0.8	40.6
羊肉	公斤/人	8.4	8.0	-0.4	-4.7
禽类	公斤/人	4.9	4.4	-0.5	-9.9
鸡	公斤/人	4.1	3.6	-0.5	-12.5
水产品	公斤/人	3.0	3.0	0.1	2.3
鱼类	公斤/人	2.7	2.7	0.0	-0.7
蛋类及蛋制品	公斤/人	6.8	7.2	0.3	4.7
鲜蛋	公斤/人	6.8	7.1	0.3	4.6
奶和奶制品	公斤/人	13.1	14.6	1.5	11.3
鲜奶	公斤/人	9.8	11.4	1.6	16.5
干鲜瓜果类	公斤/人	37.2	37.3	0.1	0.3
鲜瓜果	公斤/人	34.8	34.7	-0.1	-0.2
糖果糕点类	公斤/人	5.6	5.2	-0.4	-6.9
茶叶	公斤/人	0.5	0.4	-0.1	-15.9
烟叶消费量	公斤/人	47.5	47.0	-0.5	-1.0
酒	公斤/人	19.0	18.0	-1.0	-5.2
白酒	公斤/人	6.6	6.8	0.2	3.3
啤酒	公斤/人	12.3	11.2	-1.2	-9.6
果酒	公斤/人				

3-1-49 农村居民家庭固定资产投资及拥有情况

指　标	单位	2016	2017	2017年比2016年增加	
				绝对数	%
农业生产投资及拥有情况					
生产性固定资产数量					
生产性用房及建筑物	平方米/户	50.8	49.4	-1.4	-2.8
大中型农用拖拉机	台/百户	10.4	9.9	-0.5	-4.7
小型农用拖拉机	台/百户	61.7	61.7	0.0	0.0
用排灌动力机械	台/百户	2.4	2.9	0.5	20.8
秧机	台/百户	0.4	0.4	0.0	-0.1
收割机	台/百户	4.2	3.3	-0.9	-21.1
脱粒机	台/百户	9.3	9.5	0.2	1.9
役畜	头/百户	19.6	19.0	-0.5	-2.7
产品畜	头/户	9.3	5.9	-3.4	-36.8
期末生产性固定资产原价					
农业固定资产原价	元/人	5429.1	5863.1	434.0	8.0
生产性用房及建筑物	元/人	1398.1	1506.2	108.1	7.7
役畜	元/人	375.4	358.9	-16.6	-4.4
农业设施	元/人	429.8	468.0	38.2	8.9
农业机械	元/人	3135.4	3460.4	325.0	10.4
林业固定资产原价	元/人	35.6	32.9	-2.7	-7.6
生产性用房及建筑物	元/人	4.6	10.0	5.4	115.5
机械设备	元/人	12.8	12.0	-0.8	-6.6
牧业固定资产原价	元/人	8976.3	8985.7	9.4	0.1
生产性用房及建筑物	元/人	2084.1	2332.3	248.2	11.9
产品畜	元/人	6316.3	6230.5	-85.8	-1.4
渔业固定资产原价	元/人				
农林牧渔服务业固定资产原价	元/人	7.9	124.5		
期内农业生产性固定资产投资及资金来源					
期内自建农业生产性用房					
期内自建农业生产性用房建筑面积	平方米	1.0	1.2	0.2	16.3
期内自建农业生产性用房价值	元/人	274.8	202.9	-71.9	-26.2
期内固定资产投资总额	元/人	980.3	912.7	-67.7	-6.9
来自银行、信用社贷款	元/人	153.4	79.4	-74.0	-48.3
来自亲友借款	元/人	16.1	28.4	12.3	76.5
来自自筹资金	元/人	746.3	801.6	55.3	7.4
来自其他资金	元/人	64.6	3.3	-61.3	-94.9

3-1-49 续表

指　　标	单位	2016	2017	2017年比2016年增加	
				绝对数	%
非农业生产投资情况					
固定资产					
出租住房	平方米/人	0.5	0.5		
出租商用建筑物	平方米/人	0.2	0.2		
期末固定资产原价	--				
采矿业	元/人				
制造业	元/人	3.5	23.6	20.1	574.2
电力、热力、燃气及水生产和供应业	元/人				
建筑业	元/人	53.4	16.3	-37.1	-69.5
批发和零售业	元/人	849.9	283.9	-566.0	-66.6
交通运输、仓储和邮政业	元/人	551.1	709.7	158.6	28.8
住宿和餐饮业	元/人	28.6	34.2	5.6	19.7
房地产业	元/人	2.6	2.7	0.1	2.1
租赁和商务服务业	元/人	1.7	155.7	154.0	9058.9
居民服务、修理和其他服务业	元/人	399	379.6	-19.4	-4.9
其他行业	元/人	22	29.8	7.8	35.6
期内固定资产投资及资金来源					
期内固定资产投资总额	元/人	241.9	301.4	59.5	24.6
期内固定资产投资构成					
生产性用房及建筑物	元/人	51.3	44.1	-7.2	-14.0
机械设备	元/人	117.8	111.5	-6.3	-5.3
其他	元/人	79.5	152.4	72.9	91.7
期内非农产业固定资产投资资金来源					
银行、信用社贷款	元/人	17.7	22.4	4.7	26.4
亲友借款	元/人		50.5		
自筹资金	元/人	218.1	244.7	26.6	12.2
其他资金	元/人	26.8	6.8	-20.0	-74.6

3-1-50　农村居民家庭土地经营和主要农产品产量

指　标	单位	2016	2017	2017年比2016年增加	
				绝对数	%
家庭实际经营土地情况	--				
期初实际经营土地面积	亩/人	152.9	151.5	-1.4	-0.9
耕地面积	亩/人	11.7	11.9	0.2	1.5
有效灌溉面积	亩/人	5.5	5.8	0.4	6.4
山地面积	亩/人	0.3	0.3	0.0	14.6
园地面积	亩/人				
牧草地面积	亩/人	140.8	139.3	-1.6	-1.1
养殖水面面积	亩/人				
期末实际经营土地面积	亩/人	151.7	178.8	27.1	17.9
耕地面积	亩/人	11.9	12.3	0.5	3.8
有效灌溉面积	亩/人	5.2	6.0	0.8	15.9
山地面积	亩/人	0.3	0.3	0.0	5.5
园地面积	亩/人				
牧草地面积	亩/人	139.5	139.3	-0.2	-0.1
养殖水面面积	亩/人				
期内土地种植情况	--				
期内主要粮食播种面积	亩/人	7.3	7.5	0.2	2.8
小麦播种面积	亩/人	0.6	0.6	0.0	-3.2
水稻播种面积	亩/人	0.1	0.1	0.0	35.6
玉米播种面积	亩/人	5.7	5.7	0.0	0.0
大豆播种面积	亩/人	0.5	0.8	0.3	47.9
薯类播种面积	亩/人	0.3	0.3	-0.1	-14.5
期内主要经济作物播种面积	亩/人	2.3	2.1	-0.2	-8.2
棉花播种面积	亩/人				
油料作物播种面积	亩/人	2.0	2.0	-0.1	-4.2
糖料作物播种面积	亩/人	0.1	0.1	-0.1	-54.8
蔬菜播种面积	亩/人	0.1	0.1	0.0	-22.4
设施蔬菜播种面积	亩/人				
水果播种面积	亩/人				
设施水果播种面积	亩/人				
农业生产技术应用情况	亩/人	30.1	33.2	3.1	10.3
机耕面积	亩/人	10.5	11.0	0.5	5.3
机播面积	亩/人	9.9	10.1	0.2	2.2
机收面积	亩/人	6.5	7.5	1.0	15.4
机电灌溉面积	亩/人	3.2	4.6	1.3	41.1

3-1-50 续表

指 标	单位	2016	2017	2017年比2016年增加	
				绝对数	%
主要农产品产量					
谷物产量	公斤/人	2187.26	2534.39	347.14	15.9
小麦产量	公斤/人	97.22	93.32	-3.90	-4.0
稻谷产量	公斤/人	25.92	37.66	11.74	45.3
玉米产量	公斤/人	1891.64	2184.07	292.44	15.5
高粱产量	公斤/人	47.76	92.01	44.25	92.7
谷子产量	公斤/人	32.55	42.69	10.14	31.2
其他谷物产量	公斤/人	92.18	84.64	-7.54	-8.2
薯类产量	公斤/人	84.02	68.47	-15.55	-18.5
红薯产量	公斤/人		0.06		
马铃薯产量	公斤/人	84.02	68.23	-15.79	-18.8
其他薯类产量	公斤/人		0.17		
豆类产量	公斤/人	92.63	124.46	31.82	34.4
大豆产量	公斤/人	55.48	90.29	34.81	62.7
其他豆类产量	公斤/人	37.15	34.17	-2.98	-8.0
油料产量	公斤/人	282.72	223.38	-59.33	-21.0
油菜籽产量	公斤/人	6.97	2.59	-4.39	-62.9
葵花籽产量	公斤/人	243.15	198.85	-44.30	-18.2
其他油料产量	公斤/人	32.49	21.95	-10.54	-32.4

3-1-51 农村居民家庭能源消耗情况

指 标	单位	2016	2017	2017年比2016年增加	
				绝对数	%
居民家庭能源消耗					
天然气	立方米/人	1.98	3.52	1.53	77.3
金额	元/人	3.51	6.23	2.72	77.5
煤气	立方米/人	0.21	0.06	-0.14	-69.6
金额	元/人	0.13	0.13	-0.01	-5.3
液化石油气	公斤/人	4.06	5.04	0.98	24.1
金额	元/人	18.74	29.90	11.16	59.6
汽油	升/人	64.56	68.48	3.91	6.1
金额	元/人	366.27	426.79	60.52	16.5
生产用	升/人	5.72	3.89	-1.83	-31.9
金额	元/人	32.71	24.52	-8.19	-25.0
柴油	升/人	46.10	45.02	-1.08	-2.3
金额	元/人	247.30	259.08	11.78	4.8
生产用	升/人	45.82	37.67	-8.15	-17.8
金额	元/人	245.81	217.95	-27.86	-11.3
电	度/人	390.09	532.60	142.52	36.5
金额	元/人	188.16	254.10	65.94	35.0
生产用	度/人	67.08	53.13	-13.95	-20.8
金额	元/人	35.81	28.72	-7.09	-19.8
沼气	立方米/人	0.60	0.42	-0.18	-29.7
金额	元/人	0.26	0.36	0.09	35.3
煤炭	公斤/人	285.74	510.09	224.35	78.5
金额	元/人	154.14	313.67	159.53	103.5
柴	公担/人	0.03	0.05	0.02	87.5
金额	元/人	0.51	0.61	0.10	18.8
草	公担/人	0.56	0.08	-0.48	-85.4
金额	元/人	6.38	1.69	-4.69	-73.5

3-1-52　农民家庭可支配收入及生活消费支出

指　标	单位	2016	2017	2017年比2016年增加	
				绝对值	%
可支配收入	**元/人**	**10989.6**	**11873.0**	**883.4**	**8.0**
工资性收入	元/人	2553.1	2774.9	221.8	8.7
经营净收入	元/人	5708.1	5764.4	56.3	1.0
第一产业经营收入	元/人	4917.7	4869.1	-48.6	-1.0
农业	元/人	3710.0	3517.5	-192.5	-5.2
牧业	元/人	1142.0	1294.6	152.6	13.4
第二产业经营收入	元/人	52.1	73.2	21.1	40.5
第三产业经营收入	元/人	738.3	822.0	83.7	11.3
财产性净收入	元/人	425.8	489.8	64.0	15.0
转让承包土地经营权租金净收入	元/人	180.7	252.9	72.1	39.9
转移净收入	元/人	2303.8	2843.9	540.1	23.4
社会救济和补助	元/人	262.7	279.8	17.1	6.5
政策性生活补贴	元/人	245.3	214.7	-30.6	-12.5
从政府和组织得到的实物和服务折价	元/人	249.4	6.2	-243.3	-97.5
现金政策性惠农补贴	元/人	994.5	1597.1	602.6	60.6
消费支出	**元/人**	**10964.9**	**11650.2**	**685.3**	**6.2**
食品烟酒	元/人	3217.4	3246.1	28.8	0.9
衣着	元/人	761.6	786.5	24.9	3.3
居住	元/人	1955.5	2150.8	195.3	10.0
生活用品及服务	元/人	474.8	487.9	13.2	2.8
交通通信	元/人	1635.5	1874.8	239.3	14.6
交通	元/人	1084.5	1289.9	205.4	18.9
通信	元/人	551.4	584.9	33.6	6.1
教育文化娱乐	元/人	1539.6	1627.4	87.9	5.7
教育	元/人	1278.0	1335.7	57.7	4.5
文化娱乐	元/人	261.5	291.7	30.2	11.5
医疗保健	元/人	1130.5	1220.7	90.2	8.0
其他用品和服务	元/人	250.1	255.8	5.7	2.3

3-1-53　牧民家庭可支配收入及生活消费支出

指　标	单位	2016	2017	2017年比2016年增加	
				绝对值	%
可支配收入	**元/人**	**16375.6**	**18058.2**	**1682.6**	**10.3**
工资性收入	元/人	1648.0	1682.6	34.7	2.1
经营净收入	元/人	10124.3	11157.6	1033.3	10.2
第一产业经营收入	元/人	9781.0	10716.6	935.6	9.6
农业	元/人	1612.4	1688.0	75.6	4.7
牧业	元/人	7996.0	8858.6	862.6	10.8
第二产业经营收入	元/人	7.6	8.8	1.2	16.3
第三产业经营收入	元/人	335.5	432.2	96.7	28.8
财产性净收入	元/人	662.5	707.0	44.5	6.7
转让承包土地经营权租金净收入	元/人	524.8	491.3	-33.5	-6.4
转移净收入	元/人	3940.6	4511.0	570.4	14.5
社会救济和补助	元/人	180.4	178.5	-2.0	-1.1
政策性生活补贴	元/人	170.8	212.9	42.1	24.6
从政府和组织得到的实物和服务折价		277.4	79.5	-198.0	-71.4
现金政策性惠农补贴	元/人	2800.0	3474.7	674.7	24.1
消费支出	**元/人**	**15296.3**	**16295.7**	**999.4**	**6.5**
食品烟酒	元/人	4483.7	4450.6	-33.0	-0.7
衣着	元/人	1217.0	1271.7	54.7	4.5
居住	元/人	2307.9	2529.3	221.4	9.6
生活用品及服务	元/人	755.0	785.2	30.3	4.0
交通通信	元/人	2979.0	3446.8	467.8	15.7
交通	元/人	2266.7	2640.3	373.6	16.5
通信	元/人	711.9	806.5	94.6	13.3
教育文化娱乐	元/人	1656.4	1724.5	68.2	4.1
教育	元/人	1423.1	1436.9	13.8	1.0
文化娱乐	元/人	233.3	287.6	54.3	23.3
医疗保健	元/人	1630.8	1809.3	178.6	11.0
其他用品和服务	元/人	266.6	278.2	11.5	4.3

3-1-54 全体居民收入

指　　标	单位	全区	低收入20%	更低收入10%
住户经营情况				
生产经营户	%	46.47	72.74	68.65
#农业生产经营户	%	28.66	61.59	60.04
非生产经营户	%	44.18	21.74	16.34
户主文化程度	--			
未上过学	%	1.10	1.88	1.99
小学	%	14.95	29.58	41.50
初中	%	45.35	57.95	117.24
高中	%	20.71	9.49	31.57
大学专科	%	11.53	0.88	5.74
大学本科	%	6.14	0.22	1.99
研究生	%	0.22		
按家庭规模分的住户类型				
一人户	%	3.59	1.99	3.53
二人户	%	34.40	31.57	57.62
三人户	%	43.06	33.55	81.48
四人户	%	14.53	23.18	46.58
五人户	%	3.49	7.17	8.61
六人及以上户	%	0.93	2.54	2.21
按世代分的住户类型				
一代户	%	34.13	28.59	52.32
二代户	%	58.33	55.63	129.60
三代户	%	7.47	15.67	17.88
四代及以上户	%	0.07	0.11	0.22
住户特征		47.10	46.58	87.86
纯老人户	%	12.44	11.26	15.89
家中有未成年子女户	%	31.20	33.11	68.65
年轻夫妻无子女户	%	0.84	0.11	
无劳动力户	%	2.63	2.10	3.31

不等距九组分组(2017年)

最低收入5%	中低收入20%	中等收入20%	中高收入20%	高收入20%	更高收入10%	最高收入5%
58.41	63.46	39.07	26.73	30.35	32.22	43.35
51.77	45.58	20.09	9.39	6.62	5.30	5.31
11.50	38.86	53.86	54.79	51.66	52.11	44.71
4.87	1.10	0.33	1.10	0.33	0.44	
46.90	8.83	3.86	8.84	3.86	2.21	2.65
192.04	36.20	26.05	36.23	26.05	22.73	23.44
96.90	28.36	25.72	28.39	25.72	23.40	20.35
45.58	16.69	25.83	16.71	25.83	29.37	33.21
14.16	8.39	17.55	8.40	17.55	21.19	19.90
0.44	0.33	0.66	0.33	0.66	0.66	0.44
14.16	3.72	6.95	3.73	6.95	8.83	9.29
117.70	37.88	44.37	37.92	44.37	45.69	46.00
201.77	48.78	41.84	48.83	41.84	38.86	36.31
53.98	7.28	5.41	7.29	5.41	5.52	7.52
11.06	2.12	1.10	2.13	1.10	1.10	0.88
2.21	0.11	0.33	0.11	0.33		
115.04	38.30	48.89	38.33	48.89	52.31	53.08
261.06	57.61	48.46	57.66	48.46	46.37	46.04
24.78	4.00	2.54	4.00	2.54	1.32	0.88
		0.11		0.11		
198.67	50.38	45.03	50.43	45.03	40.61	38.48
38.50	17.13	16.22	17.15	16.22	14.35	11.94
145.13	29.27	23.07	29.30	23.07	21.63	22.12
2.21	0.66	2.87	0.66	2.87	3.31	3.10
12.83	3.31	2.87	3.31	2.87	1.32	1.33

3-1-54

指　　标	单位	全区	低收入20%	更低收入10%
家庭常住成员数	**人/户**	**2.81**	**3.04**	**3.03**
常住成员情况				
性别				
男性	%	50.03	50.07	49.57
女性	%	49.97	49.93	50.43
年龄	%			
5岁及以下	%	2.87	3.14	3.23
6-15岁	%	9.53	10.26	10.26
16-19岁	%	4.41	5.42	5.24
20-24岁	%	5.82	6.88	6.89
25-29岁	%	4.80	4.88	4.59
30-34岁	%	5.65	4.53	4.38
35-40岁	%	9.81	8.41	8.46
41-50岁	%	23.09	22.34	21.88
51-60岁	%	19.72	18.42	18.58
61-65岁	%	6.91	7.16	7.17
66岁及以上	%	7.40	8.55	9.33
参加医疗保险情况				
新型农村合作医疗	%	50.75	89.81	93.62
城镇职工基本医疗保险	%	19.04	0.96	0.57
城镇居民基本医疗保险	%	19.24	5.60	3.37
公费医疗	%	0.55		
商业医疗保险	%	0.93	0.25	0.22
其他医疗保险	%	2.12	0.71	0.65
没有参加任何医疗保险	%	7.60	2.74	1.72
受教育程度				
未上过学	%	3.28	5.77	5.88
小学	%	20.72	29.44	30.34
初中	%	34.91	43.01	41.39
高中	%	17.73	11.08	11.33
大学专科	%	12.21	4.35	3.66
大学本科	%	7.94	3.06	4.02
研究生	%	0.35	0.14	0.14
劳动力人数	**人/户**	**2.07**	**2.13**	**2.12**
整劳动力人数	人/户	1.07	1.05	1.05
半劳动力人数	人/户	1.00	1.09	1.07
从业人数	**人/户**	**1.70**	**1.96**	**1.97**

续表 1

最低收入5%	中低收入20%	中等收入20%	中高收入20%	高收入20%	更高收入10%	最高收入5%
3.18	**3.02**	**2.85**	**2.65**	**2.48**	**2.48**	**2.47**
50.21	50.33	50.02	51.25	50.75	50.94	50.99
49.79	49.67	49.98	48.75	49.25	49.06	49.01
3.21	3.28	3.26	2.33	2.47	1.99	2.35
9.34	10.42	11.18	9.42	7.27	7.59	7.59
5.02	5.98	4.00	4.06	2.56	2.44	1.99
7.53	7.22	5.94	4.52	4.14	4.34	4.52
5.72	5.18	4.85	4.44	5.47	5.34	5.98
3.77	4.88	6.37	6.01	7.63	6.95	7.41
9.48	9.04	11.26	11.09	10.05	9.93	9.58
23.85	25.95	23.57	23.71	21.38	22.13	22.77
18.69	17.89	18.52	17.56	23.59	26.66	27.87
5.72	5.10	5.36	8.20	7.54	5.69	4.88
7.67	5.07	5.67	8.66	7.89	6.95	5.06
94.84	75.39	44.27	23.96	18.12	17.34	19.16
0.56	3.79	17.24	33.61	43.88	46.17	41.08
3.07	14.25	25.28	27.12	19.00	18.06	19.34
	0.11	0.35	0.50	1.50	1.45	1.81
0.14	0.62	1.17	1.45	1.90	2.08	1.63
0.28	1.75	3.07	2.92	2.34	2.62	2.35
1.39	4.34	9.05	10.90	13.76	12.91	15.00
5.30	3.75	3.07	1.75	1.28	1.72	1.63
26.92	24.31	18.68	15.40	8.82	7.04	6.51
44.07	43.26	37.36	29.80	21.87	19.42	19.70
11.02	14.79	19.18	24.75	23.28	21.31	19.52
4.32	6.96	12.12	16.10	22.05	25.21	26.24
5.16	3.54	6.17	9.41	19.23	22.04	22.79
	0.11	0.16	0.46	1.01	1.26	1.27
2.26	**2.12**	**2.04**	**2.03**	**2.04**	**2.07**	**2.11**
1.22	1.17	1.13	1.04	0.96	0.97	0.91
1.04	0.95	0.91	0.99	1.08	1.10	1.20
2.11	**1.85**	**1.65**	**1.48**	**1.56**	**1.62**	**1.66**

3-1-54

指　　标	单位	全区	低收入20%	更低收入10%
现住房建筑面积	**平方米/人**	**30.69**	**25.24**	**24.88**
居住空间样式				
单栋楼房	%	8.43	3.31	2.43
单栋平房	%	49.83	87.42	90.51
四居室及以上单元房	%	0.71	0.22	0.22
三居室单元房	%	8.04	1.10	0.44
二居室单元房	%	25.77	2.87	2.21
一居室单元房	%	1.02	0.77	0.66
筒子楼或连片平房	%	5.56	2.76	1.32
其他	%	0.64	1.55	2.21
主要建筑材料	%			
钢筋混凝土	%	25.92	4.42	3.53
砖混材料	%	35.67	25.17	22.96
砖瓦砖木	%	31.62	52.87	52.54
竹草土坯	%	5.28	13.36	15.45
其他	%	1.52	4.19	5.52
房屋产权	%			
租赁公房	%	0.40	0.44	0.44
租赁私房	%	6.01	2.76	2.65
自建住房	%	46.94	87.09	89.18
购买商品房	%	35.18	5.19	3.97
购买房改住房	%	6.03	0.88	0.88
购买保障性住房	%	1.79	1.10	0.66
拆迁安置房	%	2.03	0.77	0.88
继承或获赠住房	%	0.35	0.22	0.22
免费借用房	%	0.55	0.66	0.44
雇主提供免费住房	%	0.24		
其他来源	%	0.49	0.88	0.66
住房建筑面积	%			
10平方米以内	%			
10-20平方米	%	0.62	0.88	1.10
20-30平方米	%	1.63	1.88	1.99
30-60平方米	%	19.16	27.81	31.13
60-90平方米	%	38.86	37.86	36.42
90-120平方米	%	27.91	21.85	22.30
120-200平方米	%	10.44	9.38	6.84
200平方米以上	%	1.37	0.33	0.22
购(建)房总金额	万元/户	10.29	4.38	4.03
期末拥有房屋价值	万元/户	24.47	8.34	7.01

续表 2

	中低收入20%	中等收入20%	中高收入20%	高收入20%	更高收入10%	
最低收入5%						最高收入5%
23.93	**27.60**	**29.75**	**33.11**	**39.61**	**41.40**	**43.73**
2.21	5.63	9.16	11.05	13.02	11.92	14.60
92.92	75.38	46.47	24.52	15.35	12.82	13.31
		0.44	0.99	1.88	2.65	2.65
0.44	2.98	7.51	10.72	17.88	21.41	22.56
2.21	9.83	29.47	42.78	43.93	44.14	42.90
	1.21	1.10	1.22	0.77	0.44	0.44
	4.08	5.52	8.51	6.95	6.62	3.54
2.21	0.88	0.33	0.22	0.22		
2.65	12.14	29.58	41.65	41.83	40.83	42.46
23.01	31.24	36.42	39.24	46.25	50.56	51.35
51.77	46.57	29.80	17.79	11.04	7.95	6.19
15.49	7.73	3.64	0.99	0.66	0.66	
7.08	2.32	0.55	0.33	0.22		
	0.44	0.77	0.11	0.22	0.22	
2.21	6.08	8.50	6.63	6.07	5.96	7.08
91.59	69.53	41.50	21.43	15.13	12.82	13.75
3.98	17.44	37.42	56.03	59.82	61.58	57.06
	2.43	5.52	7.84	13.46	14.79	15.48
0.44	1.10	1.66	3.09	1.99	2.21	2.65
0.88	0.99	3.09	3.20	2.10	1.99	3.54
0.44	0.44	0.66	0.33	0.11		
	0.88	0.33	0.66	0.22	0.22	0.44
			0.55	0.66		
0.44	0.66	0.55	0.11	0.22	0.22	
1.33	0.66	0.77	0.33	0.44	0.66	0.44
1.77	1.77	1.99	1.77	0.77	0.22	
29.65	21.63	19.98	16.46	9.93	8.39	7.96
36.73	39.85	40.07	42.09	34.44	29.81	28.35
21.68	25.27	27.81	30.19	34.43	36.42	34.94
8.41	9.05	7.95	8.06	17.77	22.07	24.77
0.44	1.77	1.43	1.10	2.21	2.43	3.54
4.21	6.50	10.01	13.54	17.01	18.49	19.41
7.78	13.62	22.56	31.70	46.11	53.21	60.34

3-1-54

指　标	单位	全区	低收入20%	更低收入10%
宅外道路路面情况				
水泥或柏油路面	%	67.26	49.34	46.36
沙石或石板等硬质路面	%	19.96	25.50	25.61
其他	%	12.78	25.17	28.04
供水情况				
管道供水入户	%	81.78	64.13	60.71
管道供水至公共取水点	%	0.44	0.66	0.44
没有管道设施	%	17.77	35.21	38.85
饮用水情况				
经过净化处理的自来水	%	74.19	51.55	48.34
受保护的井水和泉水	%	14.75	32.56	34.22
不受保护的井水和泉水	%	8.50	13.80	14.79
江河湖泊水	%	0.24	0.11	0.22
收集雨水	%			
桶装水	%	1.30		
其他水源	%	1.02	1.99	2.43
获取饮用水的主要困难				
单次取水往返时间超过半小时	%	0.88	0.77	1.10
间断或定时供水	%	4.97	8.50	8.61
当年连续缺水时间超过16天	%	0.49	0.66	0.44
无上述困难	%	93.66	90.07	89.85
住户厕所类型				
水冲式卫生厕所	%	44.89	5.63	4.19
水冲式非卫生厕所	%	0.46	0.22	
卫生旱厕	%	5.52	9.49	8.83
普通旱厕	%	43.01	78.48	79.91
无厕所	%	6.12	6.18	7.06
厕所使用情况				
本住户独用	%	81.41	83.11	83.00
几户合用	%	1.85	0.99	1.32
公用厕所	%	16.74	15.89	15.67

续表 3

最低收入5%	中低收入20%	中等收入20%	中高收入20%	高收入20%	更高收入10%	最高收入5%
42.92	58.39	68.76	75.92	83.88	86.30	86.69
25.22	25.38	20.64	17.34	10.94	9.51	8.00
31.86	16.22	10.60	6.74	5.19	4.19	5.31
60.62	72.85	84.33	91.83	95.80	97.11	95.10
	0.33	0.44	0.55	0.22	0.22	0.44
39.38	26.82	15.23	7.62	3.98	2.67	4.46
48.67	63.14	78.48	86.96	90.83	92.70	90.23
34.07	21.41	12.14	5.19	2.43	2.43	3.10
13.72	13.80	7.28	5.08	2.55	1.56	2.25
	0.22		0.33	0.55	0.88	1.33
	0.22	1.32	1.99	2.98	2.21	3.10
3.54	1.21	0.77	0.44	0.66	0.22	
1.77	1.10	0.88	0.88	0.77	0.66	0.88
9.73	6.62	4.86	2.65	2.21	1.99	1.77
0.88	0.33	0.44	0.44	0.55	0.88	1.33
87.61	91.94	93.82	96.02	96.47	96.47	96.02
3.54	19.21	47.57	71.06	81.01	84.53	85.81
	0.22	0.33	0.66	0.88	0.66	0.88
6.19	6.84	5.41	3.42	2.43	2.43	1.33
81.42	65.45	39.29	19.66	12.15	9.07	8.00
8.85	8.28	7.40	5.19	3.53	3.31	3.98
77.88	76.60	75.50	83.21	88.63	90.73	92.04
1.77	2.65	3.53	0.99	1.10	0.88	0.88
20.35	20.75	20.97	15.80	10.26	8.39	7.08

3-1-54

指　　标	单位	全区	低收入20%	更低收入10%
洗澡设施情况				
统一供热水	%	3.84	0.66	0.66
家庭自装热水器	%	42.15	15.34	13.69
其他	%	3.11	4.30	3.31
无洗澡设施	%	50.89	79.69	82.34
取暖设备状况				
由市政或小区集中供暖	%	44.16	5.63	3.97
自行供暖	%	53.10	89.18	91.17
无取暖设备	%	2.74	5.19	4.86
取暖用能源状况				
柴草	%	13.84	31.02	34.44
煤炭	%	45.26	60.04	56.29
罐装液化石油气	%	1.08	0.55	0.22
管道液化石油气	%	0.15		
管道煤气	%	0.82	0.11	0.22
管道天然气	%	1.39		
电	%	2.47	0.22	0.22
燃料用油	%			
沼气	%			
其他	%	18.96	6.07	7.28
无取暖行为	%	16.01	1.99	1.32
炊用能源状况				
柴草	%	23.65	57.06	62.91
煤炭	%	18.06	22.96	17.22
罐装液化石油气	%	16.98	5.41	4.86
管道液化石油气	%	0.55		
管道煤气	%	1.99		
管道天然气	%	18.71	1.77	0.88
电	%	17.28	9.38	9.05
燃料用油	%			
沼气	%			
其他	%	2.49	3.42	5.08
无炊用行为	%	0.29		

续表 4

最低收入5%	中低收入20%	中等收入20%	中高收入20%	高收入20%	更高收入10%	最高收入5%
	1.77	4.19	4.97	7.62	7.50	6.19
12.83	25.39	42.49	57.25	70.30	74.38	78.29
3.10	3.86	3.42	2.43	1.55	1.77	0.44
84.07	68.98	49.89	35.35	20.54	16.35	15.08
3.54	17.78	46.91	70.06	80.46	83.43	84.04
93.36	77.81	50.33	29.16	18.99	16.35	15.52
3.10	4.41	2.76	0.77	0.55	0.22	0.44
36.28	22.85	9.16	3.76	2.43	1.54	0.88
51.33	57.17	46.14	35.79	27.16	24.74	25.69
	0.77	1.43	1.44	1.21	1.32	0.44
		0.11	0.44	0.22	0.22	0.44
	0.11	0.99	1.33	1.55	1.99	2.21
	0.33	2.21	1.88	2.54	2.21	3.10
0.44	0.88	2.87	4.64	3.75	3.75	3.54
11.06	11.15	18.54	25.63	33.44	33.33	31.85
0.88	6.74	18.54	25.10	27.70	30.90	31.85
65.93	37.63	15.01	6.08	2.43	1.77	1.77
13.27	26.27	21.30	12.15	7.62	6.20	3.58
3.54	10.04	19.09	28.39	21.96	19.20	15.48
	0.33	1.10	0.55	0.77	0.44	0.44
	0.22	1.88	1.99	5.85	6.40	6.63
0.88	6.19	18.87	27.56	39.18	44.14	50.42
7.08	16.55	20.20	20.52	19.76	19.86	18.58
9.29	2.76	2.32	2.32	1.66	1.54	2.65
		0.22	0.44	0.77	0.44	0.44

3-1-54

指　　标	单位	全区	低收入20%	更低收入10%
耐用消费品拥有情况				
家用汽车	辆/百户	36.15	20.94	22.94
摩托车	辆/百户	39.01	65.54	67.11
助力车	辆/百户	47.50	40.35	31.04
洗衣机	台/百户	94.42	86.96	87.09
电冰箱(柜)	台/百户	98.37	92.70	93.21
微波炉	台/百户	25.68	4.74	3.44
彩色电视机	台/百户	103.44	103.96	103.61
其中：接入有线电视	台/百户	75.29	54.94	57.86
空调	台/百户	9.00	1.44	0.98
热水器	台/百户	46.29	19.95	17.99
其中：太阳能热水器	台/百户	16.48	13.09	13.08
洗碗机	台/百户	0.98	0.25	
排油烟机	台/百户	45.77	13.22	12.87
固定电话	部/百户	19.16	9.73	9.39
移动电话	部/百户	229.21	227.19	226.14
其中：接入互联网	部/百户	119.00	102.30	110.49
计算机	台/百户	47.35	22.02	18.79
其中：接入互联网	台/百户	36.89	15.43	14.07
照相机	台/百户	15.55	4.03	3.35
中高档乐器	架/百户	2.47	0.36	0.63
健身器材	台/百户	2.51	0.13	0.25
空气净化器(含新风系统)	台/百户	0.60		
吸尘器	台/百户	0.96	0.14	

续表 5

最低收入5%	中低收入20%	中等收入20%	中高收入20%	高收入20%	更高收入10%	最高收入5%
33.49	25.79	33.06	41.52	59.39	67.48	73.27
79.61	53.10	34.11	23.53	18.81	17.99	15.30
28.55	53.23	56.85	50.68	36.41	34.42	29.84
91.40	93.70	96.80	98.15	96.47	98.74	99.09
93.42	96.85	98.95	100.28	103.05	108.04	111.33
4.23	7.26	23.13	40.36	52.87	56.58	59.68
106.06	104.07	102.29	102.95	103.94	106.96	108.11
58.07	65.99	74.51	89.72	91.24	94.08	95.82
0.88	1.67	7.20	13.47	21.17	25.47	26.28
21.21	27.24	45.86	62.10	76.23	79.18	82.91
15.74	14.11	17.07	20.50	17.63	17.05	11.83
	0.29	0.85	1.61	1.89	2.21	3.84
14.38	27.61	46.61	65.44	75.90	78.35	83.10
11.31	12.10	19.17	24.39	30.37	30.39	31.42
243.28	237.86	231.35	224.34	225.32	226.59	228.74
126.07	116.54	116.25	126.99	132.91	137.83	142.78
18.15	30.52	46.82	61.27	76.10	84.38	85.29
13.18	21.18	36.77	48.58	62.46	69.54	72.07
4.84	4.08	10.14	24.12	35.34	43.30	41.99
0.69	1.18	1.75	4.03	5.02	6.15	6.60
0.50	0.40	1.42	3.44	7.13	7.18	6.18
		0.22	0.19	2.57	3.52	4.50
	0.27	0.22	0.72	3.47	4.73	5.60

3-1-54

指　　标	单位	全区	低收入20%	更低收入10%
总收入	**元/人**	**31565.94**	**11847.45**	**10633.57**
工资性收入	元/人	13899.67	1715.55	966.53
经营性收入	元/人	10578.15	7654.41	7259.25
第一产业经营收入	元/人	5628.06	6791.44	6559.40
农业	元/人	3186.63	3900.28	3540.25
牧业	元/人	2394.34	2836.20	2970.27
第二产业经营收入	元/人	610.17	21.04	0.16
采矿业	元/人	14.06		
制造业	元/人	146.94	20.96	
电力、热力、燃气及水生产和供应业	元/人	1.21		
建筑业	元/人	447.96	0.08	0.16
第三产业经营收入	元/人	4339.93	841.92	699.70
批发和零售业	元/人	2292.30	346.71	294.42
交通运输、仓储和邮政业	元/人	648.47	149.26	141.85
住宿和餐饮业	元/人	441.95	46.09	34.86
房地产业	元/人	13.39	0.20	
租赁和商务服务业	元/人	22.37	3.02	5.03
居民服务、修理和其他服务业	元/人	644.80	132.60	114.97
其他	元/人	168.97	10.39	
农林牧渔服务业	元/人	107.68	153.66	108.56
财产性收入	元/人	1332.35	222.02	191.33
利息收入	元/人	51.77	7.21	1.75
红利收入	元/人	53.11	4.74	6.31
储蓄性保险净收益	元/人	2.82	1.29	0.50
转让承包土地经营权租金净收入	元/人	120.91	91.00	82.69
出租房屋财产性收入	元/人	354.88	45.26	35.84
出租机械、专利、版权等资产的收入	元/人	10.97		
其他财产净收入	元/人	63.87	13.88	22.74
房屋虚拟租金	元/人	674.01	58.64	41.49

续表 6

最低收入5%	中低收入20%	中等收入20%	中高收入20%	高收入20%	更高收入10%	最高收入5%
11436.80	**17659.37**	**26694.65**	**39192.14**	**70025.90**	**86764.46**	**106540.04**
700.58	5660.03	12098.88	20139.73	34216.63	40466.89	42353.53
8221.06	8911.27	8630.50	8913.18	20191.58	29232.55	44895.91
7484.76	7131.06	5100.69	3467.92	5291.06	6551.84	9616.27
3320.73	4475.68	2969.37	1435.53	2867.00	3360.66	4792.00
4107.08	2589.76	2086.32	1972.58	2420.28	3187.84	4820.96
0.30	22.01	126.00	391.59	2834.03	4652.89	8618.89
			0.18	79.27	92.98	45.42
	0.53	58.07	26.49	709.36	1276.07	2519.31
		5.95				
0.30	21.48	61.98	364.92	2045.39	3283.84	6054.16
736.00	1758.20	3403.81	5053.67	12066.50	18027.81	26660.76
375.23	822.28	1530.23	2818.94	6769.99	9562.12	13078.17
76.17	346.41	600.07	656.65	1672.71	3065.56	4328.33
17.12	146.15	304.37	812.90	1047.45	1839.23	2975.97
		0.21	14.87	59.34		
	27.05	33.38	20.46	29.76	32.46	65.12
184.34	226.88	721.62	448.78	1899.68	2752.61	4833.19
	48.73	68.76	230.43	558.40	770.39	1372.13
83.15	140.70	145.17	50.65	29.16	5.44	7.85
261.03	499.88	1085.03	1663.94	3631.35	4804.71	6495.73
2.82	20.23	39.65	73.23	135.59	203.81	289.60
5.86	36.33	26.07	24.32	194.42	354.53	553.82
0.81	0.24	2.91		10.72	21.14	20.11
95.56	117.76	172.61	112.49	110.96	161.63	310.36
68.28	60.91	200.13	309.71	1316.42	1815.98	2731.85
	2.41	2.24	1.93	54.48	97.30	192.76
41.32	40.07	59.03	75.81	146.74	239.19	328.17
46.37	221.94	582.40	1066.45	1662.03	1911.14	2069.05

3-1-54

指　　标	单位	全区	低收入20%	更低收入10%
转移性收入	元/人	5755.77	2255.47	2216.46
养老金或离退休金	元/人	4067.90	307.84	319.10
社会救济和补助	元/人	173.71	354.31	266.83
政策性生活补贴	元/人	113.11	144.33	125.78
家庭外出从业人员寄回带回收入	元/人	96.23	73.77	70.81
赡养收入	元/人	149.60	36.74	23.02
报销医疗费	元/人	214.12	81.46	64.46
从政府和组织得到的实物产品和服务折价	元/人	7.24	2.87	1.43
现金政策性惠农补贴	元/人	795.19	1205.47	1311.62
其他转移性收入	元/人	138.66	48.68	33.42
非收入所得	元/人	957.46	890.21	851.68
出售资产所得	元/人	285.97	188.99	211.06
出售住房本金所得	元/人	67.72		
出售住房溢价所得	元/人			
出售股票、基金、收藏品本金所得	元/人	1.01		
出售股票、基金、收藏品所得	元/人	0.07		
出售生产性固定资产所得	元/人	13.91	33.39	6.99
拆迁征地补偿所得	元/人	166.82	113.76	122.05
出售其他财物和收回其他投资本金所得	元/人	36.42	41.84	82.01
非经常性转移所得	元/人	659.69	680.18	617.55
博彩所得	元/人	1.32	1.62	0.70
婚丧嫁娶礼金所得	元/人	213.16	277.69	200.13
遗产及一次性馈赠所得	元/人	77.86	36.13	17.28
一次性赔偿所得	元/人	19.89	27.75	38.24
提取住房公积金	元/人	16.28		
调查补贴	元/人	293.91	282.36	271.75
其他非经常性转移所得	元/人	37.27	54.63	89.46
其他非收入所得	元/人	11.80	21.04	23.07
借贷性所得	元/人	975.92	1366.19	1575.95
提取储蓄存款	元/人	153.01	181.15	41.80
借入款	元/人	395.58	666.58	705.27
收回借出款	元/人	65.31	52.99	90.37
收回储蓄性保险本金	元/人	1.31		
住房贷款	元/人	14.13		
汽车贷款	元/人	32.45		
教育贷款	元/人	3.28	7.74	6.21
其他贷款	元/人	268.44	401.41	637.96
其他借贷所得	元/人	42.42	56.32	94.34

续表 7

最低收入5%	中低收入20%	中等收入20%	中高收入20%	高收入20%	更高收入10%	最高收入5%
2254.14	2588.20	4880.24	8475.28	11986.34	12260.32	12794.86
351.63	585.53	3236.50	7244.75	10459.66	10778.28	11107.48
86.31	288.31	121.29	32.88	24.12	23.83	18.27
105.15	153.54	152.21	53.54	44.52	34.32	45.99
31.45	157.38	107.55	45.79	90.30	41.35	38.04
9.78	100.08	150.87	127.06	370.37	342.10	457.95
72.10	171.74	198.51	320.47	332.33	484.19	580.85
1.13	17.63	10.35	1.68	2.36	3.24	5.09
1563.97	1050.55	788.82	395.84	416.74	289.47	305.48
32.62	63.43	114.13	253.28	245.94	263.53	235.71
1045.86	1156.17	744.86	1059.54	933.77	1064.50	1217.94
291.15	445.70	217.94	454.47	109.05	146.66	292.50
	151.91		173.87	12.89	25.77	51.71
				5.72	11.43	22.93
		0.37				
2.05	13.91	17.52	0.44	0.33		
232.51	257.03	131.27	277.52	44.94	74.90	150.25
56.60	22.84	68.78	2.63	45.18	34.56	67.61
717.08	706.41	517.08	595.81	809.85	900.44	890.53
1.11	2.81	0.63	0.33	1.00		
310.47	284.49	97.39	129.60	269.76	303.24	185.81
15.19	63.21	82.76	81.33	137.36	107.13	87.70
58.42	27.10	9.70	14.23	19.25	35.41	70.36
		1.14	44.95	42.74	83.91	124.17
254.35	303.17	288.17	286.78	310.99	325.04	340.51
77.54	25.63	37.29	38.59	28.74	45.70	81.97
37.63	4.05	9.85	9.26	14.87	17.40	34.91
2306.46	1101.08	832.94	466.02	1054.82	913.59	1209.50
8.22	158.40	51.63	198.70	179.70	98.88	143.03
1226.81	536.74	523.38	75.93	87.02	123.56	
142.70	52.84	58.10	42.18	128.47	233.90	468.52
		3.16		3.78	7.53	15.10
	47.07	16.21	2.83	1.10		
				183.41	290.53	582.85
11.83	2.52	2.32	3.14			
835.79	211.53	130.03	139.91	470.92	158.34	
81.11	91.98	48.12	3.34	0.43	0.86	

3-1-54

指　标	单位	全区	低收入20%	更低收入10%
可支配收入	**元/人**	**26212.23**	**5037.90**	**2147.00**
工资性收入	元/人	13899.67	1715.55	966.53
经营净收入	元/人	6363.77	1367.61	-514.68
第一产业经营收入	元/人	2647.27	1011.11	-616.50
农业	元/人	1674.29	1122.87	564.55
牧业	元/人	943.20	-151.65	-1213.16
第二产业经营收入	元/人	427.25	8.46	-7.13
采矿业	元/人	10.14	-3.28	-6.60
制造业	元/人	103.81	11.70	-0.62
电力、热力、燃气及水生产和供应业	元/人	0.25		
建筑业	元/人	313.06	0.04	0.09
第三产业经营收入	元/人	3289.25	348.04	108.96
批发和零售业	元/人	1717.27	156.34	34.62
交通运输、仓储和邮政业	元/人	456.48	18.33	-9.62
住宿和餐饮业	元/人	339.22	14.09	-20.59
房地产业	元/人	12.84	0.20	
租赁和商务服务业	元/人	12.29	-1.34	-0.61
居民服务、修理和其他服务业	元/人	531.43	54.60	67.93
其他	元/人	131.62	-20.71	-53.75
农林牧渔服务业	元/人	88.10	126.52	90.96
财产性净收入	元/人	1287.63	166.69	96.08
利息收入	元/人	10.77	-46.06	-93.33
红利收入	元/人	53.11	4.74	6.31
储蓄性保险净收益	元/人	2.82	1.29	0.50
转让承包土地经营权租金净收入	元/人	120.91	91.00	82.69
出租房屋财产性收入	元/人	354.88	45.26	35.84
出租机械、专利、版权等资产的收入	元/人	10.97		
其他财产净收入	元/人	60.15	11.82	22.57
房屋虚拟租金	元/人	674.01	58.64	41.49

续表 8

最低收入5%	中低收入20%	中等收入20%	中高收入20%	高收入20%	更高收入10%	最高收入5%
-450.80	**13083.70**	**22695.81**	**35449.57**	**62234.06**	**76225.70**	**92710.89**
700.58	5660.03	12098.88	20139.73	34216.63	40466.89	42353.53
-2694.45	4840.90	5596.21	6526.80	15032.26	21803.56	34380.24
-2745.32	3729.64	2903.35	2157.73	3563.71	4651.21	6771.57
-231.21	2378.93	1770.69	975.36	2128.82	2572.56	3673.43
-2551.94	1302.40	1114.68	1132.63	1447.71	2076.31	3094.83
0.16	18.63	96.92	349.20	1898.18	3154.53	5796.41
	-1.36	-0.31	0.18	63.14	68.17	24.38
	0.36	43.51	15.22	505.82	880.41	1727.64
	0.00	2.95	-0.96	-0.98	-1.95	-3.91
0.16	19.63	50.76	334.77	1330.20	2207.90	4048.30
50.70	1092.63	2595.95	4019.87	9570.37	13997.82	21812.26
-8.45	533.66	1123.89	2269.61	5155.60	7046.54	10728.98
16.83	174.01	444.41	497.29	1305.72	2377.57	3397.50
-27.35	98.82	220.73	634.69	849.57	1478.00	2282.18
		0.21	13.94	57.24	-3.07	
-3.05	22.35	7.80	16.03	17.89	8.72	17.49
122.93	115.89	618.70	376.63	1684.13	2453.32	4269.11
-102.39	37.88	49.00	177.63	477.56	633.25	1113.05
52.17	110.02	131.20	34.05	22.65	3.50	3.94
124.41	466.56	1042.52	1630.16	3571.57	4724.51	6419.99
-133.80	-12.39	2.19	42.78	84.11	139.20	220.14
5.86	36.33	26.07	24.32	194.42	354.53	553.82
0.81	0.24	2.91		10.72	21.14	20.11
95.56	117.76	172.61	112.49	110.96	161.63	310.36
68.28	60.91	200.13	309.71	1316.42	1815.98	2731.85
	2.41	2.24	1.93	54.48	97.30	192.76
41.32	39.37	53.97	72.47	138.43	223.59	321.89
46.37	221.94	582.40	1066.45	1662.03	1911.14	2069.05

3-1-54

指　　标	单位	全区	低收入20%	更低收入10%
转移净收入	元/人	4661.16	1788.04	1599.07
转移性收入	元/人	4067.90	307.84	319.10
养老金或离退休金	元/人	3686.44	97.63	98.45
离退休金	元/人	205.41	22.32	24.23
城镇居民社会养老保险	元/人	97.18	155.86	157.52
新型农村养老保险	元/人	78.88	32.04	38.89
其他养老金	元/人	173.71	354.31	266.83
社会救济和补助	元/人	122.47	277.50	230.53
最低生活保障费	元/人	2.72	6.83	0.72
五保户救助金	元/人	23.24	41.53	12.98
扶贫款	元/人	2.15	4.04	4.48
救灾款	元/人	9.25	0.08	0.13
抚恤金	元/人	13.87	24.34	17.98
其他社会救济收入	元/人	113.11	144.33	125.78
政策性生活补贴	元/人	214.12	81.46	64.46
报销医疗费	元/人	96.23	73.77	70.81
家庭外出从业人员寄回带回收入	元/人	149.60	36.74	23.02
其他经常转移收入	元/人	138.66	48.68	33.42
失业保险金	元/人	0.86	0.17	0.34
经常性捐赠收入	元/人	9.04		
经常性赔偿收入	元/人	5.22		
其他转移性收入	元/人	123.55	48.51	33.09
从政府和组织得到的实物产品和服务折价	元/人	7.24	2.87	1.43
现金政策性惠农补贴	元/人	795.19	1205.47	1311.62
转移性支出	元/人	1094.61	467.43	617.39
个人所得税	元/人	37.98	0.05	
社会保障支出	元/人	975.05	430.47	587.99
个人缴纳的养老保险	元/人	655.38	193.59	267.84
个人缴纳的医疗保险	元/人	263.64	228.46	310.91
个人缴纳的失业保险	元/人	24.49	3.07	0.69
其他社会保障支出	元/人	31.55	5.35	8.55
外来从业人员寄给家人的支出	元/人	0.12		
赡养支出	元/人	36.20	19.00	16.34
其他转移性支出	元/人	45.26	17.91	13.06
经常性捐赠支出	元/人	6.41	0.77	0.03
经常性赔偿支出	元/人	0.07		
其他经常转移支出	元/人	38.78	17.14	13.03
实物可支配收入	元/人	784.31	-782.14	-1338.79

续表 9

最低收入5%	中低收入20%	中等收入20%	中高收入20%	高收入20%	更高收入10%	最高收入5%
1418.66	2116.21	3958.19	7152.88	9413.61	9230.75	9557.13
351.63	585.53	3236.50	7244.75	10459.66	10778.28	11107.48
166.98	272.91	2754.59	6674.41	10102.01	10558.12	10892.10
24.28	115.73	275.93	404.30	245.03	153.81	165.85
122.88	134.13	88.46	67.40	22.33	18.88	
37.48	62.76	117.52	98.63	90.29	47.46	49.53
86.31	288.31	121.29	32.88	24.12	23.83	18.27
63.72	212.52	66.28	6.61	11.68	1.09	
0.57	2.26	0.28	3.72			
7.09	26.49	38.04	3.94	0.50	0.14	0.28
7.01	3.02	1.85	0.09	1.35	2.16	4.33
	18.22	5.80	12.75	9.84	19.67	13.66
7.93	25.81	9.04	5.78	0.75	0.78	
105.15	153.54	152.21	53.54	44.52	34.32	45.99
72.10	171.74	198.51	320.47	332.33	484.19	580.85
31.45	157.38	107.55	45.79	90.30	41.35	38.04
9.78	100.08	150.87	127.06	370.37	342.10	457.95
32.62	63.43	114.13	253.28	245.94	263.53	235.71
	2.36	0.38	1.15	0.10	0.10	0.05
	10.81	11.77	3.51	20.69	32.73	65.67
	1.37	19.18		5.80	11.60	23.27
32.62	48.88	82.80	248.61	219.34	219.10	146.72
1.13	17.63	10.35	1.68	2.36	3.24	5.09
1563.97	1050.55	788.82	395.84	416.74	289.47	305.48
835.47	471.99	922.05	1322.40	2572.73	3029.57	3237.73
	1.65	13.34	33.18	161.91	243.95	342.41
806.05	426.51	829.37	1164.33	2272.44	2618.11	2701.21
341.72	280.24	571.69	807.80	1609.13	1862.57	1948.93
460.25	132.45	221.26	285.97	490.75	558.13	555.34
	4.43	18.23	33.68	72.43	90.17	81.67
4.08	9.39	18.19	36.88	100.13	107.25	115.26
	0.44		0.04	0.07	0.15	
27.52	21.69	30.84	49.60	66.71	85.25	88.07
1.90	21.70	48.50	75.24	71.60	82.11	106.04
	10.20	4.09	12.65	4.73	4.41	8.75
			0.03	0.34	0.67	1.12
1.90	11.50	44.41	62.56	66.54	77.03	96.17
-2003.63	488.62	1221.32	1295.74	2012.17	2150.73	2251.15

3-1-54

指　标	单位	全区	低收入20%	更低收入10%
总支出	**元/人**	**28369.35**	**19099.92**	**20314.42**
消费支出	元/人	18945.54	9887.32	9599.39
生产经营费用支出	元/人	3552.91	5233.34	6349.61
第一产业经营费用支出	元/人	2549.44	4862.51	5878.63
农业	元/人	1338.71	2458.57	2660.93
牧业	元/人	1194.37	2389.75	3201.42
第二产业经营费用支出	元/人	152.75	11.36	6.67
采矿业	元/人	1.97	3.28	6.60
制造业	元/人	36.74	8.05	
电力、热力、燃气及水生产和供应业	元/人	0.91		
建筑业	元/人	113.12	0.04	0.07
第三产业经营费用支出	元/人	850.72	359.47	464.31
批发和零售业	元/人	486.32	153.32	240.19
交通运输、仓储和邮政业	元/人	138.92	75.59	66.11
住宿和餐饮业	元/人	83.99	28.71	49.41
房地产业	元/人	0.55		
租赁和商务服务业	元/人	3.72	3.96	4.85
居民服务、修理和其他服务业	元/人	87.67	50.93	41.09
其他	元/人	33.36	29.96	53.75
农林牧渔服务业	元/人	16.18	17.00	8.91
财产性支出	元/人	44.72	55.33	95.25
生活贷款利息支出	元/人	41.00	53.27	95.08
住房贷款利息支出	元/人	12.15	1.10	
其他生活贷款利息支出	元/人	28.85	52.17	95.08
其他财产性支出	元/人	3.72	2.06	0.17
非储蓄性财产保险支出	元/人	1.27	1.29	0.17
其他财产性支出	元/人	2.45	0.77	

续表 10

	中低收入20%	中等收入20%	中高收入20%	高收入20%		
					更高收入10%	
最低收入5%						最高收入5%
25205.13	**19525.10**	**25633.36**	**30874.90**	**50912.93**	**61023.68**	**69333.35**
10524.16	12014.09	16983.90	23189.98	36164.40	43116.63	49090.48
8927.43	3426.78	2572.19	2048.07	4381.91	6510.88	9158.37
8301.31	2914.13	1927.30	1170.80	1462.30	1620.96	2385.34
3245.34	1835.77	1060.04	409.96	676.34	734.94	1061.39
5036.85	1061.90	840.83	750.87	771.83	885.01	1323.95
0.14	3.16	25.65	31.72	782.37	1324.76	2562.50
	1.36	0.31		5.14	7.95	4.22
	0.10	12.75	4.63	178.16	353.37	708.16
		2.86	0.82	0.98	1.95	3.91
0.14	1.70	9.74	26.27	598.10	961.49	1846.21
625.99	509.50	619.24	845.56	2137.24	3565.16	4210.53
376.42	232.70	322.29	470.03	1407.33	2279.13	2057.72
42.23	115.72	119.43	109.33	298.54	558.75	735.81
33.86	29.34	70.10	144.15	169.73	327.24	654.89
			0.93	2.10	3.07	
2.56	4.00	5.81	3.69	0.74	1.48	2.97
54.11	90.14	75.20	54.04	179.82	263.93	501.77
102.39	10.84	14.21	46.82	72.48	129.61	253.47
14.42	26.75	12.20	16.57	6.51	1.95	3.91
136.62	33.32	42.51	33.79	59.79	80.21	75.74
136.62	32.62	37.45	30.45	51.48	64.60	69.46
	11.69	15.98	15.53	18.22	21.25	25.09
136.62	20.94	21.47	14.92	33.26	43.35	44.37
	0.70	5.06	3.34	8.31	15.61	6.28
	0.64	0.70	0.20	3.81	6.91	1.06
	0.05	4.36	3.13	4.50	8.69	5.23

3-1-54

指　　标	单位	全区	低收入20%	
				更低收入10%
转移性支出	元/人	1094.61	467.43	617.39
个人所得税	元/人	37.98	0.05	
社会保障支出	元/人	975.05	430.47	587.99
个人缴纳的养老保险	元/人	655.38	193.59	267.84
个人缴纳的医疗保险	元/人	263.64	228.46	310.91
个人缴纳的失业保险	元/人	24.49	3.07	0.69
其他社会保障支出	元/人	31.55	5.35	8.55
外来从业人员寄给家人的支出	元/人	0.12		
赡养支出	元/人	36.20	19.00	16.34
其他转移性支出	元/人	45.26	17.91	13.06
部分商业保险支出	元/人	133.66	74.30	70.40
意外伤害保险	元/人	16.84	8.08	11.11
商业医疗保险(含大病保险)	元/人	42.52	16.82	4.87
其他非储蓄性商业保险	元/人	32.40	21.72	23.34
其他储蓄性商业保险	元/人	41.89	27.68	31.08
购置资产及非经常性转移支出	元/人	3035.38	2154.72	2289.29
购置资产支出	元/人	745.77	608.44	791.00
建造住房支出	元/人	37.89	56.03	18.10
建造住房材料	元/人	27.76	42.25	16.98
建造住房雇工	元/人	10.13	13.78	1.12
购买住房支出	元/人	378.82	55.16	43.43
购建第一产业生产性固定资产支出	元/人	241.32	386.28	552.70
购买或建造农业生产性用房	元/人	40.26	81.90	107.60
购买用房建筑材料	元/人	31.77	64.75	81.24
建筑农业生产用房雇工	元/人	6.34	16.06	24.51
购买农业生产用房	元/人			
其他	元/人	2.14	1.09	1.85
购买役畜	元/人	15.39	26.45	36.54
购买产品畜	元/人	45.05	77.18	116.43
购买或建造农业设施	元/人	25.94	23.86	23.49
大棚、温室	元/人	7.76	1.24	2.49
自备井	元/人	7.87	14.89	8.54
喷灌设施	元/人	0.58	0.48	
其他农业设施	元/人	9.74	7.25	12.47

续表 11

最低收入5%	中低收入20%	中等收入20%	中高收入20%	高收入20%	更高收入10%	最高收入5%
835.47	471.99	922.05	1322.40	2572.73	3029.57	3237.73
	1.65	13.34	33.18	161.91	243.95	342.41
806.05	426.51	829.37	1164.33	2272.44	2618.11	2701.21
341.72	280.24	571.69	807.80	1609.13	1862.57	1948.93
460.25	132.45	221.26	285.97	490.75	558.13	555.34
	4.43	18.23	33.68	72.43	90.17	81.67
4.08	9.39	18.19	36.88	100.13	107.25	115.26
	0.44		0.04	0.07	0.15	
27.52	21.69	30.84	49.60	66.71	85.25	88.07
1.90	21.70	48.50	75.24	71.60	82.11	106.04
30.03	68.45	179.10	133.60	233.30	295.16	326.53
4.55	5.37	24.04	27.46	21.89	32.61	50.49
7.49	23.73	47.62	52.33	80.46	116.28	114.56
14.07	25.84	47.75	22.62	46.26	57.87	104.06
3.92	13.51	59.70	31.20	84.69	88.41	57.42
2792.18	2030.62	3339.64	3014.31	5005.46	5309.63	5222.06
920.28	431.61	1093.22	473.92	1186.22	916.49	96.14
7.27	50.97	25.47	36.26	15.83	15.71	16.32
5.13	34.50	24.05	25.40	8.65	8.47	5.11
2.14	16.47	1.41	10.85	7.18	7.24	11.21
81.86	87.15	562.03	326.31	974.44	743.47	
576.08	255.30	296.19	65.57	171.51	148.62	65.66
91.28	30.82	38.93	8.78	35.87	63.44	11.43
85.01	22.12	29.14	8.78	30.69	53.27	11.43
5.74	8.47	4.66		0.59	0.98	
0.53	0.24	5.13		4.60	9.20	
0.80	21.04	2.73	24.33			
134.63	72.63	26.40	8.59	32.60	5.89	11.82
40.02	39.21	45.55	4.41	12.83	2.55	5.12
	16.69	19.24				
16.27	2.23	20.49				
	0.70		1.10	0.65	1.30	2.61
23.75	19.59	5.82	3.31	12.17	1.25	2.51

3-1-54

指　　标	单位	全区	低收入20%	
				更低收入10%
购买农业机械	元/人	114.68	176.89	268.63
大中型农用拖拉机	元/人	29.00	27.06	1.70
小型(手扶)农用拖拉机	元/人	18.79	19.73	37.22
农用排灌动力机械	元/人			
插秧机	元/人	0.32	1.46	
收割机	元/人	0.39		
脱粒机	元/人	1.45	1.60	0.72
其他农业机械	元/人	64.73	127.03	229.00
购建第二产业生产性固定资产支出	元/人	0.44		
采矿业	元/人			
制造业	元/人	0.08		
电力、热力、燃气及水生产和供应业	元/人	0.36		
建筑业	元/人			
购建第三产业生产性固定资产支出	元/人	65.15	43.18	50.01
批发和零售业	元/人	5.96	14.97	
交通运输、仓储和邮政业	元/人	48.72	21.21	42.67
住宿和餐饮业	元/人	3.39	2.96	
房地产业	元/人	2.64		
租赁和商务服务业	元/人	0.66	1.19	2.40
居民服务、修理和其他服务业	元/人	3.74	2.67	4.60
其他	元/人	0.04	0.17	0.34
购建其他资产支出	元/人	22.16	67.79	126.76
非经常性转移支出	元/人	2289.61	1546.27	1498.29
博彩支出	元/人	4.07	2.46	3.52
婚丧嫁娶礼金支出	元/人	1619.69	1173.42	1145.37
一次性赔偿支出	元/人	1.75	1.63	1.40
一次性馈赠支出	元/人	565.57	281.76	264.60
婚丧嫁娶宴请支出	元/人	21.10	32.80	7.01
其他非经常性转移支出	元/人	77.43	54.20	76.39
借贷性支出	元/人	1562.53	1227.49	1293.09
存入储蓄款	元/人	233.96	101.00	2.31
借出款	元/人	22.44	6.91	8.92
归还借款	元/人	511.48	669.37	746.85
购买有价证券	元/人	1.10		
其他投资支出	元/人	1.56		
归还住房贷款	元/人	387.13	20.23	
归还汽车贷款	元/人	80.89	15.71	0.64
归还教育贷款	元/人	4.58		
归还其他贷款	元/人	304.90	395.11	522.28
其他借贷支出	元/人	14.50	19.15	12.10

续表 12

最低收入5%	中低收入20%	中等收入20%	中高收入20%	高收入20%	更高收入10%	最高收入5%
309.37	91.61	182.58	19.47	90.21	76.73	37.29
3.23	22.36	65.32		28.70	57.40	
25.82	16.35	33.42	2.81	20.85		
	1.81					
	1.52	0.88		3.37		
280.31	49.58	82.95	16.66	37.29	19.33	37.29
		1.38		0.88	0.88	
				0.44	0.88	
		1.38		0.44		
13.61	35.83	201.34	16.38	23.26	7.82	14.16
	5.90	5.80	1.09	0.38	0.29	0.58
	26.80	186.08		3.24	6.33	12.70
			14.55			
				14.91		
4.56		1.91		0.10	0.19	0.39
8.39	3.13	7.54	0.74	4.62	0.96	0.49
0.65	0.00			0.02	0.04	
241.46	2.36	6.81	29.39	0.29		
1871.89	1599.01	2246.43	2540.39	3819.23	4393.14	5125.92
1.85	1.64	4.07	5.54	7.41	8.24	9.17
1402.23	1181.33	1637.66	1821.03	2462.25	2606.61	2745.85
2.63	0.93	0.22	1.53	4.89	1.24	2.35
317.66	271.81	517.45	661.07	1222.66	1618.56	2155.55
13.35	43.88	11.13	2.17	10.80	19.16	31.71
134.17	99.41	75.90	49.06	111.22	139.32	181.28
1959.25	1479.85	1593.95	1132.75	2495.35	2681.60	2222.43
	445.53	302.11	93.71	211.24	364.35	3.36
7.78	36.53	45.45	16.65	4.07	1.39	2.47
1303.09	462.33	534.32	269.51	609.94	359.93	254.01
		0.02	5.48	0.35	0.69	
	3.44		1.65	2.85	5.70	8.39
	132.32	334.20	426.20	1164.41	1520.64	1717.16
	73.76	45.45	133.46	153.91	263.50	129.48
	9.50	2.83	5.52	5.20		
625.34	302.34	326.53	180.51	305.53	108.78	80.38
23.04	14.09	3.04	0.07	37.86	56.62	27.18

3-1-54

指　　标	单位	全区	低收入20%	
				更低收入10%
消费支出	**元/人**	**18945.54**	**9887.32**	**9599.39**
#通过互联网购买的商品和服务	元/人	110.40	8.07	6.43
#消费支出中服务消费支出	元/人	7066.25	3563.43	3229.03
食品烟酒	元/人	5205.27	2942.78	2962.83
食品	元/人	3484.60	2244.09	2250.05
谷物	元/人	548.72	522.02	518.39
薯类	元/人	82.84	96.39	91.74
豆类	元/人	41.97	26.30	22.11
食用油	元/人	109.83	78.21	79.55
蔬菜和食用菌	元/人	345.34	182.76	187.32
肉类	元/人	1084.82	678.70	670.22
禽类	元/人	97.87	64.82	63.34
水产品	元/人	102.04	40.20	37.49
蛋类	元/人	69.68	45.73	43.21
奶类	元/人	234.55	113.55	129.26
干鲜瓜果类	元/人	390.85	171.27	174.19
糖果糕点类	元/人	105.94	58.26	64.01
其他食品	元/人	270.15	165.87	169.20
烟酒	元/人	595.95	448.38	471.05
烟草	元/人	350.57	281.45	296.91
酒类	元/人	245.37	166.93	174.14
饮料	元/人	95.06	46.29	52.12
饮食服务	元/人	1029.66	204.02	189.61
食堂用餐	元/人	80.11	25.22	11.21
其他在外饮食	元/人	942.19	167.58	168.89
食品加工服务费	元/人	7.36	11.22	9.51
衣着	元/人	1866.18	668.53	709.63
衣类	元/人	1436.47	492.61	523.27
鞋类	元/人	429.70	175.91	186.36
居住	元/人	3323.98	1620.32	1582.51
租赁房房租	元/人	126.39	58.92	69.52
住房维修及管理	元/人	609.76	297.40	320.39
水电燃料及其他	元/人	992.58	630.37	633.84
自有住房折算租金	元/人	1595.25	633.63	558.77

续表 13

最低收入5%	中低收入20%	中等收入20%	中高收入20%	高收入20%	更高收入10%	最高收入5%
10524.16	**12014.09**	**16983.90**	**23189.98**	**36164.40**	**43116.63**	**49090.48**
7.83	36.15	60.49	139.43	352.07	427.19	487.20
3552.59	4439.89	6369.69	8729.98	13564.09	16352.67	18151.43
3118.51	3405.25	4749.01	6658.31	9131.53	10241.89	10699.56
2339.62	2581.84	3374.03	4460.88	5183.22	5489.07	5620.48
541.17	509.28	529.17	557.91	641.90	615.67	601.40
79.02	88.42	73.34	77.88	75.68	71.27	68.70
18.80	36.62	47.44	51.75	50.92	52.57	55.52
82.76	91.02	106.63	133.88	149.35	153.10	158.34
199.76	242.07	358.31	469.62	522.08	563.32	598.79
725.84	779.54	1044.99	1460.52	1597.05	1705.10	1682.40
61.18	81.74	102.43	120.72	128.24	127.00	135.57
35.60	52.62	89.16	152.71	198.42	225.54	253.45
38.79	56.44	70.48	84.90	97.89	103.67	110.49
140.34	144.81	225.02	305.66	426.58	463.73	452.18
171.79	234.59	372.52	525.41	726.61	807.29	883.90
79.69	67.26	103.34	135.63	182.54	202.25	215.59
164.87	197.42	251.20	384.29	385.97	398.56	404.14
504.47	450.11	535.41	642.03	973.86	1134.13	1263.76
321.69	287.80	328.46	362.02	524.51	612.67	656.06
182.78	162.31	206.94	280.01	449.34	521.46	607.70
61.55	49.24	83.03	118.39	199.28	230.07	270.99
212.86	324.05	756.55	1437.01	2775.17	3388.62	3544.33
12.84	33.62	73.28	120.01	168.97	223.60	244.58
192.92	281.02	676.16	1313.81	2601.32	3162.27	3296.98
7.10	9.41	7.11	3.18	4.88	2.75	2.76
833.41	928.11	1529.57	2485.74	4195.43	4996.64	5687.15
618.71	689.64	1172.16	1926.35	3278.48	3924.18	4524.81
214.70	238.47	357.41	559.39	916.95	1072.46	1162.34
1684.91	2216.69	3246.93	4228.73	5875.38	6498.59	6881.59
78.92	74.12	145.47	173.55	200.17	247.15	274.27
383.17	426.08	646.10	680.65	1097.48	1221.86	1367.37
634.28	750.14	960.50	1232.82	1510.45	1618.81	1580.56
588.53	966.34	1494.85	2141.72	3067.27	3410.76	3659.39

3-1-54

指　　标	单位	全区	低收入20%	更低收入10%
生活用品及服务	元/人	1199.85	438.72	422.84
家具及室内装饰品	元/人	264.34	82.78	64.35
家用器具	元/人	250.13	69.82	60.94
家用纺织品	元/人	107.62	37.86	34.31
家庭日用杂品	元/人	299.58	171.27	179.88
个人用品	元/人	234.64	68.04	70.60
家庭服务	元/人	43.54	8.96	12.76
家政服务	元/人	22.04	1.77	3.02
交通通信	元/人	2914.92	1521.79	1506.79
交通	元/人	2061.53	1014.90	982.98
交通工具	元/人	828.64	351.11	290.22
交通费	元/人	316.18	164.32	173.74
交通工具用燃料	元/人	566.99	307.76	316.30
交通工具使用及维修	元/人	349.72	191.71	202.72
车辆保险支出	元/人	108.22	38.05	26.41
通信	元/人	853.39	506.89	523.81
通信工具	元/人	267.79	158.61	152.48
通信服务	元/人	585.60	348.29	371.33
教育文化娱乐	元/人	2227.80	1451.64	1271.02
教育	元/人	1302.92	1241.61	1047.49
学前教育	元/人	137.88	52.32	44.11
小学教育	元/人	169.80	135.37	138.15
初中教育	元/人	135.60	147.71	135.35
高中教育	元/人	204.50	252.39	204.17
中专职高教育	元/人	29.54	43.07	45.61
大专及以上教育	元/人	521.08	546.34	410.33
成人教育	元/人	104.52	64.42	69.76
文化娱乐	元/人	924.87	210.04	223.53
文娱耐用消费品	元/人	128.16	44.59	52.23
其他文娱用品	元/人	219.86	95.71	93.09
文化娱乐服务	元/人	576.86	69.74	78.22
医疗保健	元/人	1653.76	1051.95	964.18
医疗器具及药品	元/人	680.49	417.34	427.02
医疗服务	元/人	973.27	634.61	537.16
门诊总费用	元/人	372.44	296.03	252.16
住院总费用	元/人	600.84	338.58	285.00
其他用品和服务	元/人	553.78	191.58	179.58
其他用品	元/人	337.04	106.32	100.16
其他服务	元/人	216.74	85.26	79.42

续表 14

最低收入5%	中低收入20%	中等收入20%	中高收入20%	高收入20%	更高收入10%	最高收入5%
490.91	532.70	1054.88	1516.79	2769.11	3293.27	3577.62
97.05	84.70	221.03	324.00	690.55	904.98	1005.80
57.59	101.14	225.11	294.82	632.63	745.37	857.69
38.99	55.81	103.30	135.44	231.15	256.26	258.39
196.92	178.17	277.42	414.11	507.18	532.37	548.75
80.81	101.41	191.39	306.65	573.00	692.23	780.63
19.55	11.47	36.63	41.78	134.60	162.06	126.36
5.55	1.73	12.09	15.94	89.45	105.53	62.15
1781.00	1903.19	2379.21	3101.06	6263.88	8201.91	10703.00
1194.79	1284.33	1580.16	2077.64	4820.93	6570.83	9026.09
316.14	564.23	577.94	672.50	2188.30	3450.95	5500.33
203.45	169.27	251.18	373.08	694.21	805.03	944.07
418.87	335.30	469.86	641.25	1197.67	1377.29	1476.67
256.33	215.52	281.18	390.81	740.75	937.56	1105.02
34.32	57.80	74.23	126.54	274.76	379.22	478.11
586.21	618.87	799.05	1023.43	1442.95	1631.09	1676.92
176.71	197.91	225.72	317.34	481.64	571.47	594.61
409.50	420.96	573.33	706.08	961.31	1059.62	1082.31
1389.25	1677.94	2019.16	2512.44	3780.61	4736.63	5492.03
1148.77	1362.77	1317.13	1259.19	1335.67	1405.23	1273.31
36.90	118.98	157.15	157.46	222.46	226.72	218.19
119.66	175.03	183.44	188.23	170.27	159.41	169.63
126.10	139.92	115.27	134.49	140.07	156.50	164.69
229.58	263.35	183.27	153.94	152.81	197.36	133.67
62.98	31.52	26.47	19.16	25.21	22.43	0.34
456.95	577.93	575.38	456.99	427.23	378.30	304.83
116.60	56.04	76.15	148.92	197.61	264.51	281.96
240.48	315.17	702.04	1253.25	2444.94	3331.40	4218.72
52.97	62.00	79.00	171.52	320.88	436.82	540.78
98.83	120.23	184.96	294.98	452.59	499.70	528.15
88.68	132.94	438.08	786.75	1671.48	2394.88	3149.80
1048.49	1123.06	1571.61	2024.68	2732.71	3381.08	3819.28
440.44	437.04	650.79	806.05	1198.04	1378.47	1476.68
608.05	686.02	920.83	1218.62	1534.67	2002.62	2342.59
243.89	266.26	323.33	429.10	590.70	713.49	811.37
364.16	419.76	597.50	789.52	943.97	1289.13	1531.22
177.68	227.15	433.54	662.23	1415.74	1766.62	2230.26
108.46	141.05	224.84	383.42	936.57	1200.02	1603.10
69.22	86.10	208.69	278.82	479.17	566.60	627.15

3-1-54

指　标	单位	合计	低收入20%	
				更低收入10%
食品消费量				
粮食消费量	公斤/人	152.30	165.33	161.71
谷物消费量	公斤/人	139.86	154.91	152.65
小麦	公斤/人	75.29	76.23	78.22
稻谷	公斤/人	48.19	52.81	50.73
玉米	公斤/人	4.58	9.81	7.75
其他谷物	公斤/人	11.81	16.06	15.95
薯类消费量	公斤/人	5.19	5.55	5.02
红薯	公斤/人	0.50	0.22	0.22
马铃薯	公斤/人	4.11	4.95	4.50
其他薯类	公斤/人	0.58	0.38	0.30
豆类消费量	公斤/人	7.24	4.88	4.04
大豆	公斤/人	0.80	1.00	0.67
其他豆类	公斤/人	6.44	3.88	3.37
油脂类消费量	公斤/人	8.34	6.27	6.52
植物油	公斤/人	8.07	5.89	6.16
动物油	公斤/人	0.27	0.38	0.36
蔬菜及菜制品消费量	公斤/人	87.50	64.23	60.58
鲜菜	公斤/人	84.96	63.19	59.51
肉类	公斤/人	33.76	25.61	24.88
猪肉	公斤/人	17.00	16.97	15.37
牛肉	公斤/人	4.28	1.97	2.38
羊肉	公斤/人	8.95	5.26	5.93
禽类	公斤/人	5.26	3.89	3.85
鸡	公斤/人	3.90	3.15	3.17
水产品	公斤/人	4.90	2.82	2.74
鱼类	公斤/人	3.84	2.46	2.41
蛋类及蛋制品	公斤/人	9.09	6.84	6.50
鲜蛋	公斤/人	8.91	6.79	6.47
奶和奶制品	公斤/人	22.70	11.49	12.52
鲜奶	公斤/人	16.93	8.59	9.22
干鲜瓜果类	公斤/人	56.25	34.76	35.75
鲜瓜果	公斤/人	51.34	32.50	33.53
糖果糕点类	公斤/人	6.72	4.68	5.14
糕点	公斤/人	4.12	2.69	3.06
茶叶	公斤/人	0.40	0.37	0.48
酒	公斤/人	13.95	17.82	17.95
白酒	公斤/人	5.28	6.78	6.80
啤酒	公斤/人	8.58	11.02	11.13
果酒	公斤/人	0.09	0.02	0.02

续表 15

	中低收入20%	中等收入20%	中高收入20%	高收入20%		
最低收入5%					更高收入10%	最高收入5%
161.00	153.48	147.93	145.65	147.07	145.92	142.56
153.42	141.43	134.79	131.65	134.15	133.32	130.05
83.14	75.02	76.45	73.45	75.07	75.14	74.00
51.03	49.08	46.60	45.31	46.36	46.17	42.96
5.93	3.58	2.17	3.19	3.66	3.02	4.34
13.32	13.75	9.56	9.70	9.06	8.99	8.74
4.39	5.52	4.78	5.11	4.93	4.47	4.09
0.17	0.36	0.49	0.75	0.75	0.73	0.70
3.97	4.60	3.65	3.66	3.51	3.09	2.72
0.25	0.55	0.65	0.70	0.67	0.65	0.67
3.19	6.53	8.36	8.88	7.99	8.13	8.42
0.43	1.10	0.72	0.53	0.59	0.51	0.53
2.76	5.42	7.64	8.35	7.40	7.62	7.90
6.73	7.42	8.08	10.23	10.26	9.77	9.88
6.44	7.01	7.93	10.03	10.10	9.62	9.69
0.29	0.41	0.15	0.20	0.16	0.16	0.20
61.12	75.52	92.94	104.79	105.80	108.53	111.46
60.00	73.70	90.00	101.23	102.10	104.75	107.43
26.65	28.31	33.15	41.11	43.23	44.33	43.89
14.79	18.12	16.61	16.20	16.98	16.45	16.31
3.10	2.27	4.24	6.54	7.16	7.67	7.53
7.35	5.74	8.61	13.26	13.15	14.00	13.08
3.66	4.83	5.49	6.29	6.11	5.86	6.16
2.94	3.81	4.04	4.48	4.14	3.99	4.09
2.64	3.52	4.84	6.70	7.26	7.36	7.82
2.24	3.09	3.80	5.04	5.19	5.15	5.26
5.72	8.01	9.37	10.72	11.09	11.18	11.39
5.68	7.95	9.19	10.47	10.70	10.80	11.03
13.97	14.91	21.08	31.05	38.82	41.18	37.55
10.05	11.34	15.36	23.77	28.43	30.17	26.65
34.72	43.72	57.28	68.30	83.69	88.05	95.61
32.61	40.37	52.03	61.68	75.87	80.03	86.75
6.07	5.20	7.01	7.96	9.40	9.87	10.21
3.58	3.09	4.14	5.13	6.02	6.32	6.57
0.61	0.30	0.33	0.39	0.65	0.66	0.66
18.90	13.98	12.81	12.04	12.51	11.67	10.19
6.73	5.28	4.44	4.52	5.22	5.37	5.14
12.16	8.66	8.22	7.43	7.12	6.14	4.91
0.01	0.04	0.16	0.09	0.16	0.16	0.14

3-1-55 城镇居民收入

指 标	单位	全区	低收入20%	
				更低收入10%
住户经营情况				
生产经营户	%	30.06	34.73	38.08
#农业生产经营户	%	6.06	13.55	18.46
非生产经营户	%	69.94	65.27	61.92
户主文化程度				
未上过学	%	0.82	1.95	1.77
小学	%	7.34	14.74	13.83
初中	%	37.53	54.71	87.94
高中	%	26.81	21.67	57.45
大学专科	%	17.64	5.86	29.43
大学本科	%	9.51	1.07	9.22
研究生	%	0.35		0.35
按家庭规模分的住户类型				
一人户	%	4.47	3.02	5.67
二人户	%	33.77	22.91	48.58
三人户	%	48.10	47.25	109.22
四人户	%	10.96	22.02	30.14
五人户	%	2.38	4.26	5.32
六人及以上户	%	0.32	0.53	1.06
按世代分的住户类型				
一代户	%	35.09	21.84	46.45
二代户	%	60.27	70.70	141.49
三代户	%	4.58	7.28	12.06
四代及以上户	%	0.07	0.18	
住户特征		51.12	51.50	110.64
纯老人户	%	13.66	7.99	17.02
家中有未成年子女户	%	32.67	39.96	83.69
年轻夫妻无子女户	%	1.31		1.42
无劳动力户	%	3.48	3.55	8.51

不等距九组分组(2017年)

最低收入5%	中低收入20%	中等收入20%	中高收入20%	高收入20%	更高收入10%	最高收入5%
40.16	26.27	27.01	27.50	34.25	42.24	49.62
24.59	5.10	3.79	3.86	2.98	3.35	4.58
59.84	73.73	72.99	72.50	65.75	57.76	50.38
3.55		0.35		0.35	0.35	
28.37	5.50	2.48	5.50	2.48	2.84	1.41
151.06	30.85	20.39	30.89	20.39	20.56	23.94
119.15	29.26	24.64	29.29	24.64	20.56	18.31
68.09	20.26	30.33	20.28	30.33	33.35	33.80
29.79	13.30	21.10	13.32	21.10	21.98	22.54
0.71	0.71	0.71	0.71	0.71	0.35	
12.77	5.32	7.98	5.33	7.98	9.57	8.45
148.23	39.58	45.03	39.64	45.03	46.79	42.25
198.58	48.40	40.61	48.47	40.61	36.19	41.55
32.62	4.61	4.96	4.62	4.96	6.03	7.04
8.51	1.60	1.24	1.60	1.24	1.42	0.70
	0.35	0.18	0.36	0.18		
146.81	42.95	50.70	43.01	50.70	54.59	47.89
236.88	53.37	47.35	53.44	47.35	43.63	51.41
17.02	3.37	1.95	3.37	1.95	1.77	0.70
	0.18		0.18			
217.02	50.40	44.14	50.47	44.14	39.00	35.21
77.30	16.89	15.60	16.91	15.60	13.83	7.75
124.11	28.01	22.51	28.05	22.51	21.27	23.94
2.84	1.06	4.08	1.07	4.08	2.84	2.82
12.77	4.43	1.95	4.44	1.95	1.06	0.70

3-1-55

指 标	单位	全区	低收入20%	更低收入10%
家庭常住成员数	**人/户**	**2.72**	**2.99**	**2.96**
常住成员情况				
性别				
男性	%	49.32	48.15	48.26
女性	%	50.68	51.85	51.74
年龄				
5岁及以下	%	3.10	3.98	4.64
6-15岁	%	9.96	11.95	11.25
16-19岁	%	4.01	6.44	6.61
20-24岁	%	4.95	6.80	6.61
25-29岁	%	4.77	4.69	4.76
30-34岁	%	6.44	4.57	4.52
35-40岁	%	11.31	10.13	9.98
41-50岁	%	23.39	27.12	25.99
51-60岁	%	18.21	14.65	15.20
61-65岁	%	6.27	3.87	3.71
66岁及以上	%	7.58	5.80	6.73
参加医疗保险情况				
新型农村合作医疗	%	19.45	42.64	49.19
城镇职工基本医疗保险	%	31.69	8.96	5.68
城镇居民基本医疗保险	%	31.41	33.51	31.67
公费医疗	%	0.88	0.29	0.23
商业医疗保险	%	1.41	1.00	0.23
其他医疗保险	%	3.31	3.75	2.32
没有参加任何医疗保险	%	12.22	10.37	10.67
受教育程度				
未上过学	%	2.04	3.51	3.36
小学	%	14.51	20.33	21.46
初中	%	29.88	41.53	43.16
高中	%	22.13	18.16	16.71
大学专科	%	16.78	8.26	6.73
大学本科	%	11.09	4.17	3.94
研究生	%	0.48	0.06	
劳动力人数	**人/户**	**2.02**	**1.97**	**1.93**
整劳动力人数	人/户	1.10	1.20	1.14
半劳动力人数	人/户	0.92	0.77	0.79
从业人数	**人/户**	**1.48**	**1.40**	**1.34**

续表 1

最低收入5%	中低收入20%	中等收入20%	中高收入20%	高收入20%	更高收入10%	最高收入5%
2.91	**2.91**	**2.66**	**2.56**	**2.46**	**3.09**	**2.49**
48.84	49.30	50.00	51.30	50.61	51.38	51.41
51.16	50.70	50.00	48.70	49.39	48.62	48.59
4.65	3.89	2.37	2.88	2.30	2.04	2.26
12.79	12.39	9.67	8.65	7.39	7.59	7.91
5.81	4.31	4.14	2.75	2.66	2.19	1.69
6.98	5.83	4.61	3.84	4.02	3.65	4.80
3.72	4.68	4.80	4.53	5.60	5.70	7.06
4.65	6.98	5.86	7.14	8.18	6.57	8.19
9.30	13.05	10.72	11.67	10.84	9.78	9.89
25.35	23.32	24.28	21.90	20.38	21.89	23.45
13.95	15.18	15.53	19.57	24.63	28.34	28.81
4.42	4.86	7.57	8.96	6.68	5.84	3.39
8.37	5.53	10.46	8.10	7.32	6.42	2.54
51.86	27.26	17.70	13.94	14.21	15.18	17.80
4.65	23.13	35.07	42.40	47.03	46.88	41.24
28.84	32.73	30.86	24.17	19.59	18.83	20.62
	0.24	0.33	1.44	1.36	1.75	1.69
0.23	1.58	1.45	1.65	1.94	2.04	1.69
3.02	3.89	3.22	2.81	2.37	2.19	1.69
11.40	11.66	12.11	13.80	14.07	13.72	15.54
4.19	2.61	1.38	1.17	1.58	1.61	1.69
23.72	16.15	14.34	11.40	6.96	7.15	5.65
44.65	34.30	31.38	24.60	17.94	17.51	18.64
13.95	22.04	25.46	25.82	22.61	20.43	17.80
5.81	13.72	16.12	18.42	25.78	26.88	27.12
3.02	7.16	8.62	14.97	21.61	23.07	25.71
	0.12	0.33	0.76	1.22	1.31	1.13
1.82	**2.03**	**2.05**	**2.00**	**2.05**	**2.08**	**2.14**
1.09	1.23	1.06	1.06	0.94	0.91	0.98
0.73	0.80	0.99	0.95	1.11	1.16	1.16
1.28	**1.54**	**1.45**	**1.46**	**1.57**	**1.62**	**1.77**

3-1-55

指　　标	单位	全区	低收入20%	更低收入10%
现住房建筑面积	**平方米/人**	**32.66**	**27.03**	**24.99**
居住空间样式				
单栋楼房	%	11.67	8.70	6.74
单栋平房	%	25.72	52.92	62.77
四居室及以上单元房	%	1.03	0.36	0.35
三居室单元房	%	11.78	4.97	1.42
二居室单元房	%	40.20	22.04	16.67
一居室单元房	%	1.60	3.20	4.96
筒子楼或连片平房	%	7.84	7.46	7.09
其他	%	0.18	0.36	
主要建筑材料				
钢筋混凝土	%	39.09	23.44	17.73
砖混材料	%	41.41	36.78	36.52
砖瓦砖木	%	18.34	37.29	42.91
竹草土坯	%	0.96	2.13	2.13
其他	%	0.21	0.36	0.71
房屋产权				
租赁公房	%	0.64	1.42	2.48
租赁私房	%	8.80	12.09	11.70
自建住房	%	19.97	37.83	42.91
购买商品房	%	54.38	36.94	30.85
购买房改住房	%	9.47	5.33	5.32
购买保障性住房	%	2.27	1.60	1.42
拆迁安置房	%	2.52	1.24	1.77
继承或获赠住房	%	0.50	0.89	1.06
免费借用房	%	0.78	2.13	2.48
雇主提供免费住房	%	0.39		
其他来源	%	0.28	0.53	
住房建筑面积				
10平方米以内	%			
10-20平方米	%	0.53	0.71	1.06
20-30平方米	%	1.45	1.78	1.77
30-60平方米	%	16.85	23.80	28.01
60-90平方米	%	38.89	39.09	37.23
90-120平方米	%	29.79	23.09	21.28
120-200平方米	%	10.89	9.59	9.93
200平方米以上	%	1.60	1.95	0.71
购(建)房总金额	万元/户	13.66	8.43	6.46
期末拥有房屋价值	万元/户	33.67	18.73	15.13

续表 2

最低收入5%	中低收入20%	中等收入20%	中高收入20%	高收入20%	更高收入10%	最高收入5%
25.82	**28.34**	**32.64**	**35.51**	**41.63**	**43.92**	**44.94**
8.51	10.99	13.10	12.61	12.94	14.53	13.38
63.83	31.38	19.12	14.20	11.01	11.02	11.97
0.71	0.53	0.88	0.89	2.48	2.84	2.82
0.71	8.69	11.15	13.32	20.74	22.69	25.35
13.48	39.54	45.66	48.34	45.38	43.25	42.96
4.96	1.60	1.59	1.07	0.53	0.35	0.70
7.80	6.91	8.50	9.59	6.74	5.32	2.82
	0.35			0.18		
16.31	38.65	44.25	47.76	41.31	41.83	44.37
36.17	37.41	41.06	41.06	50.72	52.50	52.11
44.68	21.81	13.98	10.83	7.80	5.67	3.52
2.84	1.60	0.71	0.18	0.18		
	0.53		0.18			
2.84	1.06	0.35	0.18	0.18	0.35	
12.06	11.70	6.73	7.63	5.85	7.09	7.04
51.77	23.23	13.98	13.32	11.54	10.31	13.38
21.99	49.11	63.36	59.17	63.29	58.85	57.04
4.96	7.80	7.08	12.61	14.54	18.08	16.20
1.42	1.60	4.07	1.95	2.13	2.13	1.41
1.42	3.72	3.19	2.49	1.95	2.84	4.93
0.71	1.06	0.18	0.36			
2.84	0.35	0.88	0.18	0.35	0.35	
			1.95			
	0.35	0.18	0.18	0.18		
	1.06	0.18	0.36	0.35	0.71	0.70
2.13	1.77	1.24	2.31	0.18		
26.95	21.81	17.52	12.96	8.15	8.15	5.63
39.01	40.78	44.96	37.51	32.10	27.68	27.46
21.28	27.30	28.67	33.73	36.16	35.45	33.10
10.64	6.21	6.02	11.90	20.74	25.17	28.17
	1.06	1.42	1.24	2.30	2.84	4.93
6.16	11.74	13.91	15.92	18.26	19.80	20.33
14.82	26.75	33.60	37.64	51.59	58.45	65.81

3-1-55

指　　标	单位	全区	低收入20%	更低收入10%
宅外道路路面情况				
水泥或柏油路面	%	77.58	64.13	63.12
沙石或石板等硬质路面	%	16.89	25.75	25.89
其他	%	5.53	10.12	10.99
供水情况				
管道供水入户	%	92.87	81.71	76.60
管道供水至公共取水点	%	0.28	0.18	0.35
没有管道设施	%	6.85	18.11	23.05
饮用水情况				
经过净化处理的自来水	%	88.68	78.69	74.82
受保护的井水和泉水	%	5.00	11.37	13.48
不受保护的井水和泉水	%	3.30	8.70	10.28
江河湖泊水	%	0.35	0.36	
收集雨水	%			
桶装水	%	2.06	0.18	
其他水源	%	0.60	0.71	1.42
获取饮用水的主要困难				
单次取水往返时间超过半小时	%	0.14	0.18	
间断或定时供水	%	2.84	3.37	2.84
当年连续缺水时间超过16天	%	0.43	0.18	
无上述困难	%	96.60	96.27	97.16
住户厕所类型				
水冲式卫生厕所	%	69.42	39.80	29.79
水冲式非卫生厕所	%	0.64	0.18	
卫生旱厕	%	3.58	6.39	6.38
普通旱厕	%	20.65	42.98	51.77
无厕所	%	5.71	10.66	12.06
厕所使用情况				
本住户独用	%	80.03	66.26	63.48
几户合用	%	1.35	1.78	1.77
公用厕所	%	18.62	31.97	34.75

续表 3

最低收入5%	中低收入20%	中等收入20%	中高收入20%	高收入20%	更高收入10%	最高收入5%
58.16	74.82	76.64	85.62	86.69	87.56	88.03
27.66	19.50	18.41	10.65	10.12	8.89	7.04
14.18	5.67	4.96	3.73	3.19	3.55	4.93
73.76	92.38	94.87	96.98	98.39	97.49	95.77
0.71	0.18	0.53	0.36	0.18	0.35	0.70
25.53	7.45	4.60	2.66	1.43	2.16	3.52
70.92	87.06	91.15	92.01	94.49	93.59	92.25
17.73	6.56	2.48	3.02	1.60	2.13	3.52
9.22	3.37	3.01	1.24	0.19	0.38	0.70
		0.53	0.18	0.71	1.42	0.70
	2.13	2.48	2.84	2.66	2.48	2.82
2.13	0.89	0.35	0.71	0.35		
		0.18	0.18	0.18	0.35	0.70
4.26	3.72	3.19	1.60	2.30	1.42	2.11
	0.53	0.35	0.36	0.71	1.06	0.70
95.74	95.74	96.28	97.87	96.81	97.16	96.48
24.82	62.77	75.75	82.42	86.33	86.85	85.92
	0.53	1.06	0.71	0.71	0.71	0.70
8.51	4.26	3.01	1.78	2.48	1.77	0.70
54.61	25.71	14.87	12.25	7.46	7.47	7.04
12.06	6.74	5.31	2.84	3.01	3.19	5.63
65.25	73.76	82.12	87.22	90.78	90.07	90.85
1.42	2.84	1.06	0.53	0.53	0.71	
33.33	23.40	16.81	12.25	8.69	9.22	9.15

3-1-55

指　　标	单位	全区	低收入20%	更低收入10%
洗澡设施情况				
统一供热水	%	5.85	3.20	3.19
家庭自装热水器	%	57.36	34.11	25.89
其他	%	2.09	2.13	1.42
无洗澡设施	%	34.69	60.56	69.50
取暖设备状况				
由市政或小区集中供暖	%	68.36	38.38	29.08
自行供暖	%	31.00	60.56	69.86
无取暖设备	%	0.64	1.07	1.06
取暖用能源状况				
柴草	%	3.51	8.70	12.41
煤炭	%	35.72	52.39	56.03
罐装液化石油气	%	1.24	0.89	1.42
管道液化石油气	%	0.25	0.18	
管道煤气	%	1.31	0.53	0.35
管道天然气	%	2.13	0.71	0.35
电	%	3.87	1.78	0.71
燃料用油	%			
沼气	%			
其他	%	27.52	20.42	17.38
无取暖行为	%	24.45	14.40	11.35
炊用能源状况				
柴草	%	4.04	10.83	15.25
煤炭	%	13.34	27.35	29.79
罐装液化石油气	%	24.83	19.18	19.50
管道液化石油气	%	0.78	0.89	0.35
管道煤气	%	3.19	0.53	
管道天然气	%	28.63	11.74	8.87
电	%	23.05	26.46	23.40
燃料用油	%			
沼气	%			
其他	%	1.67	3.02	2.84
无炊用行为	%	0.46		

续表 4

最低收入5%	中低收入20%	中等收入20%	中高收入20%	高收入20%	更高收入10%	最高收入5%
2.13	6.21	5.66	6.75	7.45	8.15	4.93
22.70	50.18	59.12	68.04	75.34	76.93	78.17
2.13	3.19	2.48	1.24	1.42	0.71	0.70
73.05	40.43	32.74	23.97	15.79	14.21	16.20
25.53	61.17	75.93	81.00	85.27	85.44	83.80
74.47	37.77	23.54	18.64	14.55	14.21	16.20
	1.06	0.53	0.36	0.18	0.35	
12.77	3.37	2.12	2.13	1.24	0.71	0.70
58.16	40.07	32.21	29.65	24.30	24.49	27.46
2.13	1.42	1.06	1.78	1.06	0.71	0.70
		0.53	0.36	0.18	0.35	0.70
0.71	1.24	1.59	1.24	1.95	3.19	1.41
	2.66	2.48	2.13	2.66	2.84	2.11
0.71	4.08	5.49	3.37	4.61	4.25	2.82
15.60	24.82	25.49	33.02	33.86	32.26	33.10
9.93	22.34	29.03	26.32	30.14	31.20	30.99
17.02	4.43	2.65	1.24	1.06	0.71	1.41
31.91	16.13	10.09	7.46	5.69	4.64	4.23
18.44	24.82	30.97	28.23	20.92	15.60	17.61
	0.89	0.88	0.89	0.35	0.35	
	2.84	1.95	4.26	6.38	7.44	4.23
7.80	24.82	28.14	34.66	43.79	49.63	50.70
21.28	23.76	23.36	21.30	20.39	19.50	19.01
3.55	1.95	1.42	1.07	0.89	1.42	2.82
	0.35	0.53	0.89	0.53	0.71	

指　标	单位	全区	低收入20%	更低收入10%
耐用消费品拥有情况				
家用汽车	辆/百户	41.03	20.42	17.07
摩托车	辆/百户	18.81	27.10	29.98
助力车	辆/百户	51.28	62.23	59.43
洗衣机	台/百户	96.36	92.54	88.99
电冰箱(柜)	台/百户	98.56	91.24	89.34
微波炉	台/百户	38.34	14.24	11.45
彩色电视机	台/百户	101.68	100.65	100.23
其中：接入有线电视	台/百户	87.25	77.86	74.90
空调	台/百户	13.85	3.75	2.90
热水器	台/百户	61.03	34.20	26.10
其中：太阳能热水器	台/百户	17.88	13.49	10.12
洗碗机	台/百户	1.52	0.70	0.95
排油烟机	台/百户	65.10	44.33	34.88
固定电话	部/百户	24.92	14.23	14.30
移动电话	部/百户	224.28	230.85	224.43
其中：接入互联网	部/百户	125.49	124.00	115.61
计算机	台/百户	62.17	38.21	29.62
其中：接入互联网	台/百户	49.76	28.05	21.17
照相机	台/百户	22.88	6.35	4.89
中高档乐器	架/百户	3.78	1.87	1.14
健身器材	台/百户	3.89	0.56	0.48
空气净化器(含新风系统)	台/百户	0.98		
吸尘器	台/百户	1.54	0.44	

续表 5

最低收入5%	中低收入20%	中等收入20%	中高收入20%	高收入20%	更高收入10%	最高收入5%
15.00	33.13	37.20	48.85	65.52	69.63	78.22
33.71	18.42	17.50	17.22	13.83	12.75	9.28
60.94	61.98	51.65	44.67	35.89	30.95	29.05
90.86	97.14	98.89	94.64	98.57	98.86	98.12
87.21	98.01	98.92	98.31	106.30	109.54	111.62
7.90	29.13	42.17	48.14	57.99	59.57	59.25
97.42	99.99	102.33	99.60	105.83	108.15	107.99
67.01	82.41	90.27	90.36	95.31	98.94	99.01
4.66	9.83	12.85	16.51	26.31	26.83	24.55
23.77	53.85	64.31	71.85	80.92	84.17	85.10
10.52	17.65	20.97	19.14	18.15	16.65	16.62
0.58	1.30	1.85	1.82	1.90	3.26	1.94
32.25	57.17	70.24	72.76	80.93	85.72	83.53
13.56	23.87	25.87	28.53	32.08	32.83	32.36
218.67	225.68	221.51	219.16	224.21	226.34	231.81
122.48	118.83	119.19	135.23	130.18	138.04	149.97
29.15	56.38	63.87	67.62	84.70	88.09	89.26
19.37	45.77	50.41	55.55	68.96	73.05	77.07
3.73	13.88	22.45	30.51	41.17	41.27	45.33
	2.27	3.21	6.23	5.32	6.87	4.98
	2.02	2.20	6.71	7.95	5.51	3.72
	0.36	0.16	0.66	3.70	4.58	4.53
	0.36	0.75	1.56	4.57	6.04	5.58

3-1-55

指　　标	单位	全区	低收入20%	更低收入10%
总收入	元/人	**39339.28**	**14967.14**	**11515.48**
工资性收入	元/人	21707.43	8648.70	5888.79
经营性收入	元/人	8365.13	3482.84	3111.59
第一产业经营收入	元/人	927.13	790.64	1010.42
农业	元/人	745.67	578.48	712.04
牧业	元/人	177.63	208.86	294.51
第二产业经营收入	元/人	974.19	20.94	
采矿业	元/人	23.81		
制造业	元/人	240.36		
电力、热力、燃气及水生产和供应业	元/人	2.05		
建筑业	元/人	707.97	20.94	
第三产业经营收入	元/人	6463.80	2671.26	2101.17
批发和零售业	元/人	3639.26	1585.59	1297.80
交通运输、仓储和邮政业	元/人	876.30	382.29	359.59
住宿和餐饮业	元/人	691.42	381.35	206.82
房地产业	元/人	22.54		
租赁和商务服务业	元/人	17.21	2.61	
居民服务、修理和其他服务业	元/人	969.19	275.13	219.70
其他	元/人	230.51	33.73	
农林牧渔服务业	元/人	17.37	10.55	17.26
财产性收入	元/人	1856.27	691.87	513.24
利息收入	元/人	63.73	3.59	0.83
红利收入	元/人	61.12		
储蓄性保险净收益	元/人	3.22	0.03	
转让承包土地经营权租金净收入	元/人	10.31	23.53	10.68
出租房屋财产性收入	元/人	503.13	80.95	26.23
出租机械、专利、版权等资产的收入	元/人	17.40	3.99	
其他财产净收入	元/人	55.57	5.69	8.06
房屋虚拟租金	元/人	1141.77	574.09	467.44

续表 6

最低收入5%	中低收入20%	中等收入20%	中高收入20%	高收入20%	更高收入10%	最高收入5%
9679.82	**26222.59**	**36158.52**	**47171.28**	**79720.59**	**97585.59**	**122102.16**
4170.05	15975.79	19812.09	28262.00	39559.10	45007.23	49066.86
3096.81	4405.82	6442.31	6452.47	23050.57	34164.20	55443.22
1225.21	359.44	580.37	723.47	2352.59	3859.40	7251.82
933.44	304.95	261.70	637.96	2106.58	3496.43	6570.98
287.75	43.18	317.92	84.37	244.17	360.98	678.26
	149.13	495.57	784.54	3823.33	7268.22	13076.24
		0.29	42.50	86.91	154.55	74.07
	93.19	43.19	109.69	1055.82	2087.33	3894.68
	9.55					
	46.39	452.09	632.35	2680.60	5026.34	9107.48
1871.60	3897.25	5366.38	4944.46	16874.66	23036.58	35115.16
1283.55	1938.26	2979.20	3122.65	9397.58	11104.97	16901.67
112.77	599.38	625.12	346.25	2627.69	3842.19	7028.06
250.37	330.61	1057.78	245.78	1562.34	2674.57	2917.80
		23.27	1.81	97.37		
	5.46	24.86	30.34	26.86	53.95	72.83
193.46	917.85	396.44	943.18	2519.24	4424.63	6356.61
	72.28	259.71	253.97	600.50	936.27	1838.19
31.45	33.41		0.47	43.09		
483.15	1052.45	1528.38	2151.92	4267.59	5562.47	7215.09
1.53	33.42	29.66	96.47	175.37	240.20	295.32
	4.99		26.15	304.36	507.13	856.47
			0.08	17.66	27.84	32.79
21.28	8.28	4.43	13.22			
5.68	133.27	289.08	669.50	1511.68	2224.87	3268.72
	0.94			90.15	159.71	63.08
	17.89	14.69	36.53	224.80	291.63	494.59
454.65	853.66	1190.52	1309.96	1943.57	2111.10	2204.13

3-1-55

指　　标	单位	全区	低收入20%	更低收入10%
转移性收入	元/人	7410.47	2143.73	2001.86
养老金或离退休金	元/人	6519.81	1169.74	887.28
社会救济和补助	元/人	108.18	396.53	610.03
政策性生活补贴	元/人	42.77	89.16	56.30
家庭外出从业人员寄回带回收入	元/人	32.93	5.01	8.92
赡养收入	元/人	217.73	177.91	170.20
报销医疗费	元/人	225.96	129.78	65.84
从政府和组织得到的实物产品和服务折价	元/人	2.15	3.42	0.99
现金政策性惠农补贴	元/人	88.84	94.68	155.68
其他转移性收入	元/人	172.10	77.49	46.60
非收入所得	元/人	792.27	719.83	508.62
出售资产所得	元/人	189.05	178.02	1.35
出售住房本金所得	元/人	59.46		
出售住房溢价所得	元/人			
出售股票、基金、收藏品本金所得	元/人	1.71		
出售股票、基金、收藏品所得	元/人	0.13		
出售生产性固定资产所得	元/人	0.37	0.58	1.17
拆迁征地补偿所得	元/人	94.87	150.48	
出售其他财物和收回其他投资本金所得	元/人	32.51	26.96	0.18
非经常性转移所得	元/人	590.00	516.84	460.99
博彩所得	元/人	2.17	7.18	5.18
婚丧嫁娶礼金所得	元/人	136.60	76.22	63.02
遗产及一次性馈赠所得	元/人	106.42	137.14	115.72
一次性赔偿所得	元/人	7.69	0.22	0.26
提取住房公积金	元/人	27.58	1.00	
调查补贴	元/人	277.73	255.67	241.58
其他非经常性转移所得	元/人	31.82	39.40	35.23
其他非收入所得	元/人	13.22	24.98	46.29
借贷性所得	元/人	318.36	208.14	293.36
提取储蓄存款	元/人	102.57	50.78	47.25
借入款	元/人	57.17	110.26	175.17
收回借出款	元/人	60.55	21.21	23.38
收回储蓄性保险本金	元/人	1.31		
住房贷款	元/人	1.65		
汽车贷款	元/人	54.96		
教育贷款	元/人	2.29	2.22	4.50
其他贷款	元/人	19.89	15.76	27.02
其他借贷所得	元/人	17.98	7.91	16.04

续表 7

最低收入5%	中低收入20%	中等收入20%	中高收入20%	高收入20%	更高收入10%	最高收入5%
1929.82	4788.53	8375.73	10304.90	12843.33	12851.68	10376.99
866.21	4342.67	7650.15	9235.56	11534.47	11320.18	8578.65
667.16	52.49	19.28	15.20	17.47	11.55	0.46
67.09	20.80	28.58	36.83	34.05	38.44	38.84
	40.73	6.22	83.12	34.22	68.74	62.04
101.50	136.49	110.27	306.05	386.58	388.64	468.36
23.97	93.85	261.31	243.12	442.89	654.73	750.27
1.91	1.00	1.68	1.95	2.68	4.21	7.80
200.01	38.08	75.50	131.89	111.47	146.78	256.02
1.96	62.41	222.75	251.18	279.50	218.40	214.54
464.61	455.47	782.47	1046.00	1025.23	1125.71	1064.16
	63.04	258.35	339.82	119.51	239.10	126.70
			294.70	21.33	42.84	84.32
				9.46	19.00	37.40
	0.59					
			1.27			
		257.95		61.97	124.49	1.07
	62.46	0.39	43.84	26.76	52.77	3.92
371.09	382.33	519.43	695.42	891.26	857.68	880.53
10.58	0.86	0.46	0.08	1.66		
6.67	50.33	145.31	109.06	331.26	150.36	
109.41	59.39	66.57	171.88	99.81	100.50	98.72
0.52	0.01	0.70	11.62	29.30	58.86	114.74
	0.81	0.53	75.93	70.42	139.47	187.34
225.68	255.20	284.32	280.93	320.72	338.48	346.46
18.23	15.73	21.54	45.93	38.08	70.01	133.27
93.52	10.10	4.69	10.76	14.45	28.93	56.93
201.11	215.45	256.63	204.61	759.28	950.89	659.71
12.82	53.45	174.96	84.60	163.89	118.51	137.31
116.16	26.01	21.03	24.61	102.70		
30.14	54.35	52.18	5.31	182.21	336.96	497.77
	0.83			6.26	12.51	24.63
	1.93	4.61	1.74			
				303.51	482.91	
9.21	3.72	1.13	4.14			
		2.72	84.22			
32.78	75.16			0.71		

指　　标	单位	全区	低收入20%	
				更低收入10%
可支配收入	**元/人**	**35670.02**	**12403.39**	**8692.18**
工资性收入	元/人	21707.43	8648.70	5888.79
经营净收入	元/人	6349.31	1915.72	1333.03
第一产业经营收入	元/人	638.61	334.94	340.45
农业	元/人	541.13	290.97	343.30
牧业	元/人	95.62	45.59	2.06
第二产业经营收入	元/人	678.08	17.01	-0.67
采矿业	元/人	18.58	-1.33	
制造业	元/人	171.56		
电力、热力、燃气及水生产和供应业	元/人	0.42		
建筑业	元/人	487.53	18.35	-0.67
第三产业经营收入	元/人	5032.62	1563.77	993.25
批发和零售业	元/人	2730.58	857.41	575.31
交通运输、仓储和邮政业	元/人	673.35	201.07	111.22
住宿和餐饮业	元/人	547.21	289.43	194.36
房地产业	元/人	21.78		
租赁和商务服务业	元/人	11.71	1.50	-2.26
居民服务、修理和其他服务业	元/人	844.84	216.33	188.85
其他	元/人	186.48	-11.82	-90.39
农林牧渔服务业	元/人	16.68	9.84	16.15
财产性净收入	元/人	1823.98	685.69	507.61
利息收入	元/人	35.67	-2.08	-3.77
红利收入	元/人	61.12		
储蓄性保险净收益	元/人	3.22	0.03	
转让承包土地经营权租金净收入	元/人	10.31	23.53	10.68
出租房屋财产性收入	元/人	503.13	80.95	26.23
出租机械、专利、版权等资产的收入	元/人	17.40	3.99	
其他财产净收入	元/人	51.34	5.18	7.03
房屋虚拟租金	元/人	1141.77	574.09	467.44

续表 8

最低收入5%	中低收入20%	中等收入20%	中高收入20%	高收入20%	更高收入10%	最高收入5%
5821.62	**24120.88**	**33606.58**	**43829.93**	**71302.63**	**86890.63**	**105513.45**
4170.05	15975.79	19812.09	28262.00	39559.10	45007.23	49066.86
838.19	3455.51	5189.15	5195.32	17612.55	26923.79	42738.59
286.33	245.67	390.83	569.16	1812.90	2982.25	5600.71
485.66	213.88	178.10	533.61	1633.03	2730.34	5121.88
-186.66	23.01	213.72	34.44	178.15	249.92	476.25
	112.01	452.42	483.88	2596.95	4929.15	8664.94
	-0.49	0.29	36.74	66.20	113.31	39.78
	72.73	24.81	101.62	728.45	1431.41	2654.57
	4.73	-0.23	-1.39	-1.61	-3.24	-0.42
	35.04	427.55	346.91	1803.92	3387.67	5971.01
551.86	3097.83	4345.90	4142.28	13202.70	19012.39	28472.94
396.92	1459.38	2454.58	2529.50	7016.40	9120.87	13771.12
-97.20	505.52	454.67	315.15	2054.95	3063.55	5510.20
248.24	237.28	851.40	219.58	1238.81	2083.12	1945.39
		21.76	1.81	94.83		
-4.61	4.16	19.60	28.29	7.21	14.49	67.99
163.11	806.34	354.70	806.37	2223.69	3929.30	5606.19
-184.78	51.83	189.29	242.22	525.34	804.28	1578.42
30.20	33.32	-0.11	-0.64	41.48	-3.24	-6.37
475.27	1007.10	1506.03	2130.28	4197.25	5494.30	7163.81
-4.23	-8.99	10.82	76.86	118.36	180.59	254.29
	4.99		26.15	304.36	507.13	856.47
			0.08	17.66	27.84	32.79
21.28	8.28	4.43	13.22			
5.68	133.27	289.08	669.50	1511.68	2224.87	3268.72
	0.94			90.15	159.71	63.08
-2.11	14.95	11.18	34.51	211.47	283.06	484.34
454.65	853.66	1190.52	1309.96	1943.57	2111.10	2204.13

3-1-55

指　　标	单位	全区	低收入20%	更低收入10%
转移净收入	元/人	5789.31	1153.27	962.75
转移性收入	元/人	6519.81	1169.74	887.28
养老金或离退休金	元/人	6092.03	823.65	531.09
离退休金	元/人	291.89	142.86	172.95
城镇居民社会养老保险	元/人	44.05	126.83	111.99
新型农村养老保险	元/人	91.84	76.40	71.25
其他养老金	元/人	108.18	396.53	610.03
社会救济和补助	元/人	89.40	356.87	568.13
最低生活保障费	元/人			
五保户救助金	元/人	0.26	1.10	2.23
扶贫款	元/人	0.12	0.18	0.36
救灾款	元/人	12.60	21.16	4.91
抚恤金	元/人	5.80	17.23	34.40
其他社会救济收入	元/人	42.77	89.16	56.30
政策性生活补贴	元/人	225.96	129.78	65.84
报销医疗费	元/人	32.93	5.01	8.92
家庭外出从业人员寄回带回收入	元/人	217.73	177.91	170.20
其他经常转移收入	元/人	172.10	77.49	46.60
失业保险金	元/人	1.30	3.51	
经常性捐赠收入	元/人	15.29	32.75	28.15
经常性赔偿收入	元/人	1.74		
其他转移性收入	元/人	153.77	41.23	18.46
从政府和组织得到的实物产品和服务折价	元/人	2.15	3.42	0.99
现金政策性惠农补贴	元/人	88.84	94.68	155.68
转移性支出	元/人	1621.16	990.45	1039.10
个人所得税	元/人	63.59	1.63	
社会保障支出	元/人	1444.80	898.43	996.87
个人缴纳的养老保险	元/人	1004.21	586.93	564.18
个人缴纳的医疗保险	元/人	350.51	287.24	406.21
个人缴纳的失业保险	元/人	39.33	8.15	4.30
其他社会保障支出	元/人	50.75	16.11	22.18
外来从业人员寄给家人的支出	元/人	0.16	0.57	
赡养支出	元/人	46.39	23.90	11.72
其他转移性支出	元/人	66.22	65.92	30.51
经常性捐赠支出	元/人	10.74	17.69	3.13
经常性赔偿支出	元/人	0.11		
其他经常转移支出	元/人	55.36	48.23	27.38
实物可支配收入	元/人	1149.22	373.21	214.90

续表 9

	中低收入20%	中等收入20%	中高收入20%	高收入20%		
最低收入5%					更高收入10%	最高收入5%
338.11	3682.47	7099.31	8242.33	9933.73	9465.31	6544.18
866.21	4342.67	7650.15	9235.56	11534.47	11320.18	8578.65
529.01	3939.42	6979.71	8781.34	11268.84	11141.73	8331.05
145.82	292.92	523.58	361.85	147.69	137.42	202.59
135.67	13.41	41.22	9.16	19.34		
55.72	96.92	105.64	83.21	98.59	41.04	45.00
667.16	52.49	19.28	15.20	17.47	11.55	0.46
649.08	37.92		15.20			
3.93				0.12	0.24	0.46
0.74	0.26	0.14				
	5.98	18.97		16.28	11.32	
13.42	8.34	0.17		1.07		
67.09	20.80	28.58	36.83	34.05	38.44	38.84
23.97	93.85	261.31	243.12	442.89	654.73	750.27
	40.73	6.22	83.12	34.22	68.74	62.04
101.50	136.49	110.27	306.05	386.58	388.64	468.36
1.96	62.41	222.75	251.18	279.50	218.40	214.54
	0.61	1.88		0.17	0.16	0.09
	3.60	5.70	6.78	27.20	54.41	107.08
				9.60	19.28	37.94
1.96	58.20	215.17	244.40	242.53	144.55	69.43
1.91	1.00	1.68	1.95	2.68	4.21	7.80
200.01	38.08	75.50	131.89	111.47	146.78	256.02
1591.71	1106.06	1276.42	2062.56	2909.60	3386.37	3832.81
	20.72	20.08	79.96	219.58	322.85	498.58
1518.18	1018.70	1117.22	1868.72	2525.19	2889.89	3124.33
795.46	698.97	777.27	1326.57	1781.76	2095.45	2223.37
705.38	264.91	280.45	407.35	545.27	599.03	672.95
5.55	26.15	29.05	53.99	88.60	90.63	94.08
11.78	28.67	30.46	80.82	109.57	104.78	133.93
		0.07		0.12		
18.56	26.08	52.45	52.81	84.46	80.22	93.40
54.97	40.55	86.59	61.07	80.25	93.42	116.50
5.24	6.57	19.76	1.95	6.66	7.25	10.06
		0.05		0.56	0.93	
49.73	33.99	66.79	59.12	73.03	85.24	106.44
-115.45	814.58	1182.74	1466.90	2119.52	2488.99	2699.33

3-1-55

指　　标	单位	全区	低收入20%	更低收入10%
总支出	**元/人**	**31332.21**	**16421.38**	**14209.55**
消费支出	元/人	23637.76	12177.56	10225.97
生产经营费用支出	元/人	1665.11	1187.24	1276.05
第一产业经营费用支出	元/人	246.34	354.68	513.41
农业	元/人	181.67	239.51	316.84
牧业	元/人	62.78	110.56	188.39
第二产业经营费用支出	元/人	246.84	3.83	0.67
采矿业	元/人	1.94	1.33	
制造业	元/人	59.07		
电力、热力、燃气及水生产和供应业	元/人	1.54		
建筑业	元/人	184.29	2.50	0.67
第三产业经营费用支出	元/人	1171.94	828.73	761.97
批发和零售业	元/人	771.56	577.22	521.43
交通运输、仓储和邮政业	元/人	145.90	105.21	118.80
住宿和餐饮业	元/人	114.06	53.76	3.61
房地产业	元/人	0.76		
租赁和商务服务业	元/人	1.92	1.11	2.26
居民服务、修理和其他服务业	元/人	98.37	45.17	24.39
其他	元/人	38.67	45.55	90.39
农林牧渔服务业	元/人	0.70	0.71	1.11
财产性支出	元/人	32.29	6.18	5.63
生活贷款利息支出	元/人	28.06	5.67	4.60
住房贷款利息支出	元/人	15.95	4.05	1.31
其他生活贷款利息支出	元/人	12.11	1.62	3.29
其他财产性支出	元/人	4.23	0.51	1.03
非储蓄性财产保险支出	元/人	1.30	0.51	1.03
其他财产性支出	元/人	2.93		

续表 10

最低收入5%	中低收入20%	中等收入20%	中高收入20%	高收入20%	更高收入10%	最高收入5%
14982.76	**23643.53**	**27917.73**	**36558.94**	**56776.28**	**64609.16**	**76695.93**
10056.56	17924.25	22028.47	28091.71	41407.55	47508.58	52874.94
1615.71	770.06	965.12	987.70	4768.35	6408.91	11427.78
687.98	103.46	150.21	136.19	502.93	829.58	1575.02
378.04	81.95	70.96	92.67	442.20	727.19	1381.31
293.25	18.99	77.70	43.50	60.61	102.40	193.71
	35.64	28.47	192.94	1084.33	2109.90	4033.48
	0.49		1.85	6.58	13.22	6.86
	20.46	7.55	1.35	292.37	586.73	1140.90
	4.59		1.39	1.61	3.24	0.42
	10.10	20.92	188.36	783.76	1506.71	2885.30
927.73	630.96	786.44	658.57	3181.09	3469.43	5819.28
686.36	387.84	437.56	494.81	2111.64	1740.71	2724.20
23.44	64.31	101.49	26.48	464.39	616.10	1199.85
	81.76	154.41	19.75	279.99	542.60	957.09
		1.51		2.54		
4.61	1.30	4.43	1.64	1.23	2.46	4.84
27.29	81.27	23.85	110.43	251.29	436.99	676.32
184.78	14.38	63.07	4.35	68.40	127.33	250.61
1.25	0.09	0.11	1.12	1.61	3.24	6.37
7.88	45.34	22.36	21.64	70.34	68.18	51.28
5.77	42.41	18.85	19.61	57.01	59.61	41.03
2.48	23.81	17.31	14.48	21.14	22.85	40.91
3.29	18.60	1.53	5.13	35.87	36.76	0.12
2.11	2.93	3.51	2.03	13.33	8.57	10.25
2.11			0.47	6.08	1.80	1.73
	2.93	3.51	1.56	7.26	6.77	8.52

3-1-55

指　　标	单位	全区	低收入20%	更低收入10%
转移性支出	元/人	1621.16	990.45	1039.10
个人所得税	元/人	63.59	1.63	
社会保障支出	元/人	1444.80	898.43	996.87
个人缴纳的养老保险	元/人	1004.21	586.93	564.18
个人缴纳的医疗保险	元/人	350.51	287.24	406.21
个人缴纳的失业保险	元/人	39.33	8.15	4.30
其他社会保障支出	元/人	50.75	16.11	22.18
外来从业人员寄给家人的支出	元/人	0.16	0.57	
赡养支出	元/人	46.39	23.90	11.72
其他转移性支出	元/人	66.22	65.92	30.51
部分商业保险支出	元/人	162.36	81.80	42.56
意外伤害保险	元/人	23.50	15.58	2.45
商业医疗保险(含大病保险)	元/人	58.22	35.65	14.71
其他非储蓄性商业保险	元/人	34.36	12.57	17.41
其他储蓄性商业保险	元/人	46.28	18.01	7.98
购置资产及非经常性转移支出	元/人	3162.22	1629.64	1289.02
购置资产支出	元/人	649.58	328.25	259.66
建造住房支出	元/人	14.15	8.16	14.67
建造住房材料	元/人	8.63	7.13	12.89
建造住房雇工	元/人	5.52	1.03	1.77
购买住房支出	元/人	564.28	156.84	
购建第一产业生产性固定资产支出	元/人	45.48	154.66	244.99
购买或建造农业生产性用房	元/人	3.93	16.42	33.27
购买用房建筑材料	元/人	3.50	14.64	29.66
建筑农业生产用房雇工	元/人	0.42	1.78	3.60
购买农业生产用房	元/人			
其他	元/人			
购买役畜	元/人	2.58		
购买产品畜	元/人	4.49		
购买或建造农业设施	元/人	2.37	6.34	3.96
大棚、温室	元/人			
自备井	元/人	1.21	4.39	
喷灌设施	元/人	0.98	1.96	3.96
其他农业设施	元/人	0.19		

续表 11

最低收入5%	中低收入20%	中等收入20%	中高收入20%	高收入20%	更高收入10%	最高收入5%
1591.71	1106.06	1276.42	2062.56	2909.60	3386.37	3832.81
	20.72	20.08	79.96	219.58	322.85	498.58
1518.18	1018.70	1117.22	1868.72	2525.19	2889.89	3124.33
795.46	698.97	777.27	1326.57	1781.76	2095.45	2223.37
705.38	264.91	280.45	407.35	545.27	599.03	672.95
5.55	26.15	29.05	53.99	88.60	90.63	94.08
11.78	28.67	30.46	80.82	109.57	104.78	133.93
		0.07		0.12		
18.56	26.08	52.45	52.81	84.46	80.22	93.40
54.97	40.55	86.59	61.07	80.25	93.42	116.50
52.70	160.73	120.45	210.78	256.93	272.37	326.58
1.40	22.54	29.02	23.43	28.32	42.09	81.53
24.52	48.21	46.25	69.29	98.86	98.33	95.99
21.00	54.53	20.94	34.38	51.45	84.13	65.17
5.78	35.44	24.24	83.68	78.29	47.83	83.88
1545.16	2876.87	2817.32	3949.02	4913.02	4875.52	5878.42
496.02	757.13	410.40	1082.51	720.00	44.09	43.52
0.01	1.60	40.79	11.75	9.91	15.25	11.82
0.01	0.81	24.31	8.10	3.27	5.96	7.51
	0.79	16.48	3.65	6.64	9.28	4.31
	715.59	332.59	1010.41	665.49		
496.01	8.41	10.53	29.74	11.19	16.45	8.82
68.00		1.36		0.28	0.24	0.47
60.63		1.36		0.12	0.24	0.47
7.37				0.17		
	3.64	9.17				
			19.12	4.88	9.79	
3.31	1.15		1.86	2.11	4.24	8.35
	1.15					
3.31			1.86	1.08	2.17	4.26
				1.03	2.08	4.09

3-1-55

指　　标	单位	全区	低收入20%	更低收入10%
购买农业机械	元/人	32.11	131.90	207.76
大中型农用拖拉机	元/人	5.50	25.04	
小型(手扶)农用拖拉机	元/人	2.40		
农用排灌动力机械	元/人			
插秧机	元/人			
收割机	元/人			
脱粒机	元/人			
其他农业机械	元/人	24.21	106.86	207.76
购建第二产业生产性固定资产支出	元/人	0.74		
采矿业	元/人			
制造业	元/人	0.13		
电力、热力、燃气及水生产和供应业	元/人	0.61		
建筑业	元/人			
购建第三产业生产性固定资产支出	元/人	13.19	8.58	0.01
批发和零售业	元/人	1.48		
交通运输、仓储和邮政业	元/人	1.63	2.54	
住宿和餐饮业	元/人			
房地产业	元/人	4.47		
租赁和商务服务业	元/人	0.61		
居民服务、修理和其他服务业	元/人	5.00	6.04	
其他	元/人	0.01	0.00	0.01
购建其他资产支出	元/人	11.74		
非经常性转移支出	元/人	2512.64	1301.39	1029.35
博彩支出	元/人	5.43	3.11	4.98
婚丧嫁娶礼金支出	元/人	1751.43	1024.35	785.78
一次性赔偿支出	元/人	2.13	0.73	1.04
一次性馈赠支出	元/人	681.79	213.36	190.04
婚丧嫁娶宴请支出	元/人	5.54	0.43	
其他非经常性转移支出	元/人	66.34	59.42	47.51
借贷性支出	元/人	1051.31	348.51	331.22
存入储蓄款	元/人	105.14	57.38	94.53
借出款	元/人	9.63	1.09	2.18
归还借款	元/人	134.51	69.13	90.60
购买有价证券	元/人	1.86		
其他投资支出	元/人	1.38		
归还住房贷款	元/人	611.47	193.56	88.47
归还汽车贷款	元/人	100.42	19.62	39.78
归还教育贷款	元/人	4.82	2.37	4.81
归还其他贷款	元/人	70.61	5.35	10.84
其他借贷支出	元/人	11.47		

续表 12

最低收入5%	中低收入20%	中等收入20%	中高收入20%	高收入20%	更高收入10%	最高收入5%
424.70	3.61		8.76	3.91	2.17	
	3.48		8.75			
424.70	0.13		0.01	3.91	2.17	
	2.22		0.70	0.73		
				0.73		
	2.22		0.70			
	18.38		7.63	32.69	12.40	22.88
	4.73		2.22	0.24	0.48	0.95
	0.47			5.36	10.53	20.51
				24.67		
	2.70			0.16	0.32	0.63
	10.49		5.41	2.22	1.07	0.79
				0.04		
	10.92	26.50	22.28			
1049.14	2119.74	2406.92	2866.52	4193.02	4831.43	5834.90
9.90	5.40	3.13	6.93	9.18	10.54	12.67
813.00	1549.89	1790.31	1985.41	2586.21	2660.57	3099.46
1.01	0.73	1.68	1.06	7.09	1.95	3.31
182.41	477.62	559.97	837.15	1461.81	1989.51	2557.61
	8.16	3.21	1.46	15.41	27.64	45.41
42.82	77.93	48.62	34.50	113.33	141.22	116.44
113.03	760.22	687.59	1235.52	2450.49	2089.23	2304.12
11.62	84.99	29.08	64.94	311.18	2.78	4.80
4.46	27.53	5.04	10.75	2.62	2.05	3.67
20.57	77.76	85.54	227.42	237.25	85.25	37.16
	0.03		9.28	0.57		
		2.48	0.22	4.72	7.33	5.88
52.93	443.65	442.60	663.22	1446.07	1748.34	2177.00
2.22	34.08	114.07	133.22	228.04	154.23	25.69
	4.54	4.12	13.33			
21.24	87.06	4.66	112.21	158.37	66.74	49.93
	0.57		0.94	61.68	22.52	

3-1-55

指　标	单位	全区	低收入20%	更低收入10%
消费支出	**元/人**	**23637.76**	**12177.56**	**10225.97**
#通过互联网购买的商品和服务	元/人	175.97	51.31	35.03
#消费支出中服务消费支出	元/人	8964.07	4661.21	4005.67
食品烟酒	元/人	6468.77	3613.84	3187.85
食品	元/人	4151.20	2744.85	2507.97
谷物	元/人	558.59	486.80	493.37
薯类	元/人	68.40	63.15	57.46
豆类	元/人	51.40	46.60	45.79
食用油	元/人	130.68	107.13	108.13
蔬菜和食用菌	元/人	445.07	316.59	280.41
肉类	元/人	1258.09	753.34	668.68
禽类	元/人	114.08	82.37	73.36
水产品	元/人	142.12	62.44	56.67
蛋类	元/人	84.65	63.55	60.31
奶类	元/人	303.57	176.45	144.85
干鲜瓜果类	元/人	529.92	292.00	254.52
糖果糕点类	元/人	132.50	77.61	63.66
其他食品	元/人	332.12	216.83	200.77
烟酒	元/人	642.07	361.53	338.70
烟草	元/人	363.55	226.89	220.63
酒类	元/人	278.52	134.64	118.06
饮料	元/人	125.88	57.85	47.24
饮食服务	元/人	1549.63	449.62	293.95
食堂用餐	元/人	112.77	43.09	33.53
其他在外饮食	元/人	1434.35	404.67	258.70
食品加工服务费	元/人	2.50	1.86	1.71
衣着	元/人	2576.73	1056.79	814.48
衣类	元/人	1995.37	782.73	605.06
鞋类	元/人	581.36	274.06	209.42
居住	元/人	4107.98	2308.95	2010.65
租赁房房租	元/人	178.26	130.41	154.47
住房维修及管理	元/人	633.76	267.76	246.80
水电燃料及其他	元/人	1176.01	804.29	726.71
自有住房折算租金	元/人	2119.95	1106.49	882.68

续表 13

最低收入5%	中低收入20%	中等收入20%	中高收入20%	高收入20%	更高收入10%	最高收入5%
10056.56	**17924.25**	**22028.47**	**28091.71**	**41407.55**	**47508.58**	**52874.94**
9.46	71.34	120.38	292.44	389.94	453.97	537.00
3828.78	6846.83	8198.46	10743.47	15665.96	18148.06	19089.83
3123.18	5090.36	6540.36	7820.81	10078.05	10996.12	11433.60
2500.51	3592.56	4481.56	4777.07	5508.89	5800.19	5685.86
470.68	527.70	560.56	621.84	614.24	602.62	579.35
58.15	63.09	76.89	69.09	71.18	70.98	67.36
45.12	52.41	57.30	46.62	54.63	57.84	55.32
110.75	120.57	138.79	136.18	156.70	157.97	158.17
266.80	407.33	484.47	481.49	564.99	608.87	589.21
686.04	1031.20	1416.26	1527.54	1687.06	1784.72	1702.04
80.17	115.45	124.40	121.16	132.36	137.88	137.18
51.56	112.76	168.18	156.24	230.61	253.94	281.48
54.58	80.79	89.67	89.71	104.10	111.59	118.25
145.59	244.46	310.41	355.28	466.51	486.45	445.59
246.91	441.05	539.02	619.75	820.35	903.13	928.43
60.21	110.82	131.57	156.81	200.44	217.51	224.24
223.94	284.92	384.05	395.38	405.71	406.69	399.24
353.91	494.12	602.77	774.63	1062.02	1265.05	1381.95
225.28	303.21	334.04	428.77	564.78	667.43	647.69
128.63	190.91	268.73	345.85	497.23	597.62	734.26
48.37	94.75	121.79	142.73	232.14	262.58	318.11
220.39	908.93	1334.25	2126.38	3275.01	3668.30	4047.67
34.24	85.75	96.94	141.22	216.81	262.12	275.73
184.08	820.48	1234.80	1982.80	3055.01	3403.63	3768.59
2.08	2.70	2.50	2.36	3.19	2.56	3.35
763.18	1793.90	2447.65	3239.39	4796.88	5480.00	6527.76
554.14	1383.01	1880.25	2527.91	3761.35	4301.27	5191.11
209.04	410.89	567.40	711.48	1035.53	1178.73	1336.65
1891.89	3294.58	3984.30	5062.45	6393.00	6815.40	7464.00
191.96	195.14	167.20	194.68	211.18	235.17	278.32
109.57	493.32	433.91	952.79	1128.10	1253.99	1732.50
738.21	972.24	1177.21	1380.92	1653.42	1617.69	1608.57
852.15	1633.88	2205.98	2534.06	3400.29	3708.55	3844.61

3-1-55

指　　标	单位	全区	低收入20%	更低收入10%
生活用品及服务	元/人	1670.20	655.66	512.41
家具及室内装饰品	元/人	374.62	107.49	74.51
家用器具	元/人	350.07	96.76	51.64
家用纺织品	元/人	149.63	66.81	47.09
家庭日用杂品	元/人	391.42	234.62	217.00
个人用品	元/人	337.65	132.28	111.35
家庭服务	元/人	66.80	17.71	10.82
家政服务	元/人	35.84	3.95	0.70
交通通信	元/人	3511.29	1579.97	1112.83
交通	元/人	2489.27	991.54	598.66
交通工具	元/人	1047.61	507.85	152.47
交通费	元/人	410.66	149.16	131.17
交通工具用燃料	元/人	639.17	204.59	189.38
交通工具使用及维修	元/人	391.83	129.94	125.64
车辆保险支出	元/人	139.18	40.54	38.38
通信	元/人	1022.02	588.43	514.17
通信工具	元/人	313.25	155.56	127.77
通信服务	元/人	708.77	432.87	386.40
教育文化娱乐	元/人	2636.70	1646.47	1419.10
教育	元/人	1272.09	1265.79	1129.22
学前教育	元/人	185.48	154.85	147.84
小学教育	元/人	186.19	180.38	158.62
初中教育	元/人	131.68	133.86	142.57
高中教育	元/人	146.25	125.19	82.68
中专职高教育	元/人	24.73	46.88	51.92
大专及以上教育	元/人	465.18	578.23	532.90
成人教育	元/人	132.58	46.39	12.69
文化娱乐	元/人	1364.61	380.68	289.88
文娱耐用消费品	元/人	168.73	37.69	32.05
其他文娱用品	元/人	295.13	132.91	121.86
文化娱乐服务	元/人	900.75	210.08	135.97
医疗保健	元/人	1907.32	1094.27	1004.68
医疗器具及药品	元/人	833.85	482.22	457.92
医疗服务	元/人	1073.47	612.05	546.76
门诊总费用	元/人	408.66	234.12	248.14
住院总费用	元/人	664.81	377.93	298.62
其他用品和服务	元/人	758.78	221.59	163.97
其他用品	元/人	453.33	106.28	63.18
其他服务	元/人	305.45	115.31	100.80

续表 14

最低收入5%	中低收入20%	中等收入20%	中高收入20%	高收入20%	更高收入10%	最高收入5%
548.65	1258.04	1445.40	2093.24	3191.63	3461.42	3813.70
96.28	260.11	312.71	414.96	859.26	950.56	1043.56
60.18	275.79	252.27	496.28	698.91	801.66	867.42
37.96	127.31	120.01	193.72	262.68	263.25	270.24
245.09	323.72	413.92	479.85	545.31	553.78	575.48
91.58	221.82	304.72	420.12	673.67	758.19	948.01
17.56	49.29	41.76	88.30	151.81	133.99	109.00
0.89	17.30	19.65	51.92	97.23	70.08	51.38
1056.46	2375.37	2957.40	3732.39	7568.57	9473.41	11768.16
550.03	1531.74	1956.68	2490.25	6015.60	7833.22	10076.80
108.39	562.10	818.06	592.32	3000.13	4465.59	6237.89
129.18	301.42	343.98	546.29	788.15	922.97	936.35
193.87	429.70	493.52	850.59	1351.81	1422.11	1552.63
118.59	238.53	301.12	501.04	875.51	1022.56	1349.92
11.32	61.07	111.74	162.36	356.91	442.61	638.85
506.43	843.63	1000.72	1242.14	1552.97	1640.19	1691.36
128.81	222.11	306.96	407.01	521.60	555.54	560.24
377.61	621.51	693.76	835.13	1031.37	1084.65	1131.12
1527.60	2161.08	2261.60	3019.81	4408.14	5330.98	5732.87
1231.84	1293.69	1063.52	1389.41	1357.78	1331.20	1436.25
168.41	181.21	142.95	229.12	228.29	221.32	299.96
172.21	191.48	188.81	198.15	171.65	146.48	167.27
152.08	103.48	137.43	145.43	141.85	152.68	155.04
95.03	163.53	125.76	154.64	164.77	152.69	107.09
97.98	15.17	12.26	19.13	28.53	0.59	0.56
529.90	545.41	302.10	490.86	382.90	370.44	381.11
16.23	93.40	154.21	152.08	239.80	286.99	325.23
295.76	867.39	1198.09	1630.40	3050.36	3999.78	4296.62
17.63	75.86	157.08	220.87	395.98	504.19	589.47
123.31	205.37	280.47	400.07	504.75	525.80	585.55
154.82	586.16	760.54	1009.47	2149.63	2969.79	3121.61
950.79	1466.96	1777.16	2154.04	3298.93	3871.37	3602.50
532.09	694.28	715.97	967.98	1413.57	1500.01	1557.54
418.70	772.68	1061.19	1186.06	1885.35	2371.36	2044.95
285.48	297.33	357.54	530.79	680.33	748.00	540.23
133.22	475.35	703.65	655.27	1205.02	1623.37	1504.72
194.82	483.96	614.59	969.58	1672.36	2079.87	2532.35
58.97	220.38	358.67	590.79	1109.43	1435.76	1832.67
135.85	263.58	255.92	378.79	562.93	644.11	699.68

3-1-55

指　　标	单位	合计	低收入20%	更低收入10%
食品消费量				
粮食消费量	公斤/人	140.85	134.16	137.18
谷物消费量	公斤/人	127.64	121.58	125.08
小麦	公斤/人	71.29	65.92	66.34
稻谷	公斤/人	46.15	47.10	49.95
玉米	公斤/人	1.89	1.71	1.46
其他谷物	公斤/人	8.31	6.85	7.33
薯类消费量	公斤/人	4.66	4.74	4.41
红薯	公斤/人	0.68	0.49	0.40
马铃薯	公斤/人	3.25	3.42	3.22
其他薯类	公斤/人	0.73	0.84	0.79
豆类消费量	公斤/人	8.55	7.84	7.69
大豆	公斤/人	0.56	0.57	0.54
其他豆类	公斤/人	7.99	7.27	7.16
油脂类消费量	公斤/人	9.64	8.28	8.35
植物油	公斤/人	9.44	7.92	7.69
动物油	公斤/人	0.20	0.36	0.66
蔬菜及菜制品消费量	公斤/人	99.76	82.15	77.72
鲜菜	公斤/人	96.24	79.47	75.61
肉类	公斤/人	35.30	23.66	21.80
猪肉	公斤/人	15.48	13.69	13.30
牛肉	公斤/人	5.32	2.18	1.78
羊肉	公斤/人	9.62	4.94	3.99
禽类	公斤/人	5.85	4.84	4.45
鸡	公斤/人	4.14	3.74	3.54
水产品	公斤/人	6.21	3.87	3.61
鱼类	公斤/人	4.65	3.20	2.99
蛋类及蛋制品	公斤/人	10.42	8.35	7.96
鲜蛋	公斤/人	10.15	8.23	7.87
奶和奶制品	公斤/人	28.35	16.20	14.36
鲜奶	公斤/人	20.78	11.94	10.88
干鲜瓜果类	公斤/人	69.40	48.24	45.23
鲜瓜果	公斤/人	62.89	44.26	41.71
糖果糕点类	公斤/人	7.76	5.27	4.71
糕点	公斤/人	4.85	3.21	2.82
茶叶	公斤/人	0.40	0.22	0.21
酒	公斤/人	11.14	9.96	9.86
白酒	公斤/人	4.23	3.40	3.38
啤酒	公斤/人	6.78	6.51	6.46
果酒	公斤/人	0.13	0.05	0.02

续表 15

最低收入5%	中低收入20%	中等收入20%	中高收入20%	高收入20%	更高收入10%	最高收入5%
130.82	144.21	147.55	136.02	142.75	140.97	135.84
118.54	130.69	132.73	123.82	129.84	128.05	123.35
62.36	72.99	74.82	69.65	73.69	73.78	72.15
48.76	47.53	47.30	43.40	44.98	42.96	41.18
1.85	1.91	1.61	2.14	2.15	2.22	1.82
5.57	8.25	9.01	8.64	9.03	9.09	8.20
4.57	4.28	5.08	4.67	4.52	4.24	4.26
0.35	0.57	0.83	0.73	0.82	0.75	0.76
3.46	2.97	3.50	3.30	3.04	2.79	2.89
0.77	0.74	0.75	0.64	0.66	0.70	0.61
7.72	9.24	9.73	7.53	8.39	8.67	8.22
0.58	0.57	0.55	0.54	0.57	0.46	0.49
7.14	8.67	9.19	6.99	7.82	8.22	7.73
8.46	9.35	10.59	10.10	10.12	10.06	9.43
7.68	9.23	10.47	9.86	9.99	9.90	9.30
0.78	0.12	0.13	0.24	0.12	0.16	0.13
69.17	99.52	108.59	101.35	110.20	114.33	104.78
66.75	95.80	104.68	97.93	106.21	110.16	100.51
22.15	31.13	39.49	41.11	43.73	45.39	43.35
12.95	15.31	16.28	16.24	16.19	16.06	16.24
1.86	3.95	6.75	6.61	7.83	8.44	7.27
4.47	7.13	10.97	13.13	13.14	14.05	12.61
5.11	5.89	6.51	5.96	6.20	6.30	6.01
4.23	4.19	4.64	4.01	4.14	4.25	3.81
3.25	5.89	7.29	6.49	7.94	8.03	7.95
2.60	4.53	5.42	4.85	5.52	5.50	5.10
7.14	10.54	11.41	10.68	11.44	11.73	11.77
7.07	10.30	11.15	10.32	11.07	11.34	11.34
15.24	24.23	29.94	33.45	40.95	41.05	36.66
11.60	17.53	22.33	24.69	29.60	29.32	26.45
43.34	66.22	70.77	75.25	91.26	97.59	95.86
40.07	59.89	63.51	68.07	82.98	88.58	86.41
4.02	7.66	7.82	8.59	9.96	10.74	10.89
2.38	4.50	4.87	5.73	6.33	7.00	7.14
0.21	0.33	0.36	0.49	0.65	0.63	0.65
11.83	11.25	11.21	12.22	11.24	10.20	10.49
3.73	3.91	4.21	4.73	5.11	5.41	5.43
8.07	7.14	6.91	7.32	5.98	4.65	4.91
0.03	0.20	0.09	0.17	0.14	0.13	0.15

3-1-56 农村居民收入

指　　标	单位	全区	低收入20%	更低收入10%
住户经营情况				
生产经营户	%	80.86	85.71	85.19
#农业生产经营户	%	67.27	75.00	75.93
非生产经营户	%	19.14	14.29	14.81
户主文化程度				
未上过学	%	1.58	1.75	4.09
小学	%	27.49	29.82	66.08
初中	%	58.25	56.43	115.20
高中	%	10.64	11.11	13.45
大学专科	%	1.46	0.88	0.58
大学本科	%	0.58		0.58
研究生	%			
按家庭规模分的住户类型				
一人户	%	2.15	1.17	4.09
二人户	%	35.44	32.75	63.74
三人户	%	34.74	30.70	67.25
四人户	%	20.41	25.44	41.52
五人户	%	5.34	7.31	16.37
六人及以上户	%	1.93	2.63	7.02
按世代分的住户类型				
一代户	%	32.56	29.24	57.31
二代户	%	55.15	54.09	108.19
三代户	%	12.24	16.37	34.50
四代及以上户	%	0.06	0.29	
住户特征		40.48	46.78	85.96
纯老人户	%	10.41	11.40	21.05
家中有未成年子女户	%	28.79	33.92	61.40
年轻夫妻无子女户	%	0.06		0.58
无劳动力户	%	1.23	1.46	2.92

不等距九组分组(2017年)

最低收入5%	中低收入20%	中等收入20%	中高收入20%	高收入20%	更高收入10%	最高收入5%
89.19	81.25	80.49	75.91	82.03	86.98	92.59
78.38	69.29	67.03	59.38	67.25	72.19	79.01
10.81	18.75	19.51	24.09	17.97	13.02	7.41
1.18	0.58	3.22	0.58	3.22	4.68	2.35
117.65	21.35	23.98	21.35	23.98	23.98	25.88
244.71	62.28	54.09	62.28	54.09	51.46	54.12
34.12	12.57	14.33	12.57	14.33	16.37	15.29
2.35	2.05	3.51	2.05	3.51	3.51	2.35
2.35	1.17	0.88	1.17	0.88		
7.06	0.88	4.90	0.88	4.90	3.95	3.24
135.29	33.04	45.91	33.04	45.91	48.54	48.24
142.35	39.18	34.80	39.18	34.80	33.33	38.82
91.76	21.93	11.11	21.93	11.11	12.28	8.24
20.00	3.51	2.70	3.51	2.70	1.32	0.29
5.88	1.46	0.58	1.46	0.58	0.58	1.18
118.82	29.82	45.54	29.82	45.54	46.05	46.76
235.29	60.23	48.83	60.23	48.83	49.71	49.41
48.24	9.94	5.63	9.94	5.63	4.24	3.82
175.29	35.09	33.99	35.09	33.99	30.56	27.35
41.18	7.02	12.87	7.02	12.87	13.45	10.59
131.76	26.90	19.66	26.90	19.66	15.35	15.59
2.35	1.17	1.46	1.17	1.46	1.75	1.18

3-1-56

指　　标	单位	全区	低收入20%	更低收入10%
家庭常住成员数	**人/户**	**2.95**	**3.09**	**3.13**
常住成员情况				
性别				
男性	%	51.05	49.25	50.37
女性	%	48.95	50.75	49.63
年龄	%			
5岁及以下	%	2.54	3.08	2.97
6-15岁	%	8.91	10.47	8.92
16-19岁	%	4.97	5.14	4.65
20-24岁	%	7.08	7.01	7.81
25-29岁	%	4.84	4.95	5.95
30-34岁	%	4.49	4.67	3.72
35-40岁	%	7.65	8.50	9.29
41-50岁	%	22.67	21.59	24.35
51-60岁	%	21.89	19.25	19.70
61-65岁	%	7.82	6.73	5.58
66岁及以上	%	7.14	8.60	7.06
参加医疗保险情况				
新型农村合作医疗	%	95.81	97.38	97.03
城镇职工基本医疗保险	%	0.82	0.28	0.37
城镇居民基本医疗保险	%	1.73	1.03	1.12
公费医疗	%	0.08		
商业医疗保险	%	0.25	0.28	0.19
其他医疗保险	%	0.41	0.19	0.37
没有参加任何医疗保险	%	0.95	1.03	1.12
受教育程度				
未上过学	%	5.06	6.07	4.65
小学	%	29.66	29.81	26.21
初中	%	42.15	42.06	45.17
高中	%	11.40	11.21	11.52
大学专科	%	5.62	3.64	4.28
大学本科	%	3.41	4.02	5.20
研究生	%	0.15	0.09	
劳动力人数	**人/户**	**2.16**	**2.19**	**2.27**
整劳动力人数	人/户	1.03	1.07	1.15
半劳动力人数	人/户	1.13	1.12	1.13
从业人数	**人/户**	**2.04**	**2.08**	**2.14**

续表 1

最低收入5%	中低收入20%	中等收入20%	中高收入20%	高收入20%	更高收入10%	最高收入5%
3.18	**3.07**	**2.97**	**3.00**	**2.62**	**2.57**	**2.59**
50.19	51.08	51.85	51.81	53.70	53.99	54.91
49.81	48.92	48.15	48.19	46.30	46.01	45.09
2.97	2.81	2.34	2.94	1.70	0.96	0.57
8.18	9.47	10.62	8.33	7.04	6.12	6.51
5.58	5.34	6.14	4.60	3.56	4.49	4.11
8.18	6.75	7.02	7.84	6.01	6.29	5.94
4.83	5.44	4.09	6.27	4.90	4.49	4.57
3.72	4.22	5.17	5.19	4.68	4.04	4.57
11.15	7.78	8.87	7.54	6.18	4.16	3.88
29.00	22.12	25.24	24.00	23.72	26.52	29.68
17.10	19.31	17.54	23.02	28.15	27.36	27.74
3.35	8.34	6.73	5.68	8.38	10.62	8.79
5.95	8.43	6.24	4.60	5.68	4.94	3.65
97.77	95.69	97.66	93.83	94.43	93.71	96.80
	0.28	0.29	1.37	2.03	1.85	1.03
0.37	1.87	1.07	2.35	1.48	2.08	1.48
				0.45	0.45	0.46
	0.28	0.29	0.20	0.56	1.12	
	0.37	0.58	0.69	0.06	0.11	0.23
1.86	1.50	0.19	1.57	1.00	0.67	
4.46	6.56	3.80	3.92	4.26	4.55	2.85
22.30	31.21	29.53	25.07	26.78	28.20	30.82
45.35	42.64	46.10	44.17	42.62	40.39	42.81
14.50	9.84	10.82	12.44	13.59	14.83	14.16
4.09	4.31	5.56	7.15	6.60	6.57	4.68
6.32	2.34	1.75	4.21	4.12	3.82	4.11
	0.28	0.10	0.10	0.33	0.67	
2.38	**2.19**	**2.12**	**2.25**	**2.06**	**2.06**	**2.11**
1.36	1.02	1.13	1.08	0.86	0.80	0.84
1.02	1.16	0.99	1.17	1.20	1.27	1.27
2.28	**2.05**	**2.04**	**2.13**	**1.89**	**1.88**	**1.88**

3-1-56

指　　标	单位	全区	低收入20%	更低收入10%
现住房建筑面积	**平方米/人**	**27.86**	**24.17**	**24.47**
居住空间样式				
单栋楼房	%	3.10	2.05	1.75
单栋平房	%	89.59	92.98	92.98
四居室及以上单元房	%	0.18		
三居室单元房	%	1.87	0.58	0.58
二居室单元房	%	1.99	1.46	2.34
一居室单元房	%	0.06		
筒子楼或连片平房	%	1.81	0.29	
其他	%	1.40	2.63	2.34
主要建筑材料				
钢筋混凝土	%	4.21	2.63	2.92
砖混材料	%	26.20	21.05	23.98
砖瓦砖木	%	53.51	53.51	51.46
竹草土坯	%	12.40	16.67	13.45
其他	%	3.68	6.14	8.19
房屋产权				
租赁公房	%			
租赁私房	%	1.40	0.88	0.58
自建住房	%	91.40	94.15	92.98
购买商品房	%	3.51	2.34	3.51
购买房改住房	%	0.35		
购买保障性住房	%	0.99	0.58	0.58
拆迁安置房	%	1.23	0.58	1.17
继承或获赠住房	%	0.12	0.29	0.58
免费借用房	%	0.18	0.29	
雇主提供免费住房	%			
其他来源	%	0.82	0.88	0.58
住房建筑面积				
10平方米以内	%			
10-20平方米	%	0.76	0.88	1.17
20-30平方米	%	1.93	2.34	2.34
30-60平方米	%	22.98	30.41	26.90
60-90平方米	%	38.82	37.43	38.01
90-120平方米	%	24.81	21.64	21.64
120-200平方米	%	9.71	7.02	9.36
200平方米以上	%	0.99	0.29	0.58
购(建)房总金额	万元/户	5.03	3.89	4.34
期末拥有房屋价值	万元/户	10.09	6.09	7.32

续表 2

最低收入5%	中低收入20%	中等收入20%	中高收入20%	高收入20%	更高收入10%	最高收入5%
24.50	**25.41**	**27.89**	**29.25**	**33.43**	**34.26**	**33.20**
2.35	1.75	4.39	4.09	3.22	2.92	2.35
91.76	91.23	90.64	87.43	85.67	84.21	87.06
	0.29			0.58	1.17	1.18
1.18	1.46	1.17	1.75	4.39	4.68	3.53
3.53	0.58	0.88	3.22	3.80	4.68	4.71
				0.29		
	3.22	1.46	3.22	0.88	0.58	
1.18	1.46	1.46	0.29	1.17	1.75	1.18
3.53	1.46	3.22	5.56	8.19	9.36	9.41
30.59	24.85	27.49	29.82	27.78	27.49	25.88
45.88	56.14	51.46	52.92	53.51	54.39	55.29
11.76	14.04	13.74	8.77	8.77	6.43	8.24
8.24	3.51	4.09	2.92	1.75	2.34	1.18
1.18	0.88	2.05	1.75	1.46	2.34	4.71
87.06	93.27	91.81	90.06	87.72	84.21	82.35
7.06	2.05	3.80	3.80	5.56	7.60	8.24
	0.29	0.58	0.58	0.29		
1.18	1.17	1.17	0.58	1.46	1.17	1.18
1.18	0.58	0.29	1.75	2.92	4.09	3.53
1.18				0.29	0.58	
	0.29		0.29			
1.18	1.46	0.29	1.17	0.29		
2.35	1.17	0.88	0.29	0.58	1.17	1.18
1.18	1.17	2.05	1.75	2.34	1.75	1.18
22.35	26.61	22.81	17.84	17.25	16.37	17.65
36.47	37.43	38.89	40.94	39.40	43.71	50.29
28.24	21.64	27.19	27.19	26.39	23.54	19.12
9.41	11.40	7.60	9.65	12.87	11.70	8.24
	0.58	0.58	2.34	1.17	1.75	2.35
4.98	4.26	4.85	5.55	6.59	6.65	6.99
8.60	8.08	9.08	12.28	14.89	15.71	16.96

3-1-56

指　　标	单位	全区	低收入20%	更低收入10%
宅外道路路面情况				
水泥或柏油路面	%	50.23	45.61	41.52
沙石或石板等硬质路面	%	25.03	24.27	26.90
其他	%	24.74	30.12	31.58
供水情况				
管道供水入户	%	63.51	62.87	59.65
管道供水至公共取水点	%	0.70	0.58	
没有管道设施	%	35.79	36.55	40.35
饮用水情况				
经过净化处理的自来水	%	50.29	48.54	49.12
受保护的井水和泉水	%	30.82	35.38	33.33
不受保护的井水和泉水	%	17.08	13.45	14.04
江河湖泊水	%	0.06	0.29	
收集雨水	%			
桶装水	%	0.06		
其他水源	%	1.70	2.34	3.51
获取饮用水的主要困难				
单次取水往返时间超过半小时	%	2.11	1.17	2.34
间断或定时供水	%	8.48	9.94	7.60
当年连续缺水时间超过16天	%	0.58	0.58	1.17
无上述困难	%	88.83	88.30	88.89
住户厕所类型				
水冲式卫生厕所	%	4.44	2.05	3.51
水冲式非卫生厕所	%	0.18		
卫生旱厕	%	8.71	7.31	5.26
普通旱厕	%	79.88	83.33	83.04
无厕所	%	6.78	7.31	8.19
厕所使用情况				
本住户独用	%	83.68	82.75	78.36
几户合用	%	2.69	1.75	2.34
公用厕所	%	13.63	15.50	19.30

续表 3

最低收入5%	中低收入20%	中等收入20%	中高收入20%	高收入20%	更高收入10%	最高收入5%
44.71	49.42	51.17	57.31	47.66	41.52	41.18
23.53	24.56	25.73	23.98	26.61	29.82	25.88
31.76	26.02	23.10	18.71	25.73	28.65	32.94
63.53	61.99	66.96	64.62	61.11	56.14	52.94
	0.88		1.17	0.88	1.17	
36.47	37.13	33.04	34.21	38.01	42.69	47.06
54.12	47.66	50.29	53.80	51.17	44.44	42.35
32.94	34.50	31.29	27.78	25.15	23.39	20.00
11.76	16.37	15.79	16.96	22.81	30.99	35.29
		0.29				
1.18	1.46	2.34	1.46	0.88	1.17	2.35
2.35	0.88	1.17	1.75	5.56	7.60	11.76
7.06	8.77	10.82	7.60	5.26	2.92	1.18
	1.17	0.58		0.58	0.58	
90.59	89.18	87.43	90.64	88.60	88.89	87.06
5.88	2.63	2.34	6.73	8.48	8.77	7.06
	0.29	0.29	0.29			
4.71	12.28	9.06	5.85	9.06	8.77	9.41
75.29	80.99	83.04	80.41	71.64	69.59	70.59
14.12	3.80	5.26	6.73	10.82	12.87	12.94
70.59	90.06	85.96	80.70	78.95	74.27	74.12
1.18	0.29	0.88	4.68	5.85	7.60	9.41
28.24	9.65	13.16	14.62	15.20	18.13	16.47

3-1-56

指　　标	单位	全区	低收入20%	更低收入10%
洗澡设施情况				
统一供热水	%	0.53	0.29	
家庭自装热水器	%	17.08	13.16	15.20
其他	%	4.80	2.63	4.09
无洗澡设施	%	77.60	83.92	80.70
取暖设备状况				
由市政或小区集中供暖	%	4.27	2.05	3.51
自行供暖	%	89.53	92.98	92.98
无取暖设备	%	6.20	4.97	3.51
取暖用能源状况				
柴草	%	30.88	36.55	38.01
煤炭	%	60.99	55.85	49.12
罐装液化石油气	%	0.82		
管道液化石油气	%			
管道煤气	%			
管道天然气	%	0.18		
电	%	0.18	0.29	0.58
燃料用油	%			
沼气	%			
其他	%	4.85	6.73	11.11
无取暖行为	%	2.11	0.58	1.17
炊用能源状况				
柴草	%	55.96	68.13	67.25
煤炭	%	25.85	14.91	11.70
罐装液化石油气	%	4.04	2.34	2.34
管道液化石油气	%	0.18		
管道煤气	%			
管道天然气	%	2.35	0.58	1.17
电	%	7.76	8.48	7.60
燃料用油	%			
沼气	%			
其他	%	3.86	5.56	9.94
无炊用行为	%			

续表 4

最低收入5%	中低收入20%	中等收入20%	中高收入20%	高收入20%	更高收入10%	最高收入5%
	0.29	0.88	0.29	0.88	1.17	1.18
21.18	15.50	13.74	23.39	19.59	18.13	18.82
3.53	5.56	5.56	5.26	4.97	4.09	5.88
75.29	78.65	79.82	71.05	74.56	76.61	74.12
5.88	2.05	2.34	5.85	9.06	10.53	9.41
91.76	91.52	90.06	87.72	85.38	84.80	85.88
2.35	6.43	7.60	6.43	5.56	4.68	4.71
36.47	33.04	35.67	28.07	21.05	19.88	18.82
43.53	63.45	60.23	62.57	62.87	61.99	61.18
	0.58	0.29	1.46	1.75	1.17	1.18
			0.58	0.29		
1.18		0.29		0.29		
17.65	2.34	2.63	4.68	7.89	9.94	12.94
1.18	0.58	0.88	2.63	5.85	7.02	5.88
60.00	62.57	60.23	48.83	40.06	38.01	34.12
9.41	26.02	25.73	29.24	33.33	34.50	32.94
3.53	3.51	3.80	4.97	5.56	5.26	5.88
			0.58	0.29		
1.18	0.58	0.58	3.80	6.21	7.16	5.00
9.41	5.56	7.89	9.94	6.94	3.95	5.59
16.47	1.75	1.75	2.63	7.60	11.11	16.47

3-1-56

指　　标	单位	全区	低收入20%	更低收入10%
耐用消费品拥有情况				
家用汽车	辆/百户	28.51	24.25	36.95
摩托车	辆/百户	70.59	72.02	81.38
助力车	辆/百户	41.60	27.67	27.59
洗衣机	台/百户	91.38	86.49	92.45
电冰箱(柜)	台/百户	98.07	93.41	93.14
微波炉	台/百户	5.89	2.77	4.02
彩色电视机	台/百户	106.19	104.80	107.93
其中：接入有线电视	台/百户	56.59	56.00	56.27
空调	台/百户	1.40	0.90	1.13
热水器	台/百户	23.23	18.57	23.63
其中：太阳能热水器	台/百户	14.29	14.06	16.60
洗碗机	台/百户	0.14		
排油烟机	台/百户	15.55	9.68	12.05
固定电话	部/百户	10.14	9.64	8.91
移动电话	部/百户	236.92	231.88	247.19
其中：接入互联网	部/百户	108.87	108.16	121.82
计算机	台/百户	24.20	18.06	16.94
其中：接入互联网	台/百户	16.78	12.73	12.77
照相机	台/百户	4.09	3.08	4.57
中高档乐器	架/百户	0.41	0.80	0.88
健身器材	台/百户	0.34	0.32	0.64
空气净化器(含新风系统)	台/百户			
吸尘器	台/百户	0.07		

续表 5

最低收入5%	中低收入20%	中等收入20%	中高收入20%	高收入20%	更高收入10%	最高收入5%
51.33	21.86	21.64	34.85	39.94	45.87	50.54
92.05	69.08	70.76	68.28	72.82	78.32	82.07
24.96	43.45	44.30	47.81	44.73	39.59	32.12
94.88	87.18	89.60	97.00	96.63	95.92	95.36
94.08	94.15	96.53	101.23	104.99	106.43	108.72
4.59	6.29	3.87	6.63	9.85	9.10	11.49
108.62	106.11	104.58	106.32	109.16	113.52	111.77
47.77	51.19	50.49	62.07	63.19	69.72	65.74
2.25	0.94	1.31	0.81	3.04	1.94	3.21
28.87	19.30	20.95	25.29	32.00	32.36	36.27
17.25	13.22	13.63	15.08	15.44	13.76	14.19
		0.42		0.28	0.56	1.12
14.44	8.63	15.65	21.76	22.00	21.58	25.49
8.50	8.71	9.33	10.56	12.47	10.56	11.29
264.31	225.90	232.35	249.18	245.26	256.49	265.74
129.40	90.72	106.50	111.74	127.20	137.97	157.77
23.79	22.06	22.86	29.88	28.10	27.53	26.85
16.68	15.90	12.91	20.61	21.72	21.04	20.20
5.42	5.58	1.86	3.99	5.92	9.66	12.10
1.76	0.11		1.03	0.12	0.24	0.47
			0.16	1.24	2.47	
	0.35					

3-1-56

指　　标	单位	全区	低收入20%	更低收入10%
总收入	**元/人**	**20365.17**	**10924.68**	**12251.69**
工资性收入	元/人	2649.30	760.36	663.82
经营性收入	元/人	13766.95	7767.62	8947.91
第一产业经营收入	元/人	12401.72	7300.79	8572.87
农业	元/人	6703.87	3854.50	3616.61
牧业	元/人	5588.44	3394.09	4907.57
第二产业经营收入	元/人	85.64	0.20	
采矿业	元/人			
制造业	元/人	12.33		
电力、热力、燃气及水生产和供应业	元/人			
建筑业	元/人	73.31	0.20	
第三产业经营收入	元/人	1279.58	466.64	375.04
批发和零售业	元/人	351.43	114.88	83.13
交通运输、仓储和邮政业	元/人	320.18	177.94	99.21
住宿和餐饮业	元/人	82.48	11.27	22.29
房地产业	元/人	0.21		
租赁和商务服务业	元/人	29.81		
居民服务、修理和其他服务业	元/人	177.38	55.53	90.38
其他	元/人	80.29		
农林牧渔服务业	元/人	237.81	107.01	80.04
财产性收入	元/人	577.43	178.64	237.49
利息收入	元/人	34.53	2.07	3.56
红利收入	元/人	41.57	7.91	3.48
储蓄性保险净收益	元/人	2.24	0.63	
转让承包土地经营权租金净收入	元/人	280.28	94.55	94.22
出租房屋财产性收入	元/人	141.27	44.96	88.94
出租机械、专利、版权等资产的收入	元/人	1.71		
其他财产净收入	元/人	75.83	28.53	47.30
房屋虚拟租金	元/人			

续表 6

最低收入5%	中低收入20%	中等收入20%	中高收入20%	高收入20%	更高收入10%	最高收入5%
14211.58	**12720.83**	**16800.56**	**22023.61**	**42547.27**	**55881.96**	**70607.18**
768.81	1738.82	2591.25	4127.46	4314.15	3811.16	2802.95
10466.10	8459.55	10946.80	14282.05	29631.84	42100.80	56453.24
10079.24	7507.83	9770.59	12473.38	27018.68	38311.63	52193.49
3607.87	4544.90	6128.81	7604.00	12202.81	15763.61	18705.27
6439.98	2887.68	3585.44	4702.47	14604.80	22209.44	33348.05
	53.24		24.14	391.16	607.69	931.18
	53.24		1.36	5.52	11.23	22.25
			22.79	385.63	596.46	908.93
386.87	898.49	1176.21	1784.53	2222.00	3181.48	3328.56
57.37	273.69	354.06	428.04	630.14	789.05	410.96
28.78	152.10	258.74	532.51	511.13	781.68	1507.79
43.90	75.12	36.39	18.15	300.46	610.60	504.51
		0.51		0.58		
	7.66		65.72	83.52		
107.30	128.99	300.98	248.37	156.38	88.01	
	26.34	73.82	43.97	286.58	550.08	792.26
149.51	234.59	151.70	447.78	253.23	362.07	113.05
243.02	128.96	362.16	551.50	1843.97	2582.70	3217.41
6.74	15.07	9.14	45.14	112.10	140.37	233.13
	3.62	39.57	85.06	78.13	98.55	2.62
	2.64	0.62	3.60	3.95		
30.74	90.24	194.46	173.63	939.79	1242.89	1723.06
175.15	12.19	78.51	149.24	467.36	745.83	865.40
				9.60	10.16	12.82
30.39	5.20	39.86	94.84	233.03	344.90	380.37

3-1-56

指　　标	单位	全区	低收入20%	更低收入10%
转移性收入	元/人	3371.49	2218.05	2402.47
养老金或离退休金	元/人	534.89	263.17	281.88
社会救济和补助	元/人	268.13	196.97	66.18
政策性生活补贴	元/人	214.47	127.06	113.71
家庭外出从业人员寄回带回收入	元/人	187.43	81.39	40.38
赡养收入	元/人	51.43	9.18	12.73
报销医疗费	元/人	197.07	70.54	89.73
从政府和组织得到的实物产品和服务折价	元/人	14.59	1.51	1.47
现金政策性惠农补贴	元/人	1812.99	1442.87	1758.62
其他转移性收入	元/人	90.49	25.36	37.77
非收入所得	元/人	1195.49	873.23	1228.22
出售资产所得	元/人	425.62	191.81	371.62
出售住房本金所得	元/人	79.62		
出售住房溢价所得	元/人			
出售股票、基金、收藏品本金所得	元/人			
出售股票、基金、收藏品所得	元/人			
出售生产性固定资产所得	元/人	33.44	1.35	2.67
拆迁征地补偿所得	元/人	270.50	153.11	295.24
出售其他财物和收回其他投资本金所得	元/人	42.06	37.36	73.71
非经常性转移所得	元/人	760.10	665.41	853.95
博彩所得	元/人	0.11		
婚丧嫁娶礼金所得	元/人	323.49	244.35	403.84
遗产及一次性馈赠所得	元/人	36.70	14.02	8.01
一次性赔偿所得	元/人	37.47	45.94	76.09
提取住房公积金	元/人			
调查补贴	元/人	317.21	275.87	266.05
其他非经常性转移所得	元/人	45.13	85.23	99.95
其他非收入所得	元/人	9.76	16.00	2.65
借贷性所得	元/人	1923.42	1753.20	2248.58
提取储蓄存款	元/人	225.69	47.16	10.70
借入款	元/人	883.21	837.03	1128.36
收回借出款	元/人	72.17	106.44	185.86
收回储蓄性保险本金	元/人	1.31		
住房贷款	元/人	32.11		
汽车贷款	元/人			
教育贷款	元/人	4.71	7.79	
其他贷款	元/人	626.59	713.33	841.66
其他借贷所得	元/人	77.64	41.45	81.99

续表 7

最低收入5%	中低收入20%	中等收入20%	中高收入20%	高收入20%	更高收入10%	最高收入5%
2733.64	2393.51	2900.35	3062.60	6757.32	7387.31	8133.58
215.71	191.96	287.20	345.92	1751.43	2130.53	1529.10
29.61	403.62	316.13	150.73	273.17	176.29	159.69
89.73	181.21	208.96	217.59	358.88	257.30	202.64
	94.86	201.47	239.44	345.09	454.93	528.47
14.39	46.80	26.44	80.45	101.71	78.78	73.40
121.76	120.68	154.71	218.26	458.98	517.36	615.25
2.90	3.57	42.30	22.06	2.95	2.78	0.78
2254.27	1287.63	1574.94	1712.19	3246.91	3501.27	4699.63
5.26	63.17	88.20	75.95	218.20	268.07	324.63
1678.95	990.45	957.28	1982.12	1185.90	1503.36	1099.67
551.29	161.57	268.26	1031.96	495.28	684.96	111.92
			391.90			
5.25	55.87	37.79	30.19	43.74		
475.84	37.51	181.20	583.06	425.22	664.80	73.25
70.20	68.19	49.27	26.81	26.31	20.16	38.67
1126.85	826.24	684.25	945.62	668.28	787.91	955.71
	0.24		0.19	0.11		
589.62	447.17	219.76	517.78	167.61	270.59	427.72
13.82	21.55	45.90	41.24	65.48	97.23	101.99
88.76	23.92	56.67	14.47	47.85	44.16	85.56
242.44	296.79	333.61	331.69	354.64	353.18	338.88
192.20	36.57	28.30	40.25	32.59	22.75	1.56
0.82	2.65	4.78	4.54	22.34	30.49	32.03
1637.73	1257.08	1514.32	2131.65	3127.79	4523.62	7196.57
6.04	253.61	287.81	239.74	316.75	604.23	1158.76
922.13	683.06	643.32	1128.12	1163.39	953.01	285.24
16.70	19.59	69.27	56.94	113.96	127.56	228.01
			6.45			
			158.04			
		8.72	6.50			
531.39	211.56	430.75	372.38	1521.45	2813.95	5524.56
161.47	89.26	74.44	163.49	12.24	24.87	

3-1-56

指　　标	单位	全区	低收入20%	更低收入10%
可支配收入	**元/人**	**12584.29**	**1804.77**	**-744.50**
工资性收入	元/人	2649.30	760.36	663.82
经营净收入	元/人	6384.61	-873.73	-3478.32
第一产业经营收入	元/人	5541.58	-1034.67	-3549.31
农业	元/人	3307.08	468.45	-495.58
牧业	元/人	2164.49	-1535.08	-3077.50
第二产业经营收入	元/人	65.82	-8.95	
采矿业	元/人	-2.02	-8.28	
制造业	元/人	6.19	-0.77	
电力、热力、燃气及水生产和供应业	元/人	0.00		
建筑业	元/人	61.66	0.11	
第三产业经营收入	元/人	777.20	169.89	70.99
批发和零售业	元/人	257.18	23.92	10.75
交通运输、仓储和邮政业	元/人	143.99	54.21	22.90
住宿和餐饮业	元/人	39.53	-18.01	-35.62
房地产业	元/人	-0.04		
租赁和商务服务业	元/人	13.12	-0.32	-0.64
居民服务、修理和其他服务业	元/人	79.83	24.45	30.17
其他	元/人	52.59		
农林牧渔服务业	元/人	191.01	85.64	43.44
财产性净收入	元/人	514.79	75.84	60.38
利息收入	元/人	-25.11	-100.52	-173.55
红利收入	元/人	41.57	7.91	3.48
储蓄性保险净收益	元/人	2.24	0.63	
转让承包土地经营权租金净收入	元/人	280.28	94.55	94.22
出租房屋财产性收入	元/人	141.27	44.96	88.94
出租机械、专利、版权等资产的收入	元/人	1.71		
其他财产净收入	元/人	72.83	28.31	47.30
房屋虚拟租金	元/人			

续表 8

最低收入5%	中低收入20%	中等收入20%	中高收入20%	高收入20%	更高收入10%	最高收入5%
-3494.26	**7341.90**	**10616.18**	**15251.71**	**30575.68**	**39521.66**	**49243.81**
768.81	1738.82	2591.25	4127.46	4314.15	3811.16	2802.95
-6601.93	3381.78	5060.59	7949.06	18145.99	26229.31	35509.10
-6700.60	2789.37	4469.76	6778.08	16296.55	23598.39	32525.32
-1529.71	1729.61	2876.67	4288.02	7857.73	10398.37	12828.99
-5160.11	995.80	1541.90	2367.56	8355.57	13021.06	19735.80
	30.50	-0.26	17.16	325.40	496.94	789.55
		0.00	-1.43			
	30.50	-0.02	-3.46	4.00	8.12	16.09
		0.00				
		-0.24	22.05	321.41	488.82	773.45
98.67	561.92	591.10	1153.82	1524.03	2133.98	2194.24
52.21	230.63	247.93	326.25	494.24	569.40	297.91
1.87	27.75	145.84	203.36	315.65	486.65	934.37
-70.15	23.32	-1.46	15.37	200.11	408.50	502.92
		0.51		-0.78	-2.77	-5.49
-1.26	2.57	-4.07	36.22	34.34		
29.46	70.09	57.85	127.36	126.97	71.70	
	15.35	45.48	33.86	187.39	361.33	514.12
86.54	192.22	99.02	411.41	166.11	239.18	-49.59
91.46	97.36	314.96	508.00	1752.98	2445.82	3104.25
-144.83	-13.53	-36.02	2.69	30.68	4.69	121.65
	3.62	39.57	85.06	78.13	98.55	2.62
	2.64	0.62	3.60	3.95		
30.74	90.24	194.46	173.63	939.79	1242.89	1723.06
175.15	12.19	78.51	149.24	467.36	745.83	865.40
				9.60	10.16	12.82
30.39	2.20	37.82	93.78	223.47	343.70	378.69

3-1-56

指　　标	单位	全区	低收入20%	更低收入10%
转移净收入	元/人	3035.59	1842.30	2009.62
转移性收入	元/人	534.89	263.17	281.88
养老金或离退休金	元/人	220.17	42.78	59.22
离退休金	元/人	80.79	29.95	31.10
城镇居民社会养老保险	元/人	173.73	152.46	146.22
新型农村养老保险	元/人	60.20	37.97	45.33
其他养老金	元/人	268.13	196.97	66.18
社会救济和补助	元/人	170.13	158.63	40.19
最低生活保障费	元/人	6.64	0.91	
五保户救助金	元/人	56.34	13.99	7.97
扶贫款	元/人	5.08	4.96	7.69
救灾款	元/人	4.44	0.17	
抚恤金	元/人	25.50	18.31	10.33
其他社会救济收入	元/人	214.47	127.06	113.71
政策性生活补贴	元/人	197.07	70.54	89.73
报销医疗费	元/人	187.43	81.39	40.38
家庭外出从业人员寄回带回收入	元/人	51.43	9.18	12.73
其他经常转移收入	元/人	90.49	25.36	37.77
失业保险金	元/人	0.21	0.42	
经常性捐赠收入	元/人	0.02		
经常性赔偿收入	元/人	10.23		
其他转移性收入	元/人	80.02	24.93	37.77
从政府和组织得到的实物产品和服务折价	元/人	14.59	1.51	1.47
现金政策性惠农补贴	元/人	1812.99	1442.87	1758.62
转移性支出	元/人	335.90	375.76	392.85
个人所得税	元/人	1.08		
社会保障支出	元/人	298.19	354.12	354.62
个人缴纳的养老保险	元/人	152.73	194.53	189.53
个人缴纳的医疗保险	元/人	138.47	155.66	159.79
个人缴纳的失业保险	元/人	3.12	0.67	
其他社会保障支出	元/人	3.88	3.26	5.31
外来从业人员寄给家人的支出	元/人	0.05		
赡养支出	元/人	21.52	20.29	35.84
其他转移性支出	元/人	15.07	1.35	2.39
经常性捐赠支出	元/人	0.17	0.04	
经常性赔偿支出	元/人			
其他经常转移支出	元/人	14.89	1.31	2.39
实物可支配收入	元/人	258.51	-1452.29	-2575.64

续表 9

最低收入5%	中低收入20%	中等收入20%	中高收入20%	高收入20%	更高收入10%	最高收入5%
2247.40	2123.94	2649.38	2667.20	6362.56	7035.37	7827.51
215.71	191.96	287.20	345.92	1751.43	2130.53	1529.10
	7.10	20.81	102.82	1037.48	1497.70	1214.77
	3.20	115.04	48.91	228.92	63.33	11.30
158.93	159.84	129.25	135.89	308.53	322.07	295.08
56.78	21.81	22.10	58.30	176.50	247.44	7.95
29.61	403.62	316.13	150.73	273.17	176.29	159.69
7.53	271.34	213.01	78.43	121.54	82.61	74.59
	12.93	3.61	6.50	9.62	19.55	38.75
9.45	81.99	42.88	40.59	109.40	29.65	7.01
0.90	4.98	6.15	3.04	6.45	7.46	13.23
	0.04	19.26		2.88	5.85	11.60
11.72	32.34	31.21	22.18	23.28	31.16	14.50
89.73	181.21	208.96	217.59	358.88	257.30	202.64
121.76	120.68	154.71	218.26	458.98	517.36	615.25
	94.86	201.47	239.44	345.09	454.93	528.47
14.39	46.80	26.44	80.45	101.71	78.78	73.40
5.26	63.17	88.20	75.95	218.20	268.07	324.63
		0.63				
				0.12		
		1.30	2.26	53.44		
5.26	63.17	86.28	73.70	164.64	268.07	324.63
2.90	3.57	42.30	22.06	2.95	2.78	0.78
2254.27	1287.63	1574.94	1712.19	3246.91	3501.27	4699.63
486.24	269.57	250.97	395.40	394.75	351.93	306.07
		0.36	2.09	3.28	5.63	
416.35	226.50	233.58	342.41	338.82	300.89	243.19
243.03	75.77	89.92	207.39	202.17	177.22	144.14
167.31	139.84	141.33	123.01	131.06	118.68	99.05
	5.08	1.05	4.71	4.22	3.83	
6.01	5.81	1.27	7.30	1.37	1.16	
			0.26			
69.49	19.78	14.40	31.97	21.12	11.70	8.23
0.40	23.29	2.64	18.67	31.54	33.71	54.66
		0.70	0.02	0.11	0.21	
0.40	23.29	1.94	18.65	31.43	33.49	54.66
-4284.22	-260.10	-428.36	1541.94	2189.63	2653.90	2988.14

3-1-56

指　　标	单位	全区	低收入20%	
				更低收入10%
总支出	**元/人**	**24100.11**	**20799.79**	**26893.51**
消费支出	元/人	12184.42	9423.98	11041.86
生产经营费用支出	元/人	6273.07	7096.70	10109.90
第一产业经营费用支出	元/人	5868.02	6857.53	9871.06
农业	元/人	3005.92	3044.82	3775.89
牧业	元/人	2824.90	3793.09	6070.25
第二产业经营费用支出	元/人	17.16	8.37	
采矿业	元/人	2.02	8.28	
制造业	元/人	4.57		
电力、热力、燃气及水生产和供应业	元/人			
建筑业	元/人	10.56	0.09	
第三产业经营费用支出	元/人	387.88	230.80	238.84
批发和零售业	元/人	75.33	88.94	70.25
交通运输、仓储和邮政业	元/人	128.87	82.93	55.01
住宿和餐饮业	元/人	40.67	22.30	44.10
房地产业	元/人	0.24		
租赁和商务服务业	元/人	6.32		
居民服务、修理和其他服务业	元/人	72.24	26.17	50.97
其他	元/人	25.71		
农林牧渔服务业	元/人	38.49	10.47	18.51
财产性支出	元/人	62.64	102.80	177.11
生活贷款利息支出	元/人	59.64	102.59	177.11
住房贷款利息支出	元/人	6.67		
其他生活贷款利息支出	元/人	52.97	102.59	177.11
其他财产性支出	元/人	3.00	0.21	
非储蓄性财产保险支出	元/人	1.23	0.21	
其他财产性支出	元/人	1.77		

续表 10

最低收入5%	中低收入20%	中等收入20%	中高收入20%	高收入20%	更高收入10%	最高收入5%
32870.75	**18249.27**	**20640.76**	**25168.53**	**37516.80**	**45662.41**	**56008.65**
12921.22	10262.21	11212.42	13241.38	17572.15	20587.34	23028.33
13236.93	4365.23	5040.61	5335.21	9999.38	13818.72	17911.56
13043.28	4085.48	4595.79	4883.44	9351.13	12765.97	16789.63
4779.73	2448.71	2867.05	2895.93	3894.14	4824.70	5316.26
8221.38	1627.11	1725.38	1944.47	5335.25	7793.85	11317.88
	20.43		2.18	60.21	102.85	130.65
			1.43			
	20.43		0.25	1.53	3.11	6.16
			0.50	58.68	99.75	124.49
193.65	259.32	444.83	449.59	588.04	949.90	991.28
1.72	25.29	81.02	80.17	105.83	172.51	52.65
1.44	94.31	91.18	217.74	164.50	253.90	491.91
86.85	50.47	37.77	1.23	99.16	201.52	0.44
				1.36	2.77	5.49
	4.43	4.07	10.32	13.92		
76.30	49.13	155.53	100.22	27.28	13.83	
	8.10	28.34	7.96	93.83	182.86	278.14
27.34	27.60	46.91	31.96	82.15	122.52	162.64
151.56	31.59	47.20	43.51	90.98	136.88	113.16
151.56	28.60	45.16	42.45	81.42	135.68	111.47
	2.34	20.63	6.01	4.54	7.76	15.39
151.56	26.26	24.53	36.44	76.88	127.92	96.09
	3.00	2.04	1.06	9.57	1.20	1.68
	1.05	2.04	0.92	2.07	0.35	
	1.95		0.14	7.50	0.85	1.68

3-1-56

指　标	单位	全区	低收入20%	更低收入10%
转移性支出	元/人	335.90	375.76	392.85
个人所得税	元/人	1.08		
社会保障支出	元/人	298.19	354.12	354.62
个人缴纳的养老保险	元/人	152.73	194.53	189.53
个人缴纳的医疗保险	元/人	138.47	155.66	159.79
个人缴纳的失业保险	元/人	3.12	0.67	
其他社会保障支出	元/人	3.88	3.26	5.31
外来从业人员寄给家人的支出	元/人	0.05		
赡养支出	元/人	21.52	20.29	35.84
其他转移性支出	元/人	15.07	1.35	2.39
部分商业保险支出	元/人	92.31	71.66	28.29
意外伤害保险	元/人	7.25	13.61	1.45
商业医疗保险(含大病保险)	元/人	19.91	5.86	9.48
其他非储蓄性商业保险	元/人	29.57	20.40	17.02
其他储蓄性商业保险	元/人	35.57	31.79	0.35
购置资产及非经常性转移支出	元/人	2852.61	2302.72	3016.36
购置资产支出	元/人	884.38	689.82	851.68
建造住房支出	元/人	72.10	18.40	9.47
建造住房材料	元/人	55.34	16.99	6.68
建造住房雇工	元/人	16.77	1.41	2.79
购买住房支出	元/人	111.57	54.48	106.62
购建第一产业生产性固定资产支出	元/人	523.51	448.72	403.37
购买或建造农业生产性用房	元/人	92.61	113.13	94.46
购买用房建筑材料	元/人	72.49	89.98	89.27
建筑农业生产用房雇工	元/人	14.88	20.83	4.49
购买农业生产用房	元/人			
其他	元/人	5.24	2.32	0.69
购买役畜	元/人	33.85	45.84	1.04
购买产品畜	元/人	103.50	136.26	173.02
购买或建造农业设施	元/人	59.90	29.47	45.63
大棚、温室	元/人	18.94	3.12	
自备井	元/人	17.45	10.71	21.19
喷灌设施	元/人			
其他农业设施	元/人	23.50	15.64	24.44

续表 11

最低收入5%	中低收入20%	中等收入20%	中高收入20%	高收入20%	更高收入10%	最高收入5%
486.24	269.57	250.97	395.40	394.75	351.93	306.07
		0.36	2.09	3.28	5.63	
416.35	226.50	233.58	342.41	338.82	300.89	243.19
243.03	75.77	89.92	207.39	202.17	177.22	144.14
167.31	139.84	141.33	123.01	131.06	118.68	99.05
	5.08	1.05	4.71	4.22	3.83	
6.01	5.81	1.27	7.30	1.37	1.16	
			0.26			
69.49	19.78	14.40	31.97	21.12	11.70	8.23
0.40	23.29	2.64	18.67	31.54	33.71	54.66
34.98	75.59	91.10	88.31	142.07	68.63	45.90
2.07	2.61	9.65	5.50	4.50	2.26	0.26
4.27	27.43	17.33	33.02	15.59	12.62	15.25
27.95	21.80	39.16	31.50	36.41	28.80	17.59
0.69	23.74	24.96	18.28	85.58	24.95	12.81
3771.64	2130.54	2128.14	3307.35	4644.34	4969.47	6544.53
1437.44	563.48	456.19	1109.32	1716.19	1667.56	2496.67
4.71	123.33	30.28	125.28	62.04	95.63	67.56
0.08	89.75	20.13	94.46	55.42	82.18	52.30
4.62	33.58	10.16	30.82	6.62	13.45	15.27
209.98	85.25	30.74	233.41	161.92	329.04	652.09
568.47	253.71	365.72	680.63	926.05	1160.26	1774.18
33.03	64.64	22.54	141.49	124.65	223.10	431.67
33.03	47.27	20.16	97.77	111.78	198.02	381.97
	17.12	2.19	31.03	1.18	2.40	4.77
	0.25	0.19	12.69	11.69	22.67	44.93
2.04	1.81	43.23	32.22	48.43	98.41	154.02
313.60	58.86	134.28	93.90	93.25	134.21	191.41
79.35	26.54	18.06	84.70	153.70	157.91	147.40
		3.97	39.12	53.61	23.37	
31.22	23.86	4.67	4.38	47.28	58.55	
48.13	2.68	9.42	41.20	52.81	75.99	147.40

3-1-56

指 标	单位	全区	低收入20%	更低收入10%
购买农业机械	元/人	233.66	124.01	89.23
大中型农用拖拉机	元/人	62.87	2.13	4.21
小型(手扶)农用拖拉机	元/人	42.40	17.00	33.63
农用排灌动力机械	元/人			
插秧机	元/人	0.77		
收割机	元/人	0.95		
脱粒机	元/人	3.54	0.90	
其他农业机械	元/人	123.12	103.98	51.39
购建第二产业生产性固定资产支出	元/人			
采矿业	元/人			
制造业	元/人			
电力、热力、燃气及水生产和供应业	元/人			
建筑业	元/人			
购建第三产业生产性固定资产支出	元/人	140.02	9.21	17.72
批发和零售业	元/人	12.42		
交通运输、仓储和邮政业	元/人	116.58		
住宿和餐饮业	元/人	8.27		
房地产业	元/人			
租赁和商务服务业	元/人	0.74	3.00	5.94
居民服务、修理和其他服务业	元/人	1.93	5.77	10.93
其他	元/人	0.09	0.43	0.85
购建其他资产支出	元/人	37.18	159.00	314.50
非经常性转移支出	元/人	1968.23	1612.90	2164.68
博彩支出	元/人	2.11	0.86	1.70
婚丧嫁娶礼金支出	元/人	1429.86	1221.86	1613.31
一次性赔偿支出	元/人	1.20	1.73	2.88
一次性馈赠支出	元/人	398.10	289.56	357.70
婚丧嫁娶宴请支出	元/人	43.53	8.79	17.39
其他非经常性转移支出	元/人	93.42	90.10	171.69
借贷性支出	元/人	2299.17	1426.17	2127.13
存入储蓄款	元/人	419.57	2.89	
借出款	元/人	40.88	5.59	9.78
归还借款	元/人	1054.67	896.44	1273.56
购买有价证券	元/人			
其他投资支出	元/人	1.80		
归还住房贷款	元/人	63.89		
归还汽车贷款	元/人	52.75		
归还教育贷款	元/人	4.23		
归还其他贷款	元/人	642.50	506.07	813.77
其他借贷支出	元/人	18.87	15.17	30.01

续表 12

最低收入5%	中低收入20%	中等收入20%	中高收入20%	高收入20%	更高收入10%	最高收入5%
140.45	101.85	147.61	328.32	506.02	546.63	849.69
8.30		68.78	168.22	80.87	141.50	280.42
66.23	32.98	18.54	51.31	100.15	122.39	149.88
	3.72					
		1.93	2.75			
	3.16	3.95		10.64	16.63	32.96
65.92	61.99	54.41	106.04	314.36	266.11	386.43
34.91	100.38	17.75	63.93	565.48	81.19	
	38.03	2.42	12.81	7.95	0.07	
	53.87	14.18	51.11	517.62		
	7.50			37.67	76.55	
11.70				0.64	1.31	
21.52	0.98	1.14		1.61	3.26	
1.68						
619.38	0.80	11.71	6.07	0.70	1.43	2.83
2334.19	1567.06	1671.95	2198.04	2928.15	3301.91	4047.86
3.30	1.19	1.49	3.52	3.75	6.07	6.44
1541.49	1197.76	1191.24	1532.28	2099.00	2304.16	2595.08
	2.01		1.66	0.47	0.63	0.47
550.08	285.79	327.47	444.47	684.07	776.84	1093.83
34.25	67.25	65.03	56.11	17.98	3.84	5.49
205.07	13.06	86.73	159.99	122.87	210.37	346.55
2268.18	1114.53	1870.32	2757.37	4673.12	5729.43	8059.10
	32.61	401.34	1230.44	457.12	390.33	561.62
13.72	10.75	48.67	63.36	83.16	145.92	4.34
2179.42	610.50	823.31	727.01	2395.82	3180.79	4098.64
			8.88			
	32.85	48.68	85.23	168.18	259.51	293.70
	39.08	16.77	149.05	61.60		
			20.82			
17.76	355.37	515.82	451.85	1499.58	1752.50	3100.81
57.28	33.37	15.73	20.74	7.68	0.37	

3-1-56

指　　标	单位	全区	低收入20%	更低收入10%
消费支出	**元/人**	**12184.42**	**9423.98**	**11041.86**
#通过互联网购买的商品和服务	元/人	15.93	5.64	5.69
#消费支出中服务消费支出	元/人	4331.64	3197.99	3799.41
食品烟酒	元/人	3384.66	2895.72	3099.20
食品	元/人	2524.08	2185.04	2315.71
谷物	元/人	534.50	526.10	542.32
薯类	元/人	103.63	84.41	80.28
豆类	元/人	28.38	19.11	16.08
食用油	元/人	79.78	74.04	77.27
蔬菜和食用菌	元/人	201.64	170.60	192.04
肉类	元/人	835.15	663.50	729.29
禽类	元/人	74.51	63.31	61.96
水产品	元/人	44.30	34.28	33.92
蛋类	元/人	48.11	40.49	37.19
奶类	元/人	135.10	123.05	137.33
干鲜瓜果类	元/人	190.45	159.67	165.13
糖果糕点类	元/人	67.67	64.03	78.22
其他食品	元/人	180.86	162.46	164.67
烟酒	元/人	529.50	477.72	506.82
烟草	元/人	331.88	299.62	326.71
酒类	元/人	197.62	178.10	180.11
饮料	元/人	50.65	51.49	60.38
饮食服务	元/人	280.43	181.47	216.29
食堂用餐	元/人	33.05	12.84	11.03
其他在外饮食	元/人	233.02	159.64	197.39
食品加工服务费	元/人	14.36	8.99	7.87
衣着	元/人	842.32	705.54	833.87
衣类	元/人	631.14	525.09	631.32
鞋类	元/人	211.18	180.45	202.55
居住	元/人	2194.31	1508.17	1769.83
租赁房房租	元/人	51.66	53.13	59.13
住房维修及管理	元/人	575.17	312.16	474.92
水电燃料及其他	元/人	728.26	611.19	634.44
自有住房折算租金	元/人	839.21	531.69	601.34

续表 13

最低收入5%	中低收入20%	中等收入20%	中高收入20%	高收入20%	更高收入10%	最高收入5%
12921.22	**10262.21**	**11212.42**	**13241.38**	**17572.15**	**20587.34**	**23028.33**
1.78	5.28	19.80	27.39	22.98	22.22	8.84
4626.62	3735.02	4111.48	4767.73	6114.04	7141.04	7471.86
3390.04	2921.29	3077.77	3665.71	4528.00	5068.03	5517.61
2471.35	2242.31	2314.70	2696.99	3291.86	3661.93	3882.63
611.51	529.50	512.62	522.28	588.91	625.91	661.08
64.99	119.67	95.97	111.78	106.88	119.30	114.51
13.51	26.07	27.02	37.40	33.24	33.52	27.13
85.80	75.04	76.60	79.25	96.29	108.15	113.74
228.01	170.20	181.31	214.90	282.79	318.18	345.19
717.11	708.45	729.75	916.40	1211.73	1370.72	1534.86
65.60	67.29	70.25	86.41	87.37	102.59	105.58
30.48	40.91	49.67	43.61	54.75	56.87	57.92
40.14	46.03	50.56	51.40	52.96	56.38	57.60
152.21	94.76	110.64	156.93	199.16	258.06	263.82
178.64	157.13	185.61	210.96	247.65	252.57	228.05
104.34	51.51	61.21	68.46	97.27	118.53	113.96
179.02	155.72	163.51	197.23	232.86	241.14	259.19
529.97	425.83	492.46	605.96	666.21	747.98	878.85
362.28	261.32	310.88	388.20	411.77	441.67	507.94
167.69	164.51	181.58	217.76	254.44	306.30	370.91
71.52	41.13	43.50	48.80	71.02	84.97	92.28
317.19	212.02	227.11	313.95	498.90	573.16	663.85
14.89	33.39	28.72	26.49	68.80	71.24	100.61
299.11	164.54	183.06	270.06	413.67	484.05	540.01
3.19	14.09	15.33	17.40	16.43	17.87	23.24
1053.56	611.21	774.62	924.60	1256.07	1581.37	1785.15
819.89	451.83	574.26	700.97	950.15	1217.69	1361.06
233.67	159.37	200.37	223.63	305.92	363.67	424.09
2009.39	1588.48	1921.89	2620.85	3531.00	3943.08	4549.77
105.20	35.02	44.02	47.02	83.35	129.31	191.58
583.08	335.79	384.57	790.85	1133.90	1329.03	1847.62
692.33	613.82	672.45	810.86	968.64	1048.18	1116.86
628.79	603.85	820.86	972.13	1345.12	1436.56	1393.71

3-1-56

指　　标	单位	全区	低收入20%	
				更低收入10%
生活用品及服务	元/人	522.13	409.21	533.93
家具及室内装饰品	元/人	105.43	75.04	123.74
家用器具	元/人	106.13	58.49	58.07
家用纺织品	元/人	47.09	29.85	38.48
家庭日用杂品	元/人	167.25	166.24	207.41
个人用品	元/人	86.21	68.56	88.71
家庭服务	元/人	10.02	11.03	17.52
家政服务	元/人	2.17	3.49	6.78
交通通信	元/人	2055.60	1447.36	1937.12
交通	元/人	1445.19	933.47	1347.11
交通工具	元/人	513.13	240.27	392.25
交通费	元/人	180.03	174.64	206.11
交通工具用燃料	元/人	463.00	323.21	460.51
交通工具使用及维修	元/人	289.03	195.35	288.24
车辆保险支出	元/人	63.61	25.89	40.05
通信	元/人	610.42	513.89	590.02
通信工具	元/人	202.29	143.08	174.35
通信服务	元/人	408.13	370.81	415.66
教育文化娱乐	元/人	1638.59	1272.62	1474.05
教育	元/人	1347.36	1065.51	1244.71
学前教育	元/人	69.28	30.88	34.52
小学教育	元/人	146.20	118.71	113.26
初中教育	元/人	141.26	110.98	109.00
高中教育	元/人	288.43	222.75	275.84
中专职高教育	元/人	36.48	46.71	21.23
大专及以上教育	元/人	601.63	452.93	549.44
成人教育	元/人	64.08	82.57	141.42
文化娱乐	元/人	291.24	207.10	229.34
文娱耐用消费品	元/人	69.69	50.02	61.22
其他文娱用品	元/人	111.39	88.39	82.70
文化娱乐服务	元/人	110.16	68.69	85.42
医疗保健	元/人	1288.40	1010.85	1194.93
医疗器具及药品	元/人	459.50	421.89	460.42
医疗服务	元/人	828.90	588.96	734.51
门诊总费用	元/人	320.24	276.27	278.29
住院总费用	元/人	508.66	312.69	456.23
其他用品和服务	元/人	258.40	174.50	198.93
其他用品	元/人	169.49	105.48	124.03
其他服务	元/人	88.91	69.02	74.90

续表 14

最低收入5%	中低收入20%	中等收入20%	中高收入20%	高收入20%	更高收入10%	最高收入5%
708.64	451.55	449.74	564.15	771.43	1015.99	1218.49
196.92	95.90	83.95	118.84	161.35	277.37	337.53
76.46	86.18	92.88	123.30	180.90	245.28	313.78
41.25	47.30	43.71	48.31	69.55	89.90	119.44
260.76	156.22	142.79	167.03	209.26	225.87	239.56
112.68	61.61	80.59	94.73	132.35	151.72	174.38
20.56	4.35	5.82	11.94	18.02	25.86	33.80
11.89	0.66	0.35	0.45	6.42	10.19	18.81
2309.65	1811.86	1928.23	2012.98	3248.85	3831.34	4543.24
1551.43	1317.36	1366.87	1310.08	2439.45	2976.27	3629.18
124.11	597.25	591.30	339.03	846.07	944.74	1065.87
303.91	160.44	180.68	184.09	203.91	256.94	317.64
671.87	335.45	368.99	492.55	849.17	1089.95	1442.58
451.54	224.21	225.89	294.41	540.30	684.64	803.09
52.13	56.57	54.90	69.48	119.38	105.22	126.18
758.22	494.50	561.36	702.90	809.40	855.07	914.06
270.66	186.58	164.37	259.88	267.46	269.52	316.41
487.55	307.92	396.98	443.02	541.94	585.56	597.66
1728.78	1617.39	1650.55	1876.61	1808.69	2260.59	2470.03
1412.22	1415.41	1421.30	1506.43	1334.12	1636.95	1805.54
41.69	58.13	79.75	100.04	80.54	80.27	2.55
191.34	140.52	165.98	179.05	125.31	143.30	96.59
110.76	172.89	148.25	146.78	125.69	101.85	53.91
272.66	321.60	330.14	377.68	177.86	233.22	280.38
	26.45	59.74	6.01	44.63	41.20	5.21
629.22	638.26	541.21	677.19	715.86	957.14	1230.51
166.57	57.56	96.22	19.67	64.24	79.98	136.38
316.55	201.97	229.26	370.19	474.58	623.64	664.49
90.50	55.71	52.46	96.26	98.33	127.17	132.80
93.31	89.58	107.78	137.83	137.87	158.75	157.35
132.75	56.68	69.02	136.10	238.38	337.72	374.35
1445.03	1064.17	1159.35	1287.82	2023.70	2338.23	2264.53
529.29	368.61	412.25	493.00	625.22	706.45	774.88
915.74	695.56	747.10	794.82	1398.47	1631.78	1489.65
333.44	303.75	292.54	342.09	397.64	392.15	330.25
582.31	391.81	454.56	452.73	1000.83	1239.63	1159.40
276.13	196.26	250.27	288.65	404.41	548.71	679.51
186.46	108.62	176.66	202.40	270.27	373.41	515.63
89.67	87.64	73.62	86.25	134.14	175.30	163.88

3-1-56

指　　标	单位	合计	低收入20%	
				更低收入10%
食品消费量				
粮食消费量	公斤/人	168.81	161.15	163.25
谷物消费量	公斤/人	157.48	153.04	156.15
小麦	公斤/人	81.04	81.65	83.55
稻谷	公斤/人	51.13	51.36	50.29
玉米	公斤/人	8.46	3.96	6.87
其他谷物	公斤/人	16.85	16.07	15.44
薯类消费量	公斤/人	5.97	4.59	4.40
红薯	公斤/人	0.24	0.19	0.15
马铃薯	公斤/人	5.36	4.18	4.06
其他薯类	公斤/人	0.37	0.22	0.19
豆类消费量	公斤/人	5.36	3.51	2.70
大豆	公斤/人	1.15	0.68	0.37
其他豆类	公斤/人	4.21	2.84	2.33
油脂类消费量	公斤/人	6.46	6.16	6.55
植物油	公斤/人	6.09	5.92	6.30
动物油	公斤/人	0.37	0.24	0.25
蔬菜及菜制品消费量	公斤/人	69.82	57.38	58.68
鲜菜	公斤/人	68.70	56.47	57.72
肉类	公斤/人	31.56	25.34	27.36
猪肉	公斤/人	19.19	15.87	15.40
牛肉	公斤/人	2.79	2.23	3.20
羊肉	公斤/人	7.98	6.13	7.47
禽类	公斤/人	4.41	3.85	3.77
鸡	公斤/人	3.56	3.16	2.95
水产品	公斤/人	3.02	2.54	2.56
鱼类	公斤/人	2.67	2.22	2.15
蛋类及蛋制品	公斤/人	7.17	6.14	5.60
鲜蛋	公斤/人	7.13	6.12	5.56
奶和奶制品	公斤/人	14.55	12.25	14.14
鲜奶	公斤/人	11.39	9.00	10.19
干鲜瓜果类	公斤/人	37.29	34.13	33.48
鲜瓜果	公斤/人	34.69	32.04	31.45
糖果糕点类	公斤/人	5.23	5.26	6.07
糕点	公斤/人	3.07	3.10	3.51
茶叶	公斤/人	0.40	0.51	0.68
酒	公斤/人	17.99	18.45	19.12
白酒	公斤/人	6.79	7.08	6.59
啤酒	公斤/人	11.16	11.35	12.52
果酒	公斤/人	0.03	0.02	0.01

续表 15

最低收入5%	中低收入20%	中等收入20%	中高收入20%	高收入20%	更高收入10%	最高收入5%
174.39	177.20	164.52	163.22	179.26	193.18	210.44
168.68	165.65	153.58	149.87	166.25	178.78	198.30
88.11	76.55	77.77	79.75	90.74	91.90	96.70
58.13	54.62	50.91	47.68	50.98	54.51	58.17
4.70	15.93	7.77	5.60	9.06	16.94	32.53
17.74	18.56	17.13	16.84	15.47	15.43	10.90
3.59	6.66	5.61	6.53	6.56	7.71	7.35
0.16	0.23	0.22	0.28	0.30	0.32	0.28
3.19	6.07	5.03	5.82	5.78	6.82	6.35
0.23	0.37	0.36	0.43	0.48	0.57	0.73
2.13	4.89	5.33	6.82	6.45	6.69	4.78
0.19	1.11	1.50	1.63	0.84	0.83	0.59
1.94	3.78	3.83	5.20	5.61	5.86	4.18
6.97	5.97	6.45	6.32	7.56	9.00	9.44
6.81	5.57	6.04	5.85	7.25	8.58	8.89
0.16	0.40	0.42	0.47	0.31	0.42	0.54
64.21	65.72	72.46	72.09	83.66	86.83	86.29
63.28	64.79	71.39	70.85	82.15	85.11	84.08
26.34	27.26	28.77	34.20	44.03	50.26	56.74
12.72	19.30	19.16	21.27	20.63	22.02	22.81
4.26	2.00	1.93	3.54	4.46	3.80	4.96
7.94	4.72	5.93	7.70	16.59	21.35	26.15
3.73	4.02	4.06	5.16	5.07	5.76	6.10
2.80	3.32	3.19	4.14	4.04	4.74	4.92
2.11	2.88	3.55	2.99	3.18	3.35	3.40
1.86	2.56	3.26	2.63	2.70	3.01	3.00
5.95	7.04	7.55	7.65	7.56	7.75	7.38
5.89	6.98	7.52	7.63	7.47	7.62	7.26
13.76	9.81	10.75	17.12	24.17	34.40	42.75
9.17	7.58	7.48	13.91	20.18	29.75	37.82
32.49	32.25	38.80	40.05	42.05	41.96	37.99
30.34	30.12	36.13	37.05	38.82	38.75	35.26
7.74	4.26	5.10	5.32	6.35	7.28	6.72
4.82	2.32	2.99	3.06	4.00	4.60	3.90
0.75	0.29	0.33	0.36	0.52	0.75	0.87
20.01	18.48	18.84	16.61	17.47	19.62	20.59
6.62	7.09	6.97	6.53	6.20	7.24	7.36
13.37	11.37	11.83	10.06	11.22	12.33	13.20
0.02	0.02	0.05	0.02	0.05	0.05	0.04

3-1-57 各盟市全体居民基本情况(2017年)

地　区	户均常住人口(人)	户均常住从业人口(人)	人均居住建筑面积(平方米)	人均总收入(元)	人均总支出(元)	
						人均生产经营费用支出(元)
全　区	**2.81**	**1.74**	**30.7**	**31566**	**28369**	**3553**
呼和浩特市	2.80	1.59	33.7	36801	32569	2856
包头市	2.64	1.57	35.6	42188	33190	1169
呼伦贝尔市	2.68	1.59	27.5	30867	24795	2299
兴安盟	2.95	1.68	28.8	20345	17662	2259
通辽市	3.14	1.93	29.0	26429	26085	4936
赤峰市	3.05	1.95	29.1	25007	20769	4192
锡林郭勒盟	2.83	1.78	30.3	33138	32841	4243
乌兰察布市	2.70	1.65	26.3	21990	18170	2432
鄂尔多斯市	2.80	1.70	41.5	42536	35105	4264
巴彦淖尔市	2.80	1.86	32.20	31539	27647	6272
乌海市	2.68	1.55	34.7	42012	32896	4614
阿拉善盟	2.99	1.81	37.9	52211	42068	4854

3-1-58 各盟市全体居民耐用消费品拥有情况(2017年)

单位：辆、台/百户

地　区	家用汽车	摩托车	助力车	洗衣机	电冰箱(柜)	微波炉	彩色电视机
全　区	**36.1**	**39.0**	**47.5**	**94.4**	**98.4**	**25.7**	**103.4**
呼和浩特市	44.9	14.2	53.3	98.7	102.9	36.5	101.7
包头市	49.1	22.8	38.1	96.4	98.9	56.6	103.5
呼伦贝尔市	17.0	41.0	22.0	89.0	87.0	17.0	102.0
兴安盟	21.9	51.3	24.5	94.3	86.2	11.4	103.4
通辽市	29.2	47.0	64.7	97.5	93.0	28.3	121.6
赤峰市	20.1	63.4	46.7	92.2	94.1	18.9	109.3
锡林郭勒盟	51.0	54.0	42.0	95.0	104.0	27.0	103.0
乌兰察布市	16.1	28.8	39.1	78.4	86.2	11.1	98.0
鄂尔多斯市	66.0	29.0	31.0	95.0	100.0	27.0	104.0
巴彦淖尔市	32	52	86	96	100	16	103
乌海市	28.7	11.1	74.9	102.3	114.7	45.1	104.3
阿拉善盟	73.0	59.0	49.0	100.0	106.0	31.0	108.0

3-1-58 续表

单位：台、部/百户

地区	空调	热水器	排油烟机	固定电话	移动电话	计算机	
							接入互联网
全区	**9.0**	**46.3**	**45.8**	**19.2**	**229.2**	**47.4**	**36.9**
呼和浩特市	10.0	58.2	67.9	30.9	232.7	52.9	42.0
包头市	24.2	62.4	64.0	15.9	212.8	59.6	49.7
呼伦贝尔市	2.0	24.0	37.0	43.0	226.0	51.0	39.0
兴安盟	6.3	22.7	28.1	15.7	220.6	25.6	19.9
通辽市	21.3	67.5	44.0	11.9	260.4	70.9	62.3
赤峰市	5.1	28.5	28.9	28.7	226.2	40.8	33.9
锡林郭勒盟	6.0	43.0	42.0	16.0	232.0	51.0	37.0
乌兰察布市	0.9	22.5	27.7	11.6	184.9	20.9	14.3
鄂尔多斯市	7.0	48.0	40.0	14.0	242.0	49.0	27.0
巴彦淖尔市	11	53	45	4	241	38	29
乌海市	37.3	69.9	56.7	23.8	293.4	84.3	80.0
阿拉善盟	17.0	78.0	61.0	10.0	271.0	76.0	66.0

3-1-59 各盟市全体居民主要食品消费量(2017年)

单位：公斤/人

地区	粮食			肉类				鸡	鱼	蛋类及蛋制品	奶和奶制品
		谷物	薯类		猪肉	牛肉	羊肉				
全区	**152.3**	**139.9**	**5.2**	**33.8**	**17.0**	**4.3**	**8.9**	**3.9**	**3.8**	**9.1**	**22.7**
呼和浩特市	138.9	121.2	7.7	28.3	15.4	2.3	6.4	4.2	3.5	10.3	26.1
包头市	156.0	138.9	5.8	36.8	18.4	4.1	8.5	3.8	5.7	11.2	32.2
呼伦贝尔市	155.6	143.1	3.5	30.9	15.7	6.3	4.3	2.9	6.1	11.2	15.7
兴安盟	166.2	154.3	3.9	20.4	16.1	0.8	1.3	2.9	3.8	8.5	12.7
通辽市	167.7	160.1	2.0	24.7	19.7	1.4	1.4	2.3	4.4	11.4	11.2
赤峰市	169.0	160.2	1.7	30.6	16.5	2.7	3.2	3.5	4.2	10.7	13.5
锡林郭勒盟	178.8	171.8	2.4	44.2	8.9	12.2	19.4	4.1	3.1	8.0	43.0
乌兰察布市	162.7	142.5	13.0	30.5	15.8	1.6	10.1	4.9	2.2	8.1	20.0
鄂尔多斯市	144.6	131.0	6.1	42.6	23.7	5.1	11.7	5.3	2.1	6.1	21.5
巴彦淖尔市	153.4	139.3	5.5	36.6	24.2	1.9	8.7	5.4	4.8	7.2	13.9
乌海市	146.1	130.5	5.2	45.3	22.5	6.0	14.1	6.0	5.3	10.9	33.0
阿拉善盟	120.4	114.5	2.2	24.8	9.4	1.5	10.3	3.1	1.6	4.1	16.2

3-1-60 各盟市全体居民收入情况(2017年)

单位：元/人

地　区	可支配收入	工资性收入	经营净收入	第一产业净收入	农业净收入	牧业净收入
全　区	**26212**	**13900**	**6364**	**2647**	**1674**	**943**
呼和浩特市	33115	16297	7885	918	591	298
包头市	38749	20924	5176	776	585	191
呼伦贝尔市	26332	13235	6566	2572	1758	786
兴安盟	16822	7577	4882	3335	2468	835
通辽市	19996	8105	7283	5532	4636	845
赤峰市	19321	10149	5663	3138	2081	793
锡林郭勒盟	27777	13798	7751	3123	426	2641
乌兰察布市	18885	8808	4982	2675	1756	917
鄂尔多斯市	35648	21242	7555	2047	1165	848
巴彦淖尔市	22783	9402	9627	6803	5244	1502
乌海市	38625	29377	3314	89	5	85
阿拉善盟	33229	17714	8360	2414	686	1707

3-1-60 续表

单位：元/人

地　区	第二产业净收入	第三产业净收入	财产净收入	转移净收入
全　区	**427**	**3289**	**1288**	**4661**
呼和浩特市	578	6389	2955	5978
包头市	831	3569	3525	9124
呼伦贝尔市	292	3702	887	5644
兴安盟	190	1357	552	3811
通辽市	45	1705	751	3857
赤峰市	364	2161	708	2801
锡林郭勒盟	357	4271	1180	5048
乌兰察布市	217	2090	579	4515
鄂尔多斯市	676	4832	4208	2643
巴彦淖尔市	473	2351	887	2867
乌海市	371	2853	1490	4443
阿拉善盟	15	5931	1897	5258

3-1-61 各盟市全体居民生活消费情况(2017年)

单位：元/人

地　区	消费支出	食品	衣着	居住	家庭设备及服务	交通和通信	交通
全　区	**18946**	**5205**	**1866**	**3324**	**1200**	**2915**	**2062**
呼和浩特市	24698	5958	2631	5139	1514	3463	2508
包头市	26502	7788	3221	4342	2390	2475	1703
呼伦贝尔市	18081	5138	2090	3088	1290	2409	1538
兴安盟	11534	3396	1052	2459	632	1726	1191
通辽市	14254	3758	1393	2485	881	2370	1523
赤峰市	12868	3533	1046	2329	806	1903	1226
锡林郭勒盟	22950	7353	2468	3559	1596	3448	2542
乌兰察布市	12037	4365	1104	2020	591	1256	823
鄂尔多斯市	23994	5616	2312	4804	1562	4991	3830
巴彦淖尔市	15652	4584	1630	2951	945	2030	1427
乌海市	27717	7809	3999	3654	2029	4348	2833
阿拉善盟	25382	6506	2132	4285	1491	5476	4416

3-1-61 续表

单位：元/人

地　区	通信	教育文化娱乐服务	教育	文化娱乐	医疗保健	其他商品和服务
全　区	**853**	**2228**	**1303**	**925**	**1654**	**554**
呼和浩特市	955	3055	1642	1413	1934	1004
包头市	772	2995	1000	1995	2447	844
呼伦贝尔市	871	1749	1138	611	1618	699
兴安盟	535	1182	867	315	874	213
通辽市	847	1642	1148	494	1366	359
赤峰市	677	1608	1153	455	1365	278
锡林郭勒盟	906	1866	909	957	1866	794
乌兰察布市	433	1318	963	355	1185	198
鄂尔多斯市	1161	2344	1339	1005	1646	719
巴彦淖尔市	603	1446	1060	386	1635	431
乌海市	1515	3706	1436	2269	1302	869
阿拉善盟	1060	2486	1568	918	2034	972

3-1-62　各盟市城镇居民基本情况(2017年)

地　区	户均常住人口(人)	户均常住从业人口(人)	人均居住建筑面积(平方米)	人均总收入(元)	人均总支出(元)	人均生产经营费用支出(元)
全　区	**2.72**	**1.48**	**32.7**	**39339**	**31332**	**1665**
呼和浩特市	2.76	1.43	34.6	48860	39099	3304
包头市	2.63	1.49	36.9	47296	37234	609
呼伦贝尔市	2.55	1.37	26.0	28772	18284	345
兴安盟	2.79	1.43	28.9	28203	21233	726
通辽市	2.91	1.70	30.0	34468	27196	2400
赤峰市	3.01	1.68	30.5	34445	23147	3433
锡林郭勒盟	2.62	1.54	35.9	37296	34045	716
乌兰察布市	2.70	1.38	29.9	30371	22584	553
鄂尔多斯市	2.90	1.60	39.0	49445	37381	3560
巴彦淖尔市	2.79	1.68	32.64	31864	24861	2186
乌海市	2.67	1.52	33.7	42139	33605	232
阿拉善盟	2.96	1.77	37.2	49225	39799	1638

3-1-63　各盟市城镇居民耐用消费品拥有情况(2017年)

单位：辆、台/百户

地　区	家用汽车	摩托车	助力车	洗衣机	电冰箱(柜)	微波炉	彩色电视机
全　区	**41.0**	**18.8**	**51.3**	**96.4**	**98.6**	**38.3**	**101.7**
呼和浩特市	48.9	5.3	43.4	99.6	103.8	49.7	101.9
包头市	54.0	12.4	35.2	97.5	100.6	65.9	104.2
呼伦贝尔市	18.0	27.0	16.0	90.0	78.0	11.0	105.0
兴安盟	29.6	31.8	33.1	97.9	93.6	23.3	101.8
通辽市	34.4	20.3	76.7	100.1	99.8	48.4	123.1
赤峰市	23.9	41.4	55.7	99.0	97.4	30.7	108.6
锡林郭勒盟	51.0	27.0	57.0	98.0	116.0	47.0	122.0
乌兰察布市	29.3	14.7	49.6	91.0	91.0	23.2	99.1
鄂尔多斯市	76.0	12.0	37.0	96.0	101.0	38.0	104.0
巴彦淖尔市	38	22	97	97	102	26	101
乌海市	40.0	9.0	60.2	102.5	116.3	42.1	104.3
阿拉善盟	73.0	44.0	51.0	98.0	106.0	35.0	105.0

3-1-63 续表

单位：台、部/百户

地　区	空调	热水器	排油烟机	固定电话	移动电话	计算机	
							接入互联网
全　区	**13.9**	**61.0**	**65.1**	**24.9**	**224.3**	**62.2**	**49.8**
呼和浩特市	13.7	72.6	80.3	40.3	231.8	66.6	55.5
包头市	29.7	74.2	72.8	18.7	212.6	67.5	56.7
呼伦贝尔市		16.0	37.0	29.0	259.0	56.0	48.0
兴安盟	14.4	40.1	58.3	17.6	227.2	47.6	38.8
通辽市	39.9	91.1	81.3	19.0	275.4	92.7	86.6
赤峰市	9.6	46.6	52.3	36.9	225.0	57.9	49.0
锡林郭勒盟	18.0	63.0	63.0	23.0	270.0	75.0	62.0
乌兰察布市	2.1	44.1	56.5	20.5	207.5	46.4	31.7
鄂尔多斯市	10.0	63.0	57.0	16.0	241.0	65.0	39.0
巴彦淖尔市	17	62	63	6	236	58	47
乌海市	37.2	71.6	59.8	25.4	256.4	85.7	80.5
阿拉善盟	19.0	84.0	74.0	13.0	266.0	82.0	75.0

3-1-64 各盟市城镇居民主要食品消费量(2017年)

单位：公斤/人

地　区	粮食			肉类				鸡	鱼	蛋类及蛋制品	奶和奶制品
		谷物	薯类		猪肉	牛肉	羊肉				
全　区	**140.8**	**127.6**	**4.7**	**35.3**	**15.5**	**5.3**	**9.6**	**4.1**	**4.7**	**10.4**	**28.4**
呼和浩特市	129.4	114.6	5.9	29.1	14.2	3.0	6.8	3.7	4.0	11.2	33.0
包头市	156.8	140.7	5.2	40.3	19.0	4.8	9.3	3.8	6.5	12.7	36.5
呼伦贝尔市	151.7	140.6	3.9	32.4	13.5	7.8	5.5	3.6	7.0	12.8	18.0
兴安盟	150.5	136.7	4.4	22.9	16.0	1.4	1.8	3.1	4.9	11.1	18.7
通辽市	167.1	155.9	3.1	27.5	19.6	2.7	1.8	3.2	5.5	10.3	14.4
赤峰市	160.9	149.2	1.9	32.2	14.8	2.9	3.6	4.1	4.8	11.9	18.6
锡林郭勒盟	153.9	145.2	2.8	53.4	9.8	15.3	22.7	5.2	4.2	10.3	49.4
乌兰察布市	128.1	112.1	7.0	28.8	13.2	2.2	8.1	3.5	2.8	9.2	28.9
鄂尔多斯市	133.6	118.5	6.0	36.3	19.8	4.6	9.1	5.1	2.4	7.4	26.6
巴彦淖尔市	139.7	123.7	5.3	33.5	20.0	2.8	7.9	5.7	5.4	9.1	18.9
乌海市	147.0	131.0	4.9	45.9	22.7	5.9	14.5	6.2	5.5	11.5	34.2
阿拉善盟	118.4	112.6	2.3	25.7	9.6	1.5	10.8	3.4	1.6	4.4	16.5

3-1-65 各盟市城镇居民收入情况(2017年)

单位：元/人

地区	可支配收入					
		工资性收入	经营净收入			
				第一产业净收入		
					农业净收入	牧业净收入
全区	**35670**	**21707**	**6349**	**639**	**541**	**96**
呼和浩特市	43518	22333	9062	93	43	50
包头市	44231	27733	4998	111	108	3
呼伦贝尔市	31195	18834	5078	193	123	63
兴安盟	26367	16293	3910	460	306	143
通辽市	29667	16403	6411	2908	2705	166
赤峰市	29660	17875	6395	1551	1124	401
锡林郭勒盟	35634	20547	7270	360	49	310
乌兰察布市	28796	17208	5298	388	377	10
鄂尔多斯市	43559	28535	7115	465	223	240
巴彦淖尔市	28308	16987	5897	1238	1043	151
乌海市	39400	30195	3225			
阿拉善盟	37585	23065	8363	1139	126	1010

3-1-65 续表

单位：元/人

地区				
	第二产业净收入	第三产业净收入	财产净收入	转移净收入
全区	**678**	**5033**	**1824**	**5789**
呼和浩特市	704	8265	4019	8104
包头市	1016	3871	4335	7165
呼伦贝尔市	307	4578	923	6360
兴安盟	402	3048	924	5240
通辽市	60	3443	1132	5721
赤峰市	746	4098	1351	4039
锡林郭勒盟	565	6345	1599	6218
乌兰察布市	372	4538	995	5295
鄂尔多斯市	848	5802	4905	3004
巴彦淖尔市	946	3713	1340	4084
乌海市	389	2837	1501	4479
阿拉善盟	24	7200	1924	4232

3-1-66 各盟市城镇居民生活消费情况(2017年)

单位：元/人

地 区	消费支出	食品	衣着	居住	家庭设备及服务	交通和通信	交通
全 区	**23638**	**6469**	**2577**	**4108**	**1670**	**3511**	**2489**
呼和浩特市	29458	7291	2864	5996	2006	4015	2885
包头市	29806	8210	3382	5107	2311	3990	2728
呼伦贝尔市	19829	5865	2524	3217	1521	2499	1537
兴安盟	15978	4891	1593	2875	1034	2209	1441
通辽市	18880	4561	2183	3381	1281	2839	1660
赤峰市	16308	4359	1507	3325	1134	2245	1405
锡林郭勒盟	27842	8672	2987	4494	2196	4006	2913
乌兰察布市	16952	5784	2020	2788	951	1759	1217
鄂尔多斯市	26963	6367	2836	5268	1860	5557	4270
巴彦淖尔市	17349	4915	2150	3160	1194	2040	1398
乌海市	28102	7835	4186	3775	2095	4439	2886
阿拉善盟	27703	7133	2630	4297	1614	5688	4729

3-1-66 续表

单位：元/人

地 区	通信	教育文化娱乐服务	教育	文化娱乐	医疗保健	其他商品和服务
全 区	**1022**	**2637**	**1272**	**1365**	**1907**	**759**
呼和浩特市	1130	3679	1782	1897	2411	1196
包头市	1262	3705	1108	2597	2074	1027
呼伦贝尔市	962	1733	965	768	1608	862
兴安盟	768	1590	1030	560	1422	364
通辽市	1179	2347	1593	754	1753	535
赤峰市	840	1794	1208	586	1559	385
锡林郭勒盟	1093	2376	973	1403	2051	1060
乌兰察布市	542	1849	1186	663	1372	429
鄂尔多斯市	1287	2615	1419	1196	1578	882
巴彦淖尔市	642	1670	1131	539	1794	426
乌海市	1552	3611	1367	2244	1306	855
阿拉善盟	959	3019	1898	1121	2062	1260

3-1-67 各盟市农村居民基本情况(2017年)

地 区	户均常住人口(人)	户均常住从业人口(人)	人均居住建筑面积(平方米)	人均总收入(元)	人均总支出(元)	人均生产经营费用支出(元)
全 区	**2.95**	**2.04**	**27.9**	**20365**	**24100**	**6273**
呼和浩特市	2.87	1.79	32.5	18732	22784	2186
包头市	2.68	1.86	30.9	22729	17783	3304
呼伦贝尔市	2.91	1.59	22.3	23844	23075	5631
兴安盟	3.07	1.87	28.6	12956	13961	3071
通辽市	3.31	2.11	28.3	21040	24169	7378
赤峰市	3.09	2.19	27.9	16820	18706	4851
锡林郭勒盟	3.14	2.19	21.6	25645	28110	9056
乌兰察布市	2.50	1.84	23.3	14518	15060	3962
鄂尔多斯市	2.70	1.90	46.6	25689	27801	6754
巴彦淖尔市	2.8	2.05	30.88	31191	30618	10630
乌海市	2.82	1.92	44.1	20971	18702	4936
阿拉善盟	3.08	1.88	39.8	44268	37493	12989

3-1-68 各盟市农村居民耐用消费品拥有情况(2017年)

单位：辆、台/百户

地 区	家用汽车	摩托车	助力车	洗衣机	电冰箱(柜)	微波炉	彩色电视机
全 区	**28.5**	**70.6**	**41.6**	**91.4**	**98.1**	**5.9**	**106.2**
呼和浩特市	38.6	28.4	69.1	97.2	101.4	15.4	101.3
包头市	30.0	61.8	49.4	92.4	92.5	20.6	100.6
呼伦贝尔市	21.0	61.0	7.0	83.0	73.0	5.0	100.0
兴安盟	16.8	66.2	17.9	91.5	80.5	1.8	104.8
通辽市	24.3	72.2	53.4	95.1	86.5	9.3	120.1
赤峰市	17.0	81.2	39.5	86.7	91.3	9.5	110.0
锡林郭勒盟	52.0	112.0	11.0	91.0	103.0	5.0	110.0
乌兰察布市	6.4	39.1	31.5	69.2	82.7	2.3	97.2
鄂尔多斯市	48.0	62.0	20.0	93.0	98.0	6.0	104.0
巴彦淖尔市	25	84	73	95	98	6	105
乌海市	28.5	50.5	43.0	99.9	96.6	9.9	107.7
阿拉善盟	75.0	98.0	42.0	105.0	106.0	21.0	114.0

3-1-68 续表

单位：台、部/百户

地　区	空调	热水器	排油烟机	固定电话	移动电话	计算机	
							接入互联网
全　区	**1.4**	**23.2**	**15.5**	**10.1**	**236.9**	**24.2**	**16.8**
呼和浩特市	4.1	35.1	47.9	15.6	234.1	30.9	20.3
包头市	2.7	16.6	29.6	4.6	213.6	29.0	22.3
呼伦贝尔市	2.0	3.0	6.0	13.0	226.0	34.0	28.0
兴安盟		9.3	5.0	14.2	215.6	8.8	5.5
通辽市	3.7	45.3	8.7	5.3	246.2	52.4	39.4
赤峰市	1.4	14.0	10.1	22.2	227.1	27.0	21.7
锡林郭勒盟	1.0	10.0	10.0	4.0	271.0	17.0	7.0
乌兰察布市	0.1	6.8	6.7	5.0	168.4	2.2	1.6
鄂尔多斯市	2.0	19.0	7.0	9.0	243.0	18.0	3.0
巴彦淖尔市	4	42	25	2	246	17	9
乌海市	10.0	34.9	12.8	5.9	223.8	30.9	28.7
阿拉善盟	13.0	63.0	27.0	2.0	283.0	60.0	44.0

3-1-69 各盟市农村居民主要食品消费量(2017年)

单位：公斤/人

地　区	粮食			肉类				鸡	鱼	蛋类及蛋制品	奶和奶制　品
		谷物	薯类		猪肉	牛肉	羊肉				
全　区	**168.8**	**157.5**	**6.0**	**31.6**	**19.2**	**2.8**	**8.0**	**3.6**	**2.7**	**7.2**	**14.6**
呼和浩特市	153.1	131.2	10.3	27.1	17.3	1.2	5.8	4.9	2.7	9.0	15.8
包头市	148.1	132.2	8.1	23.5	16.2	1.1	5.3	3.7	2.3	5.3	15.4
呼伦贝尔市	163.6	148.4	2.8	27.7	20.2	3.3	1.7	1.5	4.1	8.0	10.7
兴安盟	177.1	166.5	3.6	18.6	16.1	0.3	1.0	2.8	3.0	6.7	8.6
通辽市	168.1	162.9	1.2	22.8	19.8	0.5	1.2	1.7	3.6	12.7	9.0
赤峰市	175.5	169.1	1.5	29.3	17.8	2.5	2.9	3.0	3.7	9.8	9.3
锡林郭勒盟	217.2	213.0	1.7	29.9	7.5	7.4	14.2	2.2	1.5	4.5	33.2
乌兰察布市	190.9	167.3	18.0	31.8	17.9	1.1	11.6	6.0	1.6	7.1	12.7
鄂尔多斯市	167.3	156.8	6.2	55.6	31.7	6.1	17.1	5.8	1.6	3.4	10.9
巴彦淖尔市	168.0	156.0	5.7	40.0	28.6	0.9	9.5	5.0	4.1	5.2	8.7
乌海市	133.9	123.6	8.3	39.9	20.1	6.4	9.4	3.6	1.5	3.2	17.6
阿拉善盟	125.5	119.3	1.9	22.6	9.1	1.7	9.0	2.4	1.6	3.5	15.3

3-1-70 各盟市农村居民收入情况(2017年)

单位：元/人

地　区	可支配收入	工资性收入	经营净收入	第一产业净收入	农业净收入	牧业净收入
全　区	**12584**	**2649**	**6385**	**5542**	**3307**	**2164**
呼和浩特市	15710	7338	5115	2135	1392	671
包头市	15901	5200	8889	5138	3603	1535
呼伦贝尔市	13581	2293	7387	5708	3915	1737
兴安盟	9242	1403	5421	4781	3312	1362
通辽市	12566	1919	7749	7383	6048	1270
赤峰市	10352	3446	5027	4515	2912	1133
锡林郭勒盟	14309	2231	8576	7861	1067	6635
乌兰察布市	9848	1972	4544	4153	2714	1400
鄂尔多斯市	16729	3507	8850	6063	3555	2392
巴彦淖尔市	15707	1708	12093	11181	8536	2578
乌海市	16821	8369	4405	1898	192	1706
阿拉善盟	18186	2414	7353	3588	1097	2467

3-1-70 续表

单位：元/人

地　区	第二产业净收入	第三产业净收入	财产净收入	转移净收入
全　区	**66**	**777**	**515**	**3036**
呼和浩特市	369	2611	1499	1758
包头市	300	3451	684	1128
呼伦贝尔市	201	1478	816	3085
兴安盟	163	477	521	1897
通辽市	32	334	405	2493
赤峰市	32	480	151	1728
锡林郭勒盟	1	714	461	3041
乌兰察布市	19	372	181	3151
鄂尔多斯市	263	2524	2568	1804
巴彦淖尔市	4	908	240	1666
乌海市	269	2238	788	3260
阿拉善盟		3765	1051	7368

3-1-71 各盟市农村居民生活消费情况(2017年)

单位：元/人

地　　区	消费支出						
		食品	衣着	居住	家庭设备及服务	交通和通信	
							交通
全　区	**12184**	**3385**	**842**	**2194**	**522**	**2056**	**1445**
呼和浩特市	15257	3904	1125	3282	757	2613	1936
包头市	11435	3551	966	2506	562	1628	973
呼伦贝尔市	13446	3360	1089	2635	745	2080	1448
兴安盟	7880	2519	567	1593	348	1350	948
通辽市	10700	3235	723	1901	519	2046	1449
赤峰市	10092	2866	675	1525	541	1627	1082
锡林郭勒盟	13980	4934	1515	1845	497	2424	1860
乌兰察布市	8199	3292	470	1250	260	872	496
鄂尔多斯市	15256	3429	875	3532	732	3153	2405
巴彦淖尔市	14138	4170	1051	2947	671	2028	1466
乌海市	15265	4471	1152	2839	946	2142	1384
阿拉善盟	16687	4287	1141	2740	855	3935	3277

3-1-71 续表

单位：元/人

地　　区						
		教育文化娱乐服务			医疗保健	其他商品和服务
	通信		教育	文化娱乐		
全　区	**610**	**1639**	**1347**	**291**	**1288**	**258**
呼和浩特市	677	2093	1512	581	1201	282
包头市	655	995	604	391	1030	197
呼伦贝尔市	632	1672	1414	258	1535	330
兴安盟	402	749	637	112	620	134
通辽市	597	1041	763	278	1016	219
赤峰市	545	1459	1111	348	1208	191
锡林郭勒盟	564	931	793	138	1528	306
乌兰察布市	376	902	786	116	1035	118
鄂尔多斯市	748	1537	1066	471	1728	270
巴彦淖尔市	562	1266	1034	232	1568	437
乌海市	758	2056	1407	649	968	690
阿拉善盟	658	1385	841	544	1930	414

主要统计指标解释

住户成员 指居住在一个住宅内，所有与本住户分享生活开支或收入的人员。还包括：①由本住户供养的在外学生（包括大中专学生和研究生）；②未分家的农村外出从业人员和随迁家属，无论其外出时间长短；③轮流居住的老人；④因探亲访友、旅游、住医院、培训或出差等原因临时外出的人员。

常住成员 指住户成员中，经常在家居住、或者调查期内居住时间超过一半的人员，以及本住户供养的学生。常住成员是住户收支的调查对象。

总收入 是调查期内全部收入的总和，其中未扣除为获得收入所发生的支出（生产费用）。包括工资性收入、经营性收入、财产性收入、转移性收入、非收入所得、借贷性所得。

可支配收入 指调查户在调查期内获得的、可用于最终消费支出和储蓄的总和，即调查户可以用来自由支配的收入。可支配收入既包括现金，也包括实物收入。按照收入的来源，可支配收入包含：工资性收入、经营净收入、财产净收入、转移净收入。

工资性收入 指就业人员通过各种途径得到的全部劳动报酬和各种福利，包括受雇于单位或个人、从事各种自由职业、兼职和零星劳动得到的全部劳动报酬和福利。

经营净收入 指住户或住户成员从事生产经营活动所获得的净收入，是全部经营收入中扣除经营费用、生产性固定资产折旧和生产税净额（生产税减去生产补贴）之后得到的净收入。计算公式具体为：经营净收入=经营收入-经营费用-生产性固定资产折旧-生产税净额（生产税-生产补贴）

财产净收入 指住户或住户成员将其所拥有的金融资产和自然资源交由其他机构单位、住户或个人支配而获得的回报并扣除相关的费用之后得到的净收入。财产净收入包括利息净收入、红利收入、储蓄性保险净收益和转让承包土地经营权租金净收入等。

转移净收入 指国家、单位、社会团体对住户的各种经常性转移支付和住户之间的经常性收入转移，并扣除相关的支出和费用之后得到的净收入。包括政府、非行政事业单位、社会团体对居民转移的养老金或退休金、社会救济和补助、政策性生活补贴、救灾款、经常性捐赠和赔偿以及报销医疗费等；住户之间的赡养收入、经常性捐赠和赔偿以及农村地区（村委会）在外（含国外）工作的本住户非常住成员寄回带回的收入等。

总支出 指住户用于生产、生活和再分配的全部支出。包括消费支出、生产经营费用支出、财产性支出、转移性支出、购置资产及非经常性转移支出、借贷性支出。

消费支出 指住户用于满足家庭日常生活消费需要的全部支出，包括用于消费品的支出和用于服务性消费的支出。根据用途不同，消费支出可划分为食品烟酒、衣着、居住、生活用品及服务、交通通信、教育文化娱乐、医疗保健、其他用品及服务八大类。根据来源不同，消费支出可划分为现金消费支出、实物消费支出（含自产自用、来自单位、来自政府和其他社会组织）。

生产经营费用支出 指住户以家庭为基本生产经营单位从事生产经营活动而消费的商品和服务、自产自用产品。

生产性固定资产 在家庭或个人从事的生产经营活动中，所拥有的使用期限在两年以上、单位价值在 1000 元以上的房屋建筑物、机器设备、器具工具、役畜、产品畜等资产应作为固定资产统计。

固定资产原价 按照当初固定资产的购进价或建购价来记录。自繁自养的幼畜成龄转作役畜、产品畜、种畜，按市场同类牲畜的平均价格计价。

生产性固定资产折旧 指住户在家庭经营生产活动中，因使用固定资产，而转移到新产品中的那部分固定资产价值。在住户调查中，生产性固定资产的使用年限定为 15 年。

财产性支出 指家庭购买或维护财产所支付的利息等有关费用。

转移性支出 指调查户对国家、单位、住户或个人的经常性或义务性转移支付。包括缴纳的税款、各项社会保障支出、赡养支出、经常性捐赠和赔偿支出以及其他经常转移支出等。

第四部分　价格调查篇

第四部分　价格调查篇

物价指数

资料整理：方　玲　郑海兰　张宝明　胡艳春　郭　松
秦文忠　齐　杰　杨少文　李　辰　阿茹娜

4-1-1　历年流通和消费价格总指数

上年=100

年份	居民消费价格总指数			商品零售价格总指数			农业生产资料价格指数
		城市	农村		城市	农村	
1951		110.9		112.7	110.9	117.2	119.1
1952		110.8		109.4	111.0	107.2	117.8
1953		104.7		103.2	104.6	101.6	119.9
1954		102.4		102.4	104.0	101.1	103.7
1955		104.1		103.9	103.2	103.3	102.8
1956		104.1		103.0	103.7	102.8	107.7
1957		97.8		99.3	97.1	100.2	97.6
1958		98.8		98.5	98.9	98.1	96.3
1959		101.5		99.6	100.2	99.0	102.5
1960		100.2		102.0	101.0	103.1	103.2
1961		109.7		106.7	110.0	102.6	101.9
1962		104.9		108.2	108.2	105.8	119.3
1963		97.8		99.1	97.9	102.6	99.6
1964		96.6		95.9	95.2	97.5	92.8
1965		98.6		99.6	98.6	100.4	95.2
1966		100.7		100.2	100.8	99.4	97.2
1967		101.3		100.5	101.5	99.3	96.6
1968		100.4		100.5	100.6	99.9	100.0
1969		100.9		100.4	101.0	99.5	100.0
1970		100.4		100.1	100.5	99.3	100.0
1971		100.9		99.9	101.0	98.6	96.2
1972		101.2		100.2	101.3	98.8	95.7
1973		101.6		101.4	101.7	100.6	101.6
1974		101.7		101.2	101.8	100.1	100.1
1975		101.4		100.7	101.5	99.5	98.8
1976		101.7		101.1	101.9	100.0	100.0
1977		101.1		101.0	101.4	100.1	100.3
1978		101.5		101.0	101.6	100.0	100.0

4-1-1 续表

上年=100

年份	居民消费价格总指数			商品零售价格总指数			农业生产资料价格指数
		城市	农村		城市	农村	
1979		102.3		101.9	102.3	101.5	98.8
1980		106.1		105.5	106.5	104.0	100.2
1981		101.9		101.8	101.6	102.1	100.7
1982		101.7		101.7	101.9	101.6	100.2
1983		101.2		101.0	101.2	101.0	101.4
1984	104.0	104.9	102.2	104.4	105.0	103.5	108.5
1985	109.3	108.9	110.0	108.5	108.5	108.4	104.6
1986	105.2	105.5	104.5	105.0	105.5	104.1	103.2
1987	107.8	108.5	106.0	108.1	108.8	106.3	106.5
1988	116.3	117.0	115.0	116.3	117.1	115.1	118.0
1989	115.3	114.2	118.3	115.9	114.4	118.8	119.9
1990	102.3	101.8	103.4	102.9	101.3	105.6	110.8
1991	104.6	106.0	102.5	104.5	106.1	102.9	103.5
1992	107.4	108.7	103.9	106.8	108.7	103.4	102.2
1993	114.1	114.7	112.5	112.5	113.2	110.8	111.4
1994	122.9	124.3	121.3	119.3	119.6	118.8	122.6
1995	117.5	117.1	118.0	116.8	115.4	118.9	128.5
1996	107.6	107.5	107.7	105.8	105.9	105.6	109.9
1997	104.5	104.6	104.3	102.3	102.4	101.9	104.0
1998	99.3	99.3	99.2	98.1	98.1	98.2	98.7
1999	99.8	100.3	99.1	97.7	97.9	97.4	96.3
2000	101.3	101.3	101.2	98.8	98.7	98.9	106.1
2001	100.6	100.6	100.5	100.0	100.0	99.9	101.4
2002	100.2	99.3	101.9	99.4	99.5	99.2	102.6
2003	102.2	101.5	103.5	99.6	99.6	99.6	101.2
2004	102.9	102.5	103.9	102.7	102.4	103.1	109.5
2005	102.4	102.0	103.3	101.5	101.5	101.4	108.3
2006	101.5	101.3	102.0	101.9	101.4	101.5	101.2
2007	104.6	104.3	105.2	103.6	103.4	104.0	103.0
2008	105.7	105.4	106.3	104.7	104.1	106.1	114.9
2009	99.7	99.7	99.8	99.5	99.4	99.6	99.7
2010	103.2	103.0	103.5	103.0	102.9	103.3	102.0
2011	105.6	105.5	105.7	104.9	105.0	104.7	106.3
2012	103.1	103.3	102.5	102.5	102.5	102.4	104.9
2013	103.2	103.4	102.8	102.6	102.6	102.7	103.5
2014	101.6	101.7	101.2	100.7	100.5	101.1	99.9
2015	101.1	101.1	101.1	100.5	100.6	100.2	98.7
2016	101.2	101.2	101.1	100.6	100.6	100.4	96.4
2017	101.7	101.7	101.6	101.2	101.3	101.0	100.0

4-1-2 全区居民消费价格分类指数(2011-2015年)

上年=100

项目名称	2011	2012	2013	2014	2015
居民消费价格总指数	**105.6**	**103.1**	**103.2**	**101.6**	**101.1**
非食品价格指数	**102.3**	**101.9**	**101.8**	**100.9**	**101.0**
服务项目价格指数	**102.9**	**102.3**	**102.9**	**101.8**	**101.5**
工业品价格指数	**101.8**	**101.6**	**101.0**	**100.3**	**100.7**
扣除食品和能源价格指数	**101.8**	**101.7**	**101.9**	**101.1**	**101.4**
扣除鲜菜鲜果总指数	**105.2**	**102.8**	**103.0**	**101.5**	**101.1**
消费品价格指数	**106.6**	**103.4**	**103.3**	**101.4**	**101.0**
食品	**113.7**	**105.8**	**106.3**	**102.9**	**101.4**
粮食	111.4	105.7	105.7	104.2	101.9
淀粉	140.4	90.5	101.6	103.7	101.5
干豆类及豆制品	106.1	102.8	107.4	103.0	101.1
油脂	113.0	105.3	101.5	98.3	98.3
肉禽及其制品	126.8	105.3	109.6	99.5	101.1
蛋	117.6	98.1	105.1	108.7	90.9
水产品	111.4	107.7	104.6	103.9	102.0
菜	103.7	112.3	108.8	92.9	104.9
#鲜菜	103.6	114.5	107.9	92.3	105.5
调味品	106.3	104.1	104.2	101.1	102.0
糖	112.1	105.2	102.4	100.8	99.6
茶及饮料	102.7	104.2	102.0	101.3	101.0
茶	102.0	101.5	100.5	100.6	100.8
饮料	103.2	105.7	102.9	101.7	101.1
干鲜瓜果	125.3	106.0	106.9	113.1	99.5
#鲜瓜果	127.3	104.6	107.2	115.4	98.7
糕点饼干面包	105.8	105.0	102.2	101.9	101.5
液体乳及乳制品	106.3	103.7	106.7	112.6	98.7
在外用膳食品	109.5	106.4	105.3	104.4	102.6
其他食品	103.7	103.1	100.9	98.9	100.4
烟酒	**102.9**	**102.8**	**101.5**	**100.4**	**103.7**
烟草	100.6	100.3	100.3	100.6	106.7
酒	105.6	105.8	102.7	100.3	100.5
衣着	**102.3**	**103.8**	**103.7**	**102.1**	**102.8**
服装	102.6	103.6	103.8	101.6	102.7
衣着材料	107.8	105.3	105.0	102.3	102.5
鞋袜帽	101.2	103.9	103.4	103.5	103.1
衣着加工服务	104.3	108.9	105.2	103.5	104.2
家庭设备用品及维修服务	**100.1**	**101.4**	**100.8**	**100.6**	**100.9**
耐用消费品	98.8	100.9	99.9	99.9	100.4
家具	99.1	100.5	100.5	100.8	101.9
家庭设备	98.7	101.1	99.5	99.4	99.6
室内装饰品	100.3	101.4	101.1	101.0	101.5
床上用品	102.6	100.4	101.6	99.5	100.8
家庭日用杂品	100.5	101.5	101.1	100.7	101.0
家庭服务及加工维修服务	104.7	105.9	104.6	106.5	103.3

4-1-2 续表

上年=100

项目名称	2011	2012	2013	2014	2015
医疗保健和个人用品	**102.3**	**102.1**	**101.4**	**100.8**	**102.3**
医疗保健	101.0	101.4	101.9	101.0	101.9
医疗器具及用品	99.5	99.6	101.4	100.4	101.1
中药材及中成药	105.4	104.9	102.2	103.0	101.7
西药	98.3	100.4	101.6	101.1	100.9
保健器具及用品	101.4	101.0	100.2	100.8	102.1
医疗保健服务	100.8	100.7	102.1	100.3	102.5
个人用品及服务	104.9	103.4	100.7	100.4	103.0
化妆美容用品	100.8	101.6	100.3	100.2	100.8
清洁化妆用品	101.5	102.0	102.4	100.7	100.1
个人饰品	108.6	99.1	95.5	96.1	98.2
个人服务	105.6	110.1	105.1	104.1	109.4
交通和通信	**100.6**	**99.7**	**99.5**	**99.4**	**98.0**
交通	102.0	101.1	99.4	99.9	97.3
交通工具	99.1	99.1	96.7	99.0	99.6
车用燃料及零配件	109.9	102.3	99.1	98.0	86.1
车辆使用及维修费	101.6	104.5	105.0	103.7	101.1
市区公共交通费	103.8	102.4	100.4	100.1	100.8
城市间交通费	101.3	102.5	103.5	102.0	99.2
通信	98.0	97.2	99.5	98.5	99.2
通信工具	92.8	94.3	97.9	93.1	97.1
通信服务	99.9	98.1	100.0	100.3	99.8
娱乐教育文化用品及服务	**100.8**	**100.8**	**101.9**	**101.2**	**101.4**
文娱用耐用消费品及服务	95.7	96.6	98.5	98.0	99.8
教育	101.3	101.1	102.5	101.5	102.6
教材及参考书	101.6	101.3	100.6	100.9	101.0
教育服务	101.3	101.1	102.7	101.5	102.7
文化娱乐类	101.4	101.7	101.1	100.0	100.7
文化娱乐用品	99.9	100.2	99.3	99.3	100.5
书报杂志	102.9	100.5	100.6	100.1	102.6
文娱费	101.8	102.8	102.1	100.3	100.3
旅游	103.7	102.5	104.2	104.5	100.5
居住	**104.7**	**102.4**	**102.3**	**101.0**	**99.7**
建房及装修材料	102.1	100.6	100.4	100.2	98.6
住房租金	105.5	104.5	101.5	102.1	99.9
自有住房	105.4	103.3	103.7	102.2	100.5
水、电、燃料	104.7	101.5	100.7	99.0	98.6

4-1-3　全区居民消费价格指数(2016-2017年)

上年=100

项目名称	2016			2017		
	全　区	城　市	农　村	全　区	城　市	农　村
居民消费价格总指数	**101.2**	**101.2**	**101.1**	**101.7**	**101.7**	**101.6**
非食品烟酒价格指数	**100.8**	**100.8**	**100.7**	**102.5**	**102.4**	**102.8**
服务价格指数	**101.1**	**101.1**	**101.2**	**103.4**	**103.0**	**104.6**
工业品价格指数	**100.4**	**100.5**	**100.0**	**101.6**	**101.8**	**100.9**
扣除食品和能源价格指数	**101.0**	**101.0**	**101.0**	**102.3**	**102.2**	**102.7**
扣除鲜菜鲜果价格指数	**101.0**	**101.0**	**101.0**	**101.9**	**101.9**	**101.9**
消费品价格指数	**101.2**	**101.3**	**101.0**	**100.7**	**101.0**	**100.0**
食品烟酒	**102.2**	**102.2**	**102.1**	**99.8**	**100.0**	**99.1**
食品	102.6	102.9	101.8	99.3	99.6	98.5
粮食	100.8	102.0	99.1	101.3	101.8	100.5
大　　米	102.3	103.9	100.1	100.9	101.4	100.3
面　　粉	101.1	102.3	99.7	102.6	103.8	101.2
其他粮食	95.0	97.0	91.7	99.6	99.2	100.3
粮食制品	101.3	101.5	100.5	100.9	101.4	99.0
薯类	116.5	116.8	115.8	98.8	97.6	102.4
薯　　类	116.5	116.8	115.8	98.8	97.6	102.4
豆类	101.1	100.6	102.6	100.9	99.9	103.4
干　　豆	99.7	99.9	99.0	99.5	99.7	98.9
豆 制 品	101.9	100.9	104.3	101.5	100.0	105.4
食用油	103.4	103.5	103.2	100.9	98.2	104.8
食用植物油	100.4	100.9	99.6	99.9	100.1	99.5
食用动物油	116.9	118.7	115.3	105.2	89.2	120.0
菜	110.1	111.9	105.4	93.8	94.4	92.2
鲜　　菜	110.7	112.6	106.0	93.1	93.7	91.4
干菜及菜制品	102.8	104.5	97.4	102.8	102.2	105.0
畜肉类	104.4	104.7	103.4	96.1	96.8	94.4
猪　　肉	115.4	117.2	111.5	87.8	88.3	86.7
牛　　肉	98.1	97.8	99.0	100.6	101.7	97.9
羊　　肉	93.4	93.4	93.4	105.8	105.7	106.1
畜肉副产品	103.8	105.3	100.2	97.7	97.4	98.4
其他畜肉及产品	102.4	103.0	99.9	100.1	100.3	99.4
禽肉类	100.9	100.5	102.4	99.4	99.7	98.1
鸡	100.4	99.7	102.3	98.0	98.2	97.3
鸭	102.0	100.9	104.8	101.1	100.8	101.7
其他禽肉及制品	102.1	102.3	100.8	102.6	103.0	100.0
水产品	102.3	102.7	101.1	105.9	105.7	106.7
淡 水 鱼	97.9	99.1	94.5	103.6	104.2	101.8
海 水 鱼	108.5	109.0	106.4	105.0	105.0	105.0
虾 蟹 类	106.5	104.1	116.3	112.4	109.6	122.2
其他水产品及制品	101.5	101.6	100.4	104.7	105.3	101.1
蛋类	97.7	96.2	101.5	95.2	94.8	96.2
鸡　　蛋	97.2	96.0	100.5	94.8	94.2	96.2
其他蛋及制品	102.7	99.2	109.4	99.2	101.0	96.3

4-1-3 续表 1

上年=100

项目名称	2016			2017		
	全区	城 市	农 村	全区	城 市	农 村
奶类	100.4	100.7	99.7	100.6	100.6	100.4
鲜 奶	100.1	100.4	99.0	100.6	100.5	101.0
酸 奶	100.6	100.7	100.0	100.8	101.0	100.4
奶 粉	100.4	100.4	100.1	100.2	100.6	99.0
其他奶制品	101.6	102.0	100.7	100.6	100.7	100.2
干鲜瓜果类	98.1	97.7	99.4	104.5	105.9	100.3
鲜瓜果	97.5	96.9	99.6	105.5	107.1	100.6
坚 果	99.5	99.8	98.3	101.8	102.2	100.1
瓜果制品	100.6	101.3	99.7	101.8	104.5	98.2
糖果糕点类	100.3	100.2	100.8	102.1	102.2	101.9
食 糖	101.1	101.5	100.5	102.6	102.0	103.8
糖 果	99.1	98.7	100.3	100.1	100.1	100.0
糕 点	100.6	100.4	101.6	102.8	102.9	102.2
其他糖果糕点	99.7	99.6	99.8	101.1	101.2	100.4
调味品	100.9	100.9	101.1	100.7	100.7	100.4
食用盐	101.8	103.9	100.0	99.4	99.9	99.0
酱 油	100.8	100.5	102.0	100.5	100.5	100.8
食 醋	100.4	100.2	100.8	101.0	100.6	102.4
调味酱	100.5	100.4	100.6	101.4	101.6	100.6
味 精	101.3	100.1	102.7	100.3	100.6	100.0
其 他	101.4	101.5	101.0	101.6	101.7	101.1
其他食品类	98.3	96.8	101.3	100.5	100.1	101.4
方便食品	96.3	92.9	103.8	99.8	98.9	101.6
淀粉及制品	99.4	99.3	99.6	101.2	100.7	101.9
膨化食品	100.1	100.1	100.1	100.9	101.1	100.2
茶及饮料	100.0	99.9	100.4	101.2	101.2	101.0
茶 叶	99.9	100.1	99.3	100.5	100.3	101.0
固体咖啡	100.4	100.4	100.5	100.9	101.0	99.9
其他固体饮料	99.9	99.8	100.0	100.5	101.2	99.3
饮用水	98.2	97.2	101.0	102.0	102.5	100.8
果汁饮料	100.0	99.9	100.1	101.6	101.4	102.0
其他液体饮料	101.0	100.9	101.3	101.1	101.2	100.9
烟酒	101.7	101.4	102.2	100.2	100.0	100.4
烟草	102.9	103.3	102.4	99.8	99.7	100.0
酒类	100.3	99.2	102.0	100.7	100.4	100.9
白 酒	99.4	98.6	100.6	101.0	100.6	101.6
葡萄酒	100.7	100.7	100.8	99.5	99.5	99.4
啤 酒	103.4	100.8	105.8	99.8	100.1	99.5
其他酒类	100.0	99.9	100.0	101.1	99.7	103.4
在外餐饮	101.2	100.7	103.7	101.5	101.5	101.4
正 餐	100.9	101.0	100.7	101.0	101.0	100.7
快 餐	101.7	100.7	105.6	102.2	102.2	101.9
地方小吃	101.4	100.1	105.3	101.9	102.2	100.9
其他在外餐饮	100.8	99.9	105.6	102.2	101.7	105.0

4-1-3 续表 2

上年=100

项目名称	2016			2017		
	全区	城市	农村	全区	城市	农村
衣着	**101.4**	**101.7**	**100.3**	**101.3**	**101.5**	**100.4**
服装	101.2	101.5	99.7	101.6	101.9	100.0
男式服装	101.0	101.3	99.7	101.2	101.8	98.4
西服	100.8	100.9	99.9	101.7	102.0	99.5
冬衣	100.8	101.3	98.6	99.6	100.1	97.6
夹克衫	100.9	101.4	99.3	100.4	101.3	97.5
毛线衣	100.9	101.6	98.0	99.9	100.5	97.1
运动装	101.4	102.1	97.7	102.6	103.2	99.4
衬衫 T恤	101.9	101.5	104.0	101.9	102.1	101.1
裤子	100.8	100.7	101.0	102.2	103.2	97.6
内衣	100.3	100.5	99.1	102.7	103.1	100.2
女式服装	101.0	101.5	98.9	101.5	101.9	99.7
外套	102.1	102.5	100.3	101.8	102.9	96.9
冬衣	99.8	100.0	98.8	100.0	100.5	97.9
毛线衣	101.5	102.3	98.1	100.9	101.5	98.1
运动装	101.1	101.4	99.5	101.3	101.7	99.1
衬衫 T恤	101.9	102.1	101.1	101.7	102.0	100.8
裤子	102.2	102.7	100.3	102.4	102.8	100.8
裙子	99.2	100.5	95.2	102.5	102.0	104.1
内衣	101.1	101.4	100.1	102.0	102.4	100.3
儿童服装	102.2	102.3	102.0	103.0	102.5	105.1
婴幼服装	101.4	101.3	102.0	102.3	101.7	104.6
上衣	103.0	103.0	103.0	104.0	103.6	105.6
裤子	102.2	102.1	102.6	102.2	101.7	104.2
裙子	100.8	101.3	99.7	102.7	101.4	105.8
服装材料	101.1	101.1	101.0	100.7	100.9	99.9
其他衣着及配件	102.0	101.3	106.3	101.4	101.2	102.7
袜子	102.1	100.5	110.5	101.7	101.6	102.0
帽子	102.5	102.8	100.2	101.4	100.8	106.3
其他衣着配件	100.9	101.1	100.2	100.8	100.7	101.3
衣着加工服务费	103.1	103.3	101.4	101.1	101.1	100.9
衣着洗涤保养	104.6	105.1	102.0	101.3	101.4	100.8
衣着加工	101.0	101.0	100.4	100.6	100.6	101.0
鞋类	101.9	102.1	101.1	100.6	100.5	101.1
鞋	101.6	101.8	101.1	100.6	100.4	101.1
男鞋	101.5	101.9	99.7	100.0	100.3	98.9
女鞋	101.1	101.5	99.6	99.8	100.1	98.6
童鞋	103.8	102.0	108.0	104.9	101.9	111.7
鞋类加工服务	105.1	105.5	100.0	101.2	101.2	100.3
居住	**100.0**	**100.0**	**100.0**	**101.7**	**102.3**	**99.9**
租赁房房租	99.3	99.4	98.7	104.2	104.8	100.7
公房房租	100.0	100.0	100.0	100.3	100.3	100.0
私房房租	99.2	99.3	98.6	104.4	105.0	100.7

4-1-3 续表 3

上年=100

项目名称	2016			2017		
	全 区	城 市	农 村	全 区	城 市	农 村
住房保养维修及管理	100.1	100.3	99.7	100.7	100.8	100.5
住房装潢材料	100.1	100.3	99.6	101.4	101.7	100.4
木地板	99.2	. 98.8	100.2	100.2	100.3	99.8
瓷 砖	100.6	101.3	98.7	101.9	102.2	101.3
水 泥	100.5	100.6	100.1	103.4	104.3	100.4
涂 料	100.3	100.4	99.7	102.3	102.6	100.8
板 材	100.4	100.5	99.9	102.0	102.4	100.6
管 材	100.5	100.8	99.4	101.7	102.3	99.9
厨卫设备	100.8	101.0	99.4	100.6	100.8	99.4
门 窗	99.9	99.9	99.9	101.2	101.4	100.1
其他住房装潢材料	99.7	99.5	100.0	102.3	102.8	101.0
物业管理费	100.8	100.8	100.2	100.0	100.0	100.6
住房装潢维修	99.8	99.9	99.7	100.1	99.6	100.5
装潢维修费	99.7	99.8	99.6	99.5	99.5	99.5
其他住房费用	100.2	100.4	100.0	103.2	100.0	105.4
水电燃料	100.7	100.7	100.7	99.8	100.1	98.8
水	112.1	115.6	100.1	104.1	104.5	102.3
电	100.0	100.0	100.0	99.7	99.7	99.7
燃气	97.4	97.2	98.4	100.0	100.8	97.3
管道燃气	100.5	100.5	100.0	99.7	99.7	100.0
液化石油气	95.1	93.8	98.0	100.3	102.0	96.6
取暖费	100.0	100.0	99.7	99.9	100.0	99.0
其他燃料	101.1	99.7	102.0	97.7	97.5	97.7
自有住房	99.7	99.6	99.8	102.8	103.4	100.4
生活用品及服务	**100.1**	**100.2**	**99.7**	**100.7**	**100.7**	**100.7**
家具及室内装饰品	99.8	99.9	99.6	101.1	100.9	101.9
家具	99.9	99.9	99.6	101.2	101.0	102.3
柜	99.0	98.9	99.5	102.5	102.0	105.5
床	100.0	100.1	99.3	101.2	101.2	100.9
桌	99.8	100.0	99.2	99.8	99.8	99.8
椅	99.6	99.4	100.3	101.8	101.3	104.1
沙 发	101.1	101.3	100.2	100.8	100.5	102.1
其他家具	99.3	99.5	98.2	100.5	100.6	100.1
室内装饰品	99.4	99.4	99.6	100.2	100.4	98.9
灯 具	99.1	99.0	99.6	100.4	100.7	98.8
其他室内装饰品	100.0	100.1	99.6	99.9	100.0	99.0
家用器具	99.2	99.6	98.1	100.3	100.5	99.7
大型家用器具	99.4	99.7	98.1	100.4	100.6	99.6
洗衣机	98.7	98.9	98.2	100.1	100.4	98.8
电冰箱(柜)	99.2	100.0	96.5	100.6	101.3	98.1
抽油烟机	100.0	100.2	99.5	101.1	100.9	101.7
空调器	100.6	100.6	100.8	101.1	101.0	101.8
热水器	101.8	102.2	100.2	102.7	102.7	103.0
炉具灶具	98.4	99.0	97.3	98.8	99.9	96.8
微波炉	98.9	100.0	97.2	100.5	100.3	100.8
其他大型家用器具	98.1	98.1	98.0	98.9	98.8	99.5
小家电	98.7	99.0	98.1	99.8	99.9	99.7

4-1-3 续表 4

上年=100

项目名称	2016			2017		
	全 区	城 市	农 村	全 区	城 市	农 村
厨房小家电	97.9	97.7	98.3	99.2	98.9	100.0
生活小家电	99.8	100.5	97.6	100.6	101.0	99.1
家用纺织品	99.8	99.8	99.8	100.1	100.0	100.5
床上用品	99.7	99.8	99.6	100.1	100.0	100.3
被 子	100.5	100.6	100.1	100.6	100.7	100.5
床单被套	99.1	99.0	99.2	99.6	99.5	100.0
其他床上用品	100.1	100.1	100.0	100.4	100.3	100.6
窗帘门帘	100.2	100.2	100.3	100.4	100.2	100.8
其他家用纺织品	99.3	99.2	99.9	100.3	99.8	102.3
家庭日用杂品	100.0	100.0	100.2	100.4	100.3	100.7
洗涤卫生用品	100.0	100.1	99.9	100.4	100.4	100.4
清洗用品	100.1	100.3	99.6	100.5	100.6	100.2
清洁用具	100.2	100.3	100.0	100.3	100.0	100.8
清洁用纸	99.8	99.7	100.1	100.4	100.4	100.3
厨具餐具茶具	100.4	100.2	101.5	100.7	100.4	101.7
厨 具	100.9	100.5	102.6	100.5	100.5	100.5
餐 具	100.0	99.9	100.3	102.0	101.3	104.5
茶 具	99.6	99.4	100.4	99.3	99.1	100.3
家用手工工具	100.1	100.3	99.6	100.7	100.9	99.9
其他家庭日用杂品	99.7	99.5	100.3	100.1	99.8	101.0
配电附件	99.9	99.9	100.1	100.6	100.5	101.5
雨 具	98.4	98.6	96.6	99.5	99.7	98.5
其他日用杂品	100.5	100.0	101.1	100.0	99.0	101.3
个人护理用品	100.6	100.6	100.9	100.9	100.9	100.8
化妆品	100.8	100.9	100.7	100.9	101.0	100.5
清洁化妆品	100.8	100.8	100.9	100.7	100.9	100.1
护肤化妆品	100.7	100.7	100.9	101.2	101.1	101.4
彩妆化妆品	101.1	101.2	100.5	100.8	100.9	100.0
化妆器具	100.7	100.8	100.0	100.6	100.8	100.0
其他护理用品类	100.1	99.9	101.2	100.6	100.5	101.3
清洁类护理用品	100.2	99.5	103.6	101.2	100.5	104.8
护发美发用品	100.5	100.7	100.0	100.8	101.4	99.3
护理器具	100.0	100.0	100.0	99.7	99.7	100.0
其他护理用品	99.6	99.7	99.0	99.6	99.8	98.1
家庭服务	103.9	104.9	100.7	103.7	104.0	102.8
家政服务	105.6	106.2	101.4	103.0	102.4	107.1
家庭维修服务	102.7	103.7	100.4	104.3	105.6	101.5
交通和通信	**98.9**	**98.8**	**99.2**	**101.4**	**101.2**	**101.9**
交通	98.5	98.4	98.9	101.8	101.6	102.6
交通工具	98.8	98.7	99.2	98.4	98.0	100.3
小型汽车	98.3	98.3	98.2	97.6	97.4	99.4
电动自行车	100.0	99.9	100.0	100.6	100.1	101.9
自 行 车	100.3	100.4	100.1	100.2	100.0	100.8
其他交通工具	100.2	100.2	100.2	100.0	99.8	100.3

4-1-3 续表 5

上年=100

项目名称	2016			2017		
	全 区	城 市	农 村	全 区	城 市	农 村
交通工具用燃料	95.3	95.3	95.5	110.3	110.2	110.5
汽 油	94.9	94.8	95.2	110.9	110.9	110.9
柴 油	94.9	94.7	95.3	113.8	113.8	113.8
其他车用能源	102.1	103.0	99.2	98.4	98.0	99.8
交通工具使用和维修	100.9	100.8	101.3	100.8	100.7	100.9
停车费	100.1	100.0	100.2	100.1	100.0	100.2
车辆使用费	100.0	100.0	100.0	100.0	100.0	100.0
交通工具零配件	100.6	99.4	102.9	100.8	100.1	101.9
车辆修理与保养	102.2	103.1	99.7	101.5	102.0	100.1
交通费	100.0	99.9	100.2	100.7	101.0	99.8
市内公共交通	100.5	100.6	100.0	99.3	99.2	100.0
出租汽车	101.2	101.7	100.0	100.5	100.7	100.0
飞机票	98.4	98.3	99.6	103.4	103.9	100.1
火车票	100.0	99.9	100.0	100.0	100.0	100.0
长途汽车	99.9	99.2	100.7	99.7	100.0	99.4
其他交通费	100.4	100.6	100.0	100.6	100.8	100.0
通信	99.8	99.8	99.7	100.5	100.5	100.6
通信工具	99.5	99.6	99.3	101.4	101.5	101.3
固定电话机	100.1	100.5	99.1	100.1	100.3	99.5
移动电话机	99.5	99.6	99.4	101.5	101.5	101.5
通信工具零配件	99.1	99.9	96.3	101.4	101.8	99.7
通信服务	99.8	99.9	99.8	100.1	100.1	100.3
固定电话费	100.0	100.0	100.0	100.0	100.0	100.0
移动通信费	100.0	100.0	100.0	100.4	100.2	100.9
上网费	99.3	99.4	99.1	99.7	99.8	99.3
其他通信服务	100.6	101.3	100.0	100.0	100.0	100.0
邮递服务	99.9	99.9	99.9	100.0	100.0	99.8
邮政邮寄	100.0	100.0	100.0	100.0	100.0	100.0
快递服务	99.9	99.9	99.9	99.9	100.0	99.7
教育文化和娱乐	**100.7**	**100.8**	**100.1**	**101.0**	**101.1**	**100.5**
教育	101.1	101.4	100.4	100.9	100.9	100.7
教育用品	100.3	100.6	100.1	100.1	100.1	100.0
工具书	100.3	100.2	100.4	100.2	100.2	100.2
教 材	100.2	100.1	100.2	100.1	100.5	100.0
参考资料	100.4	101.1	100.0	100.0	100.0	99.9
其他教育用品	100.1	100.4	100.0	100.0	100.0	100.0
教育服务	101.2	101.4	100.5	101.0	101.0	101.1
学前教育	106.3	106.9	103.4	102.2	100.9	109.1
小学初中教育	100.1	100.2	100.0	100.3	100.3	100.0
高中中职教育	100.0	100.0	99.9	100.0	100.0	100.0
高等教育	100.0	100.0	100.0	100.0	100.0	100.0
课外教育	101.0	100.9	101.7	103.3	103.7	100.5
专业技能培训	100.6	101.0	99.8	100.9	101.3	99.9

4-1-3 续表 6

上年=100

项目名称	2016			2017		
	全 区	城 市	农 村	全 区	城 市	农 村
文化娱乐	100.0	100.1	99.3	101.1	101.3	99.8
文娱耐用消费品	99.2	99.5	98.0	100.0	100.2	99.1
电 视 机	97.5	98.5	93.5	99.3	99.7	97.4
照 相 机	99.9	100.0	99.2	100.0	100.1	99.5
台式计算机	100.8	100.6	101.0	99.6	99.4	100.0
笔记本平板	100.5	100.5	100.9	100.7	100.7	100.7
乐 器	99.6	99.4	100.7	101.3	101.4	100.6
音 响	99.6	99.5	100.4	101.4	101.7	99.7
其他文娱耐用消费品	99.3	99.8	98.1	99.8	100.0	99.1
其他文娱用品	100.1	100.2	99.9	100.2	100.2	100.4
书报杂志	100.1	100.1	100.0	100.4	100.4	100.0
纸张文具	101.6	102.0	100.5	102.6	103.2	100.5
体育户外用品	99.7	99.4	100.3	99.3	98.7	100.9
游戏用品和玩具	99.7	99.5	100.9	99.8	99.6	101.1
园艺花卉及用品	100.1	100.0	100.6	100.1	99.9	101.2
宠物及用品	100.0	100.0	99.4	99.6	99.7	99.6
其他文化娱乐用品	99.7	100.1	97.7	99.4	99.4	99.6
文化娱乐服务	100.8	100.9	100.3	100.7	100.8	100.1
电 影 票	101.0	101.1	100.0	100.2	100.3	100.0
景点门票	100.6	100.6	101.4	100.2	100.2	99.3
有线电视	100.0	100.0	100.0	100.0	100.0	100.0
健身活动	105.0	105.8	100.7	105.4	106.2	100.5
其他文娱服务	100.0	100.0	100.3	100.0	100.0	100.4
旅游	99.8	99.8	100.1	102.9	103.0	99.7
旅行社收费	104.2	104.4	100.1	103.8	104.0	99.4
其他旅游	89.4	88.7	99.9	100.3	100.3	100.2
医疗保健	**104.4**	**104.6**	**103.9**	**110.0**	**108.8**	**112.9**
药品及医疗器具	102.2	102.6	100.9	105.6	106.4	102.9
中药	102.6	103.2	100.7	107.1	107.9	104.7
中 药 材	102.9	103.1	102.4	111.0	112.6	104.6
中 成 药	102.3	103.2	99.8	104.3	104.2	104.8
西药	102.7	103.3	100.6	106.1	107.3	102.5
抗微生物药	102.2	102.8	99.5	98.9	98.5	100.7
消化系统用药	102.5	103.3	99.8	111.4	113.7	103.2
呼吸系统用药	105.0	106.0	102.5	111.0	113.6	104.5
解热镇痛药	108.6	112.0	102.4	107.8	109.0	105.4
抗肿瘤药	100.2	100.2	100.0	99.4	99.4	99.4
激素及影响内分泌药	100.1	100.1	100.0	107.7	108.7	103.9
心血管系统用药	101.4	101.7	99.9	112.1	113.8	104.1
血液系统用药	101.6	102.2	99.8	100.7	102.7	94.6
治疗精神障碍药	102.1	102.7	99.9	103.0	103.9	99.3
神经系统用药	100.9	101.5	99.2	99.6	99.1	101.3
消毒防腐及创伤外科用药	100.7	101.0	100.4	99.6	101.7	97.5
泌尿系统用药	101.1	102.5	98.0	101.8	101.1	103.5
维生素、矿物质类药	105.9	107.4	103.9	112.8	115.7	108.6
调节水、电解质及酸碱平衡药	100.3	100.4	100.1	118.1	123.4	100.8
滋补保健品	102.0	101.9	102.3	103.7	104.0	102.4
医疗卫生器具	100.5	100.2	101.6	104.3	104.9	101.5
保健器具	99.6	99.6	100.2	98.3	98.2	100.0

4-1-3 续表 7

上年=100

项目名称	2016			2017		
	全区	城 市	农 村	全区	城 市	农 村
医疗服务	106.0	106.4	105.3	113.3	110.9	117.5
综合医疗类	110.0	111.1	107.3	120.7	119.0	124.8
一般医疗服务	103.9	103.9	103.9	118.6	115.6	125.9
一般治疗操作	128.5	133.1	119.7	139.2	138.6	140.4
护 理	101.3	102.0	98.9	103.0	103.8	100.4
其他综合医疗服务	101.2	102.6	99.2	109.8	107.1	114.2
诊断类	100.0	100.3	99.5	97.6	97.0	98.4
病理学诊断	99.1	98.1	100.6	99.5	100.9	97.3
实验室诊断	104.0	104.0	104.1	95.5	94.9	97.0
影像学诊断	96.8	96.8	96.8	94.8	93.1	98.5
临床诊断	100.5	103.0	98.3	101.9	104.1	99.8
治疗类	111.2	111.0	111.5	124.5	118.2	133.7
临床手术治疗	113.5	113.4	113.8	130.1	121.0	144.1
临床非手术治疗	106.8	106.3	107.4	113.1	112.0	114.6
康复类	100.8	100.6	101.5	114.4	108.8	138.6
康复医疗	100.8	100.6	101.5	114.4	108.8	138.6
中医医疗服务类	111.9	117.8	103.1	116.6	118.2	113.9
中医治疗	111.9	117.8	103.1	116.6	118.2	113.9
其他医疗服务	94.0	90.5	100.0	100.5	100.7	100.1
其他用品和服务	**101.8**	**101.7**	**102.0**	**101.2**	**101.1**	**101.3**
其他用品类	102.5	102.5	102.9	100.7	100.5	101.7
首饰手表	103.6	103.3	106.5	100.8	100.6	102.7
金 饰 品	109.4	109.6	108.6	100.9	100.3	104.6
银 饰 品	101.2	100.7	105.3	103.7	104.2	100.8
铂金饰品	96.6	96.3	100.9	99.0	99.0	99.3
手 表	100.6	100.0	106.1	100.5	100.5	100.8
其他杂项用品	100.1	100.1	100.0	100.6	100.5	100.9
箱 包	99.9	99.9	100.1	100.3	100.5	100.1
母婴用品	100.2	100.3	100.1	100.6	100.7	100.3
眼 镜	100.2	100.3	99.9	101.1	100.3	103.2
其他服务类	101.1	101.1	101.3	101.5	101.7	100.9
旅馆住宿	101.6	101.6	101.9	101.5	100.9	110.6
宾馆住宿	101.2	101.3	99.2	100.5	100.2	105.5
其他住宿	102.6	102.3	106.7	103.4	102.2	119.0
美容美发洗浴	104.1	103.5	108.1	104.8	105.2	102.9
美 容	104.6	104.2	107.6	103.8	104.2	100.8
美 发	104.0	103.3	107.4	106.7	107.1	104.8
洗 浴	103.7	102.9	110.0	102.9	103.2	100.5
养老服务	100.5	100.8	99.8	101.0	101.4	99.8
金融保险	100.1	100.1	100.0	100.0	100.0	100.0
金融服务	99.9	100.0	99.7	100.0	100.0	100.0
车辆保险	100.0	100.0	100.0	100.0	100.0	100.0
旅行保险	100.0	100.0	100.0	100.0	100.0	100.0
其他保险	100.2	100.3	100.0	100.0	100.0	100.0
其他服务类	100.1	100.0	100.5	103.0	103.8	100.2
中介服务	100.7	100.9	100.0	101.2	101.5	100.0
其他服务	99.3	98.7	100.9	105.3	107.2	100.5

4-1-4 全区商品零售价格分类指数(2011-2015年)

上年=100

项目名称	2011	2012	2013	2014	2015
商品零售价格总指数	**104.9**	**102.5**	**102.6**	**100.7**	**100.5**
食品	**114.1**	**105.6**	**106.5**	**103.2**	**100.8**
粮食	110.9	105.3	105.9	104.3	102.2
淀粉及制品	148.6	89.9	101.2	103.4	100.7
干豆类及豆制品	104.9	102.5	106.4	102.4	101.6
油脂	114.4	105.0	101.2	97.8	98.8
肉禽及其制品	125.2	105.9	109.7	100.2	100.6
蛋	117.5	98.5	104.3	109.5	91.0
水产品	111.3	107.6	102.8	103.5	101.6
菜	103.5	110.5	108.6	94.9	103.7
调味品	106.7	103.6	104.1	101.0	101.9
糖	112.4	104.9	102.7	100.5	100.0
干鲜瓜果	123.5	106.2	107.6	113.5	99.2
糕点饼干面包	106.0	106.0	103.0	102.4	101.3
液体乳及乳制品	105.7	103.7	107.4	112.6	98.3
在外用膳食品	109.7	106.4	105.6	103.7	102.2
其他食品	104.0	103.5	101.1	98.9	100.2
饮料、烟酒	**102.7**	**103.0**	**101.4**	**100.5**	**102.9**
茶及饮料	102.4	104.6	102.2	100.7	100.7
烟草	100.7	100.2	100.5	100.4	105.5
酒	105.2	105.4	102.0	100.5	101.0
服装、鞋帽	**101.8**	**102.9**	**103.8**	**102.4**	**103.3**
服装	102.3	102.9	104.1	101.7	103.2
鞋袜帽	101.0	103.1	103.3	104.0	103.5
其他	99.5	101.0	101.2	102.8	103.4
纺织品	**104.3**	**102.6**	**104.0**	**100.0**	**100.6**
衣着材料	107.5	105.6	107.5	102.4	102.0
床上用品	102.2	100.4	101.3	98.2	99.5
家用电器及音像器材	**97.4**	**98.9**	**99.1**	**98.3**	**99.4**
家庭设备	98.9	100.9	99.3	99.2	99.6
文娱用耐用消费品	95.3	96.0	98.9	96.9	98.9
专业音像器材	97.7	99.2	98.8	98.5	101.5
文化办公用品	**97.1**	**98.2**	**98.9**	**98.2**	**100.7**

4-1-4 续表

项目名称	2011	2012	2013	2014	2015
日用品	**100.7**	**101.6**	**101.5**	**100.4**	**101.9**
日用百货	100.3	101.5	100.3	99.8	104.5
日用杂品	99.2	99.8	101.5	100.7	101.2
洗涤用品	102.0	103.4	103.1	100.9	100.4
其他日用品	100.7	100.7	101.0	100.1	101.3
体育娱乐用品	**100.0**	**100.3**	**100.8**	**100.2**	**101.1**
体育用品	99.9	99.8	100.3	100.4	102.3
娱乐用品	100.1	100.7	101.3	100.1	100.0
交通、通信用品	**96.3**	**97.7**	**98.2**	**94.5**	**99.3**
交通运输机械	98.4	99.3	98.5	95.7	98.3
通信器材	93.5	95.4	97.8	92.8	100.8
家具	**99.0**	**100.8**	**100.9**	**100.9**	**101.7**
化妆品	**100.4**	**101.8**	**100.7**	**100.1**	**100.1**
金银珠宝	**113.5**	**100.3**	**91.5**	**92.6**	**98.2**
中西药品及医疗保健用品	**101.6**	**102.6**	**102.0**	**101.6**	**101.1**
医疗器具及用品	99.1	100.1	101.1	100.6	101.1
中药材及中成药	107.9	106.2	102.7	102.7	101.8
西药	98.1	100.9	102.0	101.2	100.8
保健器具及用品	101.2	100.7	100.3	100.4	100.3
书报杂志及电子出版物	**101.9**	**100.5**	**100.4**	**100.2**	**100.6**
教材及参考书	100.5	100.4	100.1	100.1	100.1
书报杂志	104.7	100.8	100.4	100.0	101.3
电子音像制品	99.9	100.1	100.9	100.6	100.1
燃料	**108.9**	**102.0**	**100.0**	**96.0**	**90.9**
煤炭及制品	105.6	97.6	95.3	90.5	92.6
石油及制品	110.5	104.0	101.9	98.2	90.3
建筑材料及五金电料	**102.2**	**100.5**	**99.8**	**100.5**	**100.0**
建筑装潢材料	102.8	100.5	99.5	100.4	99.4
五金电料	100.6	100.5	100.7	100.6	101.6

4-1-5 全区商品零售价格指数(2016-2017年)

上年=100

项目名称	2016			2017		
	全 区	城 市	农 村	全 区	城 市	农 村
商品零售价格总指数	**100.6**	**100.6**	**100.4**	**101.2**	**101.3**	**101.0**
食品	**102.7**	**102.8**	**101.6**	**99.7**	**99.8**	**98.7**
粮食	101.4	102.0	99.1	101.3	101.6	100.5
大 米	102.7	103.6	100.2	101.6	102.0	100.2
面 粉	101.7	102.5	99.9	102.5	102.9	101.4
其他粮食	96.8	98.4	92.5	98.6	98.0	100.1
粮食制品	101.3	101.4	100.3	100.9	101.1	99.2
薯类	115.4	116.2	109.3	97.5	96.7	103.4
薯 类	115.4	116.2	109.3	97.5	96.7	103.4
豆类	101.1	100.9	102.4	100.7	100.3	103.7
干 豆	100.1	100.2	99.4	100.2	100.4	98.2
豆 制 品	101.6	101.3	103.4	101.0	100.2	105.5
食用油	102.3	102.2	103.0	99.7	99.1	102.7
食用植物油	101.0	101.3	99.4	99.9	100.1	98.9
食用动物油	112.2	110.6	115.8	98.4	91.0	114.1
菜	111.9	112.8	104.7	94.1	94.2	92.6
鲜 菜	112.7	113.6	105.6	93.3	93.5	91.0
干菜及菜制品	104.1	105.1	99.5	102.8	102.7	103.5
畜肉类	104.2	104.3	103.5	96.9	97.2	95.0
猪 肉	116.4	116.9	114.0	89.0	89.4	86.7
牛 肉	97.8	97.7	98.4	101.2	101.6	98.3
羊 肉	93.8	93.8	93.8	104.7	104.7	104.8
畜肉副产品	103.7	104.4	100.1	98.3	98.2	98.9
其他畜肉及制品	102.3	102.5	99.9	100.1	100.2	99.1
禽肉类	100.6	100.1	103.2	98.4	98.5	98.0
鸡	100.1	99.4	103.5	97.1	97.1	97.2
鸭	104.9	104.8	105.6	101.5	101.4	101.8
其他禽肉及制品	100.9	100.9	100.6	101.2	101.3	100.2
水产品	102.7	103.0	100.6	106.6	106.7	105.6
淡 水 鱼	99.1	99.6	96.2	103.4	103.8	101.3
海 水 鱼	107.2	107.5	104.9	106.1	106.1	106.1
虾 蟹 类	106.3	106.0	108.6	112.6	112.0	118.0
其他水产品及制品	102.6	102.7	102.0	108.4	108.6	105.0
蛋类	96.8	96.1	100.4	95.1	94.9	96.3
鸡 蛋	96.5	95.9	99.6	94.8	94.6	96.2
其他蛋及制品	101.3	99.4	106.3	99.0	99.8	97.3
奶类	100.8	100.9	99.7	101.0	101.0	100.7
鲜 奶	100.4	100.5	99.1	101.0	100.9	101.6
酸 奶	101.1	101.2	100.0	101.3	101.3	100.5
奶 粉	100.4	100.4	100.2	100.4	100.6	99.4
其他奶制品	102.8	103.0	100.9	101.3	101.4	100.1
干鲜瓜果类	97.9	97.8	98.4	104.7	105.2	101.2
鲜 瓜 果	97.1	96.9	98.8	105.6	106.1	102.0
坚 果	99.8	100.2	96.3	102.1	102.3	100.5
瓜果制品	101.3	101.9	99.5	102.3	103.8	97.6

4-1-5 续表 1

上年=100

项目名称	2016			2017		
	全 区	城 市	农 村	全 区	城 市	农 村
糖果糕点类	100.4	100.4	100.7	102.4	102.5	101.8
食 糖	101.3	101.3	101.1	101.7	101.2	103.2
糖 果	99.5	99.5	99.8	100.5	100.6	100.0
糕 点	100.7	100.7	101.5	103.7	103.8	103.0
其他糖果糕点	99.5	99.5	99.8	100.9	101.1	98.7
调味品	101.0	100.9	101.2	100.6	100.6	100.7
食用盐	103.6	104.5	100.0	99.7	99.9	99.0
酱 油	100.3	100.2	102.2	100.5	100.5	100.3
食 醋	100.4	100.3	101.2	100.6	100.4	102.3
调味酱	100.7	100.7	101.0	101.7	101.7	100.9
味 精	100.4	100.0	102.3	100.7	100.9	100.0
其他调味品	101.7	101.9	101.6	103.0	102.0	103.8
其他食品类	98.7	98.4	100.4	100.6	100.6	100.8
方便食品	97.2	95.7	103.2	99.8	99.5	100.6
淀粉及制品	98.4	98.9	97.3	101.4	101.4	101.2
膨化食品	100.1	100.1	100.3	100.9	101.0	100.5
在外餐饮	101.2	101.1	102.5	101.6	101.7	101.0
正餐	101.4	101.4	100.8	101.1	101.1	101.0
快餐	101.4	101.2	103.5	103.1	103.3	100.8
地方小吃	100.8	100.4	104.4	102.0	102.3	100.4
其他在外餐饮	100.3	100.0	104.2	100.7	100.5	103.4
饮料、烟酒	**101.5**	**101.4**	**102.0**	**100.2**	**100.2**	**100.3**
茶及饮料	100.0	99.9	100.8	101.3	101.4	101.2
茶 叶	100.1	100.2	99.5	100.6	100.6	100.7
固体咖啡	100.7	100.7	100.8	101.9	102.0	99.9
其他固体饮料	99.7	99.6	100.0	101.1	101.4	99.4
饮用水	98.7	98.5	100.5	102.2	102.4	100.4
果汁饮料	100.2	100.2	100.5	101.8	101.5	104.3
其他液体饮料	100.3	100.0	103.0	101.5	101.6	100.9
烟草	103.1	103.2	102.4	99.7	99.7	100.0
烟 草	103.1	103.2	102.4	99.7	99.7	100.0
酒类	99.5	99.1	101.6	100.4	100.4	100.4
白 酒	98.8	98.5	100.1	100.5	100.6	100.4
葡萄酒	100.3	100.3	100.4	99.3	99.4	99.1
啤 酒	102.2	101.0	105.7	100.3	100.3	100.2
其他酒类	100.0	100.0	100.0	100.4	99.6	104.1
服装、鞋帽	**101.6**	**101.7**	**101.1**	**101.4**	**101.5**	**100.9**
服装	101.6	101.7	100.9	101.7	101.8	100.8
男式服装	101.5	101.6	100.7	101.6	101.8	100.0
西 服	101.1	101.2	100.1	101.8	101.9	100.0
冬 衣	102.1	102.4	99.9	100.5	100.6	98.8
夹克衫	101.6	101.8	100.6	101.5	101.7	100.1
毛线衣	101.7	102.0	99.5	101.0	101.3	98.6
运动装	101.5	101.7	99.9	101.9	102.0	101.1

4-1-5 续表 2

上年=100

项目名称	2016			2017		
	全 区	城 市	农 村	全 区	城 市	农 村
衬衫 T恤	102.5	102.2	104.9	102.1	101.9	103.3
裤 子	100.7	100.6	101.2	102.1	102.5	99.0
内 衣	100.5	100.5	99.8	103.6	104.0	100.7
女式服装	101.5	101.7	100.2	101.6	101.8	100.0
外 套	102.3	102.5	100.6	102.3	102.8	97.9
冬 衣	100.4	100.5	99.2	100.8	101.0	98.2
毛线衣	102.2	102.6	99.1	101.9	102.3	99.5
运动装	101.4	101.4	100.9	101.5	101.7	98.8
衬衫 T恤	101.9	101.8	102.4	101.2	101.2	101.6
裤 子	102.6	102.8	101.4	101.8	102.0	100.9
裙 子	101.0	101.4	98.9	102.1	101.9	103.0
内 衣	100.8	100.9	100.4	101.6	101.8	100.5
儿童服装	102.3	102.2	103.3	102.1	101.6	105.2
婴幼服装	101.3	101.1	102.7	101.2	100.6	106.0
上 衣	102.7	102.5	104.6	102.9	102.5	105.6
裤 子	102.8	102.8	103.4	101.8	101.5	104.0
裙 子	101.2	101.1	101.6	101.2	100.4	105.4
鞋帽袜	101.8	101.8	101.6	100.8	100.7	101.3
鞋	101.7	101.7	101.3	100.5	100.4	101.3
男 鞋	101.5	101.6	100.5	99.6	99.7	98.9
女 鞋	101.7	101.8	100.2	100.6	100.7	99.9
童 鞋	102.5	102.0	105.8	102.8	101.7	110.0
袜子	101.4	100.9	104.0	102.5	102.8	100.4
帽子	102.9	103.1	100.8	101.8	101.6	103.5
其他衣着配件	100.0	100.0	100.4	100.8	100.8	100.9
纺织品	**100.3**	**100.4**	**99.9**	**100.4**	**100.4**	**100.5**
服装材料	102.0	102.6	99.7	101.5	101.9	99.9
床上用品	100.0	100.0	99.9	100.2	100.2	100.7
被 子	101.2	101.4	100.2	100.8	100.8	100.7
床单被套	99.1	99.0	99.7	99.8	99.7	100.5
其他床上用品	100.1	100.1	99.7	100.4	100.3	101.0

4-1-5　续表 3

上年=100

项目名称	2016			2017		
	全　区	城　市	农　村	全　区	城　市	农　村
家用电器及音像器材	**98.6**	**98.7**	**97.4**	**100.1**	**100.0**	**100.2**
家庭设备	99.0	99.0	98.7	100.1	100.0	100.7
洗 衣 机	98.7	98.7	98.4	101.0	101.3	99.5
电冰箱(柜)	98.7	99.4	96.4	100.0	100.5	98.6
抽油烟机	100.0	100.0	99.7	102.2	102.0	103.0
空 调 器	99.8	99.8	101.0	100.5	100.4	101.8
热 水 器	100.4	100.3	101.4	103.0	103.0	102.8
炉具灶具	98.7	98.7	99.0	99.8	99.4	102.1
微 波 炉	99.1	99.2	98.5	100.0	99.8	100.6
厨房小家电	97.0	96.7	98.9	98.0	97.6	100.8
生活小家电	99.0	99.0	98.7	100.0	99.8	101.3
其他大型家用器具	98.8	98.8	98.6	97.6	97.4	99.6
文娱用耐用消费品	99.1	99.7	95.6	100.1	100.2	99.4
电 视 机	98.0	98.8	92.9	99.8	99.8	99.3
照 相 机	102.4	103.0	99.5	100.9	101.1	99.7
音　响	99.9	100.0	99.8	101.2	101.3	99.9
其他文娱耐用消费品	99.5	99.6	98.7	99.7	99.8	99.0
专业音像器材	91.8	91.7	92.2	99.2	99.2	99.3
专业音响器材	98.8	98.8	98.8	100.0	100.0	100.0
专业声像器材	83.9	83.9	83.9	98.3	98.3	98.3
文化办公用品	**101.1**	**101.1**	**101.1**	**101.0**	**101.0**	**101.3**
纸张文具	103.6	104.2	100.9	103.8	103.9	103.3
台式计算机	100.7	100.7	101.0	99.4	99.2	100.0
笔记本平板	100.7	100.7	100.8	100.7	100.7	100.7
电脑附件	101.6	101.9	98.6	100.5	100.3	103.6
打印复印机	99.5	99.6	98.8	101.2	101.6	98.0
教学设备	100.9	100.3	108.0	100.6	100.3	103.4

4-1-5 续表 4

上年=100

项目名称	2016			2017		
	全 区	城 市	农 村	全 区	城 市	农 村
日用品	**100.0**	**99.9**	**100.3**	**100.5**	**100.4**	**101.1**
日用百货	99.9	99.9	99.9	100.7	100.6	101.5
电动自行车	99.1	98.8	100.1	101.1	100.5	103.7
自 行 车	101.7	102.0	99.6	100.2	100.0	101.1
雨 具	98.1	98.1	98.7	99.9	100.0	99.6
护理器具	100.3	100.4	100.0	100.1	100.1	100.0
清洁用纸	99.8	99.8	100.1	100.7	100.7	100.0
化妆器具	100.8	101.0	100.0	102.2	102.7	100.0
厨具餐具茶具	100.0	99.7	103.1	100.3	100.0	103.5
厨 具	100.9	100.5	105.2	100.6	100.6	101.3
餐 具	99.2	99.0	101.1	100.9	100.0	109.3
茶 具	98.1	97.9	100.3	98.3	98.0	100.6
清洗用品	100.3	100.3	100.2	100.6	100.7	100.2
其他日用品	99.8	99.8	99.9	100.2	100.2	100.4
灯 具	99.0	99.0	99.3	100.1	100.1	100.0
箱 包	99.7	99.7	100.1	100.3	100.3	100.4
母婴用品	100.4	100.5	100.1	101.0	101.0	101.0
眼 镜	100.2	100.3	99.8	100.4	100.3	101.4
其他护理用品	100.0	100.2	99.3	99.9	100.2	98.3
其他日用杂品	100.0	99.9	100.9	98.6	98.3	100.5
体育娱乐用品	**99.9**	**99.7**	**101.0**	**100.0**	**99.8**	**101.2**
体育户外用品	99.7	99.5	100.5	99.4	98.8	102.0
娱乐用品	99.9	99.8	101.1	100.1	100.0	101.0
乐 器	99.6	99.4	101.2	102.4	102.4	102.7
游戏用品和玩具	100.1	99.5	103.3	99.8	99.6	100.8
园艺花卉及用品	99.9	99.8	100.1	99.6	99.2	102.7
宠物及用品	100.0	100.0	99.4	99.8	99.8	99.6
其他文化娱乐用品	100.1	100.2	98.9	99.2	99.2	98.9
交通、通信用品	**99.3**	**99.2**	**100.0**	**99.5**	**99.3**	**101.0**
交通运输机械	98.9	98.8	100.1	98.8	98.6	100.8
小型汽车	97.9	97.9	97.6	97.2	97.1	98.9
大中型客车	102.2	102.1	102.2	103.1	103.1	103.1
交通工具零配件	99.7	99.2	103.6	100.5	100.3	102.4
通信器材	100.2	100.2	99.9	101.3	101.3	101.2
固定电话机	100.9	102.0	98.5	99.7	99.7	99.7
移动电话机	100.2	100.2	100.2	101.5	101.5	101.5
其他通信器材	98.8	98.4	99.9	100.5	100.1	101.7

4-1-5 续表 5

上年=100

项目名称	2016			2017		
	全 区	城 市	农 村	全 区	城 市	农 村
家具	**100.1**	**100.3**	**98.5**	**100.2**	**100.1**	**101.4**
柜	98.2	98.3	97.8	100.5	100.4	101.9
床	99.9	100.1	98.5	100.3	100.4	100.1
桌	100.0	100.2	97.8	99.0	98.8	101.5
椅	99.3	99.3	99.3	100.8	100.6	102.2
沙 发	102.1	102.3	99.6	100.3	100.2	102.8
其他家具	99.4	99.7	97.4	100.1	100.2	98.9
化妆品	**101.1**	**101.2**	**100.3**	**101.0**	**101.2**	**99.9**
清洁化妆品	100.8	100.7	101.1	101.1	101.3	100.4
护肤化妆品	100.8	101.0	98.8	100.8	101.1	97.4
彩妆化妆品	101.7	101.8	100.5	101.0	101.1	100.0
清洁类护理用品	100.4	100.0	102.4	101.5	101.1	103.2
护发美发用品	100.9	101.2	100.0	101.1	101.5	100.0
金银饰品	**105.0**	**104.9**	**106.0**	**100.3**	**100.1**	**102.6**
金 饰 品	110.6	111.0	107.2	99.7	99.1	104.8
银 饰 品	101.0	100.5	105.0	103.8	104.4	98.6
铂金饰品	97.8	97.2	104.3	99.2	99.0	101.1
中西药品及医疗保健用品	**102.7**	**102.9**	**101.6**	**105.9**	**106.3**	**103.5**
医疗卫生器具	100.6	100.4	101.2	103.9	105.0	101.3
中药	103.0	103.1	102.4	107.1	107.4	105.1
中 药 材	103.0	102.9	104.0	109.7	110.4	104.5
中 成 药	103.0	103.3	101.4	105.0	104.9	105.4
西药	103.0	103.4	101.3	106.5	107.1	103.5
抗微生物药	103.6	103.4	105.4	101.2	101.2	100.7
消化系统用药	103.1	103.6	99.9	110.6	111.5	104.7
呼吸系统用药	105.9	107.2	100.0	109.7	110.4	106.3
解热镇痛药	108.4	109.9	102.4	109.1	108.4	112.1
抗肿瘤药	99.9	99.9	100.1	99.7	99.8	98.0
激素及影响内分泌药	99.4	99.5	98.9	107.5	108.7	100.6
心血管系统用药	101.5	101.5	101.4	111.5	112.4	104.4
血液系统用药	101.4	101.9	99.2	101.2	102.9	94.0
治疗精神障碍药	101.4	101.7	99.5	102.6	103.6	96.6
神经系统用药	103.3	103.9	100.6	101.0	101.1	100.3
消毒防腐及创伤外科用药	101.3	101.3	101.4	100.6	102.1	97.6
泌尿系统用药	101.2	101.8	99.2	103.5	101.8	108.8
维生素、矿物质类药	107.0	107.4	106.1	113.3	113.3	113.5
调节水、电解质及酸碱平衡药	100.7	100.8	100.0	120.8	123.6	104.1

4-1-5 续表 6

上年=100

项目名称	2016			2017		
	全 区	城 市	农 村	全 区	城 市	农 村
保健器具及用品	101.3	101.3	101.2	102.4	102.6	100.3
保健器具	100.1	100.0	100.3	99.2	99.1	100.0
滋补保健品	101.9	101.9	101.9	103.8	104.0	100.5
书报杂志及电子出版物	**100.6**	**100.7**	**100.0**	**100.5**	**100.6**	**99.9**
教材及参考书	101.2	101.3	100.1	100.6	100.7	100.0
工 具 书	100.6	100.7	100.1	101.1	101.2	100.1
教 材	100.4	100.4	100.2	101.4	101.6	100.0
参考资料	102.5	102.9	100.0	99.9	99.9	99.9
其他教育用品	100.5	100.6	100.0	100.0	100.0	100.0
书报杂志	100.2	100.2	100.0	100.4	100.4	100.0
计算机办公软件	99.6	99.6	99.6	100.4	100.5	99.4
燃料	**96.5**	**96.3**	**98.2**	**108.2**	**108.6**	**105.8**
煤炭及制品	99.1	98.6	101.0	108.7	109.7	105.0
原 煤	98.8	98.3	101.0	109.2	109.9	106.4
煤 制 品	101.2	101.5	100.8	104.7	108.1	100.2
石油及制品	95.7	95.6	96.4	108.1	108.3	106.4
管道燃气	100.1	100.1	100.0	99.7	99.7	100.0
液化石油气	98.3	98.3	98.0	100.4	100.8	98.7
汽 油	94.5	94.5	94.7	110.9	110.9	110.9
柴 油	94.0	93.8	95.4	113.8	113.8	113.8
建筑材料及五金电料	**99.5**	**99.5**	**99.7**	**101.4**	**101.6**	**100.8**
建筑装潢材料	99.9	100.0	99.7	102.0	102.3	101.0
木 地 板	98.3	97.8	100.3	100.4	100.3	100.8
瓷 砖	100.2	100.6	99.2	101.9	102.2	101.3
水 泥	101.1	101.4	100.2	104.4	105.1	101.9
涂 料	100.2	100.4	99.2	104.6	105.4	100.7
板 材	100.5	100.7	99.8	102.3	102.5	101.3
管 材	100.5	101.1	99.0	102.5	103.3	100.3
厨卫设备	100.4	100.6	99.1	100.8	101.0	99.6
门 窗	99.4	99.1	100.1	100.9	100.8	101.2
其他住房装潢材料	100.1	100.1	100.2	104.0	104.8	101.2
五金水暖	98.3	97.9	100.0	99.5	99.3	100.2
家用手工工具	99.5	100.2	98.1	100.6	101.2	99.5
配电附件	99.6	99.6	99.3	100.4	100.4	100.7
水暖器材	97.2	96.4	101.5	98.5	98.2	100.3

4-1-6 农业生产资料价格指数(2006-2017年)

上年=100

项目名称	2006	2007	2008	2009	2010	2011	2012	2013	2014	2015	2016	2017
农业生产资料价格指数	**101.1**	**103.0**	**114.9**	**99.7**	**102.0**	**106.3**	**104.9**	**103.5**	**99.9**	**98.7**	**96.4**	**100.0**
农用手工工具	100.1	100.4	104.1	100.9	100.2	100.5	100.3	101.1	100.7	100.0	99.4	101.0
农用手工工具	100.1	100.4	104.1	100.9	100.2	100.5	100.3	101.1	100.7	100.0	99.4	101.0
饲料	102.9	104.7	118.8	102.4	106.2	103.0	103.7	103.3	102.4	100.6	84.7	88.9
混合饲料	101.2	103.0	118.1	102.4	105.7	103.3	104.1	103.9	102.3	100.4	86.9	92.7
其他饲料	109.6	110.4	121.0	102.4	108.0	101.6	101.8	100.5	102.8	101.6	82.5	84.7
仔畜幼禽及产品畜											114.5	110.3
仔 畜											122.4	116.9
幼 禽											123.2	116.6
产品畜	89.4	121.5	127.6	89.7	101.7	115.6	114.1	128.2	104.7	97.3	100.6	96.6
半机械化农具	100.2	100.4	102.5	100.8	99.9	102.7	102.8	100.9	107.1	100.9	98.6	103.1
半机械化农具	100.2	100.4	102.5	100.8	99.9	102.7	102.8	100.9	107.1	100.9	98.6	103.1
机械化农具	100.3	100.6	102.3	101.7	101.5	102.6	102.7	100.9	101.4	99.5	99.2	99.2
机械化农具	100.3	100.6	102.3	101.7	101.5	102.6	102.7	100.9	101.4	99.5	99.2	99.2
化学肥料	101.0	101.1	129.1	95.4	97.4	111.2	105.8	98.9	93.0	98.2	96.4	102.4
氮 肥	101.8	99.7	121.6	99.7	99.7	107.7	107.9	99.2	93.3	98.3	90.2	108.5
磷 肥	101.9	100.8	144.9	84.7	97.3	115.7	103.1	98.3	94.9	99.4	97.5	98.5
钾 肥	99.5	99.7	100.0	100.5	101.1	102.9	103.3	101.0	96.9	102.3	95.7	99.3
复合肥料	98.9	103.8	143.7	90.2	92.1	115.1	104.6	98.7	91.2	96.9	100.4	99.7
农药及农药器械	100.6	100.0	111.0	98.9	104.5	106.5	111.5	101.4	101.3	99.7	97.2	99.6
化学农药	100.6	99.9	113.6	98.6	100.7	100.6	101.8	100.2	100.1	99.5	96.1	99.3
杀虫剂	101.4	99.8	118.7	97.7	98.7	100.2	101.1	99.3	100.2	99.3	98.8	102.2
杀菌剂	97.9	100.1	106.5	99.9	105.2	101.0	99.0	99.2	100.2	99.5	98.9	99.3
除草剂	102.3	100.0	98.3	100.6	103.4	101.2	106.2	103.2	99.7	99.9	89.7	96.1
生长调节剂											100.0	100.0
农药器械	100.4	100.2	100.6	99.6	119.3	114.6	123.1	102.5	102.6	100.0	102.9	101.0
农药器械	100.4	100.2	100.6	99.6	119.3	114.6	123.1	102.5	102.6	100.0	102.9	101.0
农机用油											95.3	111.3
农用柴油											94.7	112.6
润 滑 油											100.2	100.3
其他农用生产资料	101.3	102.3	104.4	101.1	103.3	104.2	104.2	102.1	103.3	100.7	96.8	94.4
农用种子	101.5	103.5	104.9	106.8	105.1	106.2	106.4	102.9	105.2	101.1	97.6	83.4
农用薄膜	101.4	100.7	105.4	90.9	100.3	101.6	98.2	100.6	100.4	100.0	94.9	102.2
未列名的其他农用生产资料											97.4	106.1
农业生产服务	100.4	101.5	102.6	105.6	101.5	101.7	102.2	101.3	100.7	101.3	101.2	102.2
排 灌 费	100.0	100.0	101.9	101.6	100.3	100.4	100.0	100.0	100.0	100.2	100.0	99.5
机械作业费	102.2	101.5	103.6	104.7	102.1	102.9	103.8	101.6	100.9	102.8	99.4	98.8
农业用电											100.0	99.2
农业用工											104.9	109.5

注：按照统计方法制度的要求，从2016年起对部分农业生产资料科目进行了调整。

4-1-7 全区居民消费价格分月指数(2017年)

上年同月=100

项目名称	年平均	1月	2月	3月	4月	5月	6月	7月	8月	9月	10月	11月	12月
居民消费价格总指数	**101.7**	**102.1**	**100.9**	**100.8**	**100.9**	**101.4**	**101.7**	**101.9**	**102.3**	**102.0**	**102.3**	**102.2**	**101.9**
非食品价格指数	**102.4**	**102.1**	**102.0**	**102.2**	**102.2**	**102.4**	**102.6**	**102.6**	**102.6**	**102.5**	**102.5**	**102.5**	**102.2**
服务价格指数	**103.4**	**102.3**	**102.1**	**102.7**	**102.9**	**103.3**	**104.0**	**104.1**	**104.0**	**103.9**	**103.9**	**103.9**	**103.6**
消费品价格指数	**100.7**	**102.0**	**100.3**	**99.8**	**99.8**	**100.3**	**100.4**	**100.7**	**101.3**	**100.9**	**101.3**	**101.2**	**100.9**
食品烟酒	**99.8**	**101.8**	**98.2**	**97.5**	**97.5**	**98.8**	**99.2**	**99.9**	**101.2**	**100.4**	**101.3**	**101.1**	**100.8**
食品	99.3	102.3	97.2	96.2	96.1	97.8	98.4	99.4	101.2	100.1	101.3	101.1	100.7
粮食	101.3	101.2	101.3	101.4	101.3	101.2	101.3	101.2	101.4	101.4	101.4	101.0	100.9
薯类	98.8	113.3	110.9	111.0	100.2	85.9	80.6	88.7	98.5	104.2	109.5	104.1	98.5
豆类	100.9	100.4	100.0	100.1	101.1	101.3	101.3	100.8	100.9	101.1	101.2	101.0	100.9
食用油	100.9	105.0	104.6	104.2	102.6	101.4	99.6	99.1	99.4	99.3	99.7	99.0	97.8
菜	93.8	106.6	83.6	77.2	76.6	89.8	101.4	108.8	113.7	99.4	101.8	97.4	93.5
畜肉类	96.1	101.7	98.2	96.9	95.0	92.3	90.0	90.8	93.7	97.0	99.1	99.6	99.9
禽肉类	99.4	100.1	99.3	98.3	98.4	98.7	97.9	97.5	98.6	100.0	100.7	101.4	101.7
水产品	105.9	104.3	103.1	104.8	106.6	107.1	106.2	106.7	106.7	105.0	105.8	107.1	107.6
蛋类	95.2	89.6	80.9	85.4	88.6	86.3	86.8	93.3	105.3	105.1	105.3	105.1	112.4
奶类	100.6	100.3	100.4	100.4	100.4	100.5	100.5	100.7	100.6	100.8	100.8	100.7	100.6
干鲜瓜果类	104.5	104.7	103.2	104.5	106.6	107.8	107.4	104.0	103.7	99.7	102.4	105.2	104.8
糖果糕点类	102.1	101.1	101.7	101.9	102.2	102.0	102.1	102.1	102.0	102.2	102.7	102.7	102.7
调味品	100.7	100.8	100.7	100.6	100.8	100.7	100.8	100.6	100.6	100.5	100.6	100.6	100.5
其他食品类	100.5	97.9	99.8	100.1	100.3	100.4	100.8	100.7	100.8	100.8	100.8	101.7	102.1
茶及饮料	101.2	101.0	101.2	101.4	101.3	101.2	101.2	101.2	101.1	101.0	101.1	101.1	101.0
烟酒	100.2	99.7	100.0	100.0	100.0	100.0	100.0	100.3	100.4	100.4	100.5	100.5	100.6
烟草	99.8	99.9	99.9	99.9	99.9	99.9	99.9	99.8	99.8	99.8	99.8	99.8	99.9
酒类	100.7	99.5	100.2	100.1	100.1	100.2	100.2	100.9	101.2	101.2	101.4	101.4	101.5
在外餐饮	101.5	101.1	101.2	101.3	101.4	101.6	101.7	101.5	101.4	101.5	101.7	101.5	101.5
衣着	**101.3**	**101.2**	**101.0**	**101.2**	**101.2**	**101.4**	**101.1**	**101.1**	**101.1**	**101.5**	**101.7**	**101.7**	**101.7**
服装	101.6	101.0	101.0	101.1	101.3	101.6	101.3	101.4	101.5	101.9	102.1	102.3	102.4
男式服装	101.2	100.6	100.7	100.7	100.8	101.2	100.9	101.0	101.1	101.6	101.9	102.1	102.1
女式服装	101.5	100.8	100.9	101.0	101.2	101.5	101.1	101.4	101.4	101.8	101.9	102.2	102.3
儿童服装	103.0	102.5	102.4	103.0	102.7	103.0	103.1	102.8	102.9	103.2	103.4	103.4	103.6
服装材料	100.7	100.1	99.8	100.5	100.2	99.9	99.9	100.2	100.1	101.6	101.8	102.3	102.3
其他衣着及配件	101.4	101.5	101.3	101.4	101.2	101.0	101.3	101.2	101.0	102.1	101.8	101.8	101.6
衣着加工服务费	101.1	101.4	100.2	101.6	101.6	101.6	101.4	101.1	100.9	100.6	100.8	100.9	100.7
鞋类	100.6	101.7	101.1	101.2	101.0	100.9	100.5	100.1	100.2	100.3	100.4	100.1	99.7
鞋	100.6	101.3	101.1	101.1	101.0	100.9	100.5	100.1	100.2	100.3	100.5	100.1	99.7
鞋类加工服务	101.2	107.1	102.1	103.3	100.4	100.3	100.3	100.3	100.1	100.4	100.0	100.0	100.0
居住	**101.7**	**101.0**	**100.9**	**100.4**	**100.2**	**100.8**	**102.1**	**102.7**	**102.5**	**102.4**	**102.4**	**102.6**	**102.2**
租赁房房租	104.2	101.3	101.3	101.7	101.7	102.4	105.0	106.4	106.4	106.0	106.0	105.9	105.9
住房保养维修及管理	100.7	100.2	100.4	100.5	100.6	100.5	100.6	100.7	100.7	100.9	101.0	101.1	101.3
住房装潢材料	101.4	100.6	101.1	101.1	101.5	101.5	101.4	101.3	101.3	101.7	101.7	101.9	102.1
物业管理费	100.0	99.6	99.6	99.5	99.5	99.4	99.7	99.9	100.3	100.6	100.6	100.6	100.6

4-1-7 续表

上年同月=100

项目名称	年平均	1月	2月	3月	4月	5月	6月	7月	8月	9月	10月	11月	12月
住房装潢维修	100.1	100.0	100.0	100.1	100.0	99.8	99.9	100.2	100.3	100.2	100.4	100.4	100.5
水电燃料	99.8	102.4	102.1	99.7	99.3	99.1	99.2	100.6	99.8	99.1	98.8	99.3	97.9
自有住房	102.8	100.4	100.4	100.7	100.5	101.6	103.8	104.0	104.1	104.2	104.4	104.4	104.5
生活用品及服务	**100.7**	**100.4**	**100.4**	**100.4**	**100.6**	**100.8**	**100.7**	**100.6**	**100.7**	**100.8**	**100.9**	**101.0**	**101.0**
家具及室内装饰品	101.1	100.5	100.5	100.6	101.0	101.0	101.0	101.0	101.0	101.1	101.6	102.0	101.7
家具	101.2	100.6	100.6	100.7	101.1	101.1	101.2	101.1	101.2	101.2	101.8	102.2	101.7
室内装饰品	100.2	99.8	99.9	99.9	100.1	100.2	100.2	100.0	100.0	100.0	100.3	100.6	101.5
家用器具	100.3	99.0	99.2	99.3	99.8	100.5	100.5	100.5	100.6	100.8	101.1	101.2	101.2
大型家用器具	100.4	99.2	99.3	99.4	99.9	100.6	100.6	100.6	100.8	101.0	101.2	101.2	101.2
小家电	99.8	98.4	98.6	99.1	99.4	99.7	100.1	99.9	99.9	100.2	100.5	101.0	101.1
家用纺织品	100.1	99.7	99.8	99.9	100.3	100.4	100.3	100.2	100.1	100.2	100.3	100.3	100.3
家庭日用杂品	100.4	100.3	100.4	100.3	100.3	100.4	100.2	100.3	100.4	100.4	100.5	100.6	100.7
个人护理用品	100.9	101.4	101.4	101.4	101.2	101.2	100.8	100.5	100.7	100.7	100.3	100.3	100.4
家庭服务	103.7	105.9	105.0	104.8	104.4	104.2	103.5	103.7	102.9	103.0	102.5	102.6	102.6
交通和通信	**101.4**	**102.4**	**102.1**	**102.4**	**102.0**	**101.5**	**101.3**	**100.8**	**101.2**	**100.7**	**100.7**	**100.6**	**100.8**
交通	101.8	103.3	102.9	103.2	102.7	101.9	101.5	101.0	101.7	100.9	100.9	100.8	101.0
通信	100.5	100.6	100.5	100.7	100.8	100.8	100.8	100.5	100.2	100.2	100.2	100.2	100.2
教育文化和娱乐	**101.0**	**101.2**	**101.0**	**101.3**	**101.2**	**101.3**	**101.1**	**100.8**	**100.7**	**100.9**	**100.7**	**100.8**	**100.7**
教育	100.9	100.4	100.4	101.1	100.9	100.9	100.9	101.0	101.0	101.0	101.0	101.0	100.9
教育用品	100.1	100.1	100.2	100.2	100.1	100.1	100.1	100.1	100.1	100.0	100.0	100.0	100.0
教育服务	101.0	100.4	100.4	101.2	101.1	101.1	101.1	101.1	101.2	101.1	101.1	101.1	101.0
文化娱乐	101.1	102.5	102.2	101.6	101.5	101.9	101.3	100.5	100.3	100.8	100.4	100.4	100.5
文娱耐用消费品	100.0	99.1	99.2	99.5	99.9	100.2	100.6	100.4	100.2	100.2	100.1	100.2	100.2
其他文娱用品	100.2	100.1	100.1	100.1	100.1	100.0	100.2	100.3	100.3	100.4	100.5	100.5	100.4
文化娱乐服务	100.7	101.2	101.1	101.1	101.0	101.1	100.8	100.6	100.5	100.3	100.3	100.2	100.3
旅游	102.9	107.6	106.6	104.4	104.0	105.1	102.8	100.7	100.1	101.8	100.6	100.7	100.8
医疗保健	**110.0**	**107.9**	**108.2**	**109.9**	**111.1**	**110.8**	**111.0**	**111.0**	**111.1**	**110.4**	**110.5**	**109.8**	**108.3**
药品及医疗器具	105.6	104.4	105.1	106.3	106.6	106.2	105.7	105.8	106.0	106.2	106.3	104.6	104.2
中药	107.1	104.7	105.1	107.1	107.8	108.2	107.9	107.8	108.3	108.4	109.0	106.8	104.5
西药	106.1	105.6	106.3	107.8	107.4	106.4	106.0	106.1	106.3	106.4	106.5	104.4	104.5
滋补保健品	103.7	103.0	102.8	102.9	105.8	105.9	103.9	103.9	103.9	103.5	103.3	102.7	102.7
医疗卫生器具	104.3	101.1	103.2	103.4	103.4	104.2	104.5	104.6	104.8	105.7	105.7	105.1	105.1
保健器具	98.3	97.7	97.7	98.2	97.6	97.8	97.9	97.9	97.9	98.3	98.3	100.1	100.1
医疗服务	113.3	110.6	110.5	112.7	114.3	114.2	114.8	114.8	114.8	113.5	113.6	113.6	111.3
综合医疗类	120.7	119.4	119.4	121.6	119.6	121.7	122.9	122.5	122.5	120.9	120.9	120.9	116.4
诊断类	97.6	98.9	98.9	99.3	95.9	95.4	95.9	96.5	96.5	98.4	98.4	98.4	98.2
治疗类	124.5	118.3	118.3	122.9	131.0	128.3	128.7	128.4	128.4	123.1	123.1	123.1	120.2
康复类	114.4	105.8	104.9	107.2	121.0	117.8	117.8	117.6	117.6	116.9	116.9	116.9	112.7
中医医疗服务类	116.6	121.9	121.9	124.2	118.4	116.6	116.6	115.9	115.9	113.2	113.2	113.2	110.9
其他医疗服务	100.5	91.9	91.9	91.8	101.9	103.8	103.8	103.8	103.8	103.8	103.8	103.8	103.8
其他用品和服务	**101.2**	**103.5**	**102.5**	**101.9**	**101.8**	**101.8**	**101.5**	**100.4**	**100.2**	**99.9**	**100.1**	**100.1**	**100.5**
其他用品类	100.7	105.7	104.1	102.4	102.2	102.0	101.4	99.2	98.8	98.0	98.3	98.4	99.2
其他服务类	101.5	101.8	101.2	101.5	101.4	101.6	101.5	101.4	101.3	101.5	101.6	101.6	101.6

4-1-8 全区商品零售价格分月指数(2017年)

上年同月=100

项目名称	年平均	1月	2月	3月	4月	5月	6月	7月	8月	9月	10月	11月	12月
商品零售价格总指数	**101.2**	**102.1**	**101.2**	**101.0**	**100.9**	**101.2**	**101.1**	**101.1**	**101.5**	**101.1**	**101.3**	**101.1**	**101.0**
食品	**99.7**	**102.5**	**97.9**	**96.7**	**96.5**	**98.4**	**99.2**	**100.1**	**101.7**	**100.4**	**101.4**	**101.1**	**100.6**
粮食	101.3	101.3	101.4	101.6	101.5	101.3	101.2	101.2	101.4	101.5	101.5	101.1	100.9
薯类	97.5	111.7	108.3	108.8	98.1	85.9	77.6	86.3	96.3	102.0	109.9	106.1	99.6
豆类	100.7	101.1	100.7	100.6	101.1	101.0	101.0	100.4	100.4	100.5	100.7	100.5	100.4
食用油	99.7	102.5	102.0	101.7	100.8	100.1	98.8	98.3	98.5	98.3	98.6	98.7	98.4
菜	94.1	107.7	85.7	77.9	76.5	89.9	101.7	108.5	113.2	98.4	100.9	97.3	93.0
畜肉类	96.9	102.8	99.4	97.4	95.3	93.0	90.8	91.6	94.2	97.5	99.9	100.6	100.9
禽肉类	98.4	99.3	98.4	97.9	97.8	97.8	96.8	96.7	97.8	98.9	99.6	100.0	100.2
水产品	106.6	103.8	101.9	104.6	107.3	108.1	107.8	108.6	108.1	106.5	107.3	107.7	107.4
蛋类	95.1	89.0	79.6	84.9	89.1	86.2	86.7	93.7	105.8	104.9	105.5	104.7	112.6
奶类	101.0	100.8	100.9	101.0	101.0	101.1	101.1	101.2	100.8	101.0	101.0	100.8	100.8
干鲜瓜果类	104.7	104.7	102.6	103.9	105.1	109.0	109.5	105.9	106.3	101.1	102.1	103.7	103.0
糖果糕点类	102.4	101.5	102.2	102.3	102.6	102.3	102.4	102.4	102.4	102.5	102.7	102.7	102.7
调味品	100.6	100.9	100.7	100.4	100.7	100.6	100.6	100.6	100.7	100.6	100.7	100.7	100.7
其他食品类	100.6	98.9	99.9	100.1	100.2	100.3	100.8	100.8	100.8	100.8	100.8	101.8	102.5
在外餐饮	101.6	101.3	101.5	101.5	101.6	101.8	101.9	101.8	101.7	101.7	101.9	101.6	101.6
饮料、烟酒	**100.2**	**99.8**	**100.1**	**100.0**	**100.1**	**100.1**	**100.1**	**100.3**	**100.3**	**100.3**	**100.3**	**100.3**	**100.4**
茶及饮料	101.3	101.0	101.1	101.2	101.6	101.6	101.6	101.5	101.4	101.4	101.4	101.2	101.1
烟草	99.7	99.8	99.8	99.8	99.8	99.8	99.8	99.6	99.6	99.6	99.6	99.6	99.8
酒类	100.4	99.3	100.0	99.8	99.9	100.0	100.0	100.8	101.0	101.0	101.0	101.0	101.1
服装、鞋帽	**101.4**	**101.4**	**101.4**	**101.4**	**101.4**	**101.4**	**101.3**	**101.4**	**101.3**	**101.5**	**101.5**	**101.6**	**101.5**
服装	101.7	101.4	101.5	101.5	101.5	101.6	101.5	101.7	101.7	101.9	101.9	102.0	102.1
男士服装	101.6	101.1	101.3	101.3	101.3	101.6	101.5	101.6	101.6	101.9	102.0	102.1	102.1
女士服装	101.6	101.4	101.4	101.3	101.5	101.5	101.4	101.7	101.8	101.9	101.8	101.9	101.9
儿童服装	102.1	102.4	102.5	102.7	102.1	101.9	101.7	101.5	101.6	101.5	102.2	102.3	102.4
鞋帽袜	100.8	101.5	101.2	101.2	101.1	100.9	100.8	100.6	100.3	100.5	100.5	100.4	100.2
其他衣着配件	100.8	100.2	100.4	100.4	100.3	100.3	100.4	101.1	100.8	101.2	101.5	101.6	101.7
纺织品	**100.4**	**100.3**	**100.5**	**100.6**	**100.5**	**100.5**	**100.3**	**100.2**	**100.1**	**100.4**	**100.6**	**100.6**	**100.6**
服装材料	101.5	102.8	102.6	103.1	100.8	100.0	100.0	100.2	100.1	101.4	101.8	102.4	102.4
床上用品	100.2	99.8	100.1	100.2	100.5	100.6	100.4	100.2	100.1	100.2	100.4	100.3	100.3
家用电器及音像器材	**100.1**	**98.3**	**99.0**	**99.2**	**99.7**	**100.0**	**100.4**	**100.5**	**100.7**	**100.8**	**100.9**	**100.6**	**100.6**
家庭设备	100.1	98.9	99.0	99.1	99.6	100.0	100.2	100.3	100.6	100.8	101.0	101.0	101.1
文娱用耐用消费品	100.1	98.6	98.7	99.2	99.7	100.1	100.8	100.9	101.1	101.1	100.7	99.9	99.9
专业音像器材	99.2	91.6	100.0	100.0	100.0	100.0	100.0	100.0	100.0	100.0	100.0	100.0	100.0
文化办公用品	**101.0**	**100.8**	**100.8**	**101.2**	**101.4**	**101.4**	**101.4**	**101.1**	**100.7**	**100.6**	**100.8**	**101.1**	**101.1**

4-1-8 续表

上年同月=100

项目名称	年平均	1月	2月	3月	4月	5月	6月	7月	8月	9月	10月	11月	12月
日用品	**100.5**	**100.4**	**100.7**	**100.4**	**100.2**	**100.3**	**100.1**	**100.3**	**100.5**	**100.6**	**100.7**	**100.7**	**100.9**
日用百货	100.7	100.8	100.9	100.7	100.6	100.6	100.2	100.3	100.6	100.7	100.9	100.9	100.9
厨具餐具茶具	100.3	99.8	100.0	99.8	99.7	99.6	99.6	100.9	100.8	101.0	101.0	100.9	100.9
清洗用品	100.6	100.6	101.5	100.6	100.3	100.6	100.4	100.3	100.4	100.4	100.7	100.7	100.9
其他日用品	100.2	100.0	100.1	100.0	100.0	100.1	100.1	100.1	100.2	100.3	100.3	100.3	100.7
体育娱乐用品	**100.0**	**100.0**	**100.0**	**99.9**	**99.9**	**99.8**	**100.0**	**100.0**	**100.0**	**100.3**	**100.1**	**100.1**	**100.0**
体育户外用品	99.4	99.1	98.9	98.8	98.9	98.9	99.0	98.9	99.0	100.4	100.5	100.5	100.2
娱乐用品	100.1	100.2	100.2	100.0	100.0	100.0	100.1	100.2	100.2	100.2	100.1	100.1	100.0
交通、通信用品	**99.5**	**100.1**	**100.1**	**100.2**	**100.3**	**100.3**	**100.9**	**100.4**	**99.7**	**98.9**	**98.1**	**97.4**	**97.7**
交通运输机械	98.8	99.2	99.2	99.4	99.4	99.5	100.4	100.1	99.5	98.4	97.2	96.1	96.7
通信器材	101.3	102.2	102.2	102.2	102.2	102.2	102.2	101.2	100.0	100.2	100.3	100.3	100.3
家具	**100.2**	**100.0**	**100.0**	**100.1**	**100.1**	**100.1**	**100.1**	**100.1**	**100.2**	**100.3**	**100.5**	**100.6**	**100.4**
化妆品	**101.0**	**101.9**	**102.0**	**101.8**	**101.6**	**101.4**	**100.7**	**100.1**	**100.4**	**100.6**	**100.5**	**100.5**	**100.5**
金银饰品	**100.3**	**108.7**	**105.6**	**102.9**	**102.7**	**102.5**	**101.5**	**97.9**	**97.2**	**95.7**	**95.9**	**96.5**	**98.5**
中西药品及医疗保健用品	**105.9**	**104.5**	**105.1**	**106.5**	**106.7**	**106.4**	**106.0**	**106.1**	**106.4**	**107.0**	**106.9**	**105.2**	**104.6**
医疗卫生器具	103.9	101.1	102.8	102.8	102.4	103.2	103.9	104.2	104.3	106.0	106.0	105.3	105.3
中药	107.1	104.7	105.2	107.3	107.5	108.0	107.8	107.7	108.3	108.8	109.0	106.7	104.3
西药	106.5	105.3	106.2	107.6	107.5	106.6	106.5	106.5	106.8	107.4	107.2	105.3	105.2
保健器具及用品	102.4	101.4	101.4	101.5	103.6	103.6	102.2	102.2	102.2	103.0	103.0	102.6	102.7
书报杂志及电子出版物	**100.5**	**100.8**	**100.8**	**100.8**	**100.7**	**100.7**	**100.7**	**100.6**	**100.6**	**100.2**	**100.1**	**100.1**	**100.0**
教材及参考书	100.6	100.9	100.9	100.9	100.9	100.9	100.9	100.9	100.9	100.1	100.0	100.0	100.0
书报杂志	100.4	100.6	100.6	100.6	100.4	100.4	100.4	100.4	100.4	100.4	100.4	100.4	100.0
计算机办公软件	100.4	100.8	100.8	100.8	100.7	100.7	100.7	100.3	99.9	100.0	100.0	100.0	100.0
燃料	**108.2**	**112.3**	**112.6**	**112.0**	**111.2**	**109.2**	**105.3**	**104.0**	**107.3**	**105.3**	**106.8**	**107.3**	**106.4**
煤炭及制品	108.7	113.0	113.0	111.4	112.1	109.6	108.7	109.3	109.0	105.2	106.7	104.5	103.3
石油及制品	108.1	112.0	112.5	112.2	110.9	109.0	104.3	102.4	106.7	105.3	106.8	108.2	107.4
建筑材料及五金电料	**101.4**	**100.2**	**100.9**	**101.0**	**101.5**	**101.5**	**101.5**	**101.5**	**101.5**	**101.7**	**101.6**	**101.9**	**102.1**
建筑装潢材料	102.0	100.3	101.2	101.3	102.1	102.3	102.2	102.3	102.2	102.4	102.3	102.6	102.9
五金水暖	99.5	100.0	100.1	100.0	99.5	98.9	99.0	99.0	99.3	99.3	99.4	99.5	99.7

4-1-9 城市居民消费价格分月指数(2017年)

上年同月=100

项目名称	年平均	1月	2月	3月	4月	5月	6月	7月	8月	9月	10月	11月	12月
居民消费价格总指数	101.7	102.3	101.1	101.0	100.9	101.4	101.7	101.9	102.2	102.0	102.3	102.2	101.9
非食品价格指数	102.3	102.2	102.1	102.3	102.1	102.2	102.4	102.4	102.4	102.4	102.5	102.4	102.1
服务价格指数	103.0	102.5	102.3	102.7	102.3	102.6	103.5	103.5	103.3	103.5	103.6	103.6	103.2
消费品价格指数	101.0	102.1	100.4	100.1	100.1	100.6	100.7	100.9	101.6	101.1	101.6	101.4	101.2
食品烟酒	100.0	102.0	98.3	97.6	97.8	99.0	99.5	100.2	101.5	100.5	101.6	101.5	101.1
食品	99.6	102.7	97.4	96.3	96.4	98.0	98.7	99.7	101.6	100.2	101.6	101.5	101.0
粮食	101.8	102.1	102.1	102.2	102.0	101.7	101.7	101.6	101.9	101.9	101.8	101.2	100.8
薯类	97.6	110.2	107.1	106.6	97.4	84.4	77.7	87.0	99.0	105.4	114.0	108.0	99.8
豆类	99.9	100.5	100.3	100.1	100.3	100.2	100.0	99.5	99.5	99.6	99.6	99.5	99.4
食用油	98.2	102.7	101.7	101.3	99.6	98.2	96.3	95.3	95.9	96.3	96.8	97.5	97.5
菜	94.4	107.6	84.1	77.5	78.1	91.0	103.9	110.7	114.3	98.1	101.1	96.8	92.9
畜肉类	96.8	103.3	99.6	97.6	95.2	92.2	90.0	91.0	94.4	97.8	100.2	100.4	100.7
禽肉类	99.7	100.1	99.3	98.9	98.9	98.8	98.0	97.9	99.4	100.5	100.9	101.8	102.3
水产品	105.7	104.3	102.3	104.5	106.5	106.8	106.5	106.6	106.5	104.5	105.5	106.9	107.3
蛋类	94.8	88.2	78.8	84.9	88.6	85.6	87.1	94.0	106.4	104.4	104.2	104.5	112.8
奶类	100.6	100.4	100.5	100.5	100.6	100.7	100.7	100.7	100.5	100.7	100.7	100.6	100.6
干鲜瓜果类	105.9	104.8	103.7	105.1	107.7	110.3	108.6	105.9	105.1	101.4	104.2	107.9	106.5
糖果糕点类	102.2	101.0	101.6	101.9	102.2	102.0	102.2	102.2	102.2	102.3	102.9	102.9	102.9
调味品	100.7	100.9	100.7	100.5	100.8	100.8	100.8	100.8	100.9	100.7	100.8	100.8	100.7
其他食品类	100.1	96.7	99.0	99.3	99.7	99.7	100.4	100.4	100.5	100.5	100.6	101.9	102.4
茶及饮料	101.2	101.2	101.3	101.4	101.4	101.3	101.4	101.2	101.2	101.1	101.2	101.1	100.9
烟酒	100.0	99.6	99.9	99.8	99.9	99.9	99.9	100.2	100.2	100.2	100.2	100.2	100.4
烟草	99.7	99.8	99.8	99.8	99.8	99.8	99.8	99.6	99.6	99.6	99.6	99.6	99.8
酒类	100.4	99.3	100.0	99.9	100.0	100.1	100.1	101.0	101.0	101.0	101.0	100.9	101.1
在外餐饮	101.5	100.8	100.9	101.1	101.2	101.5	101.6	101.7	101.6	101.7	102.0	101.7	101.7
衣着	101.5	101.6	101.4	101.6	101.5	101.4	101.3	101.3	101.3	101.6	101.8	101.9	101.8
服装	101.9	101.4	101.5	101.7	101.7	101.7	101.6	101.8	101.8	102.2	102.4	102.6	102.6
男式服装	101.8	101.3	101.5	101.5	101.4	101.6	101.5	101.7	101.6	102.1	102.4	102.5	102.5
女式服装	101.9	101.3	101.5	101.5	101.7	101.6	101.5	101.8	101.9	102.3	102.4	102.6	102.7
儿童服装	102.5	102.1	102.1	103.0	102.7	102.5	102.5	102.2	102.3	102.3	102.5	102.6	102.8
服装材料	100.9	100.1	99.8	100.6	100.3	99.9	99.9	100.2	100.2	101.9	102.1	102.6	102.6
其他衣着及配件	101.2	101.0	101.1	101.2	101.1	100.8	100.9	101.1	100.6	101.9	101.6	101.7	101.4
衣着加工服务费	101.1	101.4	100.0	101.6	101.7	101.8	101.5	101.2	100.9	100.6	100.8	100.8	100.6
鞋类	100.5	102.2	101.5	101.5	100.9	100.6	100.3	100.0	99.8	99.8	100.0	99.8	99.4
鞋	100.4	101.8	101.4	101.3	101.0	100.6	100.3	100.0	99.8	99.7	100.0	99.7	99.4
鞋类加工服务	101.2	107.6	102.3	103.5	100.5	100.3	100.3	100.3	100.1	100.3	100.0	100.0	100.0
居住	102.3	100.6	100.7	100.6	100.5	101.3	102.9	103.4	103.4	103.4	103.5	103.6	103.4
租赁房房租	104.8	101.5	101.5	102.0	101.9	102.8	105.7	107.3	107.3	106.8	106.8	106.8	106.7
住房保养维修及管理	100.8	100.2	100.5	100.5	100.7	100.7	100.7	100.7	100.7	101.0	101.2	101.3	101.5
住房装潢材料	101.7	101.0	101.6	101.6	101.9	101.9	101.7	101.5	101.4	101.9	101.9	102.0	102.4
物业管理费	100.0	99.6	99.6	99.4	99.4	99.4	99.7	99.9	100.2	100.6	100.6	100.6	100.6

4-1-9 续表

上年同月=100

项目名称	年平均	1月	2月	3月	4月	5月	6月	7月	8月	9月	10月	11月	12月
住房装潢维修	99.6	99.1	99.1	99.1	99.1	99.4	99.4	99.7	99.8	99.6	100.0	100.2	100.4
水电燃料	100.1	101.1	101.0	99.8	99.9	99.9	99.9	100.8	100.3	100.0	99.7	100.0	99.4
自有住房	103.4	100.4	100.6	100.9	100.7	102.0	104.7	105.0	105.1	105.3	105.6	105.6	105.6
生活用品及服务	**100.7**	**100.6**	**100.6**	**100.6**	**100.7**	**100.8**	**100.6**	**100.5**	**100.5**	**100.6**	**100.8**	**100.9**	**101.0**
家具及室内装饰品	100.9	100.4	100.4	100.5	100.9	100.8	100.8	100.6	100.7	100.7	101.3	101.9	102.0
家具	101.0	100.4	100.4	100.6	101.0	100.9	100.8	100.7	100.7	100.8	101.4	102.0	102.0
室内装饰品	100.4	99.9	100.0	100.1	100.2	100.4	100.4	100.1	100.2	100.2	100.6	100.9	102.0
家用器具	100.5	99.7	99.8	99.8	100.2	100.7	100.7	100.4	100.6	100.8	101.1	101.1	101.2
大型家用器具	100.6	99.8	99.9	99.9	100.3	100.9	100.8	100.6	100.7	101.0	101.2	101.2	101.2
小家电	99.9	98.9	99.0	99.4	99.6	99.9	100.3	99.8	99.6	99.9	100.3	100.9	101.1
家用纺织品	100.0	99.7	99.8	99.9	100.3	100.3	100.1	100.0	99.9	100.0	100.1	100.0	100.1
家庭日用杂品	100.3	100.3	100.4	100.2	100.2	100.3	100.1	100.2	100.1	100.2	100.3	100.5	100.5
个人护理用品	100.9	101.3	101.4	101.3	101.2	101.1	100.7	100.4	100.6	100.7	100.5	100.5	100.6
家庭服务	104.0	107.4	106.2	105.7	105.1	104.5	103.5	103.8	102.9	102.8	102.2	102.4	102.4
交通和通信	**101.2**	**102.3**	**101.9**	**102.2**	**101.9**	**101.3**	**101.2**	**100.8**	**101.0**	**100.5**	**100.5**	**100.3**	**100.6**
交通	101.6	103.1	102.5	103.0	102.4	101.6	101.4	100.9	101.4	100.7	100.6	100.4	100.9
通信	100.5	100.6	100.6	100.6	100.8	100.8	100.8	100.5	100.2	100.2	100.2	100.2	100.2
教育文化和娱乐	**101.1**	**101.6**	**101.4**	**101.5**	**101.3**	**101.5**	**101.2**	**100.8**	**100.7**	**100.9**	**100.7**	**100.8**	**100.7**
教育	100.9	100.5	100.5	101.2	101.0	101.0	101.0	101.0	101.0	101.0	101.0	101.0	100.8
教育用品	100.1	100.2	100.2	100.2	100.2	100.2	100.2	100.2	100.2	100.0	100.0	100.0	100.0
教育服务	101.0	100.5	100.5	101.2	101.1	101.1	101.0	101.1	101.1	101.0	101.0	101.0	100.9
文化娱乐	101.3	103.0	102.6	101.9	101.8	102.2	101.5	100.6	100.3	100.9	100.4	100.5	100.5
文娱耐用消费品	100.2	99.5	99.6	99.9	100.1	100.2	100.6	100.4	100.2	100.4	100.4	100.4	100.3
其他文娱用品	100.2	100.1	100.1	100.1	100.0	99.9	100.1	100.2	100.2	100.4	100.4	100.5	100.4
文化娱乐服务	100.8	101.3	101.3	101.2	101.1	101.2	100.9	100.7	100.6	100.4	100.3	100.2	100.3
旅游	103.0	107.9	106.9	104.7	104.3	105.3	103.0	100.8	100.1	101.9	100.6	100.7	100.8
医疗保健	**108.8**	**109.2**	**109.5**	**110.7**	**109.7**	**108.9**	**108.6**	**108.6**	**108.6**	**109.1**	**109.0**	**108.0**	**105.7**
药品及医疗器具	106.4	105.2	106.0	107.6	107.7	107.2	106.6	106.8	106.7	107.2	106.9	104.8	104.2
中药	107.9	105.9	106.3	108.8	108.8	109.3	108.9	108.9	109.1	109.3	109.3	106.5	103.5
西药	107.3	106.9	107.9	109.7	109.1	107.7	107.3	107.5	107.4	107.9	107.3	104.6	104.6
滋补保健品	104.0	102.5	102.5	102.7	106.4	106.4	103.9	104.0	103.9	104.4	104.4	103.6	103.7
医疗卫生器具	104.9	101.3	103.9	103.9	103.9	104.9	105.2	105.4	105.5	106.6	106.6	105.8	105.9
保健器具	98.2	97.6	97.6	98.1	97.5	97.7	97.8	97.8	97.8	98.2	98.2	100.1	100.1
医疗服务	110.9	112.8	112.8	113.6	111.4	110.4	110.3	110.3	110.3	110.8	110.8	110.8	106.9
综合医疗类	119.0	122.6	122.6	123.0	116.6	119.1	119.0	118.7	118.7	119.3	119.3	119.3	112.0
诊断类	97.0	100.9	100.9	100.6	95.8	95.4	95.4	95.4	95.4	96.3	96.3	96.3	95.8
治疗类	118.2	120.1	120.1	122.2	123.7	117.2	117.2	117.2	117.2	117.4	117.4	117.4	112.8
康复类	108.8	106.2	105.2	107.5	114.5	109.7	109.7	109.7	109.7	109.7	109.7	109.7	104.8
中医医疗服务类	118.2	130.7	130.7	130.3	118.9	114.8	114.8	114.8	114.8	114.8	114.8	114.8	111.2
其他医疗服务	100.7	86.9	86.9	90.4	102.8	105.9	105.9	105.9	105.9	105.9	105.9	105.9	105.9
其他用品和服务	**101.1**	**103.7**	**102.5**	**101.9**	**101.8**	**101.8**	**101.4**	**100.3**	**100.0**	**99.8**	**100.0**	**100.1**	**100.5**
其他用品类	100.5	105.8	103.9	102.2	102.0	101.8	101.1	99.0	98.5	97.7	98.0	98.2	99.0
其他服务类	101.7	102.1	101.4	101.6	101.6	101.9	101.6	101.5	101.3	101.5	101.8	101.8	101.8

4-1-10 农村居民消费价格分月指数(2017年)

上年同月=100

项目名称	年平均	1月	2月	3月	4月	5月	6月	7月	8月	9月	10月	11月	12月
居民消费价格总指数	**101.6**	**101.7**	**100.4**	**100.3**	**100.9**	**101.5**	**101.7**	**102.0**	**102.5**	**101.9**	**102.1**	**102.1**	**101.9**
非食品价格指数	**102.6**	**101.8**	**101.7**	**101.9**	**102.8**	**103.0**	**103.0**	**103.1**	**103.3**	**102.6**	**102.7**	**102.7**	**102.5**
服务项目价格指数	**104.6**	**101.7**	**101.5**	**102.9**	**104.9**	**105.3**	**105.9**	**106.0**	**106.0**	**105.0**	**105.0**	**105.0**	**105.2**
消费品价格指数	**100.0**	**101.7**	**99.8**	**99.0**	**98.8**	**99.5**	**99.5**	**99.9**	**100.7**	**100.3**	**100.6**	**100.5**	**100.1**
食品烟酒	**99.1**	**101.3**	**97.8**	**97.2**	**96.8**	**98.1**	**98.5**	**99.0**	**100.3**	**100.0**	**100.5**	**100.2**	**100.0**
食品	98.5	101.3	96.7	95.9	95.4	97.1	97.7	98.5	100.3	99.8	100.5	100.0	99.8
粮食	100.5	99.8	100.1	100.0	100.1	100.5	100.6	100.6	100.6	100.7	100.7	100.7	100.9
薯类	102.4	122.0	122.2	124.3	109.0	90.4	90.0	94.0	97.3	100.9	98.8	94.6	95.1
豆类	103.4	100.3	99.5	100.1	103.2	104.2	104.8	104.2	104.5	104.9	105.3	105.1	104.8
食用油	104.8	108.3	108.6	108.2	106.8	106.0	104.2	104.4	104.5	103.6	103.8	101.1	98.4
菜	92.2	104.1	82.2	76.5	73.0	86.5	94.4	103.5	112.1	103.5	103.8	99.1	95.4
畜肉类	94.4	97.5	94.7	95.0	94.4	92.6	89.9	90.3	91.8	94.8	96.3	97.7	97.7
禽肉类	98.1	100.2	99.3	95.9	96.4	98.1	97.7	96.2	95.6	98.4	99.6	99.8	99.5
水产品	106.7	104.5	105.9	106.0	106.7	108.0	104.8	107.1	107.3	106.6	106.8	107.5	108.9
蛋类	96.2	92.9	86.2	86.7	88.6	87.9	86.0	91.8	102.7	107.0	108.0	106.4	111.5
奶类	100.4	100.0	99.9	99.9	99.8	99.8	99.8	100.8	101.1	101.3	101.3	101.0	100.6
干鲜瓜果类	100.3	104.4	101.8	102.5	103.2	100.3	103.7	98.3	99.3	94.5	97.0	97.5	99.9
糖果糕点类	101.9	102.0	102.1	102.1	102.2	102.0	101.8	101.6	101.5	101.9	101.8	101.6	102.0
调味品	100.4	100.6	100.7	100.8	100.6	100.6	100.6	100.3	100.1	100.2	100.2	100.2	100.1
其他食品类	101.4	100.3	101.4	101.5	101.6	101.6	101.7	101.3	101.5	101.4	101.2	101.5	101.5
茶及饮料	101.0	100.6	100.9	101.3	101.1	101.0	100.9	101.0	101.1	100.9	100.9	100.9	101.0
烟酒	100.4	99.9	100.2	100.2	100.2	100.1	100.1	100.3	100.6	100.7	100.9	100.9	100.9
烟草	100.0	100.0	100.0	100.0	100.0	100.0	100.0	100.0	100.0	100.0	100.0	100.0	100.0
酒类	100.9	99.8	100.4	100.5	100.3	100.3	100.3	100.8	101.4	101.6	102.0	102.0	102.1
在外餐饮	101.4	103.1	103.1	102.4	102.5	102.3	102.1	100.6	100.1	100.2	100.2	100.2	100.2
衣着	**100.4**	**99.5**	**99.3**	**99.2**	**100.0**	**101.2**	**100.4**	**100.1**	**100.7**	**101.1**	**101.3**	**101.2**	**101.2**
服装	100.0	99.1	98.8	98.6	99.4	100.9	99.9	99.8	100.0	100.6	101.0	101.1	101.3
男式服装	98.4	97.3	97.0	96.8	98.1	99.2	97.9	97.7	98.3	99.1	99.7	99.8	100.1
女式服装	99.7	98.9	98.6	98.7	99.4	101.0	99.8	99.7	99.7	99.9	100.1	100.2	100.6
儿童服装	105.1	104.1	103.9	103.0	102.5	105.0	105.2	105.0	105.5	106.8	106.8	106.9	106.5
服装材料	99.9	100.0	100.0	100.0	100.0	100.0	100.0	99.8	99.7	99.7	99.7	99.9	99.9
其他衣着及配件	102.7	103.9	102.6	102.6	101.9	102.3	103.5	101.4	103.2	103.1	102.7	102.7	102.4
衣着加工服务费	100.9	101.4	101.6	101.1	100.6	100.6	100.5	100.5	100.5	100.5	100.9	101.2	101.2
鞋类	101.1	99.7	99.9	100.1	101.2	102.0	101.2	100.7	102.0	102.3	102.0	101.5	100.9
鞋	101.1	99.7	99.9	100.1	101.2	102.0	101.3	100.7	102.1	102.3	102.1	101.5	100.9
鞋类加工服务	100.3	100.0	100.0	100.0	100.0	100.0	100.0	100.3	100.6	100.6	100.6	100.6	100.6
居住	**99.9**	**102.0**	**101.6**	**99.9**	**99.4**	**99.3**	**99.5**	**100.5**	**100.0**	**99.5**	**99.3**	**99.7**	**98.6**
租赁房房租	100.7	100.0	100.0	100.0	100.0	100.4	101.1	101.1	101.1	101.1	101.1	101.1	101.1
住房保养维修及管理	100.5	100.2	100.2	100.4	100.4	100.1	100.3	100.7	100.6	100.7	100.7	100.8	100.8
住房装潢材料	100.4	99.4	99.3	99.5	100.0	100.3	100.2	100.8	100.7	101.1	101.1	101.2	101.3
物业管理费	100.6	100.8	100.8	100.8	100.8	100.8	100.8	100.8	100.8	100.8	100.0	100.0	100.0

4-1-10 续表

上年同月=100

项目名称	年平均	1月	2月	3月	4月	5月	6月	7月	8月	9月	10月	11月	12月
住房装潢维修	100.5	100.5	100.5	100.7	100.6	100.0	100.3	100.6	100.6	100.6	100.6	100.6	100.6
水电燃料	98.8	106.1	105.3	99.6	97.8	97.1	97.1	100.0	98.4	96.6	96.2	97.3	93.9
自有住房	100.4	100.4	100.0	100.0	100.0	100.2	100.6	100.6	100.6	100.6	100.6	100.6	100.7
生活用品及服务	**100.7**	**99.7**	**99.7**	**100.0**	**100.4**	**100.8**	**100.8**	**101.1**	**101.4**	**101.4**	**101.3**	**101.3**	**101.1**
家具及室内装饰品	101.9	101.3	101.3	101.2	101.5	102.0	102.3	102.7	102.8	102.9	102.9	102.5	100.0
家具	102.3	101.5	101.5	101.5	101.8	102.3	102.6	103.1	103.2	103.4	103.4	103.0	100.2
室内装饰品	98.9	99.0	99.3	98.9	98.9	99.0	99.1	99.2	98.8	98.7	98.7	98.5	98.5
家用器具	99.7	96.8	97.0	97.6	98.7	99.4	99.7	100.7	101.0	101.1	101.2	101.4	101.4
大型家用器具	99.6	96.8	96.9	97.4	98.6	99.5	99.7	100.8	101.0	101.1	101.3	101.4	101.5
小家电	99.7	96.9	97.5	98.4	98.8	99.3	99.7	100.2	100.7	101.1	101.2	101.3	101.3
家用纺织品	100.5	99.6	99.6	99.8	100.0	100.5	100.7	100.7	101.0	101.1	101.1	101.1	101.1
家庭日用杂品	100.7	100.1	100.2	100.3	100.6	100.7	100.6	100.5	101.0	101.1	101.0	101.1	101.3
个人护理用品	100.8	101.8	101.7	101.6	101.3	101.3	101.3	101.0	101.0	100.4	99.5	99.4	99.4
家庭服务	102.8	101.3	100.9	101.7	102.3	103.4	103.4	103.4	103.1	103.5	103.5	103.6	103.6
交通和通信	**101.9**	**102.8**	**102.8**	**102.9**	**102.6**	**102.2**	**101.5**	**101.0**	**101.7**	**101.3**	**101.4**	**101.5**	**101.3**
交通	102.6	104.0	104.1	104.1	103.6	102.9	101.8	101.2	102.4	101.8	101.9	102.0	101.7
通信	100.6	100.4	100.3	100.8	100.9	100.9	100.9	100.6	100.4	100.4	100.4	100.4	100.4
教育文化和娱乐	**100.5**	**99.8**	**99.8**	**100.5**	**100.6**	**100.6**	**100.7**	**100.7**	**100.8**	**100.8**	**100.8**	**100.8**	**100.8**
教育	100.7	100.0	100.0	100.8	100.8	100.8	100.8	100.8	101.0	101.0	101.0	101.0	101.0
教育用品	100.0	100.1	100.2	100.2	100.0	100.0	100.0	100.0	100.0	100.0	100.0	100.0	100.0
教育服务	101.1	99.9	99.9	101.2	101.2	101.2	101.2	101.3	101.5	101.5	101.5	101.5	101.5
文化娱乐	99.8	99.0	99.1	99.3	99.6	100.0	100.1	100.1	100.0	100.0	100.0	100.1	100.2
文娱耐用消费品	99.1	97.5	97.6	97.9	99.0	99.9	100.2	100.2	99.8	99.4	99.2	99.4	99.7
其他文娱用品	100.4	100.0	100.2	100.3	100.4	100.5	100.5	100.6	100.7	100.6	100.6	100.4	100.3
文化娱乐服务	100.1	100.1	100.1	100.1	100.1	100.1	100.1	100.1	100.0	100.0	100.1	100.2	100.2
旅游	99.7	99.7	99.6	99.6	98.7	98.7	98.5	98.5	99.2	100.2	101.1	101.2	101.4
医疗保健	**112.9**	**105.0**	**105.0**	**108.2**	**114.3**	**115.4**	**116.5**	**116.5**	**116.9**	**113.4**	**114.0**	**114.0**	**114.5**
药品及医疗器具	102.9	101.7	101.7	102.0	102.8	102.9	102.6	102.4	103.5	102.5	104.1	104.1	104.2
中药	104.7	101.0	101.3	101.7	104.6	104.6	104.5	104.1	105.5	105.5	108.0	107.9	107.9
西药	102.5	101.6	101.7	102.0	102.1	102.4	101.9	101.6	102.9	101.9	103.9	103.9	104.1
滋补保健品	102.4	104.7	103.7	103.6	103.8	103.8	103.8	103.8	103.8	100.1	99.4	99.4	99.4
医疗卫生器具	101.5	100.2	100.2	101.2	101.2	101.3	101.5	101.3	102.3	102.3	102.3	102.0	102.0
保健器具	100.0	100.0	100.0	100.0	100.0	100.0	100.0	100.0	100.0	100.0	100.0	100.0	100.0
医疗服务	117.5	106.6	106.6	111.2	119.6	121.3	123.1	123.2	123.2	118.4	118.4	118.4	119.2
综合医疗类	124.8	111.9	111.9	118.4	126.9	128.4	132.8	132.3	132.3	124.6	124.6	124.6	127.6
诊断类	98.4	95.6	95.6	97.2	96.0	95.5	96.8	98.1	98.1	102.1	102.1	102.1	102.1
治疗类	133.7	115.8	115.8	123.7	141.7	145.7	146.6	145.7	145.7	131.0	131.0	131.0	131.0
康复类	138.6	103.9	103.9	105.9	148.2	153.2	153.2	151.7	151.7	147.5	147.5	147.5	147.5
中医医疗服务类	113.9	108.6	108.6	115.0	117.4	119.9	119.9	117.9	117.9	110.5	110.5	110.5	110.5
其他医疗服务	100.1	100.4	100.4	94.3	100.7	100.7	100.7	100.7	100.7	100.7	100.7	100.7	100.7
其他用品和服务	**101.3**	**102.6**	**102.4**	**101.9**	**101.8**	**101.7**	**101.7**	**100.8**	**100.8**	**100.4**	**100.2**	**100.1**	**100.6**
其他用品类	101.7	105.3	104.9	103.3	103.1	103.0	102.4	100.4	100.3	99.5	99.4	99.2	100.2
其他服务类	100.9	100.6	100.7	100.8	100.8	100.7	101.1	101.2	101.2	101.2	100.9	100.8	100.8

4-1-11　城市商品零售价格分月指数(2017年)

上年同月=100

项目名称	年平均	1月	2月	3月	4月	5月	6月	7月	8月	9月	10月	11月	12月
商品零售价格总指数	**101.3**	**102.2**	**101.3**	**101.0**	**101.0**	**101.3**	**101.2**	**101.1**	**101.6**	**101.1**	**101.3**	**101.1**	**101.0**
食品	**99.8**	**102.7**	**98.0**	**96.7**	**96.5**	**98.6**	**99.5**	**100.3**	**101.9**	**100.5**	**101.5**	**101.3**	**100.7**
粮食	101.6	101.7	101.8	102.0	101.9	101.5	101.4	101.4	101.6	101.7	101.6	101.2	100.9
薯类	96.7	109.9	106.7	107.4	97.0	85.8	77.1	85.8	96.1	101.5	109.7	106.2	99.0
豆类	100.3	101.1	100.8	100.5	100.7	100.6	100.4	99.8	99.8	99.9	100.0	99.9	99.8
食用油	99.1	101.4	100.8	100.6	99.8	99.3	98.2	97.7	97.9	98.0	98.4	98.9	98.8
菜	94.2	108.2	85.9	77.8	76.7	90.2	102.4	109.3	113.7	98.0	100.7	97.3	92.8
畜肉类	97.2	103.3	99.9	97.6	95.5	93.2	91.1	91.7	94.5	97.9	100.4	101.0	101.2
禽肉类	98.5	99.1	98.3	98.2	98.0	97.7	96.8	96.7	98.0	99.1	99.7	100.1	100.3
水产品	106.7	103.9	101.7	104.7	107.6	108.2	108.1	108.9	108.3	106.5	107.5	107.9	107.4
蛋类	94.9	88.1	78.1	84.5	89.0	85.8	86.7	94.0	106.6	104.7	105.0	104.5	112.9
奶类	101.0	100.8	101.0	101.0	101.1	101.2	101.2	101.3	100.8	101.0	100.9	100.8	100.8
干鲜瓜果类	105.2	104.7	102.7	104.3	105.5	109.9	110.0	106.6	107.1	101.9	102.6	104.2	103.0
糖果糕点类	102.5	101.5	102.2	102.4	102.6	102.4	102.5	102.5	102.5	102.6	102.8	102.9	102.8
调味品	100.6	100.8	100.6	100.3	100.6	100.6	100.6	100.6	100.7	100.6	100.7	100.8	100.7
其他食品类	100.6	98.7	99.9	100.0	100.2	100.2	100.6	100.7	100.7	100.7	100.7	101.9	102.7
在外餐饮	101.7	101.2	101.4	101.5	101.6	101.8	101.9	101.9	101.8	101.8	102.0	101.7	101.7
饮料、烟酒	**100.2**	**99.9**	**100.1**	**100.0**	**100.1**	**100.1**	**100.1**	**100.3**	**100.3**	**100.3**	**100.2**	**100.2**	**100.4**
茶及饮料	101.4	101.0	101.1	101.2	101.6	101.6	101.6	101.5	101.4	101.4	101.4	101.2	101.1
烟草	99.7	99.8	99.8	99.8	99.7	99.7	99.7	99.6	99.6	99.5	99.5	99.6	99.8
酒类	100.4	99.3	100.0	99.9	100.0	100.1	100.0	101.0	101.0	100.9	100.9	100.9	101.0
服装、鞋帽	**101.5**	**101.4**	**101.4**	**101.5**	**101.5**	**101.4**	**101.3**	**101.5**	**101.4**	**101.5**	**101.6**	**101.6**	**101.6**
服装	101.8	101.5	101.6	101.7	101.7	101.6	101.6	101.8	101.8	102.0	102.0	102.1	102.2
男士服装	101.8	101.3	101.5	101.6	101.5	101.8	101.7	101.9	101.8	102.1	102.2	102.2	102.2
女士服装	101.8	101.5	101.5	101.5	101.7	101.6	101.6	102.0	102.1	102.2	102.0	102.1	102.1
儿童服装	101.6	101.9	102.0	102.4	101.9	101.5	101.3	101.1	101.2	100.9	101.7	101.9	102.0
鞋帽袜	100.7	101.5	101.2	101.2	101.1	100.8	100.7	100.5	100.2	100.4	100.4	100.3	100.1
其他衣着配件	100.8	100.1	100.3	100.3	100.3	100.3	100.4	101.1	100.8	101.2	101.5	101.7	101.7
纺织品	**100.4**	**100.3**	**100.6**	**100.8**	**100.6**	**100.5**	**100.3**	**100.2**	**99.9**	**100.2**	**100.5**	**100.5**	**100.5**
服装材料	101.9	103.6	103.4	104.0	101.1	100.0	100.0	100.4	100.2	102.0	102.4	103.0	103.0
床上用品	100.2	99.8	100.2	100.3	100.6	100.6	100.4	100.1	99.9	99.9	100.2	100.1	100.1
家用电器及音像器材	**100.0**	**98.6**	**99.2**	**99.4**	**99.7**	**100.0**	**100.3**	**100.3**	**100.5**	**100.7**	**100.8**	**100.4**	**100.4**
家庭设备	100.0	99.0	99.1	99.2	99.6	100.0	100.1	100.2	100.3	100.6	100.8	100.8	100.8
文娱用耐用消费品	100.2	99.2	99.3	99.6	99.8	100.1	100.7	100.8	101.0	101.1	100.8	99.9	99.8
专业音像器材	99.2	91.6	100.0	100.0	100.0	100.0	100.0	100.0	100.0	100.0	100.0	100.0	100.0
文化办公用品	**101.0**	**100.9**	**100.8**	**101.3**	**101.4**	**101.3**	**101.3**	**101.0**	**100.6**	**100.5**	**100.8**	**101.0**	**101.0**

4-1-11 续表

上年同月=100

项目名称	年平均	1月	2月	3月	4月	5月	6月	7月	8月	9月	10月	11月	12月
日用品	**100.4**	**100.4**	**100.7**	**100.3**	**100.1**	**100.2**	**100.0**	**100.3**	**100.3**	**100.4**	**100.6**	**100.5**	**100.8**
日用百货	100.6	100.8	101.0	100.7	100.6	100.5	100.1	100.2	100.3	100.5	100.6	100.7	100.8
厨具餐具茶具	100.0	99.5	99.7	99.5	99.3	99.2	99.2	100.6	100.5	100.7	100.8	100.7	100.7
清洗用品	100.7	100.8	101.7	100.6	100.3	100.7	100.5	100.4	100.4	100.4	100.7	100.7	100.9
其他日用品	100.2	100.1	100.2	100.1	100.0	100.0	100.1	100.0	100.1	100.2	100.3	100.2	100.7
体育娱乐用品	**99.8**	**99.9**	**99.8**	**99.7**	**99.6**	**99.6**	**99.7**	**99.8**	**99.8**	**100.1**	**100.0**	**100.0**	**99.9**
体育户外用品	98.8	98.4	98.2	98.1	98.1	98.2	98.2	98.2	98.2	100.0	100.0	100.1	100.1
娱乐用品	100.0	100.1	100.1	99.9	99.8	99.8	100.0	100.0	100.0	100.1	100.0	100.0	99.9
交通、通信用品	**99.3**	**99.9**	**99.9**	**100.0**	**100.0**	**100.0**	**100.7**	**100.3**	**99.6**	**98.8**	**97.9**	**97.2**	**97.6**
交通运输机械	98.6	99.0	99.0	99.2	99.2	99.2	100.1	99.9	99.4	98.2	97.0	96.0	96.6
通信器材	101.3	102.2	102.2	102.2	102.2	102.2	102.2	101.2	100.0	100.2	100.3	100.2	100.2
家具	**100.1**	**100.0**	**100.0**	**100.1**	**100.1**	**100.0**	**100.0**	**99.9**	**100.0**	**100.0**	**100.3**	**100.4**	**100.4**
化妆品	**101.2**	**102.2**	**102.3**	**102.1**	**101.9**	**101.7**	**100.9**	**100.2**	**100.6**	**100.6**	**100.5**	**100.5**	**100.6**
金银饰品	**100.1**	**108.5**	**105.2**	**102.6**	**102.3**	**102.2**	**101.3**	**97.7**	**96.9**	**95.5**	**95.8**	**96.5**	**98.5**
中西药品及医疗保健用品	**106.3**	**105.0**	**105.6**	**107.1**	**107.5**	**106.9**	**106.6**	**106.6**	**106.7**	**107.4**	**107.1**	**105.1**	**104.5**
医疗卫生器具	105.0	101.1	103.5	103.4	102.8	103.9	104.9	105.3	105.4	107.7	107.7	107.0	107.0
中药	107.4	105.3	105.6	107.9	108.1	108.7	108.4	108.4	108.6	109.1	109.1	106.4	103.8
西药	107.1	106.1	107.0	108.6	108.5	107.3	107.2	107.3	107.2	108.0	107.5	105.2	105.1
保健器具及用品	102.6	101.4	101.4	101.5	103.8	103.8	102.3	102.3	102.3	103.2	103.2	102.8	102.9
书报杂志及电子出版物	**100.6**	**100.9**	**100.9**	**100.9**	**100.8**	**100.8**	**100.8**	**100.7**	**100.6**	**100.2**	**100.1**	**100.1**	**100.0**
教材及参考书	100.7	101.0	101.0	101.0	101.0	101.0	101.0	101.0	101.0	100.2	100.0	100.0	100.0
书报杂志	100.4	100.6	100.6	100.6	100.4	100.4	100.4	100.4	100.4	100.4	100.4	100.4	100.0
计算机办公软件	100.5	101.0	101.0	101.0	101.0	100.9	100.9	100.4	99.9	100.0	100.0	100.0	100.0
燃料	**108.6**	**112.7**	**113.1**	**112.7**	**111.8**	**109.5**	**105.5**	**104.0**	**107.4**	**105.7**	**107.1**	**107.6**	**106.8**
煤炭及制品	109.7	114.0	114.2	113.2	114.1	110.7	109.8	109.6	109.4	106.7	107.7	105.0	104.4
石油及制品	108.3	112.3	112.8	112.5	111.2	109.2	104.4	102.5	106.9	105.4	107.0	108.4	107.5
建筑材料及五金电料	**101.6**	**100.5**	**101.3**	**101.3**	**101.8**	**101.6**	**101.6**	**101.6**	**101.5**	**101.7**	**101.6**	**101.9**	**102.2**
建筑装潢材料	102.3	100.5	101.6	101.7	102.5	102.6	102.6	102.5	102.4	102.6	102.5	102.8	103.1
五金水暖	99.3	100.4	100.4	100.3	99.5	98.6	98.7	98.7	99.0	98.9	98.9	99.1	99.3

4-1-12 农村商品零售价格分月指数(2017年)

上年同月=100

项目名称	年平均	1月	2月	3月	4月	5月	6月	7月	8月	9月	10月	11月	12月
商品零售价格总指数	**101.0**	**101.5**	**100.6**	**100.4**	**100.4**	**100.9**	**100.8**	**100.9**	**101.4**	**101.1**	**101.3**	**101.3**	**101.1**
食品	**98.7**	**101.7**	**97.5**	**96.6**	**95.9**	**97.2**	**97.6**	**98.3**	**99.8**	**99.6**	**100.3**	**100.1**	**100.3**
粮食	100.5	99.8	100.1	100.1	100.2	100.5	100.6	100.6	100.6	100.8	100.8	100.7	100.9
薯类	103.4	125.7	121.7	120.9	108.2	86.5	81.9	90.2	97.5	106.0	111.9	105.1	104.1
豆类	103.7	100.7	100.3	100.9	103.4	104.1	105.1	104.6	104.8	105.0	105.3	105.1	105.0
食用油	102.7	107.8	108.1	107.9	106.2	104.5	101.6	101.7	101.7	99.7	100.0	97.8	96.0
菜	92.6	104.4	83.6	78.9	75.0	87.4	95.9	102.5	109.3	102.0	101.9	97.7	94.7
畜肉类	95.0	99.6	96.4	96.3	94.0	92.0	89.6	90.6	92.5	95.4	96.8	98.1	99.0
禽肉类	98.0	100.3	99.2	96.0	96.4	98.0	96.9	96.4	96.4	98.0	99.0	99.5	99.7
水产品	105.6	102.9	103.6	103.9	105.1	107.2	105.6	106.9	106.8	106.3	106.1	106.4	106.8
蛋类	96.3	93.7	87.3	87.1	89.7	87.9	86.7	91.9	101.4	106.2	107.9	105.9	111.1
奶类	100.7	100.5	100.3	100.4	100.4	100.3	100.3	100.9	101.1	101.1	101.1	100.9	100.6
干鲜瓜果类	101.2	105.2	101.7	100.7	102.0	102.1	105.1	100.5	100.7	95.2	98.2	99.9	103.1
糖果糕点类	101.8	101.7	102.0	101.9	101.9	101.7	101.4	101.5	101.7	101.9	101.8	101.7	102.3
调味品	100.7	100.9	101.0	101.0	100.8	100.8	100.8	100.6	100.5	100.6	100.7	100.7	100.6
其他食品类	100.8	99.7	100.1	100.2	100.4	100.3	101.4	101.0	101.2	101.2	101.0	101.5	101.7
在外餐饮	101.0	101.9	101.8	101.6	101.7	101.6	101.5	100.5	100.2	100.3	100.2	100.3	100.3
饮料、烟酒	**100.3**	**99.8**	**99.9**	**100.0**	**100.0**	**100.0**	**100.0**	**100.1**	**100.6**	**100.6**	**100.7**	**100.7**	**100.8**
茶及饮料	101.2	101.0	101.1	101.5	101.2	101.2	101.2	101.2	101.3	101.2	101.2	101.2	101.2
烟草	100.0	100.0	100.0	100.0	100.0	100.0	100.0	100.0	100.0	100.0	100.0	100.0	100.0
酒类	100.4	99.2	99.6	99.5	99.7	99.7	99.7	100.1	101.2	101.3	101.6	101.6	101.7
服装、鞋帽	**100.9**	**101.1**	**100.9**	**100.6**	**100.7**	**101.3**	**100.7**	**100.5**	**100.7**	**101.2**	**101.2**	**101.2**	**101.1**
服装	100.8	101.1	100.8	100.4	100.5	101.2	100.5	100.3	100.5	101.0	101.1	101.2	101.2
男士服装	100.0	99.5	99.2	99.0	99.8	100.4	99.5	99.3	99.7	100.7	101.0	101.1	101.3
女士服装	100.0	100.7	100.4	100.2	100.0	100.5	99.9	99.8	99.7	99.7	99.7	99.8	100.0
儿童服装	105.2	106.3	106.1	104.8	103.7	105.0	105.0	104.6	104.8	105.7	105.5	105.6	104.9
鞋帽袜	101.3	101.1	101.0	101.2	101.4	101.7	101.3	100.9	101.5	101.8	101.4	101.2	100.8
其他衣着配件	100.9	101.7	101.4	101.2	100.9	100.8	100.6	100.5	100.4	100.9	101.0	100.8	100.9
纺织品	**100.5**	**99.8**	**99.8**	**99.8**	**99.9**	**100.4**	**100.4**	**100.5**	**101.1**	**101.1**	**101.1**	**101.1**	**101.1**
服装材料	99.9	100.0	100.0	100.0	100.0	100.0	100.0	99.7	99.5	99.5	99.5	100.1	100.1
床上用品	100.7	99.8	99.7	99.8	99.9	100.4	100.4	100.7	101.5	101.6	101.6	101.3	101.3
家用电器及音像器材	**100.2**	**96.5**	**97.0**	**98.2**	**99.3**	**100.2**	**100.8**	**101.5**	**101.9**	**101.8**	**101.5**	**101.9**	**102.0**
家庭设备	100.7	97.6	97.9	99.0	99.5	100.1	100.6	101.4	102.0	102.2	102.2	102.8	102.9
文娱用耐用消费品	99.4	94.9	95.1	96.5	98.8	100.5	101.3	102.0	101.8	101.0	100.3	100.2	100.6
专业音像器材	99.3	92.2	100.0	100.0	100.0	100.0	100.0	100.0	100.0	100.0	100.0	100.0	100.0
文化办公用品	**101.3**	**100.2**	**100.4**	**100.4**	**102.1**	**102.1**	**101.9**	**101.9**	**101.5**	**101.2**	**101.3**	**101.5**	**101.5**

4-1-12 续表

上年同月=100

项目名称	年平均	1月	2月	3月	4月	5月	6月	7月	8月	9月	10月	11月	12月
日用品	**101.1**	**100.5**	**100.6**	**100.8**	**100.8**	**100.8**	**100.9**	**100.9**	**101.6**	**101.6**	**101.7**	**101.7**	**101.5**
日用百货	101.5	100.6	100.6	101.0	101.0	101.0	100.9	101.3	102.3	102.5	102.6	102.6	101.6
厨具餐具茶具	103.5	103.8	104.0	103.2	103.8	103.3	103.3	103.4	103.4	103.4	103.5	103.2	103.2
清洗用品	100.2	99.8	100.1	100.3	100.2	100.1	100.1	99.7	100.5	100.4	100.4	100.4	100.6
其他日用品	100.4	99.7	99.7	99.8	100.0	100.2	100.5	100.4	100.6	100.6	100.8	101.1	101.2
体育娱乐用品	**101.2**	**101.0**	**101.1**	**101.2**	**101.3**	**101.4**	**101.4**	**101.6**	**101.5**	**101.1**	**101.1**	**100.9**	**100.4**
体育户外用品	102.0	101.9	101.9	101.9	102.3	102.3	102.3	102.3	102.3	102.3	102.3	102.3	100.4
娱乐用品	101.0	100.8	100.9	101.1	101.1	101.2	101.2	101.5	101.3	100.9	100.8	100.6	100.3
交通、通信用品	**101.0**	**101.6**	**101.6**	**102.0**	**102.3**	**102.3**	**102.5**	**101.8**	**100.7**	**100.1**	**99.4**	**98.9**	**98.7**
交通运输机械	100.8	101.5	101.4	102.2	102.3	102.4	102.7	102.4	101.2	100.0	98.7	97.7	97.4
通信器材	101.2	101.8	101.8	101.8	102.2	102.2	102.2	101.1	100.1	100.3	100.5	100.5	100.4
家具	**101.4**	**100.2**	**100.2**	**100.2**	**100.7**	**101.3**	**101.6**	**102.2**	**102.4**	**103.2**	**102.9**	**102.2**	**100.4**
化妆品	**99.9**	**99.9**	**99.9**	**99.9**	**99.6**	**99.7**	**99.7**	**99.6**	**99.6**	**100.6**	**100.0**	**99.9**	**99.9**
金银饰品	**102.6**	**111.2**	**110.0**	**105.8**	**106.4**	**105.6**	**104.2**	**100.1**	**99.7**	**97.7**	**97.2**	**97.0**	**98.5**
中西药品及医疗保健用品	**103.5**	**101.3**	**102.2**	**102.7**	**102.1**	**103.0**	**102.8**	**102.5**	**104.4**	**104.6**	**105.7**	**105.6**	**105.5**
医疗卫生器具	101.3	100.9	100.9	101.3	101.3	101.5	101.5	101.2	101.6	101.6	101.6	100.9	100.9
中药	105.1	101.2	102.5	103.7	103.9	104.0	103.9	103.6	106.3	107.1	108.4	108.2	107.9
西药	103.5	101.4	102.3	102.6	101.8	103.0	102.8	102.4	104.4	104.5	105.7	105.7	105.7
保健器具及用品	100.3	101.5	100.9	100.7	100.4	100.4	100.4	100.4	100.4	99.8	99.6	99.6	99.6
书报杂志及电子出版物	**99.9**	**99.8**	**99.9**	**99.9**	**99.8**	**99.8**	**99.8**	**99.8**	**100.0**	**100.0**	**100.0**	**100.0**	**100.0**
教材及参考书	100.0	100.0	100.0	100.0	100.0	100.0	100.0	100.0	100.0	100.0	100.0	100.0	100.0
书报杂志	100.0	100.0	100.0	100.0	100.0	100.0	100.0	100.0	100.0	100.0	100.0	100.0	100.0
计算机办公软件	99.4	99.0	99.0	99.0	99.0	98.9	98.9	99.1	100.0	100.0	100.0	100.0	100.0
燃料	**105.8**	**109.6**	**109.5**	**107.7**	**106.8**	**106.7**	**104.0**	**104.6**	**106.2**	**102.5**	**104.5**	**104.9**	**103.2**
煤炭及制品	105.0	109.5	108.9	105.0	105.0	105.8	104.9	108.6	107.6	100.2	103.2	102.7	99.6
石油及制品	106.4	109.6	110.0	109.6	108.0	107.3	103.3	101.9	105.3	104.1	105.4	106.5	105.8
建筑材料及五金电料	**100.8**	**99.3**	**99.4**	**99.6**	**100.2**	**100.8**	**100.8**	**101.4**	**101.2**	**101.6**	**101.7**	**101.8**	**101.8**
建筑装潢材料	101.0	99.6	99.6	99.8	100.4	101.0	100.9	101.7	101.4	101.7	101.7	101.8	101.9
五金水暖	100.2	98.1	98.8	99.0	99.3	100.0	100.3	100.3	100.6	101.1	101.8	101.7	101.7

4-1-13 农业生产资料价格分月指数(2017年)

上年同月=100

项目名称	年平均	1月	2月	3月	4月	5月	6月	7月	8月	9月	10月	11月	12月
农业生产资料价格指数	**100.0**	**96.4**	**96.5**	**99.0**	**100.5**	**99.5**	**99.5**	**99.8**	**101.1**	**101.2**	**102.2**	**102.4**	**102.2**
农用手工工具	101.0	99.4	99.3	99.2	100.5	100.0	100.0	100.4	100.8	100.8	100.8	104.2	106.6
农用手工工具	101.0	99.4	99.3	99.2	100.5	100.0	100.0	100.4	100.8	100.8	100.8	104.2	106.6
饲料	88.9	76.5	76.4	81.7	86.0	86.0	88.4	89.8	94.9	95.4	101.1	101.1	99.3
混合饲料	92.7	83.4	83.3	88.3	91.0	89.7	93.4	95.0	98.9	99.0	99.2	99.2	97.7
其他饲料	84.7	69.6	69.6	74.9	80.7	82.0	83.2	84.5	90.7	91.6	103.3	103.3	101.2
仔畜幼禽及产品畜	110.3	127.3	126.2	129.5	119.3	107.1	103.6	104.0	103.7	104.3	102.8	102.8	105.1
仔　畜	116.9	140.4	140.3	150.1	130.2	109.5	105.1	107.5	107.8	108.4	109.1	108.9	112.3
幼　禽	116.6	165.8	154.8	142.1	141.7	141.5	133.8	120.2	109.7	105.2	84.3	84.3	84.3
产 品 畜	96.6	98.4	98.9	98.5	95.7	92.6	91.2	91.8	93.8	96.1	100.0	100.4	102.1
半机械化农具	103.1	96.6	100.6	100.9	103.6	103.6	104.1	104.1	104.1	104.8	104.8	104.8	104.8
半机械化农具	103.1	96.6	100.6	100.9	103.6	103.6	104.1	104.1	104.1	104.8	104.8	104.8	104.8
机械化农具	99.2	99.0	99.0	99.1	98.8	98.8	99.3	99.3	99.4	99.6	99.5	99.5	99.4
机械化农具	99.2	99.0	99.0	99.1	98.8	98.8	99.3	99.3	99.4	99.6	99.5	99.5	99.4
化学肥料	102.4	95.2	95.5	100.3	104.1	104.2	104.2	104.3	104.3	104.3	104.3	104.3	104.3
氮　肥	108.5	87.0	88.1	97.4	114.0	113.9	115.6	115.8	115.7	115.7	115.6	115.6	115.6
磷　肥	98.5	96.4	95.8	97.3	99.1	99.8	99.1	99.1	99.1	99.1	99.1	99.1	99.1
钾　肥	99.3	94.7	94.5	99.2	100.7	100.7	100.4	100.4	100.4	100.4	100.4	100.4	100.4
复合肥料	99.7	100.6	100.6	102.9	99.7	99.7	99.0	99.0	99.1	99.1	99.1	99.1	99.1
农药及农药器械	99.6	96.7	96.6	96.5	101.2	100.6	100.6	100.6	100.6	100.6	100.6	100.6	100.6
化学农药	99.3	95.2	95.2	95.0	101.5	100.7	100.7	100.7	100.7	100.8	100.7	100.7	100.7
杀 虫 剂	102.2	99.1	98.9	99.1	105.0	102.7	103.1	103.1	103.1	103.2	103.2	103.2	103.2
杀 菌 剂	99.3	99.4	99.4	99.4	99.1	98.9	98.8	99.3	99.4	99.4	99.4	99.4	99.4
除 草 剂	96.1	86.7	86.7	86.0	100.3	100.2	99.8	99.6	99.6	99.6	99.5	99.5	99.5
生长调节剂	100.0	100.0	100.0	100.0	100.0	100.0	100.0	100.0	100.0	100.0	100.0	100.0	100.0
农药器械	101.0	104.0	104.0	104.0	100.0	100.0	100.0	100.0	100.0	100.0	100.0	100.0	100.0
农药器械	101.0	104.0	104.0	104.0	100.0	100.0	100.0	100.0	100.0	100.0	100.0	100.0	100.0
农机用油	111.3	117.0	117.7	116.5	114.1	112.6	105.2	103.7	108.4	107.2	110.1	112.5	111.3
农用柴油	112.6	119.1	119.8	118.5	115.8	114.1	105.8	104.1	109.4	108.0	111.2	113.9	112.5
润 滑 油	100.3	99.7	100.9	100.3	100.3	100.3	100.3	100.3	100.3	100.3	100.3	100.3	100.3
其他农用生产资料	94.4	95.9	95.4	92.4	93.5	93.5	93.6	94.3	94.3	94.8	94.7	95.2	95.1
农用种子	83.4	97.5	94.5	84.7	80.3	80.3	80.4	80.6	80.6	80.6	80.4	80.4	80.4
农用薄膜	102.2	92.5	92.6	96.7	103.4	103.5	103.8	105.6	105.6	105.6	105.6	106.7	106.7
未列名的其他农用生产资料	106.1	97.0	101.0	101.6	107.1	107.1	107.1	107.1	107.1	109.4	109.4	109.9	109.6
农业生产服务	102.2	100.8	100.6	102.0	102.1	102.4	103.1	102.8	102.9	102.9	102.6	102.3	102.1
排 灌 费	99.5	99.9	99.9	99.9	100.1	100.1	100.1	98.9	98.9	98.9	98.9	98.9	98.9
机械作业费	98.8	98.8	98.8	98.8	98.9	98.9	98.6	98.8	98.8	98.8	98.8	98.9	98.9
农业用电	99.2	100.1	100.1	100.1	100.1	100.1	100.1	98.3	98.3	98.3	98.3	98.3	98.3
农业用工	109.5	104.0	103.5	108.1	108.3	109.3	111.8	112.0	112.5	112.4	111.2	110.2	109.8

4-1-14　12个盟市所在

地　区	居民消费价格总指数							
		食品烟酒						
			食品					
				粮食	畜肉类	禽肉类	蛋类	鲜菜
全区平均	**101.7**	**99.8**	**99.3**	**101.3**	**96.1**	**99.4**	**95.2**	**93.1**
呼和浩特市	101.4	100.7	100.2	102.0	99.3	97.7	95.7	93.6
包头市	101.6	100.0	99.8	101.6	96.4	98.7	96.8	93.0
乌海市	101.4	99.7	99.8	100.0	98.7	102.1	92.7	98.6
赤峰市	101.5	99.7	99.4	103.2	93.3	103.6	92.0	94.4
海拉尔区	102.8	102.7	103.5	101.4	98.1	100.6	96.4	100.7
乌兰浩特市	100.4	97.7	96.2	98.8	93.3	99.5	93.7	87.9
科尔沁区	100.6	98.4	97.5	103.7	90.3	96.8	91.7	89.5
锡林浩特市	101.9	100.5	99.4	103.0	98.8	94.4	93.3	91.8
集宁区	104.1	101.7	101.1	101.4	97.1	96.2	97.4	102.0
东胜区	103.4	99.9	98.2	100.1	99.6	95.7	96.4	96.3
临河区	101.3	98.7	97.5	98.4	102.5	102.1	89.8	84.9
阿拉善左旗	102.5	99.2	98.5	100.2	99.8	94.2	96.7	89.6

4-1-15　12个盟市所在地

地　区	商品零售价格总指数	食品	饮料、烟酒	服装、鞋帽	纺织品	家用电器及音像器材	文化办公用　品	日用品
全区平均	**101.2**	**99.7**	**100.2**	**101.4**	**100.4**	**100.1**	**101.0**	**100.5**
呼和浩特市	101.2	100.5	100.3	102.6	100.8	101.2	101.3	100.5
包头市	101.6	99.5	100.0	100.2	100.0	98.0	100.8	99.7
乌海市	101.2	100.0	100.0	102.4	99.4	105.0	100.5	100.0
赤峰市	100.7	99.3	100.0	101.5	100.7	101.5	100.5	100.1
海拉尔区	101.6	102.9	100.3	100.2	100.2	100.1	100.0	101.8
乌兰浩特市	100.3	97.0	100.1	102.0	104.0	104.4	100.1	99.6
科尔沁区	100.9	97.3	101.0	99.8	101.7	98.4	102.2	103.7
锡林浩特市	101.4	100.0	100.1	102.9	101.8	100.2	101.6	101.1
集宁区	102.4	101.7	100.0	104.2	100.7	98.9	101.6	100.5
东胜区	101.2	99.2	100.0	101.8	98.4	98.8	101.3	100.9
临河区	101.2	98.8	99.8	104.0	100.0	100.7	100.3	100.0
阿拉善左旗	100.9	99.0	99.5	100.6	100.0	99.2	106.4	103.7

地居民消费价格指数

上年同期=100

茶及饮料	烟酒	衣着	居住	生活用品及服务	交通和通信	教育文化娱乐	医疗保健	其他用品和服务
101.2	**100.2**	**101.3**	**101.7**	**100.7**	**101.4**	**101.0**	**110.0**	**101.2**
103.5	99.9	102.7	102.6	101.6	100.4	100.1	102.8	101.6
100.6	100.2	100.3	100.6	99.8	101.4	102.2	110.3	101.5
100.0	100.0	102.4	100.0	101.5	101.8	101.3	106.1	102.9
100.0	100.0	101.5	102.7	100.9	101.0	100.3	109.6	100.5
101.0	100.3	100.2	100.2	101.1	104.0	100.3	115.3	100.8
101.4	99.5	102.0	101.4	101.7	100.4	100.7	103.3	100.5
103.7	100.2	100.4	99.2	101.2	100.6	103.1	106.7	101.0
100.0	100.1	102.7	100.6	101.6	101.4	100.3	111.8	100.8
100.5	100.1	104.6	102.4	101.4	101.5	101.5	123.0	99.9
100.0	100.0	101.7	111.3	99.2	101.2	100.1	107.1	99.9
100.0	99.7	103.7	99.5	100.2	102.1	100.8	111.5	99.7
102.4	99.5	100.7	102.8	102.3	102.5	99.8	117.0	101.0

商品零售价格分类指数

上年同期=100

体育娱乐用品	交通、通信用品	家具	化妆品	金银饰品	中西药品及医疗保健用品	书报杂志及电子出版物	燃料	建筑材料及五金电料
100.0	**99.5**	**100.2**	**101.0**	**100.3**	**105.9**	**100.5**	**108.2**	**101.4**
99.1	97.7	100.2	102.5	97.8	101.1	100.2	109.5	102.2
99.4	99.3	99.8	100.4	102.9	115.1	100.6	110.3	100.7
98.3	100.9	98.8	100.0	101.3	100.2	100.0	107.2	99.9
100.0	100.5	105.0	100.1	100.8	98.9	100.0	104.8	100.7
100.0	99.9	100.0	102.1	99.8	104.2	100.0	109.7	100.9
98.7	98.5	99.2	97.0	99.4	106.0	100.6	102.7	99.4
106.7	100.4	101.4	99.9	96.9	106.3	105.3	104.3	103.7
102.8	100.1	101.5	104.6	101.2	96.1	100.0	107.8	105.9
100.2	100.4	104.6	100.0	99.7	103.8	100.0	109.9	106.0
100.0	101.0	98.3	100.0	99.5	106.3	99.9	107.6	102.9
100.9	100.7	100.2	100.9	97.5	112.4	100.0	103.4	99.9
99.6	99.9	102.7	100.4	101.1	106.1	100.0	101.0	102.1

4-1-16 历年工业生产者出厂价格分类指数

上年=100

年 份	全 部工业品	生产资料	采掘	原材料	加工	生活资料	食品	衣着	一 般日用品	耐 用消费品
1987	107.9	108.8	124.0	105.6	104.0	106.0	106.3	106.1	109.8	100.4
1988	110.7	107.5	105.3	108.7	107.4	117.5	114.5	125.2	113.5	106.8
1989	121.5	122.3	136.4	115.7	121.0	119.8	119.8	119.1	129.6	113.5
1990	105.2	106.0	104.9	109.0	103.6	103.5	106.8	99.7	101.4	99.7
1991	108.7	111.5	117.9	116.0	102.8	102.7	107.1	100.6	99.6	82.7
1992	109.8	110.5	104.6	117.3	104.7	108.2	108.7	113.6	104.6	86.0
1993	136.1	139.9	124.2	153.3	131.0	128.1	127.4	128.2	122.9	138.2
1994	112.1	110.8	114.6	105.4	115.9	115.1	122.2	106.0	115.3	98.3
1995	109.1	105.2	109.9	102.2	109.0	121.3	126.4	114.7	110.2	105.1
1996	101.9	101.4	104.7	100.3	101.1	103.4	103.8	104.5	107.9	92.2
1997	101.5	102.2	109.2	101.2	97.0	99.5	100.2	102.3	103.9	78.4
1998	96.0	95.2	94.8	94.7	96.5	98.0	98.3	96.9	103.9	83.6
1999	100.4	102.4	106.2	102.1	98.3	94.5	96.3	87.9	102.5	100.0
2000	102.8	103.7	112.3	101.4	103.2	99.9	99.1	101.7	99.5	96.5
2001	101.1	100.9	100.1	101.4	99.9	102.0	102.4	100.5	98.7	99.4
2002	99.3	99.3	101.7	98.9	98.4	99.3	99.9	99.3	100.0	93.3
2003	103.2	104.5	103.9	105.4	103.4	99.7	100.2	98.5	101.3	97.6
2004	105.1	106.3	108.7	107.0	104.8	101.5	102.4	99.3	101.3	96.8
2005	105.1	106.5	120.1	104.8	102.1	100.9	100.9	100.9	102.7	96.6
2006	103.0	103.8	111.7	103.0	99.5	100.7	101.4	101.2	102.0	90.9
2007	105.7	105.9	107.6	105.1	105.5	104.8	106.0	102.1	104.8	98.6
2008	112.5	112.7	117.1	109.9	113.1	111.7	115.3	102.9	107.3	95.1
2009	96.2	95.3	98.4	94.5	93.8	100.6	101.7	100.0	103.8	92.0
2010	106.7	107.5	110.5	107.1	105.3	103.1	104.1	103.3	101.4	92.5
2011	107.8	108.1	113.0	107.3	105.0	106.4	108.1	98.6	100.9	101.5
2012	100.2	99.6	99.5	100.9	98.1	103.3	103.4	105.1	100.0	102.5
2013	97.0	95.8	92.4	97.1	97.1	102.5	102.8	10.7	101.6	98.4
2014	97.3	96.3	94.8	97.1	96.7	102.1	102.6	100.1	100.5	99.1
2015	94.0	93.0	90.0	94.9	93.3	98.8	98.8	97.5	100.0	99.4
2016	98.9	98.6	97.3	98.8	99.5	100.3	98.6	111.0	100.9	99.8
2017	110.6	112.9	116.0	110.7	112.8	100.9	99.6	110.5	100.2	99.9

4-1-17　历年按部门分工业生产者出厂价格指数

上年=100

年　份	冶金工业	电力工业	煤炭及炼焦工业	石油工业	化学工业	机械工业	建筑材料工业	森林工业
1998	94.3	103.4	94.8	93.7	90.2	98.2	105.4	99.8
1999	97.8	89.0	99.3	139.2	96.9	101.2	103.1	131.4
2000	99.9	102.5	98.2	140.9	100.7	98.3	99.6	100.2
2001	95.8	98.8	102.7	80.0	99.1	98.8	98.7	123.8
2002	97.6	100.8	102.1	95.0	102.0	97.7	97.9	106.7
2003	108.8	102.6	103.4	115.0	99.9	98.2	99.2	98.5
2004	109.6	101.4	107.9	112.9	107.6	98.6	105.1	100.7
2005	104.3	101.9	118.7	120.5	108.3	98.0	103.5	102.0
2006	103.0	101.9	107.8	120.2	99.8	97.1	103.1	102.3
2007	109.0	102.3	105.6	105.2	104.4	100.5	107.7	102.4
2008	112.6	103.1	118.4	120.6	125.1	98.9	110.0	102.4
2009	85.0	103.5	104.6	90.3	95.7	96.0	105.4	100.1
2010	110.5	102.0	109.2	118.7	106.4	97.4	101.7	101.1
2011	109.0	99.8	112.2	119.9	105.8	102.2	105.1	103.1
2012	96.5	104.8	99.3	100.7	99.7	101.7	98.9	105.6
2013	95.5	99.9	89.8	101.9	96.0	99.4	97.3	98.9
2014	95.6	98.7	92.7	102.7	96.6	100.1	97.0	98.3
2015	88.4	98.9	91	87.8	98.4	99.1	96.4	98.1
2016	98.9	95.6	99.5	93.2	104.0	97.1	100.1	97.2
2017	121.4	98.8	120.0	108.9	110.2	99.7	102.9	102.0

4-1-17 续表

上年=100

年 份	食品工业	纺织工业	缝纫工业	皮革工业	造纸工业	机械工业文教艺术用品工业	其他工业
1998	97.4	87.8	91.3	100.1	75.6	92.8	110.9
1999	95.3	81.4	91.4	73.0	98.4	106.3	98.7
2000	104.6	123.5	104.4		108.4	100.5	102.2
2001	101.2	94.7	101.0		97.6	100.0	109.0
2002	99.8	97.1	99.3	103.2	101.4	100.2	103.6
2003	100.1	99.0	98.4	99.7	98.0	100.2	103.5
2004	103.2	102.1	99.1	102.5	103.0	101.4	101.3
2005	100.6	107.3	100.8	101.2	101.1	101.1	101.6
2006	101.0	101.3	101.2	100.6	101.8	101.4	105.2
2007	106.1	103.0	102.1	101.5	102.6	102.2	103.5
2008	116.4	99.1	102.9	100.2	104.7	101.0	112.4
2009	101.8	97.0	100.0	99.3	99.5	101.0	105.0
2010	103.8	100.5	103.3	103.4	103.8	100.1	105.3
2011	108.2	116.6	98.2	102.8	105.9	100.2	106.0
2012	103.3	99.7	105.5	100.8	99.1	97.9	98.5
2013	102.7	104.2	102.0	98.5	97.6	101.4	96.6
2014	102.2	99.3	100.1	100.0	99.8	100.8	98.5
2015	98.7	95.7	97.4	99.2	98.6	100.2	98.6
2016	98.5	97.8	111.4	99.5	100.8	100.5	99.6
2017	99.5	97.9	110.9	99.9	108.4	103.8	115.4

4-1-18　历年按行业分工业生产者出厂价格指数

上年=100

年　份	煤炭开采和洗选业	石油和天然气开采业	黑色金属矿采选业	有色金属矿采选业	非金属矿采选业	其他采矿业	农副食品加工业	食品制造业
1998	87.4	97.8		85.3	112.7			105.0
1999	99.4	181.0		101.9	88.3			90.5
2000	98.2	127.4		101.8	90.3			99.2
2001	103.0	90.7	100.0	90.6	104.3			101.9
2002	102.1	96.9	99.8	97.5	101.0		99.3	99.1
2003	102.6	115.5	103.7	105.4	100.5		101.1	99.2
2004	107.8	116.0	121.2	118.6	101.3		107.4	99.0
2005	120.5	131.9	118.5	129.7	104.3		101.4	100.7
2006	109.6	122.8	102.2	140.7	103.8		101.8	99.5
2007	105.6	101.5	105.1	123.9	105.7		110.3	103.4
2008	117.0	124.0	146.2	94.6	110.8		124.1	113.6
2009	106.0	68.8	82.1	79.6	102.8		101.0	102.7
2010	109.3	135.2	112.7	112.0	103.5		104.4	103.5
2011	112.4	129.1	113.6	112.8	107.5		110.0	107.3
2012	99.9	95.1	96.5	96.8	102.8		102.3	103.6
2013	90.3	90.0	96.6	95.8	100.7		101.6	104.1
2014	93.5	94.1	94.9	97.6	101.2		100.1	105.0
2015	91.9	56.2	80.0	93.0	100.4		97.6	99.7
2016	99.1	88.2	93.1	96.2	98.3		97.5	99.2
2017	119.0	107.9	116.3	118.7	100.3		98.6	100.6

4-1-18 续表 1

上年=100

年 份	饮 料 制造业	烟 草 制品业	纺织业	纺织服装、 鞋、帽 制造业	皮革、毛皮、 羽毛(绒)及 其制品业	木材加工及 木、竹、藤、 棕、草制品业	家 具 制造业	造 纸 及 纸制品业
1998	97.0	107.1	89.6		100.1	98.4	85.0	75.6
1999	99.8	110.6	81.4	91.4	73.0	139.4	103.9	98.4
2000	103.1	108.9	121.7	106.1		105.9	101.1	108.4
2001	103.2	105.8	99.0	107.0		74.3	98.8	99.9
2002	100.6	101.7	98.7	101.2	103.2	101.8	99.0	99.8
2003	99.8	100.8	98.6	97.6	99.8	100.8	99.5	98.0
2004	100.2	101.0	100.8	98.8	102.5	98.3	100.4	103.0
2005	100.0	98.6	104.5	100.4	101.1	97.8	102.2	101.2
2006	101.5	100.4	101.4	100.1	100.4	102.6	101.5	101.8
2007	101.0	100.4	102.4	103.9	101.4	102.1	103.3	102.6
2008	103.6	100.0	100.7	102.2	100.2	100.5	116.1	104.7
2009	101.6	98.4	97.7	104.7	98.8	99.1	106.1	99.5
2010	104.1	101.3	101.7	103.6	102.6	101.2	99.8	103.8
2011	103.5	97.6	107.4	103.9	103.6	103.3	101.7	105.9
2012	106.7	101.2	102.7	102.8	99.1	106.0	102.9	99.1
2013	102.5	99.4	103.5	98.8	98.3	99.0	98.2	97.6
2014	100.6	99.5	99.7	100.2	100.5	98.2	98.9	99.8
2015	100.0	100.0	96.3	99.9	96.6	97.9	99.3	98.6
2016	101.6	100.0	106.9	100.3	99.5	96.9	100.3	100.8
2017	98.9	100.0	107.2	96.1	99.9	102.6	95.4	108.4

4-1-18 续表 2

上年=100

年 份	印刷业和记录媒介的复制	文教体育用品制造业	石油加工、炼焦及核燃料加工业	化学原料及化学制品制造业	医药制造业	化学纤维制造业	橡胶制品业	塑料制品业
1998			91.6	86.7	99.2	70.3	100.0	92.4
1999			110.5	97.9	89.6		94.4	105.6
2000			148.0	104.9	88.9		99.5	134.8
2001	92.6		75.5	99.6	94.9		100.0	93.1
2002	104.4	100.3	94.5	101.8	105.8	96.2	100.5	97.8
2003	100.2	104.3	115.9	99.6	101.1	99.8	103.4	99.4
2004	101.4	100.0	112.9	110.2	102.1	104.9	118.8	102.4
2005	101.1	100.0	114.5	108.9	106.7	100.9	107.8	106.1
2006	101.4	100.0	110.8	99.7	96.6	100.2	98.3	101.4
2007	102.2	100.4	111.0	104.9	100.7	100.5	103.9	104.1
2008	101.0		132.0	130.7	103.8	99.5	109.2	100.9
2009	101.0		94.4	94.2	99.5	99.4	100.4	102.2
2010	100.1	100.0	113.0	106.9	106.1		101.3	99.4
2011	100.2	95.5	113.6	107.1	101.0		100.3	101.4
2012	97.9	104.9	96.0	99.1	100.5		100.1	99.3
2013	101.4	100.4	89.1	94.2	102.0		100.0	97.7
2014	100.8	100.0	88.9	94.6	102.6		100.0	99.9
2015	100.2	100.0	77.5	97.8	100.6		100.0	96.7
2016	100.5		98.9	105.5	99.6		99.1	
2017	103.8		123.0	113.6	100.0		110.0	

4-1-18 续表 3

上年=100

年 份	非金属矿物制品业	黑色金属冶炼及压延加工业	有色金属冶炼及压延加工业	金属制品业	通用设备制造业	专用设备制造业	交通运输设备制造业	电气机械及器材制造业
1998	105.4	97.5	92.8	90.9	97.6	96.1	109.2	100.7
1999	103.1	95.9	114.1			95.8		113.7
2000	99.6	100.0	98.4	102.0		101.1	99.8	93.6
2001	98.6	99.3	91.6	98.2		98.3	99.2	97.4
2002	97.8	99.2	94.7	98.0	99.7	97.0	100.4	96.3
2003	99.3	110.5	105.8	105.2	100.1	97.6	99.6	100.3
2004	106.2	108.5	109.4	107.2	104.1	100.8	100.7	101.7
2005	104.2	100.5	106.1	102.7	101.2	101.2	100.7	104.9
2006	103.0	94.1	121.3	102.0	100.1	99.6	100.1	106.6
2007	107.1	106.7	110.6	102.6	101.3	100.9	101.5	103.2
2008	110.9	119.1	100.5	118.4	103.4	102.1	102.7	101.0
2009	105.7	85.5	86.1	100.3	97.1	99.8	100.2	97.1
2010	101.3	105.8	117.2	101.9	98.7	99.8	100.6	97.2
2011	105.3	105.3	112.3	104.4	101.6	99.8	104.0	100.4
2012	97.9	95.4	97.2	102.4	101.5	100.4	105.1	97.3
2013	96.2	95.9	94.1	99.0	100.1	100.9	98.8	97.2
2014	96.3	95.4	95.3	98.9	97.1	100.2	103.0	98.5
2015	96.2	87.1	90.8	99.0	98.6	100.0	98.4	99.3
2016	100.4	103.2	95.4	99.7	97.9	98.0		97.8
2017	105.5	126.7	117.0	94.7	100.1	101.3		99.2

4-1-18　续表 4

上年=100

年　份	通信设备、计算机及其他电子设备制造业	仪器仪表及文化、办公用机械制造业	工艺品及其他制造业	废弃资源和废旧材料回收加工业	电力、热力的生产和供应业	燃气生产和供应业	水的生产和供应业
1998	63.8				103.4	145.5	118.3
1999					89.0	100.0	107.2
2000					102.6	100.0	102.2
2001		95.6			98.8	100.0	109.0
2002	91.3	92.9	100.2		100.8	100.0	103.6
2003	97.3	100.1	103.1	100.0	102.5	100.0	107.2
2004	91.4	100.2	100.8	98.3	101.4	101.9	105.8
2005	90.6	100.0	100.1	102.2	101.9	101.6	104.2
2006	87.3	100.0	102.2	100.0	101.9	108.7	110.3
2007	97.7	100.0	101.2	101.1	102.3	100.1	107.1
2008	92.9	100.0	101.1		103.1	111.4	102.4
2009	89.7	100.0	100.6		103.5	102.5	102.5
2010	91.9	100.0	103.2	86.2	102.0	108.2	115.9
2011	103.7	100.8	102.0	99.6	99.8	121.0	102.9
2012	100.0	101.6	104.8	78.0	104.8	101.2	103.6
2013	100.0	100.0	97.4	65.6	99.9	108.0	102.0
2014	100.0	100.0	100.3	98.9	98.7	107.8	100.2
2015	100.0	100.0	97.0	100.0	98.9	101.5	100.7
2016	98.9				95.6	95.5	109.1
2017	96.6				98.8	104.9	100.1

4-1-19　历年主要产品工业生产者出厂价格指数

上年=100

年　份	烟煤	褐煤	木材(普通锯材)	纯牛奶	普通硅酸盐水泥(回转窑)
1998					
1999					
2000					
2001					
2002	102.3	102.0		99.8	101.2
2003	103.9	102.2		101.6	100.2
2004	108.8	105.1		96.1	105.3
2005	114.6	116.8		98.7	104.9
2006	108.3	111.7		97.3	96.7
2007	105.8	105.4		102.3	107.3
2008	120.1	106.6		114.2	111.9
2009	112.1	101.5		102.8	111.2
2010	115.8	104.1		102.4	98.9
2011	115.1	110.5			
2012	99.7	101.3			
2013	91.6	89.0			
2014	98.2	87.1			
2015	91.7	92.1			
2016	97.5	101.8			
2017	113.8	124.2			

4-1-19 续表

上年=100

年 份	铁精矿	普碳钢坯	生铁	铁合金	铝	火力发电
1998						
1999						
2000						
2001						
2002		101.5	100.8	98.7	96.8	101.0
2003		103.5	114.1	102.6	106.4	105.1
2004		107.0	114.7	108.2	108.0	101.4
2005		99.2	103.0	96.0	103.2	101.6
2006	100.0	90.6	93.3	97.4	118.6	101.6
2007	106.2	110.3	109.0	110.0	101.4	102.5
2008	133.8	127.0	126.1	116.9	88.0	103.0
2009	82.3	87.7	85.6	89.1	79.8	104.9
2010	109.0	102.0	111.4	108.4	108.7	108.6
2011	119.7		114.7	102.4		99.5
2012	98.0		98.5			106.3
2013	97.3		95.0			99.9
2014	96.0		96.5			97.6
2015	78.3		84.0			98.7
2016			90.4			92.5
2017			120.9			98.7

4-1-20 工业生产者出厂价格指数

上年=100

项目名称	2016	2017
煤炭开采和洗选业	99.1	119.0
烟煤和无烟煤的开采洗选	97.9	116.6
褐煤的开采洗选	101.8	124.2
其他煤炭采选		
石油和天然气开采业	88.2	107.9
天然原油和天然气开采	73.7	116.6
与石油和天然气开采有关的服务活动		
黑色金属矿采选业	93.1	116.3
铁矿采选	93.0	116.3
其他黑色金属矿采选	99.2	115.9
有色金属矿采选业	96.2	118.7
常用有色金属矿采选	97.6	122.4
贵金属矿采选	89.9	105.2
稀有稀土金属矿采选	91.5	99.4
非金属矿采选业	98.3	100.3
土砂石开采	97.8	100.4
化学矿采选		
采盐	105.1	101.3
石棉及其他非金属矿采选	96.3	99.2
其他采矿业		
农副食品加工业	97.5	98.6
谷物磨制	99.2	101.6
饲料加工	98.8	98.3
植物油加工	96.7	94.8
制糖	103.2	108.4
屠宰及肉类加工	97.5	99.3
水产品加工		
蔬菜、水果和坚果加工	93.0	97.1
其他农副食品加工	97.2	96.8
食品制造业	99.2	100.6
焙烤食品制造	99.9	99.8
糖果、巧克力及蜜饯制造		
方便食品制造	97.2	90.9
液体乳及乳制品制造	98.9	102.7

4-1-20 续表 1

上年=100

项目名称	2016	2017
罐头制造		
调味品、发酵制品制造	99.3	98.4
其他食品制造	100.2	97.4
饮料制造业	101.6	98.9
酒精制造		
酒的制造	102.1	98.7
软饮料制造	100.4	99.3
精制茶加工		
烟草制品业	100.0	100.0
烟叶复烤		
卷烟制造	100.0	100.0
其他烟草制品加工		
纺织业	106.9	107.2
棉、化纤纺织及印染精加工	94.6	100.5
毛纺织和染整精加工		
麻纺织		
丝绢纺织及精加工		
纺织制成品制造		
针织品、编织品及其制品制造	114.0	114.3
纺织服装、鞋、帽制造业	100.3	96.1
纺织服装制造		
鞋的制造		
制帽		
皮革、毛皮、羽毛(绒)及其制品业	99.5	99.9
皮革鞣制加工		
皮革制品制造	100.0	101.0
毛皮鞣制及制品加工	101.2	100.0
羽毛(绒)加工及制品制造		
木材加工及木、竹、藤、棕、草制品业	96.9	102.6
锯材、木片加工	94.9	100.7
人造板制造	97.8	107.9
木制品制造	100.1	98.4
竹、藤、棕、草制品制造	102.9	99.5
家具制造业	100.3	95.4
木质家具制造	100.3	95.4

4-1-20 续表 2

上年=100

项目名称	2016	2017
竹、藤家具制造		
金属家具制造		
塑料家具制造		
其他家具制造		
造纸及纸制品业	100.8	108.4
纸浆制造		
造纸	100.4	109.5
纸制品制造		
印刷业和记录媒介的复制	100.5	103.8
印刷	100.5	103.8
装订及其他印刷服务活动		
记录媒介的复制		
文教体育用品制造业		
文化用品制造		
体育用品制造		
乐器制造		
玩具制造		
游艺器材及娱乐用品制造		
石油加工、炼焦及核燃料加工业	98.9	123.0
精炼石油产品的制造	93.9	113.2
炼焦	104.9	133.1
核燃料加工		
化学原料及化学制品制造业	105.5	113.6
基础化学原料制造	110.0	118.3
肥料制造	97.0	106.7
农药制造	101.2	126.2
涂料、油墨、颜料及类似产品制造	98.6	97.6
合成材料制造	109.8	112.1
专用化学产品制造	105.3	116.0
日用化学产品制造	101.5	94.1
医药制造业	99.6	100.0
化学药品原药制造	97.6	103.1
化学药品制剂制造	101.0	96.8
中药饮片加工	95.5	97.3

4-1-20 续表 3

上年=100

项目名称	2016	2017
中成药制造	102.5	104.4
兽用药品制造	99.6	99.4
生物、生化制品的制造	99.6	100.2
卫生材料及医药用品制造		
化学纤维制造业		
纤维素纤维原料及纤维制造		
合成纤维制造		
橡胶制品业	99.1	110.0
轮胎制造		
橡胶板、管、带的制造		
橡胶零件制造		
再生橡胶制造		
日用及医用橡胶制品制造		
橡胶靴鞋制造		
其他橡胶制品制造		
塑料制品业		
塑料薄膜制造		
塑料板、管、型材的制造		
塑料丝、绳及编织品的制造		
泡沫塑料制造		
塑料人造革、合成革制造		
塑料包装箱及容器制造		
塑料零件制造		
日用塑料制造		
其他塑料制品制造		
非金属矿物制品业	100.4	105.5
水泥、石灰和石膏的制造	101.3	110.2
水泥及石膏制品制造	99.0	101.4
砖瓦、石材及其他建筑材料制造	101.9	96.9
玻璃及玻璃制品制造	100.1	100.6
陶瓷制品制造		
耐火材料制品制造	100.1	100.9
石墨及其他非金属矿物制品制造	94.3	126.3
黑色金属冶炼及压延加工业	103.2	126.7
炼铁	90.4	120.9

4-1-20 续表 4

上年=100

项目名称	2016	2017
炼钢		
钢压延加工	108.0	136.3
铁合金冶炼	99.3	116.3
有色金属冶炼及压延加工业	95.4	117.0
常用有色金属冶炼	100.3	128.1
贵金属冶炼	102.4	106.0
稀有稀土金属冶炼	94.4	100.8
有色金属合金制造	113.6	116.3
有色金属压延加工	83.1	102.0
金属制品业	99.7	94.7
结构性金属制品制造	100.5	102.2
金属工具制造		
集装箱及金属包装容器制造	103.5	106.8
金属丝绳及其制品的制造	95.4	101.0
建筑、安全用金属制品制造	100.0	108.2
金属表面处理及热处理加工		
搪瓷制品制造		
不锈钢及类似日用金属制品制造		
其他金属制品制造	97.6	77.2
通用设备制造业	97.9	100.1
锅炉及原动机制造	99.3	101.2
金属加工机械制造	100.7	95.3
起重运输设备制造	91.7	100.0
泵、阀门、压缩机及类似机械的制造	100.0	99.9
轴承、齿轮、传动和驱动部件的制造	82.7	96.6
烘炉、熔炉及电炉制造	103.7	107.4
风机、衡器、包装设备等通用设备制造		
通用零部件制造及机械修理	101.4	100.8
金属铸、锻加工	98.0	
专用设备制造业	99.7	101.3
矿山、冶金、建筑专用设备制造	73.1	100.0
化工、木材、非金属加工专用设备制造	105.3	98.5
食品、饮料、烟草及饲料生产专用设备制造	100.5	99.8
印刷、制药、日化生产专用设备制造		

4-1-20 续表 5

上年=100

项目名称	2016	2017
纺织、服装和皮革工业专用设备制造		
电子和电工机械专用设备制造		
农、林、牧、渔专用机械制造	97.8	101.5
医疗仪器设备及器械制造		
环保、社会公共安全及其他专用设备制造	103.7	124.1
交通运输设备制造业		
铁路运输设备制造		
汽车制造		
摩托车制造		
自行车制造		
船舶及浮动装置制造		
航空航天器制造		
交通器材及其他交通运输设备制造		
电气机械及器材制造业	97.8	99.2
电机制造	98.4	93.7
输配电及控制设备制造	99.9	100.0
电线、电缆、光缆及电工器材制造	92.1	104.2
电池制造	99.1	103.3
家用电力器具制造	107.2	147.6
非电力家用器具制造		
照明器具制造	98.5	99.2
其他电气机械及器材制造		
通信设备、计算机及其他电子设备制造业	98.9	96.6
通信设备制造		
雷达及配套设备制造		
广播电视设备制造		
电子计算机制造		
电子器件制造		
电子元件制造		
家用视听设备制造	98.9	96.5
其他电子设备制造	100.0	100.0
仪器仪表及文化、办公用机械制造业		
通用仪器仪表制造		
专用仪器仪表制造		

4-1-20　续表 6

上年=100

项目名称	2016	2017
钟表与计时仪器制造		
光学仪器及眼镜制造		
文化、办公用机械制造		
其他仪器仪表的制造及修理		
工艺品及其他制造业		
工艺美术品制造		
日用杂品制造		
煤制品制造		
核辐射加工		
其他未列明的制造业		
废弃资源和废旧材料回收加工业		
金属废料和碎屑的加工处理		
非金属废料和碎屑的加工处理		
电力、热力的生产和供应业	95.6	98.8
电力生产	93.7	98.7
电力供应	97.6	98.8
热力生产和供应	99.4	100.2
燃气生产和供应业	95.5	104.9
水的生产和供应业	109.1	100.1
自来水的生产和供应	108.7	98.0
污水处理及其再生利用	110.8	109.8
其他水的处理、利用与分配		

4-1-21 历年工业生产者购进价格分类指数

上年=100

年 份	全 部 原材料	燃料、 动力类	黑色金属 材 料 类	有色金属材料 及电线类	化 工 原料类
1988	118.2	110.2	118.7	126.7	132.9
1989	124.4	118.2	127.9	134.3	132.2
1990	108.3	119.3	106.9	113.7	98.4
1991	111.2	116.5	108.0	107.0	101.2
1992	112.1	121.8	114.2	122.1	104.0
1993	138.8	124.2	168.1	96.2	159.9
1994	116.8	116.8	102.1	96.9	105.2
1995	112.8	102.8	96.7	135.1	127.1
1996	107.1	106.8	102.2	95.1	108.0
1997	100.6	106.7	98.4	95.1	94.2
1998	98.1	100.6	97.8	95.0	96.6
1999	96.8	99.7	96.8	97.5	95.2
2000	106.8	109.5	102.6	106.2	103.0
2001	101.3	101.4	101.5	95.0	100.2
2002	99.9	102.6	100.0	95.6	98.1
2003	102.9	103.5	106.7	106.0	100.0
2004	109.2	106.6	118.0	124.0	108.9
2005	109.9	114.8	107.5	117.0	108.9
2006	105.9	109.8	99.7	117.7	100.8
2007	104.8	105.3	105.3	99.4	105.0
2008	111.7	113.8	115.0	98.0	109.7
2009	99.1	106.5	90.4	71.4	98.3
2010	105.0	104.1	103.6	112.5	103.0
2011	106.1	103.5	107.3	107.2	105.3
2012	102.0	103.4	101.3	96.9	96.6
2013	99.3	97.5	98.4	95.1	99.4
2014	98.4	97.4	98.1	97.2	98.7
2015	95.9	95.8	94.9	96.0	98.0
2016	97.4	99.6	91.5	96.1	101.9
2017	106.3	111.1	105.2	114.4	109.1

4-1-21 续表

上年=100

年 份	木材及纸浆类	建筑材料及非金属类	其他工业原材料及半成品类	农 副产品类	纺 织原料类
1988	116.9	105.0		125.5	111.3
1989	103.9	119.2		127.0	131.1
1990	103.7	126.7		97.7	108.2
1991	150.4	100.3		102.1	110.5
1992	99.5			101.5	100.7
1993	136.9			153.4	95.8
1994	111.3			122.8	171.5
1995	124.5			136.5	107.0
1996	102.1	107.8	102.8	118.7	101.1
1997	95.3	99.6	91.4	99.1	97.6
1998	96.9	101.9	96.4	92.4	94.7
1999	103.1	97.8	97.3	87.0	96.7
2000	108.4	98.3	98.1	104.2	105.1
2001	95.4	99.5	102.3	104.2	95.9
2002	100.9	99.8	100.0	97.4	92.2
2003	98.2	99.9	101.1	103.3	100.4
2004	100.8	102.4	104.4	109.3	102.9
2005	102.5	106.2	102.3	104.8	103.2
2006	102.5	102.1	104.1	101.6	104.2
2007	102.6	102.8	104.7	106.7	102.0
2008	106.2	107.2	110.7	113.8	99.6
2009	102.5	102.9	99.4	98.5	92.8
2010	100.8	102.9	103.6	105.9	102.6
2011	105.3	104.1	107.2	108.3	105.9
2012	102.9	99.8	105.0	102.4	100.3
2013	99.2	99.5	102.3	103.2	98.9
2014	100.3	98.6	98.1	101.4	100.6
2015	100.0	98.3	93.5	99.3	97.3
2016	100.1	96.8	98.1	97.1	96.8
2017	101.6	109.3	100.5	100.1	102.6

4-1-22 工业生产者购进价格指数

上年=100

项目名称	2016	2017
全部原材料	**97.4**	**106.3**
按类别分		
燃料、动力类	99.6	111.1
黑色金属材料类	91.5	105.2
钢材	94.6	105.6
其他	86.7	104.5
有色金属材料及电线类	96.1	114.4
化工原料类	101.9	109.1
木材及纸浆类	100.1	101.6
建筑材料及非金属类	96.8	109.3
其他工业原材料及半成品类	98.1	100.5
农副产品类	97.1	100.1
纺织原料类	96.8	102.6
按行业分		
农业	96.4	99.6
林业	109.2	104.0
畜牧业	98.3	100.9
渔业		
农、林、牧、渔服务业	97.6	100.0
煤炭开采和洗选业	100.5	117.6
石油和天然气开采业	84.0	121.1
黑色金属矿采选业	86.2	102.9
有色金属矿采选业	95.9	117.7
非金属矿采选业	99.3	103.8
其他采矿业		
农副食品加工业	98.0	101.0
食品制造业	95.1	98.7
饮料制造业	100.8	100.8
烟草制品业	100.2	100.0

4-1-22 续表

上年=100

项目名称	2016	2017
纺织业	96.8	102.6
纺织服装、鞋、帽制造业		
皮革、毛皮、羽毛(绒)及其制品业		
木材加工及木、竹、藤、棕、草制品业	95.3	100.0
家具制造业		
造纸及纸制品业	99.1	101.3
印刷业和记录媒介的复制	102.0	117.6
文化体育用品制造业		
石油加工、炼焦及核燃料加工业	98.8	122.4
化学原料及化学制品制造业	101.5	109.3
医药制造业	102.5	99.7
化学纤维制造业		
橡胶制品业		
塑料制品业		
非金属矿物制品业	93.9	115.7
黑色金属冶炼及压延加工业	93.7	106.1
有色金属冶炼及压延加工业	96.2	113.5
金属制品业	123.4	123.2
通用设备制造业		
专用设备制造业		
交通运输设备制造业		
电气机械及器材制造业	100.2	107.9
通信设备、计算机及其他电子设备制造业		
仪器仪表及文化、办公用机械制造业		
工艺品及其他制造业		
废弃资源和废旧材料回收加工业	104.3	105.2
电力、热力的生产和供应业	99.5	101.2
燃气生产和供应业	102.1	100.5
水的生产和供应业	100.6	101.9

4-1-23 历年固定资产投资价格分类指数

上年=100

年份	固定资产投资	建筑安装工程	人工费	材料费	机械使用费	设备、工器具购置	其他费用
1988		110.9					
1989		110.6					
1990		107.1					
1991		106.7					
1992	109.3	111.2				106	104.4
1993	124.5	128.7				108.7	130.8
1994	106.7	104.8				114.3	104.3
1995	103.9	101.7				106.6	110.6
1996	105.3	108.3				98.7	102.8
1997	99.7	97.9				98.2	108.7
1998	101.7	102.1				97.8	107.2
1999	101.9	102.8				98.0	102.1
2000	101.9	103.9				98.0	98.7
2001	100.8	101.2				99.8	100.4
2002	101.0	101.5				99.7	100.4
2003	102.6	103.7	103.4	104.4	101.7	100.2	100.5
2004	105.0	105.9	104.5	106.7	104.4	104.1	101.4
2005	103.7	104.5	106.1	104.2	104.2	101.2	103.4
2006	103.3	104.1	108.3	102.2	105.8	100.7	103.9
2007	103.8	104.6	108.2	103.4	105.0	100.3	105.2
2008	108.1	110.6	113.9	110.3	108.2	101.0	106.2
2009	98.5	98.1	104.0	94.1	104.7	98.0	102.4
2010	105.4	107.3	113.9	105.2	103.7	100.1	103.0
2011	106.3	108.1	113.8	106.2	106.0	101.9	103.7
2012	101.6	101.0	102.7	100.1	102.1	103.1	102.2
2013	99.6	99.6	102.2	98.1	100.5	99.0	100.8
2014	99.8	99.8	101.3	99.1	99.9	99.7	100.9
2015	98.0	97.3	99.5	96.8	96.8	99.3	100.6
2016	99.5	99.6	100.5	99.6	99.2	98.9	100.6
2017	103.4	104.5	103.8	106.9	100.8	100.6	101.4

4-1-24　固定资产投资价格指数

上年=100

项目名称	2016	2017
固定资产投资	**99.5**	**103.4**
建筑安装、装饰工程	99.6	104.5
人工费	100.5	103.8
工程管理人员	100.8	103.5
工程技术人员	101.9	102.3
普通工人	100.3	103.6
材料费	99.6	106.9
钢材	98.7	113.6
木材	98.5	101.0
水泥	99.0	103.1
地方建筑材料	100.0	103.4
化工材料	98.6	102.7
电料	100.1	101.7
其他材料	99.5	101.5
机械费	99.2	100.8
土石方及筑路机械	99.6	101.5
打桩机械	100.1	100.7
起重机械	99.6	101.3
运输机械	98.1	100.2
混凝土及砂浆机械	100.1	100.5
加工机械	100.2	100.9
泵类机械	100.2	100.1
船舶机械	99.6	104.8
其他机械	98.8	101.8
设备、工器具购置	98.9	100.6
其他费用	100.6	101.4
土地取得费	100.3	101.8
前期工程费	101.0	100.4
施工工作费	100.7	100.4
建设单位其他费用	100.5	102.8

4-1-25 工业生产者出厂价格分月指数(2017年)

项目名称	1月	2月	3月	4月	5月	6月	7月	8月	9月	10月	11月	12月
煤炭开采和洗选业	112.0	113.4	113.0	112.2	110.5	110.5	110.7	111.2	111.3	110.9	106.8	105.7
烟煤和无烟煤开采洗选	123.8	127.1	127.8	127.8	124.0	121.8	121.6	117.9	113.4	116.2	107.9	105.2
褐煤开采洗选	123.4	127.4	128.1	127.6	123.2	120.7	119.8	116.9	111.9	109.2	101.3	98.7
石油和天然气开采业	106.5	114.1	111.9	116.2	115.6	101.8	100.6	102.7	103.6	102.7	107.5	113.3
石油开采	112.8	127.8	125.8	139.7	138.6	103.7	102.2	106.8	107.7	104.6	114.2	124.3
天然气开采	101.8	101.8	100.0	100.0	100.0	100.0	100.0	100.0	100.3	100.3	100.3	101.0
黑色金属矿采选业	115.4	117.7	126.4	119.8	113.4	112.2	111.9	116.7	120.2	119.3	114.6	109.5
铁矿采选	115.5	117.8	126.5	119.8	113.3	112.1	111.9	116.6	120.2	119.3	114.7	109.5
锰矿、铬矿采选	109.7	111.9	115.7	118.7	119.4	119.4	119.4	120.1	124.6	118.5	108.6	106.3
有色金属矿采选业	111.3	113.5	120.5	121.3	120.7	120.2	120.6	120.5	121.5	122.2	117.8	114.2
常用有色金属矿采选	113.6	116.2	124.6	125.5	124.9	124.3	125.0	124.8	126.0	126.7	121.2	116.9
贵金属矿采选	103.9	105.0	105.4	105.6	105.6	105.4	104.5	104.6	105.9	106.3	106.2	104.0
稀有稀土金属矿采选	98.8	98.2	101.1	101.1	100.3	100.3	99.1	99.1	98.1	98.6	98.3	99.8
非金属矿采选业	99.2	99.6	98.9	100.5	99.7	100.0	99.9	100.3	100.9	101.7	101.6	101.5
土砂石开采	99.0	99.4	98.1	100.0	99.2	99.8	99.7	100.1	101.9	102.8	102.4	102.2
采盐	101.3	99.8	103.8	104.8	104.7	102.8	103.0	104.5	96.4	98.0	98.4	98.5
石棉及其他非金属矿采选	98.7	100.8	100.1	99.8	99.2	99.4	98.9	98.7	98.2	98.3	98.9	99.5
农副食品加工业	98.5	98.7	98.1	98.3	98.5	98.1	98.1	98.7	99.1	98.7	99.1	99.4
谷物磨制	102.5	101.7	101.9	103.2	103.8	102.4	101.4	103.2	102.3	99.5	99.1	98.7
饲料加工	100.2	99.9	100.1	100.2	100.7	100.1	98.7	96.5	95.8	95.7	95.6	95.7
植物油加工	96.2	95.3	95.2	93.2	95.0	94.3	94.6	94.6	94.7	95.1	94.3	94.5
制糖业	113.4	113.6	111.4	111.2	112.2	112.2	112.1	110.2	109.9	102.0	98.4	96.9
屠宰及肉类加工	98.6	98.4	97.5	97.9	97.8	97.8	97.9	99.6	100.3	100.5	103.0	102.4
蔬菜、水果和坚果加工	90.0	94.4	93.4	93.7	93.6	95.2	98.4	98.1	101.4	101.4	103.4	103.3
其他农副食品加工	97.3	98.2	97.4	98.0	97.7	96.0	96.0	96.3	96.7	96.5	94.2	97.1
食品制造业	98.8	100.6	100.4	100.5	100.6	101.2	101.1	100.5	100.4	100.9	100.8	101.7
焙烤食品制造	100.0	100.1	99.8	99.7	99.7	99.7	99.7	99.7	99.7	99.7	99.7	99.7
方便食品制造	96.9	97.0	97.0	84.3	84.8	86.6	86.4	86.6	87.3	87.3	98.0	98.5
乳制品制造	100.4	103.4	102.1	101.5	101.7	103.7	104.6	102.8	102.6	102.9	103.1	103.9

4-1-25 续表 1

项目名称	1月	2月	3月	4月	5月	6月	7月	8月	9月	10月	11月	12月
调味品、发酵制品制造	94.8	97.5	99.0	100.0	99.8	99.0	97.8	98.1	97.7	98.0	98.8	100.6
其他食品制造	102.6	96.1	96.4	98.3	99.5	96.3	94.8	96.6	98.3	101.1	95.4	94.2
酒、饮料和精制茶制造业	100.4	99.9	98.7	98.3	98.8	98.7	98.8	98.9	98.6	99.0	98.2	98.4
酒的制造	100.6	100.0	98.6	98.1	98.6	98.5	98.5	98.8	98.5	98.8	97.7	98.2
饮料制造	100.1	99.7	98.9	99.0	99.4	99.3	99.5	99.2	98.9	99.4	99.3	99.0
烟草制品业	100.0	100.0	100.0	100.0	100.0	100.0	100.0	100.0	100.0	100.0	100.0	100.0
卷烟制造	100.0	100.0	100.0	100.0	100.0	100.0	100.0	100.0	100.0	100.0	100.0	100.0
纺织业	108.0	108.0	105.3	106.4	113.0	112.7	112.3	110.0	104.8	100.2	98.2	109.8
棉纺织及印染精加工	105.1	107.5	108.8	106.8	105.6	101.4	98.8	95.3	95.8	95.4	94.7	92.5
毛纺织及染整精加工	97.9	99.3	97.5	97.7	97.6	98.1	98.2	98.2	97.8	96.8	96.8	97.4
针织或钩针编织物及其制品制造	115.7	114.4	111.0	112.8	125.0	124.0	123.2	118.9	110.2	103.3	99.8	119.2
家用纺织制成品制造	104.6	103.8	102.3	102.9	100.0	99.7	99.1	99.0	99.7	99.4	99.7	99.7
纺织服装、服饰业	100.7	100.7	95.7	95.2	95.0	94.9	94.8	94.9	94.4	94.8	95.4	96.2
机织服装制造	100.0	100.0	92.1	91.2	90.9	90.9	90.7	90.9	90.9	91.7	92.6	93.1
针织或钩针编织服装制造	101.6	101.6	100.8	100.8	100.8	100.8	100.8	100.6	99.4	99.4	99.7	101.2
服饰制造	101.9	102.3	98.3	99.0	98.5	97.8	98.0	97.3	96.9	96.6	95.9	95.8
皮革、毛皮、羽毛及其制品和制鞋业	102.0	102.4	99.7	98.0	97.5	100.0	100.0	101.0	100.3	100.0	99.4	99.0
皮革制品制造	103.3	105.0	103.3	100.0	100.0	101.7	99.0	100.0	100.0	100.0	100.0	100.0
毛皮鞣制及制品加工	102.6	102.6	98.0	96.1	95.4	100.1	101.3	102.9	101.5	100.9	99.7	98.9
制鞋业	100.0	100.0	100.0	100.0	99.2	98.3	98.3	98.3	98.3	98.3	98.3	98.3
木材加工和木、竹、藤、棕、草制品业	99.5	100.9	105.3	104.2	105.1	104.1	102.8	102.6	102.9	102.2	102.0	100.2
木材加工	100.6	102.0	103.0	101.0	102.4	101.2	99.1	99.6	100.6	100.3	100.8	97.9
人造板制造	97.5	100.0	113.2	113.6	112.5	111.6	110.5	109.8	108.6	107.3	106.0	105.1
木制品制造	100.1	100.1	98.6	98.4	98.2	98.2	98.2	98.0	97.7	97.6	97.9	97.8
竹、藤、棕、草等制品制造	100.2	98.4	97.9	96.9	100.9	100.1	101.7	99.4	100.6	99.7	98.7	99.3
家具制造业	100.6	100.6	96.5	96.3	96.2	96.1	94.5	94.4	93.6	93.5	93.6	88.7
木质家具制造	100.6	100.6	96.5	96.3	96.2	96.1	94.5	94.4	93.6	93.5	93.6	88.7

4-1-25 续表 2

项目名称	1月	2月	3月	4月	5月	6月	7月	8月	9月	10月	11月	12月
造纸和纸制品业	106.1	109.8	108.7	108.1	108.0	109.2	108.8	110.8	110.8	109.4	106.2	104.9
造纸	108.7	108.7	108.7	104.3	104.3	104.3	104.3	121.7	121.7	110.6	108.3	108.3
纸制品制造	105.7	109.9	108.6	108.6	108.6	109.8	109.4	109.3	109.3	109.2	105.9	104.5
印刷和记录媒介复制业	104.8	104.6	104.6	104.7	105.1	104.6	103.6	103.6	104.1	104.1	101.6	100.4
印刷	104.8	104.6	104.6	104.7	105.1	104.6	103.6	103.6	104.1	104.1	101.6	100.4
石油加工、炼焦和核燃料加工业	133.8	133.6	131.2	136.5	127.4	120.7	120.5	127.2	124.4	121.8	102.0	108.4
精炼石油产品制造	117.0	121.9	120.3	120.3	115.4	109.1	104.6	111.4	110.0	110.7	111.0	109.2
炼焦	154.4	146.8	143.3	155.5	140.8	133.9	139.4	144.9	139.3	132.9	93.7	107.7
化学原料和化学制品制造业	118.0	120.3	117.1	114.6	114.3	112.6	113.7	114.3	113.3	110.8	109.1	107.0
基础化学原料制造	128.1	127.4	124.4	121.6	121.6	118.8	120.4	120.1	115.9	110.8	108.5	107.6
肥料制造	102.0	106.5	106.7	104.7	105.1	106.0	108.8	108.1	108.5	108.8	108.9	106.1
农药制造	124.7	125.5	122.4	118.0	117.2	112.6	113.0	126.3	134.1	139.8	147.7	131.2
涂料、油墨、颜料及类似产品制造	99.1	100.2	97.1	97.2	96.2	94.3	95.7	96.6	100.0	99.0	98.2	97.6
合成材料制造	128.3	129.3	123.8	115.1	111.7	110.6	112.4	113.2	112.2	106.1	98.8	93.6
专用化学产品制造	110.0	118.1	111.8	115.2	116.8	113.2	110.4	113.4	115.2	119.7	123.6	124.1
炸药、火工及焰火产品制造	96.4	96.4	97.0	97.5	98.2	98.3	99.2	99.6	100.9	99.8	100.1	100.2
日用化学产品制造	94.9	94.8	92.8	93.3	93.4	94.8	94.8	96.2	96.2	93.8	91.6	93.3
医药制造业	99.2	98.1	97.5	98.7	99.8	100.4	100.4	101.1	100.8	101.5	101.2	101.9
化学药品原料药制造	98.5	95.0	95.8	98.2	99.4	101.5	101.9	104.4	104.4	113.1	112.7	112.7
化学药品制剂制造	100.1	99.7	97.7	97.8	98.5	98.0	98.3	98.3	97.7	91.9	91.5	92.3
中药饮片加工	96.5	101.1	98.3	100.6	99.1	97.3	96.8	95.6	95.8	95.8	95.5	95.2
中成药生产	105.1	104.2	104.4	104.1	104.5	106.7	103.7	104.1	103.5	104.1	103.7	104.5
兽用药品制造	89.6	88.3	88.5	94.8	102.3	103.5	103.4	104.8	103.7	103.7	104.5	105.3
生物药品制造	99.5	99.9	99.4	99.6	99.8	100.0	100.2	100.5	100.6	100.6	100.4	102.5
橡胶和塑料制品业	107.8	107.4	109.5	111.5	108.9	109.6	112.8	114.0	111.2	110.8	108.6	107.5
橡胶制品业	86.4	98.4	104.0	104.0	96.8	100.0	127.4	140.8	133.7	149.0	160.0	167.0
塑料制品业	110.0	108.2	109.9	112.2	110.2	110.6	111.0	111.4	108.9	107.3	104.2	102.2

4-1-25 续表 3

项目名称	1月	2月	3月	4月	5月	6月	7月	8月	9月	10月	11月	12月
非金属矿物制品业	103.3	104.4	104.1	107.2	107.1	106.7	106.3	105.5	104.8	105.8	105.2	106.1
水泥、石灰和石膏制造	108.5	109.9	109.3	116.3	116.1	116.0	113.6	110.9	108.6	106.5	103.1	104.4
石膏、水泥制品及类似制品制造	98.8	99.1	98.8	98.5	98.2	98.8	100.8	101.1	101.7	105.4	108.2	108.0
砖瓦、石材等建筑材料制造	100.5	100.6	98.8	98.7	98.6	95.4	93.9	93.8	93.9	96.0	96.3	96.2
玻璃制造	100.1	102.6	102.5	101.0	102.4	100.7	101.6	101.0	98.8	98.5	99.6	98.4
玻璃制品制造	100.0	100.0	98.4	99.8	99.7	99.7	99.7	99.6	99.9	99.9	99.9	99.9
玻璃纤维和玻璃纤维增强塑料制品制造	98.3	99.0	98.9	99.4	98.6	98.7	98.7	98.5	98.4	99.4	99.8	99.8
耐火材料制品制造	98.9	99.3	99.6	99.8	100.5	100.5	101.2	101.7	102.3	101.8	101.8	103.7
石墨及其他非金属矿物制品制造	101.5	106.7	112.9	119.6	119.8	125.1	131.4	134.1	134.3	141.0	143.1	146.9
黑色金属冶炼和压延加工业	141.3	140.6	134.0	124.7	118.5	124.9	128.0	130.5	132.7	126.8	115.8	111.1
炼铁	107.2	107.5	122.8	125.7	123.6	121.3	123.3	123.1	135.3	138.9	116.8	111.6
黑色金属铸造	98.5	98.5	98.5	98.5	98.5	98.5	98.5	98.5	99.5	100.0	100.0	100.0
钢压延加工	158.8	159.0	146.2	128.9	121.9	133.7	137.8	141.7	142.7	139.6	123.9	117.5
铁合金冶炼	129.8	126.9	123.0	122.2	115.5	115.4	117.9	118.6	121.4	108.2	103.9	101.3
有色金属冶炼和压延加工业	115.4	119.1	117.2	115.0	114.7	115.8	113.5	119.6	122.7	122.1	117.4	111.7
常用有色金属冶炼	132.6	136.5	130.5	125.2	124.8	124.9	122.9	131.9	135.0	134.6	125.9	115.8
贵金属冶炼	119.1	115.7	113.6	115.8	111.4	110.2	99.9	97.9	98.7	98.6	98.3	99.4
稀有稀土金属冶炼	99.6	99.1	99.7	100.6	99.3	98.8	98.7	102.3	109.4	102.4	100.2	98.9
有色金属合金制造	123.1	127.4	122.3	119.3	113.4	114.5	113.6	117.5	124.8	114.4	106.4	104.2
有色金属压延加工	89.3	93.9	97.2	98.1	100.1	103.2	101.6	105.6	107.1	109.7	111.4	110.3
金属制品业	93.8	93.5	93.9	91.8	91.5	95.6	95.7	96.2	96.0	95.9	96.1	96.3
结构性金属制品制造	102.0	101.7	100.5	100.9	100.5	100.9	101.7	103.3	103.2	103.4	103.8	104.9
集装箱及金属包装容器制造	110.0	110.6	108.9	107.4	106.8	105.8	106.6	106.3	106.0	106.2	105.2	102.3
金属丝绳及其制品制造	100.6	93.6	108.6	100.7	106.1	93.8	101.8	101.8	104.8	99.7	102.6	97.9
建筑、安全用金属制品制造	100.0	100.0	110.1	110.1	110.1	110.1	110.1	110.1	108.0	110.1	110.1	110.1
其他金属制品制造	75.4	75.4	77.1	71.8	71.3	82.4	80.8	79.4	79.2	78.7	78.5	78.0

4-1-25 续表 4

项目名称	1月	2月	3月	4月	5月	6月	7月	8月	9月	10月	11月	12月
通用设备制造业	98.2	99.7	99.7	99.9	99.9	100.1	100.3	100.5	100.5	100.7	101.1	101.1
锅炉及原动设备制造	99.5	100.2	100.2	100.2	100.1	101.2	101.7	102.2	102.2	102.3	102.3	102.4
金属加工机械制造	96.6	96.3	96.1	95.6	94.8	95.5	95.9	95.6	94.5	94.1	94.4	94.6
物料搬运设备制造	94.4	96.6	97.1	100.0	100.0	100.0	101.2	101.5	101.2	101.0	104.1	103.5
泵、阀门、压缩机及类似机械制造	100.0	100.0	100.0	100.0	100.0	100.0	100.0	99.8	99.8	99.6	99.6	99.6
轴承、齿轮和传动部件制造	81.0	90.1	90.1	100.2	100.2	100.2	100.2	100.2	100.2	100.5	100.5	100.5
烘炉、风机、衡器、包装等设备制造	106.1	107.2	107.2	100.0	103.1	103.1	104.4	106.2	109.3	112.7	114.9	114.3
通用零部件制造	102.3	102.4	102.6	100.5	100.2	100.2	100.1	100.1	100.1	100.1	100.3	100.4
其他通用设备制造业	100.0	100.0	98.8	98.8	98.8	98.8	98.8	98.8	98.8	98.8	98.8	98.8
专用设备制造业	99.3	99.3	100.0	100.2	101.5	101.7	101.9	101.9	102.4	102.7	102.7	102.2
采矿、冶金、建筑专用设备制造	100.0	100.0	100.0	100.0	100.0	100.0	100.0	100.0	100.0	100.0	100.0	100.0
化工、木材、非金属加工专用设备制造	78.0	80.6	83.0	85.8	92.3	96.6	101.5	106.7	113.2	120.2	120.2	121.4
食品、饮料、烟草及饲料生产专用设备制造	107.8	107.2	101.2	99.9	99.9	99.6	99.6	98.2	97.6	97.2	96.0	94.9
印刷、制药、日化及日用品生产专用设备制造	101.4	101.4	97.3	96.8	95.6	95.0	95.2	94.2	93.6	91.9	91.1	91.1
农、林、牧、渔专用机械制造	97.5	97.2	99.9	99.9	102.9	102.9	102.9	102.9	103.1	103.1	102.7	102.8
环保、社会公共服务及其他专用设备制造	122.2	122.2	122.2	122.2	127.8	127.8	127.8	122.4	125.0	126.3	131.6	113.6
汽车制造业	99.8	99.8	100.0	100.0	99.9	100.0	100.0	100.0	100.0	100.0	100.0	100.0
汽车整车制造	100.0	100.0	100.0	100.0	100.0	100.0	100.0	100.0	100.0	100.0	100.0	100.0
汽车零部件及配件制造	99.3	99.3	100.0	100.0	99.6	100.0	100.0	100.0	100.0	100.0	100.0	100.0
铁路、船舶、航空航天和其他运输设备制造业	100.0	100.0	100.0	100.3	100.1	100.1	100.5	100.5	100.8	100.5	100.3	100.0
铁路运输设备制造	100.0	100.0	100.0	100.3	100.2	100.2	100.6	100.6	100.9	100.6	100.3	100.0
船舶及相关装置制造	100.0	100.0	100.0	100.0	100.0	100.0	100.0	100.0	100.0	100.0	100.0	100.0
电气机械和器材制造业	97.7	97.7	98.6	98.4	98.6	99.7	99.0	99.1	99.9	100.9	100.7	100.6
电机制造	93.6	93.2	92.3	92.2	92.3	94.1	93.0	93.4	93.9	95.6	95.6	95.6
输配电及控制设备制造	100.1	99.8	99.8	99.8	99.8	99.8	99.8	99.7	100.2	100.2	100.2	100.2
电线、电缆、光缆及电工器材制造	100.8	101.4	103.2	102.7	104.3	103.7	104.6	104.6	105.1	105.9	106.9	107.3
电池制造	103.3	103.2	104.8	105.6	103.3	105.2	104.0	100.4	102.0	101.5	102.5	104.0
家用电力器具制造	126.6	127.5	159.0	152.9	155.2	156.1	149.7	152.4	160.5	158.4	140.4	135.2
照明器具制造	97.5	99.8	100.0	100.1	100.2	100.2	100.1	100.1	100.1	98.3	97.5	96.7

4-1-25 续表 5

项目名称	1月	2月	3月	4月	5月	6月	7月	8月	9月	10月	11月	12月
计算机、通信和其他电子设备制造业	97.5	97.9	96.4	96.8	97.7	97.8	97.2	95.9	93.3	96.8	96.2	95.4
视听设备制造	97.5	97.9	96.3	96.7	97.6	97.7	97.1	95.8	93.1	96.8	96.1	95.3
其他电子设备制造	100.0	100.0	100.0	100.0	100.0	100.0	100.0	100.0	100.0	100.0	100.0	100.0
金属制品、机械和设备修理业	100.0	100.0	100.0	100.0	100.0	100.0	100.0	99.5	99.5	99.5	99.5	99.5
电气设备修理	100.0	100.0	100.0	100.0	100.0	100.0	100.0	99.5	99.5	99.5	99.5	99.5
电力、热力生产和供应业	96.0	97.0	97.8	100.6	99.0	99.1	98.5	97.6	99.9	100.1	100.2	100.3
电力生产	93.8	95.7	97.2	101.4	98.6	98.2	97.4	98.5	100.9	101.1	101.2	101.4
电力供应	98.4	98.2	98.4	99.8	99.3	100.2	99.5	96.1	98.5	98.8	98.9	98.9
热力生产和供应	100.2	100.2	100.2	100.4	100.2	100.2	100.5	100.4	100.4	100.1	100.0	100.0
燃气生产和供应业	98.3	97.9	101.3	104.2	103.2	103.5	103.2	103.2	104.8	111.4	111.6	116.2
水的生产和供应业	99.8	100.9	98.7	98.8	98.9	99.0	98.6	99.3	101.5	101.7	101.9	101.7
自来水生产和供应	100.5	100.5	96.6	96.6	96.6	96.6	96.6	96.2	98.8	98.8	98.8	98.8
污水处理及其再生利用	96.9	102.8	107.8	108.5	109.2	110.0	107.8	113.9	113.9	115.2	116.6	115.6

4-1-26 工业生产者购进价格分月指数(2017年)

项目名称	1月	2月	3月	4月	5月	6月	7月	8月	9月	10月	11月	12月
农业	96.4	96.7	97.7	98.0	100.4	101.0	101.4	102.6	101.8	101.1	99.1	99.5
谷物种植	93.7	93.4	94.7	96.2	100.2	101.1	101.6	104.2	102.7	102.5	98.8	99.7
豆类、油料和薯类种植	98.8	100.0	100.8	98.4	99.3	100.1	100.5	100.3	100.6	101.0	99.9	100.5
棉、麻、糖、烟草种植	96.1	97.9	99.8	99.7	99.6	99.5	99.4	99.3	99.5	98.4	99.0	99.6
蔬菜、食用菌及园艺作物种植	98.1	100.4	97.9	99.5	99.1	100.5	100.5	100.4	100.3	100.3	100.5	100.5
水果种植	101.0	100.7	99.7	99.3	99.6	99.5	99.3	99.2	99.2	98.9	98.9	98.8
坚果、含油果、香料和饮料作物种植	92.2	89.4	88.4	88.4	89.6	88.7	90.7	91.6	96.5	96.2	98.6	98.4
中药材种植	115.2	116.5	121.4	115.2	114.5	113.3	113.9	113.7	113.0	110.4	112.2	105.8
其他农业	97.0	95.3	93.6	99.2	98.2	96.4	94.6	91.7	89.8	80.4	82.1	82.3
林业	110.1	103.2	102.0	102.4	102.7	106.0	105.0	104.4	104.1	104.0	103.9	101.2
木材和竹材采运	110.1	103.2	102.0	102.4	102.7	106.0	105.0	104.4	104.1	104.0	103.9	101.2
畜牧业	99.5	99.9	99.1	100.4	99.0	98.7	99.2	102.0	103.9	104.0	102.6	102.9
牲畜饲养	100.4	100.6	99.7	100.5	99.7	99.4	100.2	103.1	105.2	105.3	103.5	103.5
家禽饲养	90.1	93.1	93.0	100.6	92.3	92.9	90.9	92.1	92.1	91.3	92.7	96.2
其他畜牧业	100.7	100.2	96.8	94.5	94.3	93.7	92.8	93.7	96.7	96.3	103.2	105.4
农、林、牧、渔服务业	100.0	100.0	100.0	100.0	100.0	100.0	100.0	100.0	100.0	100.0	100.0	100.0
农业服务业	100.0	100.0	100.0	100.0	100.0	100.0	100.0	100.0	100.0	100.0	100.0	100.0
煤炭开采和洗选业	120.4	121.8	123.2	125.9	125.0	122.4	121.7	118.7	112.4	111.4	108.5	106.1
烟煤和无烟煤开采洗选	128.3	129.5	131.2	134.3	132.5	128.4	127.6	123.3	114.7	113.5	109.7	106.8
褐煤开采洗选	101.9	103.7	104.6	106.1	107.3	107.9	107.2	106.7	105.7	105.1	104.8	103.7
其他煤炭采选	99.8	101.2	102.4	106.7	106.5	107.9	106.9	108.5	112.4	114.3	110.0	109.4
石油和天然气开采业	121.6	136.7	128.7	119.9	118.3	117.1	110.2	120.3	118.0	121.2	124.0	120.9
石油开采	126.1	146.0	135.9	124.3	122.1	120.4	112.1	124.4	121.3	124.9	128.2	124.0
天然气开采	102.1	102.1	100.0	100.6	100.6	100.6	100.6	100.6	100.6	100.6	101.1	101.1
黑色金属矿采选业	90.5	95.8	99.3	95.3	104.1	102.4	102.6	113.3	113.8	110.1	106.5	105.9
铁矿采选	88.0	93.6	97.1	93.1	102.2	99.9	101.0	111.8	112.8	109.8	107.1	107.2
锰矿、铬矿采选	134.5	134.1	138.7	134.9	137.8	148.1	131.8	140.7	129.0	112.8	98.1	89.9
有色金属矿采选业	115.3	117.4	116.5	115.9	113.3	112.4	119.1	121.5	121.9	122.1	119.1	117.7
常用有色金属矿采选	113.2	116.2	114.6	119.5	118.5	117.4	127.0	129.5	129.0	129.1	124.2	121.6
贵金属矿采选	100.8	98.5	98.2	98.6	98.1	103.7	99.4	100.1	100.5	103.9	105.2	104.9
稀有稀土金属矿采选	120.8	120.7	121.4	109.7	104.6	103.5	104.8	107.1	109.2	109.3	108.8	109.4

4-1-26 续表 1

项目名称	1月	2月	3月	4月	5月	6月	7月	8月	9月	10月	11月	12月
非金属矿采选业	103.0	104.2	103.5	104.2	106.3	106.3	105.5	105.1	105.0	101.8	100.8	100.0
土砂石开采	102.2	102.5	101.2	102.7	102.5	103.2	102.7	101.7	99.5	97.8	96.4	96.2
化学矿开采	100.0	99.7	99.7	99.7	99.7	99.7	99.7	99.7	99.7	90.0	90.0	89.9
采盐	106.1	110.1	110.3	109.8	117.5	116.1	114.3	115.3	119.4	115.8	114.3	111.5
石棉及其他非金属矿采选	99.2	99.4	99.2	99.2	99.2	99.2	99.2	99.1	99.5	99.9	100.3	100.3
农副食品加工业	100.3	100.5	100.1	101.5	101.2	101.0	101.7	102.0	101.9	101.8	100.8	99.6
谷物磨制	96.7	98.3	97.4	98.5	99.3	98.8	100.7	99.8	100.3	99.4	99.7	99.3
植物油加工	109.8	109.0	108.8	106.0	101.1	99.4	100.1	102.5	102.9	104.7	100.8	98.9
制糖业	107.8	106.9	107.0	107.0	106.7	106.3	105.6	105.5	104.2	103.9	103.2	100.4
屠宰及肉类加工	98.3	98.4	98.0	100.4	100.7	100.9	101.5	101.8	101.3	101.1	99.6	98.3
蔬菜、水果和坚果加工	99.6	100.6	97.1	97.3	95.9	98.6	98.3	98.4	100.4	99.9	99.6	100.0
其他农副食品加工	97.0	96.4	96.2	102.2	102.0	103.8	102.6	103.9	104.4	104.7	105.7	105.4
食品制造业	101.8	98.4	96.5	94.8	94.8	96.3	98.2	101.7	105.7	99.5	99.4	97.4
乳制品制造	101.8	98.4	96.3	94.7	94.6	96.2	98.2	101.7	105.9	99.5	99.4	97.4
调味品、发酵制品制造	100.8	100.3	100.3	100.2	100.2	100.2	99.5	100.1	99.9	99.9	99.8	99.4
其他食品制造	99.6	99.7	99.7	99.7	99.8	99.7	99.8	99.8	99.8	99.8	99.9	100.0
酒、饮料和精制茶制造业	101.4	101.2	101.2	101.7	101.2	101.0	101.1	100.6	100.1	100.1	100.0	100.0
酒的制造	100.0	100.0	100.0	100.0	100.0	100.0	100.0	100.0	100.0	100.0	100.0	100.0
饮料制造	105.6	104.5	104.5	106.7	104.5	103.9	104.4	102.4	100.4	100.3	100.0	100.0
烟草制品业	100.0	100.0	100.0	100.0	100.0	100.0	100.0	100.0	100.0	100.0	100.0	100.0
烟叶复烤	100.0	100.0	100.0	100.0	100.0	100.0	100.0	100.0	100.0	100.0	100.0	100.0
纺织业	98.5	100.7	103.4	103.3	101.6	101.1	101.4	103.2	103.4	105.2	105.4	104.1
棉纺织及印染精加工	100.2	100.5	100.2	100.0	99.7	99.8	100.0	100.0	100.1	100.2	100.2	100.5
毛纺织及染整精加工	98.2	100.7	103.9	103.7	101.8	101.2	101.6	103.7	103.8	105.8	106.1	104.6

4-1-26 续表 2

项目名称	1月	2月	3月	4月	5月	6月	7月	8月	9月	10月	11月	12月
木材加工和木、竹、藤、棕、草制品业	101.5	101.6	101.8	100.6	100.9	99.6	99.2	98.6	99.4	99.3	98.7	98.6
木材加工	101.6	101.7	101.9	100.6	100.9	99.6	99.2	98.6	99.4	99.3	98.7	98.6
竹、藤、棕、草等制品制造	100.0	100.0	100.0	100.0	100.0	100.0	100.0	100.0	100.0	100.0	100.0	100.0
造纸和纸制品业	100.0	100.2	100.2	101.4	101.4	101.4	101.6	101.6	101.6	101.6	102.2	102.3
造纸	100.1	100.1	100.1	101.4	101.4	101.4	101.4	101.4	101.4	101.4	102.0	102.0
纸制品制造	95.9	104.6	104.2	101.8	102.3	103.7	113.9	114.3	114.8	115.2	112.9	115.3
印刷和记录媒介复制业	119.0	119.5	121.4	119.2	119.2	119.2	119.2	119.2	120.0	120.3	110.9	105.9
印刷	119.0	119.5	121.4	119.2	119.2	119.2	119.2	119.2	120.0	120.3	110.9	105.9
石油加工、炼焦和核燃料加工业	122.2	122.3	123.5	127.1	126.2	125.5	125.5	125.9	122.1	119.7	116.5	115.3
精炼石油产品制造	106.3	107.5	108.2	108.5	107.9	106.7	106.3	106.9	107.0	106.3	105.7	105.3
炼焦	141.3	140.2	141.7	149.9	148.2	148.3	149.0	148.8	138.6	134.0	127.4	125.5
化学原料和化学制品制造业	109.0	109.2	109.0	108.2	107.7	107.3	109.8	110.6	110.5	109.9	111.9	108.4
基础化学原料制造	116.4	115.4	114.3	113.2	112.0	109.9	112.6	113.4	114.6	113.7	117.6	112.2
肥料制造	99.9	99.9	99.9	99.9	99.9	99.9	100.0	100.0	100.0	100.0	100.0	99.9
涂料、油墨、颜料及类似产品制造	100.0	100.0	100.0	100.0	100.0	100.0	100.0	100.0	100.0	100.0	100.0	100.0
合成材料制造	96.3	100.1	101.8	101.1	102.2	106.9	111.0	112.5	107.6	106.2	105.2	104.3
炸药、火工及焰火产品制造	98.9	99.0	99.3	99.2	99.8	99.9	100.7	100.8	100.8	101.8	101.1	101.0
医药制造业	98.7	98.4	98.9	98.3	98.3	98.4	98.1	98.2	98.7	100.1	105.5	105.1
化学药品原料药制造	98.7	98.4	98.9	98.3	98.3	98.4	98.1	98.2	98.7	100.1	105.5	105.1
橡胶和塑料制品业	111.8	114.1	114.1	111.8	111.8	109.2	106.8	106.8	104.4	102.2	102.2	100.0
塑料制品业	111.8	114.1	114.1	111.8	111.8	109.2	106.8	106.8	104.4	102.2	102.2	100.0
非金属矿物制品业	97.3	101.2	115.8	112.2	121.6	122.7	122.7	119.3	119.6	118.0	117.5	122.6
水泥、石灰和石膏制造	97.9	99.4	112.6	106.7	117.3	117.2	116.4	113.8	112.5	110.7	109.1	108.7
石墨及其他非金属矿物制品制造	94.2	111.4	134.4	143.7	144.3	151.6	157.1	149.4	158.9	159.0	168.2	207.3

4-1-26 续表 3

项目名称	1月	2月	3月	4月	5月	6月	7月	8月	9月	10月	11月	12月
黑色金属冶炼和压延加工业	101.4	101.4	102.6	103.4	104.7	106.8	106.9	109.7	110.2	107.9	108.4	109.9
炼铁	107.0	107.0	106.1	109.6	113.7	114.3	112.5	113.8	110.0	105.9	104.9	103.7
黑色金属铸造	104.8	109.0	110.4	110.4	109.2	109.3	109.9	110.8	110.9	110.3	109.5	108.1
钢压延加工	101.4	102.1	103.7	103.4	104.9	107.5	107.4	108.4	107.8	108.2	107.8	106.4
铁合金冶炼	97.3	94.4	95.6	98.3	97.3	98.7	101.3	111.8	119.4	108.3	113.3	128.6
有色金属冶炼和压延加工业	112.9	116.2	116.1	114.2	112.5	111.8	111.0	112.7	116.9	116.8	112.8	108.9
常用有色金属冶炼	116.6	121.1	121.2	118.1	116.2	115.2	114.5	116.5	121.5	121.1	116.0	110.4
贵金属冶炼	117.1	109.6	105.2	109.6	104.1	104.2	94.2	95.3	98.5	100.4	98.9	102.9
稀有稀土金属冶炼	100.1	100.1	92.0	92.0	89.9	91.7	93.7	95.5	97.4	94.6	95.0	96.0
有色金属合金制造	102.1	104.5	111.1	111.6	111.9	111.4	111.6	112.9	115.2	116.0	110.7	108.5
有色金属压延加工	98.8	101.1	102.9	103.0	104.8	104.6	104.6	104.2	105.5	106.3	106.0	106.2
金属制品业	126.3	127.1	94.8	119.9	119.3	119.1	136.6	136.6	126.1	126.1	125.8	125.8
金属丝绳及其制品制造	126.3	127.1	94.8	119.9	119.3	119.1	136.6	136.6	126.1	126.1	125.8	125.8
汽车制造业	104.2	104.2	104.2	103.1	103.1	103.1	103.1	104.5	104.5	104.5	104.5	104.5
汽车零部件及配件制造	104.2	104.2	104.2	103.1	103.1	103.1	103.1	104.5	104.5	104.5	104.5	104.5
电气机械和器材制造业	101.9	106.9	106.1	106.5	105.2	105.2	106.4	109.9	112.0	112.9	112.1	110.0
电线、电缆、光缆及电工器材制造	101.9	106.9	106.1	106.5	105.2	105.2	106.4	109.9	112.0	112.9	112.1	110.0
废弃资源综合利用业	113.8	117.4	110.5	106.2	104.4	106.7	104.3	101.1	99.7	101.9	101.6	97.9
金属废料和碎屑加工处理	122.4	127.8	117.2	110.8	108.2	111.4	106.9	102.5	100.5	103.6	102.2	97.2
非金属废料和碎屑加工处理	95.2	95.2	95.6	95.2	95.1	95.3	97.6	97.4	97.4	97.6	99.8	99.9
电力、热力生产和供应业	101.0	101.9	102.1	102.4	102.2	101.7	101.1	101.3	100.7	100.8	99.4	99.5
电力供应	100.7	101.7	101.9	102.2	101.9	101.8	101.2	101.5	100.7	100.9	99.4	99.4
热力生产和供应	104.3	104.3	104.3	104.3	104.3	100.9	100.0	100.0	100.0	100.0	100.0	100.0
燃气生产和供应业	100.6	100.9	100.9	100.7	100.4	100.3	100.2	101.0	101.4	99.1	99.4	100.6
水的生产和供应业	100.6	100.5	101.4	101.3	102.3	102.6	102.6	102.5	102.5	102.4	102.2	102.0
自来水生产和供应	100.6	100.5	101.4	101.3	102.3	102.6	102.6	102.5	102.5	102.4	102.2	102.0

4-1-27 呼和浩特市住宅销售价格指数(2017年)

指标		1月	2月	3月	4月	5月	6月	7月	8月	9月	10月	11月	12月
定基价格指数	**新建住宅价格指数**	**100.3**	**100.6**	**100.8**	**101.4**	**101.8**	**102.1**	**103.0**	**104.0**	**104.4**	**105.2**	**106.4**	**107.3**
	新建商品住宅	100.3	100.6	100.8	101.4	101.8	102.2	103.0	104.1	104.4	105.3	106.5	107.4
	一、90m²及以下	97.4	98.4	98.3	98.8	99.6	99.9	100.3	100.4	100.8	101.4	102.5	103.4
	二、90-144m²	101.4	101.7	102.0	102.7	103.0	103.4	103.8	104.9	105.0	106.4	107.4	108.6
	三、144m²以上	99.7	99.7	100.1	100.4	100.8	101.1	103.0	104.5	105.1	105.3	106.9	107.2
	二手住宅价格指数	**99.0**	**99.0**	**99.1**	**99.1**	**99.1**	**99.4**	**99.8**	**99.9**	**100.1**	**100.5**	**101.2**	**101.8**
	一、90m²及以下	98.9	99.0	99.0	99.1	99.2	99.5	99.9	100.0	100.2	100.6	101.2	101.7
	二、90-144m²	99.4	99.3	99.3	99.3	99.3	99.5	99.8	100.0	100.2	100.5	101.4	102.3
	三、144m²以上	98.3	98.3	98.6	98.5	98.4	98.7	99.2	99.3	99.6	100.0	100.7	101.1
同比价格指数	**新建住宅价格指数**	**101.0**	**101.1**	**101.0**	**101.4**	**101.7**	**101.9**	**102.8**	**103.7**	**104.2**	**104.8**	**106.1**	**106.8**
	新建商品住宅	101.0	101.0	101.0	101.4	101.7	101.9	102.8	103.7	104.2	104.8	106.1	106.9
	一、90m²及以下	99.1	99.5	99.3	99.6	100.8	100.6	101.5	101.2	102.6	102.8	103.7	105.0
	二、90-144m²	101.8	102.0	101.7	102.1	102.3	102.3	102.6	103.6	103.4	105.1	106.1	107.1
	三、144m²以上	100.6	100.1	100.5	101.1	101.2	101.8	103.9	105.1	106.8	105.5	107.4	107.5
	二手住宅价格指数	**99.1**	**99.1**	**99.1**	**99.2**	**99.3**	**99.8**	**100.2**	**100.4**	**100.6**	**101.2**	**102.1**	**102.8**
	一、90m²及以下	98.8	98.9	98.9	99.1	99.1	99.8	100.0	100.4	100.6	101.4	102.3	102.8
	二、90-144m²	99.5	99.5	99.5	99.5	99.5	99.8	100.2	100.4	100.6	100.9	101.8	102.7
	三、144m²以上	98.7	98.7	99.1	99.1	99.1	99.9	100.5	100.7	101.0	101.5	102.3	102.8
环比价格指数	**新建住宅价格指数**	**99.8**	**100.3**	**100.2**	**100.5**	**100.4**	**100.3**	**100.9**	**101.0**	**100.3**	**100.9**	**101.1**	**100.8**
	新建商品住宅	99.8	100.3	100.2	100.5	100.4	100.3	100.9	101.0	100.3	100.9	101.1	100.8
	一、90m²及以下	98.9	101.0	99.9	100.6	100.8	100.3	100.4	100.1	100.4	100.6	101.1	100.9
	二、90-144m²	100.0	100.3	100.3	100.7	100.3	100.4	100.4	101.0	100.1	101.3	100.9	101.1
	三、144m²以上	99.9	100.0	100.3	100.3	100.4	100.2	101.9	101.4	100.7	100.1	101.5	100.3
	二手住宅价格指数	**99.9**	**100.0**	**100.1**	**100.0**	**100.1**	**100.2**	**100.4**	**100.2**	**100.2**	**100.4**	**100.7**	**100.6**
	一、90m²及以下	100.0	100.0	100.0	100.0	100.1	100.3	100.3	100.2	100.2	100.4	100.5	100.5
	二、90-144m²	99.8	100.0	100.0	100.0	100.0	100.1	100.4	100.4	100.2	100.4	100.9	100.9
	三、144m²以上	99.9	99.9	100.3	99.9	99.9	100.2	100.5	100.2	100.3	100.3	100.8	100.4

4-1-28 包头市住宅销售价格指数(2017年)

	指　标	1月	2月	3月	4月	5月	6月	7月	8月	9月	10月	11月	12月
定基价格指数	**新建住宅价格指数**	**99.0**	**99.1**	**99.3**	**99.9**	**100.4**	**100.7**	**101.0**	**101.6**	**102.0**	**102.3**	**103.2**	**104.3**
	新建商品住宅	98.9	99.0	99.3	99.9	100.4	100.7	101.1	101.7	102.0	102.4	103.3	104.4
	一、90m²及以下	98.5	99.2	99.8	101.2	101.6	101.7	101.9	102.7	103.1	103.9	105.5	106.9
	二、90-144m²	99.7	100.1	100.1	100.4	100.7	101.0	101.3	101.9	102.2	102.7	103.3	104.0
	三、144m²以上	97.3	96.4	96.9	97.8	98.9	99.4	100.0	100.6	100.9	100.6	102.1	104.0
	二手住宅价格指数	**97.7**	**97.4**	**98.4**	**98.9**	**99.1**	**99.5**	**99.6**	**100.0**	**100.2**	**100.1**	**100.6**	**101.2**
	一、90m²及以下	97.7	97.5	98.4	98.9	99.1	99.3	99.6	99.9	100.1	99.5	99.5	99.9
	二、90-144m²	98.0	97.9	99.2	99.8	100.2	100.8	100.9	101.2	101.4	101.6	102.6	103.3
	三、144m²以上	96.7	95.7	95.7	95.7	95.5	95.7	95.1	95.9	96.5	96.3	97.1	97.8
同比价格指数	**新建住宅价格指数**	**100.2**	**100.6**	**100.7**	**101.0**	**101.5**	**102.0**	**102.8**	**103.3**	**103.3**	**103.8**	**104.3**	**105.5**
	新建商品住宅	100.2	100.6	100.7	101.0	101.5	102.0	102.8	103.4	103.4	103.9	104.4	105.7
	一、90m²及以下	99.5	100.1	100.6	101.4	102.0	102.0	102.8	103.7	104.3	104.9	106.3	108.2
	二、90-144m²	101.2	102.1	102.1	102.0	102.1	102.6	103.2	103.6	103.2	103.9	104.1	104.7
	三、144m²以上	98.0	97.5	97.3	98.5	99.9	100.6	102.1	102.6	103.4	103.4	104.1	106.9
	二手住宅价格指数	**98.8**	**99.1**	**100.4**	**101.2**	**101.9**	**102.3**	**102.6**	**103.3**	**104.2**	**103.7**	**104.1**	**104.0**
	一、90m²及以下	98.9	99.2	100.4	101.2	102.1	102.2	102.7	103.1	104.4	103.2	102.8	102.4
	二、90-144m²	99.0	99.6	101.4	102.5	103.1	103.9	104.2	104.9	100.2	105.0	105.9	105.8
	三、144m²以上	97.9	96.9	96.9	96.8	96.9	97.2	96.7	98.7	100.9	100.6	101.5	102.3
环比价格指数	**新建住宅价格指数**	**100.2**	**100.1**	**100.3**	**100.6**	**100.5**	**100.2**	**100.4**	**100.6**	**100.3**	**100.3**	**100.9**	**101.0**
	新建商品住宅	100.2	100.1	100.3	100.6	100.5	100.3	100.4	100.6	100.4	100.3	100.9	101.0
	一、90m²及以下	99.6	100.7	100.7	101.4	100.4	100.0	100.2	100.8	100.4	100.7	101.5	101.4
	二、90-144m²	100.4	100.3	100.0	100.3	100.3	100.2	100.3	100.6	100.4	100.5	100.5	100.7
	三、144m²以上	100.0	99.1	100.6	100.9	101.2	100.5	100.6	100.6	100.3	99.7	101.5	101.9
	二手住宅价格指数	**100.4**	**99.7**	**101.0**	**100.5**	**100.2**	**100.4**	**100.1**	**100.4**	**100.3**	**99.8**	**100.5**	**100.6**
	一、90m²及以下	100.1	99.8	101.0	100.5	100.2	100.1	100.3	100.4	100.2	99.4	100.0	100.5
	二、90-144m²	100.4	99.9	101.4	100.6	100.4	100.6	100.1	100.3	100.2	100.2	100.9	100.7
	三、144m²以上	101.1	99.0	100.0	100.0	99.7	100.3	99.3	100.9	100.7	99.7	100.8	100.8

4-1-29 主要农产品价格指数

1. 农产品价格生产指数

年　份	综合指数	1.农业	2.林业	3.牧业	4.渔业
2002	99.3	97.6	112.8	99.5	110.1
2003	106.5	107.2	97.2	105.6	109.2
2004	112.0	112.3	99.0	112.5	112.4
2005	103.2	103.1	103.2	103.5	100.2
2006	103.6	105.4	107.7	101.1	102.5
2007	114.9	114.8	107.7	116.6	101.8
2008	111.0	106.9	116.6	115.9	111.1
2009	99.8	102.9	102.4	95.8	99.0
2010	111.4	114.6	102.9	107.9	121.2
2011	112.8	106.9	117.3	115.8	135.6
2012	104.7	105.4	93.0	104.9	107.3
2013	103.3	102.2	91.4	105.3	101.1
2014	102.7	103.4	108.1	101.5	101.8
2015	98.0	100.3	98.5	95.5	97.6
2016	95.1	91.4	91.8	98.9	99.8
2017	95.6	93.5	92.6	97.7	99.6

2. 农产品价格缩减指数

年　份	综合指数	1.农业	2.林业	3.牧业	4.渔业
2002	99.3	97.6	112.8	99.5	110.1
2003	105.9	107.9	96.9	103.8	111.1
2004	111.1	110.7	101.6	112.5	112.3
2005	103.6	104.0	103.5	103.2	100.5
2006	102.2	103.8	109.2	99.2	103.7
2007	114.8	114.1	111.0	116.6	102.0
2008	111.7	106.4	116.6	117.8	109.4
2009	100.0	102.9	102.4	96.4	98.5
2010	111.2	115.4	102.9	106.9	112.4
2011	111.0	103.7	132.9	115.6	137.1
2012	104.7	100.0	85.8	104.2	107.3
2013	104.5	105.5	84.2	105.7	101.0
2014	102.0	102.5	107.6	100.9	101.0
2015	97.4	99.9	96.2	95.0	97.5
2016	95.3	94.6	91.7	95.9	100.5
2017	98.3	95.3	92.6	101.5	102.8

4-1-29 续表 1

指　　标	2010	2011	2012	2013	2014	2015	2016	2017
合　计	**111.36**	**112.78**	**104.72**	**103.26**	**102.67**	**97.95**	**95.14**	**95.59**
农业产品	**114.63**	**106.85**	**105.36**	**102.15**	**103.41**	**100.30**	**91.43**	**93.47**
谷物	113.64	109.85	107.86	98.69	104.48	98.34	87.07	91.48
稻谷	109.96	114.33	105.04	102.11	105.30	104.57	100.32	98.95
小麦	107.59	111.93	102.15	104.65	107.95	106.28	94.70	101.51
玉米	113.57	109.60	109.28	97.51	103.71	97.47	85.73	89.61
谷子	115.85	97.67	95.34	110.63	110.27	94.66	75.77	99.83
高粱	109.82	104.64	108.38	104.90	105.07	94.72	94.28	103.40
荞麦	147.44	129.49	82.25	90.05	114.42	97.10	96.76	92.31
马铃薯	139.24	66.47	90.03	117.36	102.88	96.83	107.77	90.79
油料	107.41	105.79	98.90	100.21	99.91	98.62	95.45	96.78
豆类	111.51	99.66	101.84	109.24	105.82	94.24	98.32	92.26
大豆	105.78	97.45	110.00	111.46	101.56	91.91	98.25	97.13
甜菜	107.74	114.81	103.01	108.70	114.58	108.00	99.07	100.00
未加工烟草	100.00	99.76	103.09	122.22	93.02			
饲料作物	121.72	140.11	93.09	105.63	109.41	129.63	100.00	100.00
蔬菜	113.77	107.17	104.92	104.40	99.18	100.35	102.68	104.49
叶菜类蔬菜	111.73	99.40	111.69	106.61	81.92	99.35	104.98	107.66
根茎类蔬菜	116.07	99.32	93.13	127.55	61.60	99.13		
瓜菜类蔬菜	111.78	113.44	104.11	108.39	92.52	102.39	109.63	101.24
豆类蔬菜	108.93	113.73	104.55	97.99	80.81	95.63	107.01	98.83
茄果类蔬菜	114.68	106.89	107.13	98.75	101.16	102.76	100.70	96.96
葱蒜类蔬菜	113.94	117.41	92.59	101.84	81.72	99.40	103.08	95.14
食用菌	100.00				103.40	98.55	104.47	103.40
水果及坚果	104.02	113.95	115.75	106.50	96.51	134.88	82.17	89.66
水果(园林水果)		114.89	115.75	106.41	98.14	137.24	82.17	89.66
瓜类水果	104.02	117.72	118.17	105.75	97.16	137.78	80.86	88.13
中草药材	154.92	123.39	61.27	125.94	118.56	106.16	77.48	82.97
林业产品	**102.86**	**117.31**	**93.04**	**91.42**	**108.12**	**98.47**	**91.76**	**92.58**
木材采伐产品	102.86	123.54	86.18	85.31	109.74	95.43	86.06	88.54

4-1-29 续表 2

指 标	2010	2011	2012	2013	2014	2015	2016	2017
饲养动物及其产品	**107.86**	**115.82**	**104.90**	**105.33**	**101.48**	**95.52**	**98.88**	**97.69**
活牲畜	111.62	118.27	108.75	105.39	97.20	97.09	102.78	98.72
猪	98.03	122.43	105.63	100.82	93.59	104.02	116.59	88.66
牛	104.55	112.69	110.55	109.41	103.12	96.37	96.35	103.11
黄牛		113.49	111.40	110.77	102.32	96.65	95.77	101.25
奶牛		107.28	106.24	100.03	111.15	91.73	101.46	
其他活牛		109.40	112.88	113.02	101.98	96.97	94.99	103.75
马	110.27	115.49	101.01	99.91	100.82	97.50	80.70	89.03
驴	106.73	103.32	104.65	101.01	100.21	96.70	81.01	99.33
羊	107.89	116.48	112.12	109.02	98.31	89.52	91.71	108.58
绵羊		117.55	113.03	109.29	98.81	88.76	91.26	111.05
山羊		112.63	109.49	108.18	96.35	92.50	92.73	101.02
羔羊		114.32	105.36	107.45	98.22	89.37	94.86	111.03
骆驼	122.50	143.73	123.89	109.33	89.29	88.89	99.52	101.02
活家禽	117.04	113.39	108.94	105.54	100.06	99.92	100.67	96.17
畜禽产品	110.00	112.94	99.53	105.23	107.12	93.04	93.38	96.47
生奶	108.42	110.54	101.44	104.45	108.33	96.06	93.62	96.69
禽蛋	108.02	116.36	104.12	101.99	112.64	98.02	94.52	85.74
动物毛类	128.03	120.55	87.99	111.38	99.31	78.47	92.57	101.00
绵羊毛	111.93	108.94	118.75	109.67	94.14	95.66	61.99	110.70
山羊粗毛	119.22	137.46	78.61	100.47	96.99	88.10	66.67	121.00
山羊绒	135.49	123.15	80.51	111.99	100.63	74.04	100.58	98.26
骆驼绒	65.02							
生皮	118.81	109.87	105.03	99.16	99.97	84.93	86.68	113.93
整张生牛皮		111.96	116.79	112.90	110.61	94.69		
整张绵羊生皮		114.76	97.73	88.79	86.99	82.77	82.52	115.12
整张山羊生皮		100.22	113.57	112.44	119.17	84.97	94.19	111.79
渔业产品	**109.69**	**135.56**	**107.29**	**105.28**	**101.84**	**97.55**	**99.80**	**99.59**
养殖淡水鱼	109.69	144.98	106.70	99.55	95.30	97.55	99.80	99.59
捕捞淡水鱼		114.94	108.58	117.83	116.16			

4-1-30　农产品生产价格指数(2017年)

单位：元／公斤

指　标	全年价格	全年生产指数	全年缩减指数
合　计		**95.59**	**98.32**
农业产品		**93.47**	**95.34**
谷物		91.48	91.61
稻谷	3.14	98.95	98.95
小麦	2.35	101.51	101.40
玉米	1.36	89.61	89.46
黄玉米(不含籽种)	1.36	89.50	89.46
谷子	3.87	99.83	99.83
高粱	2.08	103.40	105.58
大麦			
燕麦(莜麦)	3.00	96.77	100.00
荞麦	2.90	92.31	90.34
其他谷物	4.02		110.67
马铃薯	1.18	90.79	90.79
油料		96.78	96.63
油菜籽			
葵花籽		96.60	96.60
油葵	4.82	96.60	96.60
食葵	6.15	96.62	96.62
胡麻籽	5.22	97.66	97.66
豆类		92.26	94.30
大豆		97.13	97.13
黄大豆	3.89	97.13	97.13
黑大豆	4.57		
小黑豆			
绿豆	5.53	79.55	79.55
小豆	5.19	113.19	113.19
芸豆			
其他杂豆	4.11		87.45
甜菜	0.53	100.00	100.00
未加工烟草			

4-1-30 续表 1

单位：元／公斤

指　　标	全年价格	全年生产指数	全年缩减指数
饲料作物		100.00	100.00
苜蓿			
青饲料	0.18	100.00	100.00
饲料牧草			
蔬菜及食用菌		104.45	103.52
蔬菜		104.49	103.53
叶菜类蔬菜		107.66	100.84
芹菜	3.82	109.22	109.22
油菜			
菠菜			
大白菜	1.72	130.92	130.92
普通白菜	0.40		100.00
结球甘蓝	1.91	82.37	
根茎类蔬菜			
红萝卜	0.50		
胡萝卜			
瓜菜类蔬菜		101.24	101.13
黄瓜	3.67	101.24	101.24
南瓜	1.15		95.83
豆类蔬菜		98.83	100.13
四季豆	9.50	98.83	98.83
其他豆类蔬菜	3.80		102.52
茄果类蔬菜		96.96	97.24
茄子	2.56	85.24	85.24
青椒	2.25	97.12	
辣椒	2.75	92.89	92.89
西红柿	3.97	102.65	102.65
葱蒜类蔬菜		95.14	
洋葱			
大葱			
韭菜	3.33	95.14	

4-1-30 续表 2

单位：元／公斤、立方米

指　标	全年价格	全年生产指数	全年缩减指数
食用菌		103.40	103.40
平菇	4.87	103.40	103.40
水果及坚果		89.66	91.48
水果(园林水果)		89.66	91.48
苹果	4.75		
梨			
葡萄	30.00	150.00	
瓜类水果		88.13	91.48
西瓜	0.81	88.04	88.04
哈密瓜			
华莱士瓜			
香瓜			
草莓	60.00	100.00	100.00
中草药材		82.97	82.97
枸杞	23.87	82.97	82.97
林业产品		**92.58**	**92.58**
育种和育苗		106.79	106.79
木材采伐产品		88.54	88.54
落叶松原木	573.60	90.07	90.07
杨树原木	435.10	86.24	86.24
桦木原木	528.29	92.94	92.94
饲养动物及其产品		**97.69**	**101.51**
活牲畜		98.72	104.34
猪		88.66	87.86
种猪	20.78	97.44	
仔猪	46.70	97.55	
中猪	16.82	94.41	
其他活猪	16.92	87.86	87.86
牛		103.11	103.75
黄牛	24.93	101.25	
奶牛			
其他活牛	24.29	103.75	103.75
马	19.67	89.03	78.68
驴	34.29	99.33	99.33

4-1-30 续表 3

单位：元/公斤、张

指　　标	全年价格	全年生产指数	全年缩减指数
羊		108.58	110.85
绵羊	19.52	111.05	113.15
山羊	21.10	101.02	104.29
羔羊	21.04	111.03	
活家禽		96.17	97.33
活鸡		96.17	97.33
蛋鸡	12.10	92.40	
肉鸡	17.97	97.53	97.33
活鸭			
活鹅			
畜禽产品		96.47	95.95
生牛奶	3.73	96.69	96.69
禽蛋		85.74	85.92
鸡蛋	8.73	85.39	85.39
鸭蛋	9.38	93.80	93.80
鹅蛋			
动物毛类		101.00	103.12
绵羊毛	14.00	110.70	110.70
山羊粗毛	4.84	121.00	121.00
山羊绒	229.66	98.26	98.26
骆驼绒	30.00		
生皮		113.93	
整张生牛皮			
整张绵羊生皮	61.21	115.12	
整张山羊生皮	126.40	111.79	
渔业产品		**99.59**	**102.78**
养殖淡水鱼		99.59	102.78
养殖淡水鲤鱼	20.34	103.24	103.24
养殖淡水草鱼	23.83	106.44	106.44
养殖淡水罗非鱼			
养殖淡水鲢鱼	18.00	90.00	90.00
养殖淡水鲫鱼			
养殖淡水鲶鱼			
捕捞淡水鱼			

4-1-30 续表 4

单位：元／公斤

指 标	一季度			二季度		
	价格	生产指数	缩减指数	价格	生产指数	缩减指数
合计		**90.14**	**99.10**		**95.67**	**101.38**
农业产品		**81.25**	**102.15**		**92.36**	**99.60**
谷物		78.46			88.65	
稻谷	3.15	97.22		3.20	100	
小麦	2.14	100.00		2.31	98.49	
玉米	1.22	76.92		1.41	87.73	
黄玉米(不含籽种)	1.20	76.92		1.49	87.72	
谷子	3.61	95.83		4.40	115.79	
高粱	1.86	95.36		1.86	103.33	
大麦						
燕麦(莜麦)					93.75	
荞麦	3.28	87.70		3.19	104.97	
其他谷物	4.35			4.80		
马铃薯	1.63	93.68		1.03	88.03	
油料		100.47			91.15	
油菜籽						
葵花籽		101.82			91.15	
油葵	4.40	110.00		4.99		
食葵	6.40	89.35		5.56	91.15	
胡麻籽	5.60	93.33				
豆类		91.00			102.37	
大豆		90.07			105.97	
黄大豆	3.90	90.07		2.84	105.97	
黑大豆						
小黑豆						
绿豆					89.2	
小豆	6.00	142.86		5.30	104.95	
芸豆						
其他杂豆	3.79					
甜菜	0.54	101.89				
未加工烟草						

4-1-30 续表 5

单位：元／公斤

指　标	一季度			二季度		
	价格	生产指数	缩减指数	价格	生产指数	缩减指数
饲料作物		100.00				
苜蓿						
青饲料	0.18	100.00				
饲料牧草						
蔬菜及食用菌		108.15	102.15		104.96	99.60
蔬菜		108.56	102.08		105.38	104.45
叶菜类蔬菜		100.43	97.78		127.48	127.48
芹菜	3.69	101.37	101.37	3.85	127.48	127.48
油菜						
菠菜						
大白菜	3.00	142.86	142.86			
普通白菜						
结球甘蓝	1.31			2.52	81.29	
根茎类蔬菜						
红萝卜						
胡萝卜						
瓜菜类蔬菜		98.77	92.60		86.15	86.15
黄瓜	3.22	98.77	98.77	2.55	86.15	86.15
南瓜	1.00		83.33			
豆类蔬菜		97.48	97.48		100.00	100.00
四季豆	7.75	97.48	97.48	10.00	100.00	100.00
其他豆类蔬菜	4.00			4.00		
茄果类蔬菜		98.07	94.48		103.02	99.44
茄子	3.34		88.36	2.66	92.04	92.04
青椒	4.80	100.00				
辣椒	5.02	96.91	96.91	1.93	74.23	74.23
西红柿	5.02	95.08	95.08	4.35	112.99	112.99
葱蒜类蔬菜		95.14				
洋葱						
大葱						
韭菜	3.33	95.14				

4-1-30 续表 6

单位：元／公斤、立方米

指　　标	一季度			二季度		
	价格	生产指数	缩减指数	价格	生产指数	缩减指数
食用菌		102.77	102.77		72.09	72.09
平菇	3.34	102.77	102.77	6.25	72.09	72.09
水果及坚果						
水果(园林水果)						
苹果						
梨						
葡萄						
瓜类水果						
西瓜						
哈密瓜						
华莱士瓜						
香瓜						
草莓						
中草药材						
枸杞						
林业产品		**89.74**	**89.74**		**91.74**	**105.08**
育种和育苗					108.93	108.93
木材采伐产品		89.74	89.74		85.05	85.08
落叶松原木	576.65	86.60	86.60	544.47	91.07	91.07
杨树原木	468.76	90.30	90.30	418.37	83.94	83.94
桦木原木	562.69	93.70	93.70	438.05	80.79	80.79
饲养动物及其产品		**99.35**	**98.67**		**96.58**	**100.71**
活牲畜		102.70	100.83		97.03	106.57
猪		103.37	102.64		82.46	79.88
种猪	22.46	99.51		21.12	97.96	
仔猪	54.08	108.40		62.19	98.70	
中猪	16.60	114.96		17.83	91.95	
其他活猪	19.05	102.64	102.64	16.52	79.88	79.88
牛		98.54	99.32		105.68	106.83
黄牛	24.74	97.48		25.24	105.52	
奶牛						
其他活牛	23.47	99.32	99.32	23.62	106.83	106.83
马	16.04	94.35				
驴	18.11	88.04		29.67	105.96	

4-1-30 续表 7

单位：元／公斤、张

指 标	一季度			二季度		
	价格	生产指数	缩减指数	价格	生产指数	缩减指数
羊		105.20	99.52		105.88	109.30
绵羊	19.10	107.13	100.06	18.40	108.81	111.29
山羊	22.13	100.00	97.97	21.83	97.52	103.64
羔羊	20.04	102.40		21.11	105.60	
活家禽		95.13	102.05		86.89	89.16
活鸡		95.13	102.05		86.89	89.16
蛋鸡	11.21	80.94		10.62	82.39	
肉鸡	18.41	102.05	102.05	16.78	89.16	89.16
活鸭						
活鹅						
畜禽产品		94.60	93.57		96.62	94.19
生牛奶	3.73	95.89	95.89	3.73	96.88	96.88
禽蛋		77.05	77.05		73.44	74.19
鸡蛋	8.09	77.05	77.05	7.50	73.10	73.10
鸭蛋				9.38	93.80	93.80
鹅蛋						
动物毛类		104.00			98.99	99.51
绵羊毛				11.80	100.00	100.00
山羊粗毛				4.00	100.00	
山羊绒	260.00	104.00		227.00	98.78	98.78
骆驼绒						
生皮		109.19			120.06	
整张生牛皮						
整张绵羊生皮	35.75	100.51				
整张山羊生皮	141.23	126.36		137.94	120.06	
渔业产品		**102.30**	**102.45**		**110.01**	**110.22**
养殖淡水鱼		102.30	102.45		110.01	110.22
养殖淡水鲤鱼	23.41	101.78	101.78	17.76	109.16	109.16
养殖淡水草鱼	23.84	103.34	103.34	24.00	111.63	111.63
养殖淡水罗非鱼						
养殖淡水鲢鱼						
养殖淡水鲫鱼						
养殖淡水鲶鱼						
捕捞淡水鱼						

4-1-30 续表 8

单位：元／公斤

指　　标	三季度			四季度		
	价格	生产指数	缩减指数	价格	生产指数	缩减指数
合计		**96.00**	**101.59**		**101.08**	**103.90**
农业产品		**94.72**	**100.82**		**102.57**	**102.69**
谷物		91.53	100.80		108.20	108.03
稻谷				3.08	99.68	99.68
小麦	2.38	101.24	100.80	2.28	107.02	107.04
玉米	1.49	88.72		1.33	109.25	109.02
黄玉米(不含籽种)	1.49	88.69		1.33	109.02	109.02
谷子	3.55			3.10	87.43	87.43
高粱				2.18	114.50	120.44
大麦						
燕麦(莜麦)	3.00	100.00		2.40		100.00
荞麦				2.60	82.31	78.44
其他谷物	3.80			3.12		72.90
马铃薯	1.03	95.37		1.04	85.25	85.25
油料		92.30			97.65	96.16
油菜籽						
葵花籽		92.30			96.69	95.92
油葵	4.40	89.80		5.67	93.26	93.26
食葵	6.00	100.00		6.82	106.56	106.56
胡麻籽				4.83	103.21	103.21
豆类		95.25			97.93	101.08
大豆		92.08			106.69	106.69
黄大豆		92.08		3.83	106.69	106.69
黑大豆	5.00			4.57		
小黑豆						
绿豆	7.25			6.59	74.13	74.13
小豆	3.70	123.33		5.77	94.59	94.59
芸豆						
其他杂豆				4.43		100.68
甜菜				0.52	98.11	98.11
未加工烟草						

4-1-30 续表 9

单位：元／公斤

指　标	三季度			四季度		
	价格	生产指数	缩减指数	价格	生产指数	缩减指数
饲料作物						
苜蓿						
青饲料						
饲料牧草						
蔬菜及食用菌		104.93	103.93		99.09	101.97
蔬菜		102.11	101.73		97.84	100.56
叶菜类蔬菜		115.10	115.10		100.79	100.82
芹菜	2.82	115.10	115.10	4.92	100.82	100.82
油菜						
菠菜						
大白菜	0.43	82.69	82.69			
普通白菜				0.40		100.00
结球甘蓝				0.71		
根茎类蔬菜						
红萝卜				0.50		
胡萝卜						
瓜菜类蔬菜		98.06	98.06		115.02	114.89
黄瓜	3.54	98.06	98.06	5.36	115.02	115.02
南瓜				1.30		108.33
豆类蔬菜		95.24	100.10		102.50	102.50
四季豆	10.00	95.24	95.24	10.25	102.50	102.50
其他豆类蔬菜			109.00			
茄果类蔬菜		98.66	104.60		94.50	97.20
茄子	0.87	78.38	78.38	3.35	79.57	79.57
青椒	0.79	79.00		1.16	100.87	
辣椒	1.39	88.54	88.54	2.64	106.88	106.88
西红柿	2.85	126.67	126.67	3.67	89.51	89.51
葱蒜类蔬菜						
洋葱						
大葱						
韭菜						

4-1-30 续表 10

单位：元／公斤、立方米

指标	三季度			四季度		
	价格	生产指数	缩减指数	价格	生产指数	缩减指数
食用菌		152.05	152.05		132.92	132.92
平菇	5.55	152.05	152.05	4.32	132.92	132.92
水果及坚果		89.52	91.48		100.00	
水果(园林水果)		89.52	91.48		100.00	
苹果				7.20		
梨						
葡萄	30.00	150.00				
瓜类水果		88.13	91.48			
西瓜	0.81	88.04	88.04			
哈密瓜						
华莱士瓜						
香瓜						
草莓					100.00	
中草药材		82.97				
枸杞	23.87	82.97				
林业产品		**89.96**	**89.96**		**104.82**	**104.82**
育种和育苗		104.32	104.32		111.11	111.11
木材采伐产品		85.60	85.60		103.27	103.27
落叶松原木	554.22	88.23		619.07	94.43	
杨树原木	418.18	84.31				
桦木原木	440.97	82.06		671.43	113.12	
饲养动物及其产品		**96.74**	**101.74**		**99.45**	**106.77**
活牲畜		99.63	105.96		98.96	109.18
猪		86.30	85.44		84.58	84.51
种猪	21.11	97.73		18.41	94.17	
仔猪	37.99	91.87		32.54	87.36	
中猪	15.32	92.07		17.52	84.31	
其他活猪	16.19	85.44	85.44	15.93	84.51	84.51
牛		100.33	99.14		106.21	109.53
黄牛	24.35	99.80		25.38	102.42	
奶牛						
其他活牛	22.95	99.14	99.14	27.13	109.53	109.53
马				19.67	92.70	78.68
驴					100.18	100.18

4-1-30 续表 11

单位：元／公斤、立方米、张

指标	三季度			四季度		
	价格	生产指数	缩减指数	价格	生产指数	缩减指数
羊		113.33	115.63		114.25	119.53
绵羊	20.80	117.04	119.69	20.86	116.60	121.77
山羊	22.80	98.96	104.07	22.50	108.78	113.15
羔羊	20.90	117.68		22.11	119.64	
活家禽		90.45	88.78		108.03	109.07
活鸡		90.45	88.78		108.03	109.07
蛋鸡	16.21	95.53		10.35	104.76	
肉鸡	15.98	89.73	88.78	20.69	109.07	109.07
活鸭						
活鹅						
畜禽产品		95.11	95.58		99.04	100.34
生牛奶	3.67	96.33	96.33	3.78	97.67	
禽蛋		86.43	86.43		106.13	106.13
鸡蛋	8.92	86.43	86.43	10.39	106.13	106.13
鸭蛋						
鹅蛋						
动物毛类		103.35	102.16		94.25	94.25
绵羊毛	15.50	121.30	121.30	20.00		
山羊粗毛	5.68	142.00				
山羊绒	211.62	95.49	95.49	220.00	94.25	94.25
骆驼绒	30.00					
生皮		104.85			114.83	
整张生牛皮						
整张绵羊生皮		100.00			123.81	
整张山羊生皮		109.97			101.48	
渔业产品		**106.33**	**107.37**		**96.39**	**98.57**
养殖淡水鱼		106.33	107.37		96.39	98.57
养殖淡水鲤鱼	18.19	102.19	102.19	22.01	101.20	101.20
养殖淡水草鱼	24.00	114.29	114.29	23.50	97.92	97.92
养殖淡水罗非鱼						
养殖淡水鲢鱼				18.00	90.00	90.00
养殖淡水鲫鱼						
养殖淡水鲶鱼						
捕捞淡水鱼						

主要统计指标解释

居民消费价格指数 是度量消费商品及服务项目价格水平随着时间而变动的相对数，反映居民家庭购买的消费品及服务价格水平的变动情况。它是宏观经济分析和决策、价格总水平监测和调控以及国民经济核算的重要指标。其按年度计算的变动率通常被用来作为反映通货膨胀(或紧缩)程度的指标。

城市居民消费价格指数 是度量城市居民消费商品及服务项目价格水平随着时间而变动的相对数，反映城市居民家庭购买的消费品及服务价格水平的变动情况。它可以观察和分析消费品的零售价格和服务项目价格变动对职工货币工资的影响，作为研究职工生活和确立工资政策的依据。

农村居民消费价格指数 是度量农村居民消费商品及服务项目价格水平随着时间而变动的相对数，反映农村居民家庭购买的消费品及服务价格水平的变动情况。它可以观察和分析消费品的零售价格和服务项目价格变动对农村居民生活消费支出的影响，直接反映农民生活水平的实际变化情况，作为研究农村居民生活问题的依据。

商品零售价格 是商品在流通过程中最后一个环节的价格，是工业、商业、餐饮业和其他零售企业向城乡居民、机关团体出售生活消费品和办公用品的价格。商品零售价格调查的任务是系统地调查、搜集和整理市场商品零售价格资料，编制商品零售价格指数，以此反映市场商品零售价格的变动趋势和变动程度。其目的在于掌握商品价格的变动趋势，为国家宏观调控和国民经济核算提供参考依据。同时，还可以在此基础上编制其他派生价格指数。

农业生产资料价格 是农业生产资料在流通领域最后一个环节的价格，是工业、商业及其他单位和个人向农民出售农业生产资料(包括主要生产性服务，下同)的价格。农业生产资料价格调查的任务是系统地调查、搜集和整理市场农业生产资料价格资料，编制农业生产资料价格指数，据此测定全国市场农业生产资料价格变动趋势和变动程度。其目的在于掌握农业生产资料的平均价格水平，为国家制定经济政策提供依据；同时，为研究城乡市场流通和国民经济核算提供参考依据。

固定资产投资价格指数 指反映固定资产投资活动中所涉及的建筑安装工程投资价格、设备及工器具投资价格和其他费用投资价格水平变动趋势和程度的相对数。固定资产投资额是由建筑安装工程投资完成额，设备、工器具购置投资完成额和其他费用投资完成额三部分组成的。

建筑安装工程投资价格指数 指反映建筑安装企业或部门在施工安装活动中所涉及的施工产值、直接工程费用(主要由人工费、材料费和机械使用费所组成)和间接工程费用价格水平变动趋势和程度的相对数。目前我国用建筑安装工程价格指数来替代建筑业产值价格指数。

工业品出厂价格指数 是反映全部工业产品出厂价格总水平的变动趋势和程度的相对数，包括工业企业售给本企业以外所有单位的各种产品和直接售给居民用于生活消费的产品。通过工业品出厂价格指数能观察出厂价格变动对工业总产值的影响。

原材料、燃料、动力购进价格指数 指反映工业企业通过各种价格形式购进的主要原材料、燃料、动力价格水平变动趋势和程度的相对数。原材料、燃料、动力购进价格指数分为燃料、动力，黑色金属材料，有色金属材料，化工原料，木材，建筑材料及非金属矿，其他工业原材料、半成品，农副产品和纺织原料九个大类。

住宅销售价格指数 是反映房地产价格水平总体变化趋势和变化幅度的相对数，是房地产价格变动趋势定量分析的指标。包括新建住宅销售价格指数、新建商品住宅销售价格指数、二手住宅销售价格指数。

住宅 包括新建住宅和二手住宅，新建住宅包括保障性住房和商品住宅两个类别。保障性住房指享受国家相关优惠政策、出售给城镇中低收入居民家庭的新建住房，包括经济适用住房、限价商品住房等保障性、政策性住房。新建商品住宅指新建的专供居住用的商品住房，不包括新建的国家政策性住房；不包括住宅楼中作为人防用、不住人的地下室、车库等，也不包括托儿所、病房、疗养院、旅馆等具有专门用途的房屋。二手住宅指进入房屋市场进行交易，第二次及以上进行产权登记的住宅，包括二手商品住宅、允许上市交易的已售公房等。

农产品生产价格 指农产品生产者第一手(直接)出售其产品时实际获得的单位产品价格。

农产品生产价格指数 是反映一定时期内农产品生产者出售农产品价格水平变动趋势及幅度的相对数。是以各种农产品出售金额资料作为权数计算的。

农产品价格缩减指数 也是反映农产品价格水平变动趋势及幅度的相对数。它与农产品生产价格指数不同，是以农业产值资料作为权数计算的。

第五部分　住户监测篇

第五部分　住户监测篇

① 农牧民工调查

资料整理：欧青　张永林　其鲁　宗哲丽　张鑫

5-1-1 全区各地农牧民工总量推算情况

地区	农牧民工数量(万人)		增量(万人)	增幅(%)
	2016	2017		
全区	**243.57**	**250.31**	**6.74**	**2.69**
呼和浩特市	32.37	35.18	2.81	7.98
包头市	19.06	19.22	0.16	0.85
呼伦贝尔市	8.04	9.23	1.19	12.89
兴安盟	10.76	11.72	0.96	8.17
通辽市	23.58	22.96	-0.62	-2.69
赤峰市	62.85	62.95	0.10	0.15
锡林郭勒盟	9.11	9.23	0.12	1.33
乌兰察布市	45.11	43.51	-1.60	-3.67
鄂尔多斯市	15.00	16.69	1.69	10.13
巴彦淖尔市	15.42	17.10	1.68	9.83
乌海市	0.55	0.60	0.05	7.66
阿拉善盟	1.72	1.92	0.20	10.61

5-1-2 农牧民工年度基本情况

指标	单位	2016	2017	增量
农民工比率	%	28.3	29.2	0.9
本地农民工	%	9.0	9.5	0.5
本地非农务工	%	5.6	6.2	0.6
本地非农自营	%	3.4	3.3	-0.1
外出农民工	%	19.3	19.7	0.4
住户中外出农民工	%	4.4	4.8	0.4
举家外出农民工	%	14.9	14.9	0.0
住户中农民工基本情况	--			
本地非农务工	%	41.9	43.7	1.8
月工作天数	天/月	24.1	24.5	0.4
日工作时长	小时/天	8.2	8.2	0.0
月工资水平	元/月	2916.9	3094.2	177.3
年内非农务工月收入	元/月	3040.1	3110.9	70.8
本地非农自营	%	25.3	23.0	-2.3
年内非农自营月收入	元/月	4297.6	4576.5	278.9
外出农民工	%	32.8	33.3	0.5
外出收支	--			
实际所得	元/月	3496.3	3596.8	100.5
寄带回	元/月	1256.4	1450.6	194.2
生活消费	元/月	1688.3	1577.0	-111.3
月居住支出	元/月	324.5	356.7	32.2
外出工资	--			
月工作天数	天/月	25.6	25.3	-0.3
日工作时长	小时/天	8.7	8.7	0.0
月工资水平	元/月	3433.0	3630.6	197.6

5-1-3 农牧民工产业及行业分布结构

指　　标	单位	2016	2017	增量
农牧民工产业及行业分布	--			
第一产业	%	0.2	0.3	0.1
农林牧渔业	%	0.2	0.3	0.1
第二产业	%	25.0	23.7	-1.3
采矿业	%	1.5	1.9	0.4
制造业	%	6.7	7.2	0.5
水电气热业	%	4.3	4.6	0.3
建筑业	%	12.5	10.0	-2.5
第三产业	%	74.8	76.0	1.2
批发零售业	%	16.4	17.0	0.6
交运仓邮业	%	9.4	8.2	-1.2
住宿餐饮业	%	8.7	9.7	1.0
信息服务业	%	1.8	2.1	0.3
金融业	%	1.3	1.1	-0.2
房地产业	%	0.9	0.5	-0.4
租赁服务业	%	0.4	0.5	0.1
科研服务业	%		0.2	0.2
公共管理业	%	0.9	0.2	-0.7
居民服务业	%	24.3	25.6	1.3
教育业	%	1.8	0.7	-1.1
社会工作	%	5.0	4.3	-0.7
文体娱乐业	%	0.6	1.3	0.7
社会保障业	%	3.3	4.6	1.3
国际组织	%			

5-1-4 农牧民工医疗养老参保及接受培训情况

指　　标	单位	2016	2017	增量
参加医疗保险情况	--			
新型农村合作医疗	%	89.6	93.4	3.8
城镇职工基本医疗保险	%	4.0	2.0	-2.0
城镇居民基本医疗保险	%	4.6	2.5	-2.1
公费医疗	%			
商业医疗保险	%			
其他医疗保险	%		0.1	0.1
没有参加任何医疗保险	%	1.8	2.0	0.2
参加养老保险情况	--			
新型农村社会养老保险	%	56.2	58.6	2.4
城镇职工基本养老保险	%	5.9	3.7	-2.2
城镇居民社会养老保险	%	4.2	3.2	-1.0
商业养老保险	%	0.5	0.3	-0.2
其他养老保险	%	1.4	1.3	-0.1
没有参加任何养老保险	%	31.8	32.9	1.1
农牧民工接受技能培训情况	--			
接受过农业技术培训的比例	%	5.5	5.8	0.3
接受过非农技术培训的比例	%	32.0	29.6	-2.4

5-1-5 本地非农务工农牧民工行业分布结构

指　　标	单位	2016	2017	增量
本地非农务工农牧民工产业及行业分布	--			
第二产业	%	34.1	30.1	-4.0
采矿业	%	2.6	3.0	0.4
制造业	%	9.0	9.3	0.3
水电气热业	%	5.2	6.5	1.3
建筑业	%	17.3	11.3	-6.0
第三产业	%	65.9	69.9	4.0
批发零售业	%	5.5	6.7	1.2
交运仓邮业	%	7.5	7.5	
住宿餐饮业	%	6.1	9.5	3.4
信息服务业	%	0.6	0.8	0.2
金融业	%	1.0	1.6	0.6
房地产业	%			
租赁服务业	%	0.1	0.2	0.1
科研服务业	%			
公共管理业	%	0.2	0.6	0.4
居民服务业	%	30.8	30.2	-0.6
教育业	%	0.8	0.4	-0.4
社会工作	%	6.4	4.4	-2.0
文体娱乐业	%	0.5	0.7	0.2
社会保障业	%	6.4	7.2	0.9
国际组织	%			

5-1-6 本地非农务工农牧民工劳动保障

指 标	单位	2016	2017	增量
本地非农从业劳动关系	--			
无固定期限劳动合同工	%	18.0	20.7	2.7
一年及以上劳动合同工	%	8.9	9.5	0.6
一年以下劳动合同工	%	1.0	1.6	0.6
没有劳动合同	%	70.2	68.2	-2.0
其他	%	1.9		-1.9
五险一金缴纳比例	--			
养老保险	%	8.6	8.1	-0.5
工伤保险	%	10.8	14.3	3.5
医疗保险	%	7.1	7.9	0.8
失业保险	%	5.6	5.8	0.2
生育保险	%	3.9	3.2	-0.7
住房公积金	%	3.0	1.8	-1.2
单位或雇主提供伙食情况	--			
每天提供三餐	%	1.2	4.8	3.6
每天提供二餐	%	5.8	5.5	-0.3
每天提供一餐	%	5.1	6.0	0.9
不提供，但补贴部分伙食费	%	1.3	0.6	-0.7
不提供，也没有补贴	%	86.6	83.1	-3.5
单位或雇主提供住宿情况	--			
提供住宿	%	7.3	7.0	-0.3
不提供住宿，但住房有补贴	%	10.4	9.4	-1.0
不提供住宿，也没有住房补贴	%	82.3	83.6	1.3

5-1-7 本地自营农牧民工行业分布情况

指 标	单位	2016	2017	增量
本地自营农牧民工产业及行业分布	--			
第二产业	%	4.7	3.5	-1.2
采矿业	%	0.2	0.2	
制造业	%	0.7	0.3	-0.4
水电气热业	%			
建筑业	%	3.8	3.0	-0.8
第三产业	%	95.3	96.5	1.2
批发零售业	%	40.6	44.3	3.7
交运仓邮业	%	14.3	13.4	-0.9
住宿餐饮业	%	7.1	7.8	0.7
信息服务业	%	0.9	0.3	-0.6
金融业	%			
房地产业	%			
租赁服务业	%	0.8	0.5	-0.3
科研服务业	%			
公共管理业	%			
居民服务业	%	26.0	23.8	-2.2
教育业	%			
社会工作	%	4.9	5.7	0.8
文体娱乐业	%	0.7	0.7	
社会保障业	%			
国际组织	%			

5-1-8　本地自营农牧民工经营性质

指　　标	单位	2016	2017	增量
本地非农自营活动性质	--			
注册企业	%	3.7	1.2	-2.5
个体经营	%	74.0	81.6	7.6
小摊小贩	%	22.3	17.2	-5.1

5-1-9　外出农牧民工行业分布结构

指　　标	单位	2016	2017	增量
外出农牧民工产业及行业分布	--			
第一产业	%	0.5	0.9	0.4
农林牧渔业	%	0.5	0.9	0.4
第二产业	%	29.2	28.5	-0.7
采矿业	%	1.2	1.6	0.4
制造业	%	8.3	8.7	0.4
水电气热业	%	6.5	5.2	-1.3
建筑业	%	13.2	13.0	-0.2
第三产业	%	70.3	70.6	0.3
批发零售业	%	11.9	12.4	0.5
交运仓邮业	%	7.9	5.6	-2.3
住宿餐饮业	%	13.3	11.3	-2.0
信息服务业	%	4.0	5.1	1.1
金融业	%	2.7	1.1	-1.6
房地产业	%	2.8	1.4	-1.4
租赁服务业	%	0.3	0.8	0.5
科研服务业	%		0.6	0.6
公共管理业	%	2.6		-2.6
居民服务业	%	14.6	20.7	6.1
教育业	%	4.3	1.6	-2.7
社会工作	%	3.3	3.2	-0.1
文体娱乐业	%	0.7	2.3	1.6
社会保障业	%	1.9	4.5	2.6
国际组织	%			

5-1-10 外出农牧民工不同类型分布及收入

指　　标	单位	2016	2017	增量
按外出地级别分类				
分地区类型外出比例	--			
#省会城市	%	24.0	25.4	1.4
地级市	%	24.3	22.1	-2.2
县级城市	%	34.2	38.4	4.2
按输入地区分类				
分输入地比例	--			
省内	%	76.8	78.2	1.4
省外	%	23.2	21.8	-1.4
分输入地收入	元/月	3433.0	3630.6	197.6
省内	元/月	3230.8	3550.1	319.3
省外	元/月	4102.6	3919.0	-183.6
按外出行业分类				
本年度从事主要行业	--			
第一产业	%	0.5	0.9	0.4
第二产业	%	29.2	28.5	-0.7
第三产业	%	70.3	70.6	0.3
分行业收入	元/月	3433.0	3630.6	197.6
第一产业	元/月	3000.0	2816.2	-183.8
第二产业	元/月	3961.2	4278.5	317.3
第三产业	元/月	3216.2	3379.0	162.8

5-1-11 外出农牧民工居住情况

指　　标	单位	2016	2017	增量
外出从业住所类型	--			
单位宿舍	%	32.8	32.5	-0.3
工地工棚	%	4.2	9.7	5.5
生产经营场所	%	6.5	5.7	-0.8
与人合租住房	%	25.5	22.8	-2.7
独立租赁住房	%	11.3	15.4	4.1
务工地自购房	%	1.7	0.6	-1.1
乡外从业但回家居住	%	8.8	7.6	-1.2
其他	%	9.2	5.7	-3.5

5-1-12　外出农牧民工劳动保障

指　标	单位	2016	2017	增量
外出从业劳动关系	--			
无固定期限劳动合同工	%	10.7	12.8	2.1
一年及以上劳动合同工	%	20.1	17.6	-2.5
一年以下劳动合同工	%	1.7	1.0	-0.7
没有劳动合同	%	61.7	60.3	-1.4
自营	%	4.5	8.3	3.8
其他	%	1.3		-1.3
五险一金缴纳比例	--			
养老保险	%	12.0	10.9	-1.1
工伤保险	%	20.6	21.8	1.2
医疗保险	%	15.1	13.3	-1.8
失业保险	%	11.3	11.7	0.4
生育保险	%	11.3	10.1	-1.2
住房公积金	%	12.2	8.2	-4.0
单位或雇主提供伙食情况	--			
每天提供三餐	%	19.2	21.5	2.3
每天提供二餐	%	13.7	15.0	1.3
每天提供一餐	%	11.8	9.4	-2.4
不提供，但补贴部分伙食费	%	4.4	2.3	-2.1
不提供，也没有补贴	%	50.9	51.8	0.9
单位或雇主提供住宿情况	--			
提供住宿	%	42.9	48.9	6.0
不提供住宿，但住房有补贴	%	7.6	5.2	-2.4
不提供住宿，也没有住房补贴	%	49.5	45.9	-3.6

5-1-13 住户成员从业情况

指　　标	单位	2016	2017	增量
住户成员基本情况推算结果	--			
户均人口	人	3.0	3.0	0.0
户均劳动力	人	2.3	2.2	0.1
常住人口比例	%	98.5	98.1	-0.4
劳动力比例	%	74.7	74.7	0.0
劳动力从业比例	%	91.2	90.2	-1.0
住户成员年度非农从业情况	--			
本地非农务工	%	19.9	15.0	-4.9
月收入	元	3078.0	3196.8	118.8
本地非农自营	%	6.1	5.6	-0.5
月收入	元	4249.6	4652.4	402.8
外出从业	%	6.8	7.2	0.4
实际所得	元/月	3526.4	3594.2	67.8
寄带回	元/月	1316.3	1509.4	193.1
生活消费	元/月	1643.4	1528.4	-115.0
住户成员年末就业状况	--			
本地务农	%	79.4	80.1	0.7
本地非农自营	%	4.4	3.8	-0.6
本地非农务工	%	7.8	8.2	0.4
外出从业	%	5.7	6.3	0.6
其他从业	%	0.9	0.9	0.0
未从业	%	1.9	0.7	-1.2
举家外出情况推算结果	--			
户均人口	人/户	3.1	3.1	0.0
户均劳动力	人/户	1.9	1.9	0.0

5-1-14 住户成员子女教育情况

指 标	单位	2016	2017	增量
子女的主要居住地点	--			
本村	%	60.6	67.9	7.3
村外乡内	%	12.0	6.7	-5.3
乡外县内	%	23.0	22.8	-0.2
县外	%	4.4	2.6	-1.8
子女实际看护人	--			
父母双方	%	55.9	61.9	6.0
父亲一方	%	1.2	0.8	-0.4
母亲一方	%	3.9	5.4	1.5
(外)祖父母	%	4.4	5.8	1.4
兄弟姐妹		0.4		-0.4
亲属	%	2.7	3.6	0.9
独自居住	%	16.6	11.5	-5.1
其他	%	14.9	11.0	-3.9
已入学子女在校情况	--			
住校生比例	%	62.7	62.6	-0.1
学龄前儿童情况				
本年度向幼儿园交纳的总费用	元/人	3237.1	3702.6	465.5

5-1-15 各盟市住户中

指 标	单位	全区	呼和浩特	包头	呼伦贝尔	兴安盟
本地非农务工占比	%	43.7	59.4	64.9	31.9	22.4
月工作天数	天/月	24.5	24.4	24.1	22.3	25.9
日工作时长	小时/天	8.2	8.0	8.0	8.4	8.6
月工资水平	元/月	3094.2	3296.6	3000.2	2179.1	2594.1
年内非农务工月收入	元/月	3110.9	3326.0	2983.3	2165.2	2621.9
本地非农自营占比	%	23.0	20.2	23.8	46.5	12.4
年内非农自营月收入	元/月	4576.5	6507.8	4252.6	2872.4	6184.6
外出农牧民工占比	%	33.3	20.4	11.3	21.6	65.2
外出收支	--					
实际所得	元/月	3596.8	3888.6	5469.5	3431.0	3655.3
寄带回	元/月	1450.6	2433.1	3930.2	847.6	1625.0
生活消费	元/月	1577.0	1446.5	1382.2	1712.1	1240.4
月居住支出	元/月	356.7	191.8	431.5	404.3	497.1
外出工资	--					
月工作天数	天/月	25.3	25.0	24.4	27.0	25.9
日工作时长	小时/天	8.7	8.3	8.0	9.0	8.7
月工资水平	元/月	3630.6	3832.2	5362.4	3306.7	3642.5

5-1-16 各盟市外出农牧民工

指标名称	单位	全区	呼和浩特	包头	呼伦贝尔	兴安盟
按外出地级别分类						
分地区类型外出比例	--					
#省会城市	%	25.4	52.7		38.4	21.7
地级市	%	22.1	13.0	89.2	29.5	29.9
县级城市	%	38.4	29.8	10.5	23.9	27.9
按输入地区分类						
分输入地比例	--					
省内	%	78.2	95.3	98.6	63.9	47.7
省外	%	21.8	4.7	1.4	36.1	52.3
分输入地收入	元/月	3630.6	3832.2	5362.4	3306.7	3642.5
省内	元/月	3550.1	3815.3	5368.5	2879.5	2408.8
省外	元/月	3919.0	4170.8	4935.0	4063.7	4765.6
按外出行业分类						
本年度从事主要行业	--					
第一产业	%	0.9				1.1
第二产业	%	28.5	37.7	7.1	1.8	8.4
第三产业	%	70.6	62.3	92.9	98.2	90.5
分行业收入	元/月	3630.6	3832.2	5362.4	3306.7	3642.5
第一产业	元/月	2816.2				2905.8
第二产业	元/月	4278.5	3536.6	11713.4	2459.1	5303.7
第三产业	元/月	3379.0	4011.4	4880.1	3322.5	3497.8

农牧民工年度基本情况(2017年)

通辽	赤峰	锡林郭勒	乌兰察布	鄂尔多斯	巴彦淖尔	乌海	阿拉善
35.8	38.0	38.7	39.3	36.3	23.7	83.0	15.9
25.3	24.8	24.3	22.8	23.5	26.4	20.6	26.2
8.4	8.1	8.3	8.4	8.4	8.5	7.9	8.1
2880.0	3369.4	2875.8	2950.4	2961.2	3355.7	2377.5	3490.4
2910.0	3400.7	2792.2	2906.7	3031.8	3291.8	2408.3	3488.7
21.7	18.5	21.1	10.5	42.1	30.1	14.8	41.8
3866.4	3742.8	3859.6	4327.7	6536.6	2953.2	4457.4	5442.1
42.6	43.5	40.1	50.2	21.6	46.2	2.2	42.3
3237.2	3891.6	3689.1	3035.9	3346.1	3665.3	3000.0	3003.9
1065.2	1936.4	888.5	539.5	1835.8	638.9	833.3	1061.5
894.4	1178.2	2143.1	2070.4	1133.8	1717.4	1250.0	1015.9
352.9	368.2	715.3	425.3	239.4	668.1	1000.0	396.1
26.7	25.7	26.9	24.8	23.7	26.4	20.0	26.1
8.8	9.0	8.6	8.6	9.0	9.0	8.0	8.1
3379.4	3896.8	3726.9	3017.1	3472.5	3661.6	3000.0	3167.3

不同类型分布及收入(2017年)

通辽	赤峰	锡林郭勒	乌兰察布	鄂尔多斯	巴彦淖尔	乌海	阿拉善
16.0	6.3	7.2	42.4	1.5	20.1		
43.0	25.6	20.4	22.5	4.2	27.0		
27.7	41.7	59.3	30.5	81.8	45.5	100.0	38.7
53.8	59.9	83.3	91.6	98.5	89.6	100.0	100.0
46.2	40.1	16.7	8.4	1.5	10.4		
3379.4	3896.8	3726.9	3017.1	3472.5	3661.6	3000.0	3167.3
2899.6	3909.2	3541.5	3022.5	3479.6	3696.7	3000.0	3167.3
3938.0	3878.2	4649.0	2958.4	3000.0	3359.6		
4.1							1.2
34.6	44.4	25.9	29.0	24.0	16.4		11.3
61.2	55.6	74.1	71.0	76.0	83.6	100.0	87.5
3379.4	3896.8	3726.9	3017.1	3472.5	3661.6	3000.0	3167.3
2858.7							3000.0
4040.2	4674.6	3359.0	2942.0	3714.2	3169.9		2245.1
3040.5	3276.7	3855.7	3047.8	3396.0	3757.8	3000.0	3288.5

5-1-17 各盟市住户

指 标	单位	全区	呼和浩特	包头	呼伦贝尔	兴安盟
住户成员基本情况推算结果	--					
户均人口	人	3.0	2.9	2.8	3.1	3.2
户均劳动力	人	2.2	2.3	2.2	2.3	2.2
常住人口比例	%	98.1	98.7	98.3	98.1	96.0
劳动力比例	%	74.7	76.9	77.7	75.8	69.9
劳动力从业比例	%	90.2	76.4	73.8	91.3	91.2
住户成员年度从业情况	--					
本地非农务工	%	15.0	46.4	34.5	8.6	7.8
月收入	元	3196.8	3322.8	2990.8	2473.7	2690.0
本地非农自营	%	5.6	11.7	12.2	6.3	3.3
月收入	元	4652.4	6450.5	4307.2	2862.7	5498.6
外出从业	%	7.2	12.0	5.6	2.8	7.8
实际所得	元/月	3594.2	3865.6	5453.1	3469.7	3633.8
寄带回	元/月	1509.4	2438.1	3892.7	831.7	1615.7
生活消费	元/月	1528.4	1415.3	1387.5	1668.9	1252.2
住户成员年末就业状况	--					
本地务农	%	80.1	43.2	49.2	83.6	84.9
本地非农自营	%	3.8	9.5	10.5	5.2	1.6
本地非农务工	%	8.2	31.3	31.9	4.1	3.6
外出从业	%	6.3	10.7	5.5	2.5	7.7
其他从业	%	0.9	1.6	2.2	3.4	1.8
未从业	%	0.7	3.7	0.7	1.2	0.4
举家外出情况推算结果	--					
户均人口	人/户	3.1	3.2	2.8	3.0	3.0
户均劳动力	人/户	1.9	1.9	1.7	1.8	1.9

成员从业情况(2017年)

通辽	赤峰	锡林郭勒	乌兰察布	鄂尔多斯	巴彦淖尔	乌海	阿拉善
3.3	3.1	3.1	2.5	2.8	2.9	2.8	3.1
2.3	2.3	2.3	2.0	2.1	2.3	2.1	2.3
98.1	97.4	99.0	97.2	98.0	96.2	99.1	99.8
69.8	74.2	76.4	82.5	75.3	79.5	75.2	74.8
95.2	93.7	96.0	94.3	82.6	94.3	80.7	83.3
12.1	15.6	8.7	10.5	13.5	4.3	29.1	4.1
3045.2	3432.7	3183.8	2857.9	3016.2	3368.8	2442.8	3488.8
4.1	4.9	2.9	2.4	12.1	4.3	5.4	11.1
3901.0	3736.8	3996.6	4450.9	6501.8	3268.2	4517.9	5422.6
6.4	11.1	4.1	7.8	5.6	8.5	0.8	11.1
3258.9	3959.4	3726.7	3008.3	3329.4	3639.9	3000.2	3024.9
1262.1	2060.7	877.2	542.4	1798.7	704.6	833.4	1088.3
867.6	1159.6	2140.3	2038.1	1161.8	1661.0	1250.1	1014.0
84.1	77.5	89.7	84.5	73.2	84.3	64.6	71.8
2.8	3.8	1.9	1.4	10.5	3.6	5.4	10.7
4.8	8.4	4.1	4.8	9.2	3.2	27.6	4.0
5.1	8.5	3.7	7.5	5.3	7.9	0.8	10.7
2.1	0.9	0.5	0.3	1.4	0.2	0.4	0.4
1.1	0.8	0.2	1.5	0.4	0.8	1.3	2.3
3.3	3.0	2.9	3.0	2.9	3.1	3.0	3.1
2.3	2.0	1.8	1.9	1.7	1.9	1.9	1.9

第五部分　住户监测篇

②贫困监测

资料整理：欧青　张永林　其鲁　宗哲丽　张鑫

5-2-1 贫困地区农牧民总收入与总支出(2017年)

指 标	单位	31个国贫旗县	26个区贫旗县
总收入	**元/人**	**15210**	**24311**
工资性收入	元/人	1855	2293
家庭经营收入	元/人	10251	18025
第一产业收入	元/人	9666	16201
#农业收入	元/人	6764	7400
牧业收入	元/人	2771	8717
第二产业收入	元/人	7	42
第三产业收入	元/人	577	1782
财产性收入	元/人	248	390
转移性收入	元/人	2856	3603
总支出	**元/人**	**16932**	**24674**
家庭经营费用支出	元/人	4334	8015
第一产业生产费用支出	元/人	4202	7267
#农业生产费用支出	元/人	2933	3038
牧业生产费用支出	元/人	1254	4184
第二产业生产费用支出	元/人	3	8
第三产业生产费用支出	元/人	129	739
生活消费支出	元/人	9112	10770
食品消费支出	元/人	2768	2723
衣着消费支出	元/人	516	742
居住消费支出	元/人	1569	1987
家庭设备、用品消费支出	元/人	386	592
交通和通讯消费支出	元/人	1389	2073
文化教育、娱乐消费支出	元/人	1205	1038
医疗保健消费支出	元/人	1131	1426
其他商品和服务消费支出	元/人	147	187
财产性支出	元/人	27	63
转移性支出	元/人	256	404
部分商业保险支出	元/人	44	117
购置资产及非经常性转移支出	元/人	2040	3232
借贷性支出	元/人	1118	2073

5-2-2 国家扶贫开发重点地区农牧民家庭总收入与总支出

指 标	单 位	2016	2017	2017年比2016年增加	
				绝对数	%
总收入	**元/人**	**14890**	**15210**	**320**	**2.1**
工资性收入	元/人	1679	1855	176	10.5
家庭经营收入	元/人	10532	10251	-281	-2.7
第一产业收入	元/人	9951	9666	-284	-2.9
农业收入	元/人	6819	6764	-55	-0.8
牧业收入	元/人	2981	2771	-210	-7.0
第二产业收入	元/人	12	7	-5	-38.5
第三产业收入	元/人	569	577	8	1.4
财产性收入	元/人	248	248	1	0.2
转移性收入	元/人	2432	2856	424	17.4
总支出	**元/人**	**16983**	**16932**	**-51**	**-0.3**
消费支出	元/人	8377	9112	735	8.8
食品烟酒	元/人	2611	2768	156	6.0
衣着	元/人	503	516	14	2.7
居住	元/人	1498	1569	71	4.7
生活用品及服务	元/人	340	386	46	13.4
交通通信	元/人	1264	1389	126	9.9
教育文化娱乐	元/人	1132	1205	74	6.5
医疗保健	元/人	912	1131	220	24.1
其他用品和服务	元/人	118	147	29	24.9
生产经营费用支出	元/人	4950	4334	-616	-12.4
第一产业经营费用支出	元/人	4788	4202	-585	-12.2
农业	元/人	3169	2933	-235	-7.4
牧业	元/人	1607	1254	-353	-22.0
第二产业经营费用支出	元/人	3	3	0	3.3
第三产业经营费用支出	元/人	160	129	-31	-19.4
财产性支出	元/人	24	27	4	16.2
转移性支出	元/人	186	256	70	37.5
部分商业保险支出	元/人	26	44	18	70.7
购置资产及非经常性转移支出	元/人	2512	2040	-472	-18.8
借贷性支出	元/人	907	1118	211	23.3

5-2-3　贫困地区农牧民家庭可支配收入(2017年)

指　标	单位	31个国贫旗县	26个区贫旗县
可支配收入来源			
全年可支配收入	元／人	**9852**	**14391**
工资性收入	元／人	1855	2293
经营净收入	元／人	5177	8573
第一产业经营净收入	元／人	4782	7596
农业净收入	元／人	3353	3814
牧业净收入	元／人	1316	3743
第二产业经营净收入	元／人	3	33
第三产业经营净收入	元／人	392	944
财产净收入	元／人	221	327
转让承包土地经营权租金净收入	元／人	173	239
转移净收入	元／人	2600	3199
离退休金、养老金	元／人	432	443
社会救济和补助	元／人	273	201
政策性生活补贴	元／人	205	147
家庭外出从业人员寄回带回收入	元／人	262	100
从政府和组织得到的实物产品和服务折价	元／人	5	69
现金政策性惠农补贴	元／人	1333	2244
全年现金可支配收入	元／人	8733	14462

5-2-4　国家扶贫开发重点地区农牧民家庭可支配收入

指　标	单 位	2016	2017	2017年比2016年增加	
				绝对数	%
可支配收入来源					
全年可支配收入	元/人	9005	9852	847	9.4
工资性收入	元/人	1679	1855	176	10.5
经营净收入	元/人	4859	5177	317	6.5
第一产业经营净收入	元/人	4478	4782	304	6.8
农业收入	元/人	3198	3353	155	4.8
牧业收入	元/人	1144	1316	172	15.0
非农产业净收入	元/人	137	114	23	-16.7
第二产业经营净收入	元/人	7	3	-4	-57.4
第三产业经营净收入	元/人	374	392	17	4.6
财产净收入	元/人	224	221	-3	-1.4
转让承包土地经营权租金净收入	元/人	192	173	-19	-10.1
转移净收入	元/人	2243	2600	357	15.9
离退休金、养老金	元/人	359	432	72	20.1
社会救济和补助	元/人	181	273	92	50.7
政策性生活补贴	元/人	234	205	-29	-12.4
家庭外出从业人员寄加带回收入	元/人	130	262	131	100.9
从政府得到的实物产品和服务	元/人	199	5	-194	-97.6
现金政策性惠农补贴	元/人	1108	1333	225	20.3
全年现金可支配收入	元/人	8110	8733	623	7.7
全年实物可支配收入	元/人	332	198	-134	40.4

5-2-5 贫困地区农牧民固定资产及耐用消费品拥有情况(2017年)

指　　标	单 位	31个国贫旗县	26个区贫旗县
主要生产性固定资产拥有情况			
房屋及建筑物	平方米/户	40.1	59.9
大中型拖拉机	台/百户	8.8	12.0
小型和手扶拖拉机	台/百户	60.4	57.5
其他农机具(收割脱粒机、水泵等动力机械)	台/百户	8.6	21.5
役　畜	头/百户	29.4	13.7
产品畜	头/百户	346.4	1250.0
期末主要耐用消费品拥有情况			
家用汽车	辆/百户	19.3	34.6
摩托车	辆/百户	69.2	83.2
助力车	辆/百户	29.3	38.1
洗衣机	台/百户	86.1	89.7
电冰箱(柜)	台/百户	90.3	94.7
微波炉	台/百户	6.5	7.2
彩色电视机	台/百户	104.6	105.4
其中：接入有线电视网	台/百户	64.0	45.0
空调	台/百户	0.9	2.7
热水器	台/百户	16.5	23.8
固定电话	线/百户	13.9	6.2
移动电话	部/百户	219.9	236.8
其中：接入互联网	部/百户	99.0	102.0
计算机	台/百户	22.1	24.8
其中：接入互联网	台/百户	18.4	17.1

5-2-6 国家扶贫开发重点地区农牧民固定资产及耐用消费品拥有情况

指　　标	单 位	2016	2017	2017年比2016年增加	
				绝对数	%
主要生产性固定资产拥有情况					
房屋及建筑物	平方米/户	40.9	40.1	-0.8	-2.1
大中型拖拉机	台/百户	8.0	8.8	0.8	9.3
小型和手扶拖拉机	台/百户	61.8	60.4	-1.4	-2.3
其他农机具(收割脱粒机、水泵等动力机械)	台/百户	11.4	8.6	-2.8	-32.6
役　畜	头/百户	26.5	29.4	2.9	10.0
产品畜	头/百户	491.5	346.4	-145.1	-41.9
期末主要耐用消费品拥有情况					
家用汽车	辆/百户	17.4	19.3	1.9	10.7
摩托车	辆/百户	72.6	69.2	-3.4	-4.6
助力车	辆/百户	28.0	29.3	1.3	4.5
洗衣机	台/百户	86.3	86.1	-0.2	-0.3
电冰箱(柜)	台/百户	88.6	90.3	1.7	2.0
微波炉	台/百户	6.1	6.5	0.4	6.3
彩色电视机	台/百户	104.8	104.6	-0.2	-0.2
其中：接入有线电视网	台/百户	61.0	64.0	3.0	4.9
空调	台/百户	0.8	0.9	0.1	10.3
热水器	台/百户	14.5	16.5	2.0	14.1
固定电话	线/百户	13.6	13.9	0.3	2.1
移动电话	部/百户	212.9	219.9	7.0	3.3
其中：接入互联网	部/百户	76.8	99.0	22.2	28.8
计算机	台/百户	20.3	22.1	1.8	8.7
其中：接入互联网	台/百户	16.2	18.4	2.2	13.5

5-2-7 贫困地区农牧民食物消费量(2017年)

指　标	单位	31个国贫旗县	26个区贫旗县
食品消费量			
粮食消费量	公斤/人	182.0	162.1
谷物消费量	公斤/人	172.1	151.7
薯类消费量	公斤/人	4.3	4.4
豆类消费量	公斤/人	5.6	5.9
油脂类消费量	公斤/人	7.4	6.3
蔬菜及菜制品消费量	公斤/人	82.6	68.6
鲜菜	公斤/人	81.7	61.6
干鲜瓜果类	公斤/人	33.5	39.3
肉禽及其制品	公斤/人	29.2	36.0
猪肉	公斤/人	18.3	17.1
牛肉	公斤/人	1.6	4.6
羊肉	公斤/人	3.7	8.8
家禽	公斤/人	4.2	4.0
蛋类及蛋制品	公斤/人	7.7	5.8
奶和奶制品	公斤/人	10.5	13.5
水产品	公斤/人	3.3	3.3
酒	公斤/人	24.8	16.1

5-2-8 国家扶贫开发重点地区农牧民食物消费量

指　标	单 位	2016	2017	2017年比2016年增加	
				绝对数	%
食品消费量					
粮食消费量	公斤/人	184.1	182.0	-2.1	-1.1
谷物消费量	公斤/人	173.6	172.1	-1.5	-0.9
薯类消费量	公斤/人	4.8	4.3	-0.5	-10.4
豆类消费量	公斤/人	5.7	5.6	-0.1	-1.8
油脂类消费量	公斤/人	6.9	7.4	0.5	7.2
蔬菜及菜制品消费量	公斤/人	86.6	82.6	-4.0	-4.6
鲜菜	公斤/人	85.7	81.7	-4.0	-4.7
干鲜瓜果类	公斤/人	34.2	33.5	-0.7	-2.0
肉禽及其制品	公斤/人	25.4	29.3	3.9	15.4
猪肉	公斤/人	16.2	18.3	2.1	13.0
牛肉	公斤/人	0.9	1.6	0.7	77.8
羊肉	公斤/人	3.0	3.7	0.7	23.3
家禽	公斤/人	3.8	4.2	0.4	10.5
蛋类及蛋制品	公斤/人	7.1	7.7	0.6	8.5
奶和奶制品	公斤/人	9.4	10.5	1.1	11.7
水产品	公斤/人	3.5	3.3	-0.2	-4.5
酒	公斤/人	25.0	24.8	-0.2	-0.9

5-2-9 贫困地区社区基本情况(2017年)

指　　标	单位	31个国贫旗县	26个区贫旗县
平原村	%	31.3	42.0
丘陵村(半山区)	%	62.1	41.8
山区村	%	6.5	16.2
少数民族村	%	26.8	35.3
本村到最近县城的距离			
2公里以下的村个数	%	1.7	10.4
2-5公里的村个数	%	5.6	4.4
5-10公里的村个数	%	5.4	8.1
10-20公里的村个数	%	17.9	14.6
20公里以上的村个数	%	69.4	62.5
距最近乡镇的距离			
2公里以下的村个数	%	21.0	15.5
2-5公里的村个数	%	17.4	16.8
5-10公里的村个数	%	17.8	13.2
10-20公里的村个数	%	35.4	28.7
20公里以上的村个数	%	8.5	25.8
距最近火车站/汽车站的距离			
2公里以下的村个数	%	18.0	11.8
2-5公里的村个数	%	7.9	11.7
5-10公里的村个数	%	14.4	10.4
10-20公里的村个数	%	19.6	19.1
20公里以上的村个数	%	40.1	47.1
距最近邮局的距离			
2公里以下的村个数	%	19.0	16.2
2-5公里的村个数	%	18.5	14.7
5-10公里的村个数	%	20.8	17.6
10-20公里的村个数	%	32.5	26.5
20公里以上的村个数	%	9.3	25.0

5-2-9 续表 1

指　　标	单位	31个国贫旗县	26个区贫旗县
距最近集市的距离			
2公里以下的村个数	%	29.1	25.1
2-5公里的村个数	%	27.7	17.6
5-10公里的村个数	%	17.1	15.4
10-20公里的村个数	%	18.1	19.1
20公里以上的村个数	%	8.0	22.8
本村有卫生站(室)	%	97.7	73.5
本村有拥有合法行医证医生/卫生员	%	96.8	77.9
本村有合格接生员		22.4	22.0
本村自然村个数			
通公路的自然村	%	92.6	86.6
主干道路面经过硬化处理的自然村	%	87.3	85.8
通客运班车的自然村	%	78.6	66.7
通电的自然村	%	98.8	99.6
通电话的自然村	%	94.4	99.2
通有线电视信号的自然村	%	97.3	87.2
通宽带的自然村	%	62.3	55.5
被通信信号覆盖的自然村	%	99.4	99.2
有健身器材的自然村	%	22.6	26.5
饮用水经过集中净化处理的自然村	%	51.3	44.0
实现卫生厕所全覆盖的自然村		49.6	60.3
拥有畜禽集中饲养区的村	%	19.8	23.1
进村道路的路面状况			
水泥或柏油路面	%	88.0	83.1
沙石或石板等硬质路面	%	7.7	14.7
其他	%	4.3	2.2

5-2-9 续表 2

指　　标	单位	31个国贫旗县	26个区贫旗县
本村是否有文化活动室			
是	%	96.7	96.6
否	%	3.3	3.4
本村年内是否经常放映数字电影			
10次以上	%	14.0	8.8
5-9次	%	20.2	12.2
5次以下	%	37.3	36.7
一次没放过	%	28.5	42.2
村内是否有畜禽集中饲养区			
是	%	19.8	23.1
否	%	80.3	76.9
上幼儿园或学前班的便利程度如何			
村内有，且便利	%	32.6	25.1
村内无，但入园较便利	%	40.8	39.7
不便利	%	26.6	35.3
上小学的便利程度			
村内有，且便利	%	22.2	22.9
村内无，但入园较便利	%	50.3	42.6
不便利	%	27.5	34.5
本村是否有专业合作经济组织或行业协会			
是	%	60.4	70.1
否	%	39.6	29.9
本村拥有企业情况			
没有	%	73.2	72.8
村内有，企业规模在10人以内	%	17.0	11.6
村内有，企业规模在11-20人	%	5.0	8.2
村内有，企业规模在20人以上	%	4.8	7.5

5-2-10　贫困地区农牧民家庭住房及生活设施情况(2017年)

指　　标	单位	31个国贫旗县	26个区贫旗县
现住房为自有住房的农户比重	%	98.7	96.0
户均住房建筑面积	平方米	81.0	82.2
人均住房面积	平方米	27.4	27.7
居住住房主要建筑材料农户比重			
钢筋混凝土	%	3.4	3.6
砖混材料	%	23.5	19.6
砖瓦砖木	%	56.3	62.5
竹草土坯	%	14.1	10.9
其他	%	2.7	3.4
住宅外道路路面情况农户比重			
水泥或柏油路面	%	50.3	38.1
沙石或石板等硬质路面	%	26.7	27.2
其他	%	23.0	34.7
管道供水农户比重			
管道供水入户	%	52.5	51.1
管道供水至公共取水点	%	0.7	2.3
没有管道设施	%	46.8	46.6
主要饮用水来源农户比重			
经过净化处理的自来水	%	43.3	41.1
受保护的井水和泉水	%	41.7	32.9
不受保护的井水和泉水	%	13.8	23.8
江河湖泊水	%	0.3	0.1
收集雨水	%		0.3
桶装水	%	0.2	
其他水源	%	0.8	1.8

5-2-10 续表 1

指　　标	单位	31个国贫旗县	26个区贫旗县
获取饮用水存在主要困难的农户比重			
单次取水往返时间超过半小时	%	2.1	4.2
间断或定时供水	%	3.9	7.4
当年连续缺水时间超过16天	%	0.5	0.7
无上述困难	%	93.5	87.6
饮用前采取主要处理措施的农户比重			
煮沸	%	86.7	83.6
加漂白剂/氯等	%	0.7	0.3
使用水过滤器	%	1.3	1.2
其他处理措施	%	0.8	3.1
没有任何水处理措施	%	10.5	11.8
厕所类型农户比重			
水冲式卫生厕所	%	2.8	3.7
水冲式非卫生厕所	%	0.1	0.1
卫生旱厕	%	7.6	8.8
普通旱厕	%	86.6	70.9
无厕所	%	2.9	16.5
厕所使用情况农户比重			
本住户独用	%	91.0	75.7
几户合用	%	1.1	3.7
公用厕所	%	7.9	20.5
洗澡设施类型农户比重			
统一供热水	%	0.3	0.8
家庭自装热水器	%	13.8	16.5
其他	%	2.8	4.3
无洗澡设施	%	83.2	78.4

5-2-10 续表 2

指 标	单位	31个国贫旗县	26个区贫旗县
主要取暖用能源状况农户比重			
柴草	%	51.1	23.5
煤炭	%	45.6	69.5
罐装液化石油气	%	0.3	0.6
管道液化石油气	%		
管道煤气	%		0.1
管道天然气	%		
电	%	0.5	1.0
燃料用油	%		
沼气	%		
其他	%	1.9	5.0
无取暖行为	%	0.6	0.3
主要炊用能源状况农户比重			
柴草	%	70.0	45.1
煤炭	%	16.8	30.9
罐装液化石油气	%	5.0	4.2
管道液化石油气	%	0.2	0.1
管道煤气	%		0.1
管道天然气	%		0.2
电	%	8.0	11.8
燃料用油	%		
沼气	%		0.1
其他	%		7.4
使用照明电的农户比重	%	99.8	93.4
自有现住房市场价估计值	万元	6.9	7.5

5-2-11 贫困地区农牧民家庭社会事务及扶贫活动参与情况(2017年)

指　标	单位	31个国贫旗县	26个区贫旗县
一、社会事务参与			
当年参加过村务会议的农牧户比重	%	46.1	58.0
当年为村级公共事务提过建议的农牧户比重	%	27.4	20.4
低保户确定方式			
村民公开评议	%	94.3	89.5
村干部指定	%	2.1	2.8
大家轮流	%		
关系户优先	%	0.2	0.2
其他	%	3.3	7.5
扶贫项目户确定方式			
村民公开评议	%	94.5	89.5
村干部指定	%	1.9	2.3
大家轮流	%		0.1
关系户优先	%	0.2	0.3
其他	%	3.4	7.8
有村级扶贫规划的村所占比重	%	50.3	40.9
了解扶贫规划内容的农牧户比重	%	60.4	59.7
参与村级扶贫规划制定的农牧户比重	%	23.2	32.2
农牧户当年面临主要问题			
缺乏致富技术	%	20.2	24.4
缺乏资金	%	49.7	42.7
缺乏劳动力	%	13.5	9.4
家中有人患大病	%	4.2	2.2
家中有人残疾	%	1.5	0.8
容易遭受自然灾害	%	3.8	8.5
其他	%	7.1	12.1

5-2-11 续表 1

指　标	单位	31个国贫旗县	26个区贫旗县
农牧户对家庭收入状况的判断			
贫困户	%	10.8	7.7
中等偏下户	%	26.0	22.7
中等收入户	%	47.6	46.8
中等偏上户	%	13.2	16.6
富裕户	%	2.4	6.2
二、扶贫活动参与			
认为本村落实了新扶贫项目或资金的农牧户比重	%	41.0	38.3
了解本村扶贫项目方式			
通过村务公开公告栏或通知	%	82.8	77.1
通过村干部个别通知	%	9.8	7.5
通过亲朋好友	%	2.7	6.3
其他	%	4.7	9.0
参与选定村级扶贫项目的农牧户比重	%	16.4	13.6
扶贫项目分配方式			
贫困户优先得到项目	%	85.9	78.3
先给有偿还能力或脱贫能力强的户	%	7.1	11.3
优先考虑关系户	%	0.3	0.6
其他	%	6.6	9.9
参与确定扶贫项目户的农牧户比重	%	17.2	19.9
当年参加扶贫项目的农牧户比重	%	7.1	5.3

5-2-11 续表 2

指　　标	单位	31个国贫旗县	26个区贫旗县
农牧户参加扶贫项目类型			
#种植业	%	13.9	10.7
林业	%	1.2	
养殖业	%	23.4	17.9
农产品加工业	%	0.6	
人畜饮水工程	%	0.4	
危房改造	%	6.1	17.1
教育免费	%	1.8	
卫生			
其他	%	52.6	54.3
当年得到扶贫资金总额	元/户	1040.8	829.1
农牧户最希望得到的扶贫项目类型			
#种植业	%	46.7	39.1
林业	%	0.9	0.8
养殖业	%	35.7	35.2
农产品加工业	%	2.2	0.8
人畜饮水工程	%	0.5	1.8
危房改造	%	1.6	1.0
沼气等新能源建设	%	1.7	
教育免费	%	2.6	1.6
卫生	%	1.4	1.6
专业技能培训	%	3.5	11.3
其他	%	3.1	6.8

主要统计指标解释

农民工 在年底推算农民工数量时，“农民工”是有着明确口径定义的时期概念，即户口性质为本地农业户口且在本年度的从业状况属于以下几种情况:（1）外出农民工，即外出从业6个月及以上的农村劳动力;（2）本地农民工，即从事本地非农活动（包括本地非农务工和非农自营活动）6个月及以上的农村劳动力;（3）期末举家外出的农村劳动力。

年末转移就业人数 即户口性质为本地农业户口且在本年末的从业状况属于以下几种情况:（1）外出转移就业，即年末外出就业一周以上的农村劳动力;（2）本地转移就业，即从事本地非农活动（包括本地非农务工和非农自营活动）的农村劳动力;（3）期末举家外出的农村劳动力。

全年转移就业总人次 即户口性质为本地农业户口且在本年度的从业状况属于以下几种情况:（1）外出转移就业，即年内外出就业一周以上的农村劳动力人次;（2）本地转移就业，即年内从事本地非农活动（包括本地非农务工和非农自营活动）的农村劳动力人次;（3）期末举家外出的农村劳动力。

农民工比率 即调查范围内农民工占本地户籍全年从业劳动力的比重。

扶贫开发工作重点县 我国政府确定以中西部少数民族地区、革命老区、边疆地区和特困地区作为扶贫开发重点，并决定在上述地区确定扶贫开发工作重点县（简称国贫县）。经国务院批准，国家在中西部21个省（区、市）确定了592个县作为新阶段国家扶贫开发工作重点县，内蒙古有31个旗县列入其中。在此基础上，自治区根据实际情况，又确定26个旗县为自治区扶贫开发工作重点旗县（简称区贫县），全区国家和自治区扶贫开发重点县共57个旗县。

贫困标准 2007年以前，国家在测算农村贫困标准时，同时使用绝对贫困人口标准和低收入人口标准。从2008年开始不再使用双重标准，只用低收入人口作为新的农村贫困标准。2011年中央决定将农民人均纯收入2300元（2010年不变价）作为新的国家扶贫标准。根据国家新扶贫标准，结合自治区实际，内蒙古对农村牧区扶贫标准进行了调整：农区农民的年人均纯收入由原来的1560元上调为2600元，牧区牧民的年人均纯收入由原来的1800元上调为3100元。

贫困发生率 贫困发生率，也称贫困人口比重指数，是指低于贫困线的人口数占总人口的比重。

扶贫贷款 指来自政府、金融机构、国际组织等用于扶贫的贷款总额。

农村饮水安全工程 指按照水质、水量、用水方便程度等指标衡量，建立的各类工程设施，使居民饮水达到安全标准的工程。

第六部分　县域经济社会调查篇

第六部分　县域经济社会调查篇

① 旗县农村牧区基本情况

资料整理：郭计珍　王海英　顾文军　赵燕

6-1-1 各旗县(区)农村牧区基本情况(2017年)

地　区	乡　镇(苏　木)(个)	镇(个)	村委会(嘎　查)(个)	年　末总户数(户)	乡村人口(人)
新城区	1	1	24	20459	51391
回民区	1	1	5	15719	33636
玉泉区	1	1	50	15744	47415
赛罕区	3	3	101	45042	144503
土默特左旗	8	6	321	108747	318902
托克托县	4	4	120	43814	154756
和林格尔县	7	3	145	44682	133448
清水河县	7	3	103	26114	74646
武川县	8	2	93	56213	145901
东河区	2	2	49	24778	72310
昆都仑区	2	2	24	15173	37004
青山区	2	2	21	10718	30072
石拐区	2	1	17	9311	23589
白云鄂博矿区					
九原区	4	3	50	15348	52516
土默特右旗	8	5	201	66598	177197
固阳县	6	6	72	40180	96433
达尔罕茂明安联合	12	7	77	25060	55340
稀土高新区	1	1	9	4955	13497
海拉尔区	2	2	17	7556	18023
阿荣旗	11	7	148	84780	231817
莫力达瓦达斡尔族自治旗	14	10	220	76025	269439
鄂伦春自治旗	9	7	82	22224	65870
鄂温克族自治旗	9	3	44	9021	29486
陈巴尔虎旗	6	2	29	4983	15283
新巴尔虎左旗	7	1	55	11617	28089
新巴尔虎右旗	6	2	51	6210	18539
牙克石市	10	10	13	64301	171560
扎兰屯市	12	8	130	86657	268822
额尔古纳市	7	3	5	816	2328
乌兰浩特市	4	4	61	28880	80850
阿尔山市	4	4	18	5206	14250
科尔沁右翼前旗	13	8	229	100382	349326
科尔沁右翼中旗	11	5	173	56720	198172
扎赉特旗	14	7	196	84073	294258
突泉县	8	6	188	81560	247871
通辽市经济开发区	1	1	36	10073	36804
科尔沁区	10	9	334	132235	441592
科尔沁左翼中旗	16	10	488	104864	455604
科尔沁左翼后旗	14	9	262	101481	346529
开鲁县	9	9	217	107836	340753
库伦旗	8	5	187	43996	146713
奈曼旗	14	8	355	114084	396815
扎鲁特旗	13	5	206	78767	212301
红山区	2	2	27	34788	89077
元宝山区	6	5	66	47604	168875
松山区	14	9	244	149260	450530
阿鲁科尔沁旗	13	6	245	96724	253380
巴林左旗	11	9	166	93875	285916
巴林右旗	8	4	162	47428	131262
林西县	8	6	103	71968	180233
克什克腾旗	12	6	124	53517	146245
翁牛特旗	14	8	229	136448	409171

6-1-1 续表

地　区	乡　镇（苏　木）（个）	镇（个）	村委会（嘎　查）（个）	年　末总户数（户）	乡村人口（人）
喀喇沁旗	8	6	161	102691	305768
宁城县	14	12	302	147872	492554
敖汉旗	15	8	228	174321	535286
二连浩特市	1	1	5	871	2273
锡林浩特市	4	4	22	2917	8198
阿巴嘎旗	7	6	71	5865	20119
苏尼特左旗	7	6	49	5641	20192
苏尼特右旗	7	6	63	9227	23501
东乌珠穆沁旗	10	8	57	8312	32702
西乌珠穆沁旗	12	6	93	14139	41829
太仆寺旗	7	6	174	34473	120626
镶黄旗	4	3	60	7043	18718
正镶白旗	5	4	76	23566	55710
正蓝旗	7	6	102	19673	58291
多伦县	5	4	65	22021	71439
乌拉盖经济开发区	4	1	9	942	2775
集宁区	2	1	25	12987	32467
丰镇市	8	5	91	48839	153185
卓资县	7	4	110	27656	82954
化德县	5	2	93	30232	75952
商都县	9	5	211	45582	100594
兴和县	8	4	161	53571	158509
凉城县	8	6	132	59910	166722
察哈尔右翼前旗	8	4	120	58464	170923
察哈尔右翼中旗	11	4	176	52914	164749
察哈尔右翼后旗	7	4	87	31161	84529
四子王旗	13	4	121	41376	159027
东胜区	3	3	29	98348	16184
达拉特旗	8	7	130	166963	161305
准格尔旗	10	7	159	148085	104623
鄂托克前旗	3	3	68	29241	42507
鄂托克旗	5	3	75	43184	38952
杭锦旗	5	4	76	71201	77596
乌审旗	5	4	61	45611	51425
伊金霍洛旗	6	6	138	76146	67682
康巴什区	1		1	11571	131
临河区	9	7	151	76983	253979
五原县	9	8	117	52853	207864
磴口县	5	4	47	23786	62643
乌拉特前旗	11	9	93	74295	216487
乌拉特中旗	10	6	85	26540	80143
乌拉特后旗	6	3	50	8807	27745
杭锦后旗	9	9	107	50140	191594
海勃湾区	1	1	5	6252	16331
海南区	3	3	8	3403	8407
乌达区	1	1			
阿拉善左旗	15	9	139	20904	56684
阿拉善右旗	7	3	40	3264	9857
额济纳旗	8	3	19	2358	6204

6-1-2 各旗县(区)农村牧区基础设施情况(2017年)

单位：个

地　　区	通自来水村数	通有线电视村数	通宽带村数
新城区	24	19	21
回民区	5	5	5
玉泉区	50	50	50
赛罕区	101	101	101
土默特左旗	321	321	321
托克托县	120	120	120
和林格尔县	142	121	132
清水河县	86	103	57
武川县	93	82	67
东河区	44	44	44
昆都仑区	24	24	24
青山区	21	21	21
石拐区	17	17	7
白云鄂博矿区			
九原区	50	50	50
土默特右旗	201	201	201
固阳县	72	72	50
达尔罕茂明安联合	73	77	74
稀土高新区	9	9	9
海拉尔区	16	17	17
阿荣旗	76	27	118
莫力达瓦达斡尔族自治旗	144	192	205
鄂伦春自治旗	19	82	72
鄂温克族自治旗	16	42	17
陈巴尔虎旗	7	5	6
新巴尔虎左旗	22	21	23
新巴尔虎右旗	6	51	28
牙克石市	13	13	13
扎兰屯市	61	130	130
额尔古纳市	4	4	4
乌兰浩特市	42	61	61
阿尔山市	7	18	15
科尔沁右翼前旗	229	229	229
科尔沁右翼中旗	117	173	141
扎赉特旗	122	196	160
突泉县	130	134	186
通辽市经济开发区	36	36	36
科尔沁区	328	292	334
科尔沁左翼中旗	488	488	488
科尔沁左翼后旗	262	262	225
开鲁县	217	217	217
库伦旗	74	187	153
奈曼旗	293	335	314
扎鲁特旗	128	206	181
红山区	27	27	27
元宝山区	66	66	66
松山区	224	214	218
阿鲁科尔沁旗	171	245	195
巴林左旗	160	166	158
巴林右旗	74	61	67
林西县	100	103	103
克什克腾旗	100	92	87
翁牛特旗	210	208	158

6-1-2 续表

单位：个

地　　区	通自来水村数	通有线电视村数	通宽带村数
喀喇沁旗	149	161	160
宁城县	238	284	264
敖汉旗	146	192	228
二连浩特市	1	1	
锡林浩特市			
阿巴嘎旗			
苏尼特左旗		49	
苏尼特右旗	1		
东乌珠穆沁旗			
西乌珠穆沁旗	6	5	21
太仆寺旗	98	13	23
镶黄旗	50		10
正镶白旗	10	1	1
正蓝旗	81	102	15
多伦县	48	22	22
乌拉盖经济开发区	1	1	
集宁区	25	25	25
丰镇市	77	81	72
卓资县	75	110	110
化德县	93	93	93
商都县	210	211	29
兴和县	115	161	29
凉城县	132	43	85
察哈尔右翼前旗	102	120	120
察哈尔右翼中旗	150	176	90
察哈尔右翼后旗	65	87	8
四子王旗	102	121	45
东胜区	29	29	25
达拉特旗	115	130	88
准格尔旗	118	60	112
鄂托克前旗	68	68	48
鄂托克旗	48	62	18
杭锦旗	60	76	69
乌审旗	38	59	43
伊金霍洛旗	138	138	138
康巴什区	1		
临河区	151	151	146
五原县	117	117	107
磴口县	47	47	45
乌拉特前旗	90	93	76
乌拉特中旗	41	77	44
乌拉特后旗	20	18	22
杭锦后旗	106	107	102
海勃湾区	5	5	5
海南区	8	8	8
乌达区			
阿拉善左旗	115	165	86
阿拉善右旗	20	9	14
额济纳旗	14	19	1

6-1-3 各旗县(区)农村牧区劳动力资源及从业人员构成(2017年)

单位：人

地区	乡村劳动力资源	乡村从业人员	男	农林牧渔业从业人员	牧业
新城区	38686	37403	20556	10743	2650
回民区	23650	20119	10615	2098	58
玉泉区	23067	19361	10909	10740	3745
赛罕区	89878	79738	45677	47136	5220
土默特左旗	194675	168539	93410	74996	17185
托克托县	101488	88561	51272	53951	11567
和林格尔县	80298	77746	43009	61077	8062
清水河县	45531	43659	24503	30087	1979
武川县	86044	78583	45270	58298	8199
东河区	36550	28213	18169	10059	1373
昆都仑区	24602	17392	10302	3692	478
青山区	24395	15225	9262	2022	102
石拐区	11869	9034	5519	6717	1916
白云鄂博矿区					
九原区	43261	33465	18473	26348	3059
土默特右旗	136743	127219	72693	90116	12630
固阳县	61718	57023	31013	43401	1303
达尔罕茂明安联合	38632	30698	18578	21812	7398
稀土高新区	9177	7423	4603	3398	220
海拉尔区	11286	11286	6198	7073	2941
阿荣旗	128610	125460	72198	109173	89423
莫力达瓦达斡尔族自治旗	162664	138289	82187	120625	7665
鄂伦春自治旗	44538	38595	21350	36496	1987
鄂温克族自治旗	22195	18346	9732	14822	14593
陈巴尔虎旗	8902	8343	4626	8097	8097
新巴尔虎左旗	19269	17687	9250	16538	16491
新巴尔虎右旗	13801	11087	6001	9220	9220
牙克石市	103870	69573	35148	28406	11671
扎兰屯市	188927	174184	97637	143686	28400
额尔古纳市	1396	1341	914	1101	836
乌兰浩特市	52505	48541	26919	37934	7283
阿尔山市	10319	7672	4307	5754	1619
科尔沁右翼前旗	210135	194660	101223	120996	34823
科尔沁右翼中旗	120170	105507	57274	92197	14878
扎赉特旗	180726	154021	83409	118048	22865
突泉县	154321	153003	84242	118909	6323
通辽市经济开发区	25362	24162	13538	12943	645
科尔沁区	259239	249029	139807	157401	22025
科尔沁左翼中旗	247906	231649	125396	158534	17273
科尔沁左翼后旗	174583	145599	80349	133061	29041
开鲁县	210173	205330	109869	171552	8774
库伦旗	92098	85458	46631	79243	15274
奈曼旗	229198	222453	121725	180791	21640
扎鲁特旗	132686	115834	63599	96141	28357
红山区	50639	43071	24932	21144	2153
元宝山区	98488	84523	45751	43631	3657
松山区	280226	264749	139741	166265	15553
阿鲁科尔沁旗	153114	145722	78913	122575	28892
巴林左旗	164321	146657	80022	117206	7919
巴林右旗	65101	51942	29331	46528	23579
林西县	106479	100005	58406	75279	5830
克什克腾旗	96520	83095	45087	66080	23115
翁牛特旗	206468	188645	101152	139008	27029

6-1-3 续表 1

单位：人

地区	乡村劳动力资源	乡村从业人员	男	农林牧渔业从业人员	牧业
喀喇沁旗	178679	161323	87803	111316	10859
宁城县	272587	260224	136773	203129	28196
敖汉旗	317262	311307	169751	215606	13939
二连浩特市	1277	1145	724	972	739
锡林浩特市	6425	6206	3435	5698	5698
阿巴嘎旗	14083	13486	6878	13175	13175
苏尼特左旗	16060	13995	7137	12427	12427
苏尼特右旗	19666	16693	8749	16543	15359
东乌珠穆沁旗	21989	21530	11145	19838	19838
西乌珠穆沁旗	29855	27685	14428	25179	25179
太仆寺旗	82985	77977	40168	61122	3340
镶黄旗	14785	13958	7363	12815	12815
正镶白旗	29235	26778	14544	26279	15087
正蓝旗	43304	37151	19075	23090	17994
多伦县	43930	42530	22979	35991	3508
乌拉盖经济开发区	1914	1820	1080	1409	990
集宁区	25973	24173	12328	17000	3282
丰镇市	89329	73361	47063	47006	
卓资县	58260	52870	29615	28289	2927
化德县	49299	40624	23124	36100	5774
商都县	66853	59207	33273	52617	4212
兴和县	112506	85050	48937	80519	11594
凉城县	106722	98435	53822	80122	3641
察哈尔右翼前旗	115906	110440	59036	88157	5170
察哈尔右翼中旗	123080	91240	59306	82362	1784
察哈尔右翼后旗	60587	50823	29620	37903	3712
四子王旗	101971	87727	49909	83411	13793
东胜区	10753	9294	5450	6668	363
达拉特旗	128581	124481	66195	96917	14535
准格尔旗	71151	60467	34144	39537	4941
鄂托克前旗	29329	27774	14317	23269	10227
鄂托克旗	28252	25052	15201	21482	16672
杭锦旗	59319	54825	30123	48452	10176
乌审旗	40269	40269	22152	32884	16254
伊金霍洛旗	55614	49720	28157	37614	904
康巴什区	40	30	18	15	
临河区	163102	144430	77753	121270	12469
五原县	132474	114077	64870	104005	2519
磴口县	44217	39351	21190	35748	2946
乌拉特前旗	132676	114385	63070	102934	8452
乌拉特中旗	57259	53581	28756	50646	11687
乌拉特后旗	21681	16260	9144	12844	6257
杭锦后旗	113040	105540	56051	83601	19281
海勃湾区	13679	12490	6268	9394	1218
海南区	7167	6636	3527	4031	393
乌达区					
阿拉善左旗	39698	36894	19530	30403	13761
阿拉善右旗	6208	5946	3009	5098	3767
额济纳旗	4355	4277	2185	4169	2043

6-1-3　续表 2

单位：人

地　　区	工　业从业人员	建筑业从业人员	交运仓储邮　政从业人员	信息传输计算机服务软件从业人员	批发与零售从业人员	住宿和餐饮从业人员	其他行业从业人员
新城区	2141	4741	2388	363	2163	2871	11993
回民区	817	5126	2654	2269	1824	2697	2634
玉泉区	911	2156	1222	201	1447	875	1809
赛罕区	2929	4911	2331	438	9428	9394	3171
土默特左旗	17499	33420	10323	1818	14303	11427	4753
托克托县	10873	10477	5181	291	3087	3275	1426
和林格尔县	3136	5951	1481	280	2438	1471	1912
清水河县	1674	4461	3445	395	1156	1201	1240
武川县	5003	5474	1801	1071	4156	1153	1627
东河区	4190	3793	1242	289	3817	2385	2438
昆都仑区	1757	1643	819	241	3991	2771	2478
青山区	290	6422	839	385	679	762	3826
石拐区	446	596	430	96	460	289	
白云鄂博矿区							
九原区	1402	1238	1049	158	1513	1252	505
土默特右旗	7498	9996	6997	483	7392	3562	1175
固阳县	5357	1393	1360	46	3643	661	1162
达尔罕茂明安联合	1693	1645	782	241	1378	1733	1414
稀土高新区	310	542	325	376	669	915	888
海拉尔区	449	279	443	24	442	453	2123
阿荣旗	3146	4050	1706	253	4544	2357	231
莫力达瓦达斡尔族自治旗	975	3816	2291	289	5310	1701	3282
鄂伦春自治旗	509	404	106	44	442	281	313
鄂温克族自治旗	820	311	436	61	669	548	679
陈巴尔虎旗	8		42	1	85	110	
新巴尔虎左旗		60	73	37	260	362	357
新巴尔虎右旗	36	35	21	26	70	163	1516
牙克石市	13021	4371	4557	2038	5858	4351	6971
扎兰屯市	3242	7283	2489	825	7920	5556	3183
额尔古纳市			46		34	95	65
乌兰浩特市	3565	1733	649	48	1426	1091	2095
阿尔山市	238	363	108	92	471	524	122
科尔沁右翼前旗	20166	20166	3083	6050	10085	10082	4032
科尔沁右翼中旗	2337	2958	1641	356	2673	2149	1196
扎赉特旗	5090	8253	2122	625	5378	5199	9306
突泉县	6774	10760	2022	554	6660	4989	2335
通辽市经济开发区	2335	4057	712	163	723	915	2314
科尔沁区	18529	28684	6951	1999	15714	11766	7985
科尔沁左翼中旗	19979	10369	3031	3651	19051	11847	5187
科尔沁左翼后旗	1882	4204	708	465	2039	1653	1587
开鲁县	6027	13378	1160	665	4615	3347	4586
库伦旗	451	1120	230	70	749	1303	2292
奈曼旗	3548	23672	2236	624	4211	3431	3940
扎鲁特旗	1703	2932	1386	675	3291	2404	7302
红山区	3464	3713	3440	725	2585	1640	6360
元宝山区	10635	14338	3349	1175	4750	2504	4141
松山区	23011	40010	6323	950	18753	5731	3706
阿鲁科尔沁旗	1072	11378	1698	652	3164	2405	2778
巴林左旗	14898	4716	2526	487	3001	1982	1841
巴林右旗	787	594	458	20	1554	605	1396
林西县	3697	7069	1059	332	3386	2387	6796
克什克腾旗	974	4437	1155	297	3522	4830	1800
翁牛特旗	6786	20277	2639	1484	7070	2834	8547

6-1-3 续表 3

单位：人

地　区	工　业 从业人员	建筑业 从业人员	交运仓储 邮　政 从业人员	信息传输 计算机服务 软件从业人员	批发与零售 从业人员	住宿和餐饮 从业人员	其他行业 从业人员
喀喇沁旗	8207	19650	4536	1486	6297	4724	5107
宁城县	13308	21144	5697	2187	9648	4749	362
敖汉旗	26311	29815	6213	902	11818	3841	16801
二连浩特市		12	11		107	28	15
锡林浩特市	5	4	5	4	165	155	170
阿巴嘎旗	55	80	45	20	36	55	20
苏尼特左旗	50	60	190	96	303	405	464
苏尼特右旗	32	60	15	1	16	16	10
东乌珠穆沁旗	13	121	67	26	247	328	890
西乌珠穆沁旗	54	37	306	175	626	482	826
太仆寺旗	2420	2802	1560	90	2604	4009	3370
镶黄旗	87	38	115	46	318	221	318
正镶白旗		213	98		188		
正蓝旗	986	4773	1739	90	1850	2650	1973
多伦县	676	1230	458	461	751	884	2079
乌拉盖经济开发区		110	85		87	84	45
集宁区	1796	1857	1007	650	960	903	
丰镇市	3488	14511	3706	243	2139	1448	820
卓资县	2701	3617	4521	423	2618	3902	6799
化德县	927	1988	404	40	613	280	272
商都县	1109	2486	524	47	889	288	1247
兴和县	793	1756	73	26	1121	276	486
凉城县	1131	6250	1756	184	5047	2940	1005
察哈尔右翼前旗	4506	12722	566	165	1546	929	1849
察哈尔右翼中旗	573	5921	753	97	921	403	210
察哈尔右翼后旗	2669	3069	1051	51	1266	1019	3795
四子王旗	557	929	136	104	884	364	1342
东胜区	1081	414	270	117	387	276	81
达拉特旗	3510	3530	7818	468	7091	4822	325
准格尔旗	5200	2717	4605	685	3066	3832	825
鄂托克前旗	1416	559	879	83	638	599	331
鄂托克旗	780	460	515	212	695	529	379
杭锦旗	1754	1094	1030	201	1183	608	503
乌审旗	1298	1996	902	105	1297	1409	378
伊金霍洛旗	1558	2365	1650	550	2765	2798	420
康巴什区							15
临河区	3895	1975	1615	395	8239	2346	4695
五原县	2900	1312	1031	498	2886	787	658
磴口县	579	457	222	33	984	576	752
乌拉特前旗	2097	1468	1103	139	4263	1595	786
乌拉特中旗	711	164	163	36	829	584	448
乌拉特后旗	1258	318	276	38	602	272	652
杭锦后旗	4140	2874	2310	320	5240	3326	3729
海勃湾区	645	1611	354		188	245	53
海南区	1074	87	389	31	310	421	293
乌达区							
阿拉善左旗	418	361	827	35	685	1979	2186
阿拉善右旗	17	20	95		88	239	389
额济纳旗		9	13		5	81	

6-1-4 各旗县(区)农村用电量和农用化肥施用量(2017年)

单位：吨

地区	农村用电量(万千瓦时)	农用化肥施用量(按折纯法计算)				
			氮肥	磷肥	钾肥	复合肥
新城区	1914	117	33	35	14	35
回民区	135	79	19	40	4	16
玉泉区	1080	2708	2623	13	12	60
赛罕区	11967	11192	4639	2398	585	3570
土默特左旗	13856	32714	19578	5656	1043	6437
托克托县	7167	37891	22821	6662	2344	6064
和林格尔县	12946	9392	3699	3166	467	2060
清水河县	1326	13779	7259	2923	1032	2565
武川县	2957	17086	6189	4537	2790	3570
东河区	3510	3630	944	859	790	1037
昆都仑区	2298	1017	456	105	48	408
青山区	1454	195	8	4	1	182
石拐区	529	828	246	181	162	239
白云鄂博矿区						
九原区	6631	5046	1772	1626	336	1312
土默特右旗	9827	36087	22043	1171	197	12676
固阳县	7893	17219	11346			5873
达尔罕茂明安联合	2842	7485	2310	1351	1101	2724
稀土高新区	1380	464	202	64		198
海拉尔区	1746	4247	810	1290	354	1793
阿荣旗	8844	20134	7534	4181	2004	6415
莫力达瓦达斡尔族自治旗	7389	90046	29563	20798	15234	24451
鄂伦春自治旗	2597	37096	9126	11512	4853	11605
鄂温克族自治旗	960	3822	373	709	364	2376
陈巴尔虎旗	1666	9301	3432	4082	1104	683
新巴尔虎左旗	530	630				630
新巴尔虎右旗	196	35	18	10	7	
满洲里市	100	96	42			54
牙克石市	1298	9226	1951	1765	1327	4183
扎兰屯市	6617	60220	20823	12042	6912	20443
额尔古纳市	3588	24921	8124	10591	2753	3453
根河市		350	23	9	57	260
乌兰浩特市	4206	16608	3951	2539	2171	7947
阿尔山市	670	2313	812	310	127	1064
科尔沁右翼前旗	9628	70250	33600	11600	4800	20250
科尔沁右翼中旗	8142.82	49809	2433	2704	934	43738
扎赉特旗	6449	120321	24008	18060	6109	72144
突泉县	8361	36708	8746	6240	5506	16216
通辽市经济开发区	2532	12016	5003	2600	1186	3227
科尔沁区	25400	113963	57018	19282	12123	25540
科尔沁左翼中旗	8887	109200	49916	19027	8254	32003
科尔沁左翼后旗	11515	199564	50264	25735	20614	102951
开鲁县	21313	36194	21072	8349	3938	2835
库伦旗	3302	29618	7832	5570	4469	11747
奈曼旗	23451	131803	56232	33019	10050	32502
扎鲁特旗	12639	54748	20420	19216	3671	11441
霍林郭勒市	4521	1692	298	25	17	1352
红山区	3168	5420	2243	909	975	1293
元宝山区	19275	13700	4681	2516	921	5582
松山区	29169	46751	17797	6749	3783	18422
阿鲁科尔沁旗	22513	21341	2910	849	666	16916
巴林左旗	10575	21713	6578	5529	3237	6369
巴林右旗	3308	5558	1655	965	400	2538
林西县	13142	10118	4208	2295	1237	2378
克什克腾旗	7737	9863	2593	2145	586	4539
翁牛特旗	19376	40319	19178	5831	3939	11371

6-1-4 续表

单位：吨

地　区	农村用电量(万千瓦时)	农用化肥施用量(按折纯法计算)				
			氮　肥	磷　肥	钾　肥	复合肥
喀喇沁旗	6385	18495	6061	2708	2225	7501
宁城县	59884	44246	21429	6867	3523	12427
敖汉旗	60814	113762	62479	15012	10491	25780
二连浩特市	825	106	106			
锡林浩特市	2864	4942	482	476	388	3597
阿巴嘎旗	949					
苏尼特左旗	205					
苏尼特右旗	517	333	84	23	17	209
东乌珠穆沁旗	99	5				5
西乌珠穆沁旗	818					
太仆寺旗	674	2746	309	530	50	1857
镶黄旗	30	5			5	
正镶白旗	560	224	50	45		129
正蓝旗	2019	1498	616	124	416	342
多伦县	1162	2925	545	1780	273	327
乌拉盖经济开发区	571	7904				7904
集宁区	2860	1810	350	300		1160
丰镇市	1975	14524	3532	1209	1041	8742
卓资县	775	2848	1587	152	385	724
化德县	2560	3798	1300	985	93	1420
商都县	7778	10771	4357	4817	1597	
兴和县	3150	14818	5689	3243		5886
凉城县	3779	15200	8908	4329	527	1436
察哈尔右翼前旗	2445	9423	5094	680	483	3166
察哈尔右翼中旗	19396	12915	5012	783	614	6506
察哈尔右翼后旗	3415	5051	1980	595	40	2436
四子王旗	1649	7934	4988	471	224	2251
东胜区	722	695	403	182	38	72
达拉特旗	93427	68482	20518	25703	9846	12415
准格尔旗	3302	9696	6455	759	192	2291
鄂托克前旗	5009	20008	4839	4157	1096	9916
鄂托克旗	923	4474	3152	205	32	1085
杭锦旗	6718	24911	17339	2713	957	3902
乌审旗	6882	1610	5435	922	303	222
伊金霍洛旗	5834	3473	1486	918	485	584
康巴什区						
临河区	13831	62935	34398	12790	1990	13757
五原县	4658	63685	38105	7325	8683	9572
磴口县	3277	54478	32483	10447	585	10963
乌拉特前旗	9566	37111	19856	8781	1056	7418
乌拉特中旗	14826	11805	8575	397	83	2750
乌拉特后旗	2327	6421	3880			2541
杭锦后旗	3662	42642	18012	10630		14000
海勃湾区	1673	1370	825	336	8	201
海南区	1331	2066	1311	622	7	126
乌达区	390	363	103	110	16	134
阿拉善左旗	25931	10106	3323	2162	1263	3358
阿拉善右旗	800	769	221	47	13	488
额济纳旗	437	5027	1394	1231	756	1646

6-1-5 各旗县(区)农用塑料薄膜及柴油和农药使用量(2017年)

地 区	农用塑料薄膜使用量(吨)			农用柴油(吨)	农药使用量(吨)
		膜使用量(吨)	地膜覆盖面积(公顷)		
新城区	56	12	345	430	0
回民区	25	2	20	147	15
玉泉区	128	122	2785	1750	8
赛罕区	1821	1098	13086	7506	50
土默特左旗	3830	3830	65311	11816	109
托克托县	1382	1377	28678	7894	138
和林格尔县	1701	1517	25639	5850	55
清水河县	229	183	3497	1763	23
武川县	345	345	8202	5707	54
东河区	689	385	3653	2751	89
昆都仑区	3	3	45	286	18
青山区	105	9	23	49	1
石拐区	23	23	127	499	9
白云鄂博矿区					
九原区	716	594	7296	2291	62
土默特右旗	2199	2061	39783	12580	556
固阳县	903	833	18121	6720	24
达尔罕茂明安联合	271	209	2932	6786	55
稀土高新区	24	21	320	169	6
海拉尔区	617	43	1015	2772	98
阿荣旗	2330	2075	21500	13192	758
莫力达瓦达斡尔族自治旗	342	310	3918	30245	2059
鄂伦春自治旗	62	10	117	14829	2545
鄂温克族自治旗	6	4	12	9488	28
陈巴尔虎旗				9815	524
新巴尔虎左旗				520	28
新巴尔虎右旗	58	40	21	109	25
满洲里市	56	44	274	2011	4
牙克石市	210	51	2226	11245	651
扎兰屯市	1270	482	6510	29761	1075
额尔古纳市	3	3	30	8522	1420
根河市	20	4	25	9	8
乌兰浩特市	186	89	644	6698	547
阿尔山市	16	4	8	1201	40
科尔沁右翼前旗	1579	1579	1778	16240	366
科尔沁右翼中旗	78	53	933	19066	728.16
扎赉特旗	2624	2047	2450	19876	5747
突泉县	200	150	2000	14565	450
通辽市经济开发区	72	51	459	1661	157
科尔沁区	265	152	1550	21134	738
科尔沁左翼中旗	231	229	227	14979	620
科尔沁左翼后旗	340	221	961	24073	2120
开鲁县	3440	2598	37730	11499	755
库伦旗	235	38	586	6311	1492
奈曼旗	543	508	6092	31084	1340
扎鲁特旗	181	179	2381	14896	621
霍林郭勒市	15	14	148	1602	15
红山区	365	29	456	675	30
元宝山区	1038	649	9155	2835	87
松山区	6231	3121	34253	42629	313
阿鲁科尔沁旗	342	311	7700	33207	424
巴林左旗	531	465	7807	5604	187
巴林右旗	487	481	13201	3263	31
林西县	908	787	15417	10826	19
克什克腾旗	463	457	6790	4111	203
翁牛特旗	1472	1163	22864	11816	324

6-1-5 续表

地　区	农用塑料薄膜使用量(吨)	膜使用量(吨)	地膜覆盖面积(公顷)	农用柴油(吨)	农药使用量(吨)
喀喇沁旗	1427	1113	17481	5758	293
宁城县	1982	1507	21409	4765	289
敖汉旗	5601	5478	51582	23159	2160
二连浩特市	10	10	8	9	5
锡林浩特市	442	38	230	444231	145
阿巴嘎旗				361	10
苏尼特左旗					
苏尼特右旗	13	13	983	3014	12
东乌珠穆沁旗				25	4
西乌珠穆沁旗				6001	5
太仆寺旗	188	7	1400	2833	20
镶黄旗				500	
正镶白旗	30	30	485	1063	2
正蓝旗	45	45	45	980	156
多伦县	102	41	494	5722	120
乌拉盖经济开发区				2425	59
集宁区	2100	1240	2500	1880	270
丰镇市	697	697	9936	3088	90
卓资县	387	320	5203	650	7
化德县	251	251	7782	1902	19
商都县	1332	1164	23017	1903	164
兴和县	1176	1113	16337	11038	80
凉城县	1364	1309	20370	2896	28
察哈尔右翼前旗	845	826	13747	3603	43
察哈尔右翼中旗	1741	1741	34824	3657	125
察哈尔右翼后旗	1180	1097	15210	3572	35
四子王旗	139	132	2614	3208	53
东胜区	80	56	642	111	5
达拉特旗	4240	2798	62009	10587	351
准格尔旗	425	414	8273	5245	77
鄂托克前旗	225	136	2485	838	189
鄂托克旗	54	54	2036	3158	121
杭锦旗	360	329	3097	9667	659
乌审旗	131	131	3314	3359	175
伊金霍洛旗	94	86	5326	4089	36
康巴什区					
临河区	5589	4888	109014	8735	438
五原县	4680	4541	132854	14353	291
磴口县	3530	3026	60099	11673	177
乌拉特前旗	5283	5072	119911	15969	269
乌拉特中旗	3000	2723	60214	6964	109
乌拉特后旗	308	259	6000	4492	28
杭锦后旗	2760	2650	62673	4618	240
海勃湾区	58	45	758	651	13
海南区	1	1	21	679	15
乌达区	40	27	604	555	2
阿拉善左旗	731	726	10271	6611	283
阿拉善右旗	142	142	2690	135	27
额济纳旗	257	254	4173	260	71

第六部分　县域经济社会调查篇

② 旗县农牧业生产情况

资料整理：阿茹娜　李艳丽　王元杰
许　伟　郭计珍　赵　燕

6-2-1 各旗县(区)主要农作物播种面积和产量(2017年)

单位：公顷、吨

地区	粮食作物		谷物	
	播种面积	总产量	播种面积	总产量
新城区	397	1240	291	1021
回民区	149	720	62	290
玉泉区	3980	28252	3859	27902
赛罕区	24958	79733	22265	73646
土默特左旗	85080	567288	84454	564989
托克托县	49985	280684	47237	276102
和林格尔县	58068	220004	41321	188559
清水河县	41955	78788	29905	52325
武川县	71828	166748	44250	71241
东河区	5634	43455	5595	43259
昆都仑区	1361	8459	1350	8415
青山区	932	5216	753	3836
石拐区	1490	7222	932	4055
白云鄂博矿区				
九原区	11856	64188	11600	62711
土默特右旗	87903	785678	87572	783873
固阳县	69208	103392	46316	55382
达尔罕茂明安联合旗	33188	82239	18719	39361
海拉尔区	17720	53458	8277	17601
扎赉诺尔区				
阿荣旗	311715	1730891	175078	1469719
莫力达瓦达斡尔族自治旗	506460	1887266	156036	1261615
鄂伦春自治旗	307844	711281	42661	252762
鄂温克族自治旗	15399	38596	14433	35843
陈巴尔虎旗	46116	82898	43980	74594
新巴尔虎左旗	17096	12353	17047	12278
新巴尔虎右旗	1111	2295	245	1183
满洲里市	581	3050		
牙克石市	124271	466553	111424	427760
扎兰屯市	239191	1141801	130337	958077
额尔古纳市	98047	355361	96929	350224
根河市	1470	3414	750	1363
乌兰浩特市	43811	265055	39016	258283
阿尔山市	16718	60000	13322	56063
科尔沁右翼前旗	235363	1199429	191690	1122169
科尔沁右翼中旗	143679	811215	131385	795615
扎赉特旗	303868	1600001	253232	1514286
突泉县	158136	1098484	133134	1074786
科尔沁区	156595	1251139	155030	1247133
科尔沁左翼中旗	286151	1896335	277984	1878071
科尔沁左翼后旗	232265	1128227	222539	1111062
开鲁县	135532	1170088	131775	1160808
库伦旗	105692	510965	91085	480419
奈曼旗	205060	985419	196212	968732
扎鲁特旗	143392	558171	132119	536255
霍林郭勒市	2398	7646	1980	5779
红山区	11637	56976	11327	56613
元宝山区	25705	193076	24817	191214
松山区	126497	840000	112087	807362
阿鲁科尔沁旗	129026	562533	100489	544481
巴林左旗	106738	508865	98463	492004
巴林右旗	57832	226761	54993	222541

6-2-1 续表 1

单位：公顷、吨

地　区	粮食作物		谷　物	
	播种面积	总产量	播种面积	总产量
林西县	49248	245709	42617	233943
克什克腾旗	61964	151000	56841	134124
翁牛特旗	177559	767340	165276	742734
喀喇沁旗	47877	336020	43214	310771
宁城县	98551	802823	96763	793817
敖汉旗	182848	830902	166304	816662
二连浩特市				
锡林浩特市	13639	32344	9391	18912
阿巴嘎旗				
苏尼特左旗				
苏尼特右旗	396	367	291	256
东乌珠穆沁旗	10212	23928	8887	13377
西乌珠穆沁旗				
太仆寺旗	74331	212700	53295	99075
镶黄旗	590		590	
正镶白旗	10564	5305	6857	2978
正蓝旗	13715	16766	8929	4739
多伦县	38255	79624	27508	53165
集宁区	4843	9977	2760	3802
卓资县	34373	62495	16234	26008
化德县	43163	55472	30932	32150
商都县	63556	85973	43533	43174
兴和县	52130	82007	28223	36424
凉城县	52123	250348	32180	195927
察哈尔右翼前旗	36833	83437	22099	43367
察哈尔右翼中旗	67702	109454	36267	38052
察哈尔右翼后旗	36967	84816	17072	20911
四子王旗	71612	133716	23884	31262
丰镇市	44267	89893	18600	40143
东胜区	3952	13670	3346	10227
达拉特旗	88023	568413	80031	535406
准格尔旗	42336	109625	34237	85353
鄂托克前旗	22670	92851	18524	73679
鄂托克旗	20812	92335	19647	86290
杭锦旗	48705	367324	46690	356586
乌审旗	25290	124001	23818	118755
伊金霍洛旗	23942	83711	20697	70027
临河区	72601	557749	72189	556154
五原县	55768	419202	55768	419202
磴口县	27688	190998	27658	190890
乌拉特前旗	69185	500225	68639	497878
乌拉特中旗	42014	250923	41818	250115
乌拉特后旗	9178	59384	9170	59351
杭锦后旗	56674	420178	56674	420178
海勃湾区	1329	9987	1319	9924
海南区	3187	26524	3183	26503
乌达区	380	3369	380	3369
阿拉善左旗	17622	150053	17524	149571
阿拉善右旗	1010	8778	1003	8753
额济纳旗	149	804	149	804

6-2-1 续表 2

单位：公顷、吨

地区	水稻		小麦		玉米	
	播种面积	总产量	播种面积	总产量	播种面积	总产量
新城区			8	13	225	910
回民区			2	10	60	280
玉泉区			323	2045	3431	25463
赛罕区			288	1147	20665	65740
土默特左旗			2067	7637	82026	555470
托克托县	30	126	493	1861	43682	265881
和林格尔县					34421	158197
清水河县					10444	27816
武川县			23307	31485	171	788
东河区	20	152	63	411	5106	41148
昆都仑区			186	592	952	7591
青山区			288	434	465	3402
石拐区			4	5	854	3785
白云鄂博矿区						
九原区			2820	19707	8780	43004
土默特右旗	29	187	9481	57026	76801	720548
固阳县			19134	15438	10410	12788
达尔罕茂明安联合旗			11036	7775	1379	13011
海拉尔区			5817	13310	1769	2671
扎赉诺尔区						
阿荣旗	7966	47546	670	3553	163679	1414802
莫力达瓦达斡尔族自治旗	13388	75249	14495	80408	128153	1105958
鄂伦春自治旗			15421	75022	22158	167530
鄂温克族自治旗			10920	27116	86	387
陈巴尔虎旗			42504	72010		
新巴尔虎左旗			17043	12272	4	6
新巴尔虎右旗					245	1183
满洲里市						
牙克石市			96905	406490	505	4529
扎兰屯市	3410	18702	4128	16259	122056	921651
额尔古纳市			80942	306985	3680	31532
根河市			750	1363		
乌兰浩特市	9212	89182			29752	169028
阿尔山市			11466	46359	815	6423
科尔沁右翼前旗	5619	49165	9019	32350	170677	1018990
科尔沁右翼中旗	2292	19766	18523	74859	98865	670632
扎赉特旗	31720	258630	410	1702	220065	1250154
突泉县	348	2924			104546	1001845
科尔沁区	288	2054	2320	8067	151909	1234254
科尔沁左翼中旗	742	5014	595	1869	272444	1852669
科尔沁左翼后旗	20525	144220	239	739	201393	964855
开鲁县	1822	12569	2069	6224	126469	1136641
库伦旗	2082	14700			65712	412197
奈曼旗	2449	17661	1261	3928	184988	925213
扎鲁特旗	11	80	196	617	128067	518692
霍林郭勒市			886	2556		
红山区			140	465	8577	48725
元宝山区	60	240	71	250	19750	168881
松山区	70	620	3666	14468	68312	546117
阿鲁科尔沁旗	10	60	54	125	78937	501726
巴林左旗	383	1614	1264	2119	65975	417887
巴林右旗	1188	7028	1906.4	2283	35699	184132

6-2-1 续表 3

单位：公顷、吨

地区	水稻		小麦		玉米	
	播种面积	总产量	播种面积	总产量	播种面积	总产量
林西县	2	9	4535	17094	24323	174235
克什克腾旗	5	21	34396	48264	13454	64387
翁牛特旗	13997	56170	13929	17918	76772	562782
喀喇沁旗	5	28	295	1043	32275	276098
宁城县	582	5434	1995	3776	75293	675854
敖汉旗	2332	14633	356	508	101180	624028
二连浩特市						
锡林浩特市			5757	14568	953	2493
阿巴嘎旗						
苏尼特左旗						
苏尼特右旗			248	221		
东乌珠穆沁旗			5176	5241	884	5546
西乌珠穆沁旗						
太仆寺旗			11859	28221	1292	7885
镶黄旗			444			
正镶白旗			4040	1337	717	
正蓝旗			5692	3113	2449	734
多伦县			7022	8581	14847	42533
集宁区			150	237	1833	2500
卓资县			2615	4921	6136	13932
化德县			14430	14144	5800	9180
商都县			27596	27503	1729	4348
兴和县			4183	4550	12861	19621
凉城县			89	232	22793	171569
察哈尔右翼前旗			1533	1539	13333	32500
察哈尔右翼中旗			20851	20894	3089	4270
察哈尔右翼后旗			6360	7155	2678	4818
四子王旗			11615	12201	4094	7613
丰镇市			600	900	11400	30200
东胜区					3016	9808
达拉特旗	728	4399	4073	14251	70825	511957
准格尔旗	194	855	101	504	27597	75187
鄂托克前旗					18078	73267
鄂托克旗	64	371	94	500	19489	85419
杭锦旗	100	493	456	1923	46049	353810
乌审旗	38	285	72	386	23359	116838
伊金霍洛旗					20246	69450
临河区	33	156	16015	84329	56120	471503
五原县			3592	15392	52164	403709
磴口县	100	474	4765	12821	22788	177527
乌拉特前旗			8565	29070	59062	467166
乌拉特中旗			16919	39457	24315	209519
乌拉特后旗			3089	10647	6081	48704
杭锦后旗			15456	68551	41218	351627
海勃湾区			320	1568	908	8241
海南区	343	1440	155	699	2684	24364
乌达区			25	145	355	3224
阿拉善左旗			1298	6739	15510	141323
阿拉善右旗			3	14	984	8661
额济纳旗					146	802

6-2-1 续表 4

单位：公顷、吨

地　区	谷　子		豆类合计		#大　豆	
	播种面积	总产量	播种面积	总产量	播种面积	总产量
新城区	7	11	27	23	27	23
回民区						
玉泉区			50	150	50	150
赛罕区	135	610	1784	2542	537	483
土默特左旗	55	342	329	824	52	167
托克托县	47	268	2029	1670	1667	1016
和林格尔县	1549	10487	10435	14218	5067	8236
清水河县	3965	7703	4703	2672	4229	1562
武川县	15	33	159	395	159	395
东河区	16	48	1	2		
昆都仑区	7	9	8	18	8	18
青山区						
石拐区	41	223	8	11	7	10
白云鄂博矿区						
九原区						
土默特右旗	90	440	9	19		
固阳县	147	178				
达尔罕茂明安联合旗						
海拉尔区			630	283	571	185
扎赉诺尔区						
阿荣旗	1210	2277	128444	218149	126583	214575
莫力达瓦达斡尔族自治旗			338473	560441	335805	553859
鄂伦春自治旗			264522	455142	264444	454994
鄂温克族自治旗			305	274	305	274
陈巴尔虎旗						
新巴尔虎左旗						
新巴尔虎右旗						
满洲里市						
牙克石市			4988	8816	4988	8816
扎兰屯市	548	413	106681	171226	101260	160181
额尔古纳市			121	224	121	224
根河市						
乌兰浩特市			4725	6558	945	1277
阿尔山市			2226	482	2226	482
科尔沁右翼前旗	4509	13829	42428	75048	35281	55990
科尔沁右翼中旗	2654	10025	11945	14718	3636	6569
扎赉特旗	307	571	49478	82754	38033	60292
突泉县	3533	10963	23251	21217	5694	7395
科尔沁区	155	460	1207	1920	660	1140
科尔沁左翼中旗	340	1078	7584	14781	1433	2270
科尔沁左翼后旗	54	174	9586	16278	6034	9270
开鲁县	98	323	3128	5478	2314	3849
库伦旗	779	2398	14007	27045	3673	5545
奈曼旗	1619	4816	8548	14813	5859	9276
扎鲁特旗	919	2851	11234	21699	2450	4036
霍林郭勒市			33	50	33	50
红山区	2493	6942	310	363	309	361
元宝山区	4037	18020	670	775	201	436
松山区	33787	224362	11702	16133	1314	2871
阿鲁科尔沁旗	16953	28242	28191	16064	1676	3175
巴林左旗	15241	34684	6556	6219	986	1367
巴林右旗	9556	20440	2215	2780	1199	2244

6-2-1 续表 5

单位：公顷、吨

地　区	谷　子		豆类合计		#大　豆	
	播种面积	总产量	播种面积	总产量	播种面积	总产量
林西县	4814	24392	3207	5010	530	780
克什克腾旗	2360	9068	915	1342	652	1077
翁牛特旗	45694	83658	10457	15771	3044	4700
喀喇沁旗	9633	29681	749	1181	254	403
宁城县	9523	55503	432	1770	371	1622
敖汉旗	46703	139189	15513	10209	4331	3995
二连浩特市						
锡林浩特市						
阿巴嘎旗						
苏尼特左旗						
苏尼特右旗						
东乌珠穆沁旗						
西乌珠穆沁旗						
太仆寺旗			183	347		
镶黄旗						
正镶白旗	512	833	52			
正蓝旗						
多伦县			109	131		
集宁区	130	195	267	225	100	225
卓资县	85	210	5928	4669	290	369
化德县			3130	2450	830	799
商都县	3	4	866	535	102	69
兴和县	1228	1545	3438	2207	704	607
凉城县	2051	4962	8176	10966	4435	7552
察哈尔右翼前旗	767	1093	1067	1120	400	480
察哈尔右翼中旗			39	55	28	38
察哈尔右翼后旗	28	42	88	68	85	65
四子王旗	285	1492	707	634	40	40
丰镇市	700	1312	7500	11250	7500	11250
东胜区	53	77	22	44	22	44
达拉特旗	935	1116	1561	2694	1345	2357
准格尔旗	2784	6425	3168	5081	3074	4884
鄂托克前旗	446	412	22	46	22	46
鄂托克旗			45	76	7	16
杭锦旗			37	45	17	30
乌审旗	167	331	644	1157	644	1157
伊金霍洛旗	24	70	15	34	15	34
临河区			212	412	212	412
五原县						
磴口县			10	24	10	24
乌拉特前旗			3	6		
乌拉特中旗			59	91	59	91
乌拉特后旗						
杭锦后旗						
海勃湾区			4	8	4	8
海南区						
乌达区						
阿拉善左旗	632	1248	4	8		
阿拉善右旗	16	78				
额济纳旗						

6-2-1 续表 6

单位：公顷、吨

地 区	薯 类		油 料		甜 菜	
	播种面积	总 产 量	播种面积	总 产 量	播种面积	总 产 量
新城区	79	196	74	78		
回民区	87	430				
玉泉区	71	200	50	96		
赛罕区	909	3545	929	805		
土默特左旗	297	1475	11148	33927		
托克托县	719	2912	888	1653	25	625
和林格尔县	6312	17227	5152	6344	99	4730
清水河县	7347	23791	5688	8537		
武川县	27420	95112	41330	62320		
东河区	38	194	96	199		
昆都仑区	3	26	21	19		
青山区	179	1380	5	10		
石拐区	550	3156	66	90	1	60
白云鄂博矿区						
九原区	256	1477	1301	2878		
土默特右旗	322	1786	13782	32065		
固阳县	22892	48010	41601	19429	193	11870
达尔罕茂明安联合旗	14469	42878	13345	14502		
海拉尔区	8813	35574	2958	4629	1133	35280
扎赉诺尔区						
阿荣旗	8194	43023	1917	4778		
莫力达瓦达斡尔族自治旗	11951	65210	42	127		
鄂伦春自治旗	661	3377	71	123	65	
鄂温克族自治旗	661	2479	7829	8372		
陈巴尔虎旗	2136	8304	31983	38669	3	3
新巴尔虎左旗	49	75	9970	4485		
新巴尔虎右旗	866	1112	3	14		
满洲里市	581	3050				
牙克石市	7859	29977	36198	72270	314	752
扎兰屯市	2173	12498	2163	10673		
额尔古纳市	997	4913	87613	121077	170	3508
根河市	720	2051	707	1335		
乌兰浩特市	69	214	1405	3393	334	10521
阿尔山	1170	3455	7848	2371	734	7545
科尔沁右翼前旗	1245	2212	13845	21273	2355	105975
科尔沁右翼中旗	348	882	72866	159750	641	28845
扎赉特旗	1157	2961	1295	3245	12000	213208
突泉县	1752	2481	3571	6561	103	4635
科尔沁区	358	2086	4431	8175	567	23874
科尔沁左翼中旗	584	3483	9833	28819	3341	151162
科尔沁左翼后旗	139	887	11136	25839		
开鲁县	629	3802	2856	7414	3544	163964
库伦旗	600	3501	1133	2619		
奈曼旗	299	1874	4599	10837	1011	45154
扎鲁特旗	39	217	9786	17235	20	419
霍林郭勒市	385	1817	10532	18588		
红山区			261	391		
元宝山区	218	1087	807	2184	340	15427
松山区	2707	16505	8692	29438	4038	214300
阿鲁科尔沁旗	347	1988	6391	17467	800	27276
巴林左旗	1719	10642	3322	8357	992	34956
巴林右旗	624	1440	14240	45377	2829	156473

6-2-1 续表 7

单位：公顷、吨

地　　区	薯　　类		油　　料		甜　　菜	
	播种面积	总 产 量	播种面积	总 产 量	播种面积	总 产 量
林西县	3424	6756	7068.69	20622.42	6880	333336
克什克腾旗	4207	15534	5041.22	8425.34	1017.2	25693
翁牛特旗	1826	8835	29368.94	95320.77	6598	332025.3
喀喇沁旗	3914	24068	1175.29	3136.88	159	8188
宁城县	1356	7236	765.79	1406.49	374.2	13286
敖汉旗	1031	4031	5803.68	12183.58	3088	109512
二连浩特市						
锡林浩特市	4248	13432	1271	729		
阿巴嘎旗						
苏尼特左旗						
苏尼特右旗	105	111	127	94		
东乌珠穆沁旗	1326	10551	9815	6229		
西乌珠穆沁旗						
太仆寺旗	20852	113278	13585	13763	315	13538
镶黄旗			72	108		
正镶白旗	3655	2327	2370	144		
正蓝旗	4785	12027	733	355		
多伦县	10638	26328	910	712		
集宁区	1817	5950	2239	3227		
卓资县	12211	31818	4826	8386	191	13365
化德县	9101	20872	6960	9104	1445	53267
商都县	19157	42264	7030	6060	10959	535412
兴和县	20469	43376	24684	41742	7786	341617
凉城县	11767	43455	28923	45470	2200	125970
察哈尔右翼前旗	13667	38950	4509	6785	3146	165185
察哈尔右翼中旗	31396	71347	5300	8233	230	5180
察哈尔右翼后旗	19807	63837	20183	55238	280	15010
四子王旗	47021	101820	15946	38745		
丰镇市	18167	38500	36774	47367	580	13050
东胜区	584	3399	36	28	2	25
达拉特旗	6430	30313	20477	45552	1586	66185
准格尔旗	4932	19191	5456	5712	22	783
鄂托克前旗	4125	19126	2084	6134		
鄂托克旗	1120	5969	4523	11703		
杭锦旗	1978	10693	30780	122636		
乌审旗	828	4089	1060	3269		
伊金霍洛旗	3230	13650				
临河区	200	1183	48207	188050		
五原县			80967	273806	67	4475
磴口县	20	84	27153	76480		
乌拉特前旗	542	2341	66080	153775	142	7658
乌拉特中旗	137	717	40734	93400	2	90
乌拉特后旗	8	33	3333	9048		
杭锦后旗			25155	83065		
海勃湾区	6	55	140	403	0	
海南区	4	21	166	469		
乌达区			141	347		
阿拉善左旗	29	178	4827	13233		
阿拉善右旗	7	25	1350	5102		
额济纳旗			7	27		

6-2-2 各旗县(区)蔬菜、瓜类播种面积和产量(2017年)

单位：公顷、吨

地　区	蔬　菜（含菜用瓜）		瓜　类（含果用瓜）	
	播种面积	总产量	播种面积	总产量
新城区	165	7458	8	183
回民区	40	1618		
玉泉区	768	48354	27	475
赛罕区	3028	183538	78	4145
土默特左旗	2413	167024	1349	52078
托克托县	1919	131369	387	9307
和林格尔县	597	45090	787	21625
清水河县	294	9583	156	3618
武川县	25	1181	4	120
东河区	2848	249909	3	74
昆都仑区	163	8238	2	82
青山区	33	553	6	74
石拐区	87	7214	4	109
白云鄂博矿区	1	16		
九原区	4636	342580	915	30984
土默特右旗	3027	187477	298	12944
固阳县	70	5037	134	6311
达尔罕茂明安联合旗	302	13298	48	914
海拉尔区	1212	66500	70	1668
扎赉诺尔区				
阿荣旗	1122	47278	128	5802
莫力达瓦达斡尔族自治旗	3220	138529	3666	69300
鄂伦春自治旗	1658	40876	110	977
鄂温克族自治旗	52	2482	11	210
陈巴尔虎旗	268	7601	1	2
新巴尔虎左旗	118	1180	46	54
新巴尔虎右旗	504	27434	385	15420
满洲里市	465	20438	43	1454
牙克石市	1384	97298	318	11178
扎兰屯市	1826	81690	51	1367
额尔古纳市	423	10575	11	197
根河市	239	2150	0	1
乌兰浩特市	1647	36169	937	9006
阿尔山	270	2062		
科尔沁右翼前旗	590	13429	23	828
科尔沁右翼中旗	785	16524	326	5991
扎赉特旗	565	20865	20	58
突泉县	3094	73507	407	14510
科尔沁区	9514	460134	1803	62089
科尔沁左翼中旗	4388	219909	1274	55987
科尔沁左翼后旗	2520	79635	82	3501
开鲁县	31913	937209	5746	330514
库伦旗	133	5610	84	5666
奈曼旗	9120	286152	5603	359252
扎鲁特旗	679	25775	28	1191
霍林郭勒市	91	4673	1	43
红山区	1553	155754	52	986
元宝山区	2462	174447	370	9758
松山区	20290	1169575	2089	85121
阿鲁科尔沁旗	817	31147	291	9283
巴林左旗	903	37264	72	2052
巴林右旗	198	10778	1259	42380

6-2-2 续表

单位：公顷、吨

旗县名称	蔬菜（含菜用瓜）		瓜类（含果用瓜）	
	播种面积	总产量	播种面积	总产量
林西县	4148	174262	111	6410
克什克腾旗	1671	49840	181	6187
翁牛特旗	7976	382890	1450	55507
喀喇沁旗	4767	367867	286	14675
宁城县	9715	1004458	25	620
敖汉旗	2935	56080	651	10492
二连浩特市	87	12402	8	258
锡林浩特市	667	73710	4	75
阿巴嘎旗	3	564		
苏尼特左旗				
苏尼特右旗	26	2354	18	950
东乌珠穆沁旗	198	6108		
西乌珠穆沁旗	4	23		
太仆寺旗	1224	59948		
镶黄旗	16	70	0	1
正镶白旗	813	91623	315	6615
正蓝旗	1267	84372		
多伦县	4120	163793	2	60
乌拉盖经济开发区	23.33	1306		
集宁区	680	31400		
卓资县	2152	63495	137	903
化德县	1434	97540	3	113
商都县	1276	69224	90	3020
兴和县	1771	108569		
凉城县	63	2842	16	364
察哈尔右翼前旗	5474	269080	627	23301
察哈尔右翼中旗	1566	68279		
察哈尔右翼后旗	917	33143	60	1850
四子王旗	2004	12560		
丰镇市	433	13622		
东胜区	16	527	9	129
达拉特旗	7798	311910	3113	62639
准格尔旗	1345	32446	1326	48052
鄂托克前旗	1273	54420	1804	137741
鄂托克旗	83	4699	314	21303
杭锦旗	751	46322	430	28665
乌审旗	1204	22909	1696	67570
伊金霍洛旗	165	2312		
临河区	10603	723905	1353	60644
五原县	1527	100276	8066	311944
磴口县	1321	75755	1760	50422
乌拉特前旗	1116	63370	5957	211739
乌拉特中旗	503	34687	353	12881
乌拉特后旗	130	4414	105	3941
杭锦后旗	6846	475935	1963	90224
海勃湾区	536	36905	48	1432
海南区	137	12500	1	30
乌达区	160	12065	6	178
阿拉善左旗	635	24589	884	28764
阿拉善右旗	8	135	88	2812
额济纳旗	2	71	3936	153495

6-2-3 各旗县(区)牲畜头数(2017年)

单位：万头(只)

地 区	牲畜总头数	大牲畜和羊	大牲畜	牛	羊	猪
呼市新城区	1.72	1.55	0.03	0.02	1.52	0.17
呼市回民区	0.47	0.40	0.01	0.01	0.39	0.06
呼市玉泉区	4.01	3.35	0.70	0.66	2.65	0.66
呼市赛罕区	13.09	10.26	2.43	2.42	7.83	2.83
土默特左旗	77.08	73.95	15.68	15.47	58.27	3.12
托克托县	35.61	34.15	5.23	5.14	28.92	1.46
和林格尔县	55.18	50.03	8.66	7.66	41.37	5.15
清水河县	24.32	23.06	1.89	0.99	21.17	1.26
武川县	29.80	29.43	0.71	0.66	28.72	0.37
包头市市辖区	23.38	21.26	0.75	0.72	20.51	2.12
包头市九原区	23.28	18.18	4.82	4.82	13.36	5.10
土默特右旗	107.46	97.90	8.61	8.02	89.29	9.56
固阳县	59.59	56.01	0.61	0.54	55.40	3.58
达茂联合旗	59.48	58.20	6.44	3.42	51.76	1.28
海拉尔区	13.86	12.98	2.63	2.49	10.34	0.88
阿荣旗	183.82	178.05	15.92	15.34	162.13	5.77
莫力达瓦旗	108.90	104.63	9.49	8.12	95.14	4.28
鄂伦春自治旗	42.79	38.63	3.22	2.90	35.41	4.16
鄂温克自治旗	70.51	69.39	14.46	10.41	54.92	1.13
陈巴尔虎旗	90.88	90.58	12.61	8.97	77.97	0.30
新巴尔虎左旗	78.43	78.38	18.36	14.93	60.02	0.05
新巴尔虎右旗	139.26	139.22	10.72	7.99	128.50	0.03
满洲里市	5.64	3.52	0.33	0.28	3.18	2.12
牙克石市	40.78	37.91	6.13	5.44	31.78	2.87
扎兰屯市	138.69	131.79	13.08	11.84	118.71	6.91
额尔古纳市	53.98	53.12	6.67	5.18	46.45	0.86
根河市	1.45	0.65	0.13	0.08	0.52	0.80
乌兰浩特市	38.74	36.60	3.83	3.51	32.77	2.14
阿尔山	15.82	15.55	0.59	0.52	14.96	0.27
科右前旗	244.17	238.35	14.25	12.37	224.09	5.83
科右中旗	182.20	173.14	17.80	15.90	155.34	9.07
扎赉特旗	161.26	138.14	18.61	16.25	119.53	23.11
突泉县	76.19	72.18	4.18	2.37	68.00	4.02
科尔沁区	151.05	87.77	27.59	22.81	60.18	63.28
科左中旗	162.02	135.12	33.79	32.69	101.33	26.90
科左后旗	134.54	124.86	49.50	47.89	75.36	9.68
开鲁县	122.04	88.14	7.98	6.51	80.16	33.90
库伦旗	55.92	50.37	16.72	15.48	33.65	5.19
奈曼旗	101.24	78.48	19.96	15.24	58.52	22.76
扎鲁特旗	263.80	257.77	26.19	23.88	231.58	6.03
霍林郭勒市	10.44	9.82	0.14	0.11	9.68	0.62
红山区	5.36	4.28	0.82	0.51	3.46	1.08
元宝山区	16.05	11.50	3.19	2.45	8.31	4.55
松山区	101.09	64.84	17.64	11.54	47.20	36.25
阿鲁科尔沁旗	184.45	180.38	30.49	25.27	149.89	4.08
巴林左旗	136.72	128.21	19.16	6.87	109.05	8.51
巴林右旗	193.16	191.98	11.37	9.44	180.61	1.18

6-2-3 续表

单位：万头(只)

地　　区	牲畜总头数	大牲畜和羊	大牲畜	牛	羊	猪
林西县	58.99	52.58	8.11	8.11	44.46	6.42
克什克腾旗	105.06	102.06	20.24	20.24	81.82	3.00
翁牛特旗	124.12	110.45	15.27	15.27	95.18	13.67
喀喇沁旗	36.35	31.25	6.22	6.22	25.02	5.10
宁城县	56.49	45.64	14.78	14.78	30.86	10.86
敖汉旗	109.53	90.39	7.44	7.44	82.95	19.13
二连浩特市	4.96	4.90	0.87	0.51	4.03	0.06
锡林浩特市	69.19	68.51	5.66	4.67	62.85	0.68
阿巴嘎旗	110.55	110.48	12.15	10.18	98.33	0.07
苏尼特左旗	64.46	64.42	8.30	5.64	56.12	0.04
苏尼特右旗	80.94	80.91	4.60	3.17	76.31	0.03
东乌珠穆沁旗	168.05	168.00	10.47	7.35	157.53	0.05
西乌珠穆沁旗	94.35	94.35	20.12	16.91	74.23	
太仆寺旗	18.71	17.47	6.72	6.31	10.75	1.24
镶黄旗	23.63	23.60	2.61	2.33	20.99	0.03
正镶白旗	25.79	25.68	6.52	6.19	19.16	0.11
正蓝旗	35.84	35.74	16.71	15.91	19.03	0.10
多伦县	16.17	14.17	9.29	9.10	4.88	2.00
乌拉盖	21.03	20.97	2.07	1.89	18.90	0.06
集宁区	4.90	2.77	0.06	0.41	2.71	2.12
丰镇市	66.31	63.07	0.47	3.00	62.60	3.24
卓资县	37.02	34.34	0.59	2.06	33.75	2.69
化德县	33.13	29.43	0.12	1.62	29.31	3.69
商都县	37.83	36.16	0.17	1.75	35.99	1.67
兴和县	43.43	39.91	1.03	2.41	38.88	3.52
凉城县	37.16	34.42	0.89	6.20	33.53	2.75
察右前旗	43.48	38.87	0.22	5.32	38.65	4.61
察右中旗	65.29	61.30	0.47	3.47	60.83	3.99
察右后旗	72.12	70.97	0.25	2.28	70.72	1.15
四子王旗	117.37	114.55	1.41	4.04	113.14	2.82
东胜区	12.97	11.74	0.56	0.46	11.18	1.23
达拉特旗	209.92	203.88	6.21	5.41	197.67	6.04
准格尔旗	53.36	48.90	0.83	0.41	48.07	4.46
鄂托克前旗	94.45	89.43	3.82	3.47	85.61	5.02
鄂托克旗	117.59	113.57	3.14	2.68	110.43	4.03
杭锦旗	150.04	147.04	3.84	2.82	143.19	3.01
乌审旗	111.98	100.08	8.82	8.25	91.26	11.90
伊金霍洛旗	44.01	41.36	1.12	0.90	40.24	2.64
临河市	198.29	190.85	2.15	1.96	188.70	7.44
五原县	128.52	116.46	1.83	1.71	114.63	12.06
磴口县	51.62	48.00	6.98	6.52	41.03	3.62
乌拉特前旗	164.75	160.59	1.76	1.21	158.84	4.15
乌拉特中旗	143.72	142.58	2.59	1.16	139.99	1.14
乌拉特后旗	40.70	40.61	3.23	0.75	37.38	0.09
杭锦后旗	103.86	98.90	3.89	3.73	95.01	4.96
乌海市	13.18	10.70	0.65	0.41	10.05	2.48
阿拉善左旗	64.50	63.63	6.58	2.90	57.05	0.87
阿拉善右旗	17.83	17.80	5.43	0.15	12.37	0.03
额济纳旗	8.45	8.30	1.97	0.09	6.33	0.15
内蒙古阿拉善经济开发区	0.96	0.96	0.15	0.03	0.81	
腾格里经济技术开发区	9.26	9.20	0.64	0.21	8.56	0.06

6-2-4 各旗县(区)畜禽产品产量(2017年年末数)

单位：吨

地　区	当年肉类总产量	猪肉产量	牛肉产量	羊肉产量	禽肉产量
呼市新城区	998	552	62	319	59
呼市回民区	211	92	5	78	30
呼市玉泉区	1988	757	540	316	346
呼市赛罕区	8754	4269	1541	1700	1239
土默特左旗	35409	12382	9465	10724	2513
托克托县	14362	3123	5340	5189	318
和林格尔县	25837	2881	11271	10189	869
清水河县	6870	2108	245	4004	71
武川县	4320	859	407	2959	83
包头市市辖区	6111	1854	753	2161	1315
包头市九原区	28149	7296	14501	5266	1086
土默特右旗	67902	20809	13738	31331	1359
固阳县	39210	13717	4045	19645	1585
达茂联合旗	21564	1766	6921	11149	457
海拉尔区	4501	931	2652	619	231
阿荣旗	57130	10368	15748	27813	2348
莫力达瓦旗	25415	4073	8211	11522	1081
鄂伦春自治旗	11760	2335	4178	4376	317
鄂温克自治旗	18490	1862	8609	6811	128
陈巴尔虎旗	16773	177	8492	7095	23
新巴尔虎左旗	21237	30	10931	8993	4
新巴尔虎右旗	23142	16	5080	16686	
满洲里市	2441	1364	246	644	146
牙克石市	23235	6744	7789	6961	896
扎兰屯市	71263	9577	22599	36645	1636
额尔古纳市	9399	550	4193	3651	546
根河市	2796	1584	605	221	45
乌兰浩特市	13239	3492	4405	3607	1597
阿尔山	2031	194	339	1396	30
科右前旗	73106	7637	6533	57815	563
科右中旗	41050	8512	7129	23520	676
扎赉特旗	77795	61246	5307	7872	2002
突泉县	22889	6343	1909	7416	6540
科尔沁区	122200	72600	32200	6700	10700
科左中旗	84700	45100	19700	12800	7100
科左后旗	55000	11600	18300	6400	18700
开鲁县	86200	60000	8400	10700	7100
库伦旗	27600	6800	11200	7200	2400
奈曼旗	70300	47300	7500	5900	9600
扎鲁特旗	63500	6700	23800	29000	4000
霍林郭勒市	5900	800	600	4100	400
红山区	2549	1385	168	554	361
元宝山区	12053	6175	3307	1577	609
松山区	94195	46498	30109	10288	5787
阿鲁科尔沁旗	21984	2914	7231	8898	1824
巴林左旗	22941	6355	2938	7639	630
巴林右旗	33798	2054	10537	19428	1138

6-2-4 续表 1

单位：吨

地 区	当年肉类总产量	猪肉产量	牛肉产量	羊肉产量	禽肉产量
林西县	18766	6898	6152	3594	299
克什克腾旗	21269	3758	8869	6778	316
翁牛特旗	44599	12110	10765	10514	8059
喀喇沁旗	33787	6113	7448	6798	12336
宁城县	83508	10459	14370	5581	51020
敖汉旗	67358	25470	5705	13932	15368
二连浩特市	2343	26	722	907	500
锡林浩特市	23959	536	8389	13781	14
阿巴嘎旗	36204	29	12295	22856	
苏尼特左旗	24263	51	8579	14739	4
苏尼特右旗	22618	53	4394	16184	
东乌珠穆沁旗	32100	32	5606	23802	5
西乌珠穆沁旗	36735		13248	22013	22
太仆寺旗	17079	4460	9539	2370	155
镶黄旗	10341	15	2486	7638	
正镶白旗	13065	282	7694	4561	16
正蓝旗	34520	263	26969	6464	47
多伦县	20910	2896	15831	1618	304
乌拉盖	13754	144	2030	11435	20
集宁区	3672	2500	540	460	150
丰镇市	23116	4126	2928	15126	583
卓资县	16770	3281	2908	8259	2024
化德县	13144	4274	2030	6190	587
商都县	13780	2803	943	9326	574
兴和县	20647	4335	2264	12455	1338
凉城县	22956	5445	5189	11205	680
察右前旗	22042	6044	2771	11635	1502
察右中旗	22295	4708	1326	15922	268
察右后旗	17992	3864	1905	11700	180
四子王旗	26223	4486	2222	18300	200
东胜区	2428	886	375	1094	41
达拉特旗	48487	14649	3136	26506	337
准格尔旗	9547	5402	502	3198	297
鄂托克前旗	16916	3645	2929	10206	46
鄂托克旗	22476	4156	3038	15104	52
杭锦旗	17327	2031	1768	13003	115
乌审旗	36290	24015	5541	5866	762
伊金霍洛旗	5734	1465	282	3909	31
临河市	71173	9742	1791	57383	1416
五原县	33051	8067	720	23282	843
磴口县	15057	2804	2925	8944	183
乌拉特前旗	27331	5194	649	19575	1609
乌拉特中旗	20177	1162	1146	16496	311
乌拉特后旗	7093	91	243	5909	69
杭锦后旗	44238	5588	2430	32222	3245
乌海市	9681	596	2988	824	
阿拉善左旗	8890	751	509	6827	33
阿拉善右旗	3066	31	126	1453	4
额济纳旗	1541	602	20	450	2
内蒙古阿拉善经济开发区	165	5	53	73	1
腾格里经济技术开发区	1140	36	190	721	28

6-2-4 续表 2

单位：吨

地区	奶类产量	牛奶产量	山羊毛产量	绵羊毛产量	山羊绒产量	禽蛋产量
呼市新城区	180	148	2	35	0.4	942
呼市回民区	123	123				151
呼市玉泉区	23067	23067		75		1671
呼市赛罕区	239191	239191	12	112	1	20978
土默特左旗	587855	587855	499	1133	251	7088
托克托县	200559	200559	71	1202	14	564
和林格尔县	478336	478336	88	758	23	7087
清水河县	19394	19389	51	387	12	300
武川县	11958	11958	25	463	17	679
包头市市辖区	3.57	3.57	5.55	128.12	22.94	1.38
包头市九原区	21.92	21.92	100.00	196.00	78.00	0.98
土默特右旗	28.39	28.39	110.35	1115.00	51.24	0.43
固阳县	3.83	3.83	63.00	1093.00	62.00	0.23
达茂联合旗	5.60	5.60	5.30	928.77	35.89	0.08
海拉尔区	54992	54992		177		3032
阿荣旗	81657	79377	645	8030	355	12322
莫力达瓦旗	48348	46368	189	872	19	4415
鄂伦春自治旗	15734	14459	295	703	71	2471
鄂温克自治旗	126714	126714		1301		210
陈巴尔虎旗	26222	26222	3	1518	3	94
新巴尔虎左旗	74154	74154	11	2143	11	6
新巴尔虎右旗			41	1160	41	
满洲里市	2924	2924	92			62
牙克石市	190599	190599	2	450	2	6115
扎兰屯市	93863	93768	110	6850	70	11210
额尔古纳市	65289	65167	6	889	1	961
根河市	373	372	0	0	0	530
乌兰浩特市	108088	108088	19	687	19	3932
阿尔山	663	663	4	616	1	50
科右前旗	100946	100946	283	5635	91	950
科右中旗	15855	15855	493	2845	148	4869
扎赉特旗	76316	76316	245	624	75	2826
突泉县	46217	46217	98	1372	49	10199
科尔沁区	71000	71000	580	715	60	9400
科左中旗	44800	44800	1300	1500	170	5400
科左后旗	121500	91200	880	1200	83	15900
开鲁县	8600	8600	170	1800	42	5500
库伦旗	14700	14000	60	360	38	1900
奈曼旗	50900	50900	500	1200	105	6400
扎鲁特旗	47800	47800	120	4100	680	2800
霍林郭勒市				200		200
红山区	4199	4199	10	98	2	4716
元宝山区	40552	40552	14	189	4	10381
松山区	6404	6404	129	1242	27	54896
阿鲁科尔沁旗	61857	61857	184	4119	60	3193
巴林左旗	3347	3347	857	2713	342	3121
巴林右旗	22257	22257	390	6326	385	3180

6-2-4 续表 3

单位：吨

地 区	奶类产量	牛奶产量	山羊毛产量	绵羊毛产量	山羊绒产量	禽蛋产量
林西县	14583	14583	109	913	36	2207
克什克腾旗	3273	3273	6	4706	1	2260
翁牛特旗	83573	83570	238	1998	209	58665
喀喇沁旗	9484	9484	12	1338	2	32500
宁城县	19695	19695	65	1500	4	38069
敖汉旗	7964	7962	8	5288	4	89898
二连浩特市	2132	1799	8	247	8	70
锡林浩特市	92790	88477	22	1535	18	348
阿巴嘎旗	40979	39259	62	1284	62	
苏尼特左旗	17612	16815	22	727	22	25
苏尼特右旗	1591	502	30	1037	22	
东乌珠穆沁旗	17011	14522	38	2370	38	33
西乌珠穆沁旗	22129	20786	20	992	16	315
太仆寺旗	24309	22337	1	410	1	1560
镶黄旗	5816	4916	10	880	10	
正镶白旗	10923	9587	7	745	4	580
正蓝旗	240721	239519		992		210
多伦县	32981	30793		298		1890
乌拉盖	8542	8045	3	398	3	93
集宁区	7400	7400		90		210
丰镇市	40216	40216		860		1752
卓资县	1008	1008	8	530	3	4437
化德县	2600	2600		374	1	910
商都县	23529	23529	7	802	3	2300
兴和县	29635	29635		450	2	2879
凉城县	92113	92113		840	12	2675
察右前旗	102300	102300		640	2	2018
察右中旗	81300	81300		580	3	2000
察右后旗	20347	20347		800	3	962
四子王旗	5863	5863	3	1790	50	459
东胜区	63	54	18	2	9	38
达拉特旗	137763	126256	1132	3571	738	2880
准格尔旗	1669	1669	457	128	91	4115
鄂托克前旗	6461	5744	720	1419	330	40
鄂托克旗	8852	2621	455	232	360	37
杭锦旗	16852	11925	1600	3500	1300	480
乌审旗	19703	16404	43	3344	43	291
伊金霍洛旗	2968	2968	203	31	98	7
临河市	45000	43722	2	2058	5	2866
五原县	35832	35832	1	1395	20	1224
磴口县	266371	266371	8	492	42	451
乌拉特前旗	18658	18658	22	1621	158	1795
乌拉特中旗	4084	4084	23	1340	291	1568
乌拉特后旗	9329	9329	7	82	208	155
杭锦后旗	86145	86145		2385	16	1742
乌海市	1742	1742	108	55	18	3311
阿拉善左旗	68513	68503	115	225	173	125
阿拉善右旗	531	395	24	28	29	7
额济纳旗	121	121	10	6	17	9
内蒙古阿拉善经济开发区			1	2	1	
腾格里经济技术开发区	6	6	0	42	2	68

6-2-5 生猪大县生产情况(2012-2017年)

单位：万口、万吨

指　　标	2012	2013	2014	2015	2016	2017
年末生猪存栏						
科尔沁区	70.13	61.38	71.90	68.40	68.80	61.50
开鲁县	45.84	45.47	65.40	62.00	57.90	59.80
奈曼旗	35.86	38.55	38.73	34.00	33.50	31.00
扎赉特旗	45.31	42.36	52.07	51.29	50.70	25.50
年末能繁殖母猪						
科尔沁区	7.71	6.95	6.75	6.60	6.60	6.30
开鲁县	5.93	5.82	6.50	6.47	6.18	6.38
奈曼旗	3.98	4.37	3.80	3.60	3.50	3.20
扎赉特旗	7.12	6.12	7.12	6.50	6.30	5.80
年末生猪出栏						
科尔沁区	69.91	64.25	83.13	87.12	84.48	90.00
开鲁县	78.50	78.42	87.66	71.00	68.97	75.00
奈曼旗	55.60	56.66	52.87	42.00	48.91	50.00
扎赉特旗	73.39	75.15	74.93	69.00	69.50	80.90
年末猪肉产量						
科尔沁区	5.82	5.29	6.76	6.88	6.68	7.10
开鲁县	7.04	6.91	7.58	5.67	5.51	6.00
奈曼旗	4.15	4.27	4.09	3.32	3.86	3.97
扎赉特旗	6.20	6.29	6.11	5.43	5.47	6.70

第六部分　县域经济社会调查篇

③ 旗县居民可支配收入情况

资料整理：周建芬　刘军

6-3-1 各旗县(区)全体居民人均可支配收入(2017年)

单位：元

地　区	2016	2017	2017年比2016年增长(%)
新城区	38208	41430	8.4
回民区	37038	40121	8.3
玉泉区	34410	37330	8.5
赛罕区	35247	38153	8.2
土默特左旗	18579	20157	8.5
托克托县	20209	21903	8.4
和林格尔县	17809	19295	8.3
清水河县	15644	17123	9.5
武川县	14892	16263	9.2
高新区	43541	47025	8.0
东河区	35599	38447	8.0
昆都仑区	43922	47348	7.8
青山区	43922	47348	7.8
石拐区	30438	33056	8.6
白云鄂博矿区	43902	47326	7.8
九原区	35498	38515	8.5
土默特右旗	22152	24057	8.6
固阳县	17119	18625	8.8
达尔罕茂明安联合旗	24569	26756	8.9
海拉尔区	32351	34988	8.2
阿荣旗	18972	20632	8.7
莫力达瓦达斡尔族自治旗	12487	13548	8.5
鄂伦春自治旗	18000	19575	8.7
鄂温克族自治旗	26246	28516	8.7
陈巴尔虎旗	26249	28506	8.6
新巴尔虎左旗	20571	22330	8.6
新巴尔虎右旗	22526	24441	8.5
满洲里市	31975	34469	7.8
牙克石市	28153	30293	7.6
扎兰屯市	20929	22739	8.6
额尔古纳市	24031	26062	8.5
根河市	20712	22410	8.2
乌兰浩特市	25258	27530	9.0
阿尔山市	21149	23011	8.8
科尔沁右翼前旗	11305	12289	8.7
科尔沁右翼中旗	13191	14339	8.7
扎赉特旗	12885	14032	8.9
突泉县	12636	13723	8.6
科尔沁区	24803	26812	8.1
科尔沁左翼中旗	14042	15306	9.0
科尔沁左翼后旗	14582	15854	8.7
开鲁县	17076	18596	8.9
库伦旗	13970	15253	9.2
奈曼旗	13849	15152	9.4
扎鲁特旗	16553	18048	9.0
霍林郭勒市	38213	40681	6.5
红山区	29757	32286	8.5
元宝山区	25812	28083	8.8
松山区	20286	22132	9.1
阿鲁科尔沁旗	13359	14641	9.6
巴林左旗	13605	14829	9.0
巴林右旗	16523	17986	8.9

6-3-1 续表

单位：元

地　区	2016	2017	2017年比2016年增长(%)
林西县	16596	18173	9.5
克什克腾旗	16887	18339	8.6
翁牛特旗	13878	15140	9.1
喀喇沁旗	15346	16758	9.2
宁城县	13486	14740	9.3
敖汉旗	12988	14150	8.9
二连浩特市	41210	41786	1.4
锡林浩特市	37470	39773	6.1
阿巴嘎旗	26898	29154	8.4
苏尼特左旗	22543	24486	8.6
苏尼特右旗	25199	27416	8.8
东乌珠穆沁旗	29930	32398	8.2
西乌珠穆沁旗	27305	29579	8.3
太仆寺旗	16811	18264	8.6
镶黄旗	25393	27514	8.4
正镶白旗	17474	19012	8.8
正蓝旗	22804	24705	8.3
多伦县	23021	24926	8.3
乌拉盖经济开发区	30319	32835	8.3
集宁区	27209	29548	8.6
卓资县	16030	17430	8.7
化德县	17010	18496	8.7
商都县	13645	14841	8.8
兴和县	12135	13196	8.7
凉城县	15422	16764	8.7
察哈尔右翼前旗	13025	14173	8.8
察哈尔右翼中旗	11920	12973	8.8
察哈尔右翼后旗	15598	16981	8.9
四子王旗	14090	15323	8.8
丰镇市	19318	20950	8.4
东胜区	39553	42981	8.7
达拉特旗	26449	28635	8.3
准格尔旗	32469	35224	8.5
鄂托克前旗	28132	30562	8.6
鄂托克旗	30186	32692	8.3
杭锦旗	26003	28205	8.5
乌审旗	27872	30205	8.4
伊金霍洛旗	32958	35764	8.5
康巴什区			
临河区	23581	25585	8.5
五原县	22890	24767	8.2
磴口县	18833	20415	8.4
乌拉特前旗	18876	20443	8.3
乌拉特中旗	19238	20892	8.6
乌拉特后旗	19254	20929	8.7
杭锦后旗	22642	24544	8.4
海勃湾区	37096	40364	8.8
海南区	31504	34243	8.7
乌达区	35182	37908	7.7
阿拉善左旗	30225	32869	8.7
阿拉善右旗	31007	33702	8.7
额济纳旗	32060	34859	8.7

6-3-2 各旗县(区)城镇居民人均可支配收入(2017年)

单位：元

地　区	2016	2017	2017年比2016年增长(%)
新城区	45445	49149	8.2
回民区	40119	43356	8.1
玉泉区	38892	42101	8.3
赛罕区	44056	47560	8.0
土默特左旗	31138	33832	8.7
托克托县	32855	35664	8.5
和林格尔县	31490	34120	8.4
清水河县	23675	25747	8.8
武川县	23166	25125	8.5
高新区	43541	47025	8.0
东河区	37302	40174	7.7
昆都仑区	43922	47348	7.8
青山区	43922	47348	7.8
石拐区	35722	38580	8.0
白云鄂博矿区	43902	47326	7.8
九原区	42385	45818	8.1
土默特右旗	31888	34503	8.2
固阳县	27232	29410	8.0
达尔罕茂明安联合旗	34370	37223	8.3
海拉尔区	32943	35512	7.8
阿荣旗	26984	29197	8.2
莫力达瓦达斡尔族自治旗	20287	21849	7.7
鄂伦春自治旗	22075	23885	8.2
鄂温克族自治旗	26964	29148	8.1
陈巴尔虎旗	27542	29773	8.1
新巴尔虎左旗	22876	24683	7.9
新巴尔虎右旗	26511	28632	8.0
满洲里市	31975	34469	7.8
牙克石市	28153	30293	7.6
扎兰屯市	29255	31625	8.1
额尔古纳市	24825	26885	8.3
根河市	23100	24994	8.2
乌兰浩特市	26659	29010	8.8
阿尔山市	23989	26053	8.6
科尔沁右翼前旗	22696	24626	8.5
科尔沁右翼中旗	21700	23525	8.4
扎赉特旗	22741	24767	8.9
突泉县	22135	24063	8.7
科尔沁区	29799	32121	7.8
科尔沁左翼中旗	22756	24685	8.5
科尔沁左翼后旗	23059	24954	8.2
开鲁县	24970	26971	8.0
库伦旗	22011	23894	8.6
奈曼旗	22929	24862	8.4
扎鲁特旗	24585	26715	8.7
霍林郭勒市	38213	40681	6.5
红山区	30520	33114	8.5
元宝山区	29822	32327	8.4
松山区	28873	31356	8.6
阿鲁科尔沁旗	22604	24593	8.8
巴林左旗	24192	26273	8.6
巴林右旗	22603	24592	8.8

6-3-2 续表

单位：元

地区	2016	2017	2017年比2016年增长(%)
林西县	23953	26013	8.6
克什克腾旗	24649	26695	8.3
翁牛特旗	23987	25978	8.3
喀喇沁旗	24196	26276	8.6
宁城县	26459	28761	8.7
敖汉旗	24195	26275	8.6
二连浩特市	41210	41786	1.4
锡林浩特市	39390	41753	6.0
阿巴嘎旗	32372	34994	8.1
苏尼特左旗	32711	35491	8.5
苏尼特右旗	31943	34754	8.8
东乌珠穆沁旗	33399	36204	8.4
西乌珠穆沁旗	33537	36388	8.5
太仆寺旗	30418	33034	8.6
镶黄旗	33127	35877	8.3
正镶白旗	29772	32362	8.7
正蓝旗	32358	35011	8.2
多伦县	33011	35717	8.2
乌拉盖经济开发区	35066	37977	8.3
集宁区	28488	30877	8.4
卓资县	25998	28190	8.4
化德县	26556	28791	8.4
商都县	23769	25801	8.5
兴和县	23514	25475	8.3
凉城县	25660	27807	8.4
察哈尔右翼前旗	25244	27387	8.5
察哈尔右翼中旗	25080	27198	8.4
察哈尔右翼后旗	25353	27525	8.6
四子王旗	24763	26833	8.4
丰镇市	25360	27423	8.1
东胜区	41679	45097	8.2
达拉特旗	36403	39315	8.0
准格尔旗	41523	44969	8.3
鄂托克前旗	38318	41537	8.4
鄂托克旗	39668	42881	8.1
杭锦旗	36144	39108	8.2
乌审旗	38431	41582	8.2
伊金霍洛旗	41514	44960	8.3
康巴什区	41523	45052	
临河区	27040	29176	7.9
五原县	26089	28098	7.7
磴口县	25625	27624	7.8
乌拉特前旗	25705	27659	7.6
乌拉特中旗	26938	29120	8.1
乌拉特后旗	26762	28849	7.8
杭锦后旗	26328	28434	8.0
海勃湾区	37456	40476	8.1
海南区	35287	38044	7.8
乌达区	35168	37908	7.8
阿拉善左旗	34504	37331	8.2
阿拉善右旗	35476	38348	8.1
额济纳旗	35515	38451	8.3

6-3-3 各旗县(区)农村居民人均可支配收入(2017年)

单位：元

地　区	2016	2017	2017年比2016年增长(%)
新城区	17526	18955	8.2
回民区	18266	19719	8.0
玉泉区	17453	18858	8.1
赛罕区	16531	17862	8.1
土默特左旗	14154	15308	8.2
托克托县	13751	14873	8.2
和林格尔县	11045	11957	8.3
清水河县	7178	7942	10.6
武川县	6931	7655	10.4
高新区			
东河区	18990	20471	7.8
昆都仑区			
青山区			
石拐区	13429	14544	8.3
白云鄂博矿区			
九原区	17876	19342	8.2
土默特右旗	14829	16045	8.2
固阳县	11560	12543	8.5
达尔罕茂明安联合旗	12691	13757	8.4
海拉尔区	23830	25689	7.8
阿荣旗	15165	16469	8.6
莫力达瓦达斡尔族自治旗	8678	9424	8.6
鄂伦春自治旗	8069	8763	8.6
鄂温克族自治旗	18969	20581	8.5
陈巴尔虎旗	18440	19989	8.4
新巴尔虎左旗	18110	19649	8.5
新巴尔虎右旗	18194	19704	8.3
满洲里市			
牙克石市			
扎兰屯市	14210	15418	8.5
额尔古纳市	21926	23658	7.9
根河市	11691	12591	7.7
乌兰浩特市	12469	13531	8.5
阿尔山市	8538	9275	8.6
科尔沁右翼前旗	8523	9230	8.3
科尔沁右翼中旗	7904	8592	8.7
扎赉特旗	8447	9157	8.4
突泉县	8193	8867	8.2
科尔沁区	15481	16699	7.9
科尔沁左翼中旗	9704	10571	8.9
科尔沁左翼后旗	10242	11116	8.5
开鲁县	12979	14106	8.7
库伦旗	9170	9974	8.8
奈曼旗	9429	10277	9.0
扎鲁特旗	12642	13727	8.6
霍林郭勒市			
红山区	16147	17536	8.6
元宝山区	15961	17334	8.6
松山区	12428	13571	9.2
阿鲁科尔沁旗	7968	8709	9.3
巴林左旗	8484	9222	8.7
巴林右旗	8714	9498	9.0

6-3-3 续表

单位：元

地　　区	2016	2017	2017年比2016年增长(%)
林西县	7969	8718	9.4
克什克腾旗	9400	10246	9.0
翁牛特旗	8680	9470	9.1
喀喇沁旗	9380	10205	8.8
宁城县	9216	10018	8.7
敖汉旗	9394	10221	8.8
二连浩特市			
锡林浩特市	22245	24069	8.2
阿巴嘎旗	21681	23589	8.8
苏尼特左旗	12736	13869	8.9
苏尼特右旗	9730	10615	9.1
东乌珠穆沁旗	25655	27708	8.0
西乌珠穆沁旗	21889	23662	8.1
太仆寺旗	9771	10621	8.7
镶黄旗	12166	13212	8.6
正镶白旗	9312	10150	9.0
正蓝旗	14730	15997	8.6
多伦县	11891	12902	8.5
乌拉盖经济开发区	22506	24374	8.3
集宁区	13668	14807	8.3
卓资县	9191	9963	8.4
化德县	7661	8301	8.4
商都县	8549	9257	8.3
兴和县	8203	8892	8.4
凉城县	10205	11068	8.5
察哈尔右翼前旗	9440	10236	8.4
察哈尔右翼中旗	7508	8134	8.3
察哈尔右翼后旗	9490	10302	8.5
四子王旗	9159	9937	8.5
丰镇市	10726	11640	8.5
东胜区			
达拉特旗	15359	16618	8.2
准格尔旗	15500	16756	8.1
鄂托克前旗	15603	16929	8.5
鄂托克旗	15485	16724	8.0
杭锦旗	15354	16644	8.4
乌审旗	15471	16709	8.0
伊金霍洛旗	15488	16774	8.3
康巴什区			
临河区	15340	16659	8.6
五原县	15345	16634	8.4
磴口县	14837	16113	8.6
乌拉特前旗	14385	15636	8.7
乌拉特中旗	14059	15254	8.5
乌拉特后旗	12662	13776	8.8
杭锦后旗	15285	16569	8.4
海勃湾区	16921	18351	8.5
海南区	14642	15932	8.8
乌达区			
阿拉善左旗	15953	17327	8.6
阿拉善右旗	18430	20026	8.7
额济纳旗	19379	21046	8.6

主要统计指标解释

乡村人口数 指乡村地区常住居民户数中的常住人口数，即经常在家或在家居住6个月以上，而且经济和生活与本户连成一体的人口。外出从业人员在外居住时间虽然在6个月以上，但收入主要带回家中，经济与本户连为一体，仍视为家庭常住人口；在家居住，生活和本户连成一体的国家职工、退休人员也为家庭常住人口。但是现役军人、中专及以上(走读生除外)的在校学生、以及常年在外(不包括探亲、看病等)且已有稳定的职业与居住场所的外出从业人员，不应当作家庭常住人口。

乡村劳动力资源数 指乡村人口中劳动年龄以上(16周岁)能够参加生产经营活动的人员。

乡村从业人员 指乡村人口中16岁以上实际参加生产经营活动并取得实物或货币收入的人员，既包括劳动年龄内经常参加劳动的人员，也包括超过劳动年龄但经常参加劳动的人员。但不包括户口在家的在外学生、现役军人和丧失劳动能力的人，也不包括待业人员和家务劳动者。从业人员年龄为16岁以上。从业人员按从事主业时间最长(时间相同按收入)分为农业从业人员、工业从业人员、建筑业从业人员、交运仓储及邮政从业人员、信息传输、计算机服务和软件业、批发与零售业从业人员、住宿和餐饮业从业人员、其他行业从业人员。

年末生猪存栏 指本年度调查期末饲养生猪的总量，包括15公斤以下仔猪、待育肥猪(架子猪)和种猪等数量之和。

年末能繁殖母猪 是指本年度调查期末猪龄约在9个月(包括9个月)以上的、具备繁殖能力的母猪。

年末生猪出栏 指本年度调查期内自行宰杀的肥猪数量(不包括因疾病等原因而被迫宰杀的生猪数量)与本年度调查期内以各种形式出售给任何单位或个人的已育肥肥猪的数量(不包括出售仔猪、待育肥猪、种猪的数量)之和。

年末猪肉产量 指本年度调查期内出栏肥猪产出的猪肉总量，按胴体重计算。

猪肉产量＝出栏肥猪头数×平均每头肥猪出售重量×肥猪产肉率(%)

第七部分　各省市区资料篇

第七部分　各省市区资料篇

各省市区主要经济指标

资料整理：周建芬　刘　军　方　玲　郑海兰　胡艳春
郭　松　秦文忠　齐　杰　杨少文　李　辰
闫少菲　王艳伟

7-1-1 全国各省市区全体居民人均可支配收入

单位：元

地 区	2016	2017	2017年比2016年增长(%)
全 国	**23821**	**25974**	**9.0**
北 京	52530	57230	8.9
天 津	34074	37022	8.7
河 北	19725	21484	8.9
山 西	19049	20420	7.2
内 蒙	**24127**	**26212**	**8.6**
辽 宁	26040	27835	6.9
吉 林	19967	21368	7.0
黑龙江	19838	21206	6.9
上 海	54305	58988	8.6
江 苏	32070	35024	9.2
浙 江	38529	42046	9.1
安 徽	19998	21863	9.3
福 建	27608	30048	8.8
江 西	20110	22031	9.6
山 东	24685	26930	9.1
河 南	18443	20170	9.4
湖 北	21787	23757	9.0
湖 南	21115	23103	9.4
广 东	30296	33003	8.9
广 西	18305	19905	8.7
海 南	20653	22553	9.2
重 庆	22034	24153	9.6
四 川	18808	20580	9.4
贵 州	15121	16704	10.5
云 南	16720	18348	9.7
西 藏	13639	15457	13.3
陕 西	18874	20635	9.3
甘 肃	14670	16011	9.1
青 海	17302	19001	9.8
宁 夏	18832	20562	9.2
新 疆	18355	19975	8.8

7-1-2　全国各省市区城镇居民人均可支配收入

单位：元

地　区	2016	2017	2017年比2016年增长(%)
全　国	**33616**	**36396**	**8.3**
北　京	57275	62406	9.0
天　津	37110	40278	8.5
河　北	28249	30548	8.1
山　西	27352	29132	6.5
内　蒙	**32975**	**35670**	**8.2**
辽　宁	32876	34993	6.4
吉　林	26530	28319	6.7
黑龙江	25736	27446	6.6
上　海	57692	62596	8.5
江　苏	40152	43622	8.6
浙　江	47237	51261	8.5
安　徽	29156	31640	8.5
福　建	36014	39001	8.3
江　西	28673	31198	8.8
山　东	34012	36789	8.2
河　南	27233	29558	8.5
湖　北	29386	31889	8.5
湖　南	31284	33948	8.5
广　东	37684	40975	8.7
广　西	28324	30502	7.7
海　南	28453	30817	8.3
重　庆	29610	32193	8.7
四　川	28335	30727	8.4
贵　州	26743	29080	8.7
云　南	28611	30996	8.3
西　藏	27802	30671	10.3
陕　西	28440	30810	8.3
甘　肃	25693	27763	8.1
青　海	26757	29169	9.0
宁　夏	27153	29472	8.5
新　疆	28463	30775	8.1

7-1-3　全国各省市区农村居民人均可支配收入

单位：元

地　区	2016	2017	2017年比2016年增长(%)
全　国	**12363**	**13432**	**8.6**
北　京	22310	24240	8.7
天　津	20076	21754	8.4
河　北	11919	12881	8.1
山　西	10082	10788	7.0
内　蒙	**11609**	**12584**	**8.4**
辽　宁	12881	13747	6.7
吉　林	12123	12950	6.8
黑龙江	11832	12665	7.0
上　海	25520	27825	9.0
江　苏	17606	19158	8.8
浙　江	22866	24956	9.1
安　徽	11720	12758	8.9
福　建	14999	16335	8.9
江　西	12138	13242	9.1
山　东	13954	15118	8.3
河　南	11697	12719	8.7
湖　北	12725	13812	8.5
湖　南	11930	12936	8.4
广　东	14512	15780	8.7
广　西	10359	11325	9.3
海　南	11843	12902	8.9
重　庆	11549	12638	9.4
四　川	11203	12227	9.1
贵　州	8090	8869	9.6
云　南	9020	9862	9.3
西　藏	9094	10330	13.6
陕　西	9396	10265	9.2
甘　肃	7457	8076	8.3
青　海	8664	9462	9.2
宁　夏	9852	10738	9.0
新　疆	10183	11045	8.5

7-1-4 全国各省市区全体居民人均消费支出

单位：元

地 区	2016	2017	2017年比2016年增长(%)
全 国	**17111**	**18322**	**7.1**
北 京	35416	37425	5.7
天 津	26129	27841	6.6
河 北	14247	15437	8.3
山 西	12683	13664	7.7
内 蒙	**18072**	**18946**	**4.8**
辽 宁	19853	20463	3.1
吉 林	14773	15632	5.8
黑龙江	14446	15577	7.8
上 海	37458	39792	6.2
江 苏	22130	23469	6.0
浙 江	25527	27079	6.1
安 徽	14712	15752	7.1
福 建	20167	21249	5.4
江 西	13259	14459	9.1
山 东	15926	17281	8.5
河 南	12712	13730	8.0
湖 北	15889	16938	6.6
湖 南	15750	17160	9.0
广 东	23448	24820	5.8
广 西	12295	13424	9.2
海 南	14275	15403	7.9
重 庆	16385	17898	9.2
四 川	14839	16180	9.0
贵 州	11932	12970	8.7
云 南	11769	12658	7.6
西 藏	9319	10320	10.7
陕 西	13943	14900	6.9
甘 肃	12254	13120	7.1
青 海	14775	15503	4.9
宁 夏	14965	15350	2.6
新 疆	14066	15087	7.3

7-1-5　全国各省市区城镇居民人均消费支出

单位：元

地　区	2016	2017	2017年比2016年增长(%)
全　国	**23079**	**24445**	**5.9**
北　京	38256	40346	5.5
天　津	28345	30284	6.8
河　北	19106	20600	7.8
山　西	16993	18404	8.3
内　蒙	**22744**	**23638**	**3.9**
辽　宁	24996	25379	1.5
吉　林	19166	20051	4.6
黑龙江	18145	19270	6.2
上　海	39857	42304	6.1
江　苏	26433	27726	4.9
浙　江	30068	31924	6.2
安　徽	19606	20740	5.8
福　建	25006	25980	3.9
江　西	17696	19244	8.8
山　东	21495	23072	7.3
河　南	18088	19422	7.4
湖　北	20040	21276	6.2
湖　南	21420	23163	8.1
广　东	28613	30198	5.5
广　西	17268	18349	6.3
海　南	19015	20372	7.1
重　庆	21031	22759	8.2
四　川	20660	21991	6.4
贵　州	19202	20348	6.0
云　南	18622	19560	5.0
西　藏	19440	21088	8.5
陕　西	19369	20388	5.3
甘　肃	19539	20659	5.7
青　海	20853	21473	3.0
宁　夏	20364	20219	-0.7
新　疆	21229	22797	7.4

7-1-6 全国各省市区农村居民人均消费支出

单位：元

地 区	2016	2017	2017年比2016年增长(%)
全 国	**10130**	**10955**	**8.1**
北 京	17329	18810	8.5
天 津	15912	16386	3.0
河 北	9798	10536	7.5
山 西	8029	8424	4.9
内 蒙	**11463**	**12184**	**6.3**
辽 宁	9953	10787	8.4
吉 林	9521	10279	8.0
黑龙江	9424	10524	11.7
上 海	17071	18090	6.0
江 苏	14428	15612	8.2
浙 江	17359	18093	4.2
安 徽	10287	11106	8.0
福 建	12911	14003	8.5
江 西	9128	9870	8.1
山 东	9519	10342	8.6
河 南	8587	9212	7.3
湖 北	10938	11633	6.3
湖 南	10630	11534	8.5
广 东	12415	13200	6.3
广 西	8351	9437	13.0
海 南	8921	9599	7.6
重 庆	9954	10936	9.9
四 川	10192	11397	11.8
贵 州	7533	8299	10.2
云 南	7331	8027	9.5
西 藏	6070	6691	10.2
陕 西	8568	9306	8.6
甘 肃	7487	8030	7.2
青 海	9222	9903	7.4
宁 夏	9138	9982	9.2
新 疆	8277	8713	5.3

7-1-7 全国各省市区居民消费和商品零售价格指数(2017年)

上年=100

地 区	居民消费价格指数	商品零售价格指数
全 国	**101.6**	**101.1**
北 京	101.9	99.2
天 津	102.1	100.8
河 北	101.7	101.4
山 西	101.1	101.3
内 蒙	**101.7**	**101.2**
辽 宁	101.4	100.7
吉 林	101.6	101.4
黑龙江	101.3	99.9
上 海	101.7	100.9
江 苏	101.7	101.9
浙 江	102.1	101.4
安 徽	101.2	101.7
福 建	101.2	100.6
江 西	102.0	101.0
山 东	101.5	100.8
河 南	101.4	101.3
湖 北	101.5	100.3
湖 南	101.4	101.3
广 东	101.5	101.6
广 西	101.6	101.2
海 南	102.8	102.0
重 庆	101.0	100.8
四 川	101.4	100.5
贵 州	100.9	100.9
云 南	100.9	101.3
西 藏	101.6	101.4
陕 西	101.6	101.3
甘 肃	101.4	101.4
青 海	101.5	101.2
宁 夏	101.6	101.8
新 疆	102.2	100.9

7-1-8 全国各省市区工业生产者价格指数(2017年)

上年=100

地区	出厂价格指数	购进价格指数
全国	**106.3**	**108.1**
北京	100.7	104.4
天津	108.4	111.1
河北	115.0	114.5
山西	119.4	115.2
内蒙	**110.6**	**106.3**
辽宁	108.1	108.0
吉林	103.1	103.4
黑龙江	109.3	110.2
上海	103.5	108.9
江苏	104.8	109.7
浙江	104.8	109.6
安徽	108.0	109.2
福建	104.1	105.3
江西	107.9	107.2
山东	105.5	107.3
河南	106.8	107.3
湖北	105.6	108.3
湖南	105.8	107.2
广东	103.3	105.3
广西	107.6	106.5
海南	108.8	112.4
重庆	104.1	104.4
四川	106.5	108.3
贵州	107.2	109.7
云南	105.2	106.2
西藏	110.0	
陕西	110.8	106.4
甘肃	114.5	115.5
青海	116.7	108.0
宁夏	112.1	112.9
新疆	113.7	112.8

7-1-9 全国70个大中城市新建住宅价格指数(2017年)

上年同月=100

地　区	1月	2月	3月	4月	5月	6月	7月	8月	9月	10月	11月	12月
北　京	124.7	122.1	119.0	116.0	113.5	110.7	108.9	105.2	100.5	99.8	99.8	99.8
天　津	123.2	122.7	120.5	117.3	114.7	112.3	109.7	105.9	101.8	100.6	99.9	100.2
石家庄	118.5	118.2	118.6	117.6	116.4	115.8	113.1	109.3	105.0	103.5	103.0	102.8
太　原	102.9	103.2	103.4	104.9	105.8	106.4	106.9	106.9	106.9	107.2	107.3	107.6
呼和浩特	**101.0**	**101.1**	**101.0**	**101.4**	**101.7**	**101.9**	**102.8**	**103.7**	**104.2**	**104.8**	**106.1**	**106.8**
沈　阳	103.2	104.1	105.1	106.1	107.6	109.0	109.8	110.3	110.7	111.0	111.7	111.5
大　连	102.5	103.4	103.8	104.1	104.6	104.8	106.4	106.6	107.1	107.1	107.6	108.4
长　春	104.3	104.4	104.6	105.4	106.1	106.9	107.6	107.7	107.9	107.7	108.0	108.8
哈尔滨	102.1	103.0	103.1	103.8	105.5	106.7	107.5	107.7	108.5	109.9	110.5	110.7
上　海	123.8	121.1	116.8	113.2	111.0	108.6	107.3	102.8	100.0	99.8	99.8	100.2
南　京	135.4	131.8	127.4	122.1	117.3	113.0	109.2	104.8	101.3	99.0	98.5	98.7
杭　州	127.4	125.4	122.8	119.3	116.2	114.5	111.8	108.1	102.2	99.1	99.4	99.4
宁　波	111.1	110.7	109.9	109.7	109.6	109.9	109.4	108.4	106.3	105.0	104.6	105.0
合　肥	144.0	140.5	134.5	127.2	120.9	115.4	111.0	105.8	101.0	99.4	99.7	99.8
福　州	125.5	123.7	121.1	117.4	115.5	114.0	111.9	107.1	101.5	98.9	98.2	98.4
厦　门	138.4	136.5	132.0	125.5	119.4	114.5	109.8	105.7	102.6	101.8	102.3	102.2
南　昌	114.3	113.6	113.4	112.5	112.0	110.8	109.4	108.6	106.5	105.6	105.9	106.3
济　南	119.0	118.3	118.1	117.3	116.7	115.9	115.1	111.2	105.1	101.5	100.3	100.9
青　岛	113.0	113.1	112.9	111.9	111.4	111.2	110.9	109.1	104.4	103.4	103.7	104.1
郑　州	127.3	126.5	125.0	123.6	121.8	119.9	117.5	111.0	103.1	99.5	99.0	99.3
武　汉	123.0	121.7	120.2	118.3	116.0	114.2	112.1	108.6	104.6	101.6	100.1	100.6
长　沙	117.9	118.4	119.1	118.2	118.4	118.1	117.9	116.5	111.8	107.5	105.9	105.9
广　州	124.0	123.1	122.7	121.6	119.4	117.8	116.7	113.2	109.4	107.7	106.6	105.5
深　圳	118.2	113.5	109.1	106.6	105.4	102.7	100.5	98.1	96.3	96.7	96.9	97.1
南　宁	110.2	110.1	110.6	110.4	110.8	111.2	111.8	111.4	109.5	108.3	108.7	108.4
海　口	106.5	107.1	109.6	108.7	107.4	108.5	108.4	106.7	105.9	105.0	104.2	105.9
重　庆	107.7	108.3	108.9	109.9	110.2	112.0	112.8	112.8	111.9	111.4	110.7	110.0
成　都	105.3	104.9	103.9	103.3	102.9	102.0	101.0	99.7	97.3	98.7	98.8	99.4
贵　阳	105.3	105.4	106.3	107.2	107.7	108.4	108.7	109.1	109.0	108.8	109.5	110.3
昆　明	104.2	104.6	105.5	106.3	106.5	107.3	107.7	108.0	107.8	107.1	107.8	110.1
西　安	107.6	108.7	109.5	110.7	111.9	113.1	113.8	113.4	113.6	112.6	111.3	111.2
兰　州	103.2	103.5	103.6	103.6	103.9	104.4	104.4	103.5	103.2	103.6	104.3	105.4
西　宁	102.3	102.8	102.8	102.6	102.8	103.1	103.3	103.2	103.5	103.1	104.3	105.4
银　川	102.4	102.2	102.2	101.7	101.5	102.1	102.3	102.7	102.8	102.9	103.7	104.0
乌鲁木齐	99.1	99.7	99.9	100.2	100.2	100.8	101.1	102.1	102.9	103.7	105.5	106.1

7-1-10 全国70个大中城市新建商品住宅价格指数(2017年)

上年同月=100

地　区	1月	2月	3月	4月	5月	6月	7月	8月	9月	10月	11月	12月
北　京	127.0	124.1	119.0	117.4	114.6	111.5	109.6	105.6	100.5	99.8	99.7	99.8
天　津	124.4	123.9	120.5	118.1	115.5	112.9	110.1	106.2	101.8	100.6	99.8	100.1
石家庄	118.9	118.5	118.6	118.0	116.8	116.1	113.4	109.5	105.1	103.5	103.1	102.9
太　原	103.0	103.4	103.4	105.0	106.0	106.6	107.2	107.1	107.1	107.4	107.6	107.9
呼和浩特	**101.0**	**101.1**	**101.0**	**101.4**	**101.7**	**101.9**	**102.8**	**103.7**	**104.2**	**104.8**	**106.1**	**106.9**
沈　阳	103.2	104.2	105.1	106.1	107.6	109.0	109.8	110.3	110.8	111.0	111.8	111.5
大　连	102.5	103.4	103.8	104.1	104.6	104.8	106.4	106.6	107.1	107.1	107.6	108.4
长　春	104.4	104.4	104.6	105.4	106.2	107.0	107.7	107.8	108.0	107.8	108.1	109.0
哈尔滨	102.1	103.0	103.1	103.8	105.5	106.7	107.5	107.7	108.5	109.9	110.5	110.7
上　海	128.3	125.0	116.8	115.4	112.9	110.0	108.4	103.2	99.9	99.7	99.7	100.2
南　京	137.3	133.5	127.4	123.2	118.2	113.6	109.6	105.0	101.4	98.9	98.5	98.6
杭　州	127.6	125.6	122.8	119.5	116.3	114.6	111.9	108.2	102.2	99.1	99.4	99.4
宁　波	111.2	110.8	109.9	109.8	109.7	110.0	109.5	108.5	106.3	105.0	104.7	105.1
合　肥	144.2	140.7	134.5	127.3	120.9	115.4	111.0	105.8	101.0	99.4	99.7	99.8
福　州	125.7	124.0	121.1	117.6	115.6	114.1	112.0	107.1	101.5	98.9	98.2	98.3
厦　门	138.8	136.9	132.0	125.7	119.5	114.7	109.8	105.7	102.6	101.9	102.3	102.2
南　昌	114.5	113.8	113.4	112.7	112.1	111.0	109.5	108.7	106.6	105.7	106.0	106.4
济　南	119.0	118.3	118.1	117.3	116.7	115.9	115.1	111.2	105.1	101.5	100.3	100.9
青　岛	113.2	113.3	112.9	112.1	111.6	111.5	111.1	109.3	104.5	103.5	103.8	104.2
郑　州	127.7	126.9	125.0	124.0	122.1	120.2	117.7	111.1	103.2	99.5	99.0	99.3
武　汉	124.2	122.8	120.2	119.2	116.8	114.9	112.7	109.0	104.8	101.7	100.1	100.6
长　沙	118.4	118.9	119.1	118.6	118.9	118.5	118.3	116.9	112.0	107.6	106.0	106.1
广　州	124.2	123.3	122.7	121.7	119.5	117.9	116.9	113.3	109.4	107.7	106.6	105.5
深　圳	118.4	113.6	109.1	106.7	105.5	102.7	100.5	98.0	96.2	96.7	96.8	97.0
南　宁	111.2	111.2	110.6	111.5	111.9	112.3	113.0	112.5	110.4	109.1	109.6	109.2
海　口	106.5	107.2	109.6	108.8	107.4	108.5	108.4	106.7	105.9	105.1	104.2	105.9
重　庆	107.7	108.4	108.9	110.0	110.3	112.1	112.9	112.9	112.0	111.5	110.8	110.0
成　都	105.5	105.0	103.9	103.4	102.9	102.1	101.0	99.7	97.2	98.7	98.7	99.4
贵　阳	105.4	105.5	106.3	107.3	107.8	108.5	108.8	109.2	109.2	109.0	109.6	110.4
昆　明	104.3	104.6	105.5	106.4	106.5	107.3	107.7	108.1	107.8	107.1	107.8	110.2
西　安	108.3	109.6	109.5	111.7	113.0	114.3	115.1	114.7	114.9	113.7	112.3	112.2
兰　州	103.3	103.6	103.6	103.8	104.0	104.5	104.6	103.7	103.3	103.7	104.5	105.5
西　宁	102.5	103.0	102.8	102.8	103.0	103.3	103.6	103.4	103.8	103.3	104.6	105.8
银　川	102.4	102.2	102.2	101.7	101.5	102.1	102.4	102.7	102.8	102.9	103.7	104.0
乌鲁木齐	99.0	99.7	99.9	100.2	100.3	100.9	101.3	102.2	103.1	104.0	106.0	106.6

7-1-10 续表

上年同月=100

地区	1月	2月	3月	4月	5月	6月	7月	8月	9月	10月	11月	12月
唐山	103.3	103.4	104.4	106.9	107.0	108.2	108.0	107.9	107.1	106.4	105.9	106.1
秦皇岛	107.5	107.5	108.1	108.9	109.9	109.5	110.2	110.1	109.1	107.2	106.4	106.3
包头	**100.2**	**100.6**	**100.7**	**101.0**	**101.5**	**102.0**	**102.8**	**103.3**	**103.3**	**103.8**	**104.3**	**105.5**
丹东	99.8	100.8	100.9	100.7	100.3	100.5	101.4	101.9	102.4	102.2	102.7	104.2
锦州	97.7	97.5	98.2	98.9	99.4	100.2	101.0	101.2	101.6	101.5	101.6	101.7
吉林	102.7	102.7	103.4	103.4	104.4	104.6	105.6	106.1	106.4	106.6	107.0	106.9
牡丹江	99.2	99.7	100.5	101.1	102.3	102.8	104.0	104.1	103.6	104.7	105.6	106.5
无锡	134.6	134.0	131.8	128.4	126.5	122.9	119.7	113.7	104.9	99.7	98.7	98.9
扬州	110.3	111.2	112.3	113.7	114.8	115.5	114.9	114.5	113.3	112.0	109.6	109.1
徐州	110.1	110.6	110.5	110.8	111.8	113.6	113.3	113.2	112.1	110.8	109.8	109.3
温州	104.5	104.6	104.6	105.7	106.9	107.8	108.6	108.0	106.4	106.2	106.5	106.7
金华	106.8	107.1	108.1	109.5	110.6	111.6	113.0	112.6	110.9	110.4	109.3	109.7
蚌埠	109.8	110.9	110.2	111.7	114.7	116.7	117.0	115.2	113.2	111.1	109.8	108.8
安庆	107.7	108.7	109.2	109.9	109.7	109.4	108.1	107.1	107.1	106.8	105.4	105.2
泉州	110.0	110.3	110.1	108.6	108.6	109.6	108.7	107.2	104.7	104.0	101.5	101.4
九江	112.4	113.0	113.8	113.8	114.7	114.9	114.6	113.6	111.8	109.9	109.1	108.4
赣州	114.0	114.4	113.6	112.7	112.3	112.6	112.0	110.9	108.2	104.6	103.6	102.8
烟台	105.5	105.9	106.0	106.3	107.0	107.6	108.1	108.1	108.0	107.9	108.1	108.2
济宁	102.0	102.1	102.8	103.8	105.5	106.8	108.1	108.6	109.1	109.0	108.9	109.0
洛阳	105.3	105.6	106.9	107.2	108.3	110.7	111.2	111.6	111.2	111.2	109.9	109.3
平顶山	103.5	103.6	104.0	105.2	105.7	106.4	107.0	107.0	106.4	106.3	106.5	106.5
宜昌	106.0	106.5	107.3	109.2	110.7	111.7	111.4	110.8	110.0	108.9	108.8	108.6
襄阳	103.2	103.3	103.6	104.4	104.7	106.9	107.3	107.2	107.2	107.0	106.8	106.4
岳阳	106.2	106.6	107.1	107.3	108.5	109.6	110.2	110.7	109.8	109.2	109.3	109.7
常德	103.4	103.4	104.8	105.1	106.8	108.4	109.4	110.1	108.6	108.7	108.3	109.1
惠州	124.7	124.0	123.9	120.7	117.9	115.5	113.7	112.3	108.1	105.9	104.8	104.5
湛江	109.3	109.9	109.9	110.6	112.6	111.7	111.7	112.2	110.8	109.6	110.0	109.4
韶关	108.7	108.7	109.5	110.5	111.2	111.6	114.4	114.7	112.6	111.5	109.4	108.9
桂林	103.8	104.4	105.1	105.9	106.8	107.5	108.9	109.6	108.2	107.6	109.2	109.6
北海	104.6	104.7	105.0	106.7	110.1	112.6	114.1	114.9	114.2	114.5	114.0	113.2
三亚	106.3	107.6	110.3	109.0	108.4	107.7	108.3	107.7	106.2	105.5	105.6	105.0
泸州	103.1	103.9	104.1	103.9	103.7	104.3	104.3	103.7	102.6	103.6	103.8	105.5
南充	102.1	103.0	103.6	104.0	104.3	105.3	106.1	106.1	107.1	108.4	109.0	109.5
遵义	102.1	102.2	102.3	102.9	102.8	103.6	104.8	104.8	105.8	106.3	106.5	107.4
大理	102.6	103.1	103.6	104.0	103.7	103.7	103.6	104.1	104.5	104.4	104.5	105.7

7-1-11 全国70个大中城市二手住宅价格指数(2017年)

上年同月=100

地　区	1月	2月	3月	4月	5月	6月	7月	8月	9月	10月	11月	12月
北　京	134.6	132.2	127.0	122.5	118.8	115.8	113.1	107.8	101.4	99.8	99.1	98.4
天　津	123.9	122.8	121.9	119.9	117.1	115.0	111.9	106.9	102.4	100.9	100.0	99.7
石家庄	117.9	118.1	116.5	114.0	111.7	109.2	106.5	102.9	99.0	99.6	100.2	100.8
太　原	104.7	105.4	105.4	106.5	107.3	107.4	107.1	106.9	107.0	106.7	106.9	107.9
呼和浩特	**99.1**	**99.1**	**99.1**	**99.2**	**99.3**	**99.8**	**100.2**	**100.4**	**100.6**	**101.2**	**102.1**	**102.8**
沈　阳	100.7	101.3	101.9	102.5	103.4	104.4	105.4	106.0	106.6	106.8	107.2	107.4
大　连	101.5	102.0	102.2	102.4	103.2	103.3	103.9	104.3	104.4	104.8	105.2	105.7
长　春	100.8	101.7	102.3	102.8	103.1	103.7	104.2	104.2	104.4	104.4	104.9	105.7
哈尔滨	100.5	100.7	100.4	100.7	101.5	103.0	103.6	104.8	105.2	106.0	106.6	107.4
上　海	128.7	122.5	116.1	114.2	112.6	110.0	107.4	103.4	99.9	99.9	99.9	100.3
南　京	132.0	130.1	126.0	121.5	118.1	116.5	112.9	108.9	104.9	102.8	100.5	98.7
杭　州	121.6	121.0	119.8	118.5	117.9	117.4	115.8	113.5	109.1	106.9	107.1	107.2
宁　波	107.2	107.4	107.6	107.9	108.2	109.2	109.2	109.0	107.4	106.8	106.7	106.7
合　肥	146.8	136.5	124.9	116.7	111.7	107.6	104.7	102.8	99.9	98.0	98.6	99.2
福　州	116.6	116.7	117.5	116.5	116.5	116.9	115.9	112.8	108.6	106.9	106.7	105.9
厦　门	131.8	131.8	131.7	125.5	117.7	112.5	109.5	106.5	104.1	103.7	103.9	103.3
南　昌	113.0	113.1	111.8	111.5	110.6	109.8	108.7	107.7	105.2	104.4	104.3	103.8
济　南	115.2	115.7	116.3	117.0	117.2	117.3	116.5	113.3	107.5	104.5	103.1	102.4
青　岛	110.2	110.9	112.6	113.8	114.7	115.6	116.1	115.3	110.2	109.4	109.1	108.9
郑　州	127.5	127.2	126.1	125.4	124.0	122.6	121.0	115.3	107.2	103.4	102.3	101.0
武　汉	121.9	122.1	122.0	122.1	121.5	120.8	119.6	117.7	114.0	111.7	109.6	108.9
长　沙	113.1	114.3	116.0	119.9	120.7	120.8	120.5	120.2	116.5	114.3	112.8	111.4
广　州	126.2	128.1	127.8	125.9	124.1	123.2	121.5	118.3	114.7	112.5	111.7	109.8
深　圳	112.8	108.4	103.9	105.1	105.4	104.3	103.1	100.9	99.0	100.1	101.0	101.5
南　宁	105.8	106.2	106.8	107.0	107.6	109.4	110.9	110.8	110.1	109.2	109.3	108.8
海　口	104.0	104.5	104.6	104.5	104.4	104.7	104.3	103.6	102.7	101.8	100.9	100.7
重　庆	104.4	105.0	105.6	106.2	106.8	108.1	108.9	109.5	109.5	109.6	109.4	109.0
成　都	105.6	105.6	106.2	106.5	106.3	106.0	106.1	105.9	104.6	104.6	104.6	104.6
贵　阳	102.3	102.4	102.5	103.3	103.8	104.1	104.2	104.2	104.4	104.2	104.7	105.4
昆　明	101.5	101.3	101.9	102.2	102.3	103.1	103.4	104.0	104.4	104.4	105.2	106.8
西　安	98.8	99.4	100.8	102.3	104.1	105.7	106.6	107.2	107.5	107.5	108.4	108.8
兰　州	101.2	100.7	101.1	101.3	101.8	102.1	102.5	102.5	102.4	102.5	102.8	103.7
西　宁	98.8	99.3	99.9	100.0	100.3	100.6	100.9	100.9	101.2	101.2	102.1	102.9
银　川	100.1	99.9	99.7	99.7	99.8	100.0	100.0	100.1	100.1	100.0	100.7	101.0
乌鲁木齐	97.3	98.5	99.1	99.6	100.5	101.4	103.0	104.0	105.0	106.3	108.6	109.6

7-1-11 续表

上年同月=100

地区	1月	2月	3月	4月	5月	6月	7月	8月	9月	10月	11月	12月
唐山	102.2	102.8	103.2	104.4	104.4	105.1	105.4	105.2	105.3	105.3	104.9	104.5
秦皇岛	104.3	105.5	107.0	108.1	107.4	107.0	107.4	108.2	109.0	107.8	106.4	106.1
包头	**98.8**	**99.1**	**100.4**	**101.2**	**101.9**	**102.3**	**102.6**	**103.3**	**104.2**	**103.7**	**104.1**	**104.0**
丹东	99.1	99.5	100.0	100.2	100.6	100.9	101.1	101.3	101.4	101.8	102.2	102.8
锦州	97.3	97.5	98.1	98.4	98.5	99.0	99.3	99.6	99.6	99.8	99.9	99.9
吉林	101.8	102.1	102.5	102.7	103.0	103.2	103.2	103.5	103.6	103.6	103.8	103.9
牡丹江	100.4	100.3	100.3	100.7	101.1	101.8	102.7	102.9	103.0	103.5	103.5	103.8
无锡	119.2	120.1	121.2	122.3	123.6	124.6	124.1	120.8	111.4	108.4	108.7	108.9
扬州	106.1	106.9	108.2	109.5	110.3	110.9	110.9	110.9	109.8	108.6	106.7	106.2
徐州	105.2	105.7	105.5	105.8	106.8	108.0	108.2	107.5	106.8	106.1	105.5	105.5
温州	102.8	102.8	102.7	103.4	104.8	106.3	106.8	107.1	106.7	106.6	106.8	106.4
金华	104.8	104.9	105.2	106.4	106.9	107.5	107.8	107.8	107.4	107.6	107.3	107.7
蚌埠	106.1	106.4	106.9	107.7	109.3	111.2	111.2	110.7	109.7	109.4	108.6	107.6
安庆	107.4	107.8	108.8	110.1	110.9	111.2	111.4	111.2	110.0	109.3	107.9	106.8
泉州	106.6	107.8	109.2	110.2	111.3	112.1	111.8	111.3	110.0	109.2	107.3	106.5
九江	108.7	109.0	109.0	108.5	109.2	108.8	108.8	107.6	107.1	106.1	106.3	104.8
赣州	110.2	110.8	111.4	110.6	110.5	110.8	110.6	110.0	106.6	104.0	103.2	102.8
烟台	102.8	103.3	103.6	104.3	105.1	105.8	106.5	106.5	106.4	106.6	106.6	106.9
济宁	101.5	101.6	102.3	103.0	103.9	105.0	105.8	106.2	106.5	106.7	107.1	107.8
洛阳	103.1	103.2	103.4	103.8	104.3	105.1	105.1	104.9	104.8	104.7	104.4	104.4
平顶山	100.5	100.4	100.4	101.3	102.0	102.6	103.5	104.1	104.1	104.3	104.8	105.0
宜昌	103.5	103.8	104.0	105.2	106.5	107.6	107.5	107.0	106.6	105.8	106.0	106.1
襄阳	100.8	101.5	102.1	102.8	103.3	104.1	104.4	104.1	104.3	104.3	104.7	105.0
岳阳	103.0	103.0	103.3	103.6	104.1	104.7	105.0	105.0	104.9	104.6	105.0	105.0
常德	102.3	102.6	103.1	103.2	103.8	104.4	104.6	104.7	104.1	104.0	104.0	104.1
惠州	114.9	114.8	115.6	115.8	114.9	114.7	113.7	113.0	109.1	108.2	106.6	106.4
湛江	103.4	103.9	104.6	105.8	107.1	107.8	108.3	109.1	109.1	109.2	109.1	108.2
韶关	102.2	102.0	103.3	104.2	104.7	105.9	107.0	107.0	106.3	106.1	106.2	105.9
桂林	98.3	98.2	98.4	99.0	99.6	100.2	100.7	101.7	101.8	102.3	103.0	103.0
北海	101.8	102.2	102.4	104.0	105.9	107.8	108.7	109.0	109.1	109.1	108.9	108.4
三亚	103.0	103.7	104.6	104.6	104.4	103.6	103.6	103.7	103.3	103.0	103.2	102.7
泸州	102.5	103.1	103.2	102.8	102.9	103.3	103.3	103.4	103.4	103.6	104.2	104.7
南充	102.7	103.0	103.5	103.5	103.9	104.6	104.8	105.0	105.3	105.7	106.2	106.6
遵义	102.8	103.0	103.4	103.6	103.9	104.0	104.1	104.7	105.4	105.3	105.6	106.1
大理	100.0	99.5	99.3	99.4	99.2	99.8	99.6	100.3	100.8	101.2	101.4	102.8

7-1-12 全国各省市区粮食生产情况(2017年)

单位：千公顷、万吨、公斤/亩

地 区	粮食作物播种面积	粮食总产量	亩产
全 国	**117989**	**66161**	**374**
北 京	67	41	410
天 津	351	212	403
河 北	6659	3829	383
山 西	3181	1355	284
内蒙古	**6781**	**3255**	**320**
辽 宁	3467	2331	448
吉 林	5544	4154	500
黑龙江	14164	7415	349
上 海	133	100	500
江 苏	5527	3611	436
浙 江	977	580	396
安 徽	7322	4020	366
福 建	833	487	390
江 西	3786	2222	391
山 东	8456	5374	424
河 南	10915	6524	398
湖 北	4853	2846	391
湖 南	4979	3074	412
广 东	2170	1209	371
广 西	2853	1370	320
海 南	282	138	326
重 庆	2031	1080	355
四 川	6292	3489	370
贵 州	3053	1242	271
云 南	4169	1843	295
西 藏	186	107	383
陕 西	3019	1194	264
甘 肃	2647	1106	279
青 海	283	103	242
宁 夏	713	365	342
新 疆	2296	1485	431

注：依据第三次全国农业普查结果，对本表数据进行了修订。

7-1-13　西部地区国民经济和社会发展主要指标(2017年)

指　标	内蒙古	广 西	重庆	四 川	贵 州	云 南
土地面积(万平方公里)	118.3	23.7	8.2	48.5	17.6	39.4
年末总人口(万人)	2529	4885	3075	8302	3580	4801
年末城镇人口比重(%)	62.0	42.2	64.1	50.8	46.0	46.7
人口密度(人/平方公里)	21.4	206.1	375.0	171.2	203.4	121.9
生产总值(亿元)		20396.3	19500.3	36980.2	13540.8	16531.3
第一产业		2906.9	1339.6	4842.8	2020.8	2310.7
第二产业		9297.8	8596.6	14294.0	5439.6	6387.5
第三产业		8191.5	9564.0	18403.4	6080.4	7833.1
生产总值指数(上年=100)	104.0	107.3	109.3	108.1	110.2	109.5
人均生产总值(元)		41955.0	63689.0	44651.0	37956.0	34545.0
人均生产总值指数(上年=100)	103.6	106.3	108.3	107.5	109.4	108.8
全社会固定资产投资(亿元)		20499.1	17537.0	31902.1	15503.9	18936.0
#房地产开发	889.7	2683.5	3980.1	5149.9	2201.0	2786.3
农林牧渔业总产值(亿元)	2813.5	4742.8	2009.4	6963.8	3389.8	3808.8
农林牧渔业总产值指数(上年=100)	103.2	104.3	103.7	103.7	106.6	106.0
粮食产量(万吨)	3254.5	1370.5	1079.9	3488.9	1242.4	1843.1
肉类总产量(万吨)	265.2	415.4	208.1	666.0	207.6	388.1
#猪肉	73.5	255.0	130.0	472.2	160.1	320.2
牛肉	59.5	11.7	7.3	33.3	19.1	35.8
羊肉	104.1	3.3	6.8	27.2	4.8	18.1
奶类产量(万吨)	559.6	10.0	5.3	63.8	6.6	67.6
规模以上工业企业主营业务收入(亿元)		24170.3	21333.2	42423.4	11085.7	12058.0
规模以上工业产品利润总额(亿元)		1559.3	1498.4	2610.6	873.1	772.0

7-1-13 续表 1

指　　标	西 藏	陕 西	甘 肃	青 海	宁 夏	新 疆
土地面积(万平方公里)	122.8	20.6	45.4	72.1	5.2	166.0
年末总人口(万人)	337	3835	2626	598	682	2445
年末城镇人口比重(%)	30.9	56.8	46.4	53.1	58.0	49.4
人口密度(人/平方公里)	2.7	186.2	57.8	8.3	131.2	14.7
生产总值(亿元)	1310.6	21898.8	7677.0	2642.8	3453.9	10920.1
第一产业	122.8	1739.5	1063.6	238.4	261.1	1691.6
第二产业	514.5	10895.4	2562.7	1180.4	1580.5	4292.0
第三产业	673.3	9264.0	4050.8	1224.0	1612.3	4936.5
生产总值指数(上年=100)	110.0	108.0	103.6	107.3	107.8	107.6
人均生产总值(元)	39259.0	57266.0	29326.0	44348.0	50917.0	45099.0
人均生产总值指数(上年=100)	107.9	107.3	103.0	106.4	106.7	105.8
全社会固定资产投资(亿元)	1975.6	23819.4	5827.8	3883.6	3728.4	12089.1
#房地产开发	40.4	3102.0	944.5	408.6	652.8	1037.9
农林牧渔业总产值(亿元)	178.2	3070.5	1907.7	364.1	513.9	3054.9
农林牧渔业总产值指数(上年=100)	104.4	104.6	105.2	104.8	104.5	101.6
粮食产量(万吨)	106.5	1194.2	1105.9	102.5	365.5	1481.7
肉类总产量(万吨)	32.8	111.8	100.6	38.5	32.2	163.2
#猪肉	1.1	85.8	49.9	8.7	8.9	35.8
牛肉	22.5	8.3	21.0	12.9	10.9	43.0
羊肉	6.3	9.8	22.8	12.7	9.9	58.2
奶类产量(万吨)	42.0	184.5	40.7	34.6	153.3	168.8
规模以上工业企业主营业务收入(亿元)	207.3	22375.0	8487.6	2094.8	4083.6	9768.8
规模以上工业产品利润总额(亿元)	25.2	2185.7	246.9	73.2	152.1	736.8

7-1-13 续表 2

指　　标	内蒙古	广　西	重　庆	四　川	贵　州	云　南
发电量(亿千瓦时)		1401.1	728.1	3480.4	1899.1	2955.1
粗钢(万吨)		2265.3	411.4	2026.3	439.9	1517.5
生铁(万吨)		1310.6	384.1	1899.7	343.7	1322.1
钢材(万吨)		3270.7	917.3	2491.2	495.7	1607.4
水泥(万吨)		12540.6	6376.8	13823.8	11363.3	11528.2
农用化肥(万吨)		89.2	150.4	425.7	567.3	299.2
汽车(万辆)		245.2	251.6	83.2	0.3	14.3
建筑业总产值(亿元)	1122.2	4210.1	7608.0	11400.3	2933.0	4726.4
建筑业企业个数(个)	1010	1235	2707	4501	1029	2656
建筑业施工面积(万平方米)	5443.9	25598.0	33210.8	58278.7	18041.2	17318.1
建筑业竣工面积(万平方米)	2031.5	8438.6	13448.2	21648.3	4714.1	7451.8
交通运输货运量(万吨)	227459	174642	115536	172922	96242	129298
#铁路	79969	6634	2012	6982	5279	4568
公路	147483	139602	95019	158190	89298	124064
交通运输客运量(万人)	16061	48578	60522	109093	91803	44622
#铁路	5452	9838	6349	12631	5796	4754
公路	9421	38083	53307	94098	83809	38569
社会消费品零售总额(亿元)	7160.2	7813.0	8067.7	17480.5	4154.0	6423.1
货物进出口总额(亿美元)	138.7	572.1	666.0	681.2	81.6	235.1
#出口总额	48.8	274.6	426.0	375.5	57.9	115.4
居民消费价格指数(上年=100)	101.7	101.6	101.0	101.4	100.9	100.9
在岗职工平均工资(元)	67688	66456	73272	71631	75109	73515
全体居民人均可支配收入(元)	26212	19905	24153	20580	16704	18348
全体居民人均消费支出(元)	18946	13424	17898	16180	12970	12658
城镇居民人均可支配收入(元)	35670	30502	32193	30727	29080	30996
城镇居民人均消费支出(元)	23638	18349	22759	21991	20348	19560
农村牧区居民人均可支配收入(元)	12584	11326	12638	12227	8869	9862
农村牧区居民人均消费支出(元)	12184	9437	10936	11397	8299	8027

7-1-13 续表 3

指　标	西　藏	陕　西	甘　肃	青　海	宁　夏	新　疆
发电量(亿千瓦时)	55.7	1814.0	1349.1	626.6	1380.9	3010.8
粗钢(万吨)		1184.3	560.5	119.6	229.5	1110.1
生铁(万吨)		1137.1	456.2	102.4	192.0	1061.9
钢材(万吨)	0.1	1377.6	702.3	127.1	221.8	1299.6
水泥(万吨)	642.1	7940.3	4021.4	1462.6	2188.2	4581.0
农用化肥(万吨)		150.0	25.1	463.4	46.2	306.4
汽车(万辆)		61.6	1.9			2.1
建筑业总产值(亿元)	147.9	6227.5	1825.4	406.8	549.2	2428.1
建筑业企业个数(个)	231	2388	1363	363	681	1156
建筑业施工面积(万平方米)	352.7	26977.3	9777.6	861.2	2569.4	9910.6
建筑业竣工面积(万平方米)	153.8	6981.6	3031.5	338.7	791.8	3810.2
交通运输货运量(万吨)	2203	163079	66204	17923	38187	84395
#铁路	56	39162	6052	3052	6528	9635
公路	2148	123721	60117	14871	31659	74760
交通运输客运量(万人)	1319	67880	42638	6274	7345	27083
#铁路	320	8908	4467	1134	650	3515
公路	999	58580	38380	5070	6518	23568
社会消费品零售总额(亿元)	523.3	8236.4	3426.6	839.0	930.4	3044.6
货物进出口总额(亿美元)	8.7	401.4	50.6	6.6	50.4	206.6
#出口总额	4.4	245.6	18.3	4.2	36.5	177.3
居民消费价格指数(上年=100)	101.6	101.6	101.4	101.5	101.6	102.2
在岗职工平均工资(元)	115549	67433	65726	76535	72779	68641
全体居民人均可支配收入(元)	15457	20635	16011	19001	20562	19975
全体居民人均消费支出(元)	10320	14900	13120	15503	15350	15087
城镇居民人均可支配收入(元)	30671	30810	27763	29169	29472	30775
城镇居民人均消费支出(元)	21088	20388	20659	21473	20220	22797
农村牧区居民人均可支配收入(元)	10330	10265	8076	9462	10738	11045
农村牧区居民人均消费支出(元)	6692	9306	8030	9903	9982	8713

第八部分　改革开放四十周年数据篇

第八部分　改革开放四十周年数据篇

数据资料

资料整理：王艳伟　杨力英　王晓娟

8-1-1　国民经济主要指标2017年与1978年对比情况

指标名称	1978	2017	比1978年增长(倍)	年均递增(%)
人均生产总值(元)	317.00	—	53.5	10.8
粮食产量(万吨)	499.00	3254.50	5.5	4.9
甜菜产量(万吨)	43.10	344.34	7.0	5.5
油料产量(万吨)	12.50	240.69	18.3	7.9
年末牲畜存栏头数(万头、只)	3586.50	7441.90	1.1	1.9
原煤产量(万吨)	2194.00	90597.30	40.3	10.0
发电量(亿千瓦小时)	37.78	4435.94	116.4	13.0
粗钢(万吨)	99.00	1983.51	19.0	8.0
铁路营业里程(公里)	3803.00	12395.10	2.3	3.1
公路线路里程(公里)	37535.00	199423.00	4.3	4.4
社会消费品零售总额(亿元)	36.83	7160.23	193.4	14.5
一般公共预算收入(亿元)	6.90	1703.21	245.9	15.2
一般公共预算支出(亿元)	18.69	4529.93	241.4	15.1
海关进出口总额(亿美元)	0.16	139.29	869.6	19.0
#出口总额(亿美元)	0.10	49.36	492.6	17.2

注：2017年人均生产总值尚未发布。

8-1-1　续表

指标名称	1978	2017	比1978年增长(倍)	年均递增(%)
城镇居民人均可支配收入(元)	301.00	35670.00	117.5	13.0
扣除价格因素实际增长(%)		6.40	16.8	7.7
农牧民人均可支配收入(元)	131.37	12584.00	95.1	12.4
扣除价格因素实际增长(%)		6.70	14.5	7.3
城镇非私营单位在岗职工平均工资(元)	712.00	67688.00	86.1	12.4
年末高等学校在校学生(万人)	1.21	44.81	36.0	9.7
年末中等专业在校学生(万人)	2.49	10.98	3.4	3.9
年末普通中学在校学生(万人)	160.10	105.45	-0.3	-1.1
年末小学在校学生数(万人)	291.80	132.54	-0.5	-2.0
卫生机构数(个)	4000.00	24217.00		
卫生机构床位数(万张)	2.50	15.03	5.0	4.7
卫生技术人员数(万人)	5.90	18.04	2.1	2.9
年末常住人口(万人)	1823.40	2528.61	0.4	0.8
#蒙古族人口(万人)	198.60	463.88	1.3	2.2

注：1.从2011年开始卫生机构数包含了农村牧区村卫生室。
　　2.2014年起，城乡居民收入为城乡住户一体化调查数据，与历史数据不可比。

8-1-2 社会经济主要指标人均水平

指　　标	1980	1985	1990	1995	2000	2005	2010	2017
财政收入(元)	**22**	**67**	**154**	**336**	**657**	**1397**	**7051**	**6747**
农牧业生产								
耕地面积(公顷)	0.28	0.25	0.23	0.24	0.31	0.31	0.29	0.37
粮食产量(千克)	212.62	301.37	454.15	464.40	524.60	693.19	875.47	1289.24
油料产量(千克)	13.41	39.66	32.38	30.90	49.20	50.96	51.96	95.35
甜菜产量(千克)	43.54	126.80	110.36	116.00	59.69	57.68	65.31	136.39
年末大牲畜(头)	0.37	0.37	0.33	0.31	0.26	0.33	0.36	0.33
年 末 羊(只)	1.37	1.23	1.41	1.46	1.50	2.26	2.14	2.42
年末生猪(口)	0.28	0.23	0.24	0.34	0.31	0.29	0.28	0.20
肉类产量(千克)	12.77	17.90	25.02	36.03	60.58	95.88	96.83	105.04
#牛肉产量(千克)	2.44	2.35	3.99	4.10	9.23	14.01	20.17	23.56
羊肉产量(千克)	4.12	4.20	5.96	7.42	13.44	30.21	36.20	41.25
猪肉产量(千克)		10.88	13.43	20.97	32.37	36.71	29.15	29.13
牛奶产量(千克)	3.77	12.18	17.25	21.37	33.70	288.20	367.17	219.01
羊 毛(千克)	2.18	2.53	2.87	2.64	2.89	4.27	4.87	5.37
主要工业产品产量								
原 煤(吨)	1.19	1.60	2.22	3.10	3.06	10.68	32.01	35.89
原 盐(吨)	0.02	0.03	0.04	0.03	0.05	0.09	0.11	0.05
发 电 量(千瓦小时)	263	401	791	1225	1855	4406	10684	17573
糖(千克)	3.71	8.92	7.64	7.51	5.09	6.15	4.88	14.61
乳 制 品(千克)	0.23	0.71	1.03	1.33	2.81	128.25	140.09	104.35
呢 绒(米)	0.18	0.40	0.49	0.65	0.18	0.26	0.51	0.29
水 泥(吨)	0.06	0.09	0.11	0.15	0.27	0.68	2.21	1.21
钢(吨)	0.07	0.09	0.13	0.16	0.18	0.34	0.50	0.79
生 铁(吨)	0.07	0.09	0.13	0.15	0.19	0.38	0.55	0.61
社会消费品零售额(元)	**238**	**377**	**610**	**1379**	**2571**	**5664**	**13727**	**28365**
人民生活								
职工平均工资(元)	796	1095	1846	4134	6974	15985	35507	67688
#国 有(元)	839	1169	1971	4407	7261	16598	37602	71449
集 体(元)	635	872	1441	3001	4826	10804	29822	70471
城镇常住居民人均可支配收入(元)	407	666	1155	2846	5129	9247	18050	35670
城镇常住居民人均生活消费支出(元)	353	595	982	2482	3928	6929	13995	23638
农村牧区常住居民人均可支配收入(元)	192	400	647	1300	2058	3070	5780	12584
农村牧区常住居民人均生活消费支出(元)		325	539	1261	1615	2446	4461	12184
城乡居民储蓄存款年末余额(元)	26	144	515	1804	3875	8231	18877	42506

8-1-3 国民经济和社会发展结构

单位：%

指 标	1978	1980	1985	1990	1995	2000	2005	2010	2017
人口城乡结构									
城镇	21.8	23.1	43.4	36.1	38.2	42.2	47.2	55.5	62.0
乡村	78.2	76.9	56.6	63.9	61.8	57.8	52.8	44.5	38.0
人口性别结构									
男	52.5	52.3	51.8	52.1	52.0	51.7	51.5	51.9	51.6
女	47.5	47.7	48.2	47.9	48.0	48.3	48.5	48.1	48.4
就业产业结构									
第一产业	67.1	66.0	60.4	55.8	52.1	52.2	53.8	48.2	41.4
第二产业	18.5	18.6	20.4	21.8	21.9	17.1	15.6	17.4	15.8
第三产业	14.5	15.5	19.2	22.4	26.0	30.7	30.5	34.4	42.8
生产总值三次产业结构									
第一产业	32.7	26.4	32.7	35.3	30.4	22.8	15.1	9.4	10.2
第二产业	45.4	47.2	34.8	32.1	36.0	37.8	45.5	54.5	39.8
第三产业	21.9	26.4	32.5	32.6	33.6	39.4	39.4	36.1	50.0
货运量结构(按运输方式分)									
铁路	47.0	54.1	48.0	26.0	27.5	21.6	30.2	35.6	35.2
公路	53.0	45.9	52.0	74.0	72.5	78.4	69.8	64.4	64.8
航空									
管道									
城镇居民消费结构									
食品类			46.1	48.3	48.4	34.5	31.4	30.1	27.4
衣着类			20.0	16.5	16.3	14.3	15.1	15.7	10.9
用品及其他			33.9	35.2	29.0	42.6	43.1	44.3	44.4
居住					6.3	8.6	10.4	9.9	17.4
农牧民消费结构									
食品类					59.7	44.8	43.1	37.5	27.8
衣着类					7.3	6.9	6.1	7.1	6.9
用品及其他					19.7	32.9	37.1	38.5	47.3
居住					13.3	15.4	13.7	16.9	18.0

8-1-4 生产总值指数

本表按可比价格计算。 上年=100

年 份	生产总值	第一产业	第二产业	第三产业	人均生产总值
1978	108.0	98.8	117.2	108.9	106.3
1980	101.7	76.0	113.3	122.9	100.2
1985	117.2	114.1	108.2	133.0	114.6
1990	107.5	124.4	99.4	103.1	105.8
1995	110.1	103.9	111.0	114.1	108.9
2000	110.8	102.6	111.7	114.5	110.1
2001	110.7	102.0	110.9	115.5	110.2
2002	113.2	104.4	115.7	115.3	112.9
2003	117.9	105.9	127.7	114.5	117.8
2004	120.5	111.7	122.8	122.0	120.3
2005	123.8	109.1	134.9	118.1	123.4
2006	119.1	103.2	127.1	115.9	118.5
2007	119.2	103.9	126.0	116.0	118.6
2008	117.8	107.5	121.6	115.8	117.1
2009	116.9	102.3	121.1	115.0	116.2
2010	115.0	106.1	118.2	112.4	114.4
2011	114.3	105.9	117.1	112.4	113.8
2012	111.5	105.6	113.3	110.0	111.1
2013	109.0	105.1	110.8	107.1	108.7
2014	107.8	103.1	109.0	106.8	107.5
2015	107.7	103.0	108.0	108.1	107.4
2016	107.2	103.0	106.9	108.3	106.9
2017	104.0	103.3	101.5	106.2	103.6

8-1-5 生产总值指数

本表按可比价格计算。 1952年=100

年 份	生产总值				人均生产总值
		第一产业	第二产业	第三产业	
1978	452.2	232.5	1865.3	534.2	173.4
1980	504.6	190.5	2295.8	761.5	186.7
1985	989.8	436.3	3399.5	1896.5	342.7
1990	1385.2	593.2	4444.5	2919.0	449.5
1995	2259.3	722.6	8133.5	5490.7	697.0
2000	3817.3	984.7	13912.2	10422.5	1130.6
2001	4225.8	1003.9	15423.1	12033.7	1246.4
2002	4782.1	1048.1	17842.6	13879.9	1407.1
2003	5638.0	1109.9	22784.9	15886.5	1657.4
2004	6793.8	1239.8	27878.8	19381.5	1993.6
2005	8411.3	1352.7	37602.8	22881.4	2459.3
2006	10014.6	1396.1	47801.1	26509.5	2914.5
2007	11941.2	1450.3	60205.5	30750.5	3456.7
2008	14069.4	1558.9	73224.6	35598.2	4048.3
2009	16447.1	1594.7	88658.4	40946.4	4704.0
2010	18918.3	1692.7	104795.4	46044.1	5380.3
2011	21632.2	1792.6	122668.3	51773.5	6122.8
2012	24111.8	1893.0	138960.0	56963.1	6800.4
2013	26281.9	1989.5	153967.7	61007.5	7388.8
2014	28331.8	2051.2	167824.8	65156.0	7941.4
2015	30512.1	2113.7	181324.5	70441.1	8529.6
2016	32708.9	2177.1	193835.9	76287.7	9118.1
2017	34017.3	2248.9	196743.4	81017.5	9446.4

8-1-6 年末总人口数及构成

单位：万人

年 份	年末总人口	按性别分		按城乡分	
		男	女	城镇人口	乡村人口
1978	1823.4	957.8	865.6	397.5	1425.9
1980	1876.5	981.2	895.3	433.1	1443.4
1985	2015.9	1043.6	972.3	874.1	1141.8
1990	2162.6	1127.6	1035.0	781.1	1381.4
1995	2284.4	1187.6	1096.8	873.1	1411.3
2000	2372.4	1227.2	1145.2	1001.1	1371.3
2001	2381.4	1230.6	1150.8	1036.8	1344.6
2002	2384.1	1231.1	1153.0	1050.3	1333.8
2003	2385.8	1231.4	1154.3	1067.4	1318.4
2004	2392.7	1234.2	1158.5	1097.3	1295.4
2005	2403.1	1237.9	1165.2	1134.3	1268.8
2006	2415.1	1243.0	1172.1	1174.7	1240.4
2007	2428.8	1250.0	1178.8	1218.0	1210.8
2008	2444.3	1255.9	1188.4	1264.1	1180.2
2009	2458.2	1263.5	1194.7	1312.7	1145.5
2010	2472.2	1283.9	1188.3	1372.9	1099.3
2011	2481.7	1288.0	1193.7	1405.2	1076.5
2012	2489.9	1291.6	1198.3	1437.6	1052.3
2013	2497.6	1294.4	1203.2	1466.3	1031.3
2014	2504.8	1296.9	1207.9	1490.6	1014.2
2015	2511.0	1298.7	1212.3	1514.2	996.9
2016	2520.1	1302.5	1217.6	1542.1	978.1
2017	2528.6	1305.2	1223.4	1568.2	960.4

注：1985年之前为户籍统计数，2011年及以后年份为人口变动抽样调查推算数据，其余年份为根据历次人口普查数据调整的数据。

8-1-7 居民收支情况

单位：元

年 份	全体居民		农村牧区常住居民		城镇常住居民	
	人均可支配收入	人均生活消费支出	人均可支配收入	人均生活消费支出	人均可支配收入	人均生活消费支出
1978			131		301	269
1980			192	158	407	353
1985			400	325	666	595
1990			647	539	1155	982
1995			1300	1262	2846	2482
2000			2038	1615	5129	3928
2001			1973	1555	5536	4196
2002			2086	1647	6051	4860
2003			2268	1771	7013	5419
2004			2606	2083	8123	6219
2005			2989	2446	9137	6929
2006			3342	2772	10358	7667
2007			3953	3256	12378	9282
2008			4656	3618	14433	10829
2009			4938	3967	15849	12370
2010			5530	4462	17698	13995
2011			6642	5508	20408	15878
2012			7611	6382	23150	17717
2013	18693	14877	8985	9080	26004	19243
2014	20559	16258	9976	9972	28350	20885
2015	22310	17179	10776	10637	30594	21876
2016	24127	18073	11609	11462	32975	22746
2017	26212	18946	12584	12184	35670	23638

注：2012年前，城乡居民收支数据来源于城镇和农村住户调查，2013年后，来源于城乡一体化调查数据。

8-1-8　各种价格总指数

上年=100

年　份	居民消费价格总指数	商品零售价格总指数	农业生产资料价格指　数	工业生产者出厂价格指　数	工业生产者购进价格指　数	固定资产投资价格指　数
1978		101.0	100.0			
1980		105.5	100.2			
1985	109.3	108.5	104.6			
1990	102.3	102.9	110.8	105.2	108.3	
1995	117.5	116.8	128.5	109.1	112.8	103.9
2000	101.3	98.8	106.1	102.8	106.8	101.9
2001	100.6	100.0	101.4	101.1	101.3	100.8
2002	100.2	99.4	102.6	99.3	99.9	101.0
2003	102.2	99.6	101.2	103.2	102.9	102.6
2004	102.9	102.7	109.5	105.1	109.2	105.0
2005	102.4	101.5	108.3	105.1	109.9	103.7
2006	101.5	101.9	101.2	103.0	105.9	103.3
2007	104.6	103.6	103.0	105.7	104.8	103.8
2008	105.7	104.7	114.9	112.5	111.7	108.1
2009	99.7	99.5	99.7	96.2	99.1	98.5
2010	103.2	103.0	102.0	106.7	105.0	105.4
2011	105.6	104.9	106.3	107.8	106.1	106.3
2012	103.1	102.5	104.9	100.2	102.0	101.6
2013	103.2	102.6	103.5	97.0	99.3	99.6
2014	101.6	100.7	99.9	97.3	98.4	99.8
2015	101.1	100.5	98.7	94.0	95.9	98.0
2016	101.2	100.6	96.4	98.9	97.4	99.5
2017	101.7	101.2	100.0	110.6	106.3	103.4

8-1-9 耕地面积、造林面积和播种面积

单位：万公顷

年 份	年末实有耕地面积	当年造林面 积	总播种面 积		
				粮食作物播种面积	经济作物播种面积
1978	532.6	29.8	482.4	409.4	44.9
1980	525.2	29.8	479.7	388.2	61.1
1985	493.0	70.4	454.9	342.2	91.4
1990	496.6	29.8	472.2	387.5	62.6
1995	549.1	40.3	507.9	414.3	71.3
2000	731.7	59.0	591.4	443.6	122.9
2001	709.1	73.2	570.7	438.3	92.4
2002	709.1	90.7	588.7	434.3	104.0
2003	686.3	83.6	574.9	405.1	103.6
2004	711.5	63.1	592.4	418.1	100.0
2005	735.5	38.4	621.6	437.4	104.0
2006	713.3	48.0	659.0	493.7	87.8
2007	714.8	59.0	653.5	503.4	150.1
2008	714.9	71.9	675.1	529.5	145.5
2009	714.9	86.19	689.6	564.4	125.2
2010	714.9	62.52	736.2	584.6	151.6
2011	714.9	73.18	754.0	597.9	156.0
2012	910.9	78.16	767.1	612.4	154.7
2013	912.2	80.52	782.3	625.3	157.0
2014	915.5	55.63	807.9	638.9	169.0
2015	916.2	66.80	842.4	658.0	184.4
2016	925.9	61.84	895.7	680.3	215.4
2017	927.1	68.05	901.4	678.1	223.3

注：1.2006年以后耕地面积为国土资源厅提供数据，且耕地面积=水田+旱地+水浇地。
2.依据第三次全国农业普查结果，对2007-2017年农业数据进行了修订。

8-1-10 主要农产品产量(一)

单位：万吨

年 份	粮 食	谷 物	小 麦	玉 米	稻 谷	薯 类	豆 类
1978	499.0		88.0	173.5	3.6	42.0	
1980	396.5		82.7	139.2	4.1	30.0	
1985	604.1		148.5	159.8	7.8	48.2	
1990	973.0		261.7	393.1	31.1	61.3	
1995	1055.4	914.1	262.2	518.4	39.6	74.3	67.0
2000	1241.9	947.9	181.8	629.2	72.2	184.3	109.7
2001	1239.1	1016.5	127.1	757.0	56.7	108.8	113.8
2002	1406.1	1097.7	121.5	821.5	56.0	168.5	139.9
2003	1360.7	1092.3	79.0	888.7	45.0	174.5	93.9
2004	1505.4	1180.4	110.5	948.0	54.5	189.8	135.1
2005	1662.2	1342.1	143.6	1066.2	62.1	156.0	164.1
2006	1806.7	1486.0	172.2	1134.6	65.3	178.6	142.1
2007	1768.2	1523.0	171.1	1175.2	75.7	134.8	110.3
2008	2100.9	1773.7	150.8	1442.3	69.7	159.2	168.0
2009	2128.9	1820.6	188.4	1488.3	65.6	156.1	152.2
2010	2344.3	1983.3	174.3	1643.7	67.4	187.5	173.5
2011	2573.4	2221.3	171.9	1858.5	69.0	189.8	162.4
2012	2739.8	2401.8	186.3	2016.0	66.2	183.5	154.5
2013	3070.5	2748.3	184.3	2397.6	53.5	178.7	143.5
2014	3112.4	2833.1	174.8	2503.2	50.8	152.2	127.1
2015	3292.6	3012.2	179.1	2652.2	50.6	141.0	139.4
2016	3263.3	2960.1	187.7	2563.1	69.8	134.5	168.7
2017	3254.5	2930.8	189.1	2497.4	85.2	137.5	186.2

注：依据第三次全国农业普查结果，对2007-2017年农业数据进行了修订。

8-1-11 主要农产品产量(二)

单位：万吨

年 份	油 料	甜 菜	麻 类	蔬 菜	果用瓜
1978	12.5	43.1			
1980	25.0	81.2	0.4	157.6	9.7
1985	79.5	254.2	0.3	182.7	33.4
1990	69.4	236.4	0.7	243.3	22.8
1995	70.2	263.5	1.5	308.3	40.5
2000	116.4	141.3	0.1	759.9	161.7
2001	80.6	133.1	0.4	768.7	106.9
2002	108.9	195.0	1.0	755.3	120.8
2003	102.3	99.4	1.2	846.8	103.2
2004	103.7	96.3	1.9	872.8	109.6
2005	122.2	138.3	2.5	1009.1	156.8
2006	101.1	105.5	1.7	1171.4	190.8
2007	96.3	171.5	1.4	1045.4	154.9
2008	135.1	192.8	2.8	1050.9	176.8
2009	122.7	103.7	1.0	1083.4	152.7
2010	138.1	145.1	0.1	1326.1	220.8
2011	149.0	141.4	0.0	1388.6	207.8
2012	142.2	149.4	0.0	1354.8	198.6
2013	161.8	161.3		1300.1	165.7
2014	180.7	143.9		1318.9	185.3
2015	206.3	200.5		1284.9	158.3
2016	228.8	268.4	0.2	1251.8	242.2
2017	240.7	344.3	0.7	1111.3	267.5

8-1-12 牲畜总头数

单位：万头(只)

年 份	合 计	大牲畜	羊	猪
1978	3586.5	659.3	2378.1	549.1
1980	3753.3	681.3	2553.4	518.6
1985	3667.4	736.6	2468.4	462.4
1990	4254.4	707.5	3023.9	523.0
1995	4795.0	708.3	3321.0	765.7
2000	4912.0	622.1	3551.6	738.3
2001	4817.6	536.3	3515.9	765.4
2002	5176.9	543.4	3951.7	681.8
2003	5713.3	615.4	4450.1	647.7
2004	6722.9	718.2	5318.5	686.2
2005	6903.5	783.2	5420.0	700.3
2006	6531.0	787.4	5123.4	620.2
2007	6554.5	815.5	5116.5	622.5
2008	6720.8	858.7	5231.6	630.5
2009	6842.6	851.0	5359.8	631.8
2010	6983.4	853.1	5498.4	631.9
2011	6907.4	819.9	5497.3	590.2
2012	6870.8	807.9	5470.8	592.1
2013	6968.8	788.6	5629.6	550.6
2014	7358.9	804.3	6046.0	508.6
2015	7657.1	846.3	6337.1	473.7
2016	7352.0	796.4	6101.6	454.0
2017	7441.9	824.4	6111.9	505.6

8-1-13 猪牛羊肉类产量

年 份	当年出栏的猪数 (万头)	猪肉产量 (万吨)	当年出售和 自宰的肉用牛 (万头)	牛肉产量 (万吨)	当年出售和 自宰的肉用羊 (万只)	羊肉产量 (万吨)
1978	135.4		12.0	3.00	287.3	6.00
1980	257.0	11.57	50.6	4.55	768.6	7.69
1985	279.2	21.80	39.7	4.70	646.4	8.43
1990	308.6	28.77	66.2	8.55	933.4	12.77
1995	491.6	47.66	69.9	9.40	1103.2	16.89
2000	851.3	76.62	158.4	21.84	2081.2	31.82
2001	878.0	79.00	161.8	23.21	2146.5	32.57
2002	838.5	74.88	129.6	19.49	2156.0	33.81
2003	791.9	71.27	149.1	24.03	2867.7	45.32
2004	875.8	80.79	186.3	28.72	3783.0	60.36
2005	957.7	87.59	218.0	33.61	4539.6	72.43
2006	918.0	81.70	227.7	36.43	4513.0	74.66
2007	775.9	60.34	253.8	40.60	4874.9	80.83
2008	833.1	64.70	267.8	43.09	5183.7	84.84
2009	883.0	68.62	294.0	47.40	5339.2	88.23
2010	913.9	71.89	306.8	49.71	5397.9	89.17
2011	905.1	71.34	306.8	49.73	5300.2	87.23
2012	940.4	73.94	316.3	51.17	5390.3	88.63
2013	931.9	73.35	320.2	51.79	5401.1	88.80
2014	930.1	73.30	336.8	54.53	5665.7	93.33
2015	898.5	70.81	326.4	52.89	5596.3	92.59
2016	644.9	51.13	339.7	55.59	6112.8	101.31
2017	919.0	73.52	363.2	59.48	6257.9	104.13